Lexikon der Wiener Straßennamen

„So ist hier wie andernorts
aus den Straßennamen unserer Stadt
Lokal- und Zeitgeschichte zu lernen"

Karl Ziak

PETER AUTENGRUBER

Lexikon der WIENER Straßennamen

BEDEUTUNG · HERKUNFT
FRÜHERE BEZEICHNUNGEN

PICHLER VERLAG

Die Daten wurden vom Autor sorgfältig erhoben, dennoch kann eine Garantie nicht übernommen werden. Eine Haftung des Autors bzw. des Verlages und seiner Beauftragten für Personen-, Sach- und Vermögensschäden ist ausgeschlossen.

Mitarbeiter:
Univ.-Prof. Dr. Manfred A. Fischer
(Institut für Botanik der Universität Wien)
Mag. Ingrid Autengruber

Fotonachweis:
Apa-Images/Imagno/Erich Lessing (S. 237),
Archiv für Kunst und Geschichte, Berlin (S. 261),
Archiv Pichler Verlag (S. 77, 183), Bezirksmuseum Donaustadt (S. 44),
Bezirksmuseum Hernals (S. 112),
Bildarchiv Preußischer Kulturbesitz, Berlin (S. 153),
Wien Museum (S. 49, 94, 129, 136, 167, 175, 201, 215, 257),
János Kalmár (S. 37),
Österreichisches Institut für Zeitgeschichte, Wien (S. 73),
Österreichische Nationalbibliothek (S. 17, 28, 59),
Sammlung A. Wolf, Wien (S. 229),
Votava, Wien (S. 188)

6., bearbeitete, aktualisierte und erweiterte Auflage
Wien 2007

Stand: 1. Jänner 2007

ISBN 978-3-85431-439-4

www.pichlerverlag.at

Umschlaggestaltung: Bruno Wegscheider
Großes Umschlagfoto: Alfred Havlicek
Kleine Umschlagfotos: Maria und Norbert Tutschek, Mag. Ingrid Autengruber

Farbfotos Innenteil: Mag. Ingrid Autengruber
Planausschnitte: Freytag & Berndt

Satz: Siegfried Bergler, Wien
Druck und Bindung: Dimograf, Bielsko-Biała, Polen

Inhalt

Abkürzungen

Abg.	Abgeordneter
AK	Kammer für Arbeiter und Angestellte
Akad.	Akademie
AKH	Allgemeines Krankenhaus
AKM	Staatlich genehmigte Gesellschaft der Autoren, Komponisten und Musikverleger
ao.	außerordentlich
Bde.	Bände
bes.	besonders
bzw.	beziehungsweise
d. Ä.	der Ältere
d. J.	der Jüngere
Dipl.-Ing.	Diplomingenieur
dt.	deutsch
FPÖ	Freiheitliche Partei Österreichs
geb.	geboren
gegr.	gegründet
gen.	genannt
gest.	gestorben
Gestapo	Geheime Staatspolizei
Hz.	Herzog
int.	international
Jhd.	Jahrhundert
k. k.	kaiserlich-königlich
kais.	kaiserlich
kgl.	königlich
KGV	Kleingartenverein
KPÖ	Kommunistische Partei Österreichs
KZ	Konzentrationslager
m	Meter
Msgr.	Monsignore
NÖ.	Niederösterreich
nR	neue Rechtschreibung
NR	Nationalrat
NS	Nationalsozialismus (nationalsozialistisch)
o.	ordentlich
ÖAAB	Österreichischer Arbeiter- und Angestelltenbund
ÖFB	Österreichischer Fußballbund
österr.	österreichisch
ÖVP	Österreichische Volkspartei
PEN	poets, playwrights, essayists, editors, novelists; 1921 gegründete Schriftstellervereinigung
Prof.	Professor
RAVAG	Radio-Verkehrs-Aktiengesellschaft
röm.	römisch
s.	siehe
s. d.	siehe dort
SPÖ	Sozialistische/Sozialdemokratische Partei Österreichs
sog.	so genannt
stvtr.	stellvertretend
TH	Technische Hochschule
tw.	teilweise
u. a.	unter anderem/und anderen
Univ.-Prof.	Universitätsprofessor
urk.	urkundlich
urspr.	ursprünglich
VdU	Verband der Unabhängigen
Wr.	Wiener
z. B.	zum Beispiel
ZK	Zentralkomitee

PS: Wenn Sie Anregungen haben oder der Meinung sind, dass sich Fehler eingeschlichen haben, so schreiben Sie bitte an den Pichler Verlag, Lobkowitzplatz 1, 1010 Wien. Der Verlag leitet alle Zuschriften an den Autor weiter.

Vorwort zur 6. Auflage

Seit Erscheinen der 5. Auflage (Stichtag war 1. Juni 2004) sind 81 Verkehrsflächen neu benannt worden. Nicht mitgezählt wurde dabei die *Simon-Wiesenthal-Gasse* (weil eine Umbenennung der Ichmanngasse), der *Springenfelserbengrund* (weil Richtigstellung einer irrtümlich falsch benannten Verkehrsfläche) und der *Schlesingerplatz* (dieser erhielt eine andere Namensgeberin). Dazu kommt noch der Sonderfall Franz Hauer (siehe weiter unten). Mit Stichtag 1. Jänner 2007 umfasst das im Buch erfasste Verkehrsflächennetz von Wien daher 6.405 Namen (Straßen, Gassen, Plätze, Wege, Alleen, Brücken, Stege).
Ein Bildteil gibt Auskunft über besondere „Viertel", über Straßentafeln und Hausnummerierung. Darüber hinaus hat sich der Verlag entschlossen, zusätzliche Illustrationen in den Text einzufügen.
Wie schon in den Vorauflagen erläutert, haben Straßennamen nicht nur die Funktion einer Orientierungshilfe, sondern sind auch Teil der öffentlichen Erinnerung. Das Straßennamennetz entsteht freilich häufig zufälliger, als man annimmt. Schließlich steht es jedem frei, einen Antrag an den jeweiligen Bezirk oder direkt an die zuständige MA 7 zu stellen. Zu beachten sind lediglich die Interkalarfrist (s. Seite 12) und der Bezug zu bzw. ein Verdienst um Wien.
Zahlreiche Interessensgruppen nützen diese Möglichkeit, in letzter Zeit auch vermehrt Firmen. Eine Benennung nach Firmen ist zwar nicht möglich, sehr wohl jedoch nach Firmengründern (z. B. *Hermann-Gebauer-Straße*, *Friedrich-Wilhelm-Raiffeisen-Platz* oder der *Ferdinand-Piatnik-Weg*). Der *Kommunikationsplatz* (Alcatel Austria AG), die *Computerstraße* (Philips), die *Sverigestraße* (Ikea) oder der *Ignaz-Prilisauer-Weg* zählen ebenfalls zu dieser Gruppe. Neu ist eine *Innovationsstraße* (nach dem neuen Technologiepark Favoriten).
Umbenennungen von Verkehrsflächen werden nur in Ausnahmefällen gemacht (s. *Familienplatz*, *Jägerstätterstraße* und neu die *Simon-Wiesenthal-Gasse*), weil der Bezirk sämtliche Kosten zu tragen hat (von der Änderung eines Firmenbriefpapiers bis zu den Dokumentenänderungen der Anrainer). Einen Sonderfall stellt der *Schlesingerplatz* dar, welcher eine andere Namensgeberin erhielt.
Ein interessanter Sonderfall in diesem Zusammenhang ist die *Fritz-Henkel-Gasse*. Diese hieß ursprünglich Franz-Hauer-Gasse. Da dies die Firmenzufahrt des bekannten Konzerns ist und es ein Jubiläum zu feiern gab, war diese Umbenennung nach dem Firmengründer auch der Wunsch der Firma. Der Geologe Franz Hauer erhielt mit einem *Franz-Hauer-Platz* vor der Geologischen Bundesanstalt im Bezirk eine bessere Zuordnung.
Zahlreiche Leser/-innen haben wertvolle Hinweise und Verbesserungen gegeben. *Univ.-Prof. Dr. Manfred Fischer* hat wie gewohnt alle botanischen Namen überprüft. *Elisabeth Albenberger* (Pfarre St. Anton von Padua) übermittelte Unterlagen zum Vollnhoferplatz und *Mag. Klaus Lehner* (Pfarrer i. R.) berichtigte die Guneschgasse. *Prof. Robert Dassanowsky* (University of Colorado at Colorado Springs) gab weitere Hinweise zum Dassanowskyweg.
Eine wertvolle Unterstützung ist Oberamtsrat *Helmut Simacek* (MA 7), der stets geduldig Fragen beantwortet und Auskünfte erteilt. Ohne ihn wäre das Buch in dieser Form nicht möglich gewesen. Ihm gebührt besonderer Dank.
Für die sorgfältige Satzverarbeitung schuldet der Autor Herrn *Siegfried Bergler* Dank.

Wien, im Jänner 2007 *Der Verfasser*

Erläuterungen

Äußerer Rat: erstmals 1356 urkundlich erwähntes Gremium, das neben dem alten (nunmehr Inneren) Rat trat; er bestand aus 40 Personen, die an wichtigen Geschäften teilnehmen durften; 1408 durch das Genanntenkolleg ersetzt.

Innerer Rat: erstmals 1221 urkundlich erwähnt, oberstes Gremium der bürgerlichen Verwaltung Wiens, hieß anfangs Rat, 1356–1416 „Innerer Rat", dann bis 1526 wieder Rat.

Feldmarschall: bis 1918 höchster Rang der Generalität im österr.-ung. Heer

Feldmarschall-Leutnant: bis 1918 dritthöchster Rang der Generalität im österr.-ung. Heer

Feldzeugmeister: bis 1918 niederster Rang der Generalität im österr.-ung. Heer

Freihof: im Mittelalter gab es so genannte Freihöfe, die nicht der Grundherrschaft unterstanden; ihre Besitzer waren nur dem Landesherren gegenüber steuerpflichtig; die Freihöfe besaßen für kleinere Delikte sogar eigene Gerichtsbarkeit; nach Besitzern von Freihöfen wurden häufig Verkehrsflächen benannt, z. B. 18. *Freihofgasse* oder 22. *Am Freihof.*

Ortsrichter: von der Gemeinde gewählter und vom Herrschaftsinhaber bestätigter Richter, der über mindere Strafsachen und Zivilrechtssachen urteilte; zudem hatte er für die öffentliche Sicherheit zu sorgen und die Leistungen, die an die Herrschaft zu erbringen waren, zu kontrollieren; übte der Herrschaftsrichter die hohe Gerichtsbarkeit aus, war der Ortsrichter auch Landrichter.

Ried: abgegrenzte Wirtschaftsfläche (meist Weinried)

Waldmeister: Waldmeister entstammten meist dem mittleren oder höheren Adel, besaßen Grundbesitz und konnten einen beträchtlichen Teil der Einnahmen aus der Forstwirtschaft für sich behalten. Dafür mussten sie den Wald wirtschaftlich nutzen, Wege in Stand halten, für die Unterbringung, Verpflegung und Bezahlung der Waldarbeiter sorgen, aber auch Jagdgesellschaften der Landesfürsten organisieren. In Kriegszeiten musste der Waldmeister den Bau von Schanzen veranlassen, um einen Vormarsch feindlicher Truppen nach Wien zu verhindern; nach Waldmeistern sind einige Verkehrsflächen, vor allem im 14. Bezirk, benannt, z. B. *Jakob-Puggl-Weg, Forstmeistergasse, Georg-Freißleben-Gasse, Joachim-Schettl-Gasse, Nikolaus-Pytty-Gasse.*

Wundarzt: hatte kein Universitätsstudium, sondern eine dreijährige Ausbildung an Lyzeen absolviert; repräsentierte einst den größten Teil der praktizierenden Ärzte in Österreich

Zur Statistik Seite 9 ff.:
Bei den Widerstandskämpfern wurden nur jene gezählt, die vom NS-Regime hingerichtet oder im KZ umgekommen sind. Die Gruppen der das KZ überlebenden Personen sowie die Vielzahl von Vertriebenen/Emigranten wurden nicht erfasst. Diese Gruppen wurden ihrer Berufsgruppe zugeordnet. Doppelzählungen wurden vermieden. Beispiel: *Theodor-Körner-Gasse* – den napoleonischen Kriegen zugeordnet, bei Schriftstellern nicht mitgezählt; *Bechergasse* – der Erinnerung an die Revolution 1848 zugeordnet, weder bei Juristen noch Musikern mitgezählt; *Dr.-Neumann-Gasse* – den Opfern des NS-Regimes zugeordnet – bei Medizinern nicht mitgezählt.

Anmerkung: Die Bezeichnungen Hofoper und Hofburgtheater wurden der heutigen Bezeichnung entsprechend generell auf Staatsoper und Burgtheater geändert; daher steht auch Burgschauspieler, wo es korrekt Hofschauspieler heißen müsste.

Zur alphabetischen Reihung: Die Umlaute ä, ö und ü wurden wie ae, oe und ue gereiht.

Einleitung

Zur Benennung von Verkehrsflächen

Das vorliegende Straßennamenverzeichnis (Stand 1. Jänner 2007) umfasst exakt 6.405 Namen (Verkehrsflächen).
Eine nicht unbeträchtliche Anzahl von Namen erinnert an **Kriegsereignisse.**
So zählte der Verfasser 52 Bezeichnungen, die in Zusammenhang mit den **Türkenkriegen** (insbesondere den Türkenbelagerungen 1529/1683) stehen.
Neben bekannten Namen, wie *Türkenstraße, Sobieskigasse, Sobieskiplatz, Max-Emanuel-Straße, Karl-Lothringer-Straße, Belgradplatz* oder *Graf-Starhemberg-Gasse* gibt es noch eine Reihe von weniger bekannten Namen. In Währing etwa die *Hockegasse, Rimplergasse, Scherffenberggasse, Waldeckgasse,* in Penzing die *Leyserstraße,* den *Christian-Petzlberger-Weg,* die *St.-Gotthard-Straße* und den *Sporckplatz,* in Döbling die *Flemminggasse* und die *Goltzgasse*, in der Brigittenau die *Greiseneckergasse*. Die Namen sind wahllos herausgegriffen.
Eine andere Gruppe von Namen erinnert an die **Glaubenskriege im 16./17. Jahrhundert.** Hervorgehoben seien die *Taubergasse* in Hernals, *Am Tabor* in der Leopoldstadt, die *Zwingligasse* im 15. Bezirk, die *Thomas-Münzer-Gasse* in Favoriten, die *Huttengasse* im 14. bzw. 16. Bezirk und die *Wallensteinstraße* in der Brigittenau, insgesamt 18 Namen.
Ein einschneidendes Ereignis war ferner der **Siebenjährige Krieg** (1756–1763). An ihn erinnert etwa im neunten Bezirk die *Kolingasse,* die *Laudongasse* im achten Bezirk, in Penzing die *Draskovichgasse*, die *Kunersdorfgasse, Loudonstraße* oder *Hadikgasse;* insgesamt wurde der Verfasser mit 10 Bezeichnungen fündig, die in Zusammenhang mit diesem Geschichtsabschnitt stehen.
Die **napoleonischen Kriege** hinterließen ebenfalls umfangreiche Spuren in den Benennungen diverser Verkehrsflächen. Hervorgehoben seien die *Lützowgasse, Heinrich-Collin-Straße* oder *Salisstraße* in Penzing, die *Alliiertenstraße, Aspernbrückengasse, Friedensgasse* oder *Hillerstraße* in der Leopoldstadt, die *Stutterheimstraße, Toldgasse* und *Tellgasse* im 15. Bezirk, die *Leipziger Straße* und der *Leipziger Platz* in der Brigittenau sowie zahlreiche Namen in der Donaustadt (z. B. *Korsenweg, Erzherzog-Karl-Straße, Benjowskigasse, Asperner Heldenplatz*); insgesamt konnten 112 Namen in Zusammenhang mit den napoleonischen Kriegen gebracht werden.
An die **Revolution** von **1848** und ihre blutige Niederschlagung erinnern der *Achtundvierzigerplatz* in Penzing und eine Reihe von Namen rundherum, z. B. *Donhartgasse, Drewitzweg, Erbacherweg, Etschnerweg, Gusterergasse, Herschmannweg, Kiesgasse;* auch die *Märzstraße, Novaragasse, Bechergasse, Fischhofgasse, Robert-Blum-Gasse* und der *Füsterweg* seien in diesem Zusammenhang genannt. Insgesamt führen 50 Bezeichnungen auf die Ereignisse von 1848 zurück.
An die **Kriege von 1864/1866** erinnern etwa die *Helgolandstraße, Sachsengasse, Hannovergasse* und der *Sachsenplatz* in der Brigittenau, die *Gablenzgasse* im 15. bzw. 16. Bezirk, die *Johnstraße* im 14. bzw. 15. Bezirk, die *Overseestraße* im 15. Bezirk, die *Gredlerstraße* in der Leopoldstadt und die *Cumberlandstraße* in Penzing; insgesamt zählte der Verfasser 11 Bezeichnungen, die daran erinnern.
An den **Ersten Weltkrieg** erinnern 13 Verkehrsflächen (am bekanntesten wohl die *Argentinierstraße*, der *Schwedenplatz,* aber auch der *Jacobsenweg* oder die *Friedensbrücke*).
Der **Bürgerkrieg 1934** (partieller Aufstand des Republikanischen Schutzbundes gegen das autoritäre Regime) hinterließ 8 Spuren (*12.-Februar-Platz, Münichreiterstraße, Zanaschkagasse* etc.).
An den **Zweiten Weltkrieg** erinnern das Norwegerviertel (s. *Bildteil*) sowie die *Basler Gasse, Kampfstraße* und das Schwedenviertel im 10. Bezirk (s. *Bildteil*).

An den **Widerstand gegen den Nationalsozialismus** gemahnen zahlreiche Namen von im Widerstand hingerichteten oder an (den Folgen von) Misshandlungen gestorbenen Patrioten. Erwähnt seien etwa die *Anton-Schmid-Promenade, Ernst-Burger-Gasse, Mastnygasse,* der *Weinfeldweg,* die *Jägerstätterstraße, Koblicekgasse, Käthe-Leichter-Gasse, Hedy-Urach-Gasse, Walter-Lindenbaum-Gasse, Max-Fleischer-Gasse, Marie-Murban-Gasse,* der *Maria-Restituta-Platz* und die *Rosa-Fischer-Gasse;* insgesamt 71 Namen.

Die **Wienflussregulierung** und die **Donauregulierung** waren für Wien wichtige Meilensteine. Die Brigittenau und die Leopoldstadt waren oft von verheerenden Überschwemmungen heimgesucht (z. B. 1784, 1787, 1830, 1862); die erste Donauregulierung 1870 bis 1875 war ein bedeutender Fortschritt. Daran erinnern die *Engerthstraße, Fännergasse, Pasettistraße, Wehlistraße* oder *Wexstraße,* alles Namen von Mitgliedern der Donauregulierungskommission, aber auch die *Eduard-Sueß-Gasse* im 15. Bezirk. Für die Wienflussregulierung sei z. B. der *Kinkplatz* genannt. Insgesamt erinnern in Wien 36 Verkehrsflächen an die Donau- und Wienflussregulierung. An die Überschwemmung von 1830 erinnern die *Spanngasse, Eisstoßgasse, Anton-Bosch-Gasse,* der *Lassingleithnerplatz* und die *Peter-Berner-Straße.*

Für Penzing war auch der **Bau der Westbahn** bedeutend. Daran erinnern z. B. die *Keißlergasse, Lindheimgasse* oder die *Matthias-Schönerer-Gasse.*

In Floridsdorf (Nordrandsiedlung), in der Leopoldstadt und in der Brigittenau treten gehäuft **Flussnamen** auf (*Ennsgasse, Erlafstraße, Gerlosplatz* etc.). Andere Beispiele sind die *Fallgasse* oder *Erbsenbachgasse.* Zählt man auch die in Zusammenhang mit der **Donau** stehenden Gewässer hinzu (*Naufahrtweg, Schillochweg* oder *Große-Bucht-Straße*), so kommt man auf 76 Verkehrsflächen, die an Flussnamen erinnern oder mit der Donau in Verbindung zu bringen sind.

Die Benennung von Verkehrsflächen ist aber auch **Ausdruck politischer Machtverhältnisse.** Zwei Beispiele mögen die Problematik verdeutlichen.

Die *Jaurèsgasse* im dritten Bezirk hieß ursprünglich Richardgasse, 1919 erhielt sie den heutigen Namen. Nach dem Bürgerkrieg 1934 und der Etablierung des autoritären Regimes wurden „sozialistische Verkehrsflächen" umbenannt, so auch die Jaurèsgasse, da sie an den französischen Sozialisten und Pazifisten Jean Jaurès erinnerte. Sie hieß von da an Lustig-Prean-Gasse. Nach der Besetzung Österreichs durch die Nationalsozialisten, dem so genannten Anschluss 1938, wurde aus der Lustig-Prean-Gasse eine Richthofengasse. Das Ende des Zweiten Weltkrieges brachte eine neuerliche Welle von (notwendigen) Umbenennungen; die Nationalsozialisten hatten zahlreiche Verkehrsflächen einschlägig durch Umbenennungen geschändet. Aus der Richthofengasse wurde wieder eine Lustig-Prean-Gasse; 1947 erfolgte die endgültige Rückbenennung in Jaurèsgasse.

Ein anderes typisches Beispiel ist der *Familienplatz* in Ottakring. Dieser war von 1881 bis 1919 ein Stefaniplatz. Nach dem Ersten Weltkrieg, den die Habsburger mitzuverantworten hatten, verschwanden die Habsburger nicht nur von der politischen Bühne, sondern auch von diversen Verkehrsflächen. Aus dem Stefaniplatz wurde ein Bebelplatz. 1934 wurde daraus ein Kernstockplatz. 1945 wurde eine Rückbenennung verabsäumt (wohl auch, weil Bebel ein deutscher Sozialistenführer war und Benennungen nach Deutschen in der unmittelbaren Nachkriegszeit nicht opportun waren); nach langen Diskussionen (Kernstock war Antisemit) wurde aus dem ursprünglichen Stefaniplatz 1992 der Familienplatz.

Anders gesagt: Der Bürgerkrieg 1934 schlug sich nicht zuletzt in veränderten Straßennamen nieder (Erinnerungen an die nunmehr verbotene Sozialdemokratie, aber auch an die Anfänge der Republik, wurden ausgelöscht). 1938 erfolgte eine neuerliche Umbenennungswelle, um das Straßenverzeichnis Wiens „judenrein" zu machen. Bemerkenswerterweise blieben die *Judengasse* und der *Judenplatz* erhalten.

Auf Umbenennungen von Verkehrsflächen in der Besatzungszeit (1945–1955), insbesondere in der sowjetischen Zone, sei in diesem Zusammenhang verwiesen

(z. B. Floridsdorfer Brücke/Malinovskybrücke, Laxenburger Straße/Tolbuchinstraße, Schwarzenbergplatz/Stalinplatz).
Unumstritten ist die Benennung von Verkehrsflächen nach Flur- oder Riednamen. Der Verfasser zählte 59 **Riednamen** (z. B. *Felberstraße, Funkengerngasse* oder *Goldschlagstraße*) und 296 **Flurnamen**.
Aufgefallen sind zudem 72 **Tiernamen** (*Elsterweg, Feldmausgasse, Hasensteig* etc.) und 224 **botanische Namen** (*Hagebuttenweg, Hagedornweg, Hanfgasse* oder *Wegerichgasse*). Gehäuft treten diese Namen in Penzing (Siedlung Kordon) und in der Donaustadt (Stadtrandsiedlung, Am Mühlhäufel – s. dazu *Bildteil*) auf.
Hinzuweisen wäre noch auf die Benennung nach (**ehemaligen**) **Gasthäusern/ Hausschildern**, insgesamt 77 Namen (konzentriert auf die inneren Bezirke, z. B. *Drachengasse, Lammgasse, Florianigasse* oder *Preßgasse*).
Auffallend intensiv ist die Benennung nach der **musikalischen Ausrichtung** Wiens (Musiker/Komponisten/Sänger/Dirigenten): 271 Namen wurden gezählt. Dazu kommen noch als eigene Gruppe die **Wienerlied-Komponisten/-Interpreten/-Textdichter** (z. B. *Föderlweg, Franz-Mika-Weg, Gustav-Pick-Gasse, Hermann-Leopoldi-Weg* oder *Kratzlgasse*, insgesamt 23 Namen).
Gefolgt werden die Musiker von **Schauspielern/Theaterdirektoren** (147), übertroffen von den **Schriftstellern** (Journalisten, Publizisten, (Heimat-)Dichtern): 334 Namen. Andere Gruppen wären **Architekten** (78), **Bildhauer** (70), **Chemiker/Physiker** (88), **Juristen** (60), **Maler/Graphiker** (218), **Historiker** (inklusive Kunsthistoriker, Literaturhistoriker, Archäologen, Heimatforscher – 101 Namen), **Mediziner** (171), **Techniker** (101) und **Luftfahrtpioniere** (Benennungen um die *Flugfeldstraße*, aber auch *Kronfeldgasse* oder *Lilienthalgasse* – 23 Namen).
Auch die Benennung nach Theaterstücken (z. B. *Medeagasse, Sapphogasse*), Opern, Operetten (z. B. *Gasparoneweg, Traviatagasse, Fatinitzaweg, Marizaweg*) oder Figuren bzw. Protagonisten daraus (z. B. *Sarastroweg, Herogasse, Libussagasse*) kommt vor (46 Namen).
Hinzuweisen wäre ferner auf eine Gruppe von Namen, die darauf zurückgeht, dass ein Grundbesitzer durch Hausbau eine Gasse eröffnete oder den Grund für den Bau einer Verkehrsfläche der Gemeinde schenkte. Und dies nicht immer uneigennützig, wie die *Grohgasse* oder *Kujanikgasse* zeigen. Ein Kuriosum in diesem Zusammenhang ist die *Lilienbrunngasse*. Diese Namensgruppe ist größer, als man gemeinhin annimmt; der Verfasser zählte 58 Verkehrsflächen.
Eine weitere große Anzahl von Namen geht auf **Geistliche,** die sich um die Gemeinde (Ortspfarrer) oder Wien (Bischöfe, Kardinäle) verdient gemacht haben, zurück. Diese Gruppe umfasst 174 Namen. Typische Beispiele sind die *Martin-Gaunersdorfer-Gasse, Nödlgasse* sowie der *Kardinal-Innitzer-Platz* oder der *Migazziplatz*.
Auf **Kirchenstifter,** bedeutende, sprich spendenfreudige Mitglieder von Kirchenbauvereinen bzw. Personen, die sich um eine Kirche sonstwie verdient gemacht haben, geht eine nicht unbeträchtliche Anzahl von Namen zurück (z. B. *Kirchstetterngasse* in Ottakring oder *Cothmannstraße* in Meidling).
Um die **Armen- und Waisenfürsorge** machten sich nicht nur Geistliche verdient; eine Reihe von Verkehrsflächen erinnert daran, dass es immer wieder Personen gab, die sich für die Armen engagierten (z. B. *Sanettystraße, Neblingergasse, Trauttmannsdorffgasse, Buckalgasse, Bacherplatz, Fillgradergasse* – insgesamt 77 Namen).
Für Wien bedeutend sind natürlich auch jene Persönlichkeiten, die die Stadt politisch geprägt haben.
Im Zuge der Eingemeindung der Vororte/Vorstädte wurden Namen häufig nach (letzten) Ortsrichtern und (ersten) Bürgermeistern benannt. Zählt man alle Bürgermeister, Stadt-, Gemeinde- und Bezirksräte sowie Bezirksvorsteher und sonstige Lokalpolitiker dazu, so kommt man auf 548 Namen, die man unter dem Begriff **Stadt-/Bezirkspolitiker** subsumieren könnte. Typische Beispiele wären die *Greinergasse, Grillgasse, Maria-Rekker-Gasse,* der *Otto-Mraz-Weg* oder die *Treustraße.* Politiker von überregionaler Bedeutung sind darin nicht enthalten; dies wären

gesondert 92 Namen (z. B. *Bruno-Kreisky-Gasse, Julius-Raab-Platz, Kennedybrücke* oder *Hanuschgasse*).
Zuletzt sei noch auf **Kaffeehausbesitzer** (z. B. *Gansterergasse, Wurlitzergasse, Föderlweg*) hingewiesen. Auch **Buchhändler/Buchdrucker/Verleger** haben Spuren im Straßennamennetz hinterlassen (*Braumüllergasse, Reclamgasse, Rollingergasse, Holzhausenplatz;* insgesamt 26 Namen), ebenso **Pädagogen (Lehrer)**: 112 Namen (*Fröbelgasse, Liepoltgasse* oder *Wilhelm-Stemmer-Weg*).
Auch die Erinnerung an ehemalige (**selbständige**) **Orte und Stadtteile** lebt fort: 187 Namen (*Inzersdorfer Straße, Schottenfeldgasse, Speisinger Straße, Stallarngasse* etc.).
Benennungen nach **Landschaften/Städten, Orten der Umgebung** runden das Spektrum ab (67 Namen, z. B. *Wachaustraße, Eisenstadtplatz, Linzer Straße* oder *Gerasdorfer Straße*).
Die *Schrottenbachgasse, Tlasekgasse,* die *Kerschbaumgasse* und der *Gillingerweg* erinnern an Polizisten, die in Ausübung ihrer Pflicht erschossen wurden (zu dieser Gruppe gehört auch der 1999 benannte *Wolfgang-Kössner-Park!*).
Wer sich interessiert, welche Verkehrsflächen nach Evangelischen benannt wurden, sei auf das Buch „Evangelische in Österreich" (s. *Literaturverzeichnis*) verwiesen.
Auf **einige Besonderheiten** sei noch hingewiesen. So gibt es in Penzing in der Siedlung Wolfersberg ein **Planetenviertel** (z. B. *Erdenweg, Jupiterweg, Mondweg, Merkurweg* – s. *Bildteil*). In der Brigittenau wurde die Dresdner Straße nur deswegen so benannt, weil zur gleichen Zeit in Dresden eine Wiener Straße aus der Taufe gehoben wurde. In Favoriten existiert eine **Gruppe von schwedischen Namen**; sie erinnern an die schwedische Hilfe für Wien nach dem Zweiten Weltkrieg (siehe *Bildteil*).
Weitere Viertel sind das **Nibelungenviertel, Edelsteinviertel, Norwegerviertel** (zur Erinnerung an die norwegische Hilfe für Wien nach dem Zweiten Weltkrieg), **Blumenviertel, Literatenviertel, Widerstandsviertel** und **Fußballerviertel** (an Sportler/Sportfunktionäre erinnern im übrigen 58 Namen, z. B. *Dolfi-Gruber-Weg, Jochen-Rindt-Straße, Gastgebgasse, Ernst-Melchior-Gasse* oder *Karl-Schäfer-Straße*). Hinzugezählt wurden dabei auch die neu in Stammersdorf angesiedelten Sportjournalisten *(Edi-Finger-Straße, Heribert-Meisel-Gasse, Maximilian-Reich-Weg).*
2000 neu angelegt wurde ein **Schauspielerinnenviertel** im Stadterweiterungsgebiet „In der Wiesen" (s. *Romy-Schneider-Gasse*).
Um die Jahrhundertwende gab es den Versuch, sich an den USA zu orientieren. So gab es in Simmering die 1. bis 5. Landwehrstraße, die 1. bis 6. Landengasse, und heute existiert noch ein Restbestand der Haidequerstraßen. Diese Art der Benennung der Verkehrsflächen stieß jedoch auf Widerstand.
Seit 1989 gilt übrigens, dass die Benennung von Verkehrsflächen nach verstorbenen Persönlichkeiten ein Jahr ab dem Tod erfolgen darf (vorher war die **Interkalarfrist** drei Jahre). Benennungen nach lebenden Personen wurden 1894 abgeschafft (in der Praxis gab es bei Angehörigen der kaiserlichen Familie aber Ausnahmen).
Beispiel für Benennungen zu Lebzeiten des Geehrten wären die *Herbststraße, Habichergasse* oder *Weyprechtgasse.*

Stadterweiterung und Bezirksgrenzen

1850 wurden die 34 Wiener Vorstädte mit Wien vereinigt. Das war die *erste* Stadterweiterung. Die Eingemeindung der Vororte dagegen stieß auf Ablehnung. Dabei hat sicher eine Rolle gespielt, dass die Bürgermeister und sonstigen politischen Vertreter der Vorortegemeinden ihr Amt verloren hätten. Die Wiener Stadtverwaltung wollte sich nicht mit den vorhersehbaren hohen Ausgaben für Wasserleitung, Kanalisation, Schulbau etc. in den meist armen dörflichen Vororten

belasten. Die Eingemeindung der Vorstädte dagegen wurde als richtig und notwendig anerkannt, wiewohl es natürlich auch dagegen Widerstände gab.
Zwischen den ehemaligen Vorstädten und der Stadt lag aber noch immer die Stadtmauer mit dem Glacis als trennende Barriere. Der Kaiser stimmte erst 1857 der Schleifung der Befestigungsanlagen und der Anlegung der Ringstraße zu. **Erst 1861** (Festlegung der Bezirksgrenzen) **war der Prozess der Eingemeindung der Vorstädte tatsächlich beendet**. Wien wurde vorerst in acht und dann durch eine Trennung der Bezirke 4 und 5 in neun Bezirke eingeteilt. Das ganze Gebiet innerhalb des Linienwalls gehörte nunmehr zu Wien und auch ein Stück außerhalb, nämlich Favoriten, vorerst aufgeteilt auf den 4. und 5. Bezirk. 1874 wurde daraus der selbstständige 10. Bezirk. (Das Gründungsfest fand freilich erst mit der Installierung der ersten Bezirksvertretung 1875 statt.) Außerdem begann im selben Jahr der Bau einer Straße entlang des Linienwalls, die Gürtel genannt wurde. 1893 genehmigte der Kaiser die Einebnung dieses Walles. Der Gürtel konnte ausgebaut, die Stadtbahn gebaut und mit der Herstellung diverser Straßenverbindungen begonnen werden. Da der Wall aus Verteidigungsgründen im Zick-Zack-Muster angelegt war, fiel das neue Gebiet einmal den innerhalb und einmal den außerhalb gelegenen Bezirken zu. 1905 wurden diese Grenzen endgültig geregelt. Durch den Abbruch des Linienwalls verschob sich beispielsweise die Bezirksgrenze des 8. Bezirkes nach Westen; Teile des 16. und 17. Bezirkes kamen zum 8. Bezirk.
Im Zuge der Eingemeindung der Vorstädte wurden 1862 zahlreiche Straßen umbenannt, um Doppel- und Mehrfachbenennungen zu vermeiden. Es gab in mehreren Vorstädten Bezeichnungen wie Herrengasse, Pfarrgasse, Gemeindegasse, Hauptstraße, Kirchengasse usw.
Am 19. 12. 1890 beschloss der niederösterreichische Landtag, die Vororte mit Wien zu vereinigen; das Gesetz trat mit 1. 1. 1892 in Kraft. Die Fläche Wiens wurde damit verdreifacht, die Einwohnerzahl stieg von rund 525.000 auf rund 1,365.000. Die Vororte wurden in die Bezirke 11–19 zusammengefasst. Die Diskussion um die Eingemeindung war lange und heftig. In nur zwei von 46 Vororten, nämlich in Währing und Unter-Meidling, fand sich eine Mehrheit für die Eingemeindung. Vertreter der Wirtschaft waren für die Eingemeindung gewesen; der Kaiser hatte 1888 eine entsprechende Erklärung abgegeben; die Vororte wurden nicht mehr gefragt.
Zu beachten ist, dass der 14. Bezirk aus Rudolfsheim und Sechshaus gebildet wurde und Rudolfsheim hieß; der 15. Bezirk hieß Fünfhaus. Die heutigen Bezirke Hietzing und Penzing bildeten den 13. Bezirk Hietzing.
Außerdem kam der nördliche Teil der Gemeinde Inzersdorf zum 10. Bezirk. Die Brigittenau war noch Teil des 2. Bezirkes; sie wurde erst 1900 als 20. Bezirk selbstständig. 1904 wurde die Großgemeinde Floridsdorf (gebildet aus Floridsdorf, Jedlesee, Donaufeld, Teile von Strebersdorf und Stammersdorf, Kagran, Hirschstetten, Stadlau, Lobau, Aspern, Groß-Jedlersdorf, Leopoldau und einem Stück von Breitenlee) als 21. Bezirk eingemeindet. Im selben Jahr wurden Teile von Gaudenzdorf an den damaligen 14. Bezirk abgetreten (Gegend um die Diefenbachgasse; heute: 15. Bezirk). 1907 kam Neu-Margareten vom 5. zum 12. Bezirk; das Fünfhauser Gebiet östlich des Gürtels zum 7. Bezirk. 1911 wurde der Rest von Strebersdorf eingemeindet.
1916 kam der Schweizer Garten zum 3. Bezirk (vorher 10. Bezirk). Kaisermühlen gehörte bis 1938 zum 2. Bezirk.
Diese Eingemeindung der Vororte, die *zweite Stadterweiterung,* brachte es mit sich, dass wiederum zahlreiche Verkehrsflächen neu benannt werden mussten. In den meisten Vororten gab es Schulgassen, Feldgassen, Bräuhausgassen, Parkstraßen, Parkgassen, Kirchengassen, Kirchenplätze, Hauptstraßen usw. Um Doppel- und Mehrfachbenennungen zu vermeiden, erfolgte in den 90er Jahren des 19. Jahrhunderts eine Welle von Neu- bzw. Umbenennungen.
Die nächste große Veränderung erfuhr Wien im Jahr 1938. Die Nationalsozialisten bildeten ein Groß-Wien, indem sie niederösterreichische Gemeinden an Wien an-

schlossen. Zu den 21 bestehenden Bezirken kamen fünf neue Bezirke: 22 – Groß-Enzersdorf, 23 – Schwechat, 24 – Mödling, 25 – Liesing und 26 – Klosterneuburg. Groß-Enzersdorf bestand aus Kagran, Stadlau, Hirschstetten, Aspern, Kaisermühlen, Breitenlee, Essling und Süßenbrunn. Ein Teil von Mauer, das 1938 eingemeindet und dem 25. Bezirk zugeschlagen wurde, kam an den 13. Bezirk.
Gleichzeitig wurden alte Bezirksstrukturen geändert. Neustift am Walde und Salmannsdorf, die zum 18. Bezirk zählten, wurden zum 19. Bezirk geschlagen. Der 13. Bezirk wurde geteilt. Der südlich des Wienflusses gelegene Teil blieb als Hietzing der 13. Bezirk, der nördlich gelegene Teil wurde als Penzing der 14. Bezirk. Der bisherige 14. Bezirk Rudolfsheim wurde mit dem 15. Bezirk Fünfhaus vereint (ab 1957 Rudolfsheim-Fünfhaus), der 2. und 20. Bezirk verloren ihre Gebiete nördlich der Donau an den 21. und 22. Bezirk.
Nach der Befreiung Wiens von der nationalsozialistischen Herrschaft einigte man sich darauf, den Großteil der eingemeindeten niederösterreichischen Orte wieder selbstständig werden zu lassen. Die Besatzungsmächte sträubten sich jedoch dagegen und gaben ihren Widerstand gegen das „Gebietsänderungsgesetz" erst 1954 auf. Von der Stadterweiterung 1938 blieben die Bezirke 22 – Donaustadt und 23 – Liesing (allerdings mit anderer Umgrenzung); Hadersdorf-Weidlingau kam zu Penzing. Die 1954 gebildete Donaustadt umfasst Süßenbrunn, Breitenlee, Essling, Aspern, Stadlau, Hirschstetten, Kagran und Kaisermühlen. Die Orte Oberlaa und Unterlaa, soweit sie nicht schon 1890 eingemeindet waren, und Rothneusiedl kamen 1954 zum 10. Bezirk. Der Lainzer Tiergarten, bis 1938 Teil von Mauer, blieb beim 13. Bezirk (1956). Zuletzt kam Albern 1956 zu Simmering.
Kleinere Veränderungen gibt es bis heute; sie alle aufzuzählen, würde den Rahmen dieser Einleitung sprengen. Als Beispiel sei nur folgendes aufgelistet:
1959 wurde die Bezirksgrenze des 12. Bezirks in die Achse der Grünbergstraße verlegt. 1991 kam der Auer-Welsbach-Park beim Technischen Museum zum 15. Bezirk,1992 wurden einige Gebiete von Hernals in den 18. Bezirk verlegt (Beseitigung des Grenzverlaufes des 17./18. Bezirkes quer durch den Gersthofer Friedhof). Ferner wurden durch Landesgesetzblatt 12 vom 20. 3. 1995 Grenzkorrekturen zwischen den Bezirken 6/15, 7/15, 7/16, 12/23, 10/12, 14/15/16, 1/8 und 1/6 vorgenommen.
Landesgesetzblatt 36 vom 23. 6. 1995 nahm Grenzkorrekturen zwischen den Bezirken 3/11, 17/18/19 und 21/22 vor, Landesgesetzblatt 49 vom 5. 10. 1995 änderte die Bezirksgrenze zwischen dem 14. und 16. Bezirk im Bereich Johann-Staud-Straße, Landesgesetzblatt 49 vom 25. 9. 1996 nahm Grenzkorrekturen zwischen dem 6., 7. und 15. Bezirk vor, und Landesgesetzblatt 30 vom 8. Oktober 1997 änderte die Bezirksgrenzen zwischen 12., 13. und 23. Bezirk.
Mit Schreiben vom 21. April 1997 informierte die MA 41 (Stadtvermessung), dass die Kappgasse – einer jüngsten Vermessung zufolge – nicht zum 3., sondern zum 11. Bezirk gehört.
Landesgesetzblatt 6 vom 30. Jänner 1998 änderte die Bezirksgrenze zwischen 16. und 17. Bezirk im Bereich der Spinozagasse, und Landesgesetzblatt 7 vom 30. Jänner 1998 änderte den Verlauf der Bezirksgrenze zwischen dem 12. und 23. Bezirk bei der Gutheil-Schoder-Gasse.
Landesgesetzblatt 13 vom 5. Februar 1999 änderte die Bezirksgrenze zwischen dem 4. und 5. Bezirk im Bereich Rechte Wienzeile, Kettenbrückengasse sowie die Bezirksgrenze zwischen dem 3. und 4. Bezirk im Bereich Schwarzenbergplatz.
Landesgesetzblatt 39 vom 18. September 2002 änderte die Bezirksgrenzen zwischen 21. und 22. Bezirk in mehreren Bereichen.

Beschluss des Gemeinderates über die Vergabe von Orientierungsnummern für Straßen, Gassen und Plätze in Wien

(Beschluss 27. Juni 2001, PrZ 241/01-GWS)

§ 1. Die Straßen, Gassen und Plätze in Wien sind wie folgt zu nummerieren:
1. Die Straßen und Gassen haben für sich abgeschlossen fortlaufende Nummern (Orientierungsnummern) zu erhalten, und zwar rechts die geraden und links die ungeraden. In jeder Straße oder Gasse hat demnach die Nummerierung mit der Orientierungsnummer 1 zu beginnen.
2. Die niederen Nummern haben in den Längsstraßen und -gassen bei der dem Stadtzentrum – das heißt dem Stephansplatz – zugekehrten Seite, in den Querstraßen und -gassen in der Regel an der linken Seite zu beginnen. Längsstraßen und -gassen sind jene, welche in radialer Richtung verlaufen; alle anderen sind Querstraßen und -gassen.
3. Plätze sind im Kreise von links nach rechts mit fortlaufenden Zahlen, beginnend mit der Orientierungsnummer 1, zu versehen.
4. Jede Liegenschaft, die an eine öffentliche Verkehrsfläche, auch an eine Verkehrsfläche nach § 53 der Bauordnung für Wien, angebunden ist, erhält, jedenfalls im Falle einer Bebauung, eine oder mehrere Orientierungsnummern. Bei der Lage an mehreren Verkehrsflächen erhält die Liegenschaft an jeder Verkehrsfläche eine oder mehrere Orientierungsnummern. Bei Kleingartengebieten, Kleingartengebieten für ganzjähriges Wohnen und Gartensiedlungsgebieten kann jeder Zugang von der öffentlichen Verkehrsfläche eine Orientierungsnummer erhalten. Orientierungsnummern können schon vor Benennung einer Verkehrsfläche vergeben werden; sie sind grundsätzlich bei Baubeginn zu vergeben. Eine Änderung einer einmal vergebenen oder derzeit bestehenden Orientierungsnummer ist nur im Falle von Gefahr in Verzug (z. B. Verwechslungsgefahr für Rettung, Feuerwehr und dergleichen) vorzunehmen.

§ 2. Dieser Beschluss tritt am 1. September 2001 in Kraft. Mit dem Inkrafttreten dieses Beschlusses tritt Punkt B. des Beschlusses des Stadtrathes der Reichshaupt- und Residenzstadt Wien vom 7. Februar 1894, Amtsblatt der k. k. Reichshaupt- und Residenzstadt Wien Nr 14/1894, außer Kraft.

Neue Rechtschreibung bei Straßennamen

Die zuständige Magistratsabteilung 7 stellte am 17. November 1999 (MA 7-2002/99) einen Antrag, dass der Gemeinderatsausschuss für Kultur, der Stadtsenat und der Gemeinderat Folgendes beschließen mögen:
„In Abänderung des Gemeinderatsbeschlusses vom 30. Jänner 1981 werden für die Schreibung von Verkehrsflächenbezeichnungen und geographischen Namen die Grundsätze der Wiener Nomenklaturkommission dahingehend ergänzt, dass grundsätzlich die Neue Rechtschreibung Anwendung findet. Auf Straßentafeln, Orientierungsnummerntafeln und dergleichen sowie in Personaldokumenten ist die geänderte Schreibweise nur bei Neuanbringung bzw. Neuausstellung zu berücksichtigen."
Mit Beschluss des Gemeinderates vom 17. Dezember 1999 wurde der Antrag angenommen.
Eigennamen sind also von der Reform verschont geblieben, bestehende Tafeln werden (aus Kostengründen) nicht geändert. Der Verfasser hat die bisherige Schreibung der Straßennamen zwar der Einfachheit halber beibehalten, allerdings überall dort, wo eine Änderung eingetreten ist, die Neuschreibung angefügt.
Auswirken wird sich die neue Rechtschreibung bei der Verlängerung bestehender Verkehrsflächen. Die Schönbrunner Schlossstraße würde im Falle einer Verlängerung auf den Tafeln mit drei „s" geschrieben, der „alte" Teil würde wie gehabt (keine Auswechslung der Straßentafeln) bleiben. Der glückliche Zufall will es, dass die meisten von der neuen Rechtschreibung betroffenen Verkehrsflächen kaum diesbezüglichen Änderungen unterworfen werden können.

A

Abbegasse, 14., seit 1930, Prof. Dr. Ernst Abbé (1840 bis 1905), Physiker, 1889 Inhaber der optischen Werke Carl Zeiss, die er 1891 der Carl-Zeiss-Stiftung übergab; das Unternehmen, das sich bis 1918 hier befand, galt als sozial vorbildlich

Abelegasse, 16., seit 1856 (1783 Feldweg, 1835 Untere Hauptstraße), Thomas Abele (1798 bis 1869), Gastwirt, Gemeinderatsmitglied

Abermanngasse, 12., seit 1894 (vorher Gloriettegasse); Heinrich Abermann (1583–1621), 1614 Rektor der Wiener Universität und 1615–1621 Rektor der Bürgerschule zu St. Stephan (Übersetzer der „Geschichte Wiens" von Wolfgang Lazius aus dem Lateinischen ins Deutsche, das ist die erste Stadtgeschichte in deutscher Sprache), s. *Laziusstraße*

Abraham-a-Sancta-Clara-Gasse, 1., seit 1903, Abraham a Sancta Clara (eigentlich Hans Ulrich Megerle, 1644 bis 1709), Prediger (populäre Predigten voll derbem Witz, er kritisierte Unsittlichkeit und soziale Missstände, bekannt z. B. seine Pestbußpredigt „Merck's Wienn")

Ada Christen

Abraham-a-Sancta-Clara-Straße, 14., Benennungsdatum unklar, Abraham a Sancta Clara war 1662 in das Mariabrunner Barfüßerkloster eingetreten, s. *Abraham-a-Sancta-Clara-Gasse*

Absberggasse, 10., seit 1875, bereits 1690 erwähnter Riedname („In den Absbergen"), möglicherweise abgeleitet von „des Abtes Bergen" (Klosterbesitz)

Abt-Karl-Gasse, 18., seit 1887 (urspr. bis 1864 Untere Quergasse, dann Karlsgasse), Alexander Karl (1824–1909), Abt von Stift Melk, niederösterreichischer Landtagsabgeordneter

Abtsbergengasse, 14., seit 1962, nach der Weinried, die das Stift Formbach in Oberbaumgarten besaß

Achamergasse, 9., seit 1903 (vorher ab 1862: Exnergasse). Johann Achamer (1651–1712), Glockengießer, goss im Jahre 1711 aus 180 türkischen Kanonen die „Große Pummerin"

Achardgasse, 21., seit 1936, Franz Karl Achard (1753–1821), Chemiker, Physiker; Begründer der Rübenzuckerfabrikation (1801)

Achengasse, 21., seit 1953, nach der Tiroler Ache

Achtergasse, 23., Benennungsdatum unbekannt, Lorenz Achter (1834 bis 1904), Schuldirektor, Begründer der freiwilligen Feuerwehr Liesing

Achtundvierzigerplatz, 14., seit 1929, zur Erinnerung an die Opfer der Revolution vom März 1848, die Verkehrsflächen rundherum sind nach Opfern benannt, s. *Märzstraße*

Ada-Christen-Gasse, 10., seit 1968, Ada Christen (Christiane von Breden: 1844 bis 1901), Schriftstellerin (Roman „Jungfer Mutter", Gedichtsammlung „Lieder einer Verlorenen"), lebte ab 1891 verarmt und in Isolation in einer selbstangelegten Gärtnerei („Einsamhof")

Adalbert-Stifter-Straße, 20., seit 1899, Adalbert Stifter (1805–1868), Hauslehrer, Landschaftsmaler, Schriftsteller; zeichnete in genauen Bildern die Schönheit der Landschaften seiner Heimat („Bergkristall", „Aus der Mappe meines Urgroßvaters", „Nachsommer")

Adambergergasse, 2., seit 1894 (vorher Theresiengasse), Antonie Adamberger (1790–1867), Burgschauspielerin

Adam-Betz-Gasse, 22., Benennungsdatum unbekannt, Adam Betz (1873 bis 1924), Bürgermeister von Essling (1919–1924)

Adamovichgasse, 23., seit 1982, Dr. Ludwig Adamovich (1880 bis 1955), Jurist, 1938 zwangspensioniert, 1945 Rektor der Wiener Universität, 1946 bis 1955 Präsident des Verfassungsgerichtshofes

Adamsgasse, 3., seit 1862, nach dem Fleischhauer Johann Adam, der 1756 sein Geschäft in der Weißgerbervorstadt in einem Haus „Zur goldenen Weintraube" betrieb

Adele-Worm-Weg, 22, seit 2003, Prof. Adele Worm (1923 bis 2000) Stenotypistin; ab 1957 tätig in der ÖAAB-Bundesleitung Wien; ab 1971 Geschäftsführerin des Leopold-Kunschak-Preises; Worm wurde ausgezeichnet mit dem Goldenen Ehrenzeichen des ÖAAB

Aderklaaer Straße, 21., seit 1910, führt zur gleichnamigen Ortschaft in NÖ

Adlerbrücke, 11., Brücke über die Schwechat bei der Kaiserebersdorfer Straße, nach einem Gasthausschild „Zum goldenen Adler"

Adolf-Amadeo-Gasse, 21., seit 1960, Adolf Amadeo (1881–1930), Beamter, Bezirksrat, Gründer des Floridsdorfer Turnvereines, Gründer einer Arbeiterbibliothek

Adolf-Blamauer-Gasse, 3., seit 1936, Adolf Blamauer (1847–1923), Aquarellmaler, Mitgründer des Österreichischen Touristenklubs

Adolf-Czettel-Gasse, 16., seit 1998, Adolf Czettel (1924–1988), Maschinenschlosser, aufgewachsen unter ärmlichen Verhältnissen in Ottakring; Betriebsratsobmann (1951), Mitglied des Zentralvorstands der Gewerkschaft der Metallarbeiter (1965), Gemeinderat (1969–1976), Präsident der AK Wien (1976–1988), Abg. zum NR (1979 bis 1988), Präsident des Hauptverbandes der Sozialversicherungsträger (1984–1988); SPÖ

Adolf-Gstöttner-Gasse, 20., seit 1956 (vorher ab 1876: Straußgasse), Dipl.-Ing. Adolf Gstöttner (1874–1943), Bergbaufachmann

Adolf-Kirchl-Gasse, 10., seit 1959, Adolf Kirchl (1858–1936), Chorleiter, Musikerzieher, Komponist; Werke für Männer- und Frauenchöre; veröffentlichte auch Liedbücher für Volks- und Hauptschulen

Adolf-Loos-Gasse, 21., seit 1970, Adolf Loos (1870–1933), Architekt, Kritiker von Jugendstil und Wr. Werkstätte

Adolf-Loos-Weg, 21., seit 1993, s. *Adolf-Loos-Gasse*

Adolf-Lorenz-Gasse, 13., seit 1959, Prof. Dr. Adolf Lorenz (1854 bis 1946), Arzt, baute das Fach „Orthopädie" auf, Verdienste um die unblutige Einrenkung der angeborenen Hüftgelenksluxation

Adolf-Raupenstrauch-Gasse, 19., seit 1979, Dr. Gustav Adolf Raupenstrauch (1859–1943), Chemiker, Erfinder des Lysols (Basis für Desinfektionswesen)

Adolf-Schmidl-Gasse, 20., seit 1910, Adolf Schmidl (1802–1863), Wiener Heimatschriftsteller

Adolf-Schiel-Straße, 23., nicht amtlich (Privatstraße)

Adolfstorgasse, 13., seit 1894 (vorher: Bergstraße), nach dem Tor in der Tiergartenmauer

Adolf-Unger-Gasse, 10., seit 1969, Adolf Unger (1904–1942; KZ Auschwitz), jüdischer Arbeiterschriftsteller (zeitkritische Gedichte)

Adolf-Uthmann-Gasse, 21., seit 1932, Adolf Uthmann (1867–1920), Chorkomponist, Wegbereiter der Arbeitermusik

Adonisweg, 22., seit 1954, nach der gleichnamigen Pflanze

Aegidigasse, 6., seit 1852, der hl. Aegidius ist Namenspatron der Pfarrkirche von Gumpendorf („Zum hl. Aegidius")

Ährengrubenweg, 19., seit 1994, alter Flurname

Äugelgasse, 21., seit 1907, Flurname (Äugel = kleine Au)

Afrikanergasse, 2., seit 1862 (vorher: Marokkanergasse, zur Beseitigung der Doppelbezeichnung im 3. Bezirk umbenannt), s. auch *Marokkanergasse*

Afritschgasse, 22., seit 1927, Anton Afritsch (1873–1924), Sozialdemokrat, Gründer der Vereinigung der Kinderfreunde, Redakteur des „Arbeiterwillen"

Agavenweg, 22., seit 1954, nach der Pflanzengattung Agave

Agnesgasse, 19., seit 1894 (vorher: Neustiftgasse), Markgräfin Agnes (1076 bis 1157), Gattin Leopolds III.; der Legende nach verlor sie bei der Jagd ihren Schleier, an der Stelle, wo er gefunden wurde, entstand das Stift Klosterneuburg

Agricolagasse, 16., seit 1936, Karl Agricola (1779–1852), Kupferstecher, Porträt- und Historienmaler

Ahornergasse, 7., seit 1938, Karl Ahorner (1873–1934), Fabrikant, Verdienste als Wohltäter

Ahornweg, 22., seit 1978 (vorher: Hillerweg), nach der Baumgattung (Acer)

Aichbühelgasse, 13., seit 1961, Johann Carl Aichbühel (1598–1658), Rektor der Wiener Universität, Besitzer der Herrschaft Hacking um 1654

Aichholzgasse, 12., seit 1894 (bis 1864 Blindegasse, dann Millergasse), Josef Miller von Aichholz (1797 bis 1871), Kunstsammler, Unternehmer; 1852 Direktor der Oesterreichischen Nationalbank

Aichhorngasse, 12., seit 1894, nach Josef Aichhorn (1823–1889), Gastwirt, Gemeinderat und Vizebürgermeister von Gaudenzdorf

Aidagasse, 23., seit 1960, nach der gleichnamigen Oper von Giuseppe Verdi

Aignersteg, 20., seit 1999, Josef Matthäus Aigner (1818–1886), Porträtmaler (z. B. Franz Joseph, Elisabeth, Grillparzer, Lenau); in der Revolution 1848 prov. Corpskommandant, zum Tode verurteilt, dann begnadigt, 1864 Mitglied des Künstlerhauses, 1883–1886 Gemeinderat (deutschnational)

Aignerstraße, 20., seit 1921, s. *Aignersteg*

Ailecgasse, 11., seit 1975, Josef Ailec (1874–1944), Bildhauer; schuf Kreuzwegstation und Taufbecken für die Simmeringer Pfarrkirche am Enkplatz

Aistgasse, 21., seit 1953, Fluss in Oberösterreich, Nebenfluss der Donau

Akademiestraße, 1., seit 1862, nach der 1860–1862 erbauten Handelsakademie

Akaziengasse, 23., seit 1952, nach der Robinie (Robinia pseudacacia), einer kultivierten Baumart, die fälschlich Akazie genannt wird

Akeleiweg, 22., seit 1944, nach der Pflanzengattung (Aquilegia)

Akkonplatz, 15., seit 1912, Herzog Leopold V. erstürmte beim dritten Kreuzzug (1191) die Festung Akkon in Palästina; dabei entstand der Sage nach das österreichische Wappenschild Rot-Weiß-Rot

Aladar-Pecht-Gasse, 22., seit 1959, Prof. Dr. Aladar Pecht (1898–1961), Stadtbaudirektor

Alaudagasse, 10., seit 1968, nach der römischen Legion „Alaudarum", deren Veteranendorf am Wienerberg lag

Alban-Berg-Weg, 13., seit 1969, Alban Berg (1885–1935), Komponist, gehörte zum Freundeskreis von Arnold Schönberg, Oper „Wozzeck"

Albatrosgasse, 22., seit 1957, nach dem Vogel

Alberichgasse, 15., seit 1912, Zwergenkönig der Nibelungensage

Alberner Hafenzufahrtsstraße, 11., seit 1960, Zufahrt zum Alberner Hafen

Alberner Brücke, 11., seit 1958, über die Donauuferbahn

Alberner Straße, 11., seit 1958, Albern, 1162 erstmals urk. erwähnt, kam 1938 zum 23. Bezirk, Schwechat, 1956 zu Simmering

Albertgasse, 8., seit 1862 (vorher: Breite Gasse; um 1840: An der Alserbreite), s. *Albertplatz*

Albertinaplatz, 1., seit 1934 (1877–1920 Albrechtsplatz, bis 1934 Revolutionsplatz), nach der „Albertina", der von Herzog Albert von Sachsen-Teschen 1776 gegründeten Sammlung von Handzeichnungen und Stichen

Albertisgasse, 21., seit 1966, nach dem ehemaligen Kleingartenverein „Albertis"

Albertplatz, 8., seit 1904, Herzog Albert von Sachsen-Teschen (1738–1822), Erbauer der Albertinischen Wasserleitung (1803–1805) aus dem Haltertal

Albert-Schweitzer-Gasse, 14., seit 1969, Dr. Albert Schweitzer (1875 bis 1965), Arzt (Missionsarzt in Lambarene), Kulturphilosoph, Friedensnobelpreis 1952

Albert-Sever-Straße, 21., Benennungsdatum unbekannt, Albert Sever (1867 bis 1942), Sozialdemokrat, Fleischhauerlehrling, Beamter, 1911 Reichsratsabgeordneter, 1913 Obmann der Ottakringer Sozialdemokratie, 1919 Landeshauptmann von NÖ, 1921 geschäftsführender Klubobmann der Sozialdemokraten im Parlament

Albin-Hirsch-Platz, 11., seit 1949 (urspr. Friedplatz, 1938–1949 Egerländerplatz), Albin Hirsch (1847–1918), christlichsozialer Bezirksvorsteher (1896 bis 1918), Tischlermeister

Albrechtsbergergasse, 12., seit 1894 (vorher: Pfarrgasse), Johann Georg Albrechtsberger (1736–1809), Musiktheoretiker, Komponist, Domkapellmeister, Lehrer Beethovens

Albrechtskreithgasse, 16., seit 1888, Flurname, als „Albertsgeräut" 1267 urkundlich erwähnt, wahrscheinlich wurde diese Gegend von einem Albrecht gerodet

Alexander-Mell-Gasse, 22., seit 1968, Alexander Mell (1850–1931), Blindenerzieher, Direktor des Blindeninstituts

Alexander-Nehr-Gasse, 9., seit 1962, Alexander Nehr (1855–1928), Kunstschlosser, schuf den Rathausmann (1882)

Alexander-Poch-Platz, 2., seit 1969, Msgr. Alexander Poch (1904–1966), Pfarrer von St. Leopold, half 1938 bis 1945 vielen Juden u. a. Verfolgten

Alfons-Mucha-Weg, 14., seit 1977, nach dem Maler und Graphiker Alfons Mucha (1860–1939), einem Vertreter des Jugendstils in Frankreich

Alfred-Dallinger-Platz, 3., seit 2005, Alfred Dallinger (1926–1989), Sozialpolitiker; 1974–1989 Vorsitzender der Gewerkschaft der Privatangestellten und Abg. z. NR (SPÖ), BM für soziale Verwaltung (1980–1989); Verfechter der 35-Stunden-Woche und der Wertschöpfungsabgabe (Berechnung der Sozialabgaben der Unternehmen nach wirtschaftlichem Erfolg)

Alfred-Grünfeld-Gasse, 9., seit 1925 (1938–1947: Hofhaimergasse), Alfred Grünfeld (1852 bis 1924), Pianist, Komponist, bekannt durch Konzertparaphrasen Straußscher Walzer

Alfred-Huth-Gasse, 21., seit 1992, Alfred Huth (1918–1945), Hauptmann, Widerstandskämpfer, am 8. April 1945 hingerichtet, s. auch *Karl-Biedermann-Gasse, Rudolf-Raschke-Gasse*

Alfred-Kubin-Platz, 22., seit 1977, Alfred Kubin (1877–1959), Zeichner, Maler, Schriftsteller

Alfred-Nobel-Straße, 21., seit 1933, Alfred Nobel (1833–1896), schwedischer Chemiker, Erfinder des Dynamits, Stifter des Nobel-Preises

Alfred-Pischof-Gasse, 22., seit 1995, Alfred Ritter von Pischof (1882–1922), Flugzeugkonstrukteur, Luftfahrtpionier

Alfred-Stix-Platz, 10., seit 1959, Alfred Stix (1882 bis 1957), Generaldirektor der staatlichen Kunstsammlungen in Wien

Alfred-Wegener-Gasse, 19., seit 1933, Univ.-Prof. Alfred Wegener (1880 bis 1930), Polarforscher; nahm 1906–1908 und 1912–1917 an Grönlandexpeditionen teil, bekannt durch seine Kontinentalverschiebungstheorie („Entstehung der Kontinente und Ozeane", 1915)

Algenweg, 22., seit 1954, nach der Pflanzengruppe

Allerheiligengasse, 20., seit 1908, s. *Allerheiligenplatz*

Allerheiligenplatz, 20., seit 1905, nach der Pfarrkirche „Zu allen Heiligen", 1679 als Kapelle errichtet, 1873 abgetragen, 1905 Neubau der Kirche, 1945 zerstört, 1949/1950 neu gebaut in der Vorgartenstraße

Alliiertenstraße, 2., seit 1909 (vorher: Prager Reichsstraße), am 25. September 1814 empfing Kaiser Franz I. an dieser Stelle seine Alliierten: Kaiser Alexander von Russland und König Friedrich Wilhelm von Preußen

Alliogasse, 15., seit 1913, Donatus Felice d'Allio (1677 bis 1761), Barockbaumeister, ab 1711 kaiserlicher Fortifikationsbaumeister

Allißengasse, 21., seit 1953, Riedname (Alißen, sic!)

Alma-König-Weg, 23., seit 1977, Alma Johanna Koenig (sic! 1887 bis 1942), schrieb Romane, Erzählungen, Gedichte; in den 20er- und 30er-Jahren recht erfolgreich; hieß eigentlich Alma Johanna Freifrau von Ehrenfels; von den Nationalsozialisten als Jüdin verhaftet, starb im Ghetto von Minsk

Alma-Rosé-Gasse, 10., seit 1969, Alma Rosé (1903–1940), berühmte Geigerin (gest. KZ Birkenau)

Alma-Seidler-Weg, 23., seit 2000, Alma Seidler (1899 bis 1977), Kammerschauspielerin, ab 1918 am Burgtheater tätig (Ehrenmitglied 1960), verheiratet mit dem Regisseur Karl Eidlitz (1894 bis 1981), der von 1919 bis zu seinem Tod (ausgenommen 1938 bis 1945, Schweizer Exil) ebenfalls am Burgtheater engagiert war; siehe auch *Romy-Schneider-Gasse*

Almgasse, 21., seit 1953, Fluss in Oberösterreich

Alois-Behr-Straße, 14., Benennungsdatum unklar (urspr.: Vereinshausstraße), Alois Behr (1883–1949), zweiter Obmann des Kleingartenvereines „Am Bierhäuselberg", s. auch *Rudolf-Henke-Straße*

Alois-Czedik-Gasse, 14., Benennungsdatum unklar (urspr.: Czedikgasse), Prof. Alois Freiherr v. Czedik-Bründsperg (1830 bis 1924), Gemeinderat (1871 bis 1873), große Verdienste um die Gemeinde Hadersdorf-Weidlingau

Alois-Dachs-Gasse, 23., seit 1957 (vorher: Arbeitergasse), Alois Dachs (1890 bis 1952), Gemeinderat von Liesing

Aloisgasse, 2., seit 1858, Alois Miesbach (1790 bis 1857), Ziegeleibesitzer, kaufte zahlreiche Gründe in der Leopoldstadt; baute hier um 1850 das erste Haus, s. auch *Miesbachgasse, Malzgasse*

Alois-Eyermann-Weg, 22., nicht amtliche Bezeichnung nach einem Siedlerfunktionär

Alois-Grandl-Weg, 14., seit 2006, Alois Grandl (1887–1969), Erfinder der automatischen Zigarettenstopfmaschine für Filterzigaretten

Alois-Höfler-Gasse, 11., seit 1940, Alois Höfler (1853 bis 1922), Pädagoge, Philosoph, Schulreformer

Alois-Kraus-Promenade, 13., seit 1955 (vorher: Promenadeweg), Alois Kraus (1840–1926), Direktor des Tiergartens Schönbrunn (1879–1919)

Alois-Negrelli-Gasse, 21., seit 1933, Alois Negrelli (1799–1858), Verkehrstechniker, entwickelte die Baupläne zum Suezkanal

Alpengartenstraße, 14., nach den bei Kleingärtnern früher beliebten Alpengärten (Beete mit Steinen und Gebirgspflanzen)

Alpengasse, 10., seit 1869 (vorher: Aspanggasse), im Hinblick auf den letzten Ausläufer der Alpen (ungesicherte Deutung!)

Alphons-Petzold-Gasse, 23., seit 1925, Alphons Petzold (1882–1923), Arbeiterdichter („Das rauhe Leben", 1920)

Alpiltoweweg, 21., seit 1970, „Alpiltowe" = älteste Bezeichnung von Leopoldau (um 1120)

Alsegger Straße, 18., seit 1878 (in Hernals vorher Alsgasse, in Währing noch bis 1884 Bachgasse; urspr. Bach- und Mühlbachgasse), Weingartenried, urkundlich schon 1241 erwähnt

Alserbachstraße, 9., seit 1862 (1353: Auf dem Griesz, 1699 Auf den Hürnern, 1719 Auf dem Grieß am Alserbach, 1749 Weiße Löwengasse; nach dem 1840–1846 in diesem Bereich eingewölbten Alser Bach

Alser Straße, 8. und 9., seit 1862, ehemaliger Verlauf des Baches „Als". 1211 schon „Alsaersträzze" genannt (frühere Bezeichnungen: Alstergasse [1628], In der vordern Alstergassen [1766], Große Gasse und Alsergrund Hauptstraße)

Alsgasse, 17., seit 1877, nach dem Alser Bach (Alsbach)

Alszeile, 17., seit 1897 (ein Teil vorher seit 1868: Badgasse); nach der entlang des Alser Bachs erbauten Häuserzeile

Altdorferstraße, 10., seit 1936, Albrecht Altdorfer (1480–1538), Maler der Donauschule (sakrale Bilder), Kupferstecher, Baumeister

Altebergenstraße, 14., seit 1901, Riedname (schon 1338 urk. erwähnt)

Alte-Laaer-Straße, 10., seit 1960, nach dem alten Straßenzug der Laaer Straße

Alter Wiener Weg, 21., Benennungsdatum unbekannt, führte in Richtung Wien

Altes Landgut, 10., seit 1981, zur Erinnerung an das „Alte Landgut", urspr. eine Ziegelei, ab 1834 Ausflugs- und Vergnügungslokal (Tanzlokal, Kasino), 1851 sukzessive aufgelassen, heute Favoritner Verteilerkreis

Alte Straße, 22., alter Straßenzug vor Errichtung der Wagramer Straße

Altgasse, 13., Benennungsdatum unbekannt, ältester Teil des Ortes Hietzing

Althanstraße, 9., seit 1920 (vorher ab 1909: Franz-Josefs-Bahnhof-Straße, urspr. Untere Schmiedgasse, Große Schmiedgasse und Spittelauer Gasse). Ludwig Joseph Gundacker Althan (1665–1747), General, leistete einen wesentlichen Beitrag zum Ausbau der schon von seinem Vater gegründeten Vorstadt Althan (heute: Franz-Josefs-Bahnhof)

Altmannsdorfer Anger, 12., seit 1908, nach den Weideplätzen der ehemaligen Gemeinde Altmannsdorf

Altmannsdorfer Straße, 12. und 23., seit 1894 (1742 Laxenburger Allee, dann Laxenburger Straße), nach dem Ort Altmannsdorf, der wiederum auf den hl. Altmann, Bischof von Passau, zurückgeht

Altmannsdorfer Weg, 10., seit 1992, nach der Lage Richtung Altmannsdorf, s. *Altmannsdorfer Straße*

Altmüttergasse, 9., seit 1892, Georg Altmütter (1787–1858), Technologe, Prof. für mechanische Technologie (1816); seine Sammlungen bildeten die Grundlage für das Technische Museum

Altomontegasse, 12., seit 1936, Martin Altomonte (1657–1745), berühmter Barockmaler (z. B. Peterskirche: Hochaltarbild „Heilung des Lahmen durch Petrus und Johannes"; Karlskirche: Altarbild „Erweckung des Jünglings von Naim"; Stephansdom: Altarbild des „hl. Januarius")

Altwirthgasse, 23., seit 1955 (vorher: Ferdinandgasse), Dr. Erika Altwirth (1866–1927), Gemeinderat in Inzersdorf

Alvarsgasse, 23., seit 1954, Parish Elias Alvars (1804 bis 1849), Harfenvirtuose

Alxingergasse, 10., seit 1875, Johann Baptist von Alxinger (1755 bis 1797), Dichter (Ritterepen, Lyrik), Aufklärer, Burgtheatersekretär

Am Abhang, 21., Benennungsdatum unbekannt, nach einem Geländeabfall in der Siedlung

Amalgergasse, 19., seit 1903, nach dem Bauer Amalger, angeblich erster Siedler im Raum (erwähnt im 9. Jhd.)

Amalienstraße, 13., seit 1922 (vorher ab 1919 Goldmarkstraße, davor ebenfalls Amalienstraße), Kaiserin Amalie (1673 bis 1742), Gattin von Joseph I. (oder nach der Gattin des Ober-St.-Veiter Bürgermeisters Alexander Strecker [1816–1908], die Verdienste als Wohltäterin hatte)

Amalie-Seidel-Weg, 12., seit 2006, Amalie Seidel (1876 bis 1952), Dienstmädchen, Textilarbeiterin; gewerkschaftliches Engagement, organisierte den ersten Frauenstreik (1892), Engagement für die Konsumbewegung, Gemeinderätin (1919–1923), begründete das Wr. Jugendhilfswerk (1920), Abg. z. NR (1919 bis 1934), 1934 und 1944 in Haft

Amarantgasse, 10., seit 1957 (vorher: Randstraße), nach der gleichnamigen Pflanzengattung, die auch Fuchsschwanz (Amaranthus) heißt

Am Badfeld, 23., Benennungsdatum unbekannt, nach einer früheren Badewiese

Am Bahnhof, 22., seit 1907, nach dem Stadlauer Ostbahnhofgebäude, erbaut 1870

Ambergergasse, 22., Benennungsdatum unbekannt, Christoph Amberger (1500–1561), deutscher Maler (Porträts, u. a. Karl V., Altarbilder)

Am Bergl, 22., seit 1993, Flurname

Am Bisamberg, 21., seit 1912 (vorher: Obere Kellergasse), nach dem urk. schon um 1100 erwähnten 360 m hohen Bisamberg

Am Brigittenauer Sporn, 20., seit 1973, nach dem Sporn (Teilungsbauwerk) zwischen Donau und Donaukanal

Am Bruckhaufen, 21., seit 1995 (vorher: Am Hubertusdamm), nach der Siedlung bzw. einer ehemaligen Insel im alten Donaubett

Ambrosweg, 23., seit 1954 (vorher: Jägerweg), August Wilhelm Ambros (1816 bis 1876), Musikhistoriker, Komponist, Musikkritiker

Ambrosigasse, 22., seit 1984, Gustinus Ambrosi (1893 bis 1975), Bildhauer, Schriftsteller

Am Donaupark, 22., seit 2003, vor der Umgestaltung ein Teil des alten Hubertusdammes; nach der Lage

Ameisbachzeile, 14. und 16., seit 1925, nach dem seit 1908 eingewölbten Ameisbach

Ameisgasse, 14., seit 1859, nach dem schon seit 1366 als „Amaispach" erwähnten Bach

Amerlingstraße, 6., seit 1887, Friedrich Ritter von Amerling (1803 bis 1887), Porträtmaler, wohnte 1828 bis 1831 und dann wieder bei seiner Rückkehr aus Italien von 1833 bis 1840 im Palais Strozzi

Am Europlatz, 12., seit 2002, nach der Währung, s. auch *Schillingstraße*

Am Fasangarten, 12. und 13., seit 1905, nach einer ehemaligen Fasanzüchterei in Schönbrunn

Am Freihof, 22., seit 1909 (vorher: Freihofstraße), nach dem Kagraner Freihof (s. *Erläuterungen*); urk. 1650 erwähnt

Am Friedhof, 22., seit 2001, nach der Lage beim Friedhof Hirschstetten

Am Fuchsenfeld, 12., seit 1925, Flurname (nach dem ehemaligen Gasthaus „Zum Fuchsen")

Am Gestade, 1., seit 1862, hochsprachlich für wienerisch Gstetten, nach 1848 „An der Gstetten"

Am Häufel, 21., seit 1996, ortsübliche Bezeichnung (vorher ebenso nicht amtlich)

Am Hans-Moser-Park, 13., seit 1998, Hans Moser (eigentlich Jean Juliet, 1880–1964), Kabarettist (Durchbruch 1923 mit dem Sketch „Der Dienstmann"), Schauspieler (Darstellung Wiener Originale, Nestroy-Rollen, „Frosch" in der „Fledermaus"), Filmrollen (ca. 150 Filme in den 30er Jahren), Beschäftigung mittels Sondergenehmigung im NS-Staat (seine jüdische Frau musste aber emigrieren), 1945 USA-Tournee, 1950 Ehrenring der Stadt Wien; „Hallo, Dienstmann" (1952), „Mariandl" (1961), 1963 Kammerschauspieler

Am Hasensprung, 23., seit 1914, Flurname

Am Heidjöchl, 22., seit 1944, Flurname

Am Heumarkt, 3., um 1418 schon „Heugries", später „Im Gereit", bis 1862 „Am Glacis". Ehemaliger Verkaufsplatzder Bauern, die ihr Heu nach Wien brachten

Am Heustadelwasser, 2., Benennungsdatum unbekannt, an diesem einstigen Donauarm standen Heustadeln für die Wildfütterung

Am Himmel, 19., seit ca. 1780, Hofkriegsrat Leopold von Kriegl, der in der Stadt beim Stoß im Himmel wohnte, erwarb hier 1779 ein Haus; an sich ist „Himmel" ein alter Name für hoch gelegene Grundstücke

Am Himmelhof, 13., Benennungsdatum unbekannt, wegen der schönen Aussicht und Lage so benannt

Am Hof, 1., seit 1326 nachweisbar; Herzog Heinrich II. Jasomirgott verlegte seine Residenz von Regensburg 1154 nach Wien

Am Hofgartel, 11., seit 1996, Flurname

Am Hubertusdamm, 21. und 22., s. *Hubertusdamm;* verlängert 1997

Am Hundsturm, 5., seit ca. 1850, nach dem ehemaligen Vorort Hundsturm, der seinen Namen von einem turmartigen Gebäude hat, in dem Rüden für die kaiserliche Jagd gehalten wurden

Am Johannesberg, 10., seit 1989, Flurname

Am Kabelwerk, 12., seit 2006, zur Erinnerung an die ehemaligen Kabelwerke, s. *Otto-Bondy-Platz*

Am Kahlenberg, 19., Benennungsdatum unbekannt, nach dem 483 m hohen Kahlenberg

Am Kaisermühlendamm, 22., seit 1872, Ansiedlung der Schiffmüller, die am Kaiserwasser ihre Mühlen betrieben und nach der Donauregulierung den Grund zur Siedlung Kaisermühlen legten

Am Kanal, 3. und 11., seit 1925 (früher „Am Wiener Neustädter Kanal"), nach dem Schiffskanal Wien – Wiener Neustadt, erbaut 1797 bis 1803, aufgelassen 1879, in Wien 1928 bis 1935 zugeschüttet

Am Krautgarten, 22., seit 1909 (vorher: Parkgasse), Flurname

Am Langen Felde, 22., seit 1909 (vorher: Jubiläumsstraße), Flurname; verlängert 2002

Am Leopoldsberg, 19., Benennungsdatum unbekannt, nach dem 424 m hohen Leopoldsberg

Am Lettenhaufen, 22., Benennungsdatum unbekannt, als Lettenhaufen wurden Inseln im Donaugebiet bezeichnet (Letten = Ton, Haufen = Insel)

Am Lissenwasser, 21., Benennungsdatum unbekannt, nach einem früheren Donauarm

Am Meisenbühel, 13., seit 1975, nach dem Vogel

Ammerweg, 14., seit 1953, nach der Finkenart (Goldammer, Rohrammer)

Am Modenapark, 3., seit 1916, nach Herzogin Adelgunde d'Este von Modena (1823–1914), die hier ein Palais mit großem Park besaß (1812 erbaut, 1916 abgerissen)

Am Mühlhäufel, 22., erst Volksmund, seit 1943 amtlich. Vor der Donauregulierung bestanden hier viele Inseln (= Häufel, Haufen, Werd, Gründ). Die an den Ufern gelegenen Schiffmühlen gaben dem Grund den Namen.

Am Mühlwasser, 22., seit 1922, nach einem Donauarm mit Mühlen

Am Müllnermais, 22., seit 1922, Flurname

Am Neustiftblick, 19., seit 2003, Flurname (beim Wasserbehälter Hackenberg durch den KGV Hackenberg)

Am Nordbahndamm, 21., seit 1995, s. *Am Nordwestbahnhof*

Am Nordwestbahnhof, 21., seit 1909 (vorher: Nordwestbahnstraße), nach dem 1870–1873 erbauten Bahnhof

Am oberen Kirchberg, 21., seit 1975, nach der Lage

Amongasse, 22., seit 1952, Anton Amon (1862 bis 1931), Schauspieler, Volksbildner

Amonstiege, 6., siehe *Amongasse*

Amortgasse, 14., seit 1904, Johann Amort (1826 bis 1903), Bürgermeister von Breitensee (1877 bis 1887), Wirtschaftsbesitzer, Milchmeier

Ampèregasse, 21., seit 1952, André Ampère (1775–1836), franz. Physiker, Mathematiker, Philosoph

Ampferergasse, 10., seit 1956, Otto Ampferer (1875 bis 1947), Geologe; begründete 1906 die Unterströmungstheorie (Theorie über die Entstehung von Faltengebirgen); verlängert 2004

Am Platz, 13., seit 1894 (urspr. St. Marienplatz, bis 1894 Kirchenplatz), nach dem Platz vor der Kirche

Am Predigtstuhl, 16., seit 1971, Flurname

Am Rain, 22., seit 2001, Flurname

Am Ries, 22., seit 2004, nach der dortigen Kleingartenanlage

Am Rollerdamm, 21., seit 1995 (vorher: Am Hubertusdamm), Name eines ehemaligen Einkehrgasthofes (Bezeichnung aus der Zeit der Donauregulierung)

Am Rosenberg, 13. und 23., seit 1965, Flurname

Am Rosenhügel, 12. und 13., seit 1922 und ein Teil seit 1985, nach der ehemals dort ausgedehnten Rosenkultur

Am Schierlinggrund, 22., seit 1953, Flurname

Am Schöpfwerk, 12., seit 1912 (vorher: Inzersdorfer Weg). Das Schöpfwerk ist das Hebewerk der I. Wiener Hochquellenwasserleitung; s. *Schöpfwerkpromenade*

Am Schulweg, 11., Benennungsdatum unbekannt, nach der Lage zur Hauptschule Kaiserebersdorf

Amselgasse, 21., seit 1942, nach dem Singvogel

Am Spiegeln, 23., seit 1912, Riedname

Am Spitz, 21., seit 1874, zur Wahrung des alten Ortsnamens „Spitz" (seit 1804 eigene Gemeinde), 1874 mit Floridsdorf vereinigt

Am Stadtpark, 3., seit 1986 (vorher: Am Heumarkt und Vordere Zollamtsstraße), nach der Lage

Amstergasse, 23., seit 1967, Samuel Amster (1867–1942), Wohltäter, Kaufmann; 1942 im KZ Riga ermordet

Am Tabor, 2., seit 1890, im 15. Jhd. wurde zur Verteidigung gegen die Hussiten eine Schanze und Brücke errichtet, die diese Bezeichnung erhielt; die Bezeichnung „Tabor" war um diese Zeit für Befestigungsanlagen allgemein üblich

Amtshausgasse, 5., seit 1862 (vorher: Zwerch- und Schmidgasse), nach dem ehemaligen Amtshaus des Grundgerichtes Hundsturm (1847 abgebrochen)

Amtsstraße, 21., seit 1892, in früheren Zeiten wurden alle Amtshandlungen, die die Gemeinde betrafen, im Freien mitten im Ort abgehalten

Amundsenstraße, 14. und 17., seit 1930 (vorher: Franz-Karl-Straße), Roald Amundsen (1872 bis 1928), norwegischer Polarforscher, überflog 1926 den Nordpol, erreichte als erster auf dem Landweg den Südpol, kam 1928 bei einer missglückten Polarexpedition ums Leben

Am Weingebirg, 19., seit 1974, alter Flurname

Anastasius-Grün-Gasse, 18., seit 1876 (ein Teil seit 1903 Sporkenbühelgasse), Anastasius Grün (eigentlich Anton Alexander Graf von Auersperg, 1806 bis 1876), schuf politische Lyrik mit liberalen Tendenzen, Mitglied des Herrenhauses, Ehrenbürger von Wien

Anatourgasse, 13., seit 1955 (vorher: Bürgergasse), Maria Anatour (1857 bis 1929), Schauspielerin

Andayweg, 14., seit 1980, Rosette Anday (1903 bis 1977), Opernsängerin (1921–1938 und 1945–1961 Mitglied der Wiener Staatsoper; 1938 bis 1945 Auftrittsverbot aus rassischen Gründen), Gustav-Mahler-Interpretin

An den Alten Schanzen, 22., seit 1944, in der Gegend befanden sich viele Schanzen gegen Napoleon (1809)

An den Eisteichen, 12., seit 1912, hier befanden sich Ziegelteiche zur Eisgewinnung im Winter

An den Froschlacken, 12., seit 1912, alter Flurname nach Wasserlachen, in denen viele Frösche lebten

An den langen Lüssen, 19., seit 1894 (amtlich seit 1908; urspr. Friedhofstraße und Grinzinger Friedhofstraße), Riedname, bereits 1315 genannt, Luss ist ein durch Los zugewiesener Ackerteil

An den Steinfeldern, 23., seit 1942, Flurname

An der Au, 23., Benennungsdatum unbekannt, nach dem ehemaligen Schwimmbad „An der Au"

An der Bien, 22., seit 1988, Flurname

Andergasse, 17., seit 1894 (vorher: Pichlergasse; urspr. Haltergasse), Alois Ander (eig. Anderle, 1821 bis 1864), Sänger (hauptsächlich am Kärntnertortheater), Tenor; urspr. war Anderle Beamter beim Wiener Magistrat

An der Grenze, 14., Benennungsdatum unklar, bis zur Eingemeindung von Hadersdorf-Weidlingau 1938 verlief hier die Stadtgrenze

An der Hölle, 10., seit 1944 (vorher: Schlesingerstraße), Flurname (abgeleitet von Höhle!)

An der Hülben, 1., 1367 urkundlich „Auf der Hülben", amtlich seit 1909 (Hülben = alte Bezeichnung für Tümpel)

An der Kuhtrift, 10., seit 1987, Flurname

An der Liesing, 23., seit 1947, am Liesingbach gelegen

An der Neurisse, 22., seit 1986, Flurname (Neurisse = neues bzw. umgeackertes Wiesenland)

An der Niederhaid, 14., seit 1920, Flurname (tief gelegene Heide)

An der oberen Alten Donau, 21. und 22., seit 1909 (vorher: Donau- und Obere Donaustraße), nach der Lage am linken Ufer der Alten Donau

An der Ostbahn, 10. und 11., seit 1920, durch die Lage der Straße an der 1854 erbauten Ostbahn

An der Schanze, 21., seit 1909 (vorher: Floridusgasse), nach den 1866 errichteten Schanzen (= Erdwälle) gegen die Preußen

An der Scheibenwiese, 16., seit 1905, nach einer alten Ortsbezeichnung (Holzlagerstätten der Bauern außerhalb des Ortsgebietes)

An der Schloßmauer (nR: **An der Schlossmauer**), 23., Benennungsdatum unbekannt, längs der alten Mauer des Erlaaer Schlosses

An der Schwarzen Lackenau, 21., seit 1982, Flurname

Andersengasse, 12., seit 1953, nach Hans Christian Andersen (1805 bis 1875), dänischer Dichter; bekannt vor allem für seine Märchen („Des Kaisers neue Kleider", „Die Prinzessin auf der Erbse", „Das hässliche Entlein", „Däumeline", „ Die kleine Meerjungfrau")

Anders-Zorn-Weg, 10., seit 1951, Anders Zorn (1860–1920), schwedischer Kupferstecher, Maler

An der Töllerschanze, 21., nicht amtliche Bezeichnung, nach einer Schanze aus der Zeit der Franzosenkriege (napoleonische Kriege)

An der unteren Alten Donau, 22., seit 1909 (vorher: Spornstraße), nach der Lage am linken unteren Ufer der Alten Donau

An der Zwerchwiese, 19., seit 1936, alter Riedname

Andlergasse, 7., seit 1803, nach der Familie von Andler(n), Grundbesitzer in dieser Gegend (1679–1793), die Gasse wurde 1794 errichtet

Andorngasse, 22., seit 1953, nach der Heilpflanze (Marrubium vulgare)

Andreasgasse, 7., seit 1897, Andreas Ditscheiner (1753–1808), Seidenfabrikant, Grundbesitzer, Händler

Andreas-Hofer-Straße, 21., seit 1900 (vorher: Stephaniestraße), Andreas Hofer (1767 bis 1810), Tiroler Freiheitskämpfer (1809) gegen Napoleon; 1810 in Mantua erschossen

Andreas-Huger-Gasse, 22., seit 1909 (vorher: Hugergasse), Andreas Huger (1807–1892), Pfarrer von Kagran, Verdienste in der Armenfürsorge

Andreas-Lechner-Straße, 14., Benennungsdatum unklar, Andreas Lechner (1878 bis 1920), volkstümlicher Bahnwärter; Gemeinderat in Hadersdorf, Verdienste um die Beseitigung des Hungers nach dem Ersten Weltkrieg

Andreas-Morth-Weg, 22., seit 1988, Andreas Morth (1902–1942), Arbeiter, kommunistischer Widerstandskämpfer, 1942 hingerichtet

Andreas-Urteil-Weg, 22., seit 1977, Andreas Urteil (1933 bis 1963), Bildhauer (Holz-, Stein- und Metallskulpturen)

Anemonenweg, 22., seit 1952, nach der Blume (Pflanzengattung Windröschen = Anemone)

Anfanggasse, 22., seit 1909 (vorher: Gartengasse), nach den Herren von Anfang, Besitzer der Herrschaft Hirschstetten

Angela-Stadtherr-Gasse, 11., seit 1997, Angela Stadtherr (1899 bis 1983), Tochter eines Spenglermeisters, erlernte Spenglerei, 1921 Kunstgewerbeschule; Metallbildhauerin, Engagement in der Simmeringer Sozialdemokratie, Verdienste um die Nachlasssicherung ihres Lehrers Anton Hanak, s. *Hanakgasse*

Angeligasse, 10., seit 1894, Heinrich von Angeli (1840–1925), Porträt- und Historienmaler; Leiter einer Spezialschule für Malerei an der Akademie der bildenden Künste in Wien, u. a. Porträt von Bürgermeister Weiskirchner (1917)

Angergasse, 17., seit 1979, Josef Anger (1837 bis 1882), Fabrikant, Erfinder („Anger-Nähmaschine"), als Fabrikant errichtete er für seine Arbeiter Sozialbauten, außerdem stiftete er für bedürftige Hernalser Schulkinder

Angerer Straße, 21., seit 1874 (vorher: Bahngasse), führt nach dem Ort Angern (sic!) in Niederösterreich

Angermayergasse, 13., seit 1894 (vorher: Mayergasse), Anton Angermayer (1803–1874), Pfarrer von Ober-St. Veit (1847–1861)

Anglerweg, 22., seit 1978 (vorher: Fischerweg), nach einem beliebten Angelplatz

Angoraweg, 22., amtlich seit 1984, nach der Katzenart, vorher ebenso nicht amtlich

Angyalföldstraße, 21., seit 2001, Teilstück der B 3 von der Leopoldauer Straße bis zur Donaufelder Straße; nach dem Schwesternbezirk von Floridsdorf in Budapest, s. auch *Katsushikastraße*

Anichweg, 21., seit 1933, Peter Anich (1723–1766), Kartograph, schuf ein Kartenwerk von Tirol, löste das Problem der Hochgebirgskartographie

Anilingasse, 6., seit 1865, Anilin, Grundstoff zum Färben von Stoffen (hier wohnten Färber)

Anisgasse, 22., seit 1953, nach der Gewürzpflanze (Pimpinella anisum)

Anna-Frauer-Gasse, 18., seit 1894 (vorher: Quergasse), Anna Frauer (1765 bis 1848), Gattin eines Großhändlers, spendete großzügig für die Weinhauser Schule (s. *Weinhausgasse*) und den Währinger Friedhof

Annagasse, 1., urk. erstmals 1290 als Pippingerstraße genannt, amtlich seit ca. 1750, nach der Annakirche

Anna-Strauß-Platz, 13., seit 2006, Anna Strauss (1801 bis 1870), Mutter von Johann Strauß Sohn, ermöglichte ihrem Sohn das Musikstudium, s. auch *Johann-Strauß-Gasse*

Annie-Rosar-Weg, 22., seit 1997, Annie Rosar (1888 bis 1963), Bühnen- und Filmschauspielerin (1918–1924 Burgtheater, 1925 bis 1938 Theater in der Josefstadt, 1939 bis 1942 Volkstheater und dann wieder ab 1947), Radio- und Fernsehtätigkeit

Anningerweg, 10., seit 1971, wegen der Aussicht nach dem gleichnamigen Berg

Anreitergasse, 23., seit 1956, Alois von Anreiter (1803 bis 1882), Maler (Aquarellporträts, Ölbilder)

Anschlußgasse (nR: **Anschlussgasse**), 14., seit 1914, nach dem Anschluss, den die Gasse zur Nachbarsiedlung herstellte (kein Zusammenhang mit dem Anschluss 1938!)

Anschützgasse, 15., seit 1894 (vorher: Kaisergasse), Heinrich Johann Immanuel Anschütz (1785 bis 1865), Burgschauspieler, Regisseur, Schriftsteller

Antaeusgasse, 14., seit 1924, nach der Siedlungsgenossenschaft „Antaeus"; Antaeus, Riese aus der griechischen Sage, der durch die Berührung der Erde, die seine Mutter war, stets neue Kraft gewann

Anton-Anderer-Platz, 21., seit 1958, Anton Anderer (1857 bis 1936), Kaufmann, letzter Bürgermeister von Floridsdorf (1898–1905); 1902 Ehrenbürgerrecht

Heinrich Johann Immanuel Anschütz

Anton-Balzer-Weg, 10., seit 1995, Anton Balzer (1811–1891), Gastwirt, liberaler Gemeinderat (1875–1881); Präsident des I. Vereins der Wiener Gastwirte „Harmonie"

Anton-Baumgartner-Straße, 23., Benennungsdatum unbekannt (urspr. Steinhofstraße), Anton Baumgartner (1858–1932), Gemeinderat von Erlaa, Ökonomierat

Anton-Böck-Gasse, 21., seit 1912 (vorher: Obere und Untere Kirchengasse), Anton Böck (1842 bis 1903), Bürgermeister von Strebersdorf (1880 bis 1903); Kaufmann

Anton-Bosch-Gasse, 21., seit 1909 (vorher: Boschgasse, urspr. Theresien- und Herrengasse), Anton Bosch (1784 bis 1868), Brauhausbesitzer in Jedlesee, Ortsvorsteher, Verdienste bei der Überschwemmungskatastrophe von 1830, s. *Eisstoßgasse*

Anton-Burg-Gasse, 4., seit 1876, Anton Burg (1767 bis 1849), Hofmaschinist, Grundbesitzer; errichtete in Wieden die erste Fabrik für landwirtschaftliche Maschinen

Anton-Dengler-Gasse, 21., seit 1909 (vorher: Bräuhausgasse), Anton Dengler (1839–1900), Brauhausbesitzer in Jedlesee

Anton-Frank-Gasse, 18., seit 1894 (vorher: Frankgasse), Anton Frank (1835 bis 1880), Währinger Kaffeesieder, der die ersten Häuser in der Gasse erbauen ließ

Anton-Freunschlag-Gasse, 23., Benennungsdatum unbekannt, Anton Freunschlag (1851 bis 1910), Bürgermeister von Siebenhirten (1890–1905), Fuhrwerksbesitzer

Anton-Geiger-Weg, 16., seit 2001 (vorher nicht amtlich so), Anton Geiger (1882–1970), ehemaliger Leiter des Arbeitsamtes Ottakring, Sozialdemokrat, Gewerkschafter

Anton-Haberzeth-Gasse, 21., seit 1932, Anton Haberzeth (1856–1928), Bürgermeister von Strebersdorf (1904 bis 1911), Bindermeister

Anton-Haidl-Gasse, 17., seit 1951, Anton Haidl (1870 bis 1949), sozial-

Anton Karas

demokratischer Bezirksvorsteher von Hernals (1919–1934)

Anton-Heger-Platz, 23., Benennungsdatum unbekannt, Anton Heger (1821 bis 1899), Gastwirt, Bürgermeister von Atzgersdorf

Antonie-Platzer-Gasse, 14., seit 1991, Antonia (sic!) Platzer (1890 bis 1981), Hausgehilfin, 1932–1934, 1945–1957 SPÖ-Gemeinderätin, 1945–1959 stvtr. Vorsitzende der SPÖ-Penzing

Antonigasse, 17. und 18., seit 1894 (im 17. Bezirk vorher Antongasse; 1938 bis 1945: Josef-Hackel-Gasse), nach Anton Klettenhofer (1815–1897), Bürgermeister von Währing (1864 bis 1871 und 1873 bis 1882); nach anderer Version nach einer Statue des heiligen Antonius von Padua

Anton-Karas-Platz, 19., seit 1990, Anton Karas (1906 bis 1985), Zitherspieler (durch den Film „Der 3. Mann" populär geworden – „Harry-Lime-Thema")

Anton-Kolig-Gasse, 21., seit 1959, Anton Kolig (1886 bis 1950), Maler, Graphiker

Anton-Krieger-Gasse, 23., seit 1909, Josef Anton Krieger (1828 bis 1905), Bürgermeister von Mauer (1882 bis 1885 und 1888–1891), Kaufmann

Anton-Kuh-Weg, 3., seit 2002, Anton Kuh (1890–1941), Schriftsteller (Feuilletons, Essaybände; Vertreter der Wiener Kaffeehausliteratur), 1938 Emigration, seit 1939 in New York; publizistischer Kampf gegen den Nationalsozialismus, gest. in New York

Anton-Langer-Gasse, 13., seit 1894 (vorher: Parkgasse), Anton Langer (1824 bis 1879), Lokalschriftsteller, Journalist

Anton-Ochsenhofer-Gasse, 23., seit 1958, Anton Ochsenhofer (1889 bis 1958), Gemeinderat von Inzersdorf (1922–1934), Obmann des Fürsorgerats (1945–1958)

Anton-Sattler-Gasse, 22., seit 1906, Anton Sattler (1826–1881), Postmeister, Wirtschaftsbesitzer, Bürgermeister von Kagran

Anton-Schall-Gasse, 21., seit 1985, Anton Schall (1907 bis 1947), Fußballer (Admira), Spieler im Wunderteam (s. auch *Gschweidlgasse, Karl-Schott-Gasse, Rudi-Hiden-Gasse, Sindelargasse, Voglgasse*)

Anton-Scharff-Gasse, 12., seit 1906, Anton Scharff (1845 bis 1903), Leiter der Graveurakademie des Hauptmünzamtes in Wien

Anton-Schmid-Promenade, 20., seit 2002, Anton Schmid (1900–1942), betrieb ein Radiogeschäft in Wien, 1938 zur Wehrmacht eingezogen, 1941 Besetzung von Wilna durch die Wehrmacht; Anton Schmid beschäftigte und schützte rund 100 Juden, brachte rund 300 in Sicherheit und half beim Aufbau der jüdischen Widerstandsbewegung im besetzten Polen; 1942 verhaftet und erschossen; nach ihm benannt auch der *Anton-Schmid-Hof* (1989)

Antonsplatz, 10., seit 1897, nach der dem hl. Antonius von Padua geweihten Kirche (errichtet von Franz R. Neumann um die Jahrhundertwende nach dem Vorbild der Markuskirche in Venedig)

Anton-Stilling-Platz, 11., seit 2002, Anton Stilling (1931–2000), Pfarrer der Pfarre Hasenleiten

Anton-Steinböck-Gasse, 11., seit 1987, Anton Steinböck (1903 bis 1970), Pfarrer

Anton-Störck-Gasse, 21., seit 1909, Anton Freiherr von Störck (1731 bis

1803), Leibarzt der Kaiserin Maria Theresia, Besitzer der Herrschaft Jedlesee, Gründer der Jedleseer Brauerei

Anton-Strutzenberger-Weg, 23., nicht amtliche Bezeichnung, Anton Strutzenberger, Gemeinderat von Mauer, Kirchenförderer

Anton-von-Webern-Platz, 3., seit 1998, Dr. Anton von Webern (1883 bis 1945), Theaterkapellmeister, Leiter der Wiener Arbeitersymphoniekonzerte (1922–1934), Dirigent, Komponist (Lieder, Gesänge, Instrumentalstücke), geächtet während der NS-Zeit; 1945 von einem US-Soldaten nach Beginn der Ausgangssperre erschossen

Anzbachgasse, 14., seit 1923, nach der Flur Anzbach, die sich zwischen Hüttelbergstraße, Linzer Straße und der alten Stadtgrenze erstreckte (nicht nach der Ortschaft Anzbach benannt!)

Anzengrubergasse, 5., seit 1890, Ludwig Anzengruber (1839 bis 1889), Schriftsteller, Wegbereiter der naturalistischen Literatur („Der Meineidbauer", „Das 4. Gebot")

Anzengruberstraße, 14., Benennungsdatum unbekannt, s. *Anzengrubergasse*

Apfelgasse, 4., seit 1873, nach einem Gasthausschild „Zum roten Apfel"

Apfelrosenweg, 14., seit 1966, nach der Rosenart

Apfelweg, 11., nicht amtliche Bezeichnung

Apollogasse, 7., seit 1862 (vorher: Zwerchgasse, urspr. Fiakerdörfl): Der Arzt und Mechaniker Sigmund Wolfssohn (1767–1852), der 1795 eine Maschinen- und Bandagenfabrik gegründet hatte, baute in diesem Bereich einen Vergnügungssaal, der 1808 eröffnet wurde („Apollosaal"). Der Tanzsaal bot 8.000 Besuchern Platz, Höhepunkt des Geschäfts war der Wiener Kongress 1814/15, dann ging es bergab. Wolfssohn verkaufte den Apollosaal 1819 und starb verarmt, die Besitzer wechselten; 1839 wurde daraus eine Kerzenfabrik, die bis 1876 bestand

Apostelgasse, 3., seit 1862 (vorher: Kirchengasse), nach den Aposteln Peter und Paul, denen die Erdberger Pfarrkirche geweiht ist

Arabellagasse, 23., seit 1959, nach der gleichnamigen Oper von Richard Strauss

Arakawastraße, 22., seit 1998, 22. Bezirk von Tokio; durch die Verkehrsflächenbenennung sollte ein Zeichen der Verbundenheit gesetzt werden, die in Form von Schüleraustauschaktionen, Konzerten, Ausstellungen etc. praktisch umgesetzt wurde (Freundschaftsvertrag zwischen dem 22. Bezirk Wien-Donaustadt und dem 22. Bezirk Tokio-Arakawa), s. *Tokiostraße*

Arbeitergasse, 5., seit 1871, die ersten Häuser in der Gasse wurden vom Maria-Elisabethen-Verein als Arbeiterfamilienhäuser errichtet

Arbeiterstrandbadstraße, 21. und 22., seit 1912; urspr. Arbeiterstrandbadgasse, nach dem gleichnamigen Bad

Arbesbachgasse, 19., seit 1904, nach dem Erbsenbach (volkstümlich Arbesbach), Nebenfluss des Krottenbachs, s. auch *Krottenbachstraße*

Arenberggasse, 3., seit 1862, Leopold Philipp Josef Fürst von Arenberg (1690 bis 1754), Besitzer des Arenbergparks, 1900 von der Stadt Wien erworben und der Öffentlichkeit zugänglich gemacht

Argauergasse, 18., seit 1895, Karl Argauer (1817 bis 1890), Kaufmann, 25 Jahre Mitglied des Gemeindeausschusses, Armenvater

Argentinierstraße, 4., seit 1921 (die Umgebung hieß einst Haferpoint, 1700 Alleegasse, ein Teil bis 1862 Sophiengasse, später Obere und Untere Alleegasse, nachher bis 1921 Alleegasse), zur Erinnerung an die 5-Millionen-Peso-Spende Argentiniens an Österreich nach dem Ersten Weltkrieg

Argonautenstraße, 22., seit 1959, nach den Argonauten in der Sage vom Goldenen Vlies

Aribogasse, 22., seit 1909, Aribo war Obergraf der Ostmark (ca. 876 bis 909)

Aristides-de-Sousa-Mendes-Promenade, 22., seit 2000, Aristides de Sousa Mendes (1885–1954), portugiesischer Diplomat, Konsul in Bourdeaux; stellte großzügig Transitvisa während der

NS-Zeit aus und rettete dadurch vielen Wienern das Leben

Arlethgasse, 19., seit 1972, Emmerich Arleth (1900 bis 1965), Schauspieler, Sänger, Interpret des Wienerlieds, gewerkschaftlich tätig

Arltgasse, 16., seit 1887, Prof. Dr. Ferdinand Ritter von Arlt (1812 bis 1887), 1849–1856 Vorstand der Prager Univ.-Augenklinik, 1856 bis 1883 Ordinarius für Augenheilkunde an der Universität Wien, zählte zu den führenden Augenärzten der Welt; zahlreiche Publikationen (z. B. „Die Krankheiten des Auges", 3 Bände, 1851–54)

Armbrustergasse, 19., seit 1894 (vorher: Wiener Straße), Johann Melchior Armbruster (1761–1814), Schriftsteller, Gründer der ersten öffentlichen Leihbücherei, Redakteur, Zeitschriftenherausgeber

Armenierplatz, 3., seit 2001, nach der Jahrhunderte langen Präsenz der armenischen Volksgruppe in Wien und ihrer Bedeutung für das Wiener Kulturleben (z. B. älteste Kaffeesieder, Mechitaristen)

Arminenstraße, 22., seit 1959; nach dem gleichnamigen germanischen Volksstamm

Arndtstraße, 12., seit 1894 (vorher: Lainzer Straße), Ernst Moritz Arndt (1769 bis 1860); Arndt wirkte für die nationale Erhebung gegen Napoleon und die politische Einheit Deutschlands („Geist der Zeit", „Was ist des Deutschen Vaterland?"); nach dem Wiener Kongress 1814/15 Bekämpfer der politischen Reaktion (Zeitschrift „Der Wächter"), Prof. für Geschichte in Bonn, aber lange Zeit wegen unerwünschter politischer Ansichten des Amtes enthoben, 1848/49 Mitglied der Frankfurter Nationalversammlung

Arnethgasse, 16., seit 1894 (vorher: Wagnergasse), Josef Ritter von Arneth (1791 bis 1863), Historiker, Archäologe, Numismatiker; 1841 Prof. der Numismatik und Altertumskunde an der Universität Wien

Arnezhoferstraße, 2., seit 1906, Johann Ignaz Arnezhofer (gest. 1679), Pfarrer, Kommissär zur Ordnung israelitischer Angelegenheiten nach Schließung des Leopoldstädter Ghettos

Arnikaweg, 22., seit 1953, nach der Heilpflanze (Arnica montana)

Arnimgasse, 21., seit 1954, Dr. Hans Arnim (1859–1931), Altphilologe, 1900 Professor für klassische Philologie, setzte sich für die Lehre von Latein und Griechisch an den Schulen ein

Arnoldgasse, 21., Benennungsdatum unbekannt, Georg Arnold (1847 bis 1900), Bürgermeister von Floridsdorf, Bäckermeister, Hausbesitzer

Arnold-Holm-Gasse, 10., seit 1969, Arnold Holm (Pseudonym), Lyriker, gest. 1938, eines der ersten Opfer des NS-Terrors

Arnsburggasse, 12., seit 1930, Friedrich Ludwig Arnsburg (1816–1891), Burgschauspieler, Professor an der Schauspielschule des Konservatoriums

Arnsteingasse, 15., seit 1864 (1938 bis 1945 Blüchergasse), Nathan Adam Freiherr von Arnstein (1748 bis 1838), Bankier, Großhändler, Mäzen

Arsenalstraße, 3. und 10., seit 1872, nach der Revolution 1848 als Zentrum militärischer Macht über Wien erbaut (Artilleriezeugfabrik, Munitionsdepots, militärische Werkstätten, Nachrichtenzentralen), heute u. a. Heeresgeschichtliches Museum

Arsenalweg, 3., seit 1901 (vorher: Marx-Meidlinger-Straße), s. *Arsenalstraße*

Artariastraße, 17. und 18., seit 1894 (vorher Salmannsdorfer Straße und Tiefaustraße), Matthias Artaria (1793 bis 1835), Verleger (Kunst- und Landkartenhandlung)

Arthaberplatz, 10., seit 1890, Rudolf von Arthaber (1795–1867), Textilgroßhändler (Weltruf durch die von ihm erzeugten „Wiener Shawls"), Kunstsammler, Mitbegründer des NÖ. Gewerbevereins

Artillerieplatz, 11., seit 1957, nach der früher dort bestandenen Artilleriekaserne

Artmanngasse, 11., seit 1973, Prof. Ferdinand Artmann (1830 bis 1883), Prof. für Physik, Chemie; Techniker, Offizier, projektierte die Aspangbahn und Schneebergbahn; gründete die erste Konservenfabrik in Wien

Arzbergergasse, 17., seit 1907, Johann Arzberger (1778–1835), Techniker, Erfinder, Prof. für Mechanik, unterrichtete an Sonn- und Feiertagen Künstler und Handwerker unentgeltlich, erfand einen Dampfheizapparat, der bei der ersten Gasbeleuchtung Wiens Verwendung fand

Arztgasse, 22., seit 1956, Dr. Leopold Arzt (1883–1955), Dermatologe, Rektor der Wiener Universität (1936/37), 1938 verhaftet, 1940 als Gegner des Nationalsozialismus zwangspensioniert, 1945 rehabilitiert, Mitglied des obersten Sanitätsrates; Arzt beschäftigte sich mit Haut- und Geschlechtskrankheiten

Aschbachgasse, 23., seit 1961, Prof. Dr. Josef Ritter von Aschbach (1801 bis 1882), Historiker („Geschichte der Wiener Universität", „Allgemeines Kirchenlexikon")

Aschergasse, 13., seit 1955 (vorher: Waldmüllergasse), Leo Ascher (1880 bis 1942), Operettenkomponist („Hoheit tanzt Walzer"), schrieb auch Filmmusik, Emigration 1938

Aslangasse, 19., seit 1961, Raoul Aslan (1886–1958), Burgschauspieler (klassische Helden- und Charakterrollen), 1945 bis 1948 Burgtheaterdirektor; Regisseur

Aspangstraße, 3., seit 1894 (vorher: Am Kanal), nach dem Aspangbahnhof

Asparagusweg, 22., seit 1962, nach der Pflanzengattung, die deutsch Spargel heißt (Gemüse- und Zierpflanzen)

Aspernallee, 2., seit 1907, nach einer Allee in Richtung Aspern

Aspernbrücke, 2., 1863/64 erbaut, 1913 bis 1920 und 1949 bis 1951 neu erbaut, s. *Aspernbrückengasse*

Aspernbrückengasse, 2., seit 1909 (vorher: Asperngasse; bis 1862 Schmidgasse, dann bis 1864 Untere Fischergasse), nach der Aspernbrücke, die nach der Schlacht bei Aspern (1809) über Napoleon so benannt wurde

Asperner Friedhofweg, 22., seit 1955 (vorher: Friedhofsweg), führt zum Asperner Friedhof

Asperner Heldenplatz, 22., seit 1955 (vorher: Heldenplatz), zur Erinnerung an den Sieg Erzherzog Karls über Napoleon (1809) bei Aspern und Essling

Aspernstraße, 22., seit 1909, zur Wahrung des alten Ortsnamens (schon 1083 Asparn), 1904 eingemeindet

Aßmayergasse, 12., seit 1894 (vorher: Rudolfsgasse, ein Teil Lechnergasse), Ignaz Aßmayer (1790–1862), Hofkapellmeister, Komponist (Oratorien: „Das Gelübde", „Saul und David", „Sauls Tod")

Asternweg, 11., nicht amtliche Bezeichnung, nach der Blume (Aster, Sternblume)

Astgasse, 14., seit 1907, Kilian Ast (1749–1831), Mitglied des Äußeren Rates, Hausbesitzer, Armenrat von Gumpendorf

Ateliergasse, 22., amtlich seit 1995 (vorher ebenso nicht amtlich), nach den Ateliers der Akademie der bildenden Künste

Attemsgasse, 22., seit 1909 (vorher: Schmidtgasse), Johann Friedrich Graf Attems (1590 bis 1663), Herrschaftsbesitzer in Jedlesee und Kagran

Atzgersdorfer Platz, 23., seit 1990, s. *Atzgersdorfer Straße*

Atzgersdorfer Straße, 12., 13. und 23., seit 1918, nach dem ehemaligen Vorort Atzgersdorf, 1130 als Azichinstorf urkundlich erwähnt

Atzlergasse, 23., seit 1954 (vorher: Moritz-Zander-Gasse), Alois Atzler (1860 bis 1930), Gemeinderat von Siebenhirten

Auckenthalergasse, 21., Benennungsdatum unbekannt, Flurname

Audorfgasse, 21., seit 1932, Jakob Audorf (1835–1898), Dichter („Lied der deutschen Arbeiter"), Redakteur

Auenbruggergasse, 3., seit 1891, Dr. Leopold Auenbrugger (1722 bis 1809), Arzt, Erfinder der Perkussion (Untersuchung durch Abklopfen des Körpers)

Auerhahngasse, 21., seit 1942, nach dem gleichnamigen Waldhuhn

Auernheimergasse, 22., seit 1960, Raoul Auernheimer (1876 bis 1948), Schriftsteller, Journalist (Redakteur der „Neuen Freien Presse"), 1938 ins KZ Dachau eingeliefert, nach Entlassung Emigration in die USA (1939)

Auerspergstraße, 1. und 8., seit 1862 (vorher: Am Glacis, Am Paradeplatz), Fürst Johann Adam Auersperg (1721 bis 1795); kaufte 1781 das schon seit ca. 1710 bestandene Palais und ließ es durch italienische Künstler ausschmücken; Palais und Straße tragen noch heute den Namen seiner Familie

Auer-Welsbach-Straße, 23., Benennungsdatum unbekannt, Carl Freiherr von Auer-Welsbach (1858–1929), Chemiker, erfand 1886 den „Gasglühstrumpf"; der Gasverbrauch war halb so groß, die Leuchtkraft doppelt so stark wie bei den bis dahin offenen Flammen; 1887 errichtete er in Atzgersdorf eine Fabrik (ab 1902 Osram-Werke)

Auf der Haide, 22., Benennungsdatum unbekannt, Flurname

Auf der Schanz, 23., Benennungsdatum unbekannt, nach Schanzen in den Schweden-Kriegen (17. Jhd.)

Auf der Schmelz, 15., seit 1974, Flurname

Auf der Schottenwiese, 16., seit 1923, Flurname

Auf der Simmeringer Haide, 11., seit 1894 (vorher: Auf der Haide), Flurname

Augartenbrücke, 2., seit 1919 (1872 als Maria-Theresien-Brücke erbaut, 1925 erneuert bzw. umgebaut), mündet in die Untere Augartenstraße, die zum Augarten führt

Augasse, 9., seit 1862 (vorher ab 1835: Spittelauer Weg), hier bestanden einst Augebiete der Donau

Augasse, 13., Benennungsdatum unbekannt, Johann Peter Au (1720 bis 1792), Weinhauer, Ortsrichter von Mauer (1764–1779)

Äugelgasse, 21., seit 1907, Flurname

Augentrostgasse, 22., seit 1955, nach der Heilpflanze (Euphrasia)

Augrundweg, 22., seit 2004, nach dem ehemaligen sich dort befindlichen Augebiet

August-Forel-Gasse, 10., seit 1932, Dr. August Forel (1848–1931), Schweizer Psychiater, Etymologe und Sozialethiker (bekannt als Führer der Anti-Alkoholbewegung)

August-Greiml-Weg, 23., nicht amtliche Bezeichnung, August Greiml (1867 bis 1950), Kleingartenvereinsfunktionär

Augustinerbastei, 1., Teil der Befestigungsmauer Wiens, 1548 bis 1552 erbaut, 1863 abgetragen, lediglich die Auffahrtsrampe blieb erhalten

Augustinerstraße, 1., seit 1862 (im Mittelalter Hochstraße, ab 1547 Augustinergasse), nach dem benachbarten Augustinerkloster

August-Kronberger-Gasse, 10., Benennungsdatum unbekannt, August Kronberger (1863 bis 1935), Gastwirt, Gemeinderat, Mühlenbesitzer in Oberlaa

August-Kronberger-Weg, 10., seit 1995, s. *August-Kronberger-Gasse*

August-Reuss-Gasse, 13., seit 1959, Prof. Dr. August Reuss (1879 bis 1954), Kinderfacharzt, Univ.-Prof. für Kinderheilkunde

August-Sigl-Straße, 10., seit 1989, August Sigl (1868 bis 1936), Bezirksvorsteher von Favoriten (1919 bis 1934)

Auhirschenweg, 22., seit 1966, nach dem Wild

Auhofstraße, 13., Benennungsdatum unbekannt, nach einem „Hof in der Au", erstmals 1250 urk. erwähnt, seit 1560 Amtssitz des kaiserl. Forstmeisters

Aumannplatz, 18., seit 1913, Ignaz Aumann (1816 bis 1896), Pfarrer von Währing (1884–1896), hinterließ ein Vermögen für den Bau einer Kirche; der Bau wurde wegen des Ersten Weltkrieges nicht realisiert

Aumühlstraße, 23., Benennungsdatum unbekannt, nach einer ehemaligen hier bestandenen Aumühle

Auparkweg, 22., seit 1993, nach der Umgebung benannt

Aurikelweg, 22., seit 1944, nach der Pflanze (Primula auricula)

Ausjagdweg, 14., seit 1956, nach der Flurbezeichnung, „Ausjagdboden" (grenzte an die Siedlung jenseits des Halterbaches an)

Auspitzgasse, 22., seit 1972, Dr. Heinrich Auspitz (1835 bis 1886), Dermatologe, ao. Prof. (1875), zahlreiche wissenschaftliche Arbeiten

Außererweg, 21., seit 1954, Dr. Carl Ausserer (1883–1950), Direktor des Finanz- und Hofkammerarchives, Historiker (mittelalterliche Quelleneditionen)

Aussichtsweg, 19., seit 1891 (vorher tw. Schulweg), nach der schönen Aussicht auf Wien

Ausstellungsstraße, 2., seit 1872 (vorher: Feuerwerksallee), zur Erinnerung an die Weltausstellung 1873

Austerlitzgasse, 22., seit 1993, Friedrich Austerlitz (1862–1931), Journalist, Chefredakteur der Arbeiter-Zeitung (1895 bis 1931)

Autofabriksstraße, 23., seit 1954 (vorher: Siebenhirtenstraße), nach der in der Nähe befindlichen ehemaligen Autofabrik Perl

Autokaderstraße, 21., seit 1960, nach einer motorisierten militärischen Einheit (Autokader), die während des Ersten Weltkrieges hier stationiert war

Auwinkel, 1., seit 1862 (1547 bis 1786 „Im Sauwinkel"), nach dem Schweineschlachthaus

Avedikstraße, 15., seit 1894 (vorher: Eisenbahnstraße), Dr. Stephan Avedig (sic! 1804–1884), Arzt, Wohltäter (Engagement für die Armen)

Awarenstraße, 11., seit 1983, zur Erinnerung an die 1976/77 aufgefundenen Awarengräber in der Csokorgasse; die Awaren waren ein Reitervolk, das im 6. Jhd. in unsere Gegend kam

Ayrenhoffgasse, 9., seit 1894 (vorher ab 1862: Hirschengasse), Cornelius Hermann von Ayrenhoff (1733–1819), Lustspieldichter, Dramatiker; Offizier im Siebenjährigen Krieg, Feldmarschall-Leutnant (1794)

Azaleengasse, 22., seit 1954, nach der Pflanze (Rhododendron)

B

Baaderwiesenweg, 19., seit 1997, Flurname (nach der Baader Wiese)

Babenbergerstraße, 1., seit 1863, zur Erinnerung an die Babenberger (von 976 bis 1246 Markgrafen bzw. ab 1156 Herzöge von Österreich)

Babitschgasse, 21., seit 1961, Jakob Babitsch (1870–1945), Vorstand der Jedlersdorfer Spar- und Vorschusskassa, Bezirksrat von Floridsdorf (1918 bis 1934)

Bacherplatz, 5., seit 1871, Leopold Bacher (1793–1869), Gärtner, Armenrat, Armenbezirksdirektor

Bachgasse, 16., seit 1864 (vorher: Am Liebhartsgraben), nach dem seit 1847 eingewölbten Ottakringer Bach, der bis 1881 an dieser Stelle allerdings noch offen war

Bachofengasse, 19., seit ca. 1886, Adolf Bachofen von Echt (1830–1922), Brauhausbesitzer, Bürgermeister von Nussdorf, Numismatiker, 1891–1895 liberales Mitglied des Wiener Gemeinderats

Bachrachgasse, 22., seit 1959, Dr. Adolf Bachrach (1859–1932), Jurist, Anwalt, Konsulent des Kaiserhauses

Bachzeile, 17., nicht amtliche Bezeichnung, nach einem Bachgerinne

Badgasse, 9., Benennungsdatum unbekannt (1716 In der Baadergassen), nach dem ehemaligen Lichtentaler Bad

Badgasse, 14., Benennungsdatum unbekannt, nach der dortigen Badeanlage

Badhausgasse, 7., seit 1862, nach dem 1841 bis 1921 bestandenen Marienbad

Badhaussteg, 13. und 14., nach einer ehemaligen Badeanstalt

Badweg, 22., nicht amtliche Bezeichnung

Badwinkel, 22., nicht amtliche Bezeichnung

Bäckenbrünnlgasse, 18., seit 1911, nach einer Quelle (Brünnl), die 1880 versiegte; nach einer Sage soll sich ein Bäckerlehrling über einen Brunnen gebeugt haben, um zu trinken, bückte sich zu tief, fiel in den Brunnen und ertrank

Bäckerstraße, 1., seit 1862, seit dem 14. Jhd. übten hier einige Bäcker ihr Gewerbe aus

Bärengasse, 5., seit 1862 (vorher: Schmiedgasse), nach dem Hausschild „Zum braunen Bären"

Bärenmühldurchgang, 4., seit 1937, Durchgang durch das Haus Rechte Wienzeile 1; nach einer von 1113 bis 1856 in Betrieb gewesenen Mühle; der Name geht auf ein Gasthaus „Zum Schwarzen Bären" zurück; der Sage nach wurde ein Müller von einem Bären überfallen und von seinem Knecht gerettet, der dann das Gasthaus eröffnete

Bäuerlegasse, 20., seit 1885, Adolf Bäuerle (1786 bis 1859), Schriftsteller, Journalist, Gründer der „Wr. Allgemeinen Theaterzeitung", Theaterdichter, erfand die Figur des Staberl; schrieb auch Wienerlieder

Bahndammweg, 21., seit 1996 (vorher ebenso nicht amtlich), Weg längs des Nordbahndammes

Bahnfeldweg, 22., seit 1944, Flurname

Bahnhofplatz, 21., Benennungsdatum unbekannt, Platz vor dem Bahnhof Stammersdorf

Bahnhofstraße, 14., seit 1873, nach dem Hütteldorfer Bahnhof

Bahnlände, 10., Benennungsdatum unbekannt, längs der Donauländebahn

Bahnsteggasse, 21., seit 1872, führt zum Steg über die ehemalige Nordwestbahn

Bahnstraße, 14., Benennungsdatum unbekannt, Zufahrt zur Bahnstation Hadersdorf-Weidlingau

Bahnweg, 14., benannt nach der Nähe zur Westbahn

Baldassgasse, 21., seit 1973, Prof. Dr. Ludwig Baldass (1887 bis 1963), Kunsthistoriker, Direktor der Gemäldegalerie des Kunsthistorischen Museums (ab 1949)

Balderichgasse, 17., seit 1894 (vorher: Stiftsgasse), Balderich, Abt des Stiftes St. Peter in Salzburg, Förderer des Kirchenbaus in Dornbach

Baldiagasse, 16., seit 1893, Ferdinand Baldia (1817–1869), Baumeister, Gemeinderatsmitglied von Ottakring

Balgavyweg, 21., seit 1993, Stephan Balgavy (1892–1960), Gastwirt, Siedlungsgründer

Ballgasse, 1., 1547 „Auf der Dacken", hier bestand das „Ballhaus Auf der Dacken"

Ballhausplatz, 1., seit 1906, nach dem hier befindlichen Ballhaus, 1786 erstmals so genannt, 1848 kurzfristig Revolutionsplatz

Balsaminengasse, 14., seit 1953, nach der Zierpflanze (Impatiens balsamina)

Bambergergasse, 22., seit 1954 (vorher: Kubitschekweg), Prof. Dr. Heinrich von Bamberger (1822 bis 1888), Arzt, 1872–1888 Vorstand der II. Med. Univ.-Klinik in Wien; zahlreiche Publikationen („Lehrbuch der Krankheiten des Herzens", 1857)

Bandgasse, 7., seit 1862 (urspr. Langenkellergasse, bis 1780 Windmühlzwerchgasse und bis 1862 Herrengasse), im 19. Jhd. befanden sich hier Seidenbandfabriken

Bankgasse, 1., seit 1862, nach dem 1820 bis 1822 errichteten Gebäude der österreichisch-ungarischen Bank

Barakgasse, 23., seit 1959, nach einer Gestalt aus der Oper „Die Frau ohne Schatten" von Richard Strauss

Baranygasse, 22., Dr. Robert Bárány (1876–1930), Arzt, Nobelpreis 1914, Privatdozent für Otologie (erforschte die Gleichgewichtsorgane im Ohr)

Barawitzkagasse, 19., seit 1873, Stephan Barawitzka (1807 bis 1891), Gemeinderat von Oberdöbling, Fabrikant

Barbaragasse, 1., seit 1862 (vorher Teil der Postgasse), nach der Barbarakirche

Barbenweg, 22., seit 2003, Flurname

Barichgasse, 3., seit 1876, Michael von Barich (1792–1859), Hofkonzipist, ließ den Grund für Wohnhäuser und Verkehrsflächen parzellieren

Barmherzigengasse, 3., seit 1877, nach einem Genesungsheim der Barmherzigen Brüder, 1755 gegründet, 1877 aufgelassen; s. auch *Johannes-von-Gott-Platz*

Barnabitengasse, 6., seit 1862 (vorher: Kleine Kirchengasse), nach dem Orden der „Barnabiten", einem katholischen Männerorden, dem die Betreuung der Mariahilfer Kirche übertragen war

Baron-Karl-Gasse, 10., seit 1995, Karl Baron (1882–1948), Favoritner Original, von den Bewohnern Baron Karl genannt

Bartensteingasse, 1., seit 1873, Johann Christian Bartenstein (1689 bis 1767), Vertrauter von Karl VI., Berater von Maria Theresia

Barthgasse, 3., seit 1900, Dr. Johann Barth (1745–1818), Augenarzt, Anatom, behandelte viele arme Kranke unentgeltlich

Bartschweg, 12., seit 1937, Gregor M. Bartsch (1839–1918), Lehrer, Meidlinger Heimatforscher

Baschgasse, 22., seit 1955 (vorher: Durchlaufgasse), Prof. Dr. Samuel Siegfried

Basch (1873 bis 1905), Experimental-Pathologe und Kliniker, 1900 o. Univ.-Prof.

Basler Gasse, 23., seit 1957 (vorher: Josef-Weichselbaum-Gasse), Basel ermöglichte nach dem Zweiten Weltkrieg durch Spenden den Schulbau in der Gasse

Bastiengasse, 18., seit 1874, Karl Bastien (1823–1889), Bürgermeister von Gersthof (1860–1888)

Batkagasse, 18., seit 1960, Richard Batka (1863–1922), Musiker, Schriftsteller, unterrichtete an der Akademie für Musik in Wien, verfasste musikhistorische Werke („Allgemeine Geschichte der Musik", 3 Bände), schrieb auch Libretti für Opern

Batschegasse, 23., seit 1954 (vorher: Quergasse), Anton Batsche (1836 bis 1897), Graveur

Battiggasse, 10., seit 1920, Ing. Anton Battig (1832–1896), Brückenbautechniker

Baudißgasse, 11., seit 1974, Prof. Ing. Leo Baudiß (1861–1914), Maschinenbauingenieur, Professor an der Technischen Hochschule; erfand eine Lenksteuerung für Dampfmaschinen

Bauernfeldgasse, 19., seit 1904, Eduard von Bauernfeld (1802–1890), Leiter des Zahlenlottos, ab 1848 Schriftsteller, schrieb erfolgreiche Lustspiele mit Wiener Lokalkolorit, schilderte mit feiner Satire die Gesellschaft des Vormärz, 1882 Ehrenbürger von Wien

Bauernfeldplatz, 9., seit 1890, s. *Bauernfeldgasse*

Bauernmarkt, 1., uralter Marktplatz der Bauern, erstmals 1440 erwähnt, amtlich 1862 benannt

Bauernweg, 18., nicht amtliche Bezeichnung

Baumannstraße, 3., seit 1902 (1938 bis 1947: Adolf-Kirchl-Straße, s. *Adolf-Kirchl-Gasse*!), Dr. Oscar Baumann (1864 bis 1899), Afrikaforscher (kartierte den Sansibar-Archipel), Reiseschriftsteller, schenkte seine Sammlungen dem Naturhistorischen Museum; seine Gedenktafel wurde von den Nationalsozialisten entfernt und durch eine Gedenktafel für Adolf Kirchl ersetzt

Baumberggasse, 21., seit 1906, Antonie Baumberg (eigentlich Antonie Kreiml, 1857 bis 1902), Schriftstellerin (Theaterstücke, Feuilletons)

Baumeistergasse, 16., seit 1920 (vorher: Roterdstraße), Bernhard Baumeister (1827 bis 1917), Schauspieler, von Heinrich Laube 1852 ans Burgtheater geholt, 1857 Burgschauspieler, 1892 auf Lebenszeit ans Burgtheater engagiert; er hatte 6.299 Auftritte in 494 Rollen

Baumergasse, 21., seit 1892, Heinrich Baumer (1840 bis 1888), Pfarrer von Großjedlersdorf (1882 bis 1888)

Baumgartenbrücke, 13. und 14., seit 1898, s. *Baumgartenstraße*

Baumgartenstraße, 14., seit 1894 (vorher: Bahngasse), zur Erinnerung an den alten Vorstadtnamen, Baumgarten bestand urspr. aus Baumgarten oberes Gut und Baumgarten unteres Gut, kurz Ober- und Unter-Baumgarten; beide Orte wurden 1850 zur selbstständigen Gemeinde Baumgarten zusammengefasst; vor der Eingemeindung zählte Baumgarten 3.526 Einwohner; es kam zum 13. Bezirk, erst 1938 zum 14. Bezirk

Baumgartner Höhe, 14., seit 1910, höchster Teil Baumgartens, urspr. Höhenweg mit Aussicht auf Wien

Baumgasse, 3. und 11., seit 1899, nach den in dieser Gegend gepflanzten Obstbäumen; Baumgasse 1 trug das Hauszeichen „Zum grünen Baum"

Baumschulweg, 18., nicht amtliche Bezeichnung

Bayerngasse, 3., seit 1916, hier sollte eine Gesandtschaft des Freistaates Bayern errichtet werden

Beatrixgasse, 3., seit 1862 (vorher: Bockgasse, Rabengasse); einer der ältesten Straßenzüge des 3. Bezirks, nach Erzherzogin Beatrix d'Este von Modena (1750 bis 1829), ließ ein Palais im Bereich des heutigen Modenaparks erbauen

Bechardgasse, 3., seit 1876, Barbara Baronin Bechard (1789–1859), ihr Palais kam nach ihrem Tode an die Gemeinde Wien, die es abreißen und die Weißgerber Pfarrkirche errichten ließ

Bechergasse, 10., seit 1971, Dr. Alfred Julius Becher (1803–1848), Musikwissenschafter, Jurist; führender Kopf der

Revolution von 1848 (standrechtlich erschossen)

Beckgasse, 13., seit 1949 (vorher: Gustav-Groß-Gasse), Max Wladimir Freiherr von Beck (1854–1943), Ministerpräsident (1906 bis 1908), setzte 1907 das allgemeine (Männer) Wahlrecht durch, Ratgeber von Thronfolger Franz Ferdinand, 1919 bis 1934 Rechnungshofpräsident

Beckmanngasse, 14. und 15., seit 1894 (vorher: Schmiedgasse), Friedrich Beckmann (1803 bis 1866), Schauspieler, Charakterkomiker

Beduzziweg, 23., seit 1955 (vorher: Adalbert-Stifter-Weg), Antonio Mario Nicolo Beduzzi (1675 bis 1735), Maler

Beer-Hofmann-Gasse, 21., seit 1968, Dr. Richard Beer-Hofmann (1866 bis 1945), Dichter, Dramatiker, Regisseur („Der Graf von Charolais"); Emigration in die Schweiz und von dort in die USA

Beer-Hofmann-Weg, 21., seit 2005, Verlängerung der *Beer-Hofmann-Gasse*

Beethovenaussicht, 19., Benennungsdatum unbekannt, wegen der schönen Aussicht, Lieblingsplatz von Beethoven, s. *Beethovenplatz*

Beethovengang, 19., seit ca. 1864/69, Lieblingsspazierweg von Beethoven; Beethoven wohnte im Sommer häufig in Heiligenstadt, s. *Beethovenplatz*

Beethovengasse, 9., seit 1864, hier befindet sich das Sterbehaus Beethovens

Beethovenplatz, 1., seit 1904, Ludwig van Beethoven (1770 bis 1827), Komponist (Oper „Fidelio", Symphonien, Sonaten, Klavierkonzerte)

Beethovenruhe, 19., seit 1894; hier verweilte Beethoven gerne

Beethovenstraße, 23., s. *Beethovenplatz*

Begonienweg, 22., seit 1944, nach der Zierpflanzengattung (Begonia)

Beheimgasse, 17., seit 1894 (vorher: Josefigasse), Michael Beheim (1416 bis 1474), Dichter, Soldat; verfasste das „Buch von den Wienern", Chronik in Versen über die Ereignisse 1462 bis 1465 (sozialgeschichtlich interessant)

Behselgasse, 15., seit 1912, Anton Behsel (1781–1838), erster Stadtbauinspektor, verfertigte u. a. einen Plan der Stadt Wien mit 34 Vorstädten, stellte ein komplettes Häuserverzeichnis zusammen

Bei den Meierhöfen, 13., seit 1911, nach hier bestandenen Meierhöfen

Beichlgasse, 10., seit 1988, Karl Beichl (1874 bis 1937), Geologe, Grundwasserwissenschaftler, Wünschelrutengeher, schuf eine Thermenkarte von Wien

Beim Eisenbahnerberg, 21., seit 1999, ortsübliche Bezeichnung (Flurname)

Beingasse, 15., seit ca. 1864, Bein (Näheres unklar) war hier Grundbesitzer um 1850 und Wohltäter

Bela-Laszky-Gasse, 22., seit 1966 (vorher: Auf der Haide), Bela Laszky (1867 bis 1935), Komponist

Belghofergasse, 12., seit 1903, Johann Belghofer (1763 bis 1821), Zimmermeister aus Flandern, baute die ersten artesischen Brunnen (Springbrunnen) in Wien

Belgradplatz, 10., seit 1900, zur Erinnerung an die Siege über die Türken 1717 (Prinz Eugen) und 1789 (General Laudon)

Bellariastraße, 1., seit 1869, nach der Bellaria, einem Vorbau der Hofburg (= „angenehme Luft")

Bellegardegasse, 22., seit 1874, Friedrich Heinrich Graf von Bellegarde (1757 bis 1845), Feldmarschall, Verdienste in den napoleonischen Kriegen, Präsident des Hofkriegsrats (1809 bis 1813), 1820 Staats- und Konferenzminister

Bellevuestraße, 19., seit 1894 (vorher: Himmelstraße), nach dem ehemaligen Schloß Bellevue; an seiner Stelle errichtete die Gemeinde 1963 ein Ausflugsrestaurant, 1982 abgebrochen

Bellgasse, 21., seit 1901, Alexander Graham Bell (1847 bis 1922), Erfinder des Fernsprechers (1875), Physiker, s. *Telephonweg*

Bellinigasse, 22., seit 1932, Vicenzo Bellini (1801–1835), italienischer Opernkomponist („Norma")

Belvedereallee, 2., seit 1912; verläuft vom Lusthaus Richtung Belvedere

Belvederegasse, 4., 1823 angelegt, bis ca. 1860 Ferdinandsgasse; nach dem Schloss Belvedere

Benatzkygasse, 22., seit 1962, Dr. Ralph Benatzky (1884 bis 1957), Komponist, Texter (Wienerlieder, Operetten), schrieb auch die Musik zu ca. 200 Filmen; 1938 Emigration

Bendagasse, 23., seit 1964, Univ.-Prof. Dr. Oskar Benda (1886 bis 1954), Pädagoge, Germanist; 1938 Emigration

Bendlgasse, 12., seit 1894 (vorher: Schulgasse), nach dem Fabriksbesitzer Bendl, er stellte 1834 die erste Dampfmaschine in Österreich auf

Benedikt-Schellinger-Gasse, 15., seit 1894, Benedikt Schellinger (1824 bis 1875), Bürgermeister von Braunhirschen, regte die Vereinigung der Vororte Braunhirschen, Rustendorf und Reindorf zur Gemeinde Rudolfsheim an, erster Bürgermeister von Rudolfsheim

Benischkegasse, 10., seit 1975, Karl Benischke (1867–1954), regte den Ausbau des Filmteichgeländes zum Erholungsgebiet an

Benjowskigasse, 22., seit 1961 (vorher: Unterer Feuerrayonweg), Moritz August Graf Benjowski (1741–1786), zur Erinnerung an die Beteiligung des Infanterieregiments Nr. 31 Benjowski an der Schlacht bei Aspern (1809) gegen Napoleon

Benkgasse, 13., seit 1924, Johannes Benk (1844 bis 1914), Bildhauer (z. B. Deutschmeisterdenkmal am Deutschmeisterplatz, 1907)

Benndorfgasse, 22., seit 1958, Dr. Otto Benndorf (1838–1907), Altertumsforscher, Archäologe (Ausgrabungen in Carnuntum)

Bennogasse, 8., seit 1862 (vorher: Königsgasse), s. *Bennoplatz*

Bennoplatz, 8., seit 1862 (vorher: Magazinplatz), Benno Pointner (1782 bis 1807), Gründer der Vorstadt Breitenfeld (1802), Schottenabt; siehe auch *Breitenfelder Gasse*

Bensasteig, 14., seit 1930, Alexander von Bensa d. J. (1820 bis 1902), Maler (Genre und Schlachten), sein gleichnamiger Vater malte Bilder aus dem Wiener Leben („Ein Sonntag in Hietzing vor Dommayers Casino")

Bentheimstraße, 21., seit 1900 (vorher: Mühlgasse), Friedrich Wilhelm Fürst zu Bentheim-Steinfurt (1782 bis 1839), Feldmarschall-Leutnant (1829), Verdienste in den napoleonischen Kriegen

Berchtoldgasse, 22., seit 1873, Leopold Graf von Berchtold (1759–1809), kais. Kämmerer, Verdienste um die Armen

Bergengasse, 22., seit 1994, norwegische Stadt, Verwaltungssitz der Provinz Hordaland, s. *Trondheimgasse*, s. Einleitung

Bergenstammgasse, 13., seit 1894 (vorher: Marinonigasse), Alois Groppenberger Edler von Bergenstamm (1754–1821), Altertumsforscher, verfasste eine Geschichte der Wiener Vorstädte und der Wiener Juden

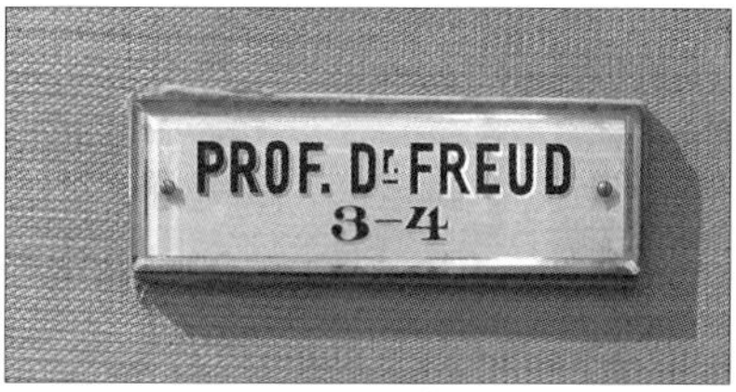

9., Berggasse 19, Wohnhaus von Sigmund Freud.

Berggasse, 9., seit 1862, nach dem steilen alten Donauuferhang; früher: An der Bergstraße, Holzstraße, Schottenpoint, Am Ochsenbergl

Berggasse, 14., Benennungsdatum unbekannt, nach ihrer Lage am Abhang des Wolfersberges

Bergheidengasse, 13., seit 1892, Flurname

Berglergasse, 21., seit 1960, Hans Bergler (1859 bis 1912), Schriftsteller, Journalist (Humoresken, Schwänke, Theater- und Literaturkritiker)

Bergmillergasse, 14., seit 1911 (vorher: Bergmüllergasse, bis 1894 Brauhausgasse), Anton Bergmiller (1821–1870), Bürgermeister von Hütteldorf (1861 bis 1867), Brauhausbesitzer

Bergsteiggasse, 17., seit ca. 1864 (vorher: Obere und Untere Bergsteiggasse), ein steiler Hauersteig durch Weingärten (Weinberge)

Bergtaidingweg, 10., seit 1968, Bergtaiding, urk. 1499 erwähnt, Rechtsprechung in Weingartenangelegenheiten

Bergweg, 17., nicht amtliche Bezeichnung, unter Bezugnahme auf das bergige Gelände am Schafberg

Beringgasse, 16. und 17., seit 1904, Gottfried Bering (1700–1777), Pfarrer von Hernals

Berlagasse, 21., seit 1913, Alois Berla (eigentlich Scheichel, 1826 bis 1896), Schauspieler, Sänger, Schriftsteller (schrieb ca. 130 Bühnenstücke)

Berlepschgasse, 10., seit 1958, Franz Freiherr von Berlepsch (1875–1914), österreichischer Flugpionier

Bernadottegasse, 10., Benennungsdatum unklar, Folke Bernadotte Graf von Wisborg (1895–1948), Präsident des schwedischen Roten Kreuzes, das Österreich nach 1945 besonders unterstützte

Bernardgasse, 7., seit 1862 (vorher: Strohmayergasse, Seillergasse), Franz Alois Bernard (1791 bis 1851), Äußerer Rat, Erbauer der „Zollerschule", Fabrikant, Maler

Bernatzikgasse, 19., seit 1957, Univ.-Prof. Dr. Hugo Adolf Bernatzik (1897 bis 1953), Völkerkundler, Schriftsteller, ab 1939 Univ.-Prof., zahlreiche Forschungsreisen, brachte umfangreiche völkerkundliche Sammlungen nach Wien

Bernhard-Billes-Gasse, 23., seit 1954, Dr. Bernhard Billes (1882–1940), Gemeinderat von Siebenhirten (1926 bis 1938), Arzt

Bernhard-Bolzano-Gasse, 21., seit 1975 (vorher: Bolzanogasse), Bernhard Bolzano (1781–1848), Mathematiker, Philosoph

Bernhardinerallee, 22., nicht amtliche Bezeichnung, führt zum ARBÖ, nach dem Wappentier des ARBÖ

Bernhardtstalgasse, 10., seit 1898, zur Wahrung des alten Ortsnamens (im 14. Jhd. erwähnt, 1683 von den Türken zerstört)

Bernoullistraße, 22., seit 1965, Hans Bernoulli (1876 bis 1959), Architekt und Städteplaner, 1919 bis 1939 Prof. in Zürich

Bernreiterplatz, 21., seit 1898, Franz Bernreiter (1842–1914), Bürgermeister von Großjedlersdorf; aus seiner Familie gingen mehrere Ortsvorsteher und Richter hervor

Berresgasse, 22., seit 1872, Prof. Dr. Josef Berres (1796–1844), Anatom, Fotopionier

Bertégasse, 23., seit 1929 (1942 bis 1947 Hans-Prock-Gasse), Heinrich Berté (1857–1924), Komponist („Dreimäderlhaus")

Bertha-von-Suttner-Gasse, 22., seit 1986, Bertha von Suttner (1843 bis 1914), Schriftstellerin, Friedensaktivistin („Die Waffen nieder", 1889), gründete 1890 die „Österreichische Gesellschaft der Friedensfreunde", Friedensnobelpreis (1905)

Berthold-Viertel-Gasse, 10., seit 1959, Berthold Viertel (1885–1953), Schriftsteller, Burgtheaterregisseur (z. B. „Endstation Sehnsucht"), Bahnbrecher der expressionistischen Dramaturgie (Gedichte, Roman „Das Gnadenbrot")

Bertlgasse, 21., seit 1896, Alois Bertl (1840 bis 1888), Bürgermeister von Donaufeld (1881 bis 1887), Gastwirt

Bertoldusgasse, 23., seit 1955 (vorher zum Teil Türkengasse), Bertoldo di Giovanni (1420 bis 1491), italienischer Bildhauer

Bertoligasse, 16., seit 1883 (vorher: Krebsgasse), Franz Bertoli, Seidenfabrikant, erlegte 1809 die Kontribution (Kriegssteuer zur Erhaltung der Besatzungstruppen) für Neulerchenfeld, womit eine Plünderung durch die Franzosen unterblieb

Berzeliusgasse, 21., seit 1914, s. *Berzeliusplatz*

Berzeliusplatz, 21., seit 1914, Johann Jakob Freiherr von Berzelius (1779 bis 1848), schwedischer Chemiker, Begründer der anorganischen Chemie, bestimmte die Atomgewichte, schrieb ein epochales „Lehrbuch der Chemie" (6 Bände 1808–1830)

Bessemerstraße, 21., seit 1901, Henry Bessemer (1813–1898), englischer Ingenieur, Verdienste um das Eisenhüttenwesen; Erfinder (117 Patente)

Bethlengasse, 12., seit 1894, Iktar Dominik Graf Bethlen (1810–1866), Besitzer der Herrschaft Hetzendorf

Bettelheimstraße, 22., seit 1955 (vorher: Bahnstraße), Anton Bettelheim (1851 bis 1930), Privatgelehrter, Biograph, Literaturhistoriker, Schriftsteller, Journalist

Betty-Fischer-Weg, 17., seit 1999, Betty (Barbara) Fischer (1887–1969), Operettensängerin, bekannt als „Lercherl von Hernals“ (z. B. „Der letzte Walzer“ – 200 Aufführungen, „Rose von Stambul“ – 400 Aufführungen, „Wo die Lerche singt“ – 300 Aufführungen)

Betty-Roose-Weg, 12., seit 1930, Betty Roose (1778–1808), Burgschauspielerin

Beyfusgasse, 23., seit 1954 (vorher: Siedlergasse), Hermann Beyfus (1857 bis 1898), Maler (Porträts, Szenen aus dem Mönchs- und Klosterleben)

Biberhaufenweg, 22., seit 1922 (ab ca. 1906 nicht amtlich ebenso), ehemalige Insel (Haufen) im alten unregulierten Donaugebiet mit reichem Biberbestand

Bibernellweg, 22., seit 1965, nach dem Heilpflanzennamen (Pimpinella saxifraga und Sanguisorba minor)

Biberstraße, 1., seit 1902, nach dem mittelalterlichen Ministerialiengeschlecht der Biber (Byber)

Biblgasse, 23., seit 1959, Rudolf Bibl (1832 bis 1902), Organist, Komponist (Kirchenmusik)

Bickellgasse, 12., seit 1922, Gustav Bickell (1838–1906), Theologe, Sprachforscher, Orientalist

Bickgasse, 23., seit 1952, Hofrat Dr. Josef Bick (1880 bis 1952), Bibliothekar, Univ.-Prof. für klassische Philologie, Generaldirektor der Österreichischen Nationalbibliothek; war 1938 im KZ Dachau und Sachsenhausen inhaftiert

Biedergasse, 19., seit 1876, Eduard Bieder (1820 bis 1883), Zementhändler, Hausbesitzer, Gemeindevorsteher von Ober-Döbling

Biedermanngasse, 12., seit 1894, (vorher: Gärtner- und Kirchfeldgasse; 1938 vorübergehend Lagardegasse), Michael Lazar Biedermann (1769 bis 1843), kaiserlicher Siegelstecher, Hofjuwelier

Bienefeldgasse, 22., seit 1909 (vorher: Thurmgasse), Wilhelm Freiherr von Bienefeld (1776–1823), Major, Verdienste in den napoleonischen Kriegen

Bienengasse, 6., seit 1862 (vorher: Krongasse); nach einem Hausschild „Zum Bienenkorb“

Bienenweg, 17., seit 1993 (vorher ebenso nicht amtlich), Bezeichnung nach Bienenstöcken

Bienweg, 22., seit 1928, Flurname („An der Bien“), verlängert 1998

Bierbaumgasse, 21., seit 1933, Otto Julius Bierbaum (1865–1910), Schriftsteller (Erzählungen, Romane, Künstlerbiographien)

Biererlgasse, 10., seit 1956 (vorher Neugasse), Riedname

Bierhäuselberggasse, 14., seit 1923, führt zum Bierhäuselberg (268 m hoch), an dessen Fuß die ausgedehnten Kellereien der Hütteldorfer Brauerei lagen; heute Gartensiedlungen

Biljan-Bilger-Gasse, 22., seit 2006, Maria Biljan Bilger (1912–1997), Bildhauerin, Keramikerin, Textilkünstlerin; Prof. an der Hochschule für angewandte Kunst, Mitglied des Art Clubs; sie wohnte in Sommerein/Leithagebirge, wo sich heute eine Ausstellungshalle mit Werken von ihr befindet

Billergasse, 19., seit 1895, Johann Baptist Freiherr von Biller (gest. 1793), Hofkommissionsrat, Hausbesitzer, Wohltäter im Kahlenbergerdorf

Billgasse, 22., seit 1974, Heinrich Bill (1895–1916), Flugpionier, Kunstflieger (in Aspern abgestürzt), s. *Flugfeldstraße*

Billrothstraße, 19., seit 1894 (urspr. 1796 An der Stiege und In den Sätzen, bis 1894 Hirschengasse und Grinzinger Straße), Dr. Christian Theodor von Billroth (1829–1894), Chirurg, Mitbegründer der Wiener Freiwilligen Rettungsgesellschaft, Musik- und Kunstliebhaber

Binagasse, 23., seit 1957 (vorher: Dürergasse), Maurer Hauerfamilie

Bindergasse, 9., seit 1862 (vorher ab 1776: Krongasse), hier befanden sich viele Arbeitsstätten und Wohnungen von Fassbindern

Bindergasse, 10., nicht amtliche Bezeichnung, Herkunft unklar

Bindingweg, 14., seit 1932, Dr. Karl Binding (1841–1920), Jurist, Verdienste um die Erforschung des deutschen Strafrechts, verfocht die Vergeltungstheorie (im Gegensatz zur Präventivtheorie)

Binsenweg, 22., seit 1973, nach dem Pflanzennamen (vor allem verschiedene Cyperaceae = Riedgrasgewächse)

Biraghigasse, 13., seit 1894 (vorher: Eisenbahngasse), Marianne Biraghi (1819 bis 1895), Wohltäterin, stiftete 10.000 Gulden für die Armen

Birkenstockgasse, 11., seit 1894 (vorher: Untere Wintergasse), Johann Melchior Edler von Birkenstock (1735 bis 1809), Ratgeber Kaiser Josephs II., grundlegende Arbeiten über die Neuordnung des Schul- und Erziehungswesens

Birkenweg, 11. und 22., nicht amtliche Bezeichnung nach der Baumgattung (Betula)

Birnbaumgasse, 10., seit 1959, Uriel Birnbaum (1894–1956), Lyriker, Buchillustrator (z. B. Alice im Wunderland), Graphiker (biblische Themen und Gebrauchsgrafik), 1938 Emigration nach Holland

Birneckergasse, 21., seit 1961, Franz Birnecker (1878 bis 1923), Betriebsrat bei Semperit, Opfer eines monarchistischen Attentats, der Mord an Birnecker war Anlass für die Gründung des sozialdemokratischen Republikanischen Schutzbundes

Birnenweg, 11., nicht amtlich

Birnersteig, 21., nicht amtliche Bezeichnung; die Müllerfamilie Birner betrieb eine Bootsvermietung, zwei Badeanstalten und ein Gasthaus

Biróstraße, 23., seit 1982, Michael Biró (1886–1948), Graphiker, Plakatkünstler

Bischof-Faber-Platz, 18., seit 1894 (vorher: Kirchenplatz, kurzfristig Faberplatz), Johann Faber III. (Heigerlein von Leutkirch in Schwaben, 1478 bis 1541), Sohn eines Schmiedes (daher Faber oder Fabri), Bischof von Wien (1530 bis 1541)

Bischoffgasse, 12., seit 1874, Hofrat Dr. Ignaz Rudolf Bischoff Edler von Altenstern (1784 bis 1850), Pathologe; seine Frau Johanna ließ in Obermeidling ein Frauenheim errichten

Bischofgasse, 10., Benennungsdatum unbekannt, nach einem ehemaligen Bischofshof, der 1585 bis 1850 hier bestand

Bischofplatz, 10., Benennungsdatum unbekannt, s. *Bischofgasse*

Bischofsteg, 14., seit 1896 (vorher: Rudolfskettensteg), führte zur erzbischöflichen Sommerresidenz nach Ober-St. Veit

Bitterlichstraße, 10., seit 1929, Eduard Bitterlich (1833–1872), Maler, Bildhauer; ebenso Sohn Hans (1860–1949)

Björnsongasse, 13., seit 1932, Björnstjerne Björnson (1832 bis 1910), norwegischer Dichter

Blaasstraße, 19., seit 1895, Carl Ritter von Blaas (1815–1894), Historienmaler (z. B. 24 Fresken in der Altlerchenfelder Kirche, Hochaltarbild für die Johannes-Evangelist-Kirche am Keplerplatz)

Blanche-Aubry-Weg, 19., seit 1998, Blanche Aubry (1921 bis 1986), Schauspielerin (1977 Kammerschauspielerin, 1986 Ehrenmitglied des Burgtheaters); Rolle der Dulcinea (mit Josef Meinrad)

Blaschkagasse, 10., seit 2002, Dipl.-Ing. Walter Blaschka (1919 bis 1989), Unternehmer; seit 1949 Funktionär der ÖVP Favoriten, Bezirksrat (1954 bis 1961), Gemeinderat (1961–1973)

Blaselgasse, 18., seit 1925, Carl Blasel (1831 bis 1922), Schauspieler, Theaterdirektor (Josefstadt, Carltheater, Wiedner Theater)

Blattgasse, 3., seit 1864, nach ausgedehnten Gärten, die hier bestanden haben (s. auch *Blütengasse, Stammgasse*)

Blebanngasse, 13., seit 1982, Heinrich Blebann (1882–1965), Philanthrop

Blechschmidtgasse, 21., seit 1940, Anton Blechschmidt (1841–1916), Vorkämpfer für die Altersversicherung der Privatangestellten

Blechturmgasse, 4. und 5., seit 1862 (um 1829 Blecherne Thurmgasse, ein Teil „Alter Bürgerweg"), nach einem Haus mit blechernem Turm

Bleibtreustraße, 11., seit 1981, Hedwig Bleibtreu (1868–1958), Schauspielerin (Carltheater, Burgtheater), auch beliebte Filmdarstellerin

Bleichergasse, 9., seit 1862 (vorher: Wachsbleichergasse), nach der hier einst bestandenen Wachsbleiche (Bienenwachs für die Kerzenerzeugung)

Bleichsteinerstraße, 10., seit 1957, Dr. Robert Bleichsteiner (1891 bis 1954), Univ.-Prof. für Völkerkunde, 1945 Direktor des Museums für Völkerkunde; Orientalist, Ethnologe

Bleigasse, 10., seit 1959, Franz Blei (1871 bis 1942), Schriftsteller, Kritiker, Biograph, Literaturhistoriker; 1938 Emigration (USA)

Blériotgasse, 11., seit 1969, Ing. Louis Blériot (1872–1936), Pionier des Flugwesens, überflog 1909 erstmals den Ärmelkanal, im selben Jahr Schauflug vor 300.000 Zuschauern (auch Kaiser Franz Joseph war anwesend) auf der Simmeringer Haide

Blindengasse, 8., seit 1862 (früher: An der Lerchenfelderlinie, Linien- und Brunngasse), nach einem 1804 gegründeten und seit 1829 dort befindlichen Blindeninstitut; im Hof fand sich ein fließender Brunnen, daher vorher der Name Brunngasse

Bloschgasse, 19., seit 1895, Georg Dunstan Blosch (1834–1892), Pfarrer des Kahlenbergerdorfs (1872–1892)

Blümelgasse, 6., seit 1887, Carl Blümel (1782 bis 1840), Fabrikant, Verdienste um die Armen

Blümelhubergasse, 14. und 16., seit 1936, Michael Blümelhuber (1865 bis 1936), Bildhauer, Stahlschneider, gilt als Erneuerer der im 16. und 17. Jhd. blühenden Technik des Stahlschnittes; schuf vor allem religiös-liturgische Werke

Blütengasse, 3., seit 1864 (s. *Blattgasse*)

Blumauergasse, 2., seit 1874, Alois Blumauer (1755–1798), Schriftsteller, Buchhändler; bekannt durch sein fragmentarisches Werk „Die travestierte Aeneis" (nach Vergil)

Blumberggasse, 16., seit ca. 1850, die altansässige Familie Blumberg besaß einen Hof („Blumberghof") in Ottakring

Blumenbindergasse, 22., seit 1960, nach der Berufsschule für Gärtner und Floristen (Blumenbinder)

Blumengasse, 17. und 18., Benennungsdatum unklar, 1938–1945 Wohlrabgasse; nach der einst blumenreichen Umgebung

Blumenstockgasse, 1., nach dem Gasthausschild „Zum alten Blumenstock", amtlich seit 1862

Blumentalgasse, 23., seit 1920, nach einer mit Blumen bewachsenen Bodensenke

Blumenweg, 10. und 11., nicht amtliche Bezeichnung

Blutgasse, 1., 1368–1392 Kothgässel, später Chorgässlein, Herkunft unklar (der Sage nach sollen hier 1312 Templer erschlagen worden sein, das vergossene Blut habe der Gasse den Namen gegeben, von der Forschung als Legende entlarvt)

Bobiesgasse, 23., seit 1954, Carl Bobies (1865–1897), Maler (Donaumotive)

Bockbergergasse, 11., seit 1971, Ignaz Bockberger (1897–1957), Betriebsratsobmann des Simmeringer E-Werks, Haftstrafe 1934, von den Nationalsozialisten 1938 wieder eingesetzt, organisierte jedoch eine Widerstandsgruppe, 1945 im Zentralvorstand der Gewerkschaft der Gemeindebediensteten, Sozialdemokrat

Bockkellerstraße, 19., seit 1888, nach dem gleichnamigen Bierlokal, 1842 gegründet, 1945 zerstört

Bodenstedtgasse, 21., seit 1933, Friedrich von Bodenstedt (1819 bis 1892), Lyriker, Übersetzer, Univ.-Prof.

Bodmergasse, 22., seit 1954, Johann Jakob Bodmer (1698–1783), Schweizer Schriftsteller, Historiker, 1725 bis 1775 Prof. für helvetische Geschichte in Zürich

Böckhgasse, 12., seit 1918, Franz Heinrich Böckh (1787–1831), Schriftsteller, beschäftigte sich mit Wiener kunst- und lokalhistorischen Themen

Böckingstraße, 22., seit 1955 (vorher: Raasdorfer Straße), Prof. Wilhelm Böcking (1742–1804), Anatom, Physiologe

Böcklinstraße, 2., seit 1919 (vorher ab 1876: Valeriestraße), Arnold Böcklin (1827–1901), Schweizer Maler (See- und Landschaftsgemälde)

Böheimgasse, 23., seit 1961 (vorher: Grenzgasse), Wendelin Böheim (1832 bis 1900), Historiker, Waffentechniker, Offizier

Böhmgasse, 21., seit 1900, Anton Böhm (1812–1865), Wohltäter (stiftete 4000 Gulden für wohltätige Zwecke)

Böhmmühlgasse, 19., seit 1894 (vorher: Mühlgasse), Johann Böhmmühl, Besitzer der ehemaligen Klostermühle

Boërgasse, 12., seit 1894 (vorher: Rudolfsgasse), Dr. Johann Lukas Boër (1751

bis 1835, richtig Boorgers), Boër begründete in Österreich die Geburtshilfe als eigenes Fach, er leitete seit 1789 das Gebärhaus, 1791 bis 1807 erschienen seine „Abhandlungen und Versuche geburtshülflichen Inhaltes", 1834 „Sieben Bücher über natürliche Geburtshilfe"

Boerhaavegasse, 3., seit 1864, Dr. Herman Boerhaave (1668 bis 1738), Arzt, Botaniker, Chemiker; Verfasser medizinischer Lehrbücher, Lehrer von van Swieten, führte den medizinischen Unterricht am Krankenbett ein

Börnergasse, 19., seit 1958, Wilhelm Börner (1882 bis 1951), Schriftsteller, Arzt, Pädagoge, wirkte für die Idee der Volksbücherei, 1938 ins KZ eingeliefert, durch Intervention Emigration in die USA, 1948 Rückkehr nach Österreich; Pazifist

Börnsteingasse, 21., seit 1960, Heinrich Börnstein (1805–1892), Direktor des Theaters in der Josefstadt, Schriftsteller, Schauspieler, Regisseur

Börsegasse, 1., seit 1870, nach der projektierten Wiener Börse (wurde dann 1874 bis 1877 errichtet)

Börseplatz, 1., seit 1870, s. *Börsegasse*

Bösendorferstraße, 1., seit 1919 (vorher: Giselastraße), Ludwig Bösendorfer (1835 bis 1919), Klavierfabrikant; seine Flügel pries Franz Liszt in ganz Europa und machte sie damit berühmt

Böttgerweg, 19., seit 1930, Johann Friedrich Böttger (1682–1719), Apotheker, Alchimist, Begründer der europäischen Porzellanerzeugung

Bognergasse, 1., seit 1300 belegt, nach den im Mittelalter ansässigen Bognern, Pfeilschnitzern und Schwertfegern, ab 1563 so bezeichnet

Bohattaweg, 23., seit 1960, Hans Bohatta (1864 bis 1947), Bibliothekar, Schriftsteller, Publizist („Anonymenlexikon", 7 Bände, „Dt. Pseudonymenlexikon")

Bojanusgasse, 22., seit 1943 (vorher: Heinrich-Kolben-Straße), Dr. Ludwig Bojanus (1776–1827), Tierarzt, Univ.-Prof. in Wilna

Boltensterngasse, 22., seit 1996, Erich Boltenstern (1896 bis 1991), Univ.-Prof., Dipl.-Ing., Dr.; Architekt (Wiederaufbau der Staatsoper, Ringturm, Hotel Europa; Wohnhausanlagen, Aufbahrungshallen)

Boltzmanngasse, 9., seit 1913 (vorher: Waisenhausgasse, Carlsgasse, urspr. Spitalberggasse), Dr. Ludwig Boltzmann (1844 bis 1906), Physiker, Univ.-Prof. in Wien und Graz; zählte durch seine Vielseitigkeit und Bedeutung seiner wissenschaftlichen Entdeckungen zu den größten Naturforschern, „Pionier der Atomtheorie"

Bombekgasse, 12., seit 1932 (1938 umbenannt in Ludwig-Martinelli-Gasse), Josef Bombek (1882–1923), Gewerkschaftsfunktionär, Sozialdemokrat, Wiener Gemeinderat und Stadtrat (1919 bis 1923)

Bonitzgasse, 21., seit 1954, Dr. Hermann Bonitz (1814–1888), Philologe, Pädagoge, Reformer des österr. Gymnasialwesens, Mitglied der Akademie der Wissenschaften

Bonsaigasse, 22., seit 2005, mit fernöstlicher Gartentechnik künstlich klein gehaltener Baum

Bonygasse, 12., seit 1864, Franz Bony (1801 bis 1872), stellte den Grund für den Bau der Gasse unentgeltlich zur Verfügung

Borkowskigasse, 19., seit 1910, Karl Ritter von Borkowski (1835–1905), Architekt, Stadtbaumeister, Gründer des „Wr. Cottage-Vereins" und Chefarchitekt, unter seiner Leitung entstanden rund 170 Villen, enge Zusammenarbeit mit Ferstel, s. *Cottagegasse*

Borschkegasse, 9., seit 1894 (vorher: Czermackgasse), Dr. Franz Borschke (1848 bis 1892), Rechtsanwalt, stellvertretender Bürgermeister von Wien (1890), Gemeinderat ab 1882

Boschettigasse, 23., seit 1959, Viktor Boschetti (1871–1933), Organist von St. Stephan, Kirchenliederkomponist

Boschstraße, 19., seit 1889, Franz Xaver Bosch (1790–1860), Industrieller, Gründer des Nussdorfer Brauhauses (war für hochwertiges Schwarzbier bekannt), Ortsrichter

Bossigasse, 13., seit 1907, Giuseppe Bossi (1810–1891), Hutfabrikant (Verdienste um die österreichische Hutindustrie im Ausland)

Bottoligasse, 21., seit 2002, Prof. Oskar Bottoli (1921–1995), Bildhauer, Schüler von Fritz Wotruba; reaktivierte alte Bronzegussverfahren, eröffnete 1956 ein Atelier in Floridsdorf; u. a. Arbeiten für das Kunsthistorische Museum; 1987 Ehrenmedaille in Gold

Bowitschgasse, 13., seit 1883, Ludwig Bowitsch (1818–1881, Pseudonym L. Bisthow), Hofbeamter, Schriftsteller („Donausagen", „Österreichisches Balladenbuch")

Brabbéegasse, 22., seit 1953, Prof. Ewald Brabbée (1878–1937), Pionier der Stenographie, Pädagoge; Mitschöpfer der Einheitskurzschrift

Brachelligasse, 22., seit 1962, Hugo Franz Ritter von Brachelli (1834–1892), Professor für Statistik, Mathematiker

Brachsengasse, 21., seit 1942 (vorher: Traubengasse), Fischname (Brassen, Brachsen)

Brachtlgasse, 23., seit 1954, Josef Brachtl (1876–1949), Vizebürgermeister von Kalksburg, Gemeinderat (1934 bis 1938)

Brändströmgasse, 23., seit 1987 (vorher: Brandströmgasse), Elsa Brändström (1888–1948), Krankenschwester, betreute im Ersten Weltkrieg Kriegsgefangene in Sibirien („Engel von Sibirien")

Bräuhausbrücke, 14., seit 1896, nach dem nahe gelegenen Hütteldorfer Brauhaus, führendes Brauunternehmen im 19. Jahrhundert; im Brauhaus gab es einen Konzertsaal – Johann Strauß Vater und Joseph Lanner dirigierten Kapellen – und eine Bühne (Theater- und Varietévorstellungen); 1928 wurde die Hütteldorfer Brauerei mit der Brauerei Schwechat vereinigt, 1937 die Brauerei in Hütteldorf geschlossen

Bräuhausgasse, 5., seit 1901 (urspr. Sackgasse, dann Untere Bräuhausgasse), nach dem Margaretner (Hundsturmer) Brauhaus, bestand 1564 bis 1860

Bräunerstraße, 1., seit 1862, durch Verballhornung entstanden (1642 Breitenstraße, 1664 Preitenstraße, 1701 Breunerstraße, 1710 Breinerstraße; urspr. gab es eine Obere und Untere Bräunerstraße)

Braheplatz, 10., seit 1955, Tycho Brahe (1546 bis 1601), dänischer Astronom am Hofe Rudolfs II. in Prag, lebte lange Zeit in Wien

Brahmsplatz, 4., seit 1898, Johannes Brahms (1833 bis 1897), Komponist (Symphonien, Sonaten, Klavier- und Kammermusik), Vertreter der Wiener Klassik

Braillegasse, 14., seit 1930, Louis Braille (1809 bis 1852), französischer Blindenlehrer, erfand das System der Blindenschrift

Brambillagasse, 11., seit 1894 (vorher: Bachergasse), Dr. Alexander Ritter von Brambilla (1728–1800), Leibarzt Kaiser Josephs II., Chirurg, Erfinder von chirurgischen Instrumenten

Brammergasse, 13., seit 1955 (vorher: Dr.-Julius-Angerer-Gasse), Julius Brammer (1877–1943), Operettenlibrettist (arbeitete u. a. für Oscar Straus, Robert Stolz und Emmerich Kálman)

Brandgasse, 2., seit 1876, Johann Christian Brand (1722–1795), Maler (Historien- und Landschaftsbilder), Kupferstecher; u. a. Prateraquarelle, Wandbilder für Schloss Laxenburg

Brandmayergasse, 5., seit 1875, Eduard Brandmayer (1810–1874), Bezirksvorsteher (1862–1874), Gemeinderat, Apotheker

Brandstätte, 1., seit 1876, zur Erinnerung an die mittelalterliche Brandstatt, einem kleinen Ort, 1373 urk. erwähnt

Brandströmgasse, s. *Brändströmgasse*

Brantinggasse, 10., Hjalmar Branting (1860 bis 1925), schwedischer Friedensnobelpreisträger, 1889 Mitbegründer und 1907 bis 1925 Vorsitzender der sozialdemokratischen Arbeiterpartei Schwedens, 1917/18 Finanzminister, 1920–1925 Ministerpräsident; Verdienste um die Linderung der Not in Österreich nach dem Ersten Weltkrieg

Brauergasse, 6., seit 1862 (vorher: Bräuhausgasse), nach der Gumpendorfer Brauerei, 1680 errichtet, 1841 aufgelassen

Braumüllergasse, 17., seit 1966, Wilhelm von Braumüller (1807 bis 1884), Buchhändler, Verleger (rechtswissenschaftliche und medizinische Literatur)

Ansicht von Breitenlee, ca. 1860

Braungasse, 17., seit 1877, Dr. Carl Braun Ritter von Fernwald (1825 bis 1891), Gynäkologe, Dekan und später Rektor der medizinischen Fakultät, schrieb einschlägige Lehrbücher

Braunhirschengasse, 15., seit 1894 (vorher: Schmiedgasse), zur Wahrung des alten Vorortnamens Braunhirschen, 1863 mit Rudolfsheim vereint, s. auch *Dreihausgasse*

Braunhubergasse, 11., seit 1875, Josef Braunhuber (1811–1862), Landwirt, Bürgermeister von Simmering (1856 bis 1862)

Braunschweigbrücke, 13. und 14., seit 1896, s. *Braunschweiggasse*

Braunschweiggasse, 13., seit 1902 (vorher: Hügelgasse), Herzog Wilhelm von Braunschweig (1806 bis 1884), Besitzer des Cumberlandpalais seit 1878, Ehrenbürger von Hietzing 1861

Braunspergengasse, 10., seit 1897, Riedname

Brausewettergasse, 22., seit 1955 (vorher: Bauergasse), Ing. Benno Brausewetter (1869–1926), Baurat, Betonfachmann, Ehrenmitglied der TH

Brechergasse, 19., seit 1898 (vorher: Wiesendorferstraße), Dr. Moritz von Brecher (1831 bis 1896), Arzt, Wohltäter und Ehrenbürger von Sievering

Brehmstraße, 11., seit 1895, Dr. Alfred Brehm (1829 bis 1884), Naturforscher, Weltreisender, Schriftsteller, bekannt durch sein „Illustriertes Tierleben" (10 Bände), 1864 bis 1869 Direktor des Vivariums im Prater

Breite Gasse, 7., benannt nach ihrer für damalige Verhältnisse (um 1850) ungewöhnlichen Breite

Breiteneckergasse, 23., Benennungsdatum unbekannt, Franz Breitenecker (1866 bis 1945), Baumeister, Bürgermeister von Inzersdorf

Breitenfelder Gasse, 8., seit 1862 (vorher: Karlsgasse), zur Erinnerung an den alten Vorstadtnamen; Breitenfeld, 1802 um den Albertplatz gegründet, wurde 1850 in den damaligen 7. Bezirk, seit 1861 8. Bezirk, eingegliedert; es zählte bei der Eingemeindung 4.875 Bewohner

Breitenfurter Straße, 12. und 23., 1593 „Die Straße", später „Ordinari Straße von Wien nach Atzgersdorf", dann „Breitenfurther Waldämtliche Straße", nach dem Ort Breitenfurt

Breitenleer Straße, 22., seit 1910 (um 1830: Pressburger Straße), nach dem ehemaligen Vorort Breitenlee, bereits 1160 urk. erwähnt („Praitenlev" – mhd. le = Hügel, lewer = Erdhügel), 1938 eingemeindet (ein kleiner Teil schon 1905 zu Floridsdorf)

Breitenseer Straße, 14., seit 1894 (vorher: Hauptstraße und Nussallee), zur Erinnerung an den Vorortnamen Breitensee; 1309 als „Praitten See" erwähnt, zählte vor der Eingemeindung 3.245 Einwohner

Breitenweg, 21., seit 1974, Flurname („die Breiten")

Breite Weg, 22., nicht amtliche Bezeichnung

Breitingergasse, 22., seit 1954, Johann Jakob Breitinger (1701–1776), Schweizer Historiograph

Brennergasse, 23., Benennungsdatum unbekannt, Ignaz Ritter von Brenner-Felsach (1772 bis 1849), Besitzer des Schlosses Erlaa, Wohltäter

Brestelgasse, 16., seit 1883, Dr. Rudolf Brestel (1816 bis 1881), Assistent an der Wiener Sternwarte, Professor der Elementarmathematik, setzte sich 1848 für die freiheitlichen Ideale ein und wurde des Amts enthoben, 1861 Mitglied des NÖ Landtags, 1867–1870 Finanzminister

Bretschneidergasse, 19., seit 1930, Ludwig Bretschneider (1860 bis 1920), Bildhauer; Mitarbeiter von Victor Adler, Bretschneider hatte großen Anteil an den Einigungsbestrebungen der Sozialdemokratie 1888/89, Redakteur der Arbeiterzeitung, 1907–1918 Reichsratsabgeordneter, 1918 bis 1927 Abgeordneter zum Nationalrat

Breuergasse, 22., seit 1977, Dr. Josef Breuer (1842–1925), Arzt (zeitweise Mitarbeiter Freuds)

Breuninggasse, 23., seit 1961, Dr. Moritz Gerhard von Breuning (1813 bis 1892), Arzt, Schriftsteller

Brigittagasse, 20., seit ca. 1868, s. *Brigittaplatz*

Brigittaplatz, 20., Benennungsdatum unbekannt, nach der Pfarrkirche „Zur hl. Brigitta", die hl. Brigitta von Schweden (1303 bis 1373; Heiligsprechung 1391) kam aus adeligen Verhältnissen, zog sich aus dem Gesellschaftsleben zurück, kümmerte sich um Pilger, Bettler und Pestkranke und gründete einen Erlöserorden; die Kirche wurde 1867 bis 1874 erbaut

Brigittenauer Brücke, 20., benannt 1981; erbaut 1980–1982

Brigittenauer Lände, 2. und 20., seit 1868, an der Lände legten seinerzeit die flussabwärtsfahrenden Donauschiffe an; die Brigittenau wurde urspr. als Werd bezeichnet und 1670 erstmals urk. erwähnt, seit 1850 bei Wien, gehörte bis 1900 zum 2. Bezirk; der Bäckermeister Lorenz Müller hatte sich für die Trennung von der Leopoldstadt eingesetzt; s. *Lorenz-Müller-Gasse*

Brioschiweg, 22., seit 1977, nach der Familie Brioschi, einer Theatermaler-Dynastie

Brixweg, 21., nicht amtliche Bezeichnung, Herkunft unklar

Brockhausengasse, 22., seit 1960, Dr. Carl Brockhausen (1859–1951), Jurist, 1907 o. Prof. für Verwaltungsrecht an der Universität Wien

Brockmanngasse, 12., seit 1930, Franz Karl Brockmann (1745–1812), Burgschauspieler (große Erfolge als Hamlet-Darsteller) und erster Direktor des Burgtheaters

Brombeerweg, 22., seit 1955, nach der Pflanze (Rubus)

Brosamergasse, 22., seit 1953, Hans Brosamer (ca. 1500–1554), Holzschnittzeichner, Kupferstecher

Broßmannplatz, 21., seit 1956, Ferdinand Broßmann (1892–1955), Bezirksrat von Floridsdorf (1945–1955), Fürsorgerat (1928 bis 1938), Mitbegründer eines Studentenheims, Kleingärtnerobmann

Bruckhaufener Hauptstraße, 21., Benennungsdatum unbekannt, nach der Siedlung „Donaufeld-Bruckhaufen", entstanden auf einer Donauinsel zwischen zwei Brücken (Haufen = Insel) vor der Donauregulierung

Brucknerstraße, 4., seit 1901 (vorher: Brucknergasse), Anton Bruckner (1824 bis 1896), Komponist, Lehrer (Sinfonien, Chorwerke), Hofkapellorganist, Professor für Harmonielehre, Kontrapunkt und Orgelspiel am Konservatorium für Musikfreunde

Brudermanngasse, 14., seit 1894 (vorher: Halmgasse), Julie Brudermann (1813–1857), Wohltäterin (Stiftung für das Hütteldorfer Armenhaus)

Brückengasse, 6., seit 1862 (vorher: Kirchengasse), führte zur Nevillebrücke (1854 erbaut)

Brückenweg, 17., nicht amtliche Bezeichnung nach der dortigen Brücke

Brüder-Albert-Gasse, 23., seit 1938 (vorher: Albertgasse), nach Alois Albert (1904 bis 1936) und dessen Bruder Karl (1909 bis 1936), beide Fassbinder, die bei einer Senkgrubenräumung verunglückten

Brüder-Heindl-Gasse, 23., seit 1949 (vorher: Sudetendeutschengasse), nach den Brüdern Franz (geb. 1906) und Michael (geb. 1901) Heindl, gehörten einer 1943 von der Gestapo entdeckten Widerstandsgruppe an, 1944 hingerichtet

Brühlgasse, 11., seit 1895, Flurname (in der Nähe befand sich die Brühlwiese; „brühl" = sumpfig)

Bründelgasse, 21., Benennungsdatum unbekannt, nach einer im Volksmund so bezeichneten Quelle (Zigeunerbründel)

Bründlsteig, 14., Benennungsdatum unbekannt, nach einer Quelle am Bierhäuselberg

Brünner Straße, 21., seit 1904 (vorher: Floridsdorfer Hauptstraße), 1736 erbaute Reichsstraße, nach der mährischen Hauptstadt Brünn

Brünnlbadgasse, 9., seit 1862 (vorher: Brünnlgasse, Bründlgasse, Bründlbadgasse; ein Teil Zwerchgasse, Sauerkräutlergasse), nach der ehemaligen Heilquelle, bereits 1391 „Goldbrünnl" genannt; 1795 wurde das Brünnlbad erbaut und dort eine Wasserheilanstalt eröffnet; bestand bis 1957; s. auch *Walter-Bech-Platz, Gilgegasse*

Brünnlweg, 18., nicht amtliche Bezeichnung

Brüßlgasse, 16., seit 1883, Franziska Brüßl (1793–1855), Wohltäterin, Mitgründerin des Ottakringer Kirchenbaufonds

Brunellengasse, 22., seit 1953, nach dem Pflanzennamen (Prunella, aber auch Nigritella)

Brunhildengasse, 15., seit 1912, Gattin des Burgunderkönigs Gunther aus der Nibelungensage

Brunnengasse, 16., seit 1873 (vorher: Untere Zwerchgasse und Elisabethgasse), Kaiser Joseph II. bewilligte der Gemeinde Neulerchenfeld die Benützung der Hofwasserleitung zur Versorgung der Gemeinde mit Trinkwasser. Ecke Brunnengasse und Neulerchenfelder Straße wurde ein öffentlicher Auslaufbrunnen errichtet („Monumentalbrunnen"), welcher von 1786 bis 1871 bestand; das Bassin wurde aus Platzgründen 1871 in die Grundsteingasse verlegt; der Obelisk mit Reliefbild des Kaisers stand von 1880 bis 1918 auf dem Hofferplatz

Brunnenstubengasse, 17., nicht amtliche Bezeichnung

Brunnenstubenweg, 18., amtlich seit 1993

Brunnenweg 10., 12. und 17., nicht amtliche Bezeichnungen

Brunner-Lehenstein-Gasse, 21., seit 1988, Karl-Heinrich Brunner-Lehenstein (1887–1960), Architekt, Stadtplaner

Brunner Straße, 23., Benennungsdatum unbekannt, führt nach Brunn am Gebirge

Brunnweg, 10., seit 1922, nach einem ehemaligen Brunnenhaus, das hier stand

Bruno-Kreisky-Gasse, 1., seit 1991, s. *Bruno-Kreisky-Platz*

Bruno-Kreisky-Platz, 22., seit 1991, Dr. Bruno Kreisky (1911–1990), Sozialdemokrat, 1959–1966 Außenminister, 1970–1983 Bundeskanzler, 1967 Parteivorsitzender der SPÖ, Ehrenbürger der Stadt Wien (1975); der Platz liegt vor dem 1987 fertiggestellten Austria Center, für das sich Bruno Kreisky eingesetzt hatte; seit 2005 auch ein *Bruno-Kreisky-Park* im 5. Bezirk

Bruno-Pezzey-Weg, 22., seit 2005, Bruno Pezzey (1955 bis 1994), Fußballer (Libero), 84 Teameinsätze (WM in Argentinien 1978 und in Spanien 1982); Wacker Innsbruck (1975 bis 1977 sowie 1989/90), Eintracht Frankfurt (1978 bis 1983), Werder Bremen (1983 bis 1987), Wahl zum besten Legionär in Deutschland (1981), Trainer des U-21-Teams

Bruno-Pittermann-Platz, s. *Dr.-Bruno-Pittermann-Platz*

Bubergasse, 21., seit 1970, Martin Buber (1878 bis 1965), Schriftsteller, Religionsphilosoph, Pazifist; wirkte für die geistig-kulturelle Erneuerung der jüdischen Kultur

Buchbergergasse, 21., seit 1901, Georg Buchberger (1833–1894), Wirtschaftsbesitzer aus altansässiger Familie, der mehrere Ortsrichter und Gemeinderatsmitglieder entstammen

Buchbergstraße, 14., Benennungsdatum unbekannt, nach dem Buchberg (462 m)

Buchbindergasse, 13., seit 1955 (vorher: Dr.-Josef-Bayer-Gasse), Bernhard

Buchbinder (1849 bis 1922), Librettist, Schauspieler, Journalist

Buchengasse, 10., seit 1872; wohl nach der Baumart (Fagus sylvatica), die allerdings auf dem Laaer Berg nicht heimisch ist

Buchenweg, 17., nicht amtliche Bezeichnung

Buchfeldgasse, 8., seit 1862 (vorher: Herrengasse), zur Erinnerung an das Buchfeld, schon 1281 als „burcfelt" bekannt; bezog sich auf die Gegend des späteren Burgglacis; im 17. Jhd. tauchte die Bezeichnung „Burgfeld" auf; Kernstück der späteren Josefstadt

Buchfinkenweg, 17., seit 1965, nach dem gleichnamigen Vogel

Buchleitengasse, 18., seit 1914, Flurname, schon 1642 „die Lang Buchleuthen" genannt; abschüssige Berglehne mit Buchen

Buchsgasse, 22., seit 1953, nach dem Holzgewächs Buchsbaum (Buxus sempervirens)

Buckalgasse, 23., seit 1954 (vorher: Gebirgsgasse), Ing. Rudolf Buckal (1863 bis 1914), Gemeinderat von Liesing, stellte sein ganzes Vermögen der Feuerwehr und den Armen zur Verfügung

Budaugasse, 22., seit 1953, Prof. Ing. Arthur Budau (1856–1923), Wasserbautechniker, 1920 Prof. für Maschinenbau an der Technischen Hochschule Wien, 1922 Hofrat

Budinskygasse, 19., seit 1905, Dr. Julius Budinsky, schenkte der Gemeinde im Zuge der Erweiterung des Grinzinger Friedhofes eine Parzelle

Büchnergasse, 21., seit 1973, Georg Büchner (1813 bis 1837), deutscher Dichter („Dantons Tod", „Woyzeck", „Leonce und Lena")

Büdingergasse, 18. und 19., seit 1929, Dr. Max Büdinger (1828 bis 1902), Historiker („Österreichische Geschichte bis zum Ausgang des 13. Jahrhunderts"), seit 1872 Professor für allgemeine Geschichte an der Universität Wien; 1942 bis 1945 Hans-Hirsch-Gasse

Bühlerweg, 14., seit 1934, Univ.-Prof. Dr. Georg Bühler (1837–1898), führender Indologe seiner Zeit, 1881 Professor an der Universität Wien

Bürgergasse, 10., seit 1872, Gottfried August Bürger (1747–1794), Dichter (Balladen, z. B. „Lenore")

Bürgermeisterweg, 12. und 18., nicht amtliche Bezeichnungen

Bürgerspitalgasse, 6., seit 1841, die Gegend befand sich im Besitz des Bürgerspitalfonds

Bürgerspitalwiese, 11., Benennungsdatum unbekannt, zur Erinnerung daran, dass sich die Gegend im Besitz des Bürgerspitalfonds befunden hatte

Büttnergasse, 23., Benennungsdatum unbekannt, Ludwig Büttner, Gemeinderat von Inzersdorf, Oberinspektor der Wienerberger Ziegelwerke AG

Bugstraße, 14., Benennungsdatum unbekannt, vermutlich nach einer Biegung (Bug) im Straßenverlauf benannt

Bujattigasse, 14., seit 1898 (vorher: Halterbachgasse), Franz Bujatti (1813 bis 1897), Seidenwarenfabrikant, Hausbesitzer und Wohltäter in Hütteldorf

Bukovicsgasse, 22., seit 1955 (vorher: Beethovengasse), Emmerich Bukovics (1844–1905), Direktor des Volkstheaters seit 1889, Schauspieler, Schriftsteller, Journalist

Bullagasse, 22., seit 1993, Max Bulla (1905 bis 1990), Radrennfahrer, Träger des Sportehrenzeichens der Stadt Wien

Bullgasse, 10., seit 1955, Ole Bornemann Bull (1810 bis 1880), berühmter norwegischer Geiger

Bundesländerplatz, 6., seit 1990, als Zeichen der Solidarität mit den übrigen Bundesländern

Bundesweg, 12., als Bekenntnis zum Bund, den die Siedler bildeten

Bunsengasse, 21., seit 1901, Wilhelm Bunsen (1811 bis 1899), Chemiker, Physiker; Erfinder des Bunsenbrenners (1855) und der Spektralanalyse

Bureschgasse, 22., seit 1911, Wenzel Buresch von Grafenbach (1748–1813), Feldmarschall-Leutnant, Verdienste in den napoleonischen Kriegen

Burgenlandgasse, 10., seit 1924, zur Erinnerung an die Einverleibung des Burgenlandes als Bundesland am 11. November 1921

Burgersteingasse, 14., seit 1931, Dr. Leo Burgerstein (1855 bis 1928), Schulhygieniker

Burggasse, 7., seit 1862, benannt nach ihrer Ausrichtung auf die Hofburg, um 1683 im unteren Teil Steig nach St. Ulrich, später Am Zeißelbühel, andere Teile Am Anger, Am Bergel und Auf der Wendelstatt, 1771 in St. Ulrich Entengasse und Wendlgasse, am Neubau Lange Kellergasse, am Schottenfeld Rittergasse; bis 1885 endete die Burggasse an der Kaiserstraße, Verlängerung 1885 bis zum Gürtel

Burghardtgasse, 20., seit 1868, Herkunft unklar, vermutlich nach einem vorbabenbergischen Markgraf

Burgkmairgasse, 22., seit 1953, Hans Burgkmair d. Ä. (1475 bis 1531), Augsburger Maler (Hofmaler von Maximilian I.)

Burgring, 1., seit 1863, nach der Hofburg

Burjanplatz, 15., seit 1984, Dr. Hildegard Burjan (1883 bis 1933), Gründerin der Caritas Socialis (1919), erste christlichsoziale Abgeordnete im Parlament, Vorkämpferin einer organisierten katholisch-politischen Frauenbewegung

Bussardgasse, 21., seit 1942, nach dem Vogel

Bussongasse, 22., seit 1955 (vorher: Anzengrubergasse), Paul Busson (1873 bis 1924), Schriftsteller, Arzt; schrieb Gedichte, Novellen, Romane, Einakterzyklus „Ruhmlose Helden" (1904)

Buttenweg, 19., nach dem Behälter zum Tragen der Weintrauben

C

Calafattiplatz, 2., seit 1963, Basilio Calafatti (1800 bis 1878), Ringelspielbesitzer, Zauberer, Taschenspieler; seine überlebensgroße Figur, „Der Große Chineser", bildete den Mittelpunkt des Ringelspiels (1945 zerstört)

Calvigasse, 23., Benennungsdatum unbekannt, Dr. Primo Calvi (1851–1937), Bezirkshauptmann von Hietzing und Umgebung, schrieb Heimatbücher

Camesinaweg, 12., seit 1973, Albert Camesina, Ritter von San Vittore (1806 bis 1881), Graphiker, Altertumsforscher

Camillanergasse, 13., seit 1911, Männerorden (Krankenpflege), 1596 von Camillus von Lellis (1550–1614) gestiftet, seit 1905 in Wien

Camillo-Sitte-Gasse, 15., seit 1913 (vorher: Sittegasse), Camillo Sitte (1843 bis 1903), Architekt, Erbauer der Mechitaristenkirche

Campingplatzweg, 22., nicht amtliche Bezeichnung

Campus-Vienna-Biocenter, 3., seit 2001, nach dem „Vienna Bio Center", einem bedeutenden technologiepolitischen Leitprojekt der Stadt Wien

Canalettogasse, 12., seit 1894 (vorher: Waltergasse), nach Giovanni Antonio Canal, genannt Canaletto (1697 bis 1768), venezianischer Maler, malte Veduten von Wien

Canavesegasse, 23., seit 1954 (vorher: Gärtnergasse), Cesare Antonio Canavese (1672–1739), Bildhauer (Schöpfer der Marienstatue in Atzgersdorf)

Canevalestraße, 23., seit 1955 (vorher: Friedhofgasse), Isidore Canevale (1730 bis 1786), italienischer Architekt, ab 1760 in Wien tätig (Augarten, Lusthaus); s. *Lusthausstraße*

Canisiusgasse, 9., seit 1900 (vorher ab 1862: Gemeindegasse; urspr. Wallgasse), Petrus Canisius (1521–1597), Jesuitenpater, Prediger der Gegenreformation, schrieb 1555 einen „Kleinen Katechismus", der in zwölf Sprachen übersetzt wurde; 1864 Seligsprechung, 1925 Heiligsprechung

Cankarstraße, 22., seit 1987, Ivan Cankar (1876–1918), Arbeiterdichter, Schöpfer und Erneuerer der slowenischen Literatur

Canongasse, 18., seit 1894 (vorher: Goldschmidgasse), Hans von Canon (richtig Strásirípka, 1829–1885), Genre-, Porträt- und Historienmaler (u. a. „Kreislauf des Lebens" im Naturhistorischen Museum)

Canovagasse, 1., seit 1865, Antonio Canova (1757–1822), Bildhauer (z. B. Grabmal für Erzherzogin Marie Christine in der Augustinerkirche)

Capistrangasse, 6., seit 1906 (vorher: Windmühlgasse), nach dem hl. Johannes Capistran (1386 bis 1456),

Die erste generelle Nummerierung der Häuser in der Stadt und in den Vorstädten erfolgte 1770, um Unzulänglichkeiten bei der Briefzustellung und bei der Rekrutierung des Militärs abzustellen *(Conscriptionsnummern)*.
Die Übersichtlichkeit des Systems litt aber darunter, dass nur die bestehenden Häuser, nicht jedoch die Baulücken nummeriert wurden. Deswegen wurde mehrmals umnummeriert. Der Übergang von der Konskriptionsnummerierung zur Orientierungsnummerierung erfolgte erst im 19. Jahrhundert.

1782 ordnete Joseph II an, dass die Straßennamen am Anfang und Ende der Verkehrsfläche an die Mauer zu schreiben sind. In der Blutgasse ist ein derartiges „Straßenschild" erhalten geblieben.

Nach der Eingemeindung der Vorstädte (1850) wurde 1862 eine gassenweise Nummerierung der Häuser beschlossen. Außerdem wurden Vorschriften für Straßentafeln erlassen. In den Vorstadtbezirken (2. bis 9. Bezirk) unterschied man Längs-(Radial-) und Quergassen. Radialgassen gehen vom Zentrum Stephansplatz aus, sie hatten rechteckige Tafeln, Quergassen trugen ovale Tafeln. Zur Unterscheidung der Bezirke wurden die Tafeln verschiedenfarbig umrandet. Im 1. Bezirk waren alle Tafeln viereckig, weiß und rot umrandet. 2. Bezirk: violett, 3. Bezirk: grün, 4. Bezirk: rosa, 5. Bezirk: schwarz, 6. Bezirk: gelb, 7. Bezirk: blau, 8. Bezirk: grau und 9. Bezirk: braun. Nach der Eingemeindung der Vororte (1890/92) wurden die Tafeln für die Bezirke 10 bis 19 wie jene des 1. Bezirkes rot umrandet. Eine Regelung zur Unterscheidung Straße und Gasse hielt fest, dass noch nicht benannte Verkehrsflächen mit einer Breite von mindestens 16 m als Straße zu bezeichnen sind (1907 auf 20 m geändert).

Verwittert sind die **violetten** Straßentafeln des 2. Bezirkes.

Die Umrandungen für den 3. Bezirk waren **grün**,

für den 4. Bezirk **rosa**.

Rund um den Margartenplatz finden sich **schwarze** Tafeln, die den 5. Bezirk kennzeichneten.

Schwerer zu finden, als man glaubt, sind **gelbe** Tafeln im 6. Bezirk. Im Bereich der Theobaldgasse gibt es sie aber noch zahlreich.

Die **blauen** Tafeln im 7. Bezirk sind nicht zu übersehen (besonders verbreitet z. B. in der Bernardgasse).

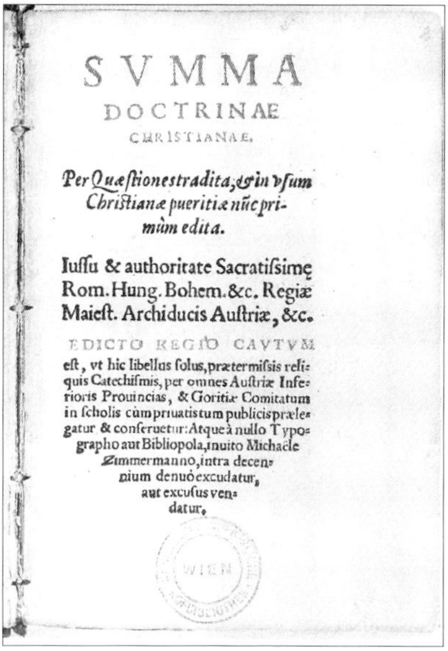
SVMMA
DOCTRINAE
CHRISTIANAE.

Per Quæstiones tradita, & in vsum Christianæ pueritiæ nūc primùm edita.

Iussu & authoritate Sacratissimę Rom. Hung. Bohem. &c. Regiæ Maiest. Archiducis Austriæ, &c.

EDICTO REGIO CAVTVM est, vt hic libellus solus, prætermissis reliquis Catechismis, per omnes Austriæ Inferioris Prouincias, & Goritiæ Comitatum in scholis cùm priuatis tum publicis prælegatur & conseruetur: Atque à nullo Typographo aut Bibliopola, inuito Michaële Zimmermanno, intra decennium denuò excudatur, aut excusus vendatur.

Der „Kleine Katechismus" von Petrus Canisius, eines der wichtigsten Werke der Gegenreformation.

wortgewaltiger Franziskanerprediger, Hussitengegner, 1690 heiliggesprochen

Carabelligasse, 21., seit 1953, Dr. Georg Carabelli (1787–1842), Arzt, Pionier der Zahnheilkunde

Carl-Appel-Straße, 10., seit 2003, Prof. Baurat h. c. Carl Appel (1911–1997), Schüler von Clemens Holzmeister (Verkehrsfläche grenzt an Clemens-Holzmeister-Straße – s. dort), maßgeblich am Wiederaufbau Wiens beteiligt (u. a. 1949/50 Kaufhaus Neumann/später Steffl, Wr. Handelskammer, Umbau der Sophiensäle, Miterrichtung des Hotels Inter-Continental Vienna)

Carl-Auböck-Promenade, 22., seit 2002, Carl Auböck (1900–1957), Maler (abstrakte Aquarelle in den 20er-Jahren), Designer (Wohnkultur in den 50er-Jahren, z. B. Umkehrlampe), Gründungsmitglied der österreichischen Werkstätten; heute: Designmanufaktur („Auböck-Design")

Carlbergergasse, 23., seit 1955 (vorher: Ottokar-Kernstock-Gasse), Josef Carlberger (1792–1877), letzter Ortsrichter und erster Bürgermeister von Atzgersdorf (1852 bis 1864)

Carl-Prohaska-Platz, 10., seit 1959, Carl Prohaska (1869–1927), Komponist

Carl-Reichert-Gasse, 17., seit 1951, Carl Reichert (1851–1922), Gründer eines optischen Werkes („Reichert-Werke"), schuf vorbildliche soziale Einrichtungen für Betriebsangehörige

Carl-Schlechter-Weg, 22., seit 1995, Carl Schlechter (1874 bis 1918), bedeutender Schachspieler („Wiener Schule"), internationaler Großmeister

Carl-von-Linde-Straße, 11., seit 1991, Carl Linde (1842–1934), Industrieller, Wissenschaftler, Erfinder der Luftverflüssigung

Carminweg, 21., amtlich seit 1997, vorher ebenso nicht amtliche ortsübliche Bezeichnung (nach der Farbe)

Carolaweg, 13., seit 1973, Prinzessin Carola Wasa, 1877–1879 Besitzerin des Hackinger Schlosses

Carrogasse, 21., seit 1914, Dr. Johann Ritter de Carro (1770 bis 1857), Arzt, Verdienste um die Verbreitung der Pockenimpfung

Cassinonestraße, 22., seit 1961 (vorher: Lannerstraße), Alexander Cassinone (1866–1931), Flugpionier, Freiballonfahrer, Techniker, Mitinitiator des Flughafens Aspern, s. *Flugfeldstraße*

Castagnagasse, 22., seit 1965, Ludwig Castagna (1867–1944), Erfinder (z. B. Blutdruckmesser)

Castellezgasse, 2., seit 1876, Dr. Anton Castellez (1779–1837), Arzt (populär, weil er armen Leuten ohne Bezahlung half)

Castelligasse, 5., seit 1874 (vorher: Zwerchgasse, Traubengasse), Dr. Ignaz Castelli (1781 bis 1862), Schriftsteller, begründete 1846 den „Verein gegen die Misshandlung der Tiere in Wien" (= Vorläufer des heutigen Tierschutzvereins)

Castlegasse, 21., seit 1972, Prof. Dr. Eduard Castle (1875–1959), Germanist, Literaturhistoriker, Theaterwissenschaftler, Univ.-Prof.; Goethe-Forscher

Cebotariweg, 19., seit 1958, Maria Cebotari (1911–1949), Kammersängerin, ab 1931 bei den Salzburger Festspielen, Mitglied der Staatsopern in Dresden und Berlin, ab 1947 Wien

Celtesgasse, 19., seit 1894 (vorher: Berggasse), Konrad Celtes (eigentlich Pickell, 1459 bis 1508), Humanist, 1487 zum Dichter gekrönt („poeta laurea-

Ignaz Franz Castelli

tus"); trug entscheidend zum Aufschwung der Universität Wien bei

Ceralegasse, 10., seit 1959, Luigia Cerale (1859 bis 1937), Tänzerin (Primaballerina der Oper)

Cervantesgasse, 14., seit 1926 (urspr. bis 1900 Schöffelgasse, dann Barchettigasse), Miguel de Cervantes Saavedra (1547–1616), spanischer Dichter (Don Quijote)

Chamissogasse, 18., seit 1927, Adelbert Louis Charles Adelaide Chamisso de Boncourt (1781–1838), Naturforscher, Dichter (Märchennovelle „Peter Schlemihl", Balladen)

Charasgasse, 3., seit 1960, Dr. Heinrich Charas (1860–1940), Chefarzt und Leiter der Wiener Freiwilligen Rettungsgesellschaft

Charausgasse, 23., seit 1955 (vorher: Brucknergasse, Ziehrergasse), Wenzel Charaus (1849–1923), Gemeindearzt von Atzgersdorf

Cherubinistraße, 22., seit 1952, Luigi Cherubini (1760–1842), Komponist (Oper „Faniska")

Chiarigasse, 10., seit 1932, Ottokar Freiherr von Chiari (1853–1918), Arzt, 1912 o. Univ.-Prof., Spezialist für Kehlkopferkrankungen

Chiavaccigasse, 5., seit 1925, Vinzenz Chiavacci (1847–1916), Schriftsteller, Bühnendichter; gab ab 1885 das illustrierte Wochenblatt „Wiener Bilder" heraus, schuf 1892 die Figur der „Frau Sopherl vom Naschmarkt"

Chimanistraße, 19., seit 1894 (vorher: Marienstraße), Leopold Chimani (1774 bis 1844), Jugendschriftsteller (über 100 Kinder- und Jugendbücher), Pädagoge

Chlumberggasse, 16., seit 1959, Hans Chlumberg (1897–1930), expressionistischer Dramatiker und Lustspieldichter („Eines Tages")

Chmelgasse, 19., seit 1961, Josef Chmel (1798 bis 1858), Bibliothekar, Archivar, Historiker, förderte die urkundliche Erforschung der mittelalterlichen Geschichte („Monumenta Habsburgica", 3 Bände, 1854 bis 1858)

Chrastekgasse, 2., seit 2002, Eduard Chrastek (1913–1988), Elektroinstallateur, Widerstandskämpfer (1936 als illegaler Sozialist verhaftet, 9 Monate Haft im Dritten Reich), Bezirksrat (1954 bis 1978); SPÖ

Christian-Bucher-Gasse, 21., seit 1909 (urspr. Feldgasse, ab 1901 Buchergasse), Christian Bucher (1769 bis 1837), Ortsrichter von Jedlesee (1815 bis 1836)

Christian-Petzlberger-Weg, 14., seit 1956, Christian Petzlberger, ein Förster, soll während der Türkenbelagerung 1683 das Entsatzheer von Sobieski durch den Wienerwald geführt haben

Christian-von-Arup-Gasse, 14., Benennungsdatum unklar, Christian Lorenz von Arup (1572–1636), Pfarrer von Hütteldorf (1621 bis 1636)

Christine-Enghaus-Weg, 14., seit 2005, Christine Enghaus (eig. Enghausen), 1817 bis 1910, Schauspielerin, ab 1840 am Burgtheater, verheiratet mit Friedrich Hebbel (1846), s. *Hebbelgasse*

Christinengasse, 1., angelegt 1865, benannt 1867, Erzherzogin Marie Christine, Tochter Kaiserin Maria Theresias und Gattin Herzog Alberts von Sachsen-Teschen

Christmanngasse, 21., seit 2004, Franz Christmann (1934 bis 1988) Musiker, Heurigenkabarettist, Nachfolger von Schicketanz bei den Spitzbuben, siehe *Schicketanzgasse*

Christophgasse, 5., Benennungsdatum unbekannt, nach dem Hausschild „Zum hl. Christoph"

Chrobakgasse, 15., seit 1912, Prof. Dr. Rudolf Chrobak (1843 bis 1910), Gynäkologe, Vorstand der II. Frauenklinik, schrieb zahlreiche Lehrbücher

Chromygasse, 23., seit 1955 (vorher: Johann-Strauß-Gasse), Adalbert Chromy (1852 bis 1903), Gründer der gleichnamigen Holzfabrik

Chrudnergasse, 13., seit 1894 (vorher: Brunngasse), Peter und Alexius Chrudner, 1411 bis 1527 Lehensherren von Lainz und Speising

Churhausgasse, 1., angelegt nach 1309, benannt 1862, nach dem Churhaus benannt

Chvostekgasse, 22., seit 1955 (vorher: Feldgasse), Dr. Franz Chvostek (1864 bis 1944), Internist, Neurologe, 1909 o. Univ.-Prof.

Chwallagasse, 6., seit 1887, Rudolf Chwalla (1840–1894), Fabrikant, Förderer der Seidenraupenzucht

Cilli-Löwinger-Weg, 19., seit 1979, Cilli Löwinger (1877 bis 1949), Volksschauspielerin

Cizekplatz, 22., seit 1953, Franz Cizek (1865–1946), Gründer der „Jugendkunstbewegung", Maler, Kunstpädagoge

Clara-Zetkin-Gasse, 22., seit 2004, Clara Zetkin (1857 bis 1933), Lehrerin; maßgebliche Beteiligung an der Zweiten Internationale (1889), Organisatorin der sozialdemokratischen Frauenbewegung ab 1890 in Deutschland, enge Zusammenarbeit mit Rosa Luxemburg (s. *Rosa-Luxemburg-Gasse*); als Kriegsgegnerin inhaftiert (1915), Gründung des Spartakusbundes (1916), Beitritt zur KPD (1919), Mitglied des ZK, Reichsratsabgeordnete (1920 bis 1933), öffentliche Aufforderung zum Widerstand gegen den Nationalsozialismus im Reichstag (1932)

Claretinergasse, 22., seit 1986, Antonio Maria Claret y Clariá (1807 bis 1870), Erzbischof von Santiago (Chile), Heiliger

Clemens-Hofbauer-Platz, 17., seit 1894 (vorher: Parhamerplatz), Clemens Maria Hofbauer (1751 bis 1820), Priester, Prediger, Reformer, erreichte die Zulassung der Redemptoristen in Österreich, großer Einfluss auf Kardinal Rauscher, s. *Rauscherstraße*

Clemens-Holzmeister-Straße, 10., seit 2003, Prof. Clemens Holzmeister (1886 bis 1983), Architekt; 1924 bis 1938 Leiter der Meisterschule für Architektur der Bildenden Künste in Wien und dann wieder nach seiner Rückkehr ab 1954; 1938 Emigration in die Türkei; Holzmeister errichtete im In- und Ausland rund 650 Bauwerke (u. a. Regierungsviertel in Ankara, Landestheater Linz, Krematorium und Funkhaus in Wien), Bürger der Stadt Wien (1971)

Clementinengasse, 15., seit 1894 (vorher: Schwanengasse), Clementine Pereira, verkaufte der Westbahngesellschaft um drei Millionen Gulden Gründe

Clerfaytgasse, 17., seit 1894, Charles de Croix Graf von Clerfayt (1733–1798), Feldmarschall-Leutnant, kämpfte erfolgreich gegen die Türken und war 1792 bis 1796 Oberbefehlshaber der österreichischen Truppen gegen die Franzosen

Clessgasse, 21., seit 1956 (vorher: Berggasse), Ernst Cless, letzter Erbpostmeister von Stammersdorf (1879–1908)

Clusiusgasse, 9., seit 1876, Charles de l'Écluse, genannt (Carolus) Clusius (1525 bis 1609), bedeutender Botaniker, Hofbotaniker Maximilians II. und Direktor der kaiserlichen Gärten in Wien, erforschte als erster die Flora der Ostalpen, kultivierte als Erster in Wien Tabak, Rosskastanie, Tulpe und Erdäpfel

Cobdengase, 1., seit 1865, Richard Cobden (1804–1865), extremer Vertreter des Freihandels (Manchester-Liberalismus)

Cobenzlgasse, 19., seit 1894 (urspr. Sommerzeile, dann Bräuhaus- und Berggasse), Graf Johann Philipp von Cobenzl (1741 bis 1810), führender Finanzexperte, Hof- und Vizekanzler, ließ nach Auflösung des Jesuitenordens auf dem bald nach ihm genannten Cobenzl (urspr. Reisenberg und Latisberg) ein Schloss errichten, 1907 kaufte es die Gemeinde Wien, beliebtes Ausflugsziel bis zum Ersten Weltkrieg, dann sukzessiver Verfall

Coburgbastei, 1., seit 1863, benannt nach dem Coburgpalais und der ehemaligen Braunbastei (eine etwas merkwürdige Mischung)

Colerusgasse, 22., seit 1960, Egmont Colerus von Geldern (1888 bis 1939), Schriftsteller (Bücher über die Geschichte der Naturwissenschaften)

Collmanngasse, 10., seit 1974, Ing. Alfred Collmann (1851–1937), Maschinenbauer, verbesserte die Dampfmaschinensteuerung („Collmann-Steuerung" für Kolbendampfmaschinen)

Colloredogasse, 18., seit 1894 (vorher: Stefanigasse), Ferdinand Graf von Colloredo-Mannsfeld (1777–1848), Gründer der 1. niederösterreichischen Zuckerfabrik und des NÖ. Gewerbevereins, Befehlshaber der Akademischen Legion 1848

Columbusgasse, 10., seit 1864, s. *Columbusplatz*

Columbusplatz, 10., seit 1864, Christoph Columbus (1451–1506), Entdecker Amerikas (1492), leitete durch seine Fahrten den Übergang zur Neuzeit ein

Comeniusgasse, 17., seit 1872 (vorher zum Teil Ferchergasse), Johann Amos Komenský (genannt Comenius, 1592 bis 1670), Pädagoge, Volkserzieher, Geistlicher

Computerstraße, 10., seit 1979, nach der dortigen Computerfirma (Philips Data System, errichtet 1980)

Concordiaplatz, 1., seit 1880, nach dem Schriftstellerverein Concordia, gegr. 1859, der in der Gegend seinen Sitz hatte

Conngasse, 22., seit 1972, Leopold Conn (1820–1876), Pionier der Parlaments-Stenographie, 1858 Prof. für Stenographie an der Handelsakademie, Leiter des Stenographenbüros des Reichsrates

Conrad-Briel-Gasse, 23., Benennungsdatum unbekannt, Conrad Briel (1822 bis 1889), Gründer einer Kupfer- und Eisenfabrik (1856), Bürgermeister von Liesing (1875 bis 1887)

Contiweg, 22., seit 1934 (vorher: Kapellenweg), Carl Conti (1741 bis 1795), Kupferstecher

Cooperweg, 21., nicht amtliche Bezeichnung, nach James Fenimore Cooper (1789 bis 1851), Schriftsteller („Lederstrumpf")

Cornelia-Giese-Platz, 14., seit 2006, Cornelia Giese (1959 bis 2000), Musik- und Gesangspädagogin, Zentralfigur des innovativen Jazzgesangs in Österreich, unterstützte Kunst- und Kulturinitiativen in Penzing; Rainsong (CD 1997), nach ihr benannt der Cornelia-Giese-Fonds (sozialer Hilfsfonds für freischaffende Jazzmusiker)

Corneliusgasse, 6., seit ca. 1867, Peter Ritter von Cornelius (1783 bis 1867), Historienmaler, und sein Neffe Peter Cornelius (1824–1874), Komponist

Corneliusstiege, 6., s. *Corneliusgasse*

Cortigasse, 22., seit 1960, Cäsar Conte Corti (1886 bis 1953), Schriftsteller, Historiker (biographische Romane – z. B. über Prinz Eugen oder Franz Joseph I.)

Corvinusgasse, 23., seit 1967, Matthias Corvinus (1443 bis 1490), König von Ungarn, Eroberer (1483) u. a. von Mauer

Corygasse, 21., seit 1973, Prof. Dr. Gerty Cori (sic!, 1896–1957), Biochemikerin, Nobelpreis für Physiologie und Medizin 1947 gemeinsam mit Carl Ferdinand Cori (1896 bis 1986), wanderten 1922 in die USA aus, Forschungen über den Kohlehydratstoffwechsel

Cossmanngasse, 14., seit 1952, Alfred Cossmann (1870 bis 1951), hinterließ Kupferstiche, Zeichnungen, Radierungen, Buchillustrationen

Costagasse, 15., seit 1912, Karl Costa (richtig Kostia, 1832–1907), Theaterdichter (Lokalpossen), Direktor des Theaters in der Josefstadt

Costenoblegasse, 13., seit 1908, Carl Ludwig Costenoble (1837 bis 1907), Bildhauer (u. a. Werke für das Burgtheater)

Cothmannstraße, 12., seit 1905, Martin Conrad Edler von Cothmann (1685 bis 1759), Hofkriegsagent, spendete einen hohen Geldbetrag für den Bau der Meidlinger Kirche

Cottagegasse, 18. und 19., seit 1886, benannt nach dem Cottageviertel, 1872 angelegt auf Initiative des Architekten Heinrich von Ferstel; der Cottage-Bauverein errichtete ca. 350 Einfamilienhäuser; ähnliche Anlagen entstanden in Hütteldorf, Ober-St. Veit und Hetzendorf, s. *Borkowskigasse*

Cottagestraße, 14., Benennungsdatum unklar; verlängert 1983, engl. „cottage", Bezeichnung für Einfamilienhäuser/Villen in gehobenem Standard

Coulombgasse, 21., seit 1952, Ing. Charles Auguste de Coulomb (1736 bis 1806), französischer Physiker (Reibungsgesetz)

Cramolinigasse, 23., seit 1954 (vorher: Quergasse II), Eduard Cramolini (1807 bis 1881), Maler (Porträts)

Cranachstraße, 13., seit 1919 (vorher: Franz-Karl-Straße), Lukas Cranach d. Ä. (1472 bis 1553), d. J. (1515 bis 1586), beide bedeutende Maler, Begründer der Donauschule (z. B. „Christus am Ölberg")

Csardastraße, 2., seit 1910, nach dem Gasthausschild „Zur Csarda", 1873 bis 1909 befand sich hier das Unterhaltungslokal „Csarda" mit Zigeunermusik

Csokorgasse, 11., seit 1975 (vorher ab 1894 Mühlsangergasse, urspr. Fischer- und Gemeindegasse), Franz Theodor Csokor (1885 bis 1969), Schriftsteller (Vertreter des expressionistischen Dramas, „3. November 1918"), protestierte bereits 1933 auf dem PEN-Kongress in Dubrovnik gegen die NS-Gewaltherrschaft in Deutschland, 1938 Exil, schloss sich den alliierten Truppen an, 1946 Rückkehr nach Österreich

Cumberlandstraße, 14., seit 1894 (urspr. Zwerchgasse, dann Bahngasse und Feldgasse), Ernst August Herzog von Cumberland zu Braunschweig-Lüneburg (1845 bis 1923), kam nach der Annexion des Königreichs Hannover durch Preußen (1866) nach Wien, bewohnte und besaß das bald nach ihm so benannte „Cumberlandpalais" (bis 1920); bereits 1760 von Maria Theresia als Kammerschlösschen erbaut

Curiegasse, 22., seit 1973, Dr. Marie Curie (1867–1934), französische Chemikerin und Physikerin, Entdeckerin der Radiumstrahlung, 1911 Nobelpreis für Chemie

Curlandgasse, 17., seit 1892, s. *Montléartstraße*

Custozzagasse, 3., seit 1866 oder 1868; nach den Siegen der Österreicher 1848 bei Custoza (sic!)

Cuviergasse, 13., seit 1931, Georg Baron Cuvier (1769 bis 1832), französischer Zoologe, Anatom; Begründer der vergleichenden Anatomie

Czapkagasse, 3., seit 1881, Ignaz Czapka Ritter von Winstetten (1791 bis 1881), Verwaltungsjurist, Bürgermeister von Wien (1838–1848), unter seiner Ära wurde das Marktamt errichtet, das Schlachthaus St. Marx und die Gasbeleuchtung eingeführt, 1856–1859 Polizeidirektor von Wien

Czartoryskigasse, 17. und 18., seit 1894 (vorher: Mandlgasse), Fürst Constantin Czartoryski (1773 bis 1860), Generaladjudant von Kaiser Alexander I. von Russland; Kunstsammler, Schlossbesitzer in Weinhaus (Währing) ab 1828

Czeija-Nissl-Gasse, 21., seit 1985, nach Karl August Czeija und Ing. Franz Nissl, Techniker, Firmengründer (1884), später ITT, s. *Oskar-Czeija-Gasse*

Czernetzplatz, 22., seit 1983, Karl Czernetz (1910 bis 1978), Sozialdemokrat, 1938 Emigration, leitete mit Oscar Pollak das Londoner Büro der österreichischen Sozialdemokratie, nach 1945 Leiter des Schulungsreferates der SPÖ, 1945–1978 Nationalratsabgeordneter, 1975 bis 1978 Präsident des Europarates

Czerningasse, 2., seit 1882 (vorher: Schabdenrüsselgasse), s. *Czerninplatz*

Czerninplatz, 2., seit 1882 (vorher: Schabdenrüsselgasse), Johann Rudolf Graf Czernin (1757 bis 1845), Präsident der Akademie der bildenden Künste, Oberstkämmerer; legte 1800 die Kupferstich- und Gemäldesammlung an

Czibulkagasse, 11., seit 1938, Alfons Czibulka (1842 bis 1894), Militärkapellmeister, Komponist (ca. 300 Orchesterwerke, 6 Operetten), dirigierte in der Rotunde große Konzerte

Czubergasse, 22., Benennungsdatum unbekannt, Emanuel Czuber (1851 bis 1925), Mathematiker, 1891 bis 1919 Professor an der Technischen Hochschule, Verfasser einschlägiger Lehrbücher

D

Dachsensteig, 21., seit 1942, nach dem gleichnamigen Tier

Dadlergasse, 15., seit 1863, Franz Wenzel Dadler (1760–1835), Tuchfabrikant, Pottascheerzeuger, Besitzer der Herrschaft Braunhirschen

Dänenstraße, 18. und 19., seit 1930 (vorher: Dänenplatz, bis 1919 Maridiangasse), zur Erinnerung an die Hilfsbereitschaft des Königreiches Dänemark, das dem hungernden Wien nach dem Ersten Weltkrieg geholfen hat

Dafertgasse, 21., seit 1936, Dr. Franz Dafert (1863–1933), Nahrungsmittelchemiker, 1898 bis 1925 Direktor der landwirtschaftlich-chemischen Versuchsanstalt

Daffingerstraße, 3., seit 1913, Moritz Michael Daffinger (1790 bis 1849), Miniaturen- und Aquarellmaler, gefragter Porträtist in Kreisen des Kaiserhauses, Hochadels und Großbürgertums (über 200 Porträts und rund 200 Blumenaquarelle); auf der 20-Schilling-Banknote verewigt (1988)

Dahliengasse, 21., seit 1960, nach der Zierpflanze (Dahlia)

Damböckgasse, 6., seit 1886, Ludwig Damböck (1838–1886), Spitzenfabrikant (Spitzen- und Vorhangfabrik), bestand 1827 bis 1973

Dammäckergasse, 21., Benennungsdatum unbekannt, Flurname

Dammhaufen, 2., Benennungsdatum unbekannt, alter Flurname

Dammhaufengasse, 2., seit 1999, Flurname

Dammstraße, 20., seit 1852, nach einem 1769 bis 1784 erbauten Schutzdamm gegen Hochwasser

Dampfbadgasse, 16., seit 1894 (vorher: Schubertgasse), nach einem Dampfbad, das der Industrielle Johann Schuberth 1884 als Volksbad errichtet hatte („Katharinenbad")

Dampfgasse, 10., seit 1862, im 19. Jhd. entstanden hier viele Fabriken, die mit Dampfmaschinen arbeiteten

Dampfmühlgasse, 11., seit 1894 (vorher: Mühlgasse), hier stand einst die erste Simmeringer Dampfmühle

Dampfschiffhaufen, 22., seit 1875, Halbinsel im alten Donaubett in der Nähe des Gänsehäufels

Dampfschiffstraße, 3., Benennungsdatum unklar (vorher: „An der Donau" und Donaustraße), hier stand 1838 bis 1981 das Direktionsgebäude der Donau-Dampfschifffahrts-Gesellschaft

Dampierrestraße, 14., seit 1899 (1938 teilweise aus dem amtlichen Straßenverzeichnis gestrichen), Henry Duval Graf Dampierre (1580–1620), General, soll Kaiser Ferdinand II. 1619 von demonstrierenden protestantischen Ständevertretern befreit haben

Danhausergasse, 4., seit 1862, Josef Danhauser (1805 bis 1845), Porträt-, Historien- und Genremaler, Sittenschilderer des Biedermeier

Danilovatzgasse, 12., seit 1955, Josef Danilowatz (sic!, 1877–1945), Maler, Graphiker, Karikaturist der Zeitschriften „Muskete" und des „Wr. Magazins"; Danilowatz faszinierten Schiffe und Lokomotiven, die er häufig darstellte (Titelseiten von Märklin-Katalogen)

Dankwartgasse, 15., seit 1912, Gestalt aus der Nibelungensage, ein Recke aus Burgund

Dannebergplatz, 3., seit 1949 (vorher: Arenbergring), Dr. Robert Danneberg (1885 bis 1942), Jurist, maßgebliche Persönlichkeit der Wr. Stadtverwaltung, 1919–1934 Angehöriger des Wr. Gemeinderates, 1922–1934 Präsident des Wiener Landtags, 1932–1934 Finanzstadtrat, hatte wesentlichen Anteil am Mietengesetz, 1934 verhaftet, dann wieder 1938, im Konzentrationslager Auschwitz ermordet

Danningerweg, 21., seit 1932, nach der Wiener Bronzearbeiter-Familie, Johann Georg Danninger d. Ä. begründete zu Beginn des 19. Jhds. die Wiener Bronzeindustrie

Danzergasse, 22., seit 1960, Johann Caspar Danzer (1763 bis 1809), Stenograph, nach seinem System erfolgte in Österreich der erste Stenographieunterricht

Daphneweg, 22., seit 1954, nach der Pflanzengattung (Seidelbast und Steinröschen)

Dapontegasse, 3., seit 1906 (1938 bis 1945: Max-Reger-Gasse), Lorenzo da Ponte (richtig Emanuele Conegliano, 1749 bis 1838), Theaterdichter, u. a. Texte für Mozart („Hochzeit des Figaro", „Don Giovanni")

Daringergasse, 19., seit 1894 (vorher: Grinzinger Straße), Hans Georg Daringer stiftete 1606 die dort befindliche Pestsäule mit Gedächtniskreuz

Darnautgasse, 12., seit 1955 (vorher: Draschegasse), Hugo Darnaut (1851 bis 1937), Wiener Maler (Vertreter des Naturalismus, später Realismus); Organisator von Großausstellungen, Bürger der Stadt Wien (1930), Ehrenbürger der Technischen Hochschule Wien

Darwingasse, 2., seit 1872, Charles Robert Darwin (1809 bis 1882), Naturwissenschaftler, Begründer der modernen Evolutionstheorie; stellte das Schöpfungsdogma der Kirche in Frage („Über die Entstehung der Arten durch natürliche Auslese", 1859)

Dassanowskyweg, 22., seit 1997, Leopold Dassanowsky (1698–1761), Sohn des Andrzej Taczanowski z Taczanow, königlicher Sobieski'scher Ritterkommandant (1683); war kaiserlich privilegierter Wirt „Zum Roten Apfel" (Singerstraße 3); Leopold Johannes Dassanowsky (1737 bis 1815) dehnte als kaiserlicher Hofpoststallmeister die Postwege auf den östlichen Teil des Reiches aus; Christian Johann Dassanowsky (1780 bis 1839), k. k. Hofreisendirektor und Obersthofpostamtofficial zu Wien, war für zahlreiche Neuerungen im Wiener Hofpostamt verantwortlich, die bis in das 20. Jhd. hinein gewirkt haben; Heinrich Franz von Dassanowsky (1813–1892), katholischer Sozialaktivist und Philanthrop

Dattlergasse, 21., seit 1992, Dr. Franz Dattler (1896–1973), Stammersdorfer Gemeindearzt, soziale Verdienste

Daumegasse, 10., seit 1982, Dr. Friedrich Daume (1926–1977), Arzt, Präsident der Wiener Ärztekammer (1962 bis 1977)

Daungasse, 8., seit 1862, Leopold Josef Maria Reichsgraf von Daun (1705 bis 1766), Feldmarschall, Reorganisator der österreichischen Armee nach den schlesischen Kriegen; siegte im Siebenjährigen Krieg 1757 bei Kolin über König Friedrich II.; 1760 Mitglied des Staatsrates, 1762–1766 Präsident des Hofkriegsrates

Davidgasse, 10., seit 1875, Johann David (1795 bis 1869), Grundbesitzer, stiftete den Grund für diese Gasse (1862)

Dechantweg, 22., seit 1995, Flurname

Deckergasse, 12., seit 1909, Georg Decker (1818–1894), Aquarellporträtmaler, Lithograph

Defreggerstraße, 12., seit 1922, Franz Defregger (1835 bis 1921), Tiroler Historienmaler („Das letzte Aufgebot 1809")

Degengasse, 16., seit 1868, nach der alteingesessenen Familie Degen; Ferdinand Degen (1831 bis 1889), Gründer und Hauptmann der Ottakringer Feuerwehr, Gemeinderat

Degenruhe, 16., seit 1890, s. *Degengasse*

Dehmelgasse, 16., seit 1930, Richard Dehmel (1863–1920), Lyriker

Dehnegasse, 14., seit 1872, August Dehne (1796 bis1875), Hofzuckerbäcker (Konditorei am Kohlmarkt), belieferte das Buffet des Burgtheaters (einer seiner Lehrlinge war Ferdinand Raimund), verkaufte seine Konditorei an den ältesten Gesellen, Christoph Demel; Dehne war auch liberaler Gemeinderat und hatte Besitz in Hütteldorf

Deindorfstraße, 22., Benennungsdatum unbekannt, zur Wahrung des Ortsnamens Deindorf, durch Krieg und Überschwemmung vernichtet

Deingasse, 21., seit 1901, David Dein (1720–1776), Ortsrichter von Jedlesee (1773–1776), Hausbesitzer

Deinhardsteingasse, 16., seit 1894 (urspr.: Auf der Schanze, ab 1853 Rittergasse), Johann Ludwig Deinhardstein (1790–1859), Schriftsteller, Bühnendichter, Redakteur der „Wiener Jahrbücher der Literatur", Leitung des Hofburgtheaters

Deinleingasse, 22., seit 1967, Ing. Erwin Deinlein (1885–1945), Wegbereiter des österreichischen Fremdenverkehrs

Deißenhofergasse, 23., seit 1929, Johann Deißenhofer (1821–1879), Bürgermeister von Mauer (1864–1867), Bäcker

Delsenbachgasse, 11., seit 1932, Johann Adam Delsenbach (1687–1765), Maler, Kupferstecher (Wr. Ansichten, u. a. Schloss Neugebäude)

Delugstraße, 19., seit 1931, Alois Delug (1859 bis 1930), Maler (Prominentenporträts), initiierte die Künstlerheime am Rosenhügel und in Grinzing

Demeliusgasse, 22., seit 1959, Dr. Gustav Demelius (1831–1891), Rechtshistoriker (röm. Recht), ab 1881 Univ.-Prof. in Wien

Demmergasse, 21., seit 1909 (vorher: Haidegasse), Bernhardt Demmer (1833 bis 1902), Direktor der Floridsdorfer Lokomotivfabrik ab 1869

Dempschergasse, 18., seit 1894 (vorher: Andreasgasse, ursprüngl. Obere Quergasse), Johann Dempscher, 1723 bis 1733 Pfarrer von Währing, ließ den Pfarrhof auf eigene Kosten erbauen

Demuthgasse, 16., seit 1936 (1938 bis 1945 Strigelgasse), Leopold Demuth (1860 bis 1910), Bariton der Wiener Hofoper

Denglergasse, 15., seit 1894 (vorher: Sigmundgasse), Johann Fritz Dengler (1781–1862), Brauhausbesitzer in Rudolfsheim, sein Brauhaus war beliebtes Ausflugsziel der Wiener (angebauter Vergnügungssaal)

Denisgasse, 20., seit 1874, Johann Michael Cosmas Denis (1729 bis 1800), Jesuit, Dichter, Bibliograph (Lyrik, bibliothekswissenschaftliche Werke)

Dennweg, 19., seit 1913, bereits 1318 urkundlich erwähnter Flurname

De-Quer-Gasse, 17., seit 1885, Louis Maximilian Chevalier De Quer (1801 bis 1862), begründete den Dornbacher Verschönerungsverein, Grundbesitzer in Dornbach, Wohltäter

Dermotagasse, 13., seit 1992, Anton Dermota (1910–1989), Opernsänger

Dernjacgasse, 23., seit 1954, Josef Dernjač (1851 bis 1920), Kunsthistoriker, Schriftsteller („Geschichte von Schönbrunn")

Desider-Friedmann-Platz, 1., seit 1990 (vorher Teil des Fleischmarktes), Dr. Desider Friedmann (1880 bis 1944), Rechtsanwalt, Präsident der israelitischen Kultusgemeinde (1933 bis 1938), 1944 gemeinsam mit seiner Frau Ella im KZ Auschwitz ermordet

Dessoffgasse, 23., seit 1955, Felix Otto Dessoff (1835 bis 1892), Dirigent, Komponist, begründete den Weltruf der Wiener Philharmoniker

Dettergasse, 16., seit 1884, Leopold Detter (1821–1867), Baumeister, Gemeinderatsmitglied, erbaute u. a. das Schulhaus beim Weißen Kreuz (1852) und das Armenhaus (1856)

Deublergasse, 21., seit 1919 (vorher: Jubiläumsgasse), Konrad Deubler (1814 bis 1884), Bauernphilosoph aus Oberösterreich

Deutschmeisterplatz, 1., seit 1876, zur Erinnerung an das ehemalige Wiener Hausregiment „Hoch- und Deutschmeister Nr. 4", 1696 gegründet

Deutschordenstraße, 14., seit 1894 (vorher: Bahngasse und Hackinger Allee), zur Erinnerung an den Deutschen Orden, der in dieser Gegend großen Grundbesitz hatte

Deutschstraße, 23., seit 1980, Prof. Dr. h. c. Otto Erich Deutsch (1883 bis 1967), Buchhändler, Verleger, weltberühmter Mozart- und Schubertforscher; 1938 Emigration nach England, 1951 Rückkehr (als englischer Staatsbürger) nach Wien

Devrientgasse, 19., seit 1930 (vorher: Prälatenkreuzgasse), Max Devrient (1857–1929), Burgschauspieler, 40-jähriges Bühnenjubiläum 1922, Ehrenmitglied des Burgtheaters; war auch als Regisseur tätig

Diabelligasse, 13., seit 1894 (vorher: Plankengasse), Antonio Diabelli (1781 bis 1858), Komponist, Verleger, Musikalienhändler; verlegte die meisten Werke von Franz Schubert

Diamantgasse, 21., seit 1953, nach dem Edelstein

Dianabadufer, 2., seit 1923, Kaigelände vor dem Dianabad am Donaukanal

Dianagasse, 3., seit 1862, Sebastian Dean (auch Diani, Diana, 1697–1752), Gestalter von Ziergärten

Diderotgasse, 21., seit 1933, Denis Diderot (1713 bis 1784), französischer Dichter, Hrsg. der „Encyclopédie" (1751 bis 1772)

Diefenbachgasse, 15., seit 1894 (vorher: Plankengasse), Heinrich Diefenbach (1832–1891), Gemeinderat von Sechshaus, Direktor der Sparkasse

Diehlgasse, 5., seit 1886 (vorher: Koflergasse), Karl Diehl (1812–1886), Seidenfabrikant, Stifter einer Mädchenfortbildungsschule

Diemgasse, 19., seit 1877, Anton Diem (1837 bis 1876), Bürgermeister von Nussdorf (1874 bis 1876)

Diepoldplatz, 17., seit 1905, nach Diepoldus, aus dem Geschlecht der Herren von Als (um 1135/1155)

Dieselgasse, 10., seit 1930, Rudolf Diesel (1858–1913), Erfinder des nach ihm benannten Motorensystems

Diesterweggasse, 14., seit 1894 (vorher: Schulgasse), Friedrich Adolf Wilhelm Diesterweg (1790 bis 1866), Pädagoge, führte neue Erziehungsmethoden ein

Dietmayrgasse, 20., seit 1874, Johann Georg Dietmayr (1608 bis 1667), Jurist, Stadtrichter, Bürgermeister von Wien (1648 bis 1653, 1656 bis 1659, 1664 bis 1667)

Dietrichgasse, 3., seit 1830, Georg Dietrich, um 1800 Erbauer des ersten Hauses in der Gasse

Dietrichsteingasse, 9., seit 1862, Johann Karl Graf Dietrichstein (1728 bis 1808), Obersthofstallmeister, Gesandter, Günstling von Joseph II.

Dingelstedtgasse, 15., seit 1894 (vorher ab 1867 Blütengasse), Franz Freiherr von Dingelstedt (1814 bis 1881), Dichter, Opern- und Burgtheaterdirektor

Dinsfüßlweg, 16., seit 1970, Hans Dinsfüßl, war um 1550 erster Schulmeister Ottakrings

Dionysius-Andrassy-Straße, 19., seit 1905, nach Franziska Seraphika Andrassy (1836 bis 1902), Gattin von Graf Dionysius-Andrassy (gest. 1913), stiftete für wohltätige Zwecke

Dirkensgasse, 13., seit 1955, Annie Dirkens (1869 bis 1942), Operettensängerin

Dirmhirngasse, 23., seit 1954 (vorher: Schulgasse), Arnold Dirmhirn (1882 bis 1933), Gemeinderat von Liesing (ab 1924), Schuldirektor, beschäftigte sich mit der Jugendfürsorge

Dirmoserstraße, 3., seit 1942, Oswald Dirmoser (1875 bis 1938), ao. Prof. für Maschinenbau, Konstrukteur des größten österreichischen Geschützes im Ersten Weltkrieg

Dirndlgasse, 21., Benennungsdatum unbekannt, nach der Volkstracht

Dirnelstraße, 21., seit 1953, nach dem Dirndlstrauch (Kornelkirsche, Gelber Hartriegel)

Dißlergasse, 3., seit 1875, Johann und Magdalena Dißler, Gärtner, schenkten 1689 den Grund für den Neubau der 1683 zerstörten Weißgerber Pfarrkirche; 1872 demoliert

Distelweg, 22., seit 1978, nach dem Pflanzennamen

Ditscheinergasse, 3., seit 1901, Prof. Dr. Leander Ditscheiner (1839 bis 1905), Mathematiker, Physiker, bahnbrechende Forschungen auf dem Gebiet der Optik und Elektrizität, 1879 bis 1885 liberaler Gemeinderat

Dittelgasse, 22., seit 1975, Univ.-Prof. Leopold von Dittel (1815bis 1898), Urologe, Chirurg, ab 1861 Leiter der III. Chirurgischen Abt. des AKH, Erfinder von neuen Operationsmethoden

Dittersdorfgasse, 17., seit 1913, Karl Ditters von Dittersdorf (1739–1799), Kapellmeister, Komponist (Sinfonien, Messen, Oratorien)

Dittesgasse, 18., seit 1894, Dr. Friedrich Dittes (1829 bis 1896), Pädagoge, Schulrat, reformierte das Schulwesen und gab einschlägige Zeitschriften heraus

Dittmanngasse, 11., seit 1894 (vorher: Bräuhausgasse), Johann Georg Dittmann (1767 bis 1829), Braumeister

Divischgasse, 21., seit 1917, Prokop Divisch (1698 bis 1765), Pfarrer in Brendik bei Znaim, erprobte 1754 den ersten europäischen Blitzableiter (unabhängig von Franklin), Physiker, s. auch *Franklinstraße*

Dobiaschofskyweg, 12., seit 1955 (vorher: Altmannsdorfer Feldweg), Franz Dobiaschofsky (1818 bis 1867), Historienmaler (Nazarener), „Christus am Ölberge" und „Verklärung" in der Altlerchenfelder Kirche, „Kreuzigung" in der Ulrichskirche

Doblhoffgasse, 1., seit 1873, Anton Freiherr von Doblhoff-Dier (1800 bis

1872), Jurist, Fabrikant; Verdienste beim Kampf gegen Fron- und Leibeigenschaft, 1848 Ackerbauminister

Dobrowskygasse, 23., seit 1975, Josef Dobrowsky (1889 bis 1964), Maler (Porträts, Landschaften), Mitglied der Secession, Prof. an der Akademie

Doderergasse, 21., seit 1970, Heimito (von) Doderer (1896 bis 1966), Schriftsteller, 1925 Doktor der Philosophie, „Die Strudlhofstiege" (1951) brachte den Durchbruch seines literarischen Schaffens

Döblergasse, 7., seit 1907 (vorher: Schrankgasse, Spindlergasse), Ludwig Döbler (1801 bis 1864), Magier, englischer Hofzauberkünstler („Der unerschöpfliche Zylinderhut"); die Döblergasse war die erste Gasse der Welt, die nach einem Magier benannt wurde

Döblerhofstraße, 3. und 11., seit 1872, nach dem Döblerhof, einem Gutshof, der 1840 einem Herrn Döbler gehörte

Döblinger Gürtel, 19., seit 1903 (vorher: Gürtelstraße), zur Wahrung des alten Vorortnamens; Döbling, bereits 1114 urkundlich erwähnt, bestand aus Ober-Döbling und Unter-Döbling, getrennt durch den Krottenbach. Unter-Döbling hieß bis ins 16. Jhd. Krottendörfl. 1890/92 wurden Ober-Döbling, Unter-Döbling, Grinzing, Heiligenstadt, Ober-Sievering, Unter-Sievering, Nussdorf, Kahlenbergerdorf, Josefsdorf und ein Stück von Weidling zum 19. Bezirk. Ober-Döbling hatte 1890 14.460 Einwohner, Unter-Döbling 2.074.

Döblinger Hauptstraße, 19., seit 1894 (urspr. Auf der Osterleiten, um 1800 Hofzeile, später Hauptgasse, dann Hauptstraße), s. *Döblinger Gürtel*

Döblinger Steg, 19., seit 1911, s. *Döblinger Gürtel*

Doeltergasse, 22., seit 1953, Prof. Dr. Cornelio Doelter (1850–1930), Mineraloge, Chemiker

Doerenkampgasse, 10., seit 1977, Konsul Hubert Wilhelm Doerenkamp (1882 bis 1972), Industrieller

Dörfelstraße, 12., seit 1894 (vorher: Bahngasse), alte Bezeichnung für die spätere Gemeinde Wilhelmsdorf

Dörmanngasse, 22., seit 1955 (vorher: Roseggergasse), Felix Dörmann (richtig Biedermann, 1870–1928), Lyriker, Theaterschriftsteller, Filmproduzent (Mitbegründer der Vindobona-Film, 1912)

Dr.-Adolf-Schärf-Platz, 22., seit 1983, Dr. Adolf Schärf (1890–1965), Sozialdemokrat, Jurist, 1946–1957 Parteivorsitzender der SPÖ, Vizekanzler, Abgeordneter zum Nationalrat, 1957 bis 1965 Bundespräsident

Dr.-Albert-Geßmann-Gasse, 21., Benennungsdatum unbekannt, Dr. Albert Geßmann (1852–1920), Bibliothekar, 1882 bis 1888 und 1893 bis 1911 Gemeinderat, Mitbegründer der christlichsozialen Partei, 1896 bis 1908 NÖ. Landtagsabgeordneter, 1891 bis 1911 Reichsratsabgeordneter, 1908 Arbeitsminister; neben Dr. Karl Lueger bedeutendster Politiker der christlichsozialen Partei bis 1911 (Zurücklegung aller Funktionen)

Dr.-Andreas-Zailer-Gasse, 23., Benennungsdatum unbekannt, Dr. Andreas Zailer (1845–1923), Arzt, Wohltäter von Atzgersdorf

Dr.-Anton-Matzig-Gasse, 23., seit 1953, Dr. Anton Matzig (1862 bis 1939), Heimatforscher („Chronik von Liesing"), Bezirksrichter; Gerichtsvorstand in Liesing

Dr.-Barilits-Gasse, 23., seit 1965, Dr. Rudolf Barilits (1874 bis 1962), Bürgermeister von Mauer (1929–1934)

Dr.-Boehringer-Gasse, 12., seit 1975 (vorher Teil der Laskegasse), Dr. Ernst Boehringer (1896–1965), Förderer der österr. pharmazeutischen Forschung

Dr.-Bohr-Gasse, 3., seit 1955, Dr. Oskar Bohr (1858 bis 1935), Arzt, gründete seine Praxis bewusst in einer der ärmsten Gegenden Wiens; bestimmte sein Honorar nach den Möglichkeiten der Patienten (Arme zahlten nichts), war bei der Bevölkerung sehr populär, Teile seiner Praxis befinden sich im Bezirksmuseum

Dr.-Bruno-Pittermann-Platz, 12., seit 1991, Dr. Bruno Pittermann (1905 bis 1983), Abgeordneter zum Nationalrat, 1957 bis 1967 Vorsitzender der SPÖ, 1957 bis 1966 Vizekanzler der Großen Koalition

Dr.-Eberle-Gasse, 10., seit 1971, Prim. Dr. Konrad Eberle (1903–1961), Kinderarzt; Mitbegründer der „Vereinigung österreichischer Ärzte", Gemeinderat (ÖVP)

Dr.-Eduard-Heinl-Gasse, 19., seit 1961, Dr. Eduard Heinl (1880 bis 1957), 1919 bis 1934 christlichsoziales Mitglied des Nationalrats, 1920/21 Handelsminister, 1930 bis 1932 Bundesminister für Handel und Verkehr, 1946 bis 1948 Bundesminister für Handel und Wiederaufbau; ÖVP

Dr.-Gonda-Gasse, 23., seit 1975, Dr. Aurel Gonda (1885–1964), Gemeinderat von Inzersdorf, Medizinalrat

Dr.-Hanswenzel-Gasse, 23., Benennungsdatum unbekannt, Dr. Karl Anton Hanswenzel (1860 bis 1942), Bürgermeister von Siebenhirten (1905 bis 1918)

Dr.-Heckmann-Straße, 14., Benennungsdatum unbekannt, Dr. Anton Heckmann (1872 bis 1920), Gemeindearzt in Hadersdorf-Weidlingau

Dr.-Heinrich-Maier-Straße, 18., seit 1949 (vorher: Feldgasse, Julienstraße, Ulmer Straße), DDr. Heinrich Maier (1908 bis 1945), Kaplan der Pfarre Gersthof, Mitglied einer Widerstandsgruppe, die Flugblätter gegen Krieg und Faschismus verteilte; Maier wurde 1944 in der Sakristei verhaftet, zum Tode verurteilt und ins KZ Mauthausen gebracht, am 22. 3. 1945 hingerichtet, s. auch *Walter-Caldonazzi-Platz*

Dr.-Heinrich-Müller-Gasse, 14., Benennungsdatum unbekannt, Dr. Heinrich Müller, Rechtsanwalt in der Gemeinde Hadersdorf-Weidlingau

Dr.-Heller-Weg, 10., nicht amtliche Bezeichnung; Herkunft unklar

Dr.-Ignaz-Seipel-Platz, 1., seit 1949 (vorher: Jesuiten- und Universitätsplatz), Dr. Ignaz Seipel (1876 bis 1932), Priester, Univ.-Prof. für Moraltheologie, Obmann der Christlichsozialen Partei (1921–1929), Bundeskanzler (1922 bis 1924 und 1926 bis 1929)

Dr.-Jakob-Neumann-Steig, 23., Benennungsdatum unbekannt, Dr. Johann (Jakob) Neumann (1855–1920), Ehrenbürger von Liesing, Arzt

Dr.-Josef-Resch-Platz, 17., seit 1949 (vorher: Frauenfeldplatz), Dr. Josef Resch (1880 bis 1939), christlichsozialer Bundesminister für soziale Verwaltung (1924–1929, 1930–1933)

Bürgermeister Dr. Karl Lueger

Dr.-Karl-Lueger-Platz, 1., seit 1926, s. *Dr.-Karl-Lueger-Ring*

Dr.-Karl-Lueger-Ring, 1., seit 1934 (urspr. Franzensring, 1919 Ring des 12. November = Tag der Ausrufung der Republik 1918), Dr. Karl Lueger (1844 bis 1910), 1897 bis 1910 Bürgermeister von Wien

Dr.-Karl-Renner-Ring, 1., seit 1956 (urspr. Burgring und Franzensring, 1919 Ring des 12. November; 1934 Dr.-Ignaz-Seipel-Ring, 1940 Josef-Bürckel-Ring, 1945 Dr.-Ignaz-Seipel-Ring, 1949 Parlamentsring), Dr. Karl Renner (1870 bis 1950), Staatskanzler (1919/20 und 1945), Bundespräsident (1945–1950)

Dr.-Kühne-Gasse, 23., seit 1911 (1941 bis 1947 Sauberggasse), Dr. Alfred Kühne (1857 bis 1908), Arzt, Ehrenbürger von Mauer

Dr.-Natterer-Gasse, 2., seit 1916, nach Johannes Natterer (1787 bis 1843), Naturforscher (Verdienste um die Erforschung brasilianischer Vögel) und dessen Sohn Dr. Johann Natterer (1821 bis 1900), Arzt

Dr.-Nekowitsch-Straße, 21., seit 1961 (vorher: Strebersdorfer Straße), Dr. Leopold Nekowitsch (1871 bis 1925), volkstümlicher Arzt in Stammersdorf und Strebersdorf

Dr.-Neumann-Gasse, 23., seit 1949 (vorher: Badhausgasse), Dr. Karl Neumann (1890–1944), verdienter Arzt, im KZ Auschwitz ermordet

Dr.-Otto-Neurath-Gasse, 22., seit 1949 (vorher: Pirquetgasse), Dr. Otto Neurath (1882–1945), Wirtschaftswissenschaftler, Organisator der sozialdemokratischen Bildungspolitik in Wien; 1934 Emigration

Dr.-Pirnitzer-Platz, 23., Benennungsdatum unbekannt, Dr. Adolf Pirnitzer (1844–1897), Arzt, Inzersdorfer Gemeinderatsausschussmitglied

Dr.-Schober-Straße, 13., seit 1932, Dr. Johann Schober (1874 bis 1932), Polizeipräsident (1918–1927), umstrittene Rolle beim Justizpalastbrand 1927, Bundeskanzler (1921/22 und 1929/30), Vizekanzler und Außenminister 1930 bis 1932

Dr.-Schreber-Gasse, 13., seit 1927, Dr. Daniel Gottlieb Moritz Schreber (1808 bis 1861), Arzt, Heilpädagoge; nach ihm sind die „Schrebergärten" (heute: Kleingärten), die er förderte, benannt

Dr.-Schreber-Weg, 10., 12., 19. und 22., nicht amtliche Bezeichnungen, s. *Dr.-Schreber-Gasse*

Dr.-Skala-Straße, 21., seit 1896, Dr. Albert Skala (1827–1896), Stammersdorfer Gemeindearzt (1867–1890)

Doldenweg, 22., seit 1994, botanischer Begriff (Typ eines Blütenstandes)

Dolezalgasse, 21., seit 1971, Prof. Dr. Eduard Dolezal (1862–1955), Vermessungstechniker, 1905–1930 Prof. an der Technischen Hochschule

Dolfi-Gruber-Weg, 22., seit 1995, Adolf („Dolfi") Gruber (1920–1994), Wiener Original, „Lauflegende" (Marathonmeister)

Dollinergasse, 19., seit 1894 (vorher: Ferdinandsgasse), Dr. Thomas Dolliner (1760 bis 1839), Jurist, Historiker, 1801 Prof. für Kirchenrecht in Prag, 1805 in Wien, 1810 Professor für Römisches Recht

Domaniggasse, 10., seit 1934, Dr. Karl Domanig (1851–1913), Numismatiker, Tiroler Heimatdichter, unterrichtete in Wien, sowie Gottfried Domanig (1895 bis 1964), Direktor der Internationalen Schlafwagen- und Touristikgesellschaft (heute RSI: Rail Service International)

Domgasse, 1., seit 1862 (vorher: Kleine Schülerstraße), nach dem nahe gelegenen Stephansdom

Dominikanerbastei, 1., seit 1863, nach der gleichnamigen Befestigungsanlage; 1858 bis 1862 abgetragen

Dominikanergasse, 6., Benennungsdatum unbekannt, 1827 erstmals erwähnt, von 1606 bis 1777 gehörte eine Mühle an der Wien dem Dominikanerorden

Dominik-Wölfel-Gasse, 21., seit 1968, Dr. Dominik Wölfel (1888–1963), Völkerkundler, Univ.-Prof., Publizist

Dommayergasse, 13., seit 1894 (vorher: Badhausgasse), Ferdinand Dommayer (1799 bis 1858), Kammmacher; Besitzer des Dommayer Casinos (Vergnügungslokal, Ballsaal), 1907 abgerissen

Dommesgasse, 11., seit 1894 (verlängert 1902; vorher: Mühlgasse), Josef Dommes (1805–1878), Seilermeister, Gründer des ersten Simmeringer Krankenunterstützungsvereines

Donabaumgasse, 10., seit 1957, Dr. Josef Donabaum (1861–1936), Historiker, Bibliothekar; 1917 Direktor der Hofbibliothek (Nationalbibliothek)

Donatelloweg, 22., seit 1932, Donato di Nicolo di Betto Bordi Donatello (1386 bis 1466), italienischer Renaissancebildhauer

Donau-City-Straße, 22., seit 1998, nach der Lage

Donaueschingenstraße, 20., seit 1897, Ursprungsort der Donau in Deutschland

Donaufelder Straße, 21. und 22., 1838 bis 1840 angelegt; zur Erinnerung an die Ortsgemeinde Donaufeld, 1860/62 als „Neu-Leopoldau" gegründet; seit 1881 „Neu-Leopoldau und Mühlschüttel", seit 1886 Donaufeld; 1904 zum 21. Bezirk eingemeindet; s. *Floridsdorfer Hauptstraße*

Donauinselplatz, 21., seit 1993; Platz auf der Donauinsel vor dem Schulschiff „Bertha von Suttner"

Donauschwabenplatz, 21., seit 2001, nach den Siedlern aus verschiedenen deutschsprachigen Gebieten an der mittleren Donau

Donaustadtbrücke, 2. und 22., Grundsteinlegung 4. 12. 1995

Donaustadtstraße, 22., seit 1971, der nach der Donauregulierung 1875 entstandene Stadtteil zwischen Reichsbrücke und Ausstellungsstraße wurde volkstümlich so genannt

Donauturmstraße, 22., seit 1965, führt zum gleichnamigen Turm auf dem WIG-Gelände

Donauwartesteig, 19., Benennungsdatum unbekannt, nach dem einstigen Weingut „Donauwarte"

Don-Bosco-Gasse, 23., seit 1956, Johannes Don Bosco (1815–1888), Priester, Gründer von Jugendheimen und des Salesianerordens , 1934 heiliggesprochen

Don-Bosco-Weg, 21., seit 1996, s. *Don-Bosco-Gasse*

Donhartgasse, 14., seit 1929 (als Donhardtgasse, 1948 richtig gestellt in Donhartgasse), Lorenz Donhart (1815 bis 1848), Taglöhner, fiel während der Märzrevolution 1848, s. *Achtundvierzigerplatz*, s. *Märzstraße*

Donhofergasse, 21., seit 1997, Leopold Donhofer (1844–1931), Gemeinderat von Strebersdorf

Doningasse, 22., seit 1966 (vorher Teil der Eipeldauer Straße), Dr. Kurt Richard Donin (1881–1963), Kunsthistoriker, Jugendfürsorger

Donizettiweg, 22., seit 1932, Gaetano Donizetti (1797–1848), Opernkomponist („Don Pasquale", „Der Liebestrank", „Lucia di Lammermoor")

Donnergasse, 1., seit 1862 (vorher: Spitalgasse), Georg Raphael Donner (1693–1741), Bildhauer (Schöpfer des Donnerbrunnens, 1739)

Dontgasse, 13., seit 1938, Jakob Dont (1815 bis 1888), Komponist, Geigenvirtuose; komponierte rund 50 Violinwerke

Dopplergasse, 11., seit 1895, nach der alteingesessenen Simmeringer Familie Doppler

Dopschstraße, 21., seit 1954, Dr. Alphons (auch Alfons gebräuchlich) Dopsch (1868 bis 1953), Historiker, 1900 bis 1937 Prof. an der Universität Wien, 1920/21 Rektor

Dorfmeistergasse, 12., seit 1922, Johann Dorfmeister (1736 bis 1786), Kirchenbildhauer

Dornbacher Straße, 17., seit 1894 (um 1880 Wiener Straße, dann Hauptstraße), zur Erinnerung an den ehemaligen Vorort Dornbach, der 1892 mit Hernals und Neuwaldegg zum 17. Bezirk wurde, Dornbach zählte vor der Eingemeindung 3.369 Einwohner

Dornenweg, 11., nicht amtliche Bezeichnung

Dornerplatz, 17., seit 1873, Johann Dorner (1794 bis 1871), stellte der Gemeinde den Grund für den Platz zur Verfügung

Dornrosenweg, 22., seit 1959, anscheinend nach „dornigen" (stacheligen) Rosen

Dorotheergasse, 1., um 1300 Färberstraße, später „Unter den Verbern" (nach den flämischen Tuchfärbern), seit dem 15. Jhd. „St.-Dorotheengasse" (nach dem Dorotheerkloster), im 17. Jhd. setzt sich dann die Bezeichnung Dorotheergasse durch

D'Orsaygasse, 9., seit 1847, Dominika Gräfin d'Orsay von Grimaus (1789 bis 1847), Erbauerin der ersten Häuser in der Gasse

Dostalgasse, 13., seit 1955 (vorher: Künstlergasse), Hermann Dostal (1874 bis 1930), Komponist, Kapellmeister; schrieb Märsche und Operetten

Dostgasse, 14., seit 1953, nach der Heil- und Gewürzpflanze (Origanum)

Dostojewskygasse, 13., seit 1932, Fjedor Dostojewski (1821–1881), russischer Dichter („Schuld und Sühne", „Die Dämonen")

Dotterblumenweg, 22., seit 2003, nach der (Sumpf-)Dotterblume (Caltha palustris), Hahnenfußgewächs

Dovskygasse, 13., seit 1936, Beatrice Dovsky (1866–1923), Schriftstellerin, Schauspielerin (Kolumne „Der Wiener Fratz")

Drachengasse, 1., erstmals 1656 erwähnt, nach dem Haus „Zum goldenen Drachen"

Dragonerweg, 22., seit 1966, leichte Reitertruppe (bewährt in den napoleonischen Kriegen 1809)

Dragoungasse, 21., seit 2001, Walter Dragoun (1924 bis 1996), Fußballer, Trainer, Sportfunktionär (Verkehrsfläche grenzt an den Sportplatz Union Landhaus an!)

Drahtgasse, 1., seit 1862, einst Sitz und Verkaufsplatz der Drahtzieher und Drahthändler

Drapal-Pintar-Weg, 14., seit 1992, Julia Drapal (1917 bis 1988), 1949–1959 Primaballerina der Wiener Staatsoper, war auch beim Film und als Choreographin tätig

Draschestraße, 23., seit 1894, Heinrich Drasche Ritter von Warttinberg (1811 bis 1880), Industrieller, Neffe und Erbe von Alois Miesbach (s. *Miesbachgasse*), Gründer der Wienerberger Ziegelwerke; einer der reichsten Männer der Monarchie, Bauherr der Gründerzeit („Heinrichshof" von Theophil Hansen), spendete große Summen für humanitäre Zwecke

Draskovichgasse, 14., seit 1894 (vorher: Rudolfsgasse), Josef Graf Draskovich (1714–1765), Feldherr im Siebenjährigen Krieg (1756–1763)

Draugasse, 21., seit 1996 (vorher ab 1953: Draustraße), nach dem Fluss in Kärnten

Drdlagasse, 23., seit 1955 (vorher: Seidlgasse), Franz Drdla (1868 bis 1944), Komponist, Dirigent, Violinvirtuose; hinterließ über 300 Kompositionen

Drechslergasse, 14., seit 1894, Josef Drechsler (1782–1852), Komponist, Kirchen- und Theaterkapellmeister, Domkapellmeister zu St. Stephan, schrieb z. B. die Musik zu Raimunds „Diamant des Geisterkönigs"

Dreherstraße, 11., seit 1894 (vorher: Schwechater Straße), Anton Dreher (1849–1921), Brauereibesitzer, Rennstallbesitzer, Wiener Original, 1902 bis 1918 Herrenhausmitglied

Dreiersteig, 14., war am Bierhäuselberg der dritte Steig (Einser- und Zweiersteig sind aufgelassen)

Dreihackengasse, 9., seit 1870, nach dem Gasthaus „Zu den drei Hacken"

Dreihausgasse, 15., Benennungsdatum unbekannt, zur Erinnerung daran, dass aus einer Ansiedlung von drei Häusern der Braunhirschengrund entstand

Dreimarksteingasse, 19., seit 1952 (vorher: Am Dreimarkstein, bis 1894 Herrengasse), benannt nach dem 454 m hohen Dreimarkstein (dieser ist nach der Lage, nämlich dem Zusammentreffen dreier ehemaliger Bezirksgrenzen – Hernals, Währing, Döbling – benannt)

Dreiständegasse, 23., seit 1957, nach den drei Ständen: Arbeiter, Bauer, Bürger

Dresdner Straße, 2. und 20., seit 1875/77 nach der Hauptstadt von Sachsen, weil dort nach Fertigstellung der nach Dresden fahrenden Nordwestbahn eine Wiener Straße errichtet wurde

Drewitzweg, 14., seit 1948 (1929 irrtümlich Drawitzweg benannt), Josef Drewitz (1816–1848), fiel in der Märzrevolution 1848, s. *Achtundvierzigerplatz*, s. *Märzstraße*

Dreyhausenstraße, 14., seit 1899, Gustav Dreyhausen Edler von Ehrenreich (1839–1884), förderte die Erbauung der Dampftramway vom Gürtel nach Breitensee

Drillgasse, 23., seit 1954 (vorher ab 1929: Türkengasse), Dr. Wilhelm Drill (1873 bis 1942); im KZ ermordet, Arzt

Drischützgasse, 11., seit 1894 (vorher: Schulgasse), Johann Nepomuk Drischütz (gest. 1835), stellte ein Legat von 600 Gulden für arme Simmeringer Schulkinder aus, Regierungsrat

Drnekgasse, 21., seit 1971 (vorher: Drnekweg), nach der Familie Drnek, die hier als erste siedelte

Drorygasse, 3., Benennungsdatum unklar, Ing. Henry Drory (1837 bis 1889), Direktor des seinerzeitigen englischen Gaswerkes auf der Landstraße

Drosselweg, 22., nicht amtliche Bezeichnung, nach dem Vogel

Drygalskiweg, 21. und 22., seit 1956 (vorher: Haidweg), Erich von Drygalski (1865 bis 1949), Leiter von Polarexpeditionen (Grönland, Antarktis), Univ.-Prof., Geograph, veröffentlichte seine Ergebnisse in einem 22-bändigen Werk

Duchekgasse, 22., seit 1954, Dr. Adalbert Duchek (1824–1882), Arzt, Diagnostiker, Therapeut

Duchweg, 12., seit 1992, Karl Duch (1898–1973), Direktor der Berufsschule für Gastgewerbe und Präsident des Weltbundes der Kochverbände

Dückegasse, 21. und 22., seit 1909 (vorher: Alter Mühlweg, Mühlgasse), Friedrich Dücke (1847 bis 1908), Gemeinderat von Leopoldau (1905 bis 1908), Gärtner

Dürauergasse, 16. und 17., seit 1914 (vorher teilweise Albrechtskreithgasse), Franz Dürauer (1816 bis 1872), Schuldirektor und Wohltäter in Hernals

Dürergasse, 6., seit 1862 (vorher: Untere Stättengasse), Albrecht Dürer (1471–1528), Maler, Kupferstecher, Holzschneider (stand am Übergang von der Spätgotik zur Renaissance)

Dürrnbacherstraße, 11., seit 1903, Andreas Ritter von Dürrnbacher, kaiserlicher Schiffsoberleutnant, Besitzer der Herrschaft Simmering; verkaufte sie 1573 an Freiherrn Michael von Eyzing

Dürwaringstraße, 18., seit 1912, alter Flur- und Bachname, Quellbach des Währinger Bachs

Düsseldorfer Straße, 22., seit 1922 (1938 bis 1959 war die Benennung aufgelassen), zur Erinnerung an die Hilfe Düsseldorfs nach dem Ersten Weltkrieg

Dumbastraße, 1., seit 1900 (vorher: Künstlergasse), Nikolaus Dumba (1830 bis 1900), Industrieller, Kunstmäzen, 1870–1895 Landtagsabgeordneter

Dumreichergasse, 22., seit 1953, Johann Freiherr von Dumreicher (1815 bis 1880), Chirurg, 1861–1863 liberaler Gemeinderat, Verdienste um das militärärztliche Sanitätswesen

Dunantgasse, 21., seit 1949 (vorher: Moltkegasse), Dr. Henri Dunant (1828 bis 1910), Friedensnobelpreisträger (1901), Gründer des Roten Kreuzes, Arzt

Dunklergasse, 12., seit 1894 (vorher: Gürtel- und Jakobstraße), Gaudentius von Dunkler (1746 bis 1829), Propst des Stiftes Klosterneuburg, Rektor der Universität Wien

Durchlaufstraße, 20., seit 1906, nach der Durchlaufsau, einem Donauarm vor der Donauregulierung

Dusikagasse, 22., seit 1993, Franz „Ferry" Dusika (1908 bis 1984), Radrennfahrer, Radsportveranstalter, Sportartikelhänder, Publizist

Dustmannweg, 16., seit 1936, Marie Louise Dustmann-Meyer (1831 bis 1899), Opernsängerin; seit 1857 an der Wiener Staatsoper (Wagner-Sängerin)

Dvorakgasse, 13., seit 1924, Max Dvořák (1874 bis 1921), Kunsthistoriker, baute die Kunstgeschichte zu einer exakten Disziplin aus

Dworschakgasse, 10., nicht amtliche Bezeichnung, Herkunft unklar

E

Ebendorferstraße, 1., seit 1873, Thomas Ebendorfer von Haselbach (1388 bis 1464), Theologe, Historiograph, Dekan, Rektor der kath. Fakultät der Universität Wien; er schrieb eine „Kaiserchronik" und eine „Papstchronik"

Ebereschengasse, 21., seit 1953, nach der Baumart (Vogelbeerbaum, Sorbus aucuparia)

Eberlgasse, 2., seit 1888, Karl Eberl (1820 bis 1887), Gemeinderat (1875 bis 1887), Holzhändler, Ortsschulratstellvertreter

Ebersberggasse, 13., seit 1926, Ottokar Franz Ebersberg (1833–1886), Schriftsteller, schrieb rund 150 Wiener Lokalpossen, gründete 1861 das politische Witzblatt „Der Kikeriki" und 1872 das „Illustrierte Wiener Extrablatt"

Eberstorferweg, 23., seit 1967; Veit, Herr von Eberstorf, Besitzer der Herrschaft Mauer (1499), Näheres nicht bekannt

Ebner-Rofenstein-Gasse, 13., seit 1936, Dr. Viktor Ebner-Rofenstein (1842 bis 1925), Histologe, 1888 bis 1922 Univ.-Prof.

Eckartsaugasse, 12., seit 1909 (vorher: Bahnhofstraße), die Grafen von Eckartsau, ein niederösterreichisches Adelsgeschlecht, besaßen in Hetzendorf viel Grundbesitz

Eckertgasse, 10., seit 1875, Karl Eckert (1820 bis 1879), Komponist, Dirigent; Dir. des Kärntnertortheaters, „Regenerator" der Wiener Philharmoniker

Eckhelgasse, 10., seit 1872, Josef Hilarius Eckhel (1737 bis 1798), Numismatiker, Begründer der wissenschaftlichen Numismatik, Dir. des Wiener Münzkabinetts (1774)

Eckmüllnergasse, 16., seit 1894 (vorher: Krongasse), Lorenz Eckmüllner (gest. 1663), 1650–1655 Ortsrichter von Ottakring; in der Eckmüllnergasse befand sich bis 1900 das Amtshaus des 16. Bezirks

Eckpergasse, 18., seit 1903, Matthias Eckper (gestorben 1599), Besitzer der Grundherrschaft Pötzleinsdorf

Economogasse, 10., seit 1932, Dr. Konstantin Economo (1876–1931), Neurologe; Verdienste auch auf dem Gebiet des Flugwesens, 1910–1927 Präsident des österreichischen Aero-Clubs

Eddagasse, 10., seit 1955, Edda ist die bekannteste nordische Lieder-(Sagen-) Sammlung

Edelhofgasse, 18., seit 1864 (vorher: Neue Gasse), nach dem ehemaligen Adelssitz „Edelhof"

Edelsinnstraße, 12., seit 1919 (vorher: Kranichberggasse, dann Cantacuzinostraße), nach dem gleichnamigen, 1888 gegr. Wohltätigkeitsverein

Edelsteingasse, 21., seit 1955, hier sind mehrere Gassen nach Schmucksteinen benannt; s. *Einleitung*

Edelweißweg, 22., seit 1954, nach der Gebirgspflanze (Leontopodium alpinum)

Edenstraße, 14., Benennungsdatum unbekannt, nach dem Paradies („Garten Eden")

Edergasse, 21., seit 1914, Jakob Eder (1842–1908), Gemeinderat von Großjedlersdorf, Oberlehrer

Edi-Finger-Straße, 21., seit 2006, Ing. Edi Finger (1924 bis 1989), populärer Sportreporter (TV-Sportchef 1954 bis 1964, ab 1967 Leiter der ORF-Hörfunksportredaktion; legendärer Ausruf „I wer' narrisch" beim 3:2-Siegestor von Hans Krankl gegen Deutschland, WM 1978)

Edisonstraße, 21., seit 1934, Thomas Alva Edison (1847 bis 1931), amerikanischer Erfinder (Phonograph, Kohlenfadenlampe, Mikrophon)

Edlmosergasse, 23., seit 1964, Lorenz Edlmoser (1860–1922), Gemeinderat von Atzgersdorf, Feuerwehrhauptmann

Edmund-Hawranek-Platz, 21., seit 1964, Edmund Hawranek (1874–1944), Kaplan von Strebersdorf, Verdienste um die Erziehung sprachgestörter Kinder

Edmund-Reim-Gasse, 12., seit 1937, Edmund Reim (1859–1928), Lehrer, Komponist, Dirigent

Edmund-Weiß-Gasse, 18., seit 1918 (vorher: Spöttelgasse), Prof. Dr. Edmund Weiß (1837 bis 1917), Sternwartedirektor, Professor für Astronomie an der Wiener Universität

Eduard-Brückner-Gasse, 20., seit 1956, Dr. Eduard Brückner (1862–1927), Geograph, Professor für Physik und Geographie an der Universität Wien, Gletscher- und Eiszeitforscher

Eduardgasse, 18., seit ca. 1864/1871, angeblich nach Eduard Astleithner, Kassenfabrikant; die exakte Herkunft des Namens ist jedoch unklar

Eduard-Gaertner-Gasse, 22., seit 2006, Prof. Eduard Gaertner (1890 bis 1966), Maler, Gebrauchsgraphiker; Mitglied des Hagenbundes (1925–1938), Konsulent für Angelegenheiten der bildenden und angewandten Kunst der Stadt Wien (1949–1960), Mitglied der Secession (ab 1960)

Eduard-Hanslick-Gasse, 16., seit 1932, Dr. Eduard Hanslick (1825 bis 1904), Musikkritiker, Musikhistoriker; Univ.-Prof. für Ästhetik und Geschichte der Tonkunst 1861 bis 1895; Förderer von Johannes Brahms, Gegner von Richard Wagner

Eduard-Jaeger-Gasse, 13., seit 1894 (vorher: Bahngasse), Dr. Eduard Jaeger (1818–1884), Augenarzt, Univ.-Prof.

Eduard-Kittenberger-Gasse, 23., seit 1965, Eduard Kittenberger (1855 bis 1921), Bürgermeister von Erlaa (1909 bis 1919), Gärtner

Eduard-Klein-Gasse, 13., seit 1899 (ursprünglich Badgasse, dann Hietzinger Kai, 1938–1945 Emil-Wimmer-Gasse), Dr. Eduard Klein (1828–1894), Mitglied des Gemeinderatsausschusses, Oberschulrat, Anwalt

Eduard-Lang-Weg, 2., seit 1997, Komm.-Rat Eduard Lang (1912–1995), Schausteller, langjähriger Obmann des Verbandes der Wiener Praterunternehmer

Eduard-Pötzl-Gasse, 19., seit 1925 (vorher: Josef-Friedl-Gasse, urspr. Friedlgasse), Eduard Pötzl (1851–1944), Wiener Heimatschriftsteller, Journalist

Eduard-Reyer-Gasse, 19., seit 1930, Dr. Eduard Reyer (1849–1914), Geologe, Universitätsprofessor

Eduard-Sueß-Gasse, 15., seit 1914 (1938 bis 1947 Penckgasse), Dr. Eduard Sueß (1831 bis 1914), Geologe, erstellte die Pläne für den 1870 bis 1875 erbauten Donaukanal, Liberaler

Efeuweg, 22., seit 1954, nach der Lianenart (Hedera helix)

Effingergasse, 16., seit 1888 (vorher: Montléartgasse), Pauline Baronin Effinger von Wildegg (1808 bis 1905), Wohltäterin; Erzieherin der Prinzessin W. Montléart

Egger-Lienz-Gasse, 12., seit 1930, Albin Egger-Lienz (1868–1926), Tiroler Maler (Motive aus dem Bauernleben)

Eggerthgasse, 6., seit 1902, Karl Eggerth (1834–1888), Gemeinderat (1882 bis 1885), Besitzer des Karolinenbades

Eglseegasse, 12., seit 1894 (vorher: Neugasse), Flurname (nach einem ehemaligen Teich mit Blutegeln, die für medizinische Zwecke gezüchtet wurden)

Egon-Friedell-Gasse, 21., seit 1954, Egon Friedell (1878–1938), Schriftsteller („Kulturgeschichte der Neuzeit"), schrieb auch Theaterstücke und hatte großen Einfluss auf das geistige Leben Wiens bis 1938, entzog sich der Verhaftung durch die Nationalsozialisten durch Freitod

Egon-Haug-Gasse, 22., seit 2006, Egon Haug (1923–2003), Maler

Egon-Schiele-Gasse, 13., seit 1930, Egon Schiele (1890 bis 1918), Maler (Expressionist)

Ehamgasse, 11., seit 1900, Dr. Michael Eham (1544–1610), Rektor der Wiener Universität, Besitzer der Herrschaft Simmering (1598 bis 1608), Dr. jur., Reichshofrat

Ehngasse, 23., seit 1960, Josef Ehn (1889 bis 1959), Heimatforscher, Volksschuldirektor; gründete 1953 das Bezirksmuseum Liesing

Ehrenfelsgasse, 12., seit 1876, Johann Michael Freiherr von Ehrenfels (1767 bis 1843), Gründer des Theresienbades, Bienenzüchter

Ehrenpreisgasse, 22., seit 1955, nach der Pflanzengattung (Veronica)

Ehrensteingasse, 22., seit 1909 (vorher: Florianigasse), Josef Robert Freiherr von Ehrenstein (1787–1814), Mitkämpfer von Aspern (1809)

Eibengasse, 22., seit 1953, nach der Baumart (Taxus baccata); verlängert 1997

Eibesbrunnergasse, 10. und 12., seit 1900, Ulrich, der Eybesbrunner und Michael Eybesbrunner, beide Besitzer der Flur Eglsee

Eibesbrunnerweg, 12., nicht amtliche Bezeichnung

Eibischweg, 22., seit 1953, nach der Heilpflanze (Althaea officinalis)

Eichbachgasse, 14., seit 1956, Eichbach ist der frühere Name des Halterbaches oder eines Zuflusses

Eichelhofstraße, 19., seit 1874 (vorher: Am Berg), ehemaliger Gutshof, schon 1358 erwähnt

Eichelhofweg, 19., seit 1961 (vorher: nicht amtlich so), s. *Eichelhofstraße*

Eichendorffgasse, 19., seit 1902, Josef Freiherr von Eichendorff (1788–1857), bedeutendster Dichter der Romantik („Aus dem Leben eines Taugenichts"), nahm an den Befreiungskriegen gegen Napoleon teil, wohnte 1846/47 in Wien, literaturhistorische Arbeiten; schrieb auch zahlreiche Lieder

Eichenstraße, 12., seit 1894 (vorher: Dammstraße), am Schnittpunkt Eichenstraße und Wilhelmstraße befanden sich zwei Eichen mit Marterln

Eichenweg, 14., nicht amtliche Bezeichnung, zur Erinnerung an den einstigen großen Eichenbestand

Eichfeldergasse, 21., seit 1936, Karl Eichfelder (1847–1921), Direktor des Pensionates St. Josef in Strebersdorf (1899–1910)

Eidechsengasse, 22., seit 2001, nach dem Tier

Eigelgasse, 23., Benennungsdatum unbekannt, Johann Nepomuk Eigel (1877 bis 1942), Wohltäter in Siebenhirten

Eigenheimweg, 17., nicht amtliche Bezeichnung

Einfahrtstraße, 14., Benennungsdatum unklar, bis 1952 teilweise Birkenstraße, nach der Einfahrtsmöglichkeit in die Siedlung Wolfersberg

Einsiedeleigasse, 13., seit 1936, Leopold Zetl, Beamter der kaiserlichen Reichskanzlei, lebte hier von 1748 bis 1782 als Einsiedler (Franziskaner) in einer Klause

Einsiedlergasse, 5., seit 1873, nach Matthäus Käufler, der 1763–1782 als Einsiedler hier lebte (vorher war er Kirchendiener in der Nikolsdorfer Kirche)

Einsiedlerplatz, 5., seit 1873, s. *Einsiedlergasse*

Einsiedlerweg, 10., nicht amtliche Bezeichnung; vermutlich wie *Einsiedlergasse*

Einslegasse, 22., seit 1983, Anton Einsle (1801 bis 1871), Porträt- und Genremaler

Einwanggasse, 14., seit 1894 (vorher: Friedhofgasse, Pfarrgasse), Georg Einwag (sic! ca. 1627–1675), Pfarrer von Penzing, in seiner Amtszeit wurde die Rochuskapelle in der Penzinger Straße errichtet (vorher Pfarrer von Biedermannsdorf, danach von Himberg)

Einzingergasse, 21., seit 1970, Ulrich und Stephan Eizinger (sic!), Herrschaftsbesitzer in Strebersdorf (um 1469); verlängert 1995

Eipeldauer Straße, 21. und 22., seit 1910, Eipeldau (1136 urk. erwähnt), alter Ortsname

Eisenbachgasse, 13., seit 1955 (vorher: Beethovengasse), Heinrich Eisenbach (1870–1923), Direktor des „Budapester Orpheums" in Wien (Singspieltheater), Schauspieler

Eisenbahnstraße, 19., seit 1905 (in Nussdorf schon ab 1873), nach der 1871/72 erbauten Franz-Josefs-Bahn, die parallel dazu führt

Eisenberggasse, 23., seit 1960, Ludwig Eisenberg (1858–1910), Schriftsteller; freier Mitarbeiter für Theater-, Kunst- und Literaturzeitschriften, Lexikograph

Eisenheldgasse, 21., seit 1996, Leopold Eisenheld (1887–1973), Weinbauer, letzter Bürgermeister von Stammersdorf (1934 bis 1938)

Eisenhutgasse, 22., seit 1944, nach der Pflanzengattung (Aconitum)

Eisenmengergasse, 10., seit 1959, August Eisenmenger (1830 bis 1907), Maler; 1872 Prof. an der Akademie der bildenden Künste (Arbeiten u. a. für Rathaus und Justizpalast)

Eisenstadtplatz, 10., seit 1914, nach der Hauptstadt des Burgenlandes

Eisernenhandgasse, 19., seit 1895, nach der Gastwirtschaft „Zur eisernen Hand" am Kahlenberg

Eisingergasse, 21., seit 1996, Franz Eisinger (1921–1991), Lehrer, Bezirksschulinspektor (1976 bis 1983), Regierungsrat (1980), Bezirksrat (SPÖ, 1969 bis 1978)

Eisnergasse, 16., seit 1894 (vorher: Leopoldigasse), Georg Eisner (1803–1858), Gastwirt, Ortsrichter und Bürgermeister von Ottakring

Eisstoßgasse, 22., seit 1957, zur Erinnerung an den Eisstoß von 1830; s. auch *Peter-Berner-Straße*

Eisteichgasse, 11., seit 1904, hier bestanden einst Teiche zur Eisgewinnung

Eisvogelgasse, 6., seit ca. 1869 (urspr. Obere Gärtnergasse, ab 1827 Gärtnergasse), nach einem Hausschild „Zum Eisvogel"

Eiswerkstraße, 22., seit 1966, nach der Eisfabrik

Eitelbergergasse, 13., seit 1894 (vorher: Malfattigasse), Rudolf Eitelberger von Edelberg (1817–1885), Kunsthistoriker, Professor für Kunstgeschichte, Direktor des österreichischen Museums für Kunst und Industrie, 1864 bis 1867 Gemeinderat; Autor, Herausgeber und Redakteur zahlreicher Zeitschriften

Eitnergasse, 23., seit 1977, Wilhelm Eitner (1843–1921), Pionier der Gerbereitechnik, Chemiker

Elderschplatz, 2., seit 1933 (1897–1933 Santa-Lucia-Platz, 1937 bis 1947 Vierundachtzigerplatz), Matthias Eldersch (1869 bis 1931), 1901–1911 sozialdemokratischer Reichsratsabgeordneter für Schlesien; baute das Krankenversicherungs- und Genossenschaftswesen auf, 1919/20 Staatssekretär für Inneres und Unterricht, 1919 bis 1923 Gemeinderat, 1919 bis 1931 Nationalrat, 1930 Erster Präsident des Nationalrats

Elfingerweg, 22., seit 1964 (vorher: Kapellenweg), Dr. Anton Elfinger (1821 bis 1864), Arzt, Karikaturist, Illustrator (Pseudonym Cajetan)

Elidagasse, 22., seit 1959, nach der gleichnamigen Rudersportvereinigung

Elisabethallee, 12. und 13., seit 1918 (im 12. Bezirk vorher: Hietzinger Weg, dann Lustschlossallee und Schlögelgasse), Kaiserin Elisabeth (1837 bis 1898), Gattin Kaiser Franz Josephs, in Genf von einem italienischen Anarchisten ermordet; beliebte Gestalt von Roman, Film („Sissi – Jugendjahre einer Kaiserin"), Operette („Sissy") und Musical („Elisabeth")

Elisabeth-Bergner-Weg, 23., seit 2000, Elisabeth Bergner (1897 bis 1986), Schauspielerin, in den 20er-Jahren sehr erfolgreich, Emigration 1933 nach England, 1940 in die USA, 1950 Rückkehr nach London, Gastspiele in Österreich, Filmrollen; s. auch *Romy-Schneider-Gasse*

Elisabeth-Petznek-Gasse, 14., seit 1998, Erzherzogin Elisabeth Marie (1883 bis 1963), Tochter von Kronprinz Rudolf, heiratete 1902 Fürst Windisch-Graetz (1873 bis 1952), die Ehe verlief unglücklich, 1924 Trennung; 1925 schloss sich die „rote Erzherzogin" den Sozialdemokraten an und wurde Lebensgefährtin des Lehrers und Politikers Leopold Petznek (1881–1956), 1948 Heirat; Petznek war 1945–1947 Präsident des Rechnungshofes

Elisabethstraße, 1., seit 1862, s. *Elisabethallee*

Elisenstraße, 23., Benennungsdatum unbekannt, s. *Elisabethallee*

Ellen-Key-Gasse, 10., seit 1951, Ellen Key (1849 bis 1926), Pädagogin, Lehrerin, Schriftstellerin; propagierte das 20. Jhd. als „Jahrhundert des Kindes"

Ellmingergasse, 23., seit 1954, Ignaz Ellminger (1843–1894), Maler, Mundartdichter; malte Wiener Marktszenen und Landschaften

Elmargasse, 19., seit 1894 (vorher: Döblingergasse), Karl Elmar (Pseudonym für Karl Swiedak, 1815–1888), Schauspieler, Schriftsteller (rund 130 volkstümliche Theaterstücke)

Elsbeergasse, 14., seit 1953, die Elsbeere ist ein Rosengewächs

Elsa-Plainacher-Gasse, 22. seit 2005, Elsa Plainacher (1513 bis 1583), ihr wurde 1583 ein Hexenprozess gemacht, anschließend wurde sie auf der Gänseweide öffentlich verbrannt

Else-Feldmann-Gasse, 21., seit 1994, Else Feldmann (1884–1942), Schriftstellerin („Löwenzahn. Eine Kindheit", 1921; „Der Leib der Mutter", 1931); Mitglied der „Vereinigung sozialistischer Schriftsteller"; im KZ Sobibor ermordet

Elsniggasse, 12., seit 1911, Johann Baptist Elßnig (auch Elßnigg) (1741 bis 1798), Kaplan von Altmannsdorf

Elßlergasse, 13., seit 1894 (vorher: Endlergasse), Fanny Elßler (1810 bis 1884), gefeierte Tänzerin an der Oper

Elsterweg, 14., seit 1953, nach dem Vogel

Elterleinplatz, 17., seit 1882, Johann Georg Elterlein (1805–1882), Gastwirt, Bürgermeister von Hernals (1869 bis 1881), sehr populär, Verdienste um die Einwölbung des Alsbaches

Embelgasse, 5., seit 1875, Franz Xaver Embel (1770 bis 1857), erbaute in der Gasse das erste Haus; Topograph, Magistratsrat, sorgte für den Schulbau in den Vorstädten

Emichgasse, 22., seit 1970, Dr. Friedrich Emich (1860 bis 1940), Chemiker, Pionier der Mikrochemie

Emil-Behring-Weg, 12. und 23., seit 1952, Dr. Emil von Behring (1854 bis 1917), deutscher Arzt, Entdecker des Diphterie- und des Tetanusserums, Nobelpreis 1901

Emil-Fucik-Gasse, 10., seit 2004, Emil Fucik (1912 bis 1989), Bezirksrat (1969 bis 1977), Gemeinderat, Landtagsabgeordneter (1953–1966), Bezirksvorsteher von Favoriten (1966–1977)

Emil-Hertzka-Platz, 10., seit 1959, Emil Hertzka (1869 bis 1932), Musikverleger

Emil-Kralik-Gasse, 5., seit 1927, Emil Kralik (Pseudonym „Habakuk", 1864 bis 1906), Schriftsteller, Journalist („Volkstribüne", „Arbeiter-Zeitung")

Emil-Ottenthal-Gasse, 10., seit 1932, Dr. Emil von Ottenthal (1855 bis 1931), Historiker, Univ.-Prof. („Archivberichte aus Tirol", Neubearbeitung der „Regesta Imperii")

Emmerich-Fasching-Gasse, 22., seit 1995, Emmerich Fasching (1921–1983), Bezirksrat (1964 bis 1983), Bezirksvorsteherstellvertreter der Donaustadt (1969 bis 1983), ÖVP

Emmi-Freundlich-Gasse, 21., seit 2004, Emmy Freundlich (1878 bis 1948), Schriftstellerin, soziales Engagement, Gemeinderätin (1919–1923), Direktorin des Ernährungsamtes im BM für Volksernährung (1919–1934), Funktionen in der Genossenschaftsbewegung und der sozialistischen Frauenbewegung, 1939 Emigration nach Großbritannien, 1947 nach New York

Empergergasse, 21., seit 1953, Dr. Fritz Emperger (1862 bis 1942), Techniker, Begründer des Stahlbetonbaues in Österreich

Endemanngasse, 23., seit 1959 (vorher: Weinbergstraße), Johann Endemann (1869–1947), Gemeinderat von Atzgersdorf (1924 bis 1934)

Endergasse, 12., seit 1922, Johann Nepomuk Ender (1793 bis 1854), Thomas Ender (1793–1875) und Eduard Ender (1822–1853), Wiener Malerfamilie

Endlichergasse, 10., seit 1932, Stephan L. Endlicher (1804–1849), Professor für Botanik (1840), Direktor des botanischen Gartens der Universität Wien (1839 bis 1849), s. auch *Fenzlgasse*

Endresstraße, 23., seit 1966, Dr. Robert Endres (1892–1964), Historiker, Mittelschullehrer, zahlreiche wissenschaftliche Publikationen

Enenkelstraße, 16., seit 1894 (vorher: Breitenseer Straße), Hans von Enenkel (1190–1250), Angehöriger einer vermögenden Wiener Familie, Chronist, verfasste eine 9.000 Verse umfassende „Weltchronik", die im Mittelalter sehr beliebt und verbreitet war, sowie ein 4.200 Verse umfassendes „Fürstenbuch"

Engelbrechtweg, 13., seit 1936, Dr. August Engelbrecht (1861 bis 1925), Altphilologe, Univ.-Prof.

Engelhartgasse, 13., seit 1951, Josef Engelhart (1864 bis 1941), Bildhauer, Maler (beschäftigte sich mit Altwiener Typen und Szenen)

Engelhorngasse, 21., seit 1986, Dr. Friedrich Engelhorn (1855 bis 1911), Industrieller, Gründer der Firma Boehringer Mannheim GmbH

Helene und Eduard Engelmann

Engelmanngasse, 17., seit 1979, Eduard Engelmann sen. (1833 bis 1897), Fabrikant, kam auf die Idee, auf den Gartenwegen des Fabriksgeländes eine kleine Eisbahn zu errichten, Eislaufen war in „besseren" Kreisen damals modern geworden; es wurden Teiche angelegt, die im Sommer mittels Bootsverleih Einnahmen erzielten, Eduard Engelmann jun. (1864–1944) schuf dann die erste Freiluftkunsteisbahn der Welt (1909), er war 1892, 1893 und 1894 Europameister im Eiskunstlauf, von Beruf war er Techniker/Direktor der niederösterreichischen Landeseisenbahn-Baudirektion

Engelsberggasse, 3., seit 1907, Eduard Engelsberg (eigentlich Dr. Eduard Schön, 1825 bis 1879), Komponist, schrieb Lieder für Männerchöre, als kaiserlicher Beamter musste er ein Pseudonym verwenden

Engelsburggasse, 23., seit 1924, nach einem als Pfarrhof bekannten Gebäude (1697 bis 1716), später als Kaserne verwendet

Engelshofengasse, 23., seit 1954, Gottlieb Penz Edler von Engelshofen (1697 bis 1758), Stifter der Kirche St. Erhard in Mauer

Enge Lucken, 10., seit 1969, mundartlich für eine Bodenvertiefung in der Gegend

Engerthstraße, 2. und 20., seit 1886, Wilhelm Freiherr von Engerth (1814 bis 1884), Erbauer des Sperrschiffes, das ehemals vor der Donaukanaleinmündung – statt der jetzigen Nussdorfer Schleuse – lag; Prof. der Maschinenlehre, Fachmann für Lokomotiven, Zentraldirektor für den technischen Dienst der österreichisch-ungarischen Staatseisenbahngesellschaft

Engilgasse, 16., seit 1971, Engil von Ottakringe war im 13. Jahrhundert Freihofbesitzer

Englisch-Feld-Gasse, 22., Benennungsdatum unbekannt, Flurname

Enkplatz, 11., seit 1894 (vorher: Marktplatz), Michael Leopold Enk von der Burg (1788 bis 1843), Benediktinermönch, Schriftsteller, trat gegen seine Überzeugung in das Benediktinerkloster Melk ein; schrieb Romane und Dramen pessimistischen Inhalts („Die Blumen", 1822, „Melpomene oder Über das tragische Interesse" 1827), beging Selbstmord

Ennemosergasse, 22., seit 1955 (vorher: Ferdinand-Raimund-Gasse), Josef Ennemoser (1787 bis 1854), Diplomat (Geheimschreiber Andreas Hofers)

Ennsgasse, 2., seit 1891, Nebenfluss der Donau

Entensteig, 21., seit 1942, vorher: Jägersteig

Entersweg, 22., nicht amtlich, Herkunft unklar

Enzelsbergergasse, 17., seit 1905, Johann Enzelsberger (1827 bis 1920), Gemeinderatsmitglied von Dornbach

Enzianweg, 22., seit 1944, nach der Pflanzengattung (Gentiana)

Enzingergasse, 7., seit 1903, Karl Enzinger (1820 bis 1889), Gemeinderat von Neubau (1872–1889), Seidenfabrikant, Hausbesitzer; Verdienste um die Armen

Erbacherweg, 14., seit 1929, Ferdinand Erbacher (1829 bis 1848), Maurergeselle, fiel in der Märzrevolution 1848, siehe *Achtundvierzigerplatz*, s. *Märzstraße*

Erbpostgasse, 21., Benennungsdatum unbekannt, Stadler von Wolffersgrün (1786–1857), k. u. k. Erbpostmeister von Stammersdorf (ab 1819), verlängert 1999

Erbsenbachgasse, 19., seit 1876, nach dem Erbsenbach (Arbesbach), s. auch *Arbesbachgasse*

Erdberger Brücke, 2. und 3., 1971 als Teil des Knotens Prater eröffnet, s. *Erdbergstraße*

Erdberger Lände, 3., seit 1952 (früher „An der Donau"), zur Erinnerung an die Landestelle von Flößen und Schleppern am rechten Donaukanalufer; die Bezeichnung war seit 1890, also lange vor der offiziellen Benennung, schon gebräuchlich, s. *Erdbergstraße*

Erdberger Maiß(s), 3., inoffiziell seit 1863, amtlich seit 1905, mais = Jungholz, kleiner Waldflecken, durch den Nebenarm der Donau vom Dorf Erdberg getrennt, später gerodet, durch Donaukanaldurchstich mit Erdberg vereint und für den Gemüseanbau verwendet, s. *Erdbergstraße*

Erdberger Steg, 3., seit 2004, Fußgänger- und Radfahrersteg von der Erdberger Lände in Höhe Haidingergasse über den Donaukanal zur Schüttelstraße; s. *Erdbergstraße*

Erdbergstraße, 3., Benennungsdatum unklar, ein Teil bis 1862 Erdberger Hauptstraße und Antongasse, ein Teil bis 1899 Mitterweg; zur Wahrung des alten Vorstadtnamens („Ertpurch" = Erdburg; 1192 erwähnt bei der Gefangennahme von Richard Löwenherz), Erdberg wurde mit Landstraße und Weißgerber 1850 zum 3. Bezirk zusammengefasst

Erdbrustgasse, 16., seit 1883, urkundlich 1524 bestätigter Flurname (Erdbrust = Bodenerhebung)

Erdburgweg, 14., seit 1985, in diesem Bereich soll ein Erdwall zum Schutz von Hadersdorf-Weidlingau bestanden haben

Erdenweg, 14., seit 1923, nach dem Planet Erde (in dieser Gegend wurden Wege nach Planeten benannt!); siehe Einleitung

Erdglöckchenweg, 22., seit 2002, üblicherweise Moosglöckchen genannt (Linnaea borealis), verbreitet in Nordeuropa (in Österreich selten), Lieblingsblume von Linné (s. *Linnéplatz*)

Erhardgasse, 23., seit 1929, Kirchenpatron der Pfarrkirche Mauer, Bischof von Passau (7./8. Jhd.)

Erika-Mitterer-Weg, 13., seit 2002, Erika Mitterer (1906 bis 2001), katholische Lyrikerin, Erzählerin, Dramatikerin; stand mit Rilke in Verbindung („Briefwechsel in Gedichten", 1959), „Bibelgedichte" (1994), Roman „Der Fürst der Welt" (1940, veränderte Auflage 1988)

Erilaweg, 23., seit 1996, s. *Erlaaer Straße*

Erlaaer Platz, 23., seit 1988, s. *Erlaaer Straße*

Erlaaer Schleife, 23., seit 1978, Busumkehrstelle, Verkehrsknotenpunkt

Erlaaer Straße, 23., seit 1955, führt nach Alt Erlaa und Neu Erlaa (neuerdings auch Schreibweise Alterlaa, Neuerlaa richtig); Erlaa, 1114 als „Erila" urk. erwähnt, 1938 bzw. 1954 eingemeindet

Erlachgasse, 10., seit 1875, Johann Bernhard Fischer von Erlach (1656 bis 1723), Barockarchitekt (erbaute u. a. die Karlskirche, das Stadtpalais des Prinz Eugen, heute das Finanzministerium, sowie die Nationalbibliothek)

Erlachplatz, 10., seit 1875; s. *Erlachgasse*

Erlafstraße, 2., seit 1905 (vorher ab 1889 Erlaufstraße), Nebenfluss der Donau

Erlenweg, 22., seit 1966 (vorher: Flickerweg), nach der Baumgattung (Alnus)

Erlgasse, 12., seit 1892, Joseph Erl (1811 bis 1874), Opernsänger (Heldentenor); 1. Tenor am Kärntnertortheater (1838)

Ernanigasse, 23., seit 1960; Oper von Giuseppe Verdi (1813–1901)

Erndtgasse, 18., seit 1888, Franz Bernhard Erndt (1836–1909), Hofhafnermeister, Gemeinderat von Gersthof, Besitzer des Gersthofer Schlosses, trat den Grund unentgeltlich für den Bau der Gasse ab

Ernst-Bergmann-Gasse, 14., seit 1932, Ernst von Bergmann (1836 bis 1907), Begründer der Hirnchirurgie

Ernst-Burger-Gasse, 14., seit 1963, Ernst Burger (1915–1944), Funktionär des kommunistischen Jugendverbandes, Widerstand gegen den Nationalsozialismus, 1944 im KZ Auschwitz gehenkt; s. auch *Rudolf-Friemel-Gasse*

Ernst-Heiss-Gasse, 11., seit 1996, Ernst W. Heiss (1929–1991), Univ.-Prof., Architekt (plante das Stadtzentrum Leberberg mit)

Ernst-Jandl-Weg, 22., seit 2003, Prof. Dr. Ernst Jandl (1925–2000), Studium Germanistik und Anglistik; 1949 bis 1979 AHS-Lehrer; Durchbruch als experimenteller Lyriker mit dem Gedichtband „Laut und Luise" (1966); Hörspiele; Mitbegründer der Grazer Autorenversammlung; befreundet mit der Schriftstellerin F. Mayröcker; seit 2005 auch *Ernst-Jandl-Park* im 4. Bezirk

Ernst-Karl-Winter-Weg, 19., seit 1988, Dr. Ernst Karl Winter (1895 bis 1959), katholischer Publizist, sozialpolitisch engagiert, vom Austrofaschismus nach dem Bürgerkrieg 1934 als dritter Vizebürgermeister von Wien eingesetzt, sollte das Regime mit der Arbeiterschaft versöhnen („Aktion Winter"), scheiterte am System und weil er sich auch gegen die Nationalsozialisten wehrte, 1936 abgesetzt; 1938 Emigration in die USA, Rückkehr 1957

Ernst-Kein-Gasse, 21., seit 2006, Ernst Kein (1928 bis 1985), Schriftsteller, Begründer der neuen Wr. Dialektdichtung, „weana schbrüch" (1974–1985 in der Kronen-Zeitung)

Ernst-Ludwig-Gasse, 10., seit 1932, Dr. Ernst Ludwig (1842–1915), Prof. für medizinische Chemie, Förderer des Volksbildungswesens

Ernst-Melchior-Gasse, 2., seit 2001 (verlängert 2006), Ernst Melchior (1920 bis 1978), Fußballer (1946 Wiener Austria; schoss in 158 Spielen 122 Tore; 36 Länderspiele bis 1953), lebte später in Frankreich

Ernst-Renz-Gasse, 2., seit 1993, Ernst Renz (1814–1892), Artist, Pferdedresseur; Gründer des gleichnamigen Zirkus in Wien (1853)

Ernst-Sadil-Platz, 22., seit 1994, Ernst Sadil (1908–1991), Obmann der Naturfreunde, Bezirkspolitiker

Ernst-Track-Weg, 22., seit 1995, Ernst Track (1911–1987), Komponist, Kabarettist, Präsident des Sozialwerkes für österreichische Artisten; sein Sohn Gerhard (geb. 1934) ebenfalls bedeutender Komponist und Dirigent

Eroicagasse, 19., seit 1894 (vorher: Beethovengasse), nach der 3. Symphonie Beethovens

Ertlgasse, 1., seit 1894, Maria Anna Edle von Ertl (1728 bis 1801), gründete die nach ihr benannte Stiftung für mittellose oder verarmte Rechtsanwaltsanwärter, die alle juristischen Prüfungen mit Auszeichnung bestanden haben

Erwin-Puschmann-Gasse, 14., seit 2003, Erwin Puschmann (1905 bis 1943), Begründer des Sportvereins „S.C. Olympia 1933“, Februarkämpfer, führender Funktionär der illegalen KPÖ, Widerstandskämpfer, 1943 im Landesgericht Wien hingerichtet

Erzbischofgasse, 13., seit 1894 (vorher: Bischofgasse), nach dem Sommerschloss des jeweiligen Erzbischofs von Wien („Ober-St.-Veiter Schloss“)

Erzherzog-Johann-Platz, 4., seit 1997, Erzherzog Johann (1782–1859), Feldmarschall, Verdienste in den napoleonischen Kriegen (1809), 1848/1849 dt. Reichsverweser; Volkstümlichkeit (bürgerliche Ehe), liberale Auffassungen

Erzherzog-Karl-Straße, 22., seit 1909 (vorher: Aspernstraße), Erzherzog Karl (1771 bis 1847), Feldmarschall, Sieger von Aspern (1809) gegen Napoleon

Eschenallee, 10., seit 1929, nach der Baumgattung (Fraxinus)

Eschenbachgasse, 1., seit 1863, Jakob Eschenbacher (1749 bis 1809), Sattlermeister, auf Befehl Napoleons erschossen, weil er in seinem Garten eine Kanone versteckt hatte

Eschenkogelgasse, 10., seit 1965, nach dem Berg im Anningergebiet (649 m hoch)

Escherichgasse, 19., seit 1919, Dr. Theodor Escherich (1857–1911), Gründer der Säuglingsfürsorge in Österreich, ab 1902 Prof. für Kinderheilkunde in Wien

Eselstiege, 17., volkstümliche Bezeichnung für eine Gegend, die 1422 als „Eselhart hinter der Herren Als“ erwähnt wurde

Eslarngasse, 3., seit 1894 (vorher: Schulgasse), Konrad von Eslarn, 1287 Bürgermeister, Niklas Eslarn, 1309 und 1310 bis 1313 Bürgermeister von Wien

Esparsette-Weg, 12., seit 2000, Fußweg zwischen den Kleingartenanlagen Esparsette und Am Anger bzw. Sagedergasse; die Futter-Esparsette (Onobrychis viciifolia), ein Schmetterlingsblütler, ist eine häufige Wiesenpflanze, die früher (seit dem 16. Jhd.) als Futterpflanze kultiviert wurde, heute völlig verwildert und eingebürgert ist, aber kaum noch verwendet wird

Espenweg, 22., seit 1953, nach der Baumart (Zitter-Pappel, Populus tremula)

Essiggasse, 1., seit 1908, früher Sitz und Verkaufsstätte der Essighändler

Eßlinger Furt (nR **Esslinger Furt**), 22., amtlich seit 1987, Flurname

Eßlinger Hauptstraße (nR **Esslinger Hauptstraße**), 22., Benennungsdatum unbekannt, zur Erinnerung an den ca. 1250/60 urk. genannten Ort („Ezzelaren“), seit dem 19. Jhd. Esslingen; der Name wurde vom NS-Regime 1938 auf Essling gekürzt, um eine Verwechslung mit Eßlingen am Neckar zu vermeiden; 1938 bzw. 1954 eingemeindet

Eßlinggasse (nR **Esslinggasse**), 1., seit 1869 (vorher: Eßlinger Gasse), zur Erinnerung an die Schlacht bei Aspern und Essling (1809) gegen Napoleon

Esteplatz 3., seit 1912 (1938 bis 1949 General-Krauß-Platz), nach dem 1914 ermordeten Thronfolger Franz Ferdinand, der dem Haus Österreich-Este angehörte

Esterházygasse, 6., seit 1862 (1797 bis 1852 Neue Gasse, dann Berggasse), Fürst Nikolaus Esterházy (1775–1856) errichtete hier Palais und Park

Etrichstraße, 11., Igo Etrich (1879 bis 1967), Pionier des Flugwesens, Flugzeugkonstrukteur („Etrichtaube“), Konstrukteur von Textilmaschinen

Etschnerweg, 14., seit 1930, Josef Etschner, Tischlergeselle, fiel in der Märzrevolution 1848, s. *Achtundvierzigerplatz*, s. *Märzstraße*

Ettenreichgasse, 10., seit 1875, Christian Joseph Ettenreich (1800 bis 1875), Hausbesitzer; kam am 18. 2. 1853 Kaiser Franz Joseph I. zu Hilfe, indem er den Attentäter Janos Libényi, der auf den Kaiser mit einem Messer eingestochen hatte, niederschlug; als Belohnung wurde er später in den Adelsstand erhoben

Ettingshausengasse, 19., seit 1913 (vorher: Hohenwartgasse), Andreas Freiherr von Ettingshausen (1797 bis

1878), Mathematiker, Physiker, Rektor der Universität Wien

Eugen-Bormann-Gasse, 22., seit 1932, Dr. Eugen Bormann (1842 bis 1912), Professor für Altertumsgeschichte, Epigraphiker

Eugenie-Fink-Gasse, 10., seit 1969, Eugenie Fink (1891 bis ca. 1942; Abtransport ins KZ Minsk), Lyrikerin

Eugen-Jettel-Weg, 13., seit 1932, Eugen Jettel (1845–1901), Landschaftsmaler

Europaplatz, 15., seit 1958, zur Unterstreichung des von Bürgermeister Franz Jonas propagierten Europagedankens

Eustachiusweg, 13., seit 1932, nach dem römischen Feldherrn, Heiligen und Schutzpatron der Jäger

Ewaldgasse, 11., seit 1971, Dr. Oskar Ewald (richtig Friedländer, 1881 bis 1940), Religionsphilosoph, führender Kopf des religiösen Sozialismus („Freidenkertum und Religion"); 1938 KZ Dachau, nach Freilassung Flucht nach Großbritannien

Ewald-Balser-Gasse, 23., seit 1982, Ewald Balser (1898 bis 1978), Burgschauspieler

Exelbergstraße, 17., seit 1961 (vorher: Tullner Straße), nach dem 515 m hohen Exelberg

Eyblergasse, 19., seit 1894 (vorher: Kirchengasse, urspr. Zinkengasse), Josef von Eybler (1764–1846), Komponist, Hofkapellmeister (Kirchenmusik)

Eyblweg, 21., seit 1933 (vorher: Josef-Baumann-Gasse), Franz Eybl (1806 bis 1880), Lithograph, Maler

Eyslergasse, 13., seit 1955 (vorher: Mozartgasse), Edmund Eysler (1874 bis 1949), Operettenkomponist („Bruder Straubinger", „Schützenliesl", „Die gold'ne Meisterin"), Pianist; entging dem Tod in der NS-Zeit als Jude nur, weil er mit einer „Arierin" verheiratet war (hatte jedoch Arbeitsverbot)

Eyzinggasse, 11., seit 1894 (vorher: Wintergasse, 1864 bis 1872 Döblergasse), Michael Eitzing Freiherr von Schrattenthal (gest. 1598); Diplomat, Geschichtsschreiber, gab eine Vorform einer periodischen Zeitschrift heraus (so genannte Messrelationen); die Familie Eyzing war von 1573 bis 1608 Grundherr von Simmering

F

Fabergasse, 23., Benennungsdatum unbekannt, Moritz Faber (1837–1921), Besitzer der Liesinger Brauerei (machte sie zu einem Großunternehmen); Gemeinderat von Liesing (1870–1885); hatte die Tochter des Mitbesitzers, Marie Löwenthal, geheiratet; zuletzt Generaldirektor, s. *Löwenthalgasse*

Fabianistraße, 11., seit 1984, Max Fabiani (1865–1962), Architekt, Schüler Otto Wagners, erbaute u. a. die Wiener Urania

Fabiganstraße, 11., seit 1904, Andreas Pfabigan (1805–1870), Lehrer

Fabriksgasse, 12., 1877/78 im ehemaligen Fabriksviertel Meidling angelegt

Fännergasse, 21., seit 1899, Gottlieb Fänner (1830–1889), Oberbaurat der Donauregulierungskommission, Verdienste um die Kanalisation in Floridsdorf

Färbergasse, 1., seit 1908 (im 15./16. Jhd. „Hofgäßlein", ab 1563 Färbergässel, ab 1776 Färbergasse), nach ehemaligen Färbereiwerkstätten

Färbermühlgasse, 23., seit 1954 (vorher: Gärtnergasse), nach der ehemaligen „Färbermühle", einem Wahrzeichen von Liesing (heute steht dort das Liesinger Rathaus)

Fahnengasse, 1., seit 1898; zur Erinnerung an den „Fahnentumult" von 1798; ein Gesandter der französischen Republik ließ anlässlich eines Festes als begeisterter Republikaner die Trikolore hissen, es entstand ein Auflauf; er musste am nächsten Tag Wien verlassen

Fahrbachgasse, 21., seit 1909, Wiener Musikerfamilie: Philipp d. Ä. (1815 bis 1885); Philipp d. J. (1843–1894); Josef (1804–1883); Wilhelm (1838–1866)

Faistauergasse, 13., seit 1931, Anton Faistauer (1887–1930), Maler (u. a. Freskenzyklus im Salzburger Kleinen Festspielhaus)

Falcostiege, 5., seit 2003, Hans Hölzel („Falco", 1957 bis 1998), Musiker („Kommissar", „Rock me Amadeus")

Absperrung in der Wiener Innenstadt am 12. Februar 1934 durch das Bundesheer (siehe 12.-Februar-Platz)

Falkestraße, 1., seit 1901, Jakob Ritter von Falke (1825 bis 1897), Museumsdirektor, Kunsthistoriker

Fallgasse, 6., seit ca. 1867, nach dem Fallbach (Feilbach), Nebenfluss der Wien

Fallmerayerweg, 21., seit 1956, Jakob Fallmerayer (1790–1861), Schriftsteller, Orientalist

Familienplatz, 16., seit 1992 (vorher: Kernstockplatz; 1881 bis 1919 Stefaniplatz, 1919 bis 1934 Bebelplatz), nach der Pfarrkirche „Zur Hl. Familie" benannt

Faradaygasse, 3., seit 1933, Michael Faraday (1791–1867), englischer Physiker, entdeckte die elektromagnetische Induktion, konstruierte den ersten Dynamo

Farngasse, 22., seit 1944, nach der Pflanzengruppe (Polypodiophytina)

Fasangartengasse, 12. und 13., seit 1894 (vorher: Hetzendorfer Straße und in Lainz bis 1909 noch Hetzendorfer Gasse), nach dem ehemaligen Schönbrunner Fasangarten

Fasangasse, 3., Benennungsdatum unbekannt, nach dem ehemaligen Bierhaus „Zum Fasandl"

Fasanplatz, 2., seit 2002, nach dem Tier

Faschinggasse, 22., seit 1913, Karl Freiherr von Fasching (1753 bis 1826), Generalmajor, Verdienste in der Schlacht von Aspern gegen Napoleon (1809)

Fasholdgasse, 13., seit 1894 (vorher: Mayerhofgasse), Josef Fashold (1821 bis 1892), Gemeinderat von Hietzing (1863 bis 1891), Fuhrwerksunternehmer

Fassbendergasse, 13., seit 1981, Eugen Fassbender (1854–1923), Architekt, Stadtplaner

Faßziehergasse (nR **Fassziehergasse**), 7., seit dem 18. Jhd. (vor 1770 Hintere Gasse), Herberge und Wohnort vieler Fasszieher (Fasselzieher = Beförderer von Weinfassern)

Fatinitzaweg, 10., seit 1953, nach der gleichnamigen Operette von Franz von Suppé

Fatty-George-Gasse, 22., seit 1997, Fatty George (Franz Georg Pressler, 1927–1982), Jazzmusiker, 1958 eigenes Lokal in Wien (Fatty's Saloon), ab 1977 TV-Sendung „Fatty live", seit 1999 angrenzend der Bill-Grah-Park

Faulmanngasse, 4., seit 1913, Carl Faulmann (1835–1894), Schriftsetzer, Stenograph, Prof. 1884, Erfinder einer neuen Kurzschrift und Vorkämpfer für die Vereinheitlichung („Einheitskurzschrift")

Favoritenstraße, 4. und 10., seit 1903 (um 1734 Kaiserallee, auch Kaiserweg, später ein Teil Favoriten-Linienstraße und Kirchenplatz, im 10. Bezirk Wampersdorfer und Himberger Straße); nach dem kaiserlichen Lustschloss Favorita; die Straße wurde angelegt, um eine Verbindung zwischen dem Schloss und den kaiserlichen Gründen auf dem Laaer Berg zu schaffen

Favoritner Gewerbering, 10., seit 1987, ringförmiger Zusammenschluss von vier Straßen, Ansiedlung von zahlreichen Gewerbebetrieben

12.-Februar-Platz, 19., seit 1985 (1930: Karl-Marx-Platz, 1935 Heiligenstädter Platz), zur Erinnerung an den Bürgerkrieg 1934, Generalstreik und Aufstandsversuch des Republikanischen Schutzbundes, des bewaffneten Armes der Sozialdemokratischen Partei, gegen das autoritäre Dollfuß-Regime; blutig niedergeschlagen, führte zum Verbot der Sozialdemokratie und ihrer Organisationen

Fechtergasse, 9., seit 1862 (vorher: Zweyfechtergasse, Degengasse, Thury Gässl), nach einem Hausschild „Zu den zwei Fechtern"

Fehlingergasse, 13., seit 1894 (vorher: Gemeindegasse), Friedrich Fehlinger (1813 bis 1890), Gemeinderat von Speising (1864 bis 1873), Arzt

Feilergasse, 19., Benennungsdatum unbekannt, Franz von Feiler (1801 bis 1862), um 1840 Kasinobesitzer, Wohltäter der Gemeinde Grinzing, Fabrikant

Feilplatz, 14., seit 1881, Johann Feil (1824 bis 1892), Bürgermeister von Breitensee (1866 bis 1876), Hutfabrikant

Feistlgasse, 21., seit 1971, Anton Feistl (1881 bis 1961), Bezirksvorsteher des 21. Bezirks (1932–1934), gründete 1933 das Floridsdorfer Bezirksmuseum sowie den „Bund österr. Jagdvereine" und den „Österreichischen Falknerbund"

Feistmantelstraße, 18., seit 1897 (vorher: Hochschulstraße), Rudolf Ritter von Feistmantel (1805 bis 1871), Reformator, Schöpfer des österreichischen Forstgesetzes, Verdienste um das Forstwesen, Publikationen, Professor an der Hochschule für Bodenkultur

Feistritzgasse, 21., seit 1953, Fluss in der Steiermark

Feitsingergasse, 22., seit 1911, Leopold Feitsinger (1763–1849), Ortsrichter von Aspern

Felberstraße, 15., seit ca. 1864, Riedname (Felber = Weidenbaum)

Felbigergasse, 14., seit 1894 (vorher: Schulgasse), Johann Ignaz Melchior Felbiger (1724–1788), Abt, Schulreformer („Allgemeine Schulordnung"), Befürworter der allgemeinen Schulpflicht, vertrat Ideen der Aufklärung

Felderstraße, 1., seit 1899, Dr. Kajetan Freiherr von Felder (1814 bis 1894), Bürgermeister von Wien (1868–1878), Rechtsanwalt, Liberaler; in seine Amtszeit als Bürgermeister fielen der Bau der 1. Hochquellwasserleitung, des Zentralfriedhofes, die Donauregulierung und der Bau des Rathauses; Felder war Sprachgenie (Gerichtsdolmetsch für Spanisch, Französisch, Englisch, Holländisch, Dänisch, Portugiesisch, Schwedisch)

Feldgasse, 8., Benennungsdatum unklar (18. Jhd.), zur Erinnerung an die agrarische Nutzung der Gegend bis ins 18. Jhd.; war bis 1862 Grenze zwischen Alsergrund und Breitenfeld

Feldgasse, 23., seit 1886, nach der Lage

Feldkellergasse, 13., Benennungsdatum unbekannt, nach der Gastwirtschaft „Zum Feldkeller"

Feldlerchengasse, 21., seit 1996, nach dem Tier

Feldmausgasse, 21., seit 1996, nach dem Tier

Feldmühlgasse, 13., seit 1894 (vorher: Feldgasse), nach einer einst hier bestandenen Mühle auf freiem Felde

Felix-Bischof-Weg, 22., seit 2002, Felix Bischof (1912–1984), Bezirksrat (1959 bis 1978), SPÖ; 1934 als Sozialdemokrat aus politischen Gründen neun Monate inhaftiert

Felix-Braun-Gasse, 19., seit 1977, Felix Braun (1885 bis 1973), Schriftsteller, 1928–1936 Prof. für deutschsprachige Literatur an der Universität Palermo, 1937/38 an der Universität Padua, 1939 Emigration nach England, nach dem Krieg Rückkehr nach Wien; Würdigungspreis der Stadt Wien für Dichtkunst, Lehrtätigkeit am Reinhardt-Seminar

Felix-Dahn-Gasse, 18. und 19., seit 1912, Felix Dahn (1834 bis 1912), deutscher Dichter, der durch historische Romane bekannt wurde („Ein Kampf um Rom", „Attila")

Felixgasse, 13., seit 1955 (vorher: Tiergartengasse), Benedikt Felix (1860 bis 1912), Opernsänger (1883–1912 Mitglied der Oper; vorher Carltheater)

Felix-Grafe-Gasse, 10., seit 1968, Felix Grafe (1888 bis 1942, hingerichtet), Lyriker, Übersetzer

Felix-Mottl-Straße, 19., seit 1911 (vorher: Prinz-Eugen-Straße), Felix Mottl (1856–1911), Dirigent, Komponist

Felix-Slavik-Straße, 21., Felix Slavik (1912 bis 1980), ab 1945 wesentliche Rolle in der Wiener Kommunalpolitik, Bürgermeister (1970 bis 1973), Obmann der SPÖ Wien, Ehrenbürger von Wien

Fellnergasse, 22., seit 1963, Ferdinand Fellner (1847–1916), Architekt (Theater, Wohn- und Geschäftshäuser)

Felmayergasse, 21., seit 1974, Prof. Rudolf Felmayer (1897–1970), Schriftsteller, Bibliothekar (Reihe „Neue Dichtung aus Österreich")

Felsgasse, 11., seit 1894 (vorher: Roseggergasse), Maria Elisabeth Colonna Freiin von Völs (Fels), Besitzerin der Herrschaft Simmering, die sie 1677 dem Himmelpfortkloster schenkte

Fenchelweg, 14., seit 1978, nach der Heilpflanze (Foeniculum)

Fendigasse, 5., seit 1875, Peter Fendi (1796–1842), Maler, Graphiker, Lithograph (Hauptrepräsentant der Biedermeiermalerei)

Fenzlgasse, 14. u. 15., seit 1894 (vorher: Lerchengasse), Eduard Fenzl (1808 bis 1879), Botaniker; seit 1849 Direktor des Botanischen Gartens, Univ.-Prof. der Botanik, zahlreiche wissenschaftliche Veröffentlichungen, s. auch *Endlichergasse*

Ferchenbauergasse, 21., seit 1901, Franz Ferchenbauer (1791 bis 1883), Wohltäter; Ortsrichter von Floridsdorf (1841–1846), Glasermeister

Ferchergasse, 17., seit 1904, Johann Fercher von Steinwand (eigentlich J. Kleinfercher, 1828–1902), österreichischer Dichter (Lyrik, Dramatik)

Ferdinand-Frey-Weg, 14., seit 1965, Ferdinand Frey (1880–1956), nach dem Obmann des Siedlungsvereines

Ferdinand-Käs-Gasse, 21., seit 1992, Dr. Ferdinand Käs (1914–1988), Offizier, Widerstandskämpfer

Ferdinand-Kaufmann-Platz, 21., seit 1974, Ferdinand Kaufmann (1889 bis 1965), Siedlerfunktionär; verlängert 1997

Ferdinand-Löwe-Straße, 10., seit 1936 (1938–1947 Lachnerstraße), Ferdinand Löwe (1865–1925), Dirigent, Vorkämpfer für die Musik Anton Bruckners

Ferdinand-Piatnik-Weg, 14., seit 1997, Ferdinand Piatnik (1819–1885), Spielkartenfabrikant; übernahm 1843 die Kartenmalerei Moser und führte das Geschäft unter seinem Namen weiter, nach seinem Tod seine drei Söhne; 1891 Gründung der Fabrik in der Hütteldorfer Straße; die Firma gehört zu den weltweit bedeutendsten Spielkartenherstellern

Ferdinand-Pölz-Gasse, 21., seit 1932, Ferdinand Pölz (1867 bis 1930), Bezirksrat von Floridsdorf, Sozialdemokrat

Ferdinand-Stransky-Weg, 22., seit 1996, Prof. Ferdinand Stransky (1904 bis 1981), Restaurator, Maler (Wien-Motive)

Ferdinandstraße 2., seit 1840, Kaiser Ferdinand I. (1793–1875), 1835–1848 Kaiser von Österreich

Fernkorngasse, 10., seit 1880, Anton Dominik Ritter von Fernkorn (1813 bis 1878), Bildhauer; Schöpfer der Reiterstandbilder auf dem Heldenplatz, des Beethovendenkmals und des „Löwen von Aspern"

Ferrogasse, 18., seit 1894 (vorher: Johannesgasse), Pasqual Josef Ferro (1753 bis 1809), Arzt, 1800 Stadtphysikus von Wien, Verdienste um das Sanitätswesen, Durchsetzung der Pockenschutzimpfung

Ferstelgasse, 9., seit 1886 (vorher: Petrarcagasse), Heinrich Freiherr von Ferstel (1828 bis 1883), Architekt (Erbauer der Votivkirche), Vertreter des Historismus

Feßlergasse, 10., seit 1958, Johann Baptist Feßler (1803 bis 1875), Bildhauer, schuf zahlreiche Porträtbüsten

Feßtgasse, 16., seit 1856, der Fleischhauer Jakob Feßt (1778–1858) ließ hier Grund parzellieren und das erste Haus errichten

Feuchterslebengasse, 10., seit 1889, Dr. Ernst Freiherr von Feuchtersleben

(1806–1849), Arzt, Publizist, Wegbereiter der Psychiatrie

Feuerbachstraße, 2., seit 1899, Anselm von Feuerbach (1829–1880), Historienmaler, Professor an der Akademie der bildenden Künste

Feuersteingasse, 23., seit 1929, nach dem 1929 entdeckten neolithischen Feuersteinbergwerk auf der Maurer Antonshöhe

Feuerwehrweg, 22., seit 1998, ortsübliche (früher nicht amtliche) Bezeichnung

Fiakerplatz, 3., seit 1958 (vorher: Kugelgasse, Dörfelgasse), nach der Legende, dass in Erdberg besonders viele Fiaker zu Hause waren (1892 gab es in Erdberg 13 Fiakerbetriebe, in ganz Wien mehr als 800 Fiaker und 1.000 Einspänner)

Fichtegasse, 1., seit 1865, Johann Gottlieb Fichte (1762 bis 1814), Philosoph

Fichtnergasse, 13., seit 1894, Carl Albrecht Fichtner (1805 bis 1873), Burgschauspieler (1824 bis 1865), ebenso seine Frau Fichtner-Koberwein (1809 bis 1889)

Fickertgasse, 19., seit 1926, Auguste Fickert (1855 bis 1910), Lehrerin, Sozialreformerin, gründete 1893 den „Allg. österr. Frauenverein", kämpfte ums Frauenwahlrecht und die Gleichberechtigung der Frau (s. auch *Schlesingerplatz*)

Fickeysstraße, 11., seit 1907, Johann Fickeys (1849 bis 1905), Gemeinderat (1895–1905), Kaufmann

Fidelis-Breier-Weg, 21., seit 1974, Josef Breier (1877–1968), Heimatforscher (Strebersdorfer Heimatbuch), Lehrer (Schulbruder in Strebersdorf, „Fidelis von Jesus")

Fiebrichgasse, 22., seit 1952, Franz Paul Fiebrich (1879–1935), Wiener Liederkomponist („Das silberne Kanderl", „Drauß't in Nussdorf")

Fillenbaumgasse, 21., seit 1912, Dr. Philipp Josef Edler von Fillenbaum (1715–1779), Besitzer der Herrschaft Strebersdorf

Fillgradergasse, 6., seit 1862 (1787 angelegt, um 1797 Rosengasse), Marie Anna Fillgrader (1763–1831), Glockengießerwitwe; gründete eine Stiftung für verarmte Bürger

Fillgraderstiege, 6., s. *Fillgradergasse*

Filmteichstraße, 10., seit 1972, nach einem so benannten Teich im Erholungspark Oberlaa (dort wurden in der Ersten Republik Monumentalfilme gedreht), s. *Kolowratgasse*

Fimbingergasse, 23., seit 1955 (vorher: Anzengrubergasse), Engelbert Fimbinger (1878–1951), Gewerkschaftsfunktionär

Fingergasse, 10., seit 1965, Josef Finger (1841–1925), 1878 ao. Prof. der reinen Mechanik und der graphischen Statistik an der Technischen Hochschule, 1888–1890 Dekan, 1891 Rektor; Mitglied der Akademie der Wissenschaften

Fingerhutweg, 22., seit 1954, nach der Pflanzengattung (Digitalis)

Finkenweg, 11., 12., 18. und 22., nicht amtliche Bezeichnungen (nach dem Vogelnamen)

Finsterbuschstraße, 22., Benennungsdatum unbekannt, Christian Johann Finsterbusch, k. k. Hoffeuerzimmermann (Daten unbekannt)

Finsterergasse, 22., seit 1975, Dr. Hans Finsterer (1877–1955), Chirurg, rund 300 Arbeiten über Magen- und Darmerkrankungen

Firmiangasse, 13., seit 1894 (vorher: Lange Gasse), Leopold Max Graf von Firmian (1766–1831), Erzbischof von Wien (1822 bis 1831), engagierte sich für die Katholiken in Nordamerika

Fischergasse, 2., seit 1864 (vorher: Obere Fischergasse), zur Erinnerung daran, dass Fischer die ersten Bewohner des Unteren Werd waren

Fischergasse, 23., seit 1886 (vorher: Fischer- oder Schneidergassel), Jakob Fischer (1810 bis 1883), Gemeinderat von Mauer, Schneidermeister, Schulaufseher

Fischerstiege, 1., urk. erstmals 1373 erwähnt, Weg und Stiege zur Donau (heutiger Donaukanal)

Fischerstrand, 22., seit 1966, nach der Gaststätte „Zum Fischerhaus"

Fischerweg, 22., amtlich seit 1993, s. *Fischerstrand*, vorher ebenso nicht amtlich

Fischhof, 1., urk. 1255 genannt, nach einem alten Platz für Fischhändler

Fischhofgasse, 10., seit 1979, Adolf Fischhof (1816–1893), Arzt, Vorkämpfer für die Demokratie in Österreich, trug mit seiner Rede am 13. 3. 1848 zur Entfaltung der Revolution bei

Fischingergasse, 23., seit 1955 (vorher: Lannergasse), Julius Fischinger (1878 bis 1953), Atzgersdorfer Schulreformer, Bürgerschuldirektor

Fischottergasse, 21., seit 1942 (vorher: Heinemanngasse), nach dem Tier

Fitzweg, 22., nicht amtlich (nach einem Siedlerfunktionär)

Flachgasse, 14. und 15., seit 1871 (1938 bis 1945: Matthias-Schönerer-Gasse), Karl Flach (1772–1868), letzter Ortsrichter von Penzing (1848–1850), Gemischtwarenhändler

Flachsweg, 22., Benennungsdatum unbekannt, nach der Kulturpflanze (Lein, Linum usitatissimum)

Flammweg, 11., Benennungsdatum unbekannt, Dr. Ludwig Flamm (1885 bis 1964), Physiker, 1922 bis 1956 Professor für theoretische Physik, Rektor (1950/51)

Flandorferweg, 21., Benennungsdatum unbekannt, Johann Flandorfer (1870 bis 1954) Fuhrwerksunternehmer

Fleischhackergasse, 23., Benennungsdatum unbekannt, Hofrat Dr. Richard Fleischhacker (1882 bis 1939), Bezirkshauptmann von Hietzing, Ehrenbürger von Mauer

Fleischmanngasse, 4., seit 1825, Johann Georg Fleischmann (1765–1832), Stadtrat

Fleischmarkt, 1., urk. bereits 1220 erwähnt, ältester Marktplatz für Fleisch und Sitz der Fleischhacker

Flemminggasse, 19., seit 1909, Heinrich Graf von Flemming (1632 bis 1706), Feldmarschall-Leutnant, Verdienste in der Entsatzschlacht gegen die Türken (1683)

Fleschgasse, 13., seit ca. 1876 (vorher: Adlergasse, 1938 bis 1947 Burgmairgasse), Siegmund Flesch (1827–1902), Lederfabrikant, Wohltäter

Fliederweg, 22., seit 2003, nach dem Flieder (Syringa vulgaris), beliebter Zierstrauch

Fliegerweg, 22., amtlich seit 1991, im Zusammenhang mit dem ehemaligen Flughafen Aspern benannt, s. *Flugfeldstraße*

Florian Berndl

Flötzersteig, 14. und 16., im 16. Bez. bis 1894 Hütteldorfer Straße; Bezeichnung für einen alten Verkehrsweg, der vom 9. Bezirk quer durch den 16. Bezirk führte; von hier wanderten die Flötzer (Flößer) nach Abladen ihrer Fracht zu Fuß nach Hause

Floragasse, 4., seit 1862, nach der ehemaligen Badeanstalt „Florabad"

Florian-Berndl-Gasse, 22., Benennungsdatum unbekannt, Florian Berndl (1856 bis 1934), Naturapostel, Gründer des Gänsehäufelbades („Berndl-Kolonie") und der Kolonie „Neu-Brasilien"; lebte später auf dem Bisamberg als Einsiedler

Florian-Geyer-Gasse, 10., seit 1932, Florian Geyer (ca. 1430–1525), fränkischer Ritter, spielte eine führende Rolle im Bauernaufstand 1524/25; am 9. 6. 1525 getötet

Florian-Hedorfer-Straße, 11., seit 1969 (vorher: Weißenböckstraße), Florian Hedorfer (1865 bis 1948), Gemeinderat (1912 bis 1932), Fürsorgevorstand, Sozialdemokrat

Florianigasse, 8., Benennungsdatum unbekannt (urspr. bis 1778 Schottentorgasse; ein Teil lange Zeit Kaserngasse, Magazingasse), nach einem bestandenen Hausschild „Zum hl. Florian" (Florianigasse 15)

Floridsdorfer Brücke, 21., 1872–1875 als Kaiser-Franz-Josephs-Brücke errichtet, 1913 bis 1923 umgebaut, 1946

bis 1956 Malinovsky-Brücke, 1977/78 neuerlich umgebaut bzw. saniert

Floridsdorfer Hauptstraße, 21., seit 1910 (vorher: Hauptstraße), zur Wahrung des Ortsnamens (1786 gegründet; seit 1894 Großgemeinde Floridsdorf [Floridsdorf, Jedlesee, Donaufeld und Teile von Groß-Jedlersdorf], 1904 eingemeindet), s. *Floridusgasse*

Floridsdorfer Markt, 21., seit 1926, Lebensmittel-Verkaufsplatz

Floridusgasse, 21., seit 1900 (vorher: Klosterneuburger Straße), Floridus Leeb (1731–1799), Probst von Klosterneuburg, Gründer Floridsdorfs

Floristenweg, 22., seit 1993, nach dem Berufsstand der Blumenhändler und Blumenbinder („Fleuristen", Blumisten)

Floßgasse, 2., seit 1862 (vorher: Florianigasse), Anlegeplatz der Holzflöße am Donaukanal

Flotowgasse, 19., seit 1889, Friedrich Freiherr von Flotow (1812 bis 1883), Opernkomponist („Martha", „Alessandro Stradella")

Fluchtgasse, 9., seit 1862 (vorher ab 1825: Währinger Linienstraße), nach einem Hausschild „Zur Flucht nach Ägypten"

Flugfeldstraße, 22., Benennungsdatum unbekannt, nach dem ehemaligen Flugplatz Aspern; der Flugplatz Aspern, 1912 errichtet, zählte zu den größten und modernsten Flughäfen in Europa; vor dem Ersten Weltkrieg war er Schauplatz großer internationaler Flugmeetings, 1920 wurde der Flughafen ausgebaut; nach der Zerstörung im Zweiten Weltkrieg konnte er trotz Wiederaufbauversuche seine frühere Bedeutung nicht wiedererlangen; 1955 übernahm ihn der „Aero-Club", 1977 wurde der Flughafen aufgelassen; seit 1982 befindet sich dort das General Motors Werk

Flurgasse, 13., seit 1876 (vorher: Floragasse), führte auf die Fluren des Girzenberges

Flurschützstraße, 12., seit 1896, Johann Flurschütz (1820–1895), Gastwirt, Bezirksvorsteher des 5. Bezirks, Wiener Gemeinderat

Fockygasse, 12., seit 1875, Daniel Fockhy (1626–1695), Bürgermeister von Wien (1688–1691), während der Pestepidemie 1679 kontrollierte er die Lazarette, während der Türkenbelagerung 1683 Oberstleutnant der Bürgerwehr; als Bürgermeister führte er die öffentliche Beleuchtung von Straßen und Plätzen ein

Föderlweg, 17., seit 1954, Karl Föderl (1885–1953), Wienerlieder-Komponist („Die Reblaus", „Da fangt der alte Stephansturm zu plaudern an"), Kaffeehausbesitzer

Föhrengasse, 23., seit 1965, nach der Nadelbaumgattung (Kiefer, Pinus)

Föhrengasse, 21., nicht amtlich, s. vorher

Förstergasse, 2., seit 1886, Ludwig Christian Friedrich Förster (1797–1863), Architekt, gründete 1836 die „Allgemeine Bauzeitung" (lange Zeit das führende Fachorgan), Professor an der Akademie der bildenden Künste, setzte sich für die Stadterweiterung ein; dessen Sohn Emil (1838–1909), ebenfalls Architekt (baute u. a. das Dorotheum und das Burgtheater)

Försterweg, 21., nicht amtliche Bezeichnung

Fontanastraße, 10., seit 1978, Oskar Maurus Fontana (1889–1969), Schriftsteller, Journalist, Verlagslektor, Präsident des österr. PEN-Clubs, baute die österreichische Buchgemeinschaft auf, Volksbildner

Forchheimergasse, 23., seit 1933, Philipp Forchheimer (1852–1933), Professor für Tiefbau und Hydraulik an der Technischen Hochschule in Graz

Forestgasse, 22., seit 1966, Karl Forest (eig. Carl Oberstimpfler, 1874 bis 1944), Schauspieler, Präsident des österreichischen Bühnenvereins; lt. *Czeike* Ermordung im Rahmen des Euthanasieverfahrens, lt. Unterlagen von *Herbert Exenberger* (DÖW) aber kein Hinweis darauf

Formanekgasse, 19., seit 1891, Karl Formanek (1814 bis 1886), Tischlermeister, Bürgermeister von Unter-Döbling (1867 bis 1885)

Forsthausgasse, 20., seit 1920, s. *Forsthausplatz*

Forsthausplatz, 20., seit 1920, nach dem Sieg Erzherzog Leopold Wilhelms (1645) über die Schweden ließ er an der Entscheidungsstelle in der Wolfsau eine Kapelle und zu deren Schutz ein Forsthaus bauen

Forstmeistergasse, 14., seit 1958, nach dem alten Amtstitel (in staatlichen und privaten Forstverwaltungen), siehe *Mariabrunner Straße*

Forstnergasse, 22., seit 1906, Anton Forstner (1770–1855), Lebensretter, Fischermeister, Wohltäter

Forstschulstraße, 14., Benennungsdatum unbekannt, nach der Forstschule Mariabrunn (1875 in die Hochschule für Bodenkultur eingegliedert, siehe *Mariabrunner Straße*)

Fourniergasse, 13., seit 1932, Prof. Dr. August Fournier (1850–1920), Historiker, 1903–1920 Prof. für allgemeine Geschichte der Neuzeit an der Universität Wien, 1891 Reichsratsabgeordneter (Vereinigung deutscher Linker)

Frankenberggasse, 4., seit 1873, Heinrich Frankenberg (1809–1869), Bezirksvorsteher-Stellvertreter von Wieden (1865–1869), Hausbesitzer

Frankgasse, 9., seit 1875, Dr. Johann Peter Frank (1745–1821), deutscher Arzt, Direktor des Allgemeinen Krankenhauses, Hygieniker, genoss internationales Ansehen, wies als einer der ersten auf gesundheitsgefährdende Verhältnisse in den Städten hin

Frankhplatz, 8. und 9., seit 1935 (vorher ab 1925: Alser Platz), Dr. Josef Frankh, kaiserlicher Rat, widmete 1686 die Gründe, auf denen sich das Allgemeine Krankenhaus befindet

Franklinstraße, 21., seit 1910 (vorher: Rudolfsstraße), Benjamin Franklin (1706–1790), Erfinder des Blitzableiters, Gesandter in Paris, Gouverneur von Pennsylvanien, s. auch *Divischgasse*

Franz-Asenbauer-Gasse, 23., seit 1909 (vorher ab 1903 Tiergartenweg, urspr. ab 1886 Leitengasse), Franz Asenbauer (1853–1946), Gemeinderat von Mauer, Dachdeckermeister

Franz-Barwig-Weg, 18., seit 1954, Franz Barwig (1868–1931), österreichischer Bildhauer, Professor an der Wiener Kunstgewerbeschule, Mitglied der Secession (Tier- und Aktplastiken, sakrale Werke)

Franz-Boos-Gasse, 13., seit 1905, Franz Boos (1752 bis 1832), Direktor des Botanischen Gartens und des Tiergartens (1790); brachte von seinen Expeditionen nach Amerika und Afrika zahlreiche tropische Pflanzen und Tiere mit

Franz-Eduard-Matras-Gasse, 22., seit 1969, Franz Eduard Matras (1862 bis 1945), Alpinist, Präsident des österr. Touristenklubs (1912 bis 1939)

Franz-Egermaier-Weg, 23., seit 2003, Franz Egermaier (1905–1990), Installateur, Obmann (1970–1975) und Ehrenobmann des KGV Rosenhügel

Franz-Eichert-Weg, 16., seit 1932, Franz Eichert (1857 bis 1926), Bahnbeamter, katholischer Publizist (politische Lyrik der christlichsozialen Bewegung)

Franz-Emerich-Gasse, 12., seit 1907; Dr. Franz Emerich (1496–1560), Mediziner (Chirurg)

Franzensbrücke, 2., 1801 bis 1803 als Weißgerberbrücke erbaut, 1844–1848 umgebaut und nach Kaiser Franz I. benannt, 1947/48 Neubau

Franzensbrückenstraße, 2., seit 1875 (1845 bis 1875 Franzensbrückengasse, urspr. Franzallee oder Franzensallee), nach Franz I., dem Gatten Maria Theresias

Franzensgasse, 5., seit 1862 (vorher: Leopoldsgasse), Kaiser Franz I. (1768 bis 1835), 1792–1806 röm.-dt. Kaiser (Franz II.), ab 1804 als Franz I. österreichischer Kaiser

Franz-Fellner-Gasse, 22., seit 2004, Franz Fellner (1916–1989), 1945 bis 1978 führende Stellung in der Polizei Donaustadt, seit 1973 Polizeioberst; zuletzt Kommandant der Sicherheitswache Donaustadt

Franz-Glaser-Gasse, 17., seit 1894 (vorher: Glasergasse), Franz Glaser (1822–1885), Bürgermeister von Dornbach, Baumeister

Franz-Graßler-Gasse, 23., seit 1905, Franz Graßler (1857 bis 1934), Bürgermeister von Mauer (1891 bis 1919), Baumeister

Franz-Grill-Straße, 3., Benennungsdatum unklar; nach Franz Grill, Beamter, der sich Verdienste um die Versuchsanstalt im Arsenal machte

Franz-Hauer-Platz, 3., seit 2006, Franz von Hauer (1822–1899), Direktor der

Geologischen Reichsanstalt (heute: Geologische Bundesanstalt), Begründer der wissenschaftlichen Geologie in Österreich

Franz-Heider-Gasse, 23., Benennungsdatum unbekannt, Franz Heider (1867 bis 1938), Bürgerschuldirektor in Liesing

Franz-Hochedlinger-Gasse, 2., seit 1919 (vorher: Kleine Schiffgasse), Franz Hochedlinger (1833 bis 1917), Kaufmann, Gemeinderat (1877 bis 1880), Hausbesitzer; stiftete eines seiner Häuser der Gemeinde Wien für wohltätige Zwecke

Franziska-Fast-Gasse, 22., seit 2005, Franziska Fast (1925 bis 2003), Emaillierin, Gewerkschafterin; Bezirksrätin (1964–1973), Gemeinderätin (1973 bis 1979), Staatssekretärin im BM für soziale Verwaltung (1979–1983), SPÖ; Volksanwältin (1983–1989), Vorsitzende der Volkshilfe Wien (1991)

Franziskanerplatz, 1., nach dem Franziskanerkloster; der Platz entstand 1624

Franz-Jachym-Platz, 10., seit 1992, Dr. Franz Jachym (1910–1984), Theologe, Univ.-Prof., Bischof, Erzbischof-Koadjutor, 1969 bis 1980 Generalvikar der Erzdiözese Wien; Verdienste um das kirchliche Bauwesen

Franz-Jonas-Platz, 21., seit 1975, Franz Jonas (1899–1974), Bundespräsident von Österreich (1965–1974), Bürgermeister von Wien (1951–1965), Bezirksvorsteher von Floridsdorf (1946–1951); SPÖ

Franz-Josefs-Kai, 1., angelegt 1858 bis 1860, nach Kaiser Franz Joseph I. (1830 bis 1916; Kaiser ab 1848)

Franz-Klein-Gasse, 19., seit 1926 (urspr. Gaswerkgasse, ab 1917 Exportakademiestraße), Dr. Franz Klein (1854 bis 1926), Schöpfer der österreichischen Zivilprozessordnung, 1887–1896 Prof. des Zivilprozess-, Handels- und Wechselrechts, zahlreiche wissenschaftliche Publikationen

Franz-Koci-Straße, 10., seit 1968, Franz Koci (1899–1966), Gewerkschafter, 1945–1964 Gemeinderat (SPÖ), 1951 bis 1954 Stadtrat für Wohnungswesen, Bürger der Stadt Wien

Franz-Loidl-Straße, 22., seit 1991, Dr. Franz Loidl (1905 bis 1987), Prälat, Kirchenhistoriker, Dekan der Universität Wien

Franz-Mika-Weg, 10., seit 1997, Franz Mika (1879–1960), Komponist (Wienerlieder), leitete einige Jahrzehnte die „Mika-Schrammeln", auch sein Sohn war Berufsmusiker

Franzosengraben, 3., seit 1896; von den Franzosen errichteter Schanzgraben zur Verteidigung der Donauübergänge (1809; napoleonische Kriege)

Franzosenweg, 10., Benennungsdatum unbekannt, zur Erinnerung an die französische Besatzung (1809)

Franz-Parsche-Gasse, 23., Benennungsdatum unbekannt, Franz Parsche (1837 bis 1907), Bürgermeister von Liesing (1905/1906), Fabriksgründer

Franz-Petter-Gasse, 13., seit 1932, Franz Xaver Petter (1791 bis 1866), Blumenmaler

Franz-Peyerl-Gasse, 16., seit 1907, Franz Peyerl (1810–1881), Oberlehrer, Wohltäter

Franz-Pixner-Weg, 22., seit 2003, Franz Pixner (1912–1988), Maler und Bildhauer; Mitglied der illegalen KPÖ (1935–1937 inhaftiert), kämpfte 1937 in Spanien gegen Franco; 1938 Emigration nach Großbritannien; 1983 Preis der Stadt Wien für Bildhauerei (z. B. Gedenktafel am Goethehof zur Erinnerung an den Bürgerkrieg 1934, Raimunddenkmal in Pottenstein)

Franz-Pletersky-Weg, 22., seit 1978 (vorher nicht amtlich: Franz-Pletersky-Ring), nach einem ehemaligen Anrainer

Franz-Prinke-Gasse, 11., seit 2006, Franz Prinke (1898 bis 1969), Kaufmann, Gemeinderat (1927–1934, christlichsozial), Gemeindebeamter (1934 bis 1938; Leiter der Wr. Arbeitsämter), politische Verfolgung während der NS-Zeit (Schutzhaft 1938 bis 1940), 1945–1969 Abg. z. NR (ÖVP), umstrittene Rolle als Obmann des Vereins der Freunde des Wohnungseigentums

Franz-Salmhofer-Platz, 9., seit 1998, s. *Salmhoferstraße*

Franz-Schalk-Platz, 13., seit 1935, Franz Schalk (1863 bis 1931), Direktor der Staatsoper, Dirigent

Franz-Schreker-Gasse, 10., seit 1959, Franz Schreker (1878 bis 1934), Komponist, Leiter der Berliner Hochschule für Musik

Franz-Schubert-Straße, 14., Benennungsdatum unbekannt, Franz Schubert (1797 bis 1828), Komponist (Vertreter der klassisch-romantischen Epoche); Lieder, Sinfonien, Chormusik

Franz-Schubert-Weg, 18., nicht amtliche Bezeichnung (s. *Franz-Schubert-Straße*)

Franz-Schuh-Gasse, 10., seit 1906, Dr. Franz Schuh (1804–1865), Chirurg, Vorstand der Wiener Universitätsklinik, Reformer der Wiener medizinischen Schule

Franz-Schuhmeier-Gasse, 23., Benennungsdatum unbekannt, siehe *Schuhmeierplatz*

Franz-Schuster-Gasse, 22., seit 2003, Franz Schuster (1892–1972), Architekt und Möbeldesigner; 1926/27 Lehrer für Architektur an der Kunstgewerbeschule, Stadtbaurat in Frankfurt (1927 bis 1933), ab 1937 Hochschule für angewandte Kunst in Wien; Preis der Stadt Wien für Architektur (1951), österreichischer Staatspreis (1967)

Franz-Siller-Gasse, 22., Benennungsdatum unbekannt, nach Franz Josef Siller (1893–1924), Präsident des Zentralverbandes der Kleingärtner, Siedler und Kleintierzüchter Österreichs

Franz-Siller-Weg, 12., nicht amtlich, s. *Franz-Siller-Gasse*

Franz-Wels-Gasse, 22., seit 1966, Franz Wels (1873–1940), Flugpionier, Erfinder; s. *Flugfeldstraße*

Franz-Zahalka-Weg, 11., seit 1991, Franz Zahalka (1897 bis 1989), Bezirksvorsteherstellvertreter von Simmering (1950 bis 1969), Bezirksrat (1946 bis 1969), ÖVP

Frauenfelderstraße, 17., seit 1904, Flurname; die Gegend war einst im Besitz eines Nonnenklosters

Frauengasse, 17., Benennungsdatum unklar, s. *Frauenfelderstraße*

Frauenheimgasse, 12., seit 1894 (vorher: Schulgasse), nach einem Heim für alleinstehende ältere Frauen

Frauenhofergasse, 21., seit 1913, Joseph von Fraunhofer (sic!, 1787 bis 1826), Astronom, Optiker; entdeckte die nach ihm benannten Linien im Sonnenspektrum

Frauenschuhgasse, 21., Benennungsdatum unbekannt, nach der Orchidee (Cypripedium)

Frauenstiftgasse, 21., Benennungsdatum unbekannt, nach dem Tullner Nonnenkloster, das bis 1782 die Herrschaft Großjedlersdorf besaß

Fraungrubergasse, 12., seit 1937, Hans Fraungruber (1863–1933), steirischer Mundartdichter, Schuldirektor in Wien VI., Volksliedforscher, Pionier guter österreichischer Jugendliteratur

Fred-Liewehr-Gasse, 13., seit 1995, Prof. Fred Liewehr (1909–1993), Burgschauspieler, Kammerschauspieler; unterrichtete rund 30 Jahre am Max-Reinhardt-Seminar; arbeitete auch für Film und Fernsehen; 1969 Ehrenmitglied des Burgtheaters

Fred-Raymond-Gasse, 22., seit 1986 (vorher: Raymondgasse), Fred Raymond (1900 bis 1954), Komponist („Ich hab' mein Herz in Heidelberg verloren“)

Frederick-Loewe-Weg, 22., seit 1995, Frederick Loewe (1904–1988), Pianist, Schlagerkomponist, Autor von erfolgreichen Musicals (z. B. „My Fair Lady“, „Gigi“), lebte seit 1924 in den USA

Freesienweg, 14., seit 1974 (vorher ab 1923 Mariabrunn-Weg), nach der Blume (Freesia)

Freihausplatz, 4., seit 1913, nach dem Freihaus; nach seinem urspr. Besitzer Conrad Balthasar Graf Starhemberg auch „Conradswörth“ genannt, brannte mehrfach nieder und wurde immer neu gebaut, ab 1913 sukzessive abgebrochen, der letzte Rest 1970

Freiheitsplatz, 21., Benennungsdatum unbekannt, zur Erinnerung an die Ausrufung der Republik Österreich 1918

Freihofgasse, 19., seit 1894 (vorher: Bräuhausgasse), Freihof des niederösterreichischen Stiftes Altenburg, s. Erläuterungen *Freihof*

Freiligrathplatz, 21., seit 1919 (vorher: Kaiser-Josef-Platz), Ferdinand Freiligrath (1810 bis 1876), deutscher Dichter, Übersetzer

Freisingergasse, 1., seit 1862, nach dem Freisinger Hof (später Trattnerhof)

Freudenauer Hafenbrücke, 2., 1880 erbaut, 1945 zerstört, 1956 bis 1958 wieder errichtet

Freudenauer Hafenstraße, 2., seit 1894, nach dem 1889–1902 erbauten Freudenauer Winterhafen

Freumbichlerweg, 14., seit 1954, Johann Freumbichler (1881 bis 1949), österreichischer Schriftsteller (Romane, Erzählungen; z. B. „Philomena Ellenhub" – veröffentlicht mit Hilfe von Carl Zuckmayer); Großvater von Thomas Bernhard

Freundgasse, 4., seit 1862 (urspr. Salvatorgasse), Martin Freund (1748 bis 1825), Mitglied des Äußeren Rates, Anstreichermeister, Verdienste um die Armen

Freyenthurmgasse, 14., seit 1895, nach dem Grafengeschlecht Utendorf-Freyenthurm, das im 16. Jhd. die Herrschaft Hütteldorf besaß, s. *Hütteldorfer Straße*

Freytaggasse, 21., seit 1901, Gustav Freytag (1816–1895), deutscher Dichter und Schriftsteller („Soll und Haben", 1855)

Freyung, 1., seit dem 12. Jhd., der Name geht auf die 1181 verfügte Befreiung des Klosterbezirks von der städtischen Gerichtsbarkeit zurück

Friedensbrücke, 9. und 20., seit 1924 (1941 bis 1945 Brigittenauer Brücke), benannt nach dem Friedensvertrag von St. Germain-en-Laye

Friedensgasse, 2., seit 1876; zur Erinnerung an ein Friedensfest im Wiener Prater während des Wiener Kongresses zur Feier der Beendigung der napoleonischen Herrschaft

Friedenshöhegasse, 13., seit 1929 (vorher: Friedensstraße), nach der Siedlungsgenossenschaft „Friedenshöhe"

Friedensstadtgasse, 13., seit 1920 (vorher: Waldgasse), nach der gleichnamigen Siedlungsgenossenschaft

Friedensstraße, 23., seit 1927, zur Erinnerung an den Frieden von 1918

Friedenszeile, 13., seit ca. 1921, benannt zur Erinnerung an das Ende des Ersten Weltkrieges

Friederike-Klauner-Gasse, 21., seit 2004, Dr. Friederike Klauner (1916 bis 1993), Kunsthistorikerin, seit 1945 im Kunsthistorischen Museum, Direktorin der Gemäldegalerie (1967), Direktorin Kunsthistorisches Museum (1973 bis 1981), Hofrätin

Friedhofstraße, 10., Benennungsdatum unbekannt, nach dem Oberlaaer Friedhof

Friedhofstraße, 14., Benennungsdatum unklar, nach dem dortigen Friedhof

Friedhofweg, 12., nicht amtliche Bezeichnung (nach dem Altmannsdorfer Friedhof)

Friedjunggasse, 11., seit 1956, Dr. Josef Karl Friedjung (1871–1946), Kinderarzt, Kulturpolitiker, Verdienste auf dem Gebiet der Volksgesundheit, Sozialdemokrat, Gemeinderat (1922 bis 1934), 1938 Emigration

Friedlgasse, 19., seit 1874, Josef Ferdinand Friedl (1813–1870), Gemeindeausschussmitglied von Ober-Döbling

Friedmanngasse, 16., seit 1882 (urspr.: Quergasse, bis 1867 Schellhammerplatz, bis 1882 Am Exerzierplatz), Ing. Alexander Friedmann (1838 bis 1882), Landtagsabgeordneter und Gemeinderat 1875 bis 1877

Friedrich-Adler-Weg, 10., seit 1989, Friedrich Adler (1879–1960), linker Sozialdemokrat, Sohn von Victor Adler (s. *Viktor-Adler-Platz*), erschoss 1916 aus Protest gegen den Krieg Ministerpräsident Graf Stürgkh; nach Freilassung später Univ.-Doz. in Zürich

Friedrich-Engels-Platz, 20., urspr. Kaiser-Joseph-Platz, seit 1884 Kaiser-Platz, 1920 bis 1934 Engels-Platz, 1934–1946 Pater-Abel-Platz, seit 1946 Friedrich-Engels-Platz, Friedrich Engels (1820 bis 1895), Sozialpolitiker, Publizist („Kommunistisches Manifest", 1847), führender Kopf des Marxismus

Friedrich-Hillegeist-Straße, 2., seit 1980 (vorher ab 1911: Schalichstraße), Friedrich Hillegeist (1895–1973), Gewerkschafter, 1939/40 im KZ Buchenwald inhaftiert, 1944 neuerlich festgenommen, dem Stellungsbefehl Ende 1944 entging er durch Flucht, tauchte unter und kam erst im Herbst 1945 nach Wien; 1945–1963 Vorsitzender der Gewerkschaft der Privatangestellten, 1959–1962 Vizepräsident des ÖGB, 1945–1962 Abgeordneter zum Nationalrat (SPÖ), 1961/62 Zweiter Nationalratspräsident

Friedrich-Kaiser-Gasse, 16., seit 1894 (vorher: Lange Gasse), Friedrich Kaiser (1814–1874), Theaterdichter, Revolutionär von 1848, schrieb über 100 Bühnenstücke, in denen er das Wien des 19. Jahrhunderts schilderte

Friedrich-Knauer-Gasse, 10., seit 1930 (vorher: Patrubangasse), Dr. Friedrich Knauer (1850–1926), Zoologe, Direktor des Wiener Vivariums im Prater

Friedrich-Kostelnik-Weg, 13., seit 2006, Friedrich Kostelnik (1915 bis 1997), Kaufmann, Siedlungsvereinsobmann

Friedrich-Lieder-Weg, 14., seit 1933, Friedrich Lieder (1780–1859), Miniatur- und Porträtmaler

Friedrich-Manhart-Straße, 21., Benennungsdatum unbekannt, Friedrich Manhart (1830 bis 1903), Schulleiter in Stammersdorf

Friedrich-Schmidt-Platz, 1. und 8., seit 1907, Friedrich Freiherr von Schmidt (1825–1891), Professor an der Wiener Akademie der bildenden Künste (1859), Dombaumeister, Architekt (neugotischer Bau des Wiener Rathauses, Kirche Maria vom Siege), Ehrenbürger der Stadt Wien

Friedrichsplatz, 15., seit 1886, Dr. Adolf Friedrich (1833–1902), Bürgermeister von Fünfhaus (1873–1890), Apotheker

Friedrichstraße, 1. und 4., seit 1862, Kaiser Friedrich III. (1415–1493), Erzherzog von Österreich (1440–1493), Krönung zum röm.-dt. Kaiser 1452

Friedrich-Teller-Gasse, 10., seit 1955, Friedrich Teller (1852–1913), Geologe (beschäftigte sich mit der Geologie der Karawanken)

Friedrich-Wagner-Gasse, 18., seit 1889, Friedrich Wagner (1828 bis 1897), Bürgermeister von Währing (1882 bis 1889)

Friedrich-Wilhelm-Raiffeisen-Platz, 2., seit 1997, Friedrich Wilhelm Raiffeisen (1818 bis 1888), Begründer der Raiffeisenvereine (auf Grund wirtschaftlicher Probleme der Landbevölkerung hatte Raiffeisen 1862 den ersten Darlehensverein gegründet); in Österreich wurde 1886 die erste Raiffeisenkasse gegründet (sie erleichterten durch Kredite die Gründung und den Aufbau von Waren- und Verwertungsgenossenschaften); 1898 Gründung des österreichischen Raiffeisenverbandes – die Benennung erfolgte auf Initiative des Raiffeisenverbandes anlässlich des bevorstehenden 100-Jahres-Jubiläums (Platz liegt vor dem Raiffeisen-Haus Hollandstraße/Obere Donaustraße)

Friedstraße, 21., seit 1949 (vorher: Josef-Meise-Straße), Alfred Fried (1864 bis 1921), Friedensnobelpreisträger (1911), Pazifist, Schriftsteller

Friesenplatz, 10., seit 1897, Friedrich Friesen (1785–1814), Mitgründer der deutschen Turnerbewegung; fiel in den napoleonischen Kriegen (1814)

Friesgasse, 15., seit 1945 (1938–1945 Scharnhorstgasse; urspr. Floragasse), Flora Gräfin Fries (1814–1882), Wohltäterin

Frimbergergasse, 13., seit 1956, Johann Georg Frimberger (1851–1919), Wiener Mundartdichter

Frimmelgasse, 19., seit 1940, Dr. Theodor Frimmel von Traisenau (1853 bis 1928), Arzt (Dr. med. 1879, übte Beruf aber nicht aus), Kunst- und Musikhistoriker; bedeutender Beethoven-Forscher, zahlreiche Publikationen (kunst- und musikhistorische Werke)

Fritz-Feigl-Weg, 22., seit 2003, Fritz Feigl (1891 bis 1971), Chemiker und Volksbildner, seit 1918 Chemiekurse an der VHS Ottakring, 1938 Emigration nach Brasilien; 1960 Hon.-Prof. Universität Wien, 1967 Ehrendoktorwürde; Feigl wurde zweimal für den Nobelpreis vorgeschlagen

Fritz-Grünbaum-Platz, 6., seit 1989, s. *Grünbaumgasse*

Fritz-Henkel-Gasse, 3., seit 2006 (vorher ab 1917 Franz-Hauer-Gasse, siehe heute *Franz-Hauer-Platz*), Fritz Henkel (1848 bis 1930), Industrieller, Firmengründer; 1874 Teilhaber der Chemikalien- und Farbengroßhandlung „Henkel und Strebel", 1876 Mitbegründer der Waschmittelfabrik „Henkel und Cie" (Aachen, dann Düsseldorf), 1915 Gründung eines Unterstützungsfonds für Arbeiter und Angestellte, 1918 einer Pensionskasse, Ehrenbürger von Düsseldorf (1928), Benennung anlässlich der 130-Jahr-Feier (Adresse ist Firmenzufahrt)

Fritz-Kandl-Gasse, 21., seit 2005, Fritz Kandl (1940 bis 1994), Buchhalter,

Verlagsangestellter (Donau Verlag, Paul Zsolnay Verlag, ab 1963 Verlag des ÖGB); Bezirksrat (1978 bis 1991), Klubobmann (1983–1987), Gemeinderat, Landtagsabgeordneter (ab 1991), Bezirksvorsteherstellvertreter von Floridsdorf (1987–1991); SPÖ

Fritz-Kastner-Weg, 13., seit 1955, Dr. Josef Fritz Kastner (1888 bis 1968), Heimatforscher

Fritz-Moravec-Steig, 13., seit 1998, Ing. Prof. Fritz Moravec (1922 bis 1997), Alpinist, Reiseschriftsteller („Weiße Berge, schwarze Menschen", 1958), 1962 bis 1991 Leiter der Hochgebirgsschule Glockner-Kaprun; zahlreiche Expeditionen und Erstbesteigungen

Fritz-Pregl-Gasse, 10., seit 1932, Dr. Fritz Pregl (1860–1930), Nobelpreisträger; Prof. der medizinischen Chemie in Graz

Fritz-Steinbach-Gasse, 23., seit 1957, Fritz Steinbach (1893–1954), Ortsvorsteher von Kalksburg

Fritz-Wotruba-Promenade, 1., seit 1993, Fritz Wotruba (1907 bis 1975), Bildhauer, Architekt („Wotrubakirche" in Mauer, 1976 eingeweiht), 1938 Emigration, Bürger der Stadt Wien

Fröbelgasse, 16., seit 1883 (bis 1872 Schmelzgasse, dann Höfer- bzw. Hoffergasse), Friedrich Fröbel (1782 bis 1852), deutscher Pädagoge, Kindergartengründer

Frödenplatz, 10., seit 1959, Adolf Fröden (1857–1932), Schauspieler, Schriftsteller

Frohes-Schaffen-Weg, 21., amtlich seit 1982; vorher ebenso nicht amtlich

Fröhlichgasse, 23., seit 1955, Johann Fröhlich (1911–1934), Sozialdemokrat; nahm nach dem Verbot der Sozialdemokratie an einer illegalen Feier von Sozialdemokraten auf einer Wienerwaldwiese teil und wurde gemeinsam mit Richard Lehmann (s. *Lehmanngasse*) von Heimwehr und Gendarmerie erschossen

Frömmlgasse, 21., seit 1891, Karl Frömml (1807 bis 1889), Baumeister, Bürgermeister von Floridsdorf (1869 bis 1876)

Fröschelgasse, 19., seit 1894 (vorher: Severinusgasse), Berthold Ignaz Fröschel (1813–1882), Pfarrer von Sievering (1855–1869), Propst von Klosterneuburg (1871–1882)

Fruchtgasse, 2., Benennungsdatum unbekannt, nach einem 1804 bis 1849 bestandenen Frucht- und Getreidemagazin

Fruëthstraße, 3., seit 1904, Josef Fruëth (1745–1835), Ortsrichter von Erdberg

Frühwirthgasse, 12., seit 1922, Johann Frühwirth (1640–1701), Wiener Bildhauer; gestaltete u. a. Decken in der Hofburg

Fuchsbodengasse, 11., seit 1894 (vorher: Fuchsboden), Flurname

Fuchsenlochweg, 16., seit 1976, Flurname

Fuchsenröhrenstraße, 22., seit 1904 (1872 bis 1883 Fuchsröhren, 1884 bis 1904 Fuchsröhrengasse), Flurname

Fuchsensteig, 21., seit 1942, nach dem Tier

Fuchsenzeile, 22., seit 2001, nach dem Tier

Fuchsgasse, 15., seit ca. 1864, Andreas Fuchs (1843–1917), Gemeinderat von Fünfhaus, Fleischhauer, Gastwirt

Fuchshäufelgasse, 22., seit 2003, Flurname

Fuchsienweg, 22., seit 1954, nach der Zierpflanze (Fuchsia)

Fuchsthallergasse, 9., seit 1890 (urspr. ab 1825 Währinger-Linienstraße, ab 1853 Teil der Fluchtgasse), Karl Fuchsthaller (1770 bis 1846), Grundrichter von Michelbeuern (1808 bis 1843), Hausbesitzer, Seidenfabrikant; soziales Engagement

Füchselhofgasse, 12., seit 1902, ehemaliger Gutshof, schon 1442 erwähnt („Füchselhof", nach der Besitzerfamilie Füchsel)

Fügergasse, 6., seit 1876, Friedrich Heinrich Füger (1751 bis 1818), Historienmaler; 1795 bis 1806 Direktor der Wiener Akademie, 1806–1818 Direktor der kaiserlichen Akademie und Schlosshauptmann im Belvedere

Führichgasse, 1., seit 1876, Josef Ritter von Führich (1800–1876), Maler, Kupferstecher (Hauptvertreter der Nazarener)

Fünfhausgasse, 15., Benennungsdatum unbekannt, zur Wahrung des alten Vorortnamens, gegr. ca. 1708, 1892 als 15. Bezirk eingemeindet

Fünkhgasse, 14., seit 1896, Dr. Hermann Fünkh (1849–1889), Gemeinderat von Penzing, Arzt

Fürfanggasse, 19., seit 1910, Flurname („vür fang", ein altes Bodenmaß für Weingärten) oder nach dem „Fürfang" (im Mittelalter die Gebühr, die dem Blutrichter des Landesgerichts für die Abholung des Missetäters an der Gemeindegrenze zu bezahlen war)

Fürstengasse, 9., seit 1862, nach dem 1698 bis 1711 erbauten Palais der Fürsten Liechtenstein

Fürstenhoferstraße, 10., seit 1989, Karl Fürstenhofer (1899 bis 1965), 1946 bis 1964 Gemeinderat (SPÖ), 1950–1965 Obmann der Kleintierzüchter Österreichs; Angeklagter im Sozialistenprozess 1936

Fürst-Liechtenstein-Straße, 23., Benennungsdatum unbekannt, nach den Fürsten von und zu Liechtenstein, Besitzer von Schloss und Ort Rodaun

Fürthweg, 13., seit 1930 (1938–1947: Dühringweg), Dr. Emil Fürth (1863 bis 1911), Förderer des Wiener Volksbildungswesens, Jurist, Gemeinderat (1904–1910), Experte auf dem Gebiet der Wohnungsfürsorge

Füsterweg, 22., seit 1932, Dr. Anton Füster (1808–1881), Theologe, engagierte sich in der Märzrevolution 1848, musste deswegen 1849 fliehen und kehrte erst 1876 von Amerika nach Europa zurück

Fütterergasse, 1., 1786 erstmals erwähnt, nach den Fütterern (Futterhändlern)

Fugbachgasse, 2., seit 1862 (vorher: Am Fugbach), nach dem Fugbach, einem Seitenarm der Donau vor der Regulierung

Fuhrgassel, 19., amtlich seit 1962, nach einer alten ortsüblichen Bezeichnung (vermutlich nach einem Nutzweg)

Fuhrmannsgasse, 8., seit 1862 (urspr. Feldgasse, Äußere Gartengasse, Gärtnergasse, Äußere Klostergasse) nach Einkehrgasthäusern der Fuhrleute, schon um 1770 erwähnt

Fuhrygasse, 11., seit 1958, Hans Fuhry (1879 bis 1948), Glasermeister, Bezirksvorsteher von Simmering (1934–1938), Obmann des katholischen Männervereins

Fultonstraße, 21., seit 1909 (vorher: Schiffstraße, urspr. Vereinsgasse), Robert Fulton (1765–1815), Erbauer des ersten brauchbaren Dampfschiffes („Clermont")

Fundergasse, 22., seit 1978, Dr. Friedrich Funder (1872–1959), Schriftsteller, Journalist; Chefredakteur der christlichsozialen „Reichspost" ab 1902, Herausgeber ab 1904–1938, unterstützte die Politik des Thronfolgers Franz Ferdinand; in der Ersten Republik Mitarbeiter von Bundeskanzler Seipel; von den Nationalsozialisten 1938 ins KZ Dachau und dann nach Flossenbürg eingeliefert, 1945 Begründer des katholischen Wochenblattes „Die Furche"

Funkengerngasse, 16., seit 1905, Riedname (gern = schmale Weingartenparzelle)

Funkgasse, 21., seit 1909 (vorher: Quergasse), Johann Georg Funk (1766 bis 1817), Lehrer in Großjedlersdorf

Furtwänglerplatz, 13., seit 1955, Wilhelm Furtwängler (1886–1954), Dirigent (Wr. Philharmoniker, Berliner Philharmoniker)

Futterknechtgasse, 23., seit 1955 (vorher: Südtiroler Gasse und Dr.-Schober-Straße), Josef Futterknecht (1900 bis 1946), Gemeinderat und Finanzreferent von Erlaa

G

Gaargasse, 23., seit 1954, Dr. Emil Josef Albert Gaar (1883–1953), Altphilologe, verfasste Grammatiken und Lehrbücher („Liber Latinus")

Gabelsbergergasse, 2., seit 1886, Franz Xaver Gabelsberger (1789–1849), Begründer der deutschen Kurzschrift

Gabillongasse, 16., seit 1920, Ludwig Gabillon (1828–1896) und seine Gattin Zerline Gabillon-Würzburg (1835 bis 1892), beide populäre Burgschauspieler

Gablenzgasse, 15. und 16., seit 1894 (vorher: Burggasse, Marc-Aurel-Gasse), Ludwig Karl Wilhelm Freiherr von Gablenz (1814 bis 1874), sächsischer Offizier, der 1866 im verlorenen Krieg gegen Preußen die einzige Schlacht für Österreich gewann; im vorangegangenen Krieg gegen Dänemark führte er für Österreich erfolgreich das Kommando, s. *Trautenauplatz*

Gabor-Steiner-Weg, 2., seit 1987, Gabor Steiner (1858–1944), Theaterdirektor, Animator des Wiener Praters („Venedig in Wien", 1895); 1938 Emigration in die USA

Gabriele-Proft-Weg, 22., seit 2002, Gabriele Proft (1879 bis 1971), Dienstmagd, Näherin aus Troppau (Schlesien), kam 1896 nach Wien und schloss sich Gewerkschaft und Sozialdemokratie an, 1902 Vorsitzende der sozialdemokratischen Frauenorganisation Ottakring, 1918 bis 1934 Gemeinderätin, 1919 bis 1934 Nationalratsabgeordnete, 1934 inhaftiert, anschließend Widerstand gegen Austrofaschismus und NS-Diktatur, 1944/45 im KZ inhaftiert; 1945 bis 1953 Nationalratsabgeordnete, Bürgerin der Stadt Wien (1949)

Gadnergasse, 11., seit 1912, Friedrich Josef Gadner (gest. 1894), Hausbesitzer, Wohltäter

Gagerngasse, 22., seit 1973, Friedrich Freiherr von Gagern (1882 bis 1947), Dichter (Tier- und Jagdgeschichten)

Gänsbachergasse, 3. und 11., seit 1894 (vorher teilweise: Herbstgasse), Johann Baptist Gänsbacher (1778 bis 1844), Komponist, Domkapellmeister, Freiwilliger in vier Feldzügen gegen Napoleon

Gänseblümchenweg, 22., seit 1954, nach der Pflanze (Bellis perennis)

Gänsehäufelgasse, 22., seit 1909 (vorher: Lobaugasse), nach dem gleichnamigen Bad; s. *Florian-Berndl-Gasse*

Gärtnergasse, 3., seit 1862 (vorher teilweise: Bockgasse), nach Johann Andreas Gärtner (1745–1807), 1806/1807 Ortsrichter von Erdberg

Gärtnerstraße, 2., nicht amtliche Bezeichnung

Gaheisgasse, 13., seit 1910 (vorher: Raschgasse), Franz Anton de Paula Gaheis (1739–1809), Lokalhistoriker, Pädagoge, Volksschulreformator; u. a. „Wanderungen und Spazierfahrten in die Gegenden um Wien" (7 Bände)

Gaisgrabenweg, 17., nicht amtliche Bezeichnung nach dem Flurnamen „Gaisgraben"

Gaißmayrgasse, 10., seit 1930, Michael Gaißmayr (ca. 1490 bis 1532), Anführer im Tiroler Bauernaufstand (1525 bis 1526), wollte mit seiner „Tiroler Landesordnung" eine demokratisch-protestantische Bauernrepublik schaffen

Galileigasse, 9., seit 1870, Galileo Galilei (1564 bis 1642), Astronom, Physiker, Mathematiker; verwendete als erster das Fernrohr; Untersuchung zur Wurf- und Fallbewegung, bewies die Kugelform des Mondes, setzte sich in Gegensatz zur katholischen Kirche, weil er am Weltsystem des Kopernikus (Drehung der Erde um die Sonne) festhielt; von der Kirche erst 1992 (!) rehabilitiert

Gallgasse, 13., seit 1894 (vorher: Mayerhofgasse), Sebastian Gall (1820–1888), Gemeinderat von Speising (1870 bis 1888), Hausbesitzer, Wohltäter

Gallitzinstraße, 16., seit 1883 (vorher teilweise: Nadenweg), Demeter Fürst von Gallitzin (1721–1793), russischer Botschafter in Wien, kaufte einen großen Teil des bis dahin als Predigtstuhl bekannten Gebietes und ließ sich dort 1785 ein Sommerschloss erbauen, das viel bewundert wurde; s. auch *Montléartstraße*

Gallmeyergasse, 19., seit 1928 (vorher: Teil der Dionysius-Andrassy-Straße), Josefine Gallmeyer (1838 bis 1884), Schauspielerin, Volkssängerin, Tänzerin, Schriftstellerin

Galvanigasse, 21., seit 1936, Luigi Galvani (1737–1798), Arzt, Entdecker der nach ihm benannten Elektrizität

Gamandergasse, 14., seit 1953, nach der Pflanzengattung (Teucrium)

Gamgasse, 13., seit 1933, Michael Gam (1793–1870), Weinhauer in Mauer; die Familie Gam war eine alteingesessene Familie in Mauer

Ganghofergasse, 11., seit 1932, Ludwig Ganghofer (1855–1920), Schriftsteller, Dichter (beschrieb Bauern und Landschaft Oberbayerns), 1881 Dramaturg des Ringtheaters

Ganglbauergasse, 16., seit 1886, Cölestin Josef Ganglbauer (1817–1889), Fürsterzbischof von Wien (1881), Kardinal (1884); Förderer des Ottakringer Kirchenbauvereins und der christlichsozialen Bewegung

Gansterergasse, 16., seit 1856, Matthias Gansterer (1802 bis 1865), Ziegelbrennereibesitzer, Gastwirt (eröffnete 1840 das zweite Kaffeehaus in Ottakring), errichtete eine Badeanstalt; zum ersten Kaffeehaus s. *Wurlitzergasse*, s. auch *Teichgasse*

Garbergasse, 6., seit 1862, Karl Garber (1807 bis 1897), Webwarenfabrikant, Ortsrichter (1851–1861), Gemeinderat (1861–1864), Verdienste als Armenvater

Gardegasse, 7., seit 1909 (urspr. Kandlstiege, bis 1862 Kandlgasse, dann Spittelberggasse), nach der ungarischen Leibgarde, die im Trautsohnpalais stationiert war

Garelligasse, 9., seit 1888, Pius Nikolaus Garelli (1675 bis 1739), Leibarzt Kaiser Karls VI., Dekan der medizinischen Fakultät der Universität Wien; hinterließ der Hofbibliothek seltene und kostbare Bücher

Garnisongasse, 9., seit 1862 (vorher: Kirchengasse), nach dem Garnisonsspital, das seit 1920 zum AKH gehört

Gartenbaupromenade, 1., seit 1962, zur Erinnerung an das ehemalige Gartenbaugebäude

Gartenfreundeweg, 12., nicht amtliche Bezeichnung

Gartengasse, 5., seit 1862 (vorher: Gärtnergasse), nach dem Margaretner Schlossgarten (1727 von der Gemeinde parzelliert)

Gartengasse, 10., Benennungsdatum unbekannt, nach Obstgärten in der Nähe des ehemaligen Grafenhofes

Gartengasse, 14., nicht amtlich (nach den umliegenden Gärten)

Gartenheimstraße, 22., Benennungsdatum unbekannt, nach der gleichnamigen Siedlergenossenschaft

Gartenschaugasse, 10., seit 1975, zur Erinnerung an die 2. Internationale Gartenschau (WIG II, 1974)

Gasgasse, 15., seit ca. 1864, nach der Gasanstalt der Englischen Gasgesellschaft, erbaut 1839, aufgelassen 1909

Ernest Carl Gatter

Gasparoneweg, 10., seit 1965, Operette von Carl Millöcker (Erstaufführung 1884, Theater an der Wien); siehe *Millöckergasse*

Gassergasse, 5., seit 1875 (vorher: Raingasse), Hanns Gasser (1817 bis 1868), Bildhauer, Maler

Gaßmannstraße, 12., seit 1906 (vorher: Wiener Weg), Florian Leopold Gaßmann (1729–1774), Hofkapellmeister, Ballettkomponist

Gasteigergasse, 20., seit 1912, Hans Gasteiger (1499 bis 1576), Wasserbaumeister, erfand eine Baggermaschine, mit der man der Versandung der Donau entgegenwirken konnte; er legte auch die Hernalser Wasserleitung

Gastgebgasse, 23., seit 1976, Hans Gastgeb (1897–1970), Sportfunktionär (ASKÖ); 1939/40 im KZ Buchenwald interniert

Gaswerksteg, 2., 1900 errichtet, 1945 nach Zerstörung wieder hergestellt

Gaswerkstraße, 21., Benennungsdatum unbekannt, nach dem Leopoldauer Gaswerk; verlängert 2006

Gatterburggasse, 19., seit 1894 (vorher: Theresiengasse), Gräfin Therese Gatterburg (1783–1849), Besitzerin der Herrschaft Ober-Döbling, die 1811 bis 1819 das Herrschaftshaus („Gatterburg") besaß

Gatterederstraße, 23., Benennungsdatum unbekannt, Andreas Gattereder

(1793 bis 1848), Pfarrer von Atzgersdorf (1829 bis 1848), legte das Pfarrgedenkbuch an und errichtete einen neuen Pfarrhof

Gattergasse, 11., seit 1966, Ernest Carl Gatter (1846 bis 1928), Simmeringer Heimatforscher, Lehrer, Botaniker, Imker

Gatterholzgasse, 12., seit 1894 (vorher: Albertsgasse), nach dem Gatterhölzl, einem ehemals ausgedehnten, wildreichen Wald

Gaudenzdorfer Gürtel, 12., seit 1894 bzw. 1910 (vorher: Gürtelstraße und Margaretengürtel), nach dem ehemaligen Ort Gaudenzdorf

Gauermanngasse, 1., seit 1870, Friedrich Gauermann (1807 bis 1862), Landschafts- und Tiermaler, und sein Vater Jakob (1773–1843), Maler, Graphiker

Gaulgasse, 23., seit 1957 (vorher: Bachgasse), Gustav Gaul (1836–1888), Maler; ebenso sein Bruder Franz Xaver Gaul (1837–1906), Porträt- und Kostümmaler

Gaulhofergasse, 20., seit 1968, Karl Gaulhofer (1885 bis 1941), Reformer des Schulturnens (Turnpädagoge), Mittelschullehrer, Prof. in Amsterdam

Gaullachergasse, 16., seit 1883 (urspr. Obere Gasse, Obere Hauptgasse, 1867 Feldgasse), Josef Gaullacher (1751 bis 1833), Ortsrichter von Neulerchenfeld (1798 bis 1825)

Gaußplatz, 2. und 20., seit 1919 (vorher: ab 1868 Mathildenplatz, urspr. Alter Tabor), Karl Friedrich Gauß (1777 bis 1855), Mathematiker, Physiker, Astronom; Untersuchungen über die Anziehungskraft der Erde

Gebauergasse, 21., seit 1967 (urspr. Mautner-Markhof-Gasse, 1938–1945 Arnulf-Hansl-Gasse), Anton K. Gebauer (1872–1942), Lehrer, Ethnograph (bereiste u. a. Hinterindien und China und hielt Vorträge an der Urania)

Gebhardtgasse, 19., seit 1894 (vorher: Leopoldigasse), Gebhardt von Döbelich, Besitzer der Herrschaft Döbling (1357), der einem alten NÖ. Adelsgeschlecht entstammte

Gebirgsgasse, 23., seit 1866, nach dem am Kadoltsberg gelegenen Weinberg, der früher „Gebürge" genannt wurde

Geblergasse, 16. und 17., seit 1894 (vorher: im 17. Bezirk Stiftgasse), Tobias Freiherr von Gebler (1726 bis 1786), Dramatiker (Vorläufer von Bauernfeld); 1768 von Maria Theresia in den Staatsrat berufen (Schulreformer)

Gebrüder-Lang-Gasse, 15., seit 1911 (vorher: Ferdinandsgasse und ab 1867 Tellgasse), Anton (1819–1880) und Jakob (1822–1892) Lang, Seidenfabrikanten, widmeten Baugrund für die Kirche Maria vom Siege

Gegenbauerweg, 21., seit 1973, Dr. Leopold Gegenbauer (1849 bis 1903), Mathematiker

Geibelgasse, 15., seit 1894 (vorher: Karolinengasse), Emanuel Geibel (1815 bis 1884), dt. Dichter (Dramen, Gedichte)

Geiereckstraße, 11., seit 1894 (vorher: Hasnerstraße), Riedname (Weinried)

Geigergasse, 5., seit 1894, Johann Peter Geiger (1805 bis 1880), Historienmaler, Buchillustrator, 1853–1871 Professor an der Vorbereitungsschule der Akademie der bildenden Künste

Geigeringasse, 19., seit 1895, Flurname (schon um 1377 urkundlich erwähnt)

Geiselbergstraße, 11., seit 1875, führt über den Geiselberg (Flurname)

Geißfußgasse, 10., seit 1957, nach der Pflanze (Aegopodium)

Geistingergasse, 19., seit 1928 (vorher: Dionysius-Andrassy-Straße), Marie Geistinger (1833 bis 1903), Schauspielerin, Sängerin („Königin der Operette")

Gelbsilberweg, 22., amtlich seit 1984, nachträgliche Legalisierung einer bis dahin nicht amtlichen Bezeichnung; Herkunft unklar

Gelinekgasse, 23., seit 1959, Josef Gelinek (1758–1825), Komponist, Klaviervirtuose, Musiklehrer, Kaplan

Gellertgasse, 10., seit 1872, s. *Gellertplatz*

Gellertplatz, 10., seit 1875, Christian Fürchtegott Gellert (1715–1769), Fabel- und Liederdichter („Die Himmel rühmen des Ewigen Ehre", von Beethoven vertont)

Gemeindeaugasse, 22., seit 1909 (vorher: Klostergasse), früher eine Au im Besitz der Gemeinde Aspern

Gemeindeberggasse, 13., seit 1894 (urspr. Hausbergstraße, dann Friedhofstraße), führt zum Gemeindeberg in Ober-St.Veit (319 m hoch)

Gemeindegasse, 22., seit 1906, zur Erinnerung an die Selbstständigkeit der Gemeinde Aspern (1904 eingemeindet)

Genégasse, 13., seit 1951, Richard Franz Friedrich Gené (1823–1895), Operettenlibrettist; schrieb Texte zu Opern von Johann Strauß, Franz von Suppé und Karl Millöcker

Gennarogasse, 23., seit 1956, Antonio Mario Gennaro (1679–1744), Graveur (Porträt- und Gedenkmedaillen für das Kaiserhaus), Direktor der von ihm gegründeten Graveurakademie

Genochplatz, 22., seit 1910, Josef Genoch (1846 bis 1907), Bürgermeister von Stadlau, Grundbesitzer

Genossenschaftsstraße, 14., Benennungsdatum unbekannt, nach der Siedlergenossenschaft „Wolfersberg" (ein Teil bis 1952 Kirschenstraße)

Gentzgasse, 18., seit 1894 (vorher: Herrengasse), Friedrich von Gentz (1764 bis 1832), politischer Schriftsteller, verfasste 1809 und 1813 die Kriegsaufrufe gegen Napoleon, Protokollführer auf dem Wiener Kongress 1814/15, nach 1815 enger Mitarbeiter von Metternich

Geologengasse, 3., seit 1875 (vorher: Hoernesgasse), nach der Geologischen Bundesanstalt benannt

Georg-Bilgeri-Straße, 22., seit 1959, Georg Bilgeri (1873–1934), Alpinist, Skipionier; verband die norwegische mit der Lilienfelder Schule

Georg-Coch-Platz, 1., seit 1913 (vorher: Lisztstraße), Dr. Theodor Georg von Coch (1842 bis 1890), Mitgründer des Postsparkassenamtes

Georg-Ehrlich-Weg, 22., seit 1977, Georg Ehrlich (1897 bis 1966), Maler, Bildhauer (befand sich zur Zeit des „Anschlusses" in Großbritannien, kehrte nicht mehr zurück und wurde 1947 britischer Staatsbürger)

Georg-Freißleben-Gasse, 14., seit 1956, Georg Freißleben zu Liechtenstein, um 1550 Waldmeister

Georginenplatz, 22., seit 1955, nach der Zierpflanze (Dahlie)

Georgistraße, 21., seit 1940, Friedrich Freiherr von Georgi (1852 bis 1926), Generaloberst, Organisator der österreichischen Landwehr

Georg-Prentl-Gasse, 10., Benennungsdatum unbekannt, Georg Prentl (1828 bis 1886), Bürgermeister von Unterlaa (1884 bis 1886)

Georgsgasse, 23., seit 1892, nach dem Georgenberg (322 m hoch), der als Weinried bekannt war

Georg-Sigl-Gasse, 9., seit 1888, Georg Sigl (1811–1887), Industrieller (baute Lokomotiven und Druckmaschinen), sozial engagiert, finanzierte u. a. den ersten Kindergarten von Wien, s. auch *Gießergasse*

Georg-Wiesmayer-Gasse, 10., Benennungsdatum unbekannt, Georg Wiesmayer (1852–1936), Bürgermeister von Oberlaa (1886–1900)

Georg-Wilhelm-Pabst-Gasse, 10., seit 1968, Georg Wilhelm Pabst (1885 bis 1967), bedeutender Filmregisseur

Gerambgasse, 22., seit 1909, Karl Freiherr von Geramb (1772–1848), Oberst, Schriftsteller, Generalabt des Trappistenordens

Geranienweg, 22., seit 1977, nach der Zierpflanze, die in Österreich üblicherweise Pelargonie heißt (botanisch: Pelargonium)

Gerasdorfer Straße, 21., seit 1898, nach dem Ort in Niederösterreich

Gerbergasse, 23., Benennungsdatum unbekannt, zur Erinnerung an die ehemalige Gerberei

Gerhard-Fritsch-Gasse, 17., seit 1975, Gerhard Fritsch (1924–1969), Bibliothekar, Lektor, Schriftsteller, Redakteur von Literaturzeitschriften, Lyrik, Roman „Moos auf den Steinen"

Gerhardusgasse, 20., seit 1866, Gerhardus von Siebenbürgen (um 1210 bis 1271), Arzt und Pfarrer zu St. Stephan, Gründer des ersten Armenhauses in Wien um 1210

Gerichtsgasse, 21., seit 1901, nach dem 1895/96 erbauten Gerichtsgebäude

Geringergasse, 11., seit 1896, Johann Geringer (1824 bis 1898), Gastwirt, Gemeinderat von Kaiserebersdorf

Gerlgasse, 3., seit 1829 (vorher: Am Feld), Matthias Gerl (1713 bis 1765), Baumeister (Architekt), erbaute u. a.

1744 die Oberlaaer Pfarrkirche und gestaltete 1746/47 die Simmeringer Pfarrkirche um, barockisierte mehrere Kirchen und war am Bau des AKH beteiligt

Gerlichgasse, 22., seit 1966, Rudolf Gerlich (1836–1904), Techniker, Eisenbahnbauer, Lehrer am Polytechnikum

Gerlosplatz, 21., seit 1953, nach dem gleichnamigen Fluss in Tirol

Gernengasse, 21., Benennungsdatum unbekannt, Riedname („Gernen" = schmale oder keilförmige Weingartenparzellen)

Gernotgasse, 15., seit 1912, Gernot, Bruder des Burgunderkönigs Gunther aus der Nibelungensage

Gernotgasse, 22., Benennungsdatum unbekannt, siehe vorher

Gerögasse, 23., seit 1973, Dr. Josef Gerö (1896–1954), Jurist, 1945–1949 und 1952–1954 Justizminister; ab 1945 ÖFB-Präsident; 1938/39 im KZ interniert

Geroldgasse, 17., seit 1896, Friedrich Gerold (1813 bis 1886), Gemeinderat, Buchhändler, Moritz Gerold (1815 bis 1884), Buchhändler, gemeinsam mit seinem Bruder Friedrich Besitzer eines Verlags- und Druckereihauses

Gerspergasse, 21., seit 1933, Anton Gersper (1858 bis 1929), Fürsorgerat, Ortsschulrat

Gersthofer Straße, 18., seit 1894 (vorher: Hauptstraße), zur Wahrung des alten Vorortnamens, zurückzuführen auf einen Gutshof („Gerstlerhof"), Gersthof hatte vor der Eingemeindung 3.984 Einwohner

Gerstlgasse, 21., seit 1900, Georg Gerstl, um 1587 Ortsrichter von Jedlesee

Gerstmayerweg, 22., seit 1956 (vorher: Markweg), Josef Gerstmayer (1801 bis 1870), Landschaftsmaler

Gerstnerstraße, 15., seit 1903 (vorher: ab 1894 Gerstnergasse, urspr. Bahnhofstraße), Franz Anton Ritter von Gerstner (1793 bis 1840), Erbauer der ersten Eisenbahn in Österreich (1825 bis 1832, Pferdebahn Linz–Budweis)

Gersunygasse, 19., seit 1924 (1938 bis 1947: Dumreichergasse), Dr. Robert Gersuny (1844–1924), Chirurg, Leiter des Rudolfinerhauses ab 1894, vorher Assistent von Billroth, s. *Billrothstraße*

Gertrude-Wondrack-Platz, 12., seit 2006, Gertrude Wondrack (1920 bis 1971), Schneiderin, kfm. Angestellte, Fachsekretärin in der Gewerkschaft der Textil-, Bekleidungs- und Lederarbeiter (1948–1963), später Vorstandsmitglied, Bezirksrätin (1964 bis 1966), Abg. z. NR (1966–1971), Staatssekretärin im BM für soziale Verwaltung (1970/71); SPÖ

Gertrudplatz, 18., seit 1894 (vorher: Kirchenplatz), nach der Pfarrkirche „Zu den Heiligen Laurenz und Gertrud" (Währinger Pfarrkirche)

Gerunggasse, 16., seit 1897, Gerung, um 1230 Besitzer des Ottakringer Freihofes

Geßlgasse, 23., seit 1954, Monsignore Franz Geßl (1883–1948), Pfarrer von Mauer (1923–1940), führte den Umbau der Pfarrkirche durch

Gestettengasse, 3., Benennungsdatum unklar, abgeleitet von Sandgstätten (Sandgewinnung am Donauufer)

Getreidemarkt, 1. und 6., seit 1866, bis Anfang des 10. Jhds. standen hier Getreidespeicher, bis 1864 wurde ein Getreidemarkt abgehalten

Geusaugasse, 3., seit 1876, Anton Ferdinand Reichsritter von Geusau (1746 bis 1811), Beamter, Publizist (schrieb u. a. eine Geschichte Wiens [4 Bände] und eine Geschichte Österreichs [2 Bände])

Gewerbeparkstraße, 22., seit 1995, nach der Lage im Gewerbepark Stadlau

Geweygasse, 19., seit 1894 (vorher: Adlergasse), Franz Xaver Karl Gewey (1764–1819), Schriftsteller (Lustspiele), Schauspieler, gründete 1787 mit Freunden ein Privattheater, dessen Gewinne den Taubstummen zugute kamen; später Angestellter in der Hofkanzlei, schrieb auch eine Topographie in Versform („Komische Gedichte auf die Vorstädte Wiens")

Geyergasse, 18., seit 1912, Franz Geyer (1839–1903), Selchermeister, Hausbesitzer, Gemeinderat (1891–1903)

Geyerweg, 21., nicht amtliche Bezeichnung

Geylinggasse, 13., seit 1907, Carl Michael Geyling (1814–1880), Glas- und Landschaftsmaler (von ihm stammten die 1945 zerstörten Fenster des Stephansdomes)

Geymüllergasse, 18., seit 1894 (vorher: Brunngasse), Johann Freiherr von Geymüller (1754–1824), Bankier, Besitzer der Herrschaft Pötzleinsdorf ab 1801

Geyschlägergasse, 15., seit 1894, Georg Geyschläger (1801–1876), Bürgermeister von Fünfhaus (1864–1867)

Geystraße, 11., seit 1894 (bis 1871 Große Kanalgasse, dann Kanalgasse), Lorenz Gey (1820 bis 1884), Bürgermeister von Simmering (1862–1884), Landwirt, unter seiner Amtszeit wandelte sich Simmering vom Bauerndorf zum Industriestandort

Gfrornergasse, 6., seit 1832, Franz Gfrorner (1798–1840), Gärtner, Grundbesitzer, eröffnete 1832 die Gasse

Ghegastraße, 3., Benennungsdatum unklar, Karl Ritter von Ghega (1802 bis 1860), Erbauer der Semmeringbahn, der ersten Gebirgsbahn der Welt

Ghelengasse, 13., seit 1894 (vorher: Parkgasse), nach den Buchdruckern Johann Peter von Ghelen (1673 bis 1754) und Johann von Ghelen (1645 bis 1721)

Giefinggasse, 21., seit 1999, Johann Giefing (1883–1945), gelernter Schlosser, seit 1931 in der Lokomotivfabrik Floridsdorf tätig, später Abteilungsleiter; Erfinder, ziviles Opfer des Krieges (Herzschuss am 10. April 1945 auf der Brigittenauer Lände)

Gierstergasse, 12., seit 1894 (vorher: Krongasse), Josef Gierster (um 1800 bis 1863), Brauhausbesitzer, erster Bürgermeister von Gaudenzdorf und reichster Mann des Ortes

Gießaufgasse, 5., seit 1842, Georg Gießauf (ca. 1763–1840), Webermeister, Armenvater, Äußerer Rat

Gießergasse, 9., seit 1862, hier bestand eine von Georg Sigl gegründete Eisengießerei, seit 1879 k. u. k. Technologisches Gewerbemuseum, s. *Georg-Sigl-Gasse*

Giffingergasse, 23., seit 1955 (vorher: Atzgersdorfer Straße), Lorenz Giffinger (1876–1942), Bürgermeister von Erlaa

Gigergasse, 3., seit 1903, Jakob Giger (1751 bis 1834), 1811–1829 Grundrichter der Vorstadt Landstraße

Gilberto-Bosques-Promenade, 22., seit 2002, Gilberto Bosques (1892 bis 1995), mexikanischer Diplomat, Generalkonsul in Paris und Marseille, der vielen Österreichern durch Ausstellung von Visa die Flucht vor dem Nationalsozialismus ermöglichte; Bosques stellte im Auftrag der mexikanischen Regierung auch zwei Schlösser in Frankreich für Flüchtlinge zur Verfügung, die als mexikanisches Territorium galten

Gilgegasse, 9., seit 1910 (vorher: Brünnlmühlgasse), Dr. Karl Gilge (1834 bis 1888), Gemeinderat, Jurist, Besitzer des Brünnlbades, s. auch *Brünnlbadgasse, Walter-Beck-Platz*

Gillingerweg, 18., seit 1996, Christian Gillinger (1950–1995), Währinger Kriminalbeamter; bei der Verfolgung eines Attentäters in Hietzing tödlich verletzt; er war verheiratet und hinterließ einen achtjährigen Sohn; siehe auch Einleitung

Gilmgasse, 17., seit 1894 (vorher: Halmgasse), Hermann Gilm zu Rosenegg (1812–1864), Dichter (Lyrik)

Gilmagasse, 2., seit 2002, Ferdinand Gilma (1905 bis 1990), Sport- und Bildungsfunktionär (Kinder- und Erwachsenenturnen; 1948 bis 1985 Veranstaltung von Kino- und Fernsehabenden gemeinsam mit seiner Gattin Hedwig)

Gimniggasse, 10., seit 1959, Oskar Gimnig (1857 bis 1920), Schauspieler (1885 Carltheater, 1892 Burgtheater)

Ginkgoweg, 22., seit 2004, richtig Ginko, aus Mittelchina stammende Baumart, in botanischen Gärten und neuerdings auch als städtischer Alleebaum gepflanzt

Ginsterweg, 22., seit 1954, nach der Pflanzengattung (Genista)

Girardigasse, 6., seit 1918 (vorher Engelgasse), Alexander Girardi (1850 bis 1918), Schauspieler, Komiker (Charaktere von Raimund und Nestroy sowie Rollen in Operetten von Strauß, Millöcker, Eysler und Lehár), ab 1913 auch Filmrollen

Girlitzweg, 14., seit 1953, nach dem Vogel (Finkenart)

Girzenberggasse, 13., seit 1894, führt auf den gleichnamigen Berg (285 m hoch)

Giselagasse, 14., Benennungsdatum unbekannt, Königin Gisela, Gemahlin Stephan des Heiligen, König von Ungarn (1001–1038); fand der Legende nach hier im Jahre 1042 in einem Brunnen ein Marienbild; in der Folge entwickelte sich der Wallfahrtsort „Mariabrunn"

Giselhergasse, 15., seit 1912, Gestalt aus der Nibelungensage

Giseviusgasse, 21., seit 1953, Paul Gisevius (1858–1935), Agrarfachmann; Verfasser von agrarwissenschaftlichen Werken

Gitlbauergasse, 21., seit 1954, Dr. Michael Gitlbauer (1847 bis 1903), Altphilologe, Archivar, Historiograph; Priester

Gladiolenweg, 22., seit 1954, nach der Pflanzengattung (Gladiolus)

Glangasse, 21., seit 1953, nach dem Fluss in Kärnten

Glanzinggasse, 19., seit 1907, Flurname (im 13. Jhd. urkundlich erwähnt)

Glasauergasse, 13., seit 1894, Karl Glasauer (1819–1874), Bürgermeister von Ober-St. Veit

Glasergasse, 9., seit 1888 (1938 bis 1945: Scheuchgasse), Dr. Julius Glaser (1831–1885), Jurist, o. Prof. für Strafrecht (1860), Justizminister (1871 bis 1879), liberaler Reformer der Strafgesetzgebung

Glatzgasse, 19., seit 1895 (urspr. Rosinagasse, dann Mostlergasse, zuletzt Artariagasse), Jakob Glatz (1776 bis 1831), Jugendschriftsteller, evangelischer Prediger

Glauberplatz, 16., seit 1897, Nikolaus Glauber, um 1530 Pfarrer von Ottakring, Mitbegründer der „Lamprechtszeche" (1409). Das war eine Laiengemeinschaft, die sich die Aufgabe gestellt hatte, für die Beleuchtung der Kirche und die Messutensilien zu sorgen sowie verarmten Ottakringern ein ordentliches Begräbnis und eine Seelenmesse zu sichern; die „Lamprechtszeche" brachte so viel Geld auf, dass auch der Bau einer Kapelle finanziert werden konnte

Glawatschweg, 13., seit 1954, Franz Glawatsch (1871–1928), Operettensänger, Komiker, Schauspieler, 1910 bis 1913 Armenrat im 5. Bezirk

Gleichentheilgasse, 23., Benennungsdatum unbekannt, Ignaz Gleichentheil (1861–1917), Fabriks- und Realitätenbesitzer

Gleichgasse, 22., seit 1960, Josef Alois Gleich (1772 bis 1841), Direktor des Theaters in der Josefstadt und in der Leopoldstadt, Schwiegervater von Ferdinand Raimund, Autor von ca. 100 Schauerromanen, 200 Zauberstücken und Possen

Gleichsaustraße, 21., Benennungsdatum unbekannt, Flurname

Glockenblumengasse, 22., seit 1955, nach der Pflanzengattung (Campanula)

Glockengasse, 2., Benennungsdatum unbekannt, nach einer Glockengießerei, die sich ca. 1724–1850 im Haus Nr. 10 befand

Gloriettegasse, 13., Benennungsdatum unbekannt, nach der Gloriette, 1772 bis 1775 erbaut

Glossystraße, 14., seit 1952 (vorher: Teichstraße), Dr. Karl Glossy (1848 bis 1937), ursprünglich Schauspieler, dann Jurist, ab 1889 Leiter der Bibliothek und des Museums der Stadt Wien, gestaltete zahlreiche Ausstellungen; nach seiner Pensionierung 1904 umfangreiche wissenschaftliche Tätigkeit

Gluckgasse, 1., seit 1894 (vorher: Klostergasse), Christoph Willibald Gluck (1714 bis 1787), Komponist

Gmarchhaufenstraße, 22., seit 1959 (vorher: Kolonistenstraße), Flurname

Gmündstraße, 21., seit 1964, nach der niederösterreichischen Stadt

Gnedgasse, 13., seit 1955 (vorher: Billrothgasse), Nina Gned (1811–1874), Schauspielerin, Soubrette

Gobergasse, 13., seit 1895, Franz Gober (1822–1883), Bürgermeister von Lainz (ab 1873)

Godlewskigasse, 22., seit 1955 (vorher: Edmund-Fischer-Gasse), Karl Godlewski (1862 bis 1949), Ballettmeister der Wiener Staatsoper (1918/19), Solotänzer

Godowskygasse, 23., seit 1955 (vorher: Windmühlgasse), Leopold Godowsky (1870–1938), Pianist

Göllnergasse, 3., seit 1874, Michael Leopold Göllner (1760 bis 1834), vermögender Bewohner, der der Gemeinde Erdberg sein Haus für die Errichtung eines Armenhauses vermachte

Gölsdorfgasse, 1., seit 1919 (vorher: Augustengasse), Dr. Karl Gölsdorf (1861 bis 1916), Eisenbahntechniker, Lokomotivbauer

Göpfritzgasse, 21., seit 1964, nach dem Ort in Niederösterreich

Görgengasse, 19., seit 1917, Dr. Bruno Görgen (1777–1842), Neurologe, urspr. Primararzt an der Irrenanstalt des AKH, ab 1820 Privatklinik in Gumpendorf, ab 1830 in Ober-Döbling, übte eine von Zwangsmaßnahmen freie Behandlung der Patienten aus

Göschenweg, 22., seit 1933, Georg Joachim Göschen (1752 bis 1828), Verlagsgründer, Buchhändler (verlegte Goethe, Schiller, Klopstock und Wieland)

Göschlgasse, 3., seit 1899, Karl Göschl (1807–1883) und Therese Göschl (1813 bis 1887) hinterließen ihr Vermögen den Armen des 3. Bezirks und errichteten eine Stiftung für verarmte Geschäftsleute, die mindestens 10 Jahre im Bezirk lebten

Göteborggasse, 10., seit 1951, schwedische Hafenstadt

Goethegasse, 1., seit 1919, Johann Wolfgang von Goethe (1749–1832), Dichter („Götz von Berlichingen", „Egmont", „Torquato Tasso", „Iphigenie auf Tauris", „Faust", Balladen)

Göttweihergasse, 1., seit 1862 (vorher: Kochgasse), nach dem Göttweiger Hof

Götzgasse, 10., seit 1862, Stephan Götz (1772 bis 1844), Hausbesitzer, Bandfabrikant, Mitglied des Äußeren Rates, beliebt wegen seines Engagements für Arme

Gogolgasse, 13., seit 1932, Nikolai Wassiljewitsch Gogol (1809 bis 1852), russischer Dichter („Der Revisor"), Novellen

Goldammerweg, 22., Benennungsdatum unbekannt, nach dem Vogel

Goldeggasse, 4., seit 1862 (vorher: Annagasse), Flurname (bereits 1381 erwähnt)

Goldemundweg, 22., seit 1958, Dr. Heinrich Goldemund (1863 bis 1947), Wiener Stadtbaudirektor, Stadtplaner (setzte sich für die Wahrung des Stadtbildes und für die Erhaltung des Wald- und Wiesengürtels ein)

Goldhammergasse, 23., seit 1947, Alfred Goldhammer (1907 bis 1942), Lederarbeiter, Widerstandskämpfer, am 10. November 1942 von den Nationalsozialisten hingerichtet

Goldlackgasse, 22., seit 1955, nach der Zierpflanze (Erysimum cheiranthus)

Goldmarkplatz, 13., seit 1925 (1938 bis 1945: Walter-Flex-Platz), Karl Goldmark (1830–1915), Komponist, verfasste u. a. die Oper „Königin von Saba"

Goldnesselweg, 22., seit 2002, gelb blühende Verwandte der Taubnessel (Lamiastrum, siehe auch *Taubnesselweg*)

Goldregengasse, 22., seit 1944, nach der Strauchgattung (Laburnum)

Goldrosenweg, 10., nicht amtliche Bezeichnung, nach dem gleichnamigen Zierstrauch (Kerria)

Goldscheidgasse, 17., seit 1947 (1938 bis 1947: Bergmeistergasse, ab 1932: Rudolf-Goldscheid-Gasse), urspr. auch Bergmeistergasse, Rudolf Goldscheid (1870 bis 1931), Soziologe, Philosoph, Schriftsteller, Pazifist („Friedenswarte" ab 1922), 1909 Begründer der deutschen Gesellschaft für Soziologie

Goldschlagstraße, 14. und 15., seit 1899, nach der bereits 1375 urk. erwähnten Weinried „Goldschlagen"

Goldschmiedgasse, 1., seit ca. 1305, amtlich 1862, früherer Sitz und Verkaufsplatz der Goldschmiede

Goldsterngasse, 14., seit 1953, nach der Pflanzengattung (Gagea, Gelbstern)

Goltzgasse, 19., seit 1908, Joachim Rüdiger Freiherr von der Goltz (1623 bis 1683), Befehlshaber der sächsischen Truppen in der Entsatzschlacht bei der Türkenbelagerung 1683

Gomperzgasse, 16., seit 1927 (1938 bis 1945: Stallergasse), Dr. Theodor Gomperz (1832–1912), Sprachwissenschafter, 1873–1900 o. Prof. für klassische Philologie an der Universität Wien, Hauptwerk: „Griechische Denker"

Gonzagagasse, 1., seit 1861, Hannibal Franz Maria Fürst von Gonzaga (1602 bis 1668), General, Erbauer der Gonzagabastei

Ansicht vom Graben gegen den Kohlmarkt. Kolorierter Kupferstich von Carl Schütz, 1781.

Gorkistraße, 10., Maxim Gorki (1868 bis 1936), russischer Schriftsteller („Nachtasyl"), geriet nach der Oktoberrevolution in Gegensatz zur sowjetischen Politik, da er den stalinistischen Terror ablehnte; um seinen Tod entstanden daher Gerüchte

Gorskistraße, 23., seit 1980, Johann Gorski (1885–1967), Volksbildner, leitete die Aktion „American Friends für Austrian Children"

Gotenweg, 22., seit 1966, nach dem germanischen Volksstamm

Gotramgasse, 22., seit 1909, Gotram, 789 bis 802 Grenzgraf der Ostmark

Gottfried-Alber-Gasse, 14., seit 1914 (vorher: Spallartgasse), Gottfried Alber (1851 bis 1901), Baumeister, Bezirksrat

Gottfried-Keller-Gasse, 3., seit 1919 (vorher: Luitpoldgasse), Gottfried Keller (1819 bis 1890), Schweizer Dichter („Der grüne Heinrich", „Die Leute von Seldwyla")

Gottfried-Sennholzer-Gasse, 14., Benennungsdatum unklar, falsche Schreibweise für Gottfried Sonnholzer, der die Orgel in Maria Brunn erbaute (1734)

Gotthelfgasse, 22., seit 1954, Jeremias Gotthelf (eigentlich Albert Bitzius, 1797 bis 1854), Schweizer Volksschriftsteller

Gottschalkstraße, 11., seit 1894 (vorher: Mautnergasse), Gottschalk, um 1028 Besitzer der Herrschaft Simmering

Gottslebengasse, 12., seit 1930, Ludwig Gottsleben (1836 bis 1911), Volksschauspieler (Hanswurstkomiker auf Wiener Vorstadtbühnen), Schriftsteller

Graben, 1., 1294 urk. als Verkehrsfläche erstmals erwähnt, 1300 als Marktplatz; nach dem ehemaligen Graben des römischen Militärlagers Vindobona

Grabengasse, 17., nicht amtliche Bezeichnung

Grabmayrgasse, 21., seit 1956, Dr. Karl Grabmayr von Angerheim (1848 bis 1923), Präsident des Verwaltungsgerichtshofes (1913)

Grabnergasse, 6., seit 1894, Johann Nepomuk Grabner (1825–1893), Bezirksvorsteher (1891–1893), Obmann des Ortsschulrates, Lehrer

Gradingergasse, 21., seit 1967, Matthias Gradinger, um 1750 erster Lehrer von Leopoldau

Graedenergasse, 21., seit 1960, Hermann Theodor Grädener (sic! 1844 bis 1929), Komponist, Violinist, Dirigent

Graedenerweg, 21., seit 2003, s. *Graedenergasse*

Gräffergasse, 17., seit 1913, Franz Gräffer (1785 bis 1852), Schriftsteller, Buchhändler, Bibliothekar, Redakteur

Gräfin-Zichy-Straße, 23., Benennungsdatum unbekannt, Gabriele Gräfin Zichy (1842–1926), stiftete den Grund zur Eröffnung der Straße

Gräfweg, 19., seit 1988, nach den Gründern der Firma Gräf & Stift, dem Elektriker und Mechaniker Heinrich Gräf (1877 bis 1943), dem Kunstschlosser Karl Gräf (1871 bis 1939) und dem Wagenbauer Franz Gräf, die 1897 ihr erstes Automobil bauten; die Firma Gräf & Stift fusionierte 1971 mit der „Österreichischen Automobilfabriks AG" (1907 gegründet); heute Stammsitz in Liesing

Gräßlplatz, 10. und 11., seit 1897, Andreas Gräßl (1830–1896), Fleischhauer, stiftete den Grund zu diesem Platz

Graffgasse, 10., seit 1913, Johann Freiherr von Graff (1741–1807), Generalmajor; Verdienste im Kampf gegen die napoleonischen Truppen (1794/95)

Graffitistraße, 12., seit 2006, auf Mauern, Fassaden etc. gesprühte oder gemalte Kunst

Graf-Seilern-Gasse, 12., seit 1905, Christian August Graf von Seilern (1717 bis 1801), kaufte die Herrschaft Hetzendorf und errichtete dort 1783 die erste Schule

Graf-Starhemberg-Gasse, 4., seit 1938 (urspr. Karolygasse, später Starhemberggasse), Ernst Rüdiger Graf Starhemberg (1638–1701), Feldmarschall; zeichnete sich 1664 in der Schlacht bei St. Gotthard gegen die Türken aus; 1680 Wiener Stadtkommandant, 1682 Feldzeugmeister, leitete die Verteidigung Wiens 1683, nach ihm ist auch die *Rüdigergasse* benannt

Grailichgasse, 3., seit 1910, Dr. Wilhelm Josef Grailich (1829 bis 1859), Kristallograph, ao. Professor der höheren Physik 1855, Kustos im Hofmineralienkabinett

Granergasse, 23., seit 1961, Ernst Graner (1865–1943), Maler, Lithograph (Wiener Veduten, Aquarelle)

Grangasse, 15., seit 1894 (urspr. Schmiedgasse, ab 1867 Glückgasse), Daniel Gran (1694 bis 1757), Maler (u. a. Fresken im Palais Schwarzenberg, Kuppelgemälde in der Nationalbibliothek, Seitenaltarbilder in der Karlskirche)

Granichstaedtengasse, 13., seit 1955 (vorher: Resselgasse), Bruno Granichstaedten (1879 bis 1944), Komponist (Operetten, Filmmusik)

Grasbergergasse, 3., seit 1901 (vorher: Marx-Meidlinger-Straße, Arsenalweg), Hans Grasberger (Pseudonym Hans Birkenbühel, 1836–1898), Journalist, Lyriker

Grashofgasse, 1., seit 1832, nach dem bereits 1337 nachweisbaren Grashof (Teil des Heiligenkreuzer Hofes)

Grasmückenweg, 14., seit 1953, nach dem Singvogel

Grassigasse, 14., seit 1894 (vorher: Dreyhausengasse), Anton Grassi (1755 bis 1807), Bildhauer, 1778 Modelleur der Porzellanmanufaktur, 1784 Modellmeister

Gratian-Marx-Straße, 11., seit 1905, Gratian Marx (1721–1808), Pfarrer an der Kirche Maria Treu, Dompropst zu Leoben; Reformator des Mittelschullehrplans

Grauertgasse, 23., seit 1961, Dr. Wilhelm Heinrich Grauert (1804–1852), Historiker, Altphilologe, 1850 Professor für allgemeine Geschichte an der Universität Wien (schuf das erste historische Seminar Österreichs)

Graumanngasse, 15., seit 1894 (vorher: Wienflussgasse), Friedrich Graumann (1782–1856), Baumwollstofferzeuger, errichtete hier 1838 eine Fabrik

Grawatschgasse, 23., Benennungsdatum unbekannt, Karl Grawatsch (1837 bis 1917), Fabriks- und Realitätenbesitzer

Gredlerstraße, 2., seit 1897, Andreas Freiherr von Gredler (1802 bis 1870), Rechtsanwalt, organisierte 1866 patriotische Aktionen, Kundgebungen und Sammlungen (Preußisch-Österreichischer Krieg)

Gregor-Mendel-Straße, 18. und 19., seit 1934 (vorher: Hochschulstraße), Gregor Mendel (1822–1884), Augustinermönch, Entdecker der Vererbungsgesetze

Gregor-Ulbrich-Gasse, 21., seit 1961, Gregor Ulbrich (1877–1926), Bürgermeister von Stammersdorf (1925/26), Verdienste um die Anlage von Straßen

Gregorygasse, 23., seit 1954 (vorher: Schlossallee), Leopold Gregory (1840

bis 1903), Bürgermeister von Erlaa (1885 bis 1903)

Greifgasse, 11., seit 1894 (vorher: Plenergasse), die Greife, ein altes Wiener Edelbürgergeschlecht, das zahlreiche Lehen besaß und des öfteren das Stadtrichteramt innehatte, im 13./14. Jhd. urkundlich erwähnt

Greilweg, 14., seit 1929, Alois Greil (1841 bis 1902), Maler, Illustrator (Aquarelle, Genrebilder)

Greinergasse, 19., seit 1894 (vorher: Herrengasse und Kirchengasse), Ferdinand Greiner (1798–1889), letzter Ortsrichter (1845 bis 1848) und erster Bürgermeister von Nussdorf (1850 bis 1861); dann noch Bürgermeister 1864 bis 1867 und 1885 bis 1889

Greinzgasse, 22., seit 1955 (vorher: Hagengasse), Rudolf Greinz (1866 bis 1942), Schriftsteller (Erzählungen)

Greiseneckergasse, 20., seit 1900, Hans von Greisenecker, Hauptmann während der ersten Türkenbelagerung (1529)

Grenadierweg, 22., amtlich seit 1966, nach den Fußtruppen in den napoleonischen Kriegen (1809)

Grenzackerstraße, 10., seit 1971 (bis 1894 Grenzgasse, dann Grenzackergasse), Flurname, bis 1874 führte hier ein Grenzweg zwischen Wieden und Inzersdorf

Grenzgasse, 13., Benennungsdatum unbekannt, frühere Grenze zwischen Wien und Mauer

Grenzgasse, 15., seit 1876, einstige Gemeindegrenze zwischen Rustendorf und Fünfhaus

Grenzstraße, 10., nicht amtliche Bezeichnung, Grenze zwischen 10. und 11. Bezirk

Grenzweg, 12. und 23., nicht amtliche Bezeichnungen

Grenzweg, 14., amtliche Benennung 1982, vorher ebenso nicht amtlich, Grenze der Siedlung Wolfersberg

Grenzweg, 21., Benennungsdatum unbekannt, nach der ehemaligen Grenze zwischen Stammersdorf, Leopoldau und Gerasdorf

Greta-Kraus-Weg, 22., seit 2004, Greta Kraus (1907 bis 1998), Pianistin, Harfenistin, Musikpädagogin; 1938 Emigration nach Kanada, bildete bedeutende kanadische Musiker aus und hatte großen Einfluss auf das kanadische Musikleben (1990 Toronto Arts Award)

Gretlgasse, 21., seit 1971 (vorher: Gretlweg), nach dem Märchen „Hänsel und Gretel", s. *Hanslgasse*

Greutberggasse, 14., seit 1964, nach dem Greutberg (449 m hoch)

Greyledergasse, 23., seit 1957 (vorher: Raimundgasse), nach einer alteinsässigen Weinhauerfamilie

Griechengasse, 1., seit 1862, nach den in der Gegend sesshaft gewesenen griechischen (levantinischen) Kaufleuten bzw. den griechischen Kirchen

Griegstraße, 20., seit 1956, Edvard Grieg (1843 bis 1907), norwegischer Komponist, befand sich 1896/97 in Wien und gab Konzerte

Griepenkerlgasse, 13., seit 1924, Christian Griepenkerl (1839–1916), Historien- und Porträtmaler

Grieshofgasse, 12., seit 1894 (vorher: Leopoldigasse), nach dem Gutshof Grieshof, der hier um 1300 stand

Griesingergasse, 14., seit 1920, Dr. Wilhelm Griesinger (1817–1868), Neurologe

Grießergasse, 12., seit 1905, Erhart Grießer (gest. 1445), herzoglicher Kammer- und Kellerschreiber, besaß den Oswaldhof in Altmannsdorf, den er testamentarisch den Beschuhten Augustinern hinterließ

Grillgasse, 11., seit 1894 (vorher: Feldgasse), Gregor Grill (1834 bis 1894), Kaufmann, Bürgermeister von Simmering (1886 bis 1889), Bezirksvorsteher (1892/93)

Grillparzerstraße, 1., seit 1873, Franz Grillparzer (1791–1872), Dichter („Weh dem, der lügt", „Ein Bruderzwist in Habsburg", „Sappho", „Medea" usw.), wohnte auf 14 verschiedenen Adressen in Wien, bevor er 1849 in das Haus Spiegelgasse 21 zog; seine Wohnung ist heute im Museum der Stadt Wien nachgebaut

Grimmelshausengasse, 3., seit 1919 (vorher: Adelgundegasse), Hans Jakob Grimmelshausen (1622–1676), Schriftsteller („Simplicissimus" – Schilderung der Schrecken des 30-jährig. Krieges)

Grimmgasse, 15., seit 1894 (vorher: Fischergasse), Brüder Jakob L. (1785 bis

Für den 8. Bezirk waren **graue** Umrandungen vorgesehen,

der 9. Bezirk erhielt die Farbe **braun**.

1920 wurde die verschiedenfärbige Ränderung abgeschafft, die Straßentafeln erhielten einen weißen Grund und wurden einheitlich rot umrandet. Die Beschriftung blieb Fraktur (für die Plätze in roter, sonst in schwarzer Farbe). 1923 wurde die Frakturschrift abgeschafft. In der NS-Zeit wurde eine Rückkehr zur Fraktur diskutiert, aber im Zuge des Zweiten Weltkrieges kam es nicht mehr dazu. Die Tafeln sind seit 1923 blau emailliert und tragen lateinische Schriftzeichen. Einziger Unterschied zu heute: 1926 beschloss man für die Bezirke 2 bis 21, bei den Querstraßen an den Ecken die Tafeln halbkreisförmig abzurunden. Dies wurde 1944 abgeschafft – die Straßentafeln erhielten die heutige Form (einheitlich rechteckige Tafeln).

Seit den 80er-Jahren werden ohne ausdrückliche gesetzliche Regelung (vor allem in Altstadtensembles) Straßentafeln in der Ausführung von 1862 als Imitation angebracht.

Seit 1981 ist die Schreibweise der Verkehrsflächen standardisiert. Mehrgliedrige Eigennamen und topographische Bezeichnungen werden durchkoppelt (Leopold-Figl-Gasse, Laaer-Berg-Straße). Schon 1907 gab es erste Vereinheitlichungen (Verkehrsflächen, die auf -er enden und nach Ländern oder Orten benannt werden, sind getrennt zu schreiben (Hütteldorfer Straße), ansonsten ist der Begriff -straße, -gasse bzw. -platz anzuhängen (z. B. Blutgasse statt wie früher Blut Gasse).

alte Schreibweise

Schreibweise seit 1981

ohne Zusatztafel

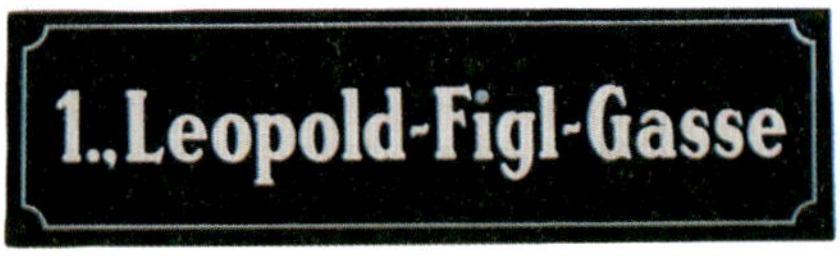

und mit Zusatztafel

Die Empfehlung, auf akademische Grade und Titel zu verzichten, hat sich durchgesetzt, die Vornamen dagegen wurden beibehalten.

1863) und Wilhelm K. Grimm (1786 bis 1859), Sprachforscher, Sammler von deutschen Hausmärchen

Grinzinger Allee, 19., seit 1894 (vorher: Wiener Straße und Grinzinger Straße), s. *Grinzinger Straße*

Grinzinger Steig, 19., seit 1911, s. *Grinzinger Straße*

Grinzinger Straße, 19., seit 1894 (vorher tw. Heiligenstädter Straße), zur Erinnerung an den ehemaligen Vorortnamen; Grinzing, bereits 1114 urk. erwähnt, wurde 1890 bis 1892 dem 19. Bezirk angeschlossen, es hatte 1890 1.428 Einwohner

Grobeckergasse, 13., seit 1955 (vorher: Theodor-Körner-Gasse), Anna Grobecker (1829–1908), Operettensängerin; von Nestroy ans Carltheater engagiert

Gröretgasse, 11., seit 1894 (vorher: Gröret), Flurname

Gröretgraben, 11., seit ca. 1902, Flurname

Grohgasse, 5., seit 1843, Georg Groh (1787–1879), Mitglied des Bezirksausschusses, Gastwirt, Haus- und Grundbesitzer; stellte das Areal für die Gasse unter der Bedingung kostenlos zur Verfügung, dass die Gasse seinen Namen erhält

Grohmannstraße, 22., seit 1984, Paul Grohmann (1838 bis 1908), Alpinist, begründete den „Österreichischen Alpenverein" mit, Publizist („Wanderungen in den Dolomiten", 1877)

Grohnergasse, 10., seit 1993, Franz Grohner (eig. Zamastil, 1911 bis 1986), Komponist, Pianist, Textautor

Großbauerstraße, 21., seit 1937, Franz Großbauer, Edler von Waldstätt (1813 bis 1887), Prof. an der Forstakademie zu Mariabrunn, Agrar- und Forstfachmann

Große-Bucht-Straße, 22., amtlich seit 1963, nach einer Bucht der Alten Donau; s. auch *Kleine-Bucht-Straße*

Große Mohrengasse, 2., seit 1862 (vorher: Große Hafnergasse und Mohrengasse), nach einem Hausschild „Zum großen Mohren"

Große Neugasse, 4., seit ca. 1830, neu (um 1745) angelegtes Häuserviertel; urspr. „Neue Gaße auf der Neuen Wieden"

Groß-Enzersdorfer Allee, 2., seit 1891, wegen ihrer Ausrichtung auf Groß-Enzersdorf so benannt

Groß-Enzersdorfer Straße, 22., seit 1909 (vorher: Esslingerstraße, sic!), nach der Stadt in Niederösterreich

Große Marxerbrücke, 3., erbaut 1898 bis 1900, Umbau 1969, s. *Marxergasse*, s. *Kleine Marxerbrücke*

Große Pfarrgasse, 2., seit 1770, nach der ältesten Pfarrkirche der Leopoldstadt benannt (1625 bis 1670 Obere Gasse, dann kurze Zeit Obere Kirchengasse)

Großer Ring, 13., seit 1921, nach der ringförmigen Anlage

Grosserweg, 22., seit 1955 (vorher: Schulweg), Dr. Otto Grosser (1873 bis 1951), Anatom, Univ.-Prof.

Große Schiffgasse, 2., Benennungsdatum unbekannt, nach dem Hausschild „Zum großen goldenen Schiff"; die Beifügung „Große" blieb, obwohl die „Kleine Schiffgasse" umbenannt wurde, s. *Franz-Hochedlinger-Straße*

Große Sperlgasse, 2., seit 1862 (vorher: Herrengasse; 1625 bis 1670 Hauptgasse, dann Große Gasse), Johann Georg Sperlbauer, Besitzer einer „Zum Sperl" genannten Vergnügungsstätte, 1807 eröffnet, war lange Zeit vornehmes Tanzlokal; Johann Strauß Vater widmete dem Lokal 1830 den „Sperlwalzer" und 1839 die „Sperlpolka"

Große Stadtgutgasse, 2., seit 1885, nach einem Gut im Besitz der Gemeinde Wien; danach wurde die ganze Gegend so bezeichnet

Großfeldstraße, 21., seit 1967, Flurname („Das große oder lange Feld")

Grossmannstraße, 22., seit 1982, Ferdinand Grossmann (1887 bis 1970), Komponist, Dirigent, Chorleiter, Prof. an der Wiener Musikakademie

Großmarktstraße, 23., seit 1973, nach dem Obst- und Gemüsegroßmarkt Inzersdorf

Großschopfplatz, 21., seit 1963, Josef Großschopf (1884 bis 1956), Kämpfer für die Kleingarten- und Siedlerbewegung; Beamter in der MA 69 (Kleingartenwesen)

Grubergasse, 16., seit 1900, nach dem Schuldirektor und späteren Professor der Philosophie an der Universität Salzburg, Johann L. Gruber (gest. 1810); lt. *Rossa* hingegen nach dem Lehrer und Organisten Franz Gruber (1787 bis 1836; mit Josef Mohr Schöpfer des Liedes „Stille Nacht, heilige Nacht")

Grüllemeiergasse, 16., seit 1856, Josef Grüllemeier (1812–1871), Gemeinderat (1849 bis 1870), Hauptmann der Bürgergarde (1848), Fabrikant

Grünangergasse, 1., 1786 benannt nach einer im 12. Jhd. genannten Gemeinschaftswiese („Anger"), (1776 Am grünen Anger)

Grünbaumgasse, 22., seit 1968, Fritz Grünbaum (1880–1940), Kabarettist („Simpl"), Schriftsteller, starb im KZ Dachau, s. auch *Fritz-Grünbaum-Platz*, s. auch *Karl-Farkas-Gasse*

Grünbeckweg, 17., seit 1912, Sebastian Grünbeck (1819–1884), Gemeinderat von Hernals, Gastwirt; sein Sohn war Stadtrat (gest. 1936)

Grünbergstraße, 12. und 13., seit 1908 (vorher: Zenogasse), Josef Freiherr von Hagenmüller zu Grünberg, Gerichtsadvokat, erbaute 1790 auf diesem Hügel mehrere Häuser, die Bewohner benannten die Ansiedlung „Grünberg"

Gründorfgasse, 14., seit 1906 (amtlich eigentlich: Gründorfstraße!), Karl Gründorf (1830 bis 1906), Schauspieler, Regisseur, Bühnenautor (Schwänke, Volksstücke, Operntexte)

Gründungsweg, 22., seit 1966, zur Erinnerung an die Gründung der Siedlung

Grünentorgasse, 9., seit 1862 (1827 bis 1862 Kirchengasse), nach einem Gasthausschild „Zum grünen Tor", bereits 1793 erwähnt

Grüne Stube, 14., seit 1957, alter Flurname

Grüngasse, 4. und 5., seit 1862, Vinzenz Grün (1812–1871), Grundbesitzer, eröffnete 1850 die Gasse mit vier Neubauten

Grünhaufen, 2., seit ca. 1880, Flurname

Grünlandgasse, 2., seit 2002, nach der Kleingartensiedlung Grünland

Grünlandweg, 14., seit 1967, führt ins Erholungsgebiet (Grünland)

Grünwaldgasse, 5., seit 1908, Josef Grünwald (1846 bis 1903), Pfarrer von Matzleinsdorf, engagierter Seelsorger

Grundäckergasse, 10., seit 1956 (vorher: Dorfgasse), alter Riedname

Grundemanngasse, 22., Benennungsdatum und Herkunft unbekannt

Grundlgasse, 9., seit 1905, Anton Grundl (1825–1896), Pfarrer von Lichtental, ließ 1888 die Pfarrkirche renovieren, Mitbegründer des katholischen Gesellenvereins Alsergrund (Kolpinghaus)

Grundsteingasse, 16., seit 1883 (urspr.: Untere Gasse, Untere Hauptstraße, ab 1867: Gärtnergasse), 1704 wurde nach der Erbauung des Linienwalles und des ersten Hauses (Nr. 6) der Grundstein zur späteren Ortschaft Neulerchenfeld gelegt

Gruntzelstraße, 22., seit 1955 (vorher: Siegfriedstraße), Josef Gruntzel (1886 bis 1934), Nationalökonom, 1908 Prof. für Volkswirtschaftslehre, Sekretär im Zentralverband der Industriellen

Gruschaplatz, 14., seit 1912, Dr. Josef Gruscha (1820–1911), Moraltheologe, 1890 Erzbischof von Wien, 1891 Kardinal, soziales Engagement

Gschwandnergasse, 17., seit ca. 1864, Johann Gschwandtner (sic!) (1802 bis 1862), Gastwirt, errichtete 1839 eine Vergnügungsstätte, die 1846 auf 500 Plätze erweitert wurde; sein Sohn Georg baute 1877 einen noch größeren Saal; „Der Gschwandner" wurde zum beliebten Ball-, Konzert- und Volkssängerlokal; Bruder Johann Gschwandtner war Baumeister

Gschweidlgasse, 21., seit 1993, Fritz Gschweidl (1901–1970), Fußballer, s. auch *Anton-Schall-Gasse, Karl-Schott-Gasse, Rudi-Hiden-Gasse, Sindelargasse, Voglgasse*

Gsellhofergasse, 23., seit 1959, Carl Gsellhofer (1779 bis 1858), Maler, Radierer

Gspöttgraben, 19., Benennungsdatum unbekannt, Flurname

Gudrunstraße, 3. und 10., seit 1900 (vorher: Geißelberger Weg, Simmeringer Straße, Berthagasse, Croatengasse), nach dem mittelhochdeutschen Epos „Gudrun" (13. Jahrhundert)

Günselgasse, 14., seit 1953, nach der Pflanzengattung (Ajuga)

Günthergasse, 9., seit 1875, Dr. Anton Günther (1783–1863), Philosoph, Priester, Begründer einer romantischen Theologie; seine Schüler gründeten den Altkatholizismus

Güpferlingstraße, 17., seit 1894 (vorher: Ottakringer Straße), Flurname, 1375 erwähnt, rundliche Bodenerhebung („Gupf")

Gürtelbrücke, 19., seit 1964, erbaut 1962 bis 1964

Gütenbachstraße, 13. und 23., Benennungsdatum unbekannt, nach dem Gütenbach, dem größten Nebenfluss der Liesing

Güterslohgasse, 22., seit 2006, Prof. Albert Paris Gütersloh (1887 bis 1973, eig. Albert Konrad Kiehtreiber), Maler, Schriftsteller („Die tanzende Törin", 1911), Bühnenbildner; gehörte dem Kreis um Gustav Klimt an, Professur an der Wr. Kunstgewerbeschule (1930), 1938 Entlassung, Mitglied der Secession (1933–1939 und ab 1954), geistiger Vater der „Wiener Schule des phantastischen Realismus", wichtig auch im Hagenbund und Art Club

Gugitzgasse, 19., seit 1966, Gustav Gugitz (1874–1964), Kulturhistoriker, Schriftsteller, Viennensia-Forscher, verkaufte eine 6.000 Bände umfassende Viennensia-Bibliothek an die Stadt Wien, umfangreiche publizistische Tätigkeit („Sagen und Legenden der Stadt Wien", 1952)

Guglgasse, 3., seit 1895 gebräuchlich, 1959 offiziell benannt, nach der altansässigen Familie Gugl, die eine Gärtnerei betrieb

Gugliagasse, 22., seit 1959, Eugen Guglia (1857 bis 1919), Chefredakteur der „Wiener Zeitung", Historiker, Publizist („Geschichte der Stadt Wien", 1892)

Guido-Lammer-Gasse, 22., seit 1962, Guido Lammer (1863 bis 1945), Pionier des Alpinismus

Guldenbrücke, 13. und 14., 1896 erbaut, s. *Guldengasse*

Guldengasse, 14., seit 1894 (vorher: Wiengasse), Karl Gulden (1828 bis 1902), Bürgermeister von Baumgarten (1865 bis 1876)

Gumpendorfer Gürtel, 6., seit 1965 (vorher: Mollardgasse), siehe *Gumpendorfer Straße*

Gumpendorfer Straße, 6., seit 1862 (urspr.: Im Saugraben, dann Kothgasse, Bräuhausgasse, Gumpendorfer Hauptstraße), zur Erinnerung an den alten Vorstadtnamen; Gumpendorf, 1130/40 urk. erwähnt, wurde 1850 Teil des damaligen 5. Bezirkes, 1861 des 6. Bezirkes

Gumplowiczstraße, 22., seit 1959, Dr. Ludwig Gumplowicz (1838 bis 1909), Jurist, Soziologe, Univ.-Prof. in Graz (1893 bis 1908)

Gundackergasse, 22., seit 1972, Dipl.-Ing. Johann Gundacker (1887–1962), Oberstadtbaurat

Gunertweg, 22., seit 1984, Prof. Dr. Johann Gunert (1903 bis 1982), Bibliothekar, Lyriker, Präsident der Grillparzer-Gesellschaft

Guneschgasse, 19., seit 1894 (vorher: Antoniengasse), Andreas Ritter von Gunesch (1799–1875), Superintendent (1862–1875) für Kärnten, Steiermark, Wien und NÖ (Evang. Kirche A. B.), Pfarrer Innere Stadt (1828–1875)

Gunoldstraße, 19., seit ca. 1874, Franz Michael Gunold (1797 bis 1879), Holzhändler, Ortsrichter von Nussdorf (1837 bis 1845), schenkte der Gemeinde den Grund für die Straße

Guntherstraße, 15., seit 1912, der Burgunderkönig Gunther, Gestalt aus der Nibelungensage

Guntherstraße, 22., Benennungsdatum unbekannt, s. vorher

Gurkgasse, 14., seit 1859 (vorher: Sackgasse), Eduard Gurk (1801 bis 1842), Maler, Kupferstecher

Guschelbauergasse, 21., seit 1952, Edmund Guschelbauer (1839 bis 1912), Wiener Volksliedsänger, Coupletdichter („Der alte Drahrer")

Gusengasse, 21., seit 1953, Nebenfluss der Donau bei Linz

Gusenleithnergasse, 14., seit 1907, Georg Gusenleithner (1836 bis 1907), Bürgermeister von Penzing (1879 bis 1892), Bezirksvorsteher des 13. Bezirks (1897 bis 1907)

Gusindegasse, 13., seit 1975, Dr. Martin Gusinde (1886–1969), Ethnologe, Missionar, Theologe an den Universitäten Santiago de Chile und Washington; Expeditionen nach Lateinamerika in den dreißiger Jahren und Forschungsreisen in den fünfziger Jahren nach Zentral- und Südafrika

Gussenbauergasse, 9., seit 1910, Dr. Carl Gussenbauer (1842 bis 1903), Chirurg, 1894 als Nachfolger seines Lehrers Billroth Leiter der II. Chir. Universitätsklinik in Wien, befasste sich mit Operationstechniken und der Infektion

Gußhausstraße (nR **Gusshausstraße**), 4., seit 1873, nach einer 1750 errichteten Kanonengießerei („Gusshaus"), später in eine Kunsterzgießerei umgewandelt

Gußriegelstraße, 10., seit 1904, Flurname (1787 als „In Grußriefeln" [sic!] erwähnt)

Gustav-Brünner-Straße, 13., seit 1933, Gustav Brünner (1824–1905), Bürgermeister von Mauer (1879–1882), Gemeinderat (1872 bis 1875), Begründer einer Lampenfabrik

Gustav-Pick-Gasse, 19., seit 1966, Gustav Pick (1832–1921), Wienerlieder-Komponist („Fiakerlied")

Gustav-Seidl-Gasse, 13., seit 1906, Gustav Seidl (1816–1887), Bürgermeister von Hacking (1878–1886)

Gustav-Tschermak-Gasse, 18. und 19., seit 1935 (vorher: Dittesgasse), Dr. Gustav Tschermak, Edler von Seysenegg (1836 bis 1927), Mineraloge, Univ.-Prof.

Gusterergasse, 14., seit 1948 (1929 irrtümlich Gustrogasse benannt, 1948 richtiggestellt), Josef Gusterer (1819 bis 1848), Taglöhner, fiel in der Märzrevolution 1848, s. *Achtundvierzigerplatz*, s. *Märzstraße*

Gutenberggasse, 7., seit 1862 (vorher: Johannesgasse), Johann Gutenberg (eig. Johannes Gensfleisch, um 1400 bis 1468), Erfinder des Buchdrucks („Gutenbergbibel", um 1455)

Gutheil-Schoder-Gasse, 23., seit 1961, Maria Gutheil-Schoder (1874–1935), Opernsängerin (gefeierte Mozartsängerin)

Gutraterplatz, 16., seit 1901, Gabriel Gutrater (gest. 1529), Bürgermeister von Wien, Stadtschreiber, Jurist

Gutzkowplatz, 13., seit 1932, Karl Gutzkow (1811 bis 1878), deutscher Dichter, Repräsentant des „Jungen Deutschland"

Gymnasiumstraße, 18. und 19., seit 1894 (im 18. Bezirk vorher Feldgasse, im 19. Bezirk Währinger Weg), nach dem 1887 erb. Döblinger Gymnasium

Gyrowetzgasse, 14., seit 1894 (vorher: Mayrgasse), Adalbert Gyrowetz (1763 bis 1850), Komponist, Hofkapellmeister, gehörte zu den meistgespielten Komponisten seiner Zeit (30 Opern, 40 Ballette, 40 Symphonien, 43 Streichquartette usw.)

H

Haarhof, 1., urk. erstmals 1444 als Handelsplatz der Flachshändler erwähnt (Haar = Bezeichnung für Flachs)

Haasgasse, 2., seit 1885, Simon Anton Haas (1810 bis 1879), Bezirksvorsteher (1874–1878), Gemeinderat (1872 bis 1879), Direktor der Ersten österreichischen Spar-Casse

Haberditzlgasse, 21., seit 1954, Franz Haberditzl (1882 bis 1944), Kunsthistoriker, beschäftigte sich mit der flämischen Kunst des 17. Jhds.

Haberlandtgasse, 22., seit 1955 (vorher: Reitergasse), Dr. Michael Haberlandt (1860–1940), Ethnologe, Gründer des Völkerkundemuseums (1895)

Haberlgasse, 16., seit 1867 (vorher: Reinhartgasse; endgültige Benennung erst 1959), Johann Haberl (1812 bis 1883), Kaufmann und Bürgermeister von Neulerchenfeld (1864–1882)

Habichergasse, 16., seit 1883, Konstantin Habicher (1830 bis 1897), Bezirkshauptmann von Hernals

Haböckgasse, 23., seit 1973 (vorher: Haböckweg), Franz Haböck (1868 bis 1921), Musikpädagoge, 1905 Prof.

Habsburgergasse, 1., seit 1862 (vorher: Obere Bräunerstraße), nach der seit 1278 herrschenden Dynastie der Habsburger; im 14. Jhd. Preidenstraße, im 17. Jhd. Preinerstraße

Hackenberggasse, 19., seit 1876, führt auf den 360 m hohen, schon 1355 urk. genannten Hackenberg; Hacken war ein altes Wiesenmaß

Hackenbergweg, 19., seit 1992 amtlich, s. *Hackenberggasse*

Hackengasse, 15., seit ca. 1864, nach dem Gasthausschild „Zu den drei Hacken"

Hackhofergasse, 19., seit 1894 (bis 1875 Berggasse, 1875–1894 Färbergasse), Ignaz Hackhofer (1785–1854), Hausbesitzer, Gründer einer Färberei in Nussdorf

Hackinger Hof, 13., seit 1908, zur Erinnerung an den historischen Gebäudenamen, s. *Hackinger Straße*

Hackinger Kai, 13., Benennungsdatum unbekannt, nach seiner Lage, s. *Hackinger Straße*

Hackinger Steg, 13. und 14., 1898 errichtet, 1966 und 1993/94 erneuert

Hackinger Straße, 13. und 14., seit 1908 (vorher teilweise Hackinger Kai, bis 1894 Alleegasse in Hacking, An der Wien in Baumgarten), zur Erinnerung an das alte Bauerndorf, vor der Eingemeindung zählte es 1.264 Einwohner, Hacking kam 1892 zum 13. Bezirk, 1938 zum 14. Bezirk

Hadatschgasse, 11., seit 1894 (vorher 2. Landengasse), Franz Josef Hadatsch (1798 bis 1849), Schriftsteller (Romane, Gedichte), schrieb die Erinnerungen von Anton Hasenhut; s. *Hasenhutgasse*

Hadersbergensteig, 23., seit 1965, Riedname

Hadikgasse, 14., seit 1894 (vorher: Parkgasse), Andreas Graf Hadik von Futak (1711–1790), Feldmarschall-Leutnant im Siebenjährigen Krieg (1756–1763), später Generalfeldmarschall, besaß Besitz in Baumgarten

Hadlaubgasse, 22., seit 1954, Johann Hadlaub (1302 bis 1340), Schweizer Minnesänger

Hadrawagasse, 22., seit 1955 (vorher: Johann-Strauß-Gasse), Josef Johann Hadrawa (1869–1950), Schriftsteller (Volksstücke, Wienerlieder)

Haebergasse, 12., seit 1894 (vorher: Sackgasse), Dr. Franz Haeber (1788 bis 1880), Armenarzt in Gaudenzdorf

Haeckelstraße, 23., seit 1947 (1938 bis 1947 Holzweberstraße), Ernst Haeckel (1834 bis 1919), Zoologe, 1862 bis 1919 Professor in Jena, prägte um 1866 den Begriff Ökologie

Hägelingasse, 14., seit 1894 (vorher: Schulgasse), Franz Karl Hägelin (1735 bis 1809), Schöpfer der Normal- und Realschule unter Maria Theresia, Mitglied der obersten Zensurbehörde

Hämmerlegasse, 10., seit 1956, Theodor Hämmerle (1859 bis 1930), Mitgründer des Wiener Konzertvereins, Mäzen, Textilindustrieller

Händelgasse, 17. und 18., seit 1927, Georg Friedrich Händel (1685–1759), Komponist (Opern, Oratorien, Orgel- und Klavierkompositionen)

Hänflingweg, 14., seit 1953, nach dem Vogel (Finkenart)

Haengasse, 22., seit 1972, Dr. Anton de Haen (1704 bis 1776), Arzt, begründete die 1. medizinische Klinik der Universität Wien, beschäftigte sich mit Fieberkrankheiten

Hänischgasse, 22., seit 1975, Aloys Hänisch (1866 bis 1937), Maler (Stilleben), Gründungsmitglied der Secession

Haeussermannweg, 3., seit 1977, Reinhold Haeussermann (1884 bis 1947), Burgschauspieler, Vater von Ernst Haeussermann (1916–1984), Burgtheaterdirektor 1959 bis 1968, 1970 Direktor des Theaters in der Josefstadt; 1987 wurde der Haeussermannweg auch auf Ernst H. ausgedehnt

Häußlergasse, 22., seit 1965, Dr. Franz Häußler (1899 bis 1958), Pädagoge, Psychologe

Hafenbrücke, 2. und 11., verbindet den Praterspitz mit Albern

Hafengasse, 3., seit 1862 (vorher: Klimschgasse, Kanalgasse), hier befand sich der Hafen des Wiener Neustädter Kanals; 1879 aufgelassen

Hafenzufahrtstraße, 2., seit 1912, nach dem Freudenauer Winterhafen

Haffnergasse, 22., seit 1955 (vorher: Haydngasse), Carl Haffner (1804 bis 1876), Schriftsteller, Schauspieler (Textbuch zur „Fledermaus")

Hafnergasse, 2., seit 1862 (vorher: Kleine Hafnergasse), ehemaliger Sitz von Töpfern und Hafnern

Hafnersteig, 1., seit 1786 geläufig für den ganzen Straßenzug; bis ca. 1547 „Unter den Hafnern", 1710 Hafnergässl; nach den Betriebs- und Verkaufsstätten der ansässigen Hafner

Hagebuttenweg, 22., seit 1955, nach der Frucht der Heckenrose

Hagedornweg, 22., seit 1944, nach der Strauchgattung, die üblicherweise Weißdorn (Crataegus) heißt

Hagenberggasse, 13., seit 1907, nach dem gleichnamigen Berg (411 m hoch)

Hagenbrunner Straße, 21., Benennungsdatum unbekannt, führt nach Hagenbrunn in Niederösterreich

Hagengasse, 15., seit 1912, nach dem Burgunder Hagen von Tronje aus der Nibelungensage

Hagenmüllergasse, 3., seit 1874, Franz Josef Freiherr von Haggenmüller zu Grienberg (sic!, 1746–1824), Besitzer der Herrschaft Erdberg, Wohltäter

Hagenpromenade, 21., seit 1997, Flurname (ursprünglich war bereits 1994 eine Hagenpromenade an anderer Stelle vorgesehen)

Hahnemanngasse, 21., seit 1993, Wilhelm Hahnemann (1914 bis 1991), Fußballer

Hahngasse, 9., seit 1862 (1853 Weiße Hahngasse, 1938–1945 Sennhofergasse), nach dem Gasthaus „Zum weißen Hahn"

Haidackergasse, 12., seit 1902 (vorher: Friedhofstraße), alter Flurname

Haidengasse, 23., Benennungsdatum unbekannt, nach den dortigen Haide-(Heide)flächen

Haidequerstraße, 11., seit 1884, Verkehrswege quer über die Simmeringer Haide: urspr. 1.–9. Haidequerstraße (3., 4. und 6. aus dem amtlichen Verkehrsflächenverzeichnis gestrichen), siehe Einleitung

Haidersberggasse, 14., seit 1956, alter Flurname

Haidestraße, 11., seit 1884, führt über die Simmeringer Haide

Haidgasse, 2., seit 1862 (vorher: Badgasse; um 1625 Mittlere Gasse), nach einer hier befindlichen Heide (früher war die Schreibweise Haide üblich)

Haidingergasse, 3., seit 1874, Wilhelm Ritter von Haidinger (1795 bis 1871), Mineraloge, Geologe, Gründer und erster Direktor der Geologischen Reichsanstalt (1849 bis 1866; heute Geologische Bundesanstalt)

Haidmannsgasse, 15., seit 1876, Johann Anton Haidmanns, Besitzer des Haidmannsfeldes, auf dem die Kirche Maria vom Siege erbaut wurde

Haidschüttgasse, 21., seit 1901, nach der ehemaligen Insel im alten Donaugebiet

Hainbachgasse, 14., seit 1970, nach dem in der Nähe entspringenden Hainbach

Hainburger Straße, 3., seit 1883 (früher: Lustgasse, Wällischgasse, Paulushöhe), nach der Stadt Hainburg/Donau

Hainburger Weg, 3., seit 1991, s. *Hainburger Straße*

Haindlgasse, 11., seit 1904, Johann Haindl (1834–1896), Landwirt, letzter Bürgermeister von Kaiserebersdorf (1873–1891)

Haizingergasse, 18., seit 1894 (vorher: Ferstelgasse), Amalie Haizinger (1800 bis 1884), Schauspielerin, 1846–1875 am Burgtheater engagiert; Gastspiele in München, Berlin, Weimar und Paris

Hakelgasse, 11., seit 1901, Jakob Hakel (1772 bis 1832), Besitzer der Herrschaft Simmering (1816 bis 1832), Großfuhrwerksbesitzer

Halauskagasse, 23., seit 1957, Ludwig Halauska (1827–1882), Maler, Graphiker (Landschaften)

Halban-Kurz-Straße, 23., seit 1983, Selma Halban-Kurz (1874 bis 1933), Opernsängerin

Halbgasse, 7., so benannt, weil sie nur halb so lang wie die Parallelgassen war, bis 1770 Lange Gasse, 1800 Herrengasse

Halblehenweg, 22., seit 1944, Flurname

Halbrittergasse, 23., Benennungsdatum unbekannt, Gottfried Halbritter (1835–1905), Finanzreferent der Gemeinde Rodaun

Halirschgasse, 17., seit 1904 (vorher: Pezzlgasse), Friedrich Ludwig Halirsch (1802 bis 1852), Dichter (Dramen, Novellen, Balladen), Burgtheaterkritiker der Wiener Theaterzeitung

Hallensteingasse, 12., seit 1959, Konrad Adolf Hallenstein (1835 bis 1892), Burgschauspieler

Hallergasse, 11., seit 1894 (vorher: Gärtnergasse), Albrecht von Haller (1708 bis 1777), Arzt, Anatom, Botaniker, Dichter, Maler

Halmgasse, 2., seit 1876, Friedrich Halm (eigentlich Eligius Freiherr von

Münch-Bellinghausen, 1806 bis 1871), Dichter (Dramatik, Lyrik), gehörte zu den beliebtesten Theaterautoren seiner Zeit

Halteraugasse, 19., seit 1875, frühere Donauau, in der die Halter (Hirten) ihr Vieh weiden ließen

Halterlacken, 11., seit 1894, Flurname (zur Erinnerung an einen vor der Donauregulierung bestandenen Teich, zu dem die Halter = Viehhirten ihr Vieh zur Tränke führten), usprünglich Haltergasse

Hamburgerstraße, 5., seit 1911, Karl Hamburger (1848 bis 1891), Gemeinderat (1887–1891), Klavierfabrikant

Hameaustraße, 19., seit 1894 (vorher: Marienstraße), französische Bezeichnung für Weiler, Dörfchen; Graf Lascy ließ dort einen Lust- und Landschaftsgarten gestalten, s. *Lascystraße*

Hameauweg, 17., s. *Hameaustraße*, s. *Lascystraße*

Hamerlinggasse, 14., Benennungsdatum unbekannt, Robert (eig. Rupert) Hammerling (sic! 1830 bis 1889), Lehrer, Schriftsteller (Lyrik, Novellen, Dramen, Epen, Autobiographie „Stationen meiner Lebenspilgerschaft")

Hamerlingplatz, 8., seit 1904, s. *Hamerlinggasse*

Hamerlingweg, 11., nicht amtlich, s. vorher

Hamiltongasse, 14., seit 1894 (vorher: Feldgasse), Johann Andreas Graf Hamilton-Aberçou (1679–1778), Offizier unter Prinz Eugen, Ordonnanz bei der Erstürmung Belgrads 1717, Nachfolger Eugens als Präsident des Hofkriegsrates

Hammerfestweg, 22., seit 1994, Hafenstadt in Norwegen, s. *Trondheimgasse*, s. Einleitung

Hammer-Purgstall-Gasse, 2., seit 1894 (vorher: Antonsgasse), Josef Freiherr von Hammer-Purgstall (1774 bis 1856), Dichter, Orientalist, Übersetzer („Tausend und eine Nacht"), Geograph, Diplomat im Orient

Hammerschmidtgasse, 19., seit 1894 (vorher: Heiligenstädter Straße), Karl Hammerschmidt (1804–1868), Pfarrer von Nussdorf (1852–1868)

Hammerschmiedgraben, 19., seit 1982, zur Erinnerung an eine einst am Anfang des Weges bestandene Hammerschmiede

Hanakgasse, 14., seit 1952, Anton Hanak (1875 bis 1934), Bildhauer (Plastiken, Denkmäler), Mitglied der Secession, z. B. Denkmal der Gefallenen des Ersten Weltkrieges und die Opfer des 15. Juli 1927 am Zentralfriedhof, Victor-Adler-Büste des Republikdenkmals neben dem Parlament

Hanauskagasse, 12., seit 1904, Leopold Hanauska (1815–1899), Pfarrer von Meidling

Handel-Mazzetti-Gasse, 22., seit 1981, Enrica von Handel-Mazzetti (1871 bis 1955), Schriftstellerin (Romane, Novellen, Lyrik), betont katholische Einstellung, Ebner-Eschenbach-Preis (1914)

Handelskai, 2. und 20., seit 1884, nach den Lagerhäusern, Schiffsanlegeplätzen, Kaianlagen

Handlirschgasse, 17., seit 1966, Dr. Anton Handlirsch (1865–1935), Hofrat im Naturhistorischen Museum, Entomologe

Hanfgasse, 22., seit 1993, nach der Nutzpflanze (Cannabis)

Hanglüßgasse (nR **Hanglüssgasse**), 15., seit ca. 1864, Riedname, schon 1335 („In den hangenden Lüssen", hangend = Abhang, Lüssen = Grundstücke)

Hannbaumstraße, 14., Benennungsdatum unbekannt, alter Flurname

Hannovergasse, 20., seit 1869, nach der Königsfamilie von Hannover, die mit dem Heer nach der Niederlage von 1866 nach Wien flüchtete; Hannover war im preußisch-österreichischen Krieg 1866 auf Seite Österreichs gestanden

Hannplatz, 19., seit 1924, Julius von Hann (1839–1921), Meteorologe, 1878 bis 1897 Direktor der Zentralanstalt für Meteorologie und Geodynamik, Lehrtätigkeit, wissenschaftliche Publikationen

Hans-Czermak-Gasse, 21., seit 2002, Univ.-Prof. Dr. Hans Czermak (1913 bis 1989), Kinderarzt, Primar des Preyer'schen Kinderspitals, Sozialmediziner, zahlreiche Publikationen; setzte sich für gewaltfreie Erziehung ein

Hanns-Reimann-Gasse, 22., seit 1997, Dr. Hanns Reimann (1913–1981), seit

1946 praktischer Arzt in Essling, Medizinalrat; populäre und verdienstvolle Persönlichkeit

Hanreitergasse, 21., seit 1995, Franz Hanreiter (1913–1992), Fußballinternationaler, Trainer

Hansalgasse, 3., seit 1886; Martin Ludwig Hansal (1825 bis 1885), Afrikaforscher, österreichischer Vizekonsul in Khartum, Lehrer an der österreichischen Missionsschule in Gondokoro (Sudan), während des Mahdiaufstandes ermordet

Hanschweg, 13., seit 1930, Anton Hansch (1813 bis 1876), Landschaftsmaler (Alpen)

Hanselmayergasse, 13., seit 1910, Franz Hanselmayer (1815 bis 1906), Brunnenmeister, letzter Bürgermeister und erster Bezirksvorsteher (1892 bis 1897) von Hietzing, verlängert 1955

Hansenstraße, 1., seit 1894 (vorher: Amaliengasse, Amalienstraße), Theophil Eduard Freiherr von Hansen (1813 bis 1891), Däne, produktivster aller Ringstraßenarchitekten (Parlament, Börse, Heinrichshof)

Hans-Kraus-Weg, 2., seit 1997, Hans Kraus (1923–1995), Gründer und Leiter des Urania-Puppentheaters

Hans-Kutra-Gasse, 21., seit 2004, Hans Kutra (1913 bis 1990), Oberschulrat, Direktor der ersten Ganztagsschule in Strebersdorf, Kustos des Floridsdorfer Bezirksmuseums

Hansi-Niese-Gasse, 19., seit 1935, Hansi Niese (1875–1934), Volksschauspielerin; Erfolge im Raimundtheater (Raimund- und Nestroyrollen), später am Theater in der Josefstadt Charakterkomikerin; auch zahlreiche Filmrollen

Hansi-Niese-Weg, 13., seit 1955 (vorher ab 1926: Serpentinenweg), s. *Hansi-Niese-Gasse*

Hans-Lang-Weg, 22., seit 1996, Hans Lang (1908–1992), Komponist, Prof. (1968); Wienerlieder („Wenn ich mit meinem Dackel"); schrieb ferner Bühnenstücke („Hofrat Geiger", „Der alte Sünder") und war im Film erfolgreich

Hans-Leinkauf-Platz, 17., seit 1994, Hans Leinkauf (1910–1974), Bezirksparteiobmann der ÖVP Hernals, Gemeinderat 1954–1974, Gründungsmitglied der Kameradschaft der politisch Verfolgten

Hanslgasse, 21., seit 1971 (vorher: Hanslweg), Märchenfigur, eigentlich Hänsel (und Gretel), s. *Gretlgasse*

Hans-Pemmer-Weg, 2., seit 1997, Prof. Hans Pemmer (1886 bis 1972), Volksbildner, Heimatforscher (beschäftigte sich mit dem Prater und vermachte seinen umfangreichen Nachlass dem Pratermuseum)

Hans-Muhr-Promenade, 14., Benennungsdatum unbekannt, Hans Muhr (1878–1932), Kleingartenfunktionär der Siedlung „Am Bierhäuselberg"

Hans-Richter-Gasse, 19., seit 1919, Dr. Hans Richter (1843–1916), Hofkapellmeister

Hans-Sachs-Gasse, 18., seit 1894 (vorher: Wildemanngasse), Hans Sachs (1494–1576), Dichter, Meistersinger (4.000 Meisterlieder, Fastnachtspiele), Schriften für die Reformation, durch Richard Wagners Oper berühmt geworden

Hans-Schilder-Platz, 21., seit 2002, Ing. Hans Schilder (1908–1994), Vereinsgründer (Obmann und Ehrenobmann des KGV Kefedergrund); Benennung anlässlich des 50-jährigen Vereinsjubiläums (Begründung 1952)

Hans-Schmid-Weg, 16., seit 1997, Johann August Schmid (1897–1987), Sänger (Wienerlied-Interpret), Komponist, Kaffeehausbesitzer

Hans-Spitzy-Gasse, 21., seit 1959, Dr. Hans Spitzy (1872 bis 1956), Orthopäde

Hans-Steger-Gasse, 22., seit 1910, Hans Steger (ca. 1398–ca. 1459/60), Bürgermeister von Wien (1434–1439, 1443, 1447–1449), Besitzer der Herrschaft Hirschstetten

Hans-Temple-Gasse, 23., seit 1959, Hans Temple (1857 bis 1931), Maler

Hans-Weiner-Dillmann-Platz, 12., seit 1996, Hans Weiner-Dillmann (1903 bis 1990), Prof., Komponist (Wienerlieder, Schlager, Operetten), Musiker; Mitbegründer des Meidlinger Bezirksmuseums

Hantzenbergergasse, 10., seit 1911, Jakob Hantzenberger (1718 bis 1799), Priester, Wohltäter (stiftete 50.000 Gulden für Waisenhäuser)

Hanuschgasse, 1., seit 1924 (vorher ab 1865 Hofgartengasse), Ferdinand Hanusch (1866 bis 1923), Sozialpolitiker, Gewerkschafter (Textilarbeiter), Sozialdemokrat, 1918 Staatssekretär für soziale Fürsorge (Neugestaltung des Angestelltengesetzes)

Hardeggasse, 22., Benennungsdatum unbekannt, nach Johann Anton Hardegg (1773 bis 1825), Feldmarschall-Leutnant; Johann Ignaz (1772–1848), Kavallerie-General; Johann Heinrich (1778 bis 1854), Kavallerie-General; alle Verdienste in der Schlacht von Aspern (1809) gegen Napoleon

Hardtgasse, 19., seit 1894 (vorher: Neugasse), Flurname, urkundlich 1292 erwähnt (von Hart = Wald, Heidewald), wie *Hartäckerstraße*

Hardtmuthgasse, 10., seit 1894 (vorher: Franz-Josefs-Gasse und Rudolfsgasse), Joseph Hardtmuth (1752–1816), Bleistifterzeuger, kam 1786 nach Wien und brachte es vom Maurerlehrling zum Baudirektor, 1802 erfand er die keramische Bleistiftmine; 1829 stellte seine Fabrik 200.000 Dutzend Bleistifte her, das Verwaltungszentrum befand sich seit 1906 im 9. Bezirk, 1992 Übersiedlung ins Burgenland

Harkortstraße, 2., seit 1898, Kaspar Johann Harkort (1785 bis 1877), Inhaber einer Duisburger Baufirma, welche die Rotunde und die Ostbahnbrücke errichtete

Harlacherweg, 22., seit 1957, August R. Harlacher (1842–1890), Begründer der Wassermesskunde (Hydrometrie)

Harmoniegasse, 9., seit 1865, nach dem ehemaligen „Harmonietheater", 1864/65 erbaut, später „Orpheum", „Neue Wiener Bühne"; 1928 zugesperrt

Harrachgasse, 22., seit 1873, Graf Karl Harrach (1761–1829), Arzt, Humanist, kümmerte sich um die Armen und um entlassene Sträflinge

Hartäckerstraße, 19., seit 1894 (vorher: Pötzleinsdorfer Straße), Flurname (von Hart = Wald, Heidewald), wie *Hardtgasse*

Harthausergasse, 12., seit 1894 (vorher: Wiengasse), Lukas Harthauser (1817 bis 1889), Färber, Gemeinderat von Gaudenzdorf

Hartlebengasse, 22., seit 1933, Otto Erich Hartleben (1864–1905), deutscher Dichter („Rosenmontag", 1900)

Hartlgasse, 20., seit 1956 (vorher: Wintergasse), Dr. Karl Hartl (1878 bis 1941), Autor der Wiener Stadtverfassung von 1931, Jurist, Magistratsdirektor; 1934 politisch bedingt seines Dienstes enthoben

Hartmanngasse, 5., seit 1826 (urspr. Tempelgasse), Johann Georg Hartmann (1772 bis 1850), Wohltäter, Seidenwarenfabrikant, Mitglied des Äußeren Stadtrats

Hartriegelgasse, 22., seit 1954, nach der Strauchgattung (Cornus)

Hartwig-Balzen-Gasse, 21., seit 1994, Hartwig Balzen (1909 bis 1982), Pfarrer (1951 Leopoldau, Bau der Arbeiterkirche Nordrandsiedlung; 1965 St. Johann Nepomuk in der Leopoldstadt), Arbeiterseelsorger; Widerstand in der NS-Zeit

Haschgasse, 11., seit 1961, Dr. Alexander Hasch (1778–1855), Fachmann des Materialprüfwesens für Baustoffe, Oberstadtbaurat

Haschkagasse, 12., seit 1894 (vorher: Gymnasiumstraße), Lorenz Leopold Haschka (1749 bis 1827), Lehrer, Lyriker (dichtete patriotische Oden, von ihm stammt die Kaiserhymne „Gott erhalte Franz, den Kaiser")

Haselbrunnerstraße, 23., Benennungsdatum unbekannt, Josef Haselbrunner (1851 bis 1913), Bürgermeister von Kalksburg (1882 bis 1904), Schlossermeister

Haselnußweg (nR **Haselnussweg**), 22., seit 1978, nach der Strauchart (Corylus avellana) und deren essbarer Frucht

Hasenauerstraße, 18. und 19., seit 1894 (vorher: Parkstraße), Karl Freiherr von Hasenauer (1833 bis 1894), Architekt (erbaute mit Gottfried Semper das Burgtheater)

Hasengasse, 10., seit 1862, hier wurden noch um 1850 Hasenjagden abgehalten

Hasenhutgasse, 12., seit 1930, Anton Hasenhut (1760–1841), Schauspieler, Schöpfer der volkstümlichen Figur des „Thaddädl"; s. auch *Hadatschgasse*

Hasenleitengasse, 11., seit 1894 (vorher: Laaer Weg), Flurname

Hasenöhrlstraße, 10., seit 1956 (vorher: Schubertstraße), Dr. Friedrich Hasenöhrl (1874 bis 1915), Physiker, Univ.-Prof.; verlängert 2004

Hasensteig, 14., Benennungsdatum unbekannt, nach dem Tier

Hasenwartgasse, 23., seit 1954 (vorher: Johann-Strauß-Gasse), Riedname

Hasibederstraße, 22., seit 1983, Ferdinand Hasibeder (1920 bis 1982), Philanthrop

Haslingergasse, 16. und 17., seit 1894 (urspr. Große Sackgasse, dann Kleine Sackgasse, schließlich Sterngasse), Tobias Haslinger (1787–1842), Musikverleger, Kunsthändler

Hasnergasse, 22., Benennungsdatum und Herkunft unbekannt

Hasnerstraße, 16., seit 1883 (vorher: Bernard- und Gablenzgasse), Leopold Hasner Ritter von Artha (1818–1891), Professor der politischen Ökonomie an der Universität Wien, 1867 ins Herrenhaus berufen, Sprecher der Verfassungspartei, 1867 bis1870 Minister für Cultus und Unterricht, 1869 Reichsvolksschulgesetz (8-jährige Schulpflicht, weltliche Schulaufsicht), 1870 Ministerpräsident

Haspelmeistergasse, 14., seit 1958, nach dem Haspelmeister, dem das Haspelamt vorstand; der Haspelmeister beaufsichtigte im 15./16. Jhd. die kaiserlichen Hasengehege

Haspingergasse, 8., Benennungsdatum unbekannt; s. *Haspingerplatz*

Haspingerplatz, 21., seit 1898, Johann Haspinger (1776–1858), Pfarrer, Tiroler Freiheitskämpfer (enger Mitarbeiter von Andreas Hofer), musste Tirol verlassen und lebte dann in Wien

Hassingergasse, 21., seit 1954, Dr. Hugo Hassinger (1877 bis 1952), Geograph, wissenschaftliche Publikationen

Haßlwanderweg, 22., seit 1928, Josef Haßlwander (1812 bis 1873) und sein Sohn Friedrich (1840 bis 1914), beide Historienmaler

Haßreitersteig, 23., seit 1935 (vorher ab 1886: Gartengasse), Josef Haßreiter (1845–1940), Ballettmeister, Tänzer, Regisseur; 20 Jahre Solotänzer an der Staatsoper

Hasswellgasse, 21., seit 1936, John Hasswell (1812 bis 1897), Maschinenbauingenieur, Gründer des österreichischen Lokomotivbaues

Hatschekgasse, 22., seit 1953, Ludwig Hatschek (1856 bis 1914), Erfinder des „Eternit" (Asbestzement), Industrieller

Haubenbiglstraße, 19., seit 1903 (vorher: Teil der Hungerbergstraße), Flurname (abgeleitet von hügelförmigen Bodenerhebungen)

Hauerweg, 19., seit 1912, ein von Weinhauern benutzter Weg

Hauffgasse, 11., seit 1894 (vorher: Hirschengasse), Wilhelm Hauff (1802 bis 1827), Dichter (Märchen, Novellen), z. B. „Das Wirtshaus im Spessart"

Haugerstraße, 11., seit 1940, Georg Hauger (1792–1858), Tiroler Freiheitskämpfer (1809), exhumierte 1823 die Gebeine von Andreas Hofer

Haulerstraße, 9., seit 1934 (vorher ab 1925: Paul-Hock-Straße), Johann Hauler (1829–1888), Altphilologe; schrieb Unterrichtsbücher für Mittelschulen, Verdienste um den Verein „Mittelschule"

Haunzahndgasse, 12., seit 1922, nach einem „lebenden" Gartenzaun (aus Sträuchern, meistens Hagedornbüsche)

Hauptallee, 2., 1537/38, die erste Straßenanlage in den Donauauen, die heutige Straße seit 1837

Hauptstraße, 14., Benennungsdatum unklar, trug diesen Namen bereits in der damals selbstständigen Gemeinde Hadersdorf

Hauptweg, 17., nicht amtliche Bezeichnung

Hausergasse, 10., seit 1875, Georg Hauser, Baumeister zu St. Stephan (arbeitete im 15./16. Jhd. am Nordturm der Stephanskirche)

Hausfeldstraße, 22., seit 1910 (vorher: Breitenleer Straße), Flurname

Hausgrabengasse, 23., seit 1967, der Grund, auf dem das Schloss Liesing stand, wurde so bezeichnet (heute Altersheim Liesing)

Hausgrundweg, 22., seit 1920 (vorher: Kaiserweg), Flurname

Hauslabgasse, 4. und 5., seit 1891, Franz Ritter von Hauslab (1798–1833), General, Maler, Kartograph

Haussteinstraße, 2., seit 1899, benannt nach einer Donauinsel bei Grein, die 1856 bis 1858 gesprengt wurde

Hauswurzgasse, 22., seit 1954, nach der Pflanzengattung (Sempervivum)

Havannaweg, 22., amtlich seit 1984, nach der kubanischen Hauptstadt, vorher ebenso nicht amtlich

Hawelgasse, 18., seit 1925, Rudolf Hawel (1860–1923), Volksschullehrer, Schriftsteller (sozialkritische Volksstücke)

Hawlicekgasse, 21., seit 1937, Vinzenz Havlíček (sic!, 1864 bis 1915), Wiener Aquarellmaler

Haydlergasse, 16., seit 1897, Matthias Haydler (gest. 1676), Ortsrichter von Ottakring

Haydngasse, 6., seit 1862 (vorher: Kleine Steingasse), Joseph Haydn (1732 bis 1809), Komponist (Oratorien, Messen, Symphonien, Opern)

Hayekgasse, 21., seit 1994, Univ.-Prof. Dr. Friedrich August Hayek (1899 bis 1992), Nationalökonom, 1974 Nobelpreis für Wirtschaftswissenschaften, trat durch wettbewerbs- und konjunkturtheoretische Arbeiten hervor

Haymerlegasse, 16., seit 1894 (vorher: Engerthgasse, 1938 bis 1945 Adalbert-Schwartz-Gasse), Heinrich Freiherr von Haymerle (1828 bis 1881), Diplomat, bereitete als Außenminister den Abschluss des Dreibundvertrages zwischen Österreich/Ungarn sowie Deutschland und Italien vor

Haymogasse, 23., seit 1928, nach Haymo von Neuburg, Angehöriger eines alten Rittergeschlechtes (13. Jhd.)

Hebbelgasse, 10., seit 1869 (vorher: Berlagasse), Friedrich Hebbel (1813 bis 1863), Dichter („Judith", 1840, „Genoveva", 1841, „Nibelungentrilogie", 1860 abgeschlossen)

Hebbelplatz, 10., seit 1913, s. *Hebbelgasse, s. Christine-Enghaus-Weg*

Hebragasse, 9., seit 1886 (1938 bis 1945: Albertgasse), Ferdinand Ritter von Hebra (1816–1880), Dermatologe, Arzt; fand wirksame Behandlung gegen die Hautkrätze, machte Wien zum Mittelpunkt der dermatologischen Forschung und Lehre; zahlreiche Veröffentlichungen („Atlas der Hautkrankheiten" und mit seinem Schwiegersohn Kaposi „Lehrbuch der Hautkrankheiten"), s. *Kaposigasse*

Hechtweg, 22., Benennungsdatum unbekannt, nach dem Fisch

Heckenweg, 22., seit 1924, Flurname

Hederichgasse, 10., seit 1957, nach dem Pflanzennamen (für verschiedene Kreuzblütler)

Hedwiggasse, 2., seit 1865; Benennung nicht ganz klar, vermutlich nach der Gattin des Schriftstellers Adolf Bäuerle, s. *Bäuerlegasse*

Hedy-Lamarr-Weg, 12., seit 2006, Hedy Lamarr (eig. Hedwig Eva Maria Kiesler, 1913 bis 2000), Filmschauspielerin („Ekstase", 1933), in erster Ehe verheiratet mit dem Waffenproduzenten Fritz Mandl, 1938 Emigration, wirkte in 25 Hollywoodfilmen mit (z. B. „Samson und Delila"); Erfinderin (Funkfernsteuerung für Torpedos, 1942 – später wichtige technische Grundlage für Mobiltelefone), Autobiographie („Ecstasy an Me", 1966), blieb in der Emigration und starb in Orlando/Florida

Hedy-Urach-Gasse, 13., seit 1949 (vorher: Tolstojgasse), Hedy Urach (1910 bis 1943), Schneiderin; führende Funktionärin der KPÖ, 1941 verhaftet und nach zweijähriger Folterhaft 1943 hingerichtet

Heeresmuseumstraße, 3., seit 1958, nach dem im Arsenal befindlichen Heeresgeschichtlichen Museum

Hegelgasse, 1., seit 1865, Wilhelm Hegel (1770 bis 1831), Philosoph

Hegergasse, 3., seit 1894, Ignaz Jakob Heger (1808 bis 1854), Förderer der Gabelsberger Stenographie

Heidelgasse, 11., seit 1964, Flurname

Heidenreichsteinweg, 21., seit 1954, nach der Stadt im Waldviertel (Niederöstereich)

Heidenschuß (nR **Heidenschuss**), 1., 1274 erstmals urk. erwähnt; nach dem Hausschild, dessen Herkunft unklar ist (die alte Sage vom Bäckergesellen, der 1529 Minen der Türken entdeckte, ist widerlegt)

Heiderichstraße, 16., seit 1936 (vorher: Roterdstraße), Dr. Franz Heiderich (1863 bis 1926), Geograph, Verfasser von Schullehrbüchern

Heidestraße, 14., Benennungsdatum unbekannt, nach den Heideflächen, die vor Errichtung der Kleingartenanlage bestanden

Heideweg, 14., nicht amtliche Bezeichnung, s. *Heidestraße*

Heigerleinstraße, 16. und 17., seit 1897, Johann Heigerlein von Leutkirch, eigentlich Fabri (1478 bis 1541), Bischof von Wien, Humanist, Diplomat, stiftete das Konvikt St. Niklas in der Singerstraße, um den Priesternachwuchs zu fördern; weihte 1531 die wiederaufgebauten Kirchen in Ottakring nach den Türkenkriegen

Heiligenstädter Brücke, 19. und 20., seit 1919, 1883/84 als Kaiser-Franz-Josephs-Brücke errichtet, s. *Heiligenstädter Straße*

Heiligenstädter Lände, 9. und 19., Benennungsdatum unbekannt (um 1800 Hufsteig), s. *Heiligenstädter Straße*

Heiligenstädter Straße, 19., seit 1894 (um 1706 Nussdorfer Weg, 1721–1894 Nussdorfer Straße, 1938–1945 teilweise Berliner Straße), zur Erinnerung an den alten Vorortnamen; Heiligenstadt, 1120 als St. Michael, um 1200 mit dem jetzigen Namen erwähnt, wurde 1890/92 dem 19. Bezirk angeschlossen, 1890 hatte Heiligenstadt 5.580 Einwohner

Heimgasse, 23., seit 1924, nach der Baugenossenschaft „Mein Heim"

Heimkehrergasse, 10., seit 1957 (vorher: Vereinsgasse), nach der Siedlung „Heimkehrer"

Heimschollegasse, 13., seit 1932, nach der gleichnamigen Siedlungsgenossenschaft

Heimstättenstraße, 14., Benennungsdatum unbekannt, zur Würdigung der neuen „Heimstätten" der Siedler

Heindlgasse, 16., seit 1888, Johann Baptist Heindl (1821–1885), Gemeinderat, Apotheker, Ehrenbürger von Ottakring

Heinestraße, 2., seit 1919 (urspr. Augarten-Allee, später Schawel-Allee [nach dem Rennstallbesitzer Josef Shawel – sic!], Augarten-Alleestraße, bis 1919 Kaiser-Joseph-Straße, 1938 bis 1945 Schönererstraße), Heinrich Heine (1797 bis 1856), bedeutendster deutscher Lyriker zwischen Romantik und Realismus („Deutschland, ein Wintermärchen")

Heingasse, 21., seit 1903, Dr. Wilhelm Hein (1861–1903), Schriftsteller, Orientalist, Museumsethnograph

Heinickegasse, 15., seit 1894 (vorher: Braunhirschengasse), Samuel Heinicke (1729 bis 1790), Begründer des Taubstummenunterrichts

Heinrich-Collin-Straße, 14., seit 1901, Heinrich Joseph von Collin (1771 bis 1811), Dichter (Lyrik, Balladen, Dramen), für das Drama „Coriolan" schrieb Beethoven eine Ouvertüre

Heinrich-Drimmel-Platz, 3., seit 1997, Dr. Heinrich Drimmel (1912–1991), Jurist, 1954–1964 Unterrichtsminister (Anerkennung des Konkordats von 1933), Vizebürgermeister von Wien (1964–1969), Autor historischer Sachbücher („Die Häuser meines Lebens")

Heinrich-Kneissl-Gasse, 14., seit 1956, Heinrich Wolf Kneissl von Häkingen, im 16. Jhd. als kaiserlicher Waldmeister (Forstmeister) genannt (Häkingen bedeutet vermutlich Hacking)

Heinrich-Lefler-Gasse, 22., seit 1932, Heinrich Lefler (1863 bis 1919), Maler, Graphiker

Heinrich-Maxa-Gasse, 2., seit 1993, Heinrich Maxa (1907–1992), Bezirksvorsteher-Stellvertreter der Leopoldstadt (1969 bis 1973), Landesobmannstellvertreter des Wr. Seniorenbundes

Heinrich-Mitteis-Gasse, 21., seit 1954, Dr. Heinrich Mitteis (1889 bis 1952), Rechtshistoriker, Univ.-Prof.

Heinrich-von-Buol-Gasse, 21., seit 1976, DDr. h. c. Heinrich von Buol (1880 bis 1945), Direktor der Siemens-Halske AG; setzte sich während der NS-Zeit für gefährdete Mitarbeiter ein

Heinrichsgasse, 1., seit 1862, Erzherzog Heinrich Anton Maria Rainer (1828 bis 1891), Feldmarschall-Leutnant

Heinrich-Zeder-Weg, 10., seit 2004, Heinrich Zeder (1903 bis 1985), Kaplan, Seelsorger; Widerstandskämpfer, begründete 1939 die liturgische Gemeinschaft der Jugend, 1940 bis 1943 in Gestapo-Haft, 1944 Verurteilung zu zwei Jahren Haft, die er bereits verbüßt hatte; schrieb später seine Erlebnisse nieder im Buch „Judas sucht einen Bruder", 1945 bis 1952 Pfarre St. Johann, 1953 bis 1972 Gefangenenhausseelsorger, Vorsitzender der ARGE Gefangenenhausseeelsorger

Heinzelmanngasse, 20., seit 1885, Johann Heinzelmann (1810 bis 1885), Bezirksvorsteher der Leopoldstadt (1878 bis 1885)

Heinz-Lazek-Weg, 22., seit 1995, Heinz Lazek (1911 bis 1986), zweifacher Box-Europameister

Heinz-Nittel-Weg, 13., seit 1991, Heinz Nittel (1930 bis 1981), Kommunalpolitiker, Präsident der österreichisch-israelischen Gesellschaft, Abg. z. NR (1970 bis 1976), seit 1979 Stadtrat für Straße, Verkehr und Energie (SPÖ), ermordet am 1. Mai 1981

Heißgasse, 23., seit 1957 (vorher: Eichengasse), Johann Heiß (1874 bis 1952), Gemeinderat von Mauer

Heistergasse, 20., seit 1876, Siegbert Graf Heister (1646 bis 1718), Feldherr; Verdienste bei der Verteidigung Wiens 1683, auch an den Türkenkriegen 1664 und 1717 beteiligt

Heizwerkstraße, 23., seit 1973, nach dem städtischen Heizwerk

Helblinggasse, 17., seit 1889, Franz Helbling (1831–1904), letzter Bürgermeister und erster Bezirksvorsteher von Hernals

Heldenplatz, 1., als die französischen Besatzungstruppen 1809 Wien verließen, sprengten sie einen Teil der Burgbastei; die Bastei wurde nicht mehr wiederhergestellt, sondern sukzessive der Heldenplatz angelegt; benannt 1878 nach den „Helden" der Schlacht von Aspern (1809) gegen Napoleon

Helenengasse, 2., seit 1865, nach einer Verwandten von Konrad Ley (1801 bis 1881), Bezirksvorsteher der Leopoldstadt (1862–1874), s. *Leystraße*

Helene-Potetz-Weg, 12., seit 2006, Helene Potetz (1902 bis 1987), Stenotypistin, Mitglied der Soz.-dem. Partei, ab 1934 führende Funktionärin der Revolutionären Sozialisten, Widerstandskämpferin (1937/38 in Haft; 1939 neuerliche Verhaftung, nach zwei Jahren Zuchthaus bis Kriegsende im KZ Ravensbrück), Gemeinderätin (1945–1967), Vorsitzende des Wr. Gemeinderates (1949–1967), dritte Präsidentin des Wr. Landtages (1959)

Helen-Keller-Gasse, 22., seit 2005, Helen Keller (1880 bis 1968), Pazifistin, Sozialreformerin; veröffentlichte Schriften über Blindenerziehung (sie war selbst seit ihrer Kindheit blind und taub) und autobiographische Schriften; setzte sich für andere Taubblinde ein

Helferstorferstraße, 1., seit 1880 (vorher: Schottensteig), Otmar Helferstorfer (1810–1880), Abt des Stiftes Schotten, Stiftsbibliothekar, Hofprediger, 1869–1874 Reichsratsabgeordneter

Helfertgasse, 12., seit 1922, Alexander Freiherr von Helfert (1820 bis 1910), Historiker („Geschichte Österreichs seit 1848"), 1860/1861 Minister für Kultus und Unterricht, gründete 1854 das „Institut für österreichische Geschichtsforschung"

Helgolandgasse, 20., seit 1914, zur Erinnerung an den Sieg Admiral Tegetthoffs bei der Insel Helgoland (1864) im deutsch-dänischen Krieg

Hellaweg, 11., nicht amtliche Bezeichnung

Hellgasse, 16., seit 1894 (vorher: Annagasse), Maximilian Hell (1720–1792), Jesuitenpater, bedeutendster österreichischer Astronom des 18. Jhds., ab 1775 Prof. der Astronomie an der Universität Wien

Hellingstraße, 2., seit 1904, altes Wort für eine Schiffswerft

Hellmesbergergasse, 14., seit 1894, Josef Hellmesberger (1828–1893), Musiker, Hofkapellmeister, Pionier der Kammermusik; der Streicherklang der Wiener Philharmoniker wird auf ihn zurückgeführt

Hellwagstraße, 20., seit 1900, Wilhelm Hellwag (1827 bis 1882), Erbauer der Nordwestbahn und des St.-Gotthard-Tunnels; Eisenbahnbautechniker

Helly-Möslein-Weg, 12., seit 2002, Helly Möslein (1914–1998), Sängerin, Partnerin von Hermann Leopoldi im amerikanischen Exil, s. *Hermann-Leopoldi-Weg*

Helmergasse, 22., seit 1963, Hermann Helmer (1849–1919), Architekt

Helmholtzgasse, 21., seit 1901, Hermann Ludwig Ferdinand Helmholtz (1822 bis 1894), Erfinder des medizinischen Augenspiegels, Physiker, Physiologe, Arzt

Helmut-Qualtinger-Gasse, 3., seit 2002, Helmut Qualtinger (1928–1986), Schauspieler, Kabarettist, Schriftsteller („Der Papa wird's schon richten",

„Der g'schupfte Ferdl", „Der Wilde auf seiner Maschin'"), 1957 kreierte er die Figur des „Travnicek" (Partner: Gerhard Bronner); Lesungen (Kraus „Die letzten Tage der Menschheit"); Film (z. B. Der Richter und sein Henker, Geschichten aus dem Wienerwald)

Henckellgasse, 14., seit 1930, Karl Henckell (1864–1929), wichtiger Vertreter kämpferischer Arbeiterliteratur, populäre Schilderungen von Proletariergestalten

Henneberggasse, 3., seit 1979, Prof. Dr. Ottokar Hans Henneberg (1891–1965), Rektor der Tierärztlichen Hochschule, Verdienste auf dem Gebiet der Fleischuntersuchung

Henriettenplatz, 15., seit ca. 1864 (1938 bis 1945 Braunschweigplatz), Freifrau Henriette von Pereira-Arnstein (1780 bis 1859), spielte durch ihre Soireen eine wichtige Rolle im Kulturleben

Henslerstraße, 3., seit 1905, Karl Friedrich Hensler (1759 bis 1825), Theaterdirektor, erfolgreicher Bühnenautor, schrieb ca. 200 volkstümliche Stücke („Das Donauweibchen", „Die Teufelsmühle am Wienerberg")

Hentschelgasse, 13., seit 1895 (vorher: Schützengasse), Karl Hentschel (1827 bis 1898), Bürgermeister von Ober-St. Veit (1873 bis 1891)

Hentzigasse, 10., seit 1899, Heinrich Hentzi Ritter von Arthurm (1785 bis 1849), Generalmajor; kämpfte gegen die aufständischen Ungarn 1848/49

Herbeckstraße, 17. und 18., seit 1894 (vorher: Neuwaldegger Straße), Johann Herbeck (1831–1877), Hofoperndirektor, Hofkapellmeister, Komponist, zentrale Persönlichkeit des Wiener Musiklebens des 19. Jhds.

Herbert-Boeckl-Weg, 22., seit 1977, Herbert Boeckl (1894 bis 1966), Maler, Prof. an der Akademie der bildenden Künste, Rektor 1945/46 und 1962 bis 1965

Herbert-Böhm-Gasse, 11., seit 2006, Herbert Böhm (1927 bis 2000), Interessenvertreter der Gärtner und Landwirte in Simmering, Funktionär des ÖAAB, Bezirksrat (1960–1978), stvtr. Bezirksvorsteher (1969–1978); ÖVP

Herbert-von-Karajan-Platz, 1., seit 1996, Herbert von Karajan (1908 bis 1989), Dirigent, 1934 Generalmusikdirektor in Aachen und ab 1941 in Berlin, Arbeitsverbot nach dem Krieg; internationale Laufbahn ab den fünfziger Jahren, 1954 Chefdirigent der Berliner Philharmoniker, 1957 bis 1964 Direktor der Wiener Staatsoper, künstlerischer Leiter der Salzburger Festspiele, Ehrenbürger der Stadt Wien

Herbortgasse, 11., seit 1900, nach Herword (sic!) von Simoning, Besitzer der Herrschaft Simmering im 12. Jhd.

Herbststraße, 16., seit 1883 (vorher: in Neulerchenfeld Koflergasse, in Ottakring Marc-Aurel-Straße), Dr. Eduard Herbst (1820 bis 1892), profilierter Führer der deutsch-liberalen Bewegung, 1868 bis 1870 Justizminister; Verfasser einschlägiger juristischer Schriften (z. B. Handbuch des allgemeinen österreichischen Strafrechts, 2 Bde., 1855)

Herbstweg, 21., seit 2003, nach der Jahreszeit

Herchenhahngasse, 21., seit 1954, Johann Christian Herchenhahn (1754 bis 1795), Historiker, Redakteur der „Wiener Realzeitung"

Herderplatz, 11., seit 1911, Johann Gottfried von Herder (1744–1803), Dichter, Humanist („Ideen zur Philosophie der Geschichte der Menschheit")

Heribert-Meisel-Gasse, 21., seit 2006, Dkfm. Heribert Meisel (1920 bis 1966), Sportjournalist (Fußballreportagen, TV-„Sport-Stammtisch", Sportchef beim „Kurier")

Heringgasse, 22., seit 1953, Loy Hering (ca. 1484/85 bis ca. 1564), Renaissancebildhauer, schuf wahrscheinlich das Grabmal des Türkenfeldherrn Niclas Graf Salm

Herklotzgasse, 15., seit 1894 (vorher: Schulgasse, Johannesgasse), Heinrich Herklotz (1788–1856), Bürgermeister von Fünfhaus

Herma-Bauma-Gasse, 3., seit 2006, Herma Bauma (1915 bis 2003), Sportlerin (Speerwurf, Handball), 1934 Silbermedaille (Frauenweltspiele London), 1948 Goldmedaille (Olympische Spiele London); später Leiterin des Sportzentrums Südstadt (1967–1977)

Hermann-Bahr-Straße, 21., seit 1934 (vorher: Schlingerstraße, bis 1919

Franz-Josef-Straße), Hermann Bahr (1863 bis 1934), Schriftsteller, Essayist, Kritiker, Kulturredakteur

Hermann-Broch-Gasse, 12., seit 1970, Hermann Broch (1886–1951), Schriftsteller, „Die Schlafwandler" (Romantrilogie); 1938 von der Gestapo verhaftet, nach einer Intervention von James Joyce Emigration in die USA, im Exil entstanden „Massenwahntheorie" und „Der Tod des Vergil"

Hermanngasse, 7., seit 1862, Hermann Gaunersdorfer (1791–1844), Schottenpriester, Kanzleidirektor des Stiftes Schotten

Hermann-Gebauer-Straße, 22., seit 1995, Hermann Gebauer (1878–1952), Unternehmer, Gründer der Firma Mewa (Weberei, Wäscherei)

Hermann-Greulich-Platz, 22., seit 1933, Hermann Greulich (1842 bis 1925), Schweizer Sozialpolitiker, 1887–1920 Sekretär des schweizerischen Arbeiterbundes, 1902 bis 1905 und 1908 bis 1925 Abgeordneter, Verdienste um das hungernde Wien nach dem Ersten Weltkrieg

Hermann-Langbein-Weg, 22., seit 2003, Hermann Langbein (1912 bis 1995), Schauspieler, Journalist, Schriftsteller; vor 1938 Mitglied der KPÖ, mehrmals verhaftet; kämpfte 1938 im spanischen Bürgerkrieg, Internierung in einem französischen Lager, 1940 Auslieferung an die Gestapo; überlebte das KZ Auschwitz; 1956 Bruch mit der KPÖ; Gründungsmitglied der „Gesellschaft für politische Aufklärung", Generalsekretär des „Internationalen Auschwitz-Komitees", Medaille der Gerechten (1968); veröffentlichte zahlreiche Bücher, setzte sich als Zeitzeuge fundiert mit dem NS-System auseinander

Hermann-Leopoldi-Weg, 12., seit 2002, Hermann Leopoldi (geb. Hersch Kohn, 1888–1959), Komponist, Sänger, Klavierhumorist (Wienerlieder, Schlager, Couplets, z. B. „Schön ist so ein Ringelspiel", „Ich bin ein stiller Zecher", „In einem kleinen Café in Hernals"), 1938 Verhaftung und Internierung im KZ, 1939 Flucht und Emigration in die USA, wo er sich mit Helly Möslein als Partnerin eine neue Existenz aufbaute; 1947 Rückkehr nach Österreich und Anknüpfung an die Vorkriegserfolge, s. auch *Helly-Möslein-Weg*

Hermann-Pacher-Gasse, 18. und 19., seit 1914 (vorher: Trepperweg), Hermann Pacher (1834–1914), Gemeinderat von Währing (1900–1912)

Hermann-Pacher-Weg, 18., seit 1959 (vorher: Trepperweg), s. *Hermann-Pacher-Gasse*

Hermann-Plackholm-Gasse, 22., seit 1988, Hermann Plackholm (1904 bis 1944), Löschmeister bei der Feuerwehr, leitete eine Widerstandsgruppe, die 1942/43 von der Gestapo zerschlagen wurde; Plackholm wurde vorerst ins KZ Mauthausen eingeliefert und dann im Oktober 1944 von der SS nach Wien gebracht und erschossen (gemeinsam mit Johann Zak; s. *Johann-Zak-Weg*)

Hermann-Schöne-Platz, 10., seit 1959, Hermann Schöne (1836–1902), Burgschauspieler

Hermannsweg, 23., Benennungsdatum unbekannt, Dr. Josef Hermann (1867 bis 1947), Inzersdorfer Gemeinderat, Arzt

Hermelinweg, 22., seit 1966, nach dem Pelztier

Hermesstraße, 13., seit 1894 (vorher: Tiergartenstraße), nach der Hermesvilla im Lainzer Tiergarten (und jene nach einer dort befindlichen Hermes-Bildsäule, griech. Gott des Handels)

Hermine-Cloeter-Gasse, 14., seit 1976, Hermine Cloeter (1879 bis 1970), Schriftstellerin, schrieb 1907 bis 1938 Feuilletons mit lokal- und kulturhistorischen Wiener Themen, beschäftigte sich intensiv mit Goethe und Mozart (Vorstandsmitglied des Wiener Goethe-Vereins und Ehrenmitglied der Mozart-Gemeinde)

Hermine-Jursa-Gasse, 3., seit 2002, Hermine Nierlich-Jursa (1912 bis 2000), Bildungs- und Frauenreferentin, Widerstandskämpferin (Festnahme 1939, 1942 bis 1945 KZ Ravensbrück)

Herminengasse, 2., seit 1868, wie *Helenengasse*, s. d.

Hernalser Gürtel, 8., 9. und 17., seit 1894 (vorher: Gürtelstraße), s. *Hernalser Hauptstraße*

Hernalser Hauptstraße, 17., seit 1894 (vorher: Hauptstraße, urspr. Haupt-

Hernalser Hauptstraße und Elterleinplatz vor der Einwölbung der Als, ca. 1860

gasse); zur Erinnerung an den alten Vorortnamen Hernals; Hernals wurde 1892 mit Dornbach und Neuwaldegg zum 17. Bezirk vereint; vor der Eingemeindung hatte Hernals 70.933 Einwohner

Herndlgasse, 10., seit 1874, Paul Herndl, Gastwirt, letzter Ortsrichter von Wieden

Hernstorferstraße, 14., seit 1897, Leopold Hernstorfer (1794–1864), letzter Ortsrichter in Baumgarten (1848 bis 1850)

Herogasse, 10., seit 1958, Gestalt aus Franz Grillparzers „Des Meeres und der Liebe Wellen"

Herrengasse, 1., urk. erstmals 1216 als „Hochstraße" erwähnt, 1547 erstmals Herrengasse; nach den „Ständen" („Herren"), die hier das Landhaus errichteten

Herrenhäufel, 22., seit 2001, Flurname

Herrenholzgasse, 21., seit 1956 (vorher: Schwenkgasse), Riedname

Herretweg, 11., seit 1971, Johann Herret (1886 bis 1951), Bürgermeister von Albern (1933–1938), Landwirt

Herschelgasse, 10., seit 1955, Sir Friedrich Wilhelm Herschel (1738 bis 1822), englischer Astronom, entdeckte 1781 den Uranus; baute auch Fernrohre

Herschmannweg, 14., seit 1932 (1938 bis 1947: Frueaufweg), Opfer der Märzrevolution 1848, s. *Achtundvierzigerplatz, Märzstraße*

Hertha-Firnberg-Straße, 10., seit 2001, Dr. Hertha Firnberg (1909 bis 1994), Bezirksrätin (1959–1963), Abg. zum NR (1963 bis 1983), Bundesministerin für Wissenschaft und Forschung (1970 bis 1983); SPÖ

Hertha-Kräftner-Gasse, 21., seit 2001, Hertha Kräftner (1928–1951), Schriftstellerin (Lyrik)

Herthergasse, 12., seit 1885, Paul Herther (1795 bis 1852), Richter der ehemaligen Gemeinde Hundsturm

Hertlgasse, 16., seit 1897, Michael Hertl (gest. 1856), Ortsrichter von Ottakring

Hervicusgasse, 12., seit 1894 (vorher: Gärtnergasse), Hervicus von Hetzingen, Lehensbesitzer von Hetzendorf um 1190

Herzblumenweg, 22., seit 1954, nach der Zierpflanze (Herzlstock, Dicentra)

Herzgasse, 10., seit 1874 (vorher: Gerstlergasse), Dr. Rudolf Herz (1813–1873), Arzt, Wohltäter; Mitglied des Bezirksausschusses des 5. Bezirkes

Herziggasse, 23., seit 1973, Dr. Josef Herzig (1853 bis 1924), Farbenchemiker, Univ.-Prof. (1913–1923), Lieben-Preis (1902); Forschungen über Farbstoffe

Herzmanovsky-Orlando-Gasse, 21., seit 1970, Fritz Ritter von Herzmanovsky-Orlando (1877–1954), Schriftsteller

(„Der Gaulschreck im Rosennetz"), Graphiker, Architekt

Herzmanskystraße, 14., Benennungsdatum unbekannt, August Herzmansky (1834 bis 1896), Kaufmann; das Warenhaus auf der Mariahilfer Straße wurde ein Jahr nach seinem Tod eröffnet, stiftete 1888 das „Erste Rekonvalescentenhaus für arme aus den Spitälern Wiens entlassene Kinder" in Weidlingau-Wurzbachtal

Herzweg, 12., nicht amtliche Bezeichnung

Heschweg, 14. und 16., seit 1955 (vorher ab 1924: Rosenweg), Wilhelm Hesch (1860–1908), Kammersänger an der Wiener Staatsoper

Hessegasse, 22., Benennungsdatum unbekannt, Karl Hesse, Siedlungsgründer

Heßgasse, 1., seit 1870, Heinrich Freiherr von Heß (1788 bis 1870), Feldmarschall, Heeresorganisator

Hetmanekgasse, 23., seit 1977, Alfons Hetmanek (1890 bis 1962), Architekt (städtische Wohnhausanlagen)

Hettenkofergasse, 16., seit 1887, Thomas Hettenkofer (1821 bis 1886), Gemeinderat von Ottakring, Wohltäter

Hetzendorfer Straße, 12. und 13., seit 1894 (vorher: Hauptstraße, urspr. Altmannsdorfer und Hetzendorfer Weg), nach der ehemaligen Gemeinde Hetzendorf (als „Hercendorf" 1156 erstmals urkundlich erwähnt)

Hetzgasse, 3., Benennungsdatum unklar; nach dem Hetztheater auf der Landstraße, in dem Tiere aufeinander gehetzt wurden

Heubergergasse, 13., seit 1955 (vorher: Adalbert-Stifter-Gasse), Richard Heuberger (1850 bis 1914), Komponist, Dirigent, Kritiker

Heuberggasse, 17., Benennungdatum unklar, führt zum Heuberg (einst Gelände zur Heugewinnung)

Heubergstättenstraße, 10., seit 1955, Riedname

Heudörfelgasse, 23., seit 1866, nach einer ehemaligen (1777–1866) bestandenen Siedlung bei Mauer

Heumühlgasse, 4., Benennungsdatum unbekannt, Mühle am rechten Ufer des Wienflusses, eine der ältesten Mühlen Wiens, bestand bis 1856

Heuschreckengasse, 21., seit 1996, nach dem Tier

Heustadelgasse, 22., seit 1917, Flurname

Hevesigasse, 13., seit 1964, Ludwig Hevesi (1843 bis 1910), Kunstkritiker, Schriftsteller, Journalist („Fremdenblatt"), mutiger Vorkämpfer für moderne Kunst (z. B. Klimt)

Hibiskusweg, 22., seit 2001, Zierstrauch aus der Gattung Hibiscus (Malvengewächse); hauptsächlich kultiviert wird bei uns der Straucheibisch (Hibiscus syriacus), der entgegen seinem Artbeinamen aus Süd- oder Ostasien stammt

Hickelgasse, 14., seit 1893, Joseph Hickel (1734 bis 1807), Porträtmaler (u. a. Joseph II., Schauspielergemälde für das Burgtheater)

Hießgasse, 3., seit 1875, Laurenz Hieß (1736 bis 1819), Fabrikant, Verdienste um die Fürsorge armen weiblichen Dienstpersonals („Hießsches Stiftungshaus")

Hietzinger Hauptstraße, 13., seit 1894 (vorher: Hauptstraße, urspr. St. Veiter-Gasse und Maria-Theresien-Straße), zur Wahrung des alten Vorortnamens, im 12. Jhd. erstmals erwähnt, 1890/92 wurden Hietzing, Lainz, Speising, Hacking, Ober- und Unter-St.-Veit sowie Schönbrunn, Baumgarten, Breitensee, Hütteldorf, Penzing und Teile von Hadersdorf und Mauer zum 13. Bezirk zusammengefasst s. *Einleitung*

Hietzinger Kai, 13., seit 1894 (vorher: Badgasse, Wiengasse), nach der Lage (Kaistraße entlang des Wienflusses)

Hildebrandgasse, 17. und 18., seit 1894 (vorher: Weinberggasse), nach Lukas von Hildebrandt (1668–1745, sic!, die Gasse ist also falsch geschrieben), Barockarchitekt (Schönbornpalais, Belvedere, Bundeskanzleramt)

Hilde-Hannak-Gasse, 22., seit 2004, Prof. Hilde Hannak (1892 bis 1979), Volksbildnerin (Programmgestaltung für das Urania-Kino)

Hilde-Spiel-Gasse, 23., seit 2003, Hilde Spiel (1911 bis 1990), Schriftstellerin, Übersetzerin, Essayistin; seit 1936 Korrespondentin für die FAZ, Emigration nach London, 1963 Rückkehr nach Österreich; verarbeitete Ihre Erfahrungen in der Emigration (z.B. Autobiographie „Die hellen und die finsteren Zeiten", 1989; Roman „Die Früchte des Wohlstands",1981)

Hilferdingweg, 21., seit 2003, Dr. Karl Hilferding (1905 bis 1942), Dr. Rudolf Hilferding (1877 bis 1941), Dr. Margarete Hilferding (1871 bis 1942); alle Opfer des Nationalsozialismus; Rudolf Hilferding, Arzt, war sozialdemokratischer Finanzpolitiker, Redakteur, führender Theoretiker des „Austromarxismus", Publizist („Das Finanzkapital", 1910); lebte ab 1907 in Deutschland (1923 und 1928/29 Finanzminister), 1933 Emigration nach Frankreich, starb 1941 in Paris (in Gestapohaft)

Hillerstraße, 2., seit 1896 (urspr. Quergasse, 1864 Czihakgasse), Josef Freiherr von Hiller (1754–1819), führend an den Türken- und Franzosenkriegen beteiligt; war der eigentliche Feldherr in der Schlacht bei Aspern (1809), in der Napoleon durch Erzherzog Karl die erste Niederlage bereitet wurde

Hilschergasse, 12., seit 1949 (1874 Wertheimsteingasse, nach dem Anschluss 1938 umbenannt nach dem Antisemiten Theodor F. Fritsch in Fritschgasse), Karl Hilscher (1873 bis 1936), Heimatforscher („Meidling, der 12. Wiener Gemeindebezirk in Vergangenheit und Gegenwart", Wien 1930), gründete das Meidlinger Heimatmuseum (1923); Pädagoge

Himberger Straße, 10., Benennungsdatum unbekannt (verlängert 1964); alter Name der Favoritenstraße im 10. Bezirk; nach der Zielrichtung, der NÖ. Gemeinde Himberg, benannt

Himmelbaurgasse, 13., seit 1930, Dr. Isidor Himmelbaur (1858 bis 1919), Bibliothekar, Volksbildner, Direktor der Universitätsbibliothek

Himmelhofgasse, 13., seit 1907, nach der Meierei und Gaststätte „Am Himmel"

Himmelmutterweg, 17., offiziell seit 1949 (vorher nicht amtliche Bezeichnung), nach einem Gasthausschild „Zur Himmelmutter"

Himmelpfortgasse, 1., 1272 Traibotenstraße (strata Treibotonis), auch als Tragebotenstraße erwähnt, 1373 ein Teil „Auf dem hohen Steig", 1526 erstmals „Bei der Himmelpforte auf dem Steig", seit 1795 endgültig so nach dem 1783 aufgehobenen Himmelpfortkloster

Himmelpfortstiege, 9., errichtet 1733, benannt 1862 (urspr. Gaßl, Die Stiege, An der Steinernen Stiege, Stiegengasse, Bergsteiggasse), zur Erinnerung an die Vorstadt Himmelpfortgrund, die 1825 an die Gemeinde Wien kam, s. *Himmelpfortgasse*

Himmelschlüsselweg, 16., seit 1971, nach der Pflanze (Primula)

Himmelstraße, 19., seit 1894 (urspr. Winterzeil, dann Kirchengasse), nach der Gastwirtschaft „Am Himmel"

Hinaysgasse, 21., seit 1932, Hans Hinays (1859 bis 1918), Bürgerschuldirektor, Gründer der Floridsdorfer Musikschule, Komponist

Hintere Liesingbachstraße, 10., seit 1957 (vorher: Vösendorfweg und Liesingbachstraße), nach dem Liesingbach

Hintere Südbahnstraße, 10., Benennungsdatum unbekannt, nach der 1841 errichteten Südbahn

Hintere Zollamtsstraße, 3., seit 1862 (vorher: Am Glacis), nach dem Zollоberamtsgebäude, im Zweiten Weltkrieg zerstört (heute: Bürogebäude für das Bundesrechenamt)

Hintergärtengasse, 19., seit 1965 amtlich, nach der Lage (Flurname)

Hintermayergasse, 3., seit 1913, Franz Hintermayer (1823–1900), Kaufmann, Hausbesitzer, Stadtrat

Hintperggasse, 11., seit 1972, nach dem Stammvater der Ortschaft Ebersdorf, Konrad von Hintperg (= Himberg), gest. ca. 1270

Hintschiggasse, 10., seit 1993, Komm.-Rat Dkfm. Alfred Hintschig (1919 bis 1989), Gemeinderat (1964 bis 1978), Stadtrat (1968–1973), Bundesrat (1978 bis 1985), Sozialdemokrat; arbeitete für ein Papiergroßhandelsunternehmen

Hintzerstraße, 3., seit 1902, Gottlieb Hintzer (1731–1805), errichtete eine Stiftung für verarmte Bürger der Landstraße

Hippgasse, 16., seit 1873, Johann Hipp (1810 bis 1871), Apotheker, Wohltäter, Gemeindevertreter

Hirnbrechergasse, 19., seit 1895, s. *Hirnbrecherstiege*

Hirnbrecherstiege, 19., seit 1981, in Anlehnung an eine volkstümliche Redewendung (Bezugnahme auf die steile Beschaffenheit)

Hirschengasse, 6., seit 1827, nach dem Gasthausschild „Zum Hirschen"

Hirschensteig, 13., seit 1932, nach den Hirschen im Lainzer Tiergarten

Hirschfeldweg, 13., seit 1930 (1938 bis 1947 Ambergerweg), Dr. Robert Hirschfeld (1857–1914), Gründer der Volkskonzerte; Journalist, Musikpädagoge, Musikkritiker

Hirschstettner Straße, 22., seit 1909 (vorher: Hirschstettner Hauptstraße), zur Erinnerung an die ehemalige selbstständige Gemeinde, 1240 erstmals urk. erwähnt („Hertstätten", Stätte diesseits der Donau), 1938 eingemeindet

Hirschvogelgasse, 20., seit 1894, August Hirschvogel (1503–1553), Kartograph, Geometer, verfertigte den ersten brauchbaren Plan von Wien (1547)

Hirseweg, 22., seit 1955, nach dem Getreide

Hlavacekweg, 14., seit 1930, Prof. Anton Hlavaček (1842 bis 1926), Maler (Landschaftsbilder), seine Hauptwerke sind aber das „Panorama von Wien und seinen Umgebungen vom Nussberg bei Nussdorf" (im Steinernen Saal des Rathauses) und „Das alte Donaubett von Wien"

Hochbahngasse, 21., seit 1997, nach der neu projektierten Hochbahn

Hochenaistgasse, 14., seit 1956, historische Bezeichnung für den Schottenwald

Hocheneggasse, 19., seit 1960 (vorher ab 1933: Kosselgasse), nach Dr. Julius Hochenegg (1859–1940), Chirurg, Vorstand der II. Chirurgischen Universitätsklinik und dessen Bruder Ing. Carl Hochenegg (1860–1942), Professor an der Technischen Hochschule (1899), beeinflusste die Einführung der elektrischen Straßenbeleuchtung in Wien sowie des elektrischen Straßen- und U-Bahn-Verkehrs in Budapest

Hochfeldstraße, 21., Benennungsdatum unbekannt, Flurname

Hochheimgasse, 13., seit 1909, Sieg der Österreicher gegen Napoleon in der Schlacht bei Hochheim (1813)

Hochmaisgasse, 13., seit 1924, Flurname (= höher gelegener Jungwald)

Hochmuthgasse, 22., seit 1976, Komm.-Rat Ernst Hochmuth (1887–1945), Mitgründer der Wiener Messe AG und deren erster Präsident

Hochsatzengasse, 14., seit 1894 (vorher: Berggasse), alter Flurname (höher gelegene, neu gesetzte Kleingärten)

Hochstettergasse, 2., seit 1884, Ferdinand Hochstetter (1829 bis 1884), Geologe, Forschungsreisender, nahm 1857 bis 1859 an der Weltumsegelung der österreichischen Fregatte Novarra teil

Hochstraße, 14., Benennungsdatum unbekannt, führt auf den 322 m hohen Wolfersberg

Hochstraße, 23., seit 1954 (vorher: Perchtoldsdorfer Straße), führt über eine Anhöhe von Rodaun nach Perchtoldsdorf

Hochwaldweg, 22., seit 1959, nach Stifters Roman „Der Hochwald"

Hochwassergasse, 23., seit 1955 (vorher: Theresiengasse), zur Erinnerung an die Hochwasserschäden durch die Liesing

Hochweg, 17., nicht amtliche Bezeichnung

Hochwiesenweg, 13., seit 2003, nach der Siedlung „Hochwiese" in Ober-St.-Veit

Hockegasse, 18., seit 1894 (vorher: Parkgasse), Nikolaus Hocke (auch Hoche, 1628 bis 1691), Stadtschreiber, schrieb eine Geschichte der Türkenbelagerung Wiens von 1683

Höbarthgasse, 21., seit 1954, Prof. Josef Höbarth (1891 bis 1952), Heimatforscher, Postangestellter; Begründer des nach ihm benannten Museums in Horn (NÖ); ur- und frühgeschichtliche Sammlungen

Hoechlegasse, 22., seit 1970, Johann Nepomuk Hoechle (1790–1835), Illustrator, Maler, Topograph

Höchsmannweg, 22., seit 1933, Eduard Höchsmann (1871 bis 1921), Bezirksrat von Floridsdorf, Modelltischler

Höchstädtplatz, 20., seit 1899, zur Erinnerung an das Gefecht bei Höchstädt, Sieg über die Franzosen und Bayern unter Prinz Eugen im Spanischen Erbfolgekrieg (1704)

Hödlgasse, 23., Benennungsdatum unbekannt, Karl Hödl (1867 bis 1927), Steinbruchbesitzer

Höfergasse, 9., seit 1794, Wilhelm Höfer (1721 bis 1811), Tischlermeister, ließ das Areal seines Gartens in 12 Baustellen parzellieren und eröffnete durch Hausbau die Gasse

Hoefftgasse, 11., seit 1971, Dr. Franz Hoefft (1882 bis 1954), chemisch-technischer Angestellter, Pionier der Weltraumforschung

Högelmüllergasse, 5., seit 1875, Georg Ritter von Högelmüller (1770–1826), Gründer der Österreichischen Brandschaden-Versicherungs-Gesellschaft, Offizier, Versicherungsfachmann

Höhenstraße, 17., 18. und 19., seit 1935 (Eröffnung des ersten Bauabschnittes), verbindet die Höhen des Kahlengebirges mit Grinzing und Neustift, im Rahmen eines Programms zur Bekämpfung der Arbeitslosigkeit geschaffen

Höhenweg, 17., nicht amtliche Bezeichnung

Höhnegasse, 18., seit 1892, Johann Höhne (1802–1886), Baumeister und Gemeinderat in Währing

Hölzelgasse, 23., Benennungsdatum und Herkunft unklar

Höpflergasse, 23., Benennungsdatum unbekannt, Kaspar Höpfler (1821 bis 1906), Besitzer des alten Höpflerbades (seit 1901 in Betrieb, 1979 neu eröffnet)

Höritzergasse, 14., seit 1912, Pankraz Höritzer (gest. 1511) stiftete das Baumgartner St.-Anna-Kirchlein, Vorläuferin der jetzigen Pfarrkirche

Hörlgasse, 9., seit 1870, Georg Hörl (1722–1806), Bürgermeister von Wien (1773–1804), mit 31 Dienstjahren der am längsten amtierende Bürgermeister, reformierte mit Joseph II. die kommunale Verwaltung

Hörndlwaldgasse, 13., seit 1924, nach dem Hörndlwald, einem ehemaligen Teil des Lainzer Tiergartens

Hörnesgasse, 3., seit 1875 (vorher: Badgasse), Dr. Moritz Hoernes (sic! 1815 bis 1868), Geologe, Paläontologe, Mineraloge, zahlreiche wissenschaftliche Veröffentlichungen

Hörtengasse, 11., seit 1894 (vorher: Hörten), Flurname

Höschgasse, 21., seit 1996, Rudolf Hösch (1914–1990), Lehrer, Verfasser heimatkundlicher Bücher, langjähriger Mitarbeiter und zuletzt Leiter des Floridsdorfer Bezirksmuseums

Hofbauergasse, 12., seit 1906, Josef Hofbauer (1831 bis 1894), Vizebürgermeister der ehemaligen Gemeinde Gaudenzdorf (1873 bis 1892)

Hofenedergasse, 2., seit 1862, Karl Hofeneder (1814–1885), Fischhändler, Mitbegründer der DDSG, baute das erste Haus in dieser Gasse

Hoferstiege, 23., Benennungsdatum unbekannt, Julius Hofer (1863 bis 1923), Lehrer, Heimatforscher

Hofferplatz, 16., seit 1883 (vorher: Neumayrplatz), Kaspar Hofer (sic!, 1823 bis 1883), Gemeinderat, Baumeister

Hoffingergasse, 12., seit 1892, DDr. Johann Ritter von Hoffinger (1825 bis 1879), Jurist, Publizist, Besitzer von Schloss Altmannsdorf

Hoffmeistergasse, 12., seit 1894 (vorher: Karlsgasse), Karl Hoffmeister (Lebensdaten unklar, 1808–1876?), Fabriksbesitzer, Vizebürgermeister von Unter-Meidling

Hofgasse, 5., seit ca. 1798, nach dem Gutshof und dem Schloss Margareten

Hofherrgasse, 10., seit 1909 (vorher: Reisingergasse), Matthias Hofherr (1829 bis 1909), Industrieller; gründete im 10. Bezirk Fabriksanlagen für landwirtschaftliche Maschinen

Hofherr-Schrantz-Gasse, 21., seit 1971, nach dem gleichnamigen Betrieb

Hofjägerstraße, 13. und 14., Benennungsdatum unbekannt, ehemalige Auffahrtsstraße der Hofjäger zu den im Lainzer Tiergarten abgehaltenen Hofjagden

Hofjagdstraße, 13., seit ca. 1925, nach den Hofjagden im Lainzer Tiergarten

Hofmanngasse, 18., seit 1877, Johann Hofmann (1767–1832), Erbauer der ersten Häuser in der Gasse

Hofmannsthalgasse, 3., seit 1932, Dr. Hugo von Hofmannsthal (1874 bis 1929), baute mit Max Reinhardt die Salzburger Festspiele auf („Jedermann", 1911), schrieb für Richard Strauss („Elektra", „Der Rosenkavalier") und verfasste Lustspiele („Der Schwierige")

Hofmoklgasse, 15., seit 1938 (vorher ab 1894 Zappertgasse, urspr. Sackgasse), Johann Hofmokl (1840–1900), Chirurg, Primar an der III. Chir. Abt. im AKH

Hofmühlgasse, 6., seit 1862 (1827 Dorotheergasse, 1797 Dorothe Gasse), Karl Hof, letzter Besitzer einer Mühle am Wienfluss, die dort von 1680 bis 1847 bestand („Dorotheermühle")

Hofstädtengasse, 19., seit 1962, nach dem Flurnamen „Hofstätten"

Hofstättenweg, 22., Benennungsdatum unbekannt, Flurname

Hofstattgasse, 18., seit 1892, Flurname (ein zur Errichtung eines Hauses bestimmter Baugrund)

Hofwiesengasse, 13., seit 1912, Flurname

Hofzeile, 19., seit 1894 (um 1721 Bachzeile, später Kirchenzeile, Grinzinger Weg, Grinzinger Gasse, 1828 bis 1894 Herrengasse), zur Erinnerung an die Hofzeile, die älteste Häuserzeile Ober-Döblings, in der ein von Maria-Theresia umgestalteter Gutshof stand („Maria-Theresien-Schlösschen")

Hofzinsergasse, 16., seit 1978, Johann Nepomuk Hofzinser (1806 bis 1875), Begründer der modernen Kartenmagie

Hohe Brücke, 1., seit 1295 ist eine Brücke an dieser Stelle nachweisbar; die heutige Brücke wurde 1903/04 erbaut

Hohenauergasse, 19., seit 1894 (vorher: Gärtnergasse), Paul Hohenauer (1802 bis 1869), Bürgermeister von Unter-Döbling (1850 bis 1867)

Hohenbergstraße, 12., seit 1894 (vorher: Gloriettegasse), Ferdinand Hetzendorf von Hohenberg (1732–1816), Hohenberg regotisierte die Augustinerkirche und Minoritenkirche, errichtete das Pallavicini-Fries-Palais (Josefsplatz 5), plante das Zinshaus Nr. 11 in der Bräunerstraße, gestaltete den Altar in der Lichtentaler Pfarrkirche (Marktgasse) sowie zwei Seitenaltäre in der Margaretener Pfarrkirche (Schönbrunner Straße 71) und plante die Gloriette (1775)

Hohenfeldgasse, 22., seit 1910 (vorher: Radetzkygasse), Ferdinand Graf von Hohenfeld (1612 bis 1675) und sein Sohn Otto Ferdinand (1648 bis 1713), Besitzer der Herrschaft Hirschstetten

Hohenfelsplatz, 12., seit 1930, Stella Hohenfels-Berger (1858–1920), Burgschauspielerin

Hohenstaufengasse, 1., seit 1870, nach der schwäbischen Dynastie (1138 bis 1254)

Hohenwarteweg, 18., seit 1990, Flurname

Hoher Markt, 1., ältester Platz Wiens, urk. erwähnt 1208, bereits 1233 als Hoher Markt bezeichnet (= Hauptmarkt)

Hohe-Wand-Gasse, 14., seit 1964, nach der nahe gelegenen Hohen-Wand-Wiese

Hohe Warte, 19., seit 1894 (vorher: Wiener Straße und Wollerstraße); schon 1135 urk. erwähnt, 1349 als Weingartenried

Hohlweggasse, 3., Benennungsdatum unklar (ein Teil früher Gerlgasse), nach einem Hohlweg, der von der Wieden auf die Landstraße führte

Holbeingasse, 10., seit 1898, Franz Ignaz Holbein, Edler von Holbeinsberg (1779 bis 1855), Burgtheaterdirektor (1841–1849), Direktor des Kärntnertortheaters (1848–1853), Textdichter, Maler, Schauspieler, Musiker

Holetschekgasse, 21., seit 1936, Dr. Johann Holetschek (1846 bis 1923), Astronom

Holeyplatz, 10., seit 1965, Karl Holey (1879 bis 1955), Dombaumeister, Architekt; 1932 bis 1938 Vorstand des Instituts für Geschichte der Technik, 1937/38 Rektor; 1938 als Christlichsozialer von den Nationalsozialisten suspendiert; 1946 neuerlich Rektor; leitete ab 1945 den Wiederaufbau des Stephansdomes

Hollandstraße, 2., seit 1919 (vorher ab 1883: Stephaniestraße), zur Erinnerung an die Hilfe Hollands für das notleidende Wien nach dem Ersten Weltkrieg

Hollergasse, 15., seit ca. 1863, ehemals flieder(holler)reiche Gegend

Hollerweg, 11., nicht amtliche Bezeichnung

Hollgasse, 5., seit 1912, Maria Holl (1821 bis 1900), Wohltäterin (errichtete eine Stiftung für Waisenkinder)

Hollitzergasse, 10., seit 1956, Carl Leopold Hollitzer (1874 bis 1942), Maler, Karikaturist

Holochergasse, 15., seit 1863, Friedrich Holocher (1831–1900), letzter Bürgermeister (1886–1891) und erster Bezirksvorsteher von Rudolfsheim (1892 bis 1897)

Holteigasse, 21., seit 1936, Karl Holtei (1798–1880), Theaterdirektor, Schriftsteller, Schauspieler

Holubstraße, 2., seit 1902, Dr. Emil Holub (1847–1902), Arzt, Ethnologe (Afrikaexpeditionen), hinterließ umfangreiche Sammlungen; Erinnerungen „7 Jahre in Südafrika" (1880)

Holunderweg, 22., seit 1955, nach der Strauchgattung (Sambucus)

Holzergasse, 11., seit 1996, Johann Holzer (1907–1976), Generaldirektor-Stellvertreter der CA-BV, Bezirksrat (1948–1967), Klubobmann der SPÖ-Simmering

Holzgasse, 19., seit 1895 (vorher: Quergasse), nach den Holzlagerplätzen am Donaukanal

Holzhausenplatz, 14., seit 1999, Adolf Holzhausen jun. (1868–1931), Buchhändler, Verleger, Alpinist; gründete Universitätsbuchdruckerei und Verlag (Kunstbücher, Geschichtswerke), vermachte sein Vermögen der Österreichischen Akademie der Wissenschaften („Holzhausen-Legat")

Holzhausergasse, 2., seit 1872, Ignaz Holzhauser (1758–1810), Ortsrichter der Leopoldstadt (1786 bis 1810), Verdienste während der französischen Besatzung (1805, 1809)

Holzknechtstraße, 10., seit 1932, Dr. Guido Holzknecht (1872 bis 1931), Radiologe, bahnbrechende wissenschaftliche Publikationen, starb an Strahlenschädigungen

Holzmanngasse, 21., seit 1971, Rudolf Holzmann (1883–1964), Unternehmer (Farb- und Kitterzeugung)

Holzmannweg, 21., seit 1995, s. *Holzmanngasse*

Holzmeistergasse, 21., seit 1900 (vorher: Mühlfeldgasse), Augustin Holzmeister setzte sich für die Abschaffung der Leibeigenschaft und Robot in Niederösterreich ein

Hopfengasse, 21., seit 1892, in der Nähe war das Jedleseer Brauhaus

Hopfnerweg, 11., seit 1971, Dr. Friedrich Hopfner (1881 bis 1949), Geodät, Geophysiker, 1936 Prof. an der Technischen Hochschule

Hopsagasse, 20., seit 1982, Leopold Hopsa (1906–1969), WAT-Funktionär, Ehrenobmann des ASKÖ-Brigittenau

Horeischygasse, 13., seit 1951, Dr. Kurt Horeischy (1913–1945), Chemiker, Physiker, Leiter einer Widerstandsgruppe, versuchte, ein Elektronenmikroskop vor sinnloser Zerstörung durch die Nationalsozialisten zu retten, und wurde deswegen am 5. 4. 1945 erschossen

Hormayrgasse, 17., seit 1894 (vorher: Weinhauser Straße), Joseph Freiherr von Hormayr zu Hortenburg (1781 bis 1848), Historiker; 1809 mit der Vorbereitung des Tiroler Aufstandes betraut, spielte danach allerdings die Rolle von Andreas Hofer herunter, Direktor des Staatsarchivs, später in bayerischen Diensten, schrieb „Wiens Geschichten und seine Denkwürdigkeiten" (9 Bde.)

Hornbostelgasse, 6., seit 1855 (vorher: Große Schlossgasse), Theodor Ritter von Hornbostel (1815–1888), Handelsminister (1848), Präsident der Wiener Handelskammer (1850 bis 1852), Großindustrieller

Horneckgasse, 17., seit 1894 (vorher: Grillparzergasse), Ottokar von Horneck (richtig Ottokar aus der Geul, ca. 1260 bis 1322), Verfasser einer Reimchronik, dem Grillparzer in „König Ottokars Glück und Ende" ein Denkmal setzte

Hornigweg, 19., seit 1937, Josef Hornig (1861–1911), bekannter Wienerlieder-Komponist („Vogerl, fliagst in d' Welt hinaus), Lyriker, Sänger

Hornspergsteig, 19., Benennungsdatum und Herkunft unbekannt

Hortengasse, 22., seit 1994 Hafenstadt am Oslofjord (Provinz Vestfold), siehe *Trondheimgasse*, s. Einleitung

Hortensienweg, 22., seit 1952, nach der Zierpflanze (Hydrangea)

Horvathgasse, 16., seit 1959, Ödön von Horvath (1901–1938), Dichter, schrieb

Volksstücke, Dramen, Komödien, Romane („G'schichten aus dem Wienerwald", „Kasimir und Karoline", „Ein Kind unserer Zeit"), 1933 Emigration (von Bayern nach Österreich), 1938 Flucht in die Schweiz, 1938 in Paris auf den Champs Elysées von einem Baum erschlagen

Hosnedlgasse, 22., seit 1978, Dipl.-Ing. Ferdinand Hosnedl (1900 bis 1957); seit 1927 in der MA 25 (Straßenbau), Stadtbaudirektor (1945 bis 1954)

Hoßplatz, 21., seit 1949 (vorher: Bismarckplatz), Franz Hoß (1866–1947), Christlichsozialer, Verdienste um die Eingemeindung Floridsdorfs, Vizebürgermeister von Wien (1910), bis 1919 Stadtrat für Finanzen

Hovenweg, 22., seit 1959 (vorher: Müllerweg), zur Erinnerung an eine an der Donau gelegene Ansiedlung, die von der Donau weggeschwemmt wurde (sie lag bei Kagran)

Hoyosgasse, 4., seit 1900, Johann Ernst Graf Hoyos zu Sprinzenstein (1779 bis 1849), Befehlshaber der Nationalgarde (1848), Förderer der Forstwirtschaft; Ferdinand Albrecht von Hoyos (1553–1609) projektierte den heutigen Donaukanal

Hubergasse, 16., seit 1856, Anton Huber (1818–1874), Baumeister, Wiener Gemeinderat (1867–1874); erbaute hier die ersten Häuser und eröffnete so die Gasse

Hubermanngasse, 23., seit 1955 (vorher: Jägergasse), Bronislav Hubermann (1882 bis 1947), Violinvirtuose

Hubert-Gsur-Gasse, 10., seit 1969, Hubert Gsur (1912–1944), Lyriker, Widerstandskämpfer, im Landesgericht hingerichtet, gehörte der illegalen KPÖ an

Hubertusdamm, 21. und 22., seit 1966, ursprünglich Am Hubertusdamm, Ing. Johann Sigismund Hubert (1736 bis 1792), Wasserbautechniker; errichtete bei den Donaubrücken einen fast sechs Meter hohen Damm, der aber 1787 vom Hochwasser durchbrochen wurde

Hubertusgasse, 21., seit 1892, s. *Am Hubertusdamm*

Hubertusweg, 17., Schutzpatron der Jäger, nicht amtliche Bezeichnung

Hügelgasse, 13., seit 1903 (vorher: Wienflussgasse), Carl Alexander Anselm Freiherr von Hügel (1796–1870), Naturforscher, Reiseschriftsteller, Diplomat; seine Pflanzensammlung bildete den Grundstock für die Botanische Sammlung des späteren Naturhistorischen Museums

Hühnersteig, 21., seit 1942, s. *Hühnersteigstraße*

Hühnersteigstraße, 14., Benennungsdatum unklar; die Siedler und Kleingärtner hielten früher Hühner und bauten für sie Steige (Ställe)

Hüttelbergstraße, 14., seit 1894 (vorher: Dornbacher Straße), führt auf den 354 m hohen Hüttelberg

Hütteldorfer Straße, 14. und 15., seit 1898 (in Rudolfsheim seit 1878, seit 1881 in Penzing, 1892 in Fünfhaus, ab 1898 offiziell; vorher im 15. Bezirk Friedhof- und Schmelzer Friedhofstraße, dann Aufmarschstraße; 1929 wurde die Karl-Marx-Straße einbezogen); zur Erinnerung an den alten Vorortnamen (1260 wird ein Ulrich de Hittendorf erwähnt, seine Nachkommen schreiben sich Hüttendorf, 1478 bis 1660 existiert ein Geschlecht der Hüttendorfer zum Freyenthurm, 1688 bis 1742 wird eine Familie der Hütteldorfer genannt), s. auch *Freyenthurmgasse*

Hüttenbrennergasse, 3. und 11., seit 1907, Anselm Hüttenbrenner (1794 bis 1868), Dichter, Komponist (Freund von Beethoven und Schubert); verkürzt 2001

Hüttergasse, 14., seit 1954, Emil Hütter (1835 bis 1886), Maler (sammelte Material zur Geschichte Wiens und schuf eine Unzahl von Zeichnungen und Aquarellen des Stadtbilds)

Hufelandgasse, 12., seit 1884, Christoph Wilhelm von Hufeland (1762 bis 1836), Professor der Medizin, schrieb zahlreiche wissenschaftliche Bücher

Hufgasse, 21., seit 1971, nach dem Bauunternehmer Huf, Grundbesitzer in dieser Gegend, nähere Daten nicht bekannt

Huflattichweg, 22., seit 1956, nach der Pflanze (Tussilago farfara)

Huglgasse, 15., seit 1886, Julius Hugl (1813 bis 1888), Bürgermeister von Rudolfsheim (1880 bis 1886)

Hugogasse, 11., seit 1875, Hugo Zipperling (gest. 1907), Grundbesitzer um 1870, Gründer der freiwilligen Betriebsfeuerwehr der Waggonfabrik

Hugo-Kirsch-Gasse, 23., seit 1970, Prof. Hugo Kirsch (1873 bis 1961), Bildhauer

Hugo-Meisl-Weg, 10., seit 1989, Hugo Meisl (1881–1937), Schöpfer des Fußballwunderteams der 30er Jahre

Hugo-Wiener-Platz, 4., seit 1999, s. *Hugo-Wiener-Weg*

Hugo-Wiener-Weg, 22., seit 1997, Prof. Hugo Wiener (1904–1993), Librettist, Autor (Kabarett „Simpl"), Komponist; 1938 Flucht nach Kolumbien, heiratete 1943 in Venezuela Cissy Craner

Hugo-Wolf-Gasse, 6., seit 1903, Hugo Wolf (1860 bis 1903), Komponist (Liedersammlungen), Musikkritiker

Huleschgasse, 19., seit 1910, Dr. Wilhelm Hulesch (1817 bis 1906), Pfarrer von Döbling

Humboldtgasse, 10., seit 1874, s. *Humboldtplatz*

Humboldtplatz, 10., seit 1874, Alexander von Humboldt (1769 bis 1859), Naturforscher (Astronom, Zoologe, Mineraloge, Physiker, Chemiker, Botaniker)

Hummelgasse, 13., seit 1898, Johann Nepomuk Hummel (1778 bis 1837), Komponist (Klavierkonzerte, Lieder), Schüler Mozarts

Hundertwasser-Promenade, 3., seit 2002, Prof. Friedensreich Hundertwasser (geb. Fritz Stowasser, 1928 bis 2000), Maler; trat für Frieden, Ökologie sowie eine natur- und menschengerechte Architektur ein, Bekämpfer der geraden Linie („los von Loos"); nach seinen Plänen wurde das gleichnamige Haus gebaut (1985 Übergabe an die Mieter), Gründer des „Kunst Haus Wien" (Fertigstellung 1991), Dekorierung des Fernwärmewerkes Spittelau (1988 und 1992)

Hungerbergstraße, 19., seit 1894 (vorher: Hohe-Warte-Gasse, urspr. Heinikelgasse), führt auf den 240 m hohen Hungerberg

Hungereckstraße, 23., seit 1964, Flurnam[illegible]

[illegible]upp[illegible]se, [illegible] seit 1906, Anton Hupp (18[illegible]906), Wohltäter, Hausbesitzer; vermachte sein ganzes Vermögen dem 10. Bezirk für wohltätige Zwecke

Husarenweg, 22., seit 1966 (vorher: Schönbergerweg), nach den in den napoleonischen Kriegen eingesetzten Reitern (1809)

Huschkagasse, 19., Benennungsdatum unbekannt, Franz Edler von Huschka (1751–1830), Leinenhändler, Besitzer des Grinzinger Freihofes um 1810

Hustergasse, 14., seit 1892, Wilhelm Huster, 1847–1850 letzter Ortsrichter und 1850–1860 erster Bürgermeister von Rustendorf

Huttengasse, 14. und 16., seit 1875 (im 14. Bezirk seit 1901), Ulrich Ritter von Hutten (1488–1523), Humanist, Dichter, Schriftsteller, Wortführer der Reformation

Hutterergasse, 11., amtlich seit 1994, vorher ebenso nicht amtlich, abgeleitet von Hütern

Hutweidengasse, 19., seit 1874, Flurname (Viehweide)

Hyazinthengasse, 22., seit 1944, nach der Zierpflanze (Hyacinthus)

Hyegasse, 3., seit 1910, Dr. Anton Freiherr von Hye-Glunek (1807 bis 1894), Jurist, Politiker, Univ.-Prof., ab 1848 im Justizministerium tätig, 1867 Justizminister

Hyrtlgasse, 16., seit 1885, Prof. Josef Hyrtl (1810 bis 1894), Arzt, Anatom, verfasste zahlreiche Lehrbücher und wissenschaftliche Werke; Sammlungen auf dem Gebiet der vergleichenden Anatomie bedeuteten den Beginn der Forschungstätigkeit auf diesem Gebiet; vermachte sein Vermögen wohltätigen Zwecken

I

Ibachstraße, 22., seit 1955 (vorher: Schubertstraße), Albert Ibach (1902 bis 1947), Direktor des Theaters in der Josefstadt (1938), stvtr. Direktor (1945), Schauspieler, Verleger

Iberisweg, 22., nicht amtlich, nach der Zierpflanze (Schleifenblume)

Ibsenstraße, 15. und 16., seit 1912, Henrik Ibsen (1828 bis 1906), norwegischer Dramatiker, Bahnbrecher des Naturalismus („Wildente", „Peer Gynt", „Gespenster" etc.)

Ichagasse, 21., seit 1971, Oskar Icha (1886–1945), Bildhauer (Kriegerdenkmäler, Skulpturen in Aufbahrungshallen)

Igelsteig, 21., seit 1942 (vorher: Lindenheimweg)

Iglaseegasse, 19., seit 1894 (vorher: Peregringasse), nach dem Egelsee (tümpelreiche Gegend mit Egelvorkommen), 1836 verbaut

Ignaz-Binder-Platz, 14., seit 2004, Ignaz Binder (1896 bis 1995), Pionier der Eigenheimsiedlung am Wolfersberg, Initiator der Kirche St. Josef am Wolfersberg

Ignaz-Born-Weg, 13., seit 1975, Ignaz Edler von Born (1742 bis 1791), Freimaurer, Vorbild für den Sarastro in Mozarts Zauberflöte; Mineraloge, Paläontologe

Ignaz-Köck-Straße, 21., seit 1987, Ignaz Köck (1906 bis 1957), Generaldirektor der ÖMV (1956/57), 1951 Bundessekretär der Fraktion Christlicher Gewerkschafter, 1953–1956 Abgeordneter zum Nationalrat (ÖVP), Generalsekretär des ÖAAB; Vizepräsident der AK-Wien

Ignaz-Pleyel-Gasse, 10., seit 1959, Ignaz Pleyel (1757–1831), Komponist, Schüler von Joseph Haydn

Ignaz-Prilisauer-Weg, 14., seit 2004, Ignaz Prilisauer (1842 bis 1910), Begründer der gleichnamigen Gasthausdynastie (bei der Endstation der Straßenbahnlinie 49)

Ignaz-Schreiner-Weg, 18., seit 1988, Ignaz Schreiner (1842–1921), Erschließer des Schafbergs und Wohltäter

Ignaz-Weigl-Gasse, 11., seit 1912, Ignaz Weigl (1849–1911), Bezirksvorsteher-Stellvertreter von Simmering (1902 bis 1911), Gastwirt

Ignazgasse, 12., seit 1864, Ignaz Zelebor (1816 bis 1890), Bürgermeister von Unter-Meidling (1870–1885), s. auch *Zeleborgasse*

Ilgplatz, 2., seit 1899, Dr. Albert Ilg (1847 bis 1896), Kunsthistoriker, kam 1876 an die kaiserlichen Sammlungen, 1884 Direktor; zahlreiche wissenschaftliche Arbeiten, insbesondere über die Kunst des Barock

Illekgasse, 15., seit 1888, Franz Illek (1793 bis 1861), erster Bürgermeister des Braunhirschengrunds (1848 bis 1852) bzw. letzter Ortsrichter (1839 bis 1848)

Illgasse, 21., seit 1953, nach dem gleichnamigen Fluss in Vorarlberg

Illnerstraße, 22., Benennungsdatum unbekannt, Karl Illner (1877 bis 1935), Flugpionier, s. *Flugfeldstraße*

Im Erdberger Mais, 3., seit 1905, Flurname (erstmals 1445 urk. erwähnt)

Im Gereute, 23., seit 1914, Flurname

Im Gestockert, 22., Benennungsdatum unbekannt, Flurname

Im Haag, 22., nicht amtliche Bezeichnung (Flurname)

Im Kaiserzipf, 13., Benennungsdatum unbekannt, Flurname

Im Kenzelbrunn, 14., seit 1944 (vorher: Dr.-Ludwig-Stein-Gasse), Flurname

Immengasse, 21., seit 1890, nach der Bienenzucht von Bäckermeister Schöfmann in Floridsdorf (Immen = Bienen)

Immergrüngasse, 22., seit 1955, nach der Pflanze (Vinca)

Im Werd, 2., seit 1894, zur Erinnerung an die einstige Bezeichnung für den 2. und 20. Bezirk (Werd = Insel); im Unteren Werd befand sich bis 1670 ein jüdisches Ghetto, Zentrum der Gelehrsamkeit; 1670 wurden die Juden vertrieben, Fürst Esterházy nahm einen Teil im Burgenland auf; dieser wurde dann durch die Nationalsozialisten ausgerottet

In den Gabrissen, 21., seit 1979, Flurname

In den Kräutern, 17., historische Riedbezeichnung, nicht amtlich

In der Bien, 22., seit 2000, Flurname (bienenreiche Gegend)

In der Burg, 1., seit 1919 (1547 bis 1819 Burgplatz, dann Innerer Burgplatz, 1846 Franzensplatz), Platz in der Hofburg (Innerer Burgplatz)

In der goldenen Erden, 21., Benennungsdatum unbekannt, Flurname

In der Hagenau, 13., seit 1947 (vorher: Lainzer Cottage), Flurname (Hag = Hecke)

In der Klausen, 23., seit 1988, topographisch-historische Bezeichnung (Klause = schwer zugängliche, entlegene Örtlichkeit)

In der Krim, 19., seit 1905, Flurname (Herkunft unklar; entweder nach einem Gasthaus, das Johann Grimmer gehörte, oder zur Erinnerung an den Krimkrieg 1853–1856)

In der Schwarzlackenau, 21., seit 1986, Flurname (Schwarze Lackenau)

In der Wiesen, 23., Benennungsdatum unbekannt, Flurname

Indigoweg, 10., seit 1953, nach der Operette „Indigo und die 40 Räuber" von Johann Strauß Sohn

Industriegasse, 23., seit 1955 (vorher: Beethovengasse), nach den Industrieansiedlungen in der Gegend; 2003 in *Walter-Jurmann-Gasse* umbenannt, s. dort

Industriestraße, 22., seit 1909 (1945 bis 1956 „Straße der Roten Armee"), zur Würdigung der Industrie in der Umgebung bzw. zur Erinnerung an den Wirtschaftsaufschwung in Floridsdorf um 1900

Inge-Konradi-Gasse, 21., seit 2006, Inge Konradi (1924 bis 2002), Schauspielerin (Raimund- und Nestroyrollen, Partnerin von Josef Meinrad), Ehrenmitglied des Burgtheaters (1992), s. auch *Josef-Meinrad-Platz*

Ingen-Housz-Gasse, 9., seit 1910 (vorher: Versorgungshausgasse), Dr. Johann Ingen-Housz (1730–1799), Chemiker, Arzt; führte erfolgreich Pockenschutzimpfungen durch, 1760 kais. Leibarzt, bleibende Verdienste als Pflanzenphysiologe (Entdeckung der Vorgänge der Assimilation und Atmung der Pflanzen); konstruierte auch einen Heißluftballon, den er 1784 im Prater steigen ließ

Ing.-Körner-Gasse, 17., nicht amtliche Bezeichnung, nach dem späteren Bürgermeister Theodor Körner

Ing.-Sarek-Weg, 22., Benennungsdatum und Herkunft unklar

Innocentiagasse, 13., seit 1907, Innocentia Pögel (1824 bis 1907), Ordensschwester, 40 Jahre Oberin im Elisabethinum in Ober-St. Veit

Innocenz-Lang-Gasse, 18., seit 1907, Franz Innocenz Lang (1752 bis 1835), Piaristenpriester, Rektor der Wiener Universität, Schulreformator

Innovationsstraße, 10., seit 2006, nach dem neu entstandenen Technologiepark in Favoriten

Innstraße, 2. und 20., seit 1890, nach dem gleichnamigen Fluss

Invalidenstraße, 3., seit 1883, nach dem Invalidenhaus, 1727 gegründet, 1909 aufgelassen und nach Lainz/Speising verlegt

Inwaldweg, 21., Benennungsdatum unbekannt, Josef Inwald (1837–1906), errichtete eine Glasfabrik und führte die zu dieser Zeit darniederliegende Glasindustrie zu neuer Blüte

Inzersdorfer Straße, 10., seit 1875 (vorher: Kühberggasse), zur Wahrung des Ortsnamens; Inzersdorf wurde um 1120 erstmals urk. als „Imicinesdorf" erwähnt; der nördliche Teil der Gemeinde Inzersdorf kam 1890 zu Wien; bis dahin war die Inzersdorfer Straße teilweise Grenze zwischen Wien und Inzersdorf; 1954 kam Inzersdorf zum 23. Bezirk

Inzersdorfer Kirchenplatz, 23., seit 1947 (1938 Adolf-Hitler-Platz), nach der St. Nikolaus-Kirche

Irenäusgasse, 21., seit 1936, Irenäus Friedl (1840 bis 1901), Schulbruder, Gründer des Pensionates St. Josef in Strebersdorf

Irene-Harand-Platz, 4., seit 2006, Irene Harand (1900 bis 1975), christliche Gegnerin des Antisemitismus und Nationalsozialismus; gründete gemeinsam mit dem jüdischen Anwalt Moriz Zalman (gest. 1940 KZ Oranienburg) 1930 die „Österreichische Volkspartei", die hernach in die „Harandbewegung" überging (stand dem christlichkonservativen und monarchistischen Lager nahe), Publikation „Sein Kampf. Antwort an Hitler" (1935), 1938 Emigration nach New York, Auszeichnung „Gerechte der Völker" in Yad Vashem

Irene-Jerusalem-Weg, 13., seit 2006, Irene Jerusalem (1882 bis 1941 oder 1942),Tochter des bekannten Philosophen Wilhelm Jerusalem (1854 bis 1923); Lehrerin (Deutsch, Französisch), soziales Engagement (Heim für obdachlose Mädchen), 1941 ins Ghetto

Litzmannstadt (Łódź) deportiert und dort ermordet, s. *Jerusalemgasse*

Irisgasse, 1., ca. 1600–1779 Hundsfottgässel, 1786–1862 Glockengasse; nach einem Ladenschild „Zur Irisblume" (seit 1862)

Isbarygasse, 14., seit 1894 (vorher: Promenadegasse), Rudolf Isbary (1827 bis 1892), Industrieller (Shawlfabrik), ab 1883 Präsident der NÖ. Handels- und Gewerbekammer, Reichsratsabgeordneter (1873 bis 1880), Mitglied des Herrenhauses (1889 bis 1892), 1873 kaiserlicher Rat, 1880 Kurator des österreichischen Museums für Kunst und Industrie

Iselgasse, 21., seit 1953, nach dem Fluss in Osttirol

Isidro-Fabela-Promenade, 22., seit 2005, Isidro Fabela (1882 bis 1964), mexikanischer Diplomat, Richter am internationalen Gerichtshof in Den Haag; übergab im März 1938 dem Generalsekretär des Völkerbundes die mexikanische Protestnote gegen den Anschluss Österreichs an Hitlerdeutschland, s. *Mexikoplatz*

Isoppgasse, 23., seit 1957 (vorher: Grillparzergasse, Roseggergasse), Bartholomäus Isopp (1878–1951), Arbeitervertreter

Ispergasse, 21., seit 1953, Nebenfluss der Donau in Niederösterreich

J

Jacobsenweg, 12., seit 1953, Dr. Sigurd Jacobsen (1882 bis 1948), dänischer Jurist und Philanthrop, organisierte nach dem Ersten Weltkrieg Hilfsaktionen für die Kinder Wiens

Jacobsgasse, 14., seit 1972 (vorher ab 1969 Zimbagasse), Johann Jacobs (1869 bis 1958), Pionier der Kaffeeherstellung

Jacquingasse, 3., seit 1875 (vorher: Magazingasse), Nikolaus Josef Freiherr von Jacquin (1727 bis 1817), Naturforscher, Wegbereiter der Botanik in Österreich, Prof. an der Universität Wien, Direktor des Botanischen Gartens

Jadengasse, 15., seit 1878, Karl Krticzka Ritter von Jaden (1824–1885), Polizeipräsident von Wien (1881–1885), Bezirkshauptmann in Rudolfsheim

Jägergrabengasse, 21., nicht amtliche Bezeichnung

Jägerhausgasse, 12., seit 1894 (vorher: Gemeindegasse), nach einem ehemals hier bestandenen Jägerhaus

Jägermaisbogen, 22., seit 1966, nach dem Verlauf bzw. der Siedlung

Jägermaiszufahrt, 22., seit 1966, führt zur gleichnamigen Siedlung

Jägerstätterstraße, 14., seit 1993 (vorher: Ottokar-Kernstock-Straße), Franz Jägerstätter (1907–1943), Bauer, Mesner; verweigerte aus christlicher Überzeugung den Dienst in der deutschen Wehrmacht, wurde deshalb zum Tode verurteilt und in Berlin hingerichtet

Jägerstraße, 20., seit 1858, nach dem Jägerhaus, 1645 zum Schutz der Brigittakapelle erbaut

Jägerweggasse, 23., Benennungsdatum unbekannt, führt zum „Jägerhaus"

Jagdgasse, 10., seit 1862, hier fanden bis etwa 1860 noch Hasenjagden statt

Jagdschloßgasse (nR **Jagdschlossgasse**), 13., seit 1894 (vorher: Einsiedeleigasse), nach dem kaiserlichen Jagdschloss in Lainz

Jagičgasse, 13., seit 1936, Dr. Vratoslav Jagič (1838–1923), Slawist; Herausgeber des „Archivs für slawische Philologie", 1886–1908 Prof. für Slawistik an der Universität Wien

Jahngasse, 5., seit 1877 (vorher: Mohngasse), Ludwig Jahn (1778–1852), Förderer des Turnwesens (Turnvater Jahn)

Jakob-Bindel-Platz, 22., seit 1993, Komm.-Rat Jakob Bindel (1901–1992), Sekretär der Wr. Kinderfreunde, Direktor des Verlages Jugend & Volk; 1938 Flucht nach Palästina, 1942 bis 1947 Soldat in der britischen Armee

Jakobergasse, 1., seit 1862, nach dem 1783 aufgelassenen Nonnenkloster „St. Jakob auf der Hülben" (1374 bereits Hinter St. Jakob)

Jakob-Gremdlinger-Straße, 14., Benennungsdatum unbekannt, Jakob Gremdlinger (richtig Gremblinger),

1600 bis 1613 Pfarrer von Weidlingau; ließ die Kapelle von Mariabrunn auf eigene Kosten erneuern

Jakob-Lamm-Gasse, 13., seit 1911, Msgr. Jakob Lamm (1833 bis 1908), Pfarrer in Mauer (1870 bis 1901)

Jakob-Puggl-Weg, 14., seit 1956, Jakob Puggl, um 1560 Waldmeister in Hadersdorf

Jakob-Sommerbauer-Straße, 23., Benennungsdatum unbekannt, Jakob Sommerbauer, Ortsrichter von Mauer, von französischen Soldaten in den napoleonischen Kriegen 1809 erschossen; auch Bürgermeister von Kalksburg

Jakob-Stainer-Gasse, 13., seit 1942, Jakob Stainer (1621 bis 1683), Tiroler Geigenbauer

Jakschgasse, 14., seit 1940, Josef Jaksch (1861 bis 1937), Bürgerschuldirektor, 1886 bis 1937 auf dem Gebiet des Chorgesanges führend tätig, Ehrenmitglied von rund 130 Sängervereinigungen

Jandagasse, 21., seit 1993, Anton Janda (1904 bis 1986), Fußballer

Jane-Tilden-Gasse, 21., seit 2006 (eig. Marianne Tuch, 1910 bis 2002), Schauspielerin (Josefstadt, Münchner Kammerspiele, 1957–1978 Burgtheater), Filmrollen

Jan-Kiepura-Gasse, 14., seit 1975, Jan Kiepura (1902–1966), Tenor, Mitglied der Staatsoper, Gastspiele quer durch Europa und durch die USA, lebte nach der Emigration 1938 ab 1944 in den USA, Popularität auch durch Auftritte in Operetten und Musikfilmen

Janneckgasse, 13., seit 1932, Franz Christoph Janneck (1703 bis 1761), Barockmaler (religiöse Darstellungen, Landschaften, Porträts)

Jantschweg, 2., seit 1963, Heinrich Jantsch (1845–1899), Theaterdirektor, Schauspieler, Schriftsteller (leitete ab 1892 das Fürsttheater im Prater)

Jara-Benes-Gasse, 21., seit 1964, Jara Benes (1897 bis 1949), Komponist (Operetten)

Jarlweg, 10., seit 1959, Otto Jarl (1856 bis 1920), Bildhauer (Tierbilder)

Jaschkagasse, 23., seit 1897, Heinrich Jaschka (1849 bis 1897), setzte sich für die Gemeinde Mauer ein, Fabriksbesitzer

Jasmingasse, 22., seit 1944, nach dem Strauch

Jasomirgottstraße, 1., seit 1876, Herzog Heinrich II. Jasomirgott (1114 bis 1177), Markgraf von Österreich (1141 bis 1156), Herzog von Österreich (1156 bis 1177), Gründer der Burg am Hof, der Stephanskirche und des Schottenklosters

Jaunerstraße, 13., seit 1955 (vorher: Maria-Theresien-Straße), Franz Jauner (1832–1900), Theaterdirektor (Ringtheater), Schauspieler, Regisseur

Jaurèsgasse, 3., seit 1919 (ab 1934: Lustig-Prean-Gasse, 1938: Richthofengasse, 1945: Lustig-Prean-Gasse, ab 1947 wieder Jaurèsgasse; vor 1919: Richardgasse), Jean Jaurès (1859 bis 1914), Führer der französischen Sozialdemokraten, kämpfte gegen Antisemitismus, Nationalismus und für Völkerverständigung, am Vorabend des Ersten Weltkrieges erschossen, s. Einleitung

Jedlersdorfer Platz, 21., seit 1995 (vorher Jedlersdorfer Straße), s. *Jedlersdorfer Straße*

Jedlersdorfer Straße, 21., seit 1901 (vorher: Scheunenstraße, Luthersteig), zur Wahrung des Ortsnamens Jedlersdorf, 1150 erstmals urk. erwähnt, 1894 zum Teil eingemeindet (der Rest 1905); s. *Floridsdorfer Hauptstraße*

Jedleseer Brücke, 21., seit 1985, s. *Jedleseer Straße*

Jedleseer Straße, 21., seit 1901, zur Erinnerung an die ehemalige Gemeinde Jedlesee, 1014 erstmals urkundlich erwähnt, seit 1894 bei Floridsdorf, s. *Floridsdorfer Hauptstraße*

Jedletzbergerstraße, 11., seit 1994, Josef Jedletzberger (1927–1993), Präsident der Wr. Landwirtschaftskammer (1966–1993), Gemeinderat (1964 bis 1987), ÖVP

Jeitnerweg, 17., seit 2002, Ing. Heinrich Jeitner (1920 bis 1991), Friedhofsgärtner (engagierter Vertreter seines Berufsstandes); der Weg liegt zwischen Friedhof Gersthof und Gärtnerei Pöchaker (Betreiber ist Schwiegersohn von Ing. Jeitner)

Jenbachgasse, 13., seit 1955 (vorher: Berggasse), Bela Jenbach (1871–1943), Schauspieler, Operettenlibrettist

Jeneweingasse, 21., seit 1901, Josef Jenowein (sic!, 1830–1899), Bürgermeister und Ortsrichter von Jedlesee, Wirtschaftsbesitzer

Jennerplatz, 13., seit 1931, Dr. Eduard Jenner (1749 bis 1823), Arzt, erfand 1796 die Kuhpockenimpfung (Immunisierung gegen die Pocken durch künstlich herbeigeführte Infektion mit den normalerweise harmlosen Kuhpocken)

Jenny-Lind-Gasse, 10., seit 1951, Jenny Lind (1820–1887), schwedische Opern- und Konzertsängerin

Jenschikweg, 17., seit 1983, Anton Jenschik (1884–1969), Verlagsdirektor, 1927 an der Gründung des „Kleinen Blattes" beteiligt, 1919 bis 1934 sozialdemokratischer Gemeinderat, bei der Pensionierung Direktor des „Vorwärts"-Verlages

Jenullgasse, 14., seit 1896, Sebastian Jenull (1777 bis 1848), Jurist, seit 1810 Professor für Natur- und österreichisches Kriminalrecht

Jerusalemgasse, 21., seit 1954, Dr. Wilhelm Jerusalem (1854 bis 1923), Philosoph, Pädagoge; seit 1885 in Wien, s. *Irene-Jerusalem-Weg*

Jerusalem-Stiege, 1., seit 1996, anlässlich des 3000-jährigen Bestehens von Jerusalem so benannt

Jessengasse, 19., seit 1930, Christian Jessen (1835 bis 1924), Pädagoge, Vorkämpfer der österr. Schulreform (Bücher über Schulpraxis, Schullesebücher)

Jesuitengasse, 1., seit 1862 (vorher ab 1827 Kirchengasse), nach dem Jesuitenorden bzw. der Jesuitenkirche (= alte Universitätskirche)

Jesuitensteig, 23., seit 1866, zur Erinnerung daran, dass die Jesuiten 1609 bis 1773 die Herrschaft über Mauer ausübten

Jettmargasse, 23., seit 1954 (vorher: Hörbigergasse), Rudolf Jettmar (1869 bis 1939), Maler, Graphiker

Jheringgasse, 15., seit 1894 (vorher: Rochusgasse), Rudolf von Jhering (1818 bis 1892), Rechtshistoriker, 1868–1872 Professor für römisches Recht an der Universität Wien

Jirecekgasse, 21., seit 1954, Dr. Konstantin Jireček (1854 bis 1918), Slawist, Historiker, 1893 Univ.-Prof. in Wien

Joachim-Schettl-Gasse, 14., seit 1956, Joachim Schettl (eigentlich Schöttl), Waldmeister in Hadersdorf im 16. Jahrhundert

Joachimsthalerplatz, 16., seit 1928, Franz Joachimsthaler (1892 bis 1911), Schlossergehilfe, Opfer der Teuerungsdemonstration vom 17. September 1911; die Sozialdemokraten hatten zu einer Kundgebung vor dem Rathaus aufgerufen; aus ungeklärten Umständen fiel plötzlich ein Schuss, als die Demonstration schon zu Ende war und die Kundgebungsteilnehmer in die Vorstädte zogen; Polizei und Militär verfolgten die Arbeiter, es gab 3 Tote, 90 Verletzte, 200 Verhaftungen; auf dem Ottakringer Friedhof befindet sich ein Grabmal für die Opfer der Teuerungsdemonstration

Joanelligasse, 6., seit 1902, Don Cölestin Joanelli (gest. 1673), Barnabitenpriester, Gründer einer Kapelle mit Marienbild, von den Türken 1683 zerstört; das Marienbild hat sich jedoch erhalten

Jochbergengasse, 21., seit 1913, Flurname

Jochen-Rindt-Straße, 23., seit 1982, Jochen Rindt (1942–1970), Autorennfahrer; 1970 posthum Formel-1-Weltmeister

Jodlgasse, 13., seit 1919 (vorher: Stephaniebadgasse, bis 1894 Badgasse), Friedrich Jodl (1849 bis 1914), Philosoph

Jodok-Fink-Platz, 8., seit 1929 (vorher: Piaristengasse), Jodok Fink (1853 bis 1929), christlichsozialer Politiker aus Vorarlberg, 1919/20 Vizekanzler, 1922 bis 1929 Obmann des christlichsozialen Klubs im Nationalrat

Jörgerbadgasse, 17., seit 1924, nach dem 1914 eröffneten Jörgerbad

Jörgerstraße, 17. und 18., seit 1894 (vorher: Alsbachstraße; urspr. Untere Bachgasse, dann Mühlgasse), Johann Quintin Graf Jörger (1624 bis 1705), führte 1688 in Wien die Straßenbeleuchtung ein

Jörg-Mauthe-Platz, 9., seit 1991, nach Jörg Mauthe (1924 bis 1986); Schriftsteller, Journalist („Watschenmann"), Kunstkritiker in der „Furche", Kulturredakteur in der „Presse"; gründete die liberalkonservative Monatsschrift „Wiener Journal“, Gemeinderat, Stadtrat (ÖVP)

Jörsgasse, 13., seit 1936, Dr. Paul Jörs (1856–1925), Jurist, Rechtshistoriker

Johannagasse, 5., Benennungsdatum unbekannt, Johanna Gorischek (1792 bis 1858), Wohltäterin, Buchdruckerin

Johann-Blobner-Gasse, 12., seit 1933; Johann Baptist Blobner (1850–1931), Komponist

Johann-Dunkl-Gasse, 23., seit 1958, Johann Dunkl (1891–1954), Inzersdorfer Gemeinderat (1927–1934)

Johannesgasse, 1. und 3., nach der Kirche des Johannesordens „Zum hl. Johannes der Täufer“; früher auch Johannesstraße und St. Johannesstraße

Johann-Friedl-Gasse, 10., seit ca. 1874, Johann Friedl (1822–1892), Oberlehrer in Oberlaa

Johann-Fürst-Platz, 2., seit 1940, Johann Fürst (1825–1882), Volkssänger; kam aus armen Verhältnissen, brachte es zu Vermögen und erwarb das „Schreyersche Affentheater“ im Prater, welches er als Singspieltheater umbaute, später Direktor des Theaters in der Josefstadt

Johann-Gottek-Gasse, 23., seit 1966 (vorher: Burgenlandgasse), Johann Gottek (1891–1963), Bezirksrat (1950 bis 1963), SPÖ

Johann-Gundacker-Gasse, 14., seit 1997, Johann Gundacker (1922–1991), Bezirksrat (1964–1986), Bezirksvorsteher-Stellvertreter (1973–1986), Gemeinderat (1986/1987), ÖVP

Johann-Hörbiger-Gasse, 23., seit 1925, Ing. Johann Hörbiger (1860–1931), Techniker, Maschinenkonstrukteur („Hörbigerventil“), Schöpfer der Welteislehre (1926)

Johann-Hoffmann-Platz, 12., seit 1905, Johann Hoffmann (1786 bis 1856 bzw. lt. *Czeike* 1802 bis 1865), Erbauer der Altmannsdorfer Kirche

Johannitergasse, 10., seit ca. 1882, diese Gegend war einst im Besitz des Johanniterordens (Malteser)

Johann-Josef-Krätzer-Gasse, 23., seit 1968, Johann Josef Krätzer (1869 bis 1950), Gemeinderat von Atzgersdorf, Fabrikant

Johann-Knoll-Gasse, 21., seit 1933, Johann Knoll (1856 bis 1924), christlichsozialer Kommunalpolitiker, Selchermeister, Verdienste um die allgemeine Wohlfahrt

Johann-Kutschera-Gasse, 22., seit 1988, Johann Kutschera (1907 bis 1979), Sozialversicherungsangestellter, Gemeinderat (1949 bis 1954), Landesrettungskommandant des Wiener Roten Kreuzes

Johann-Laufner-Gasse, 21., seit 1909, Johann Laufner (1786 bis 1848), Ortsrichter von Großjedlersdorf (1821 bis 1828 und 1831 bis 1848)

Johann-Nepomuk-Berger-Platz, 16. und 17., seit 1894 (vorher: Marktplatz; 1942–1945: Lerchenfeldplatz), Dr. Johann Nepomuk Berger (1816–1870), Rechtsanwalt, 1848 Mitglied der demokratischen Linken, 1861 Gemeinderat, 1863 deutsch-liberaler Reichsratsabgeordneter, 1867 bis 1870 Minister ohne Portefeuille

Johann-Nepomuk-Vogl-Platz, 18., seit 1894 (vorher: Marktplatz), Johann Nepomuk Vogl (1802–1866), Balladendichter („Herr Heinrich sitzt am Vogelherd“), Herausgeber von Anthologien und Volkskalender; Beamter

Johann-Pölzer-Gasse, 10., seit 1968, Johann Pölzer (1903–1964), Gewerkschafter, Gemeinderat (SPÖ), Obmann der SPÖ-Favoriten

Johann-Schorsch-Gasse, 14., seit 1969, Johann Schorsch (1874–1952), Sozialdemokrat, Gewerkschaftsfunktionär, 1919 bis 1926 Gemeinderat, bis 1931 Bundesrat, bis 1934 Nationalrat, 1934 Emigration, arbeitete im „Auslandsbüro der Freien Gewerkschaften Österreichs“, Rückkehr 1939, mehrmals von der Gestapo verhaftet, 1945–1948 Obmann der Wr. Gebietskrankenkasse

Johann-Staud-Straße, 16., seit 1949 (vorher: Steinhofstraße), Johann Staud (1882 bis 1939), christlichsozialer Gewerkschaftsführer, nach dem Bürgerkrieg 1934 unter dem autoritären Regime ernannter Präsident der Wiener Arbeiterkammer und des Einheitsgewerkschaftsbundes, 1938 von den Nationalsozialisten verhaftet und ins KZ Dachau eingeliefert, starb nach den erlittenen Misshandlungen

Johann-Steinmetz-Stiege, 17., seit 1995, Johann Steinmetz (1849–1910), Baumeister in Dornbach

Johann-Strauß-Gasse, 4., seit 1899 (vorher: Igelgasse), Johann Strauß Sohn (1825–1899), Musiker, Komponist, s. auch *Anna-Strauß-Platz*

Johann-Teufel-Gasse, 23., seit 1956, Johann Teufel (1896 bis 1943), Tischler, kommunistischer Widerstandskämpfer, 1943 hingerichtet

Johann-Treixler-Gasse, 21., seit 1933, Johann Nepomuk Treixler (1842 bis 1898), Verdienste um das Schulwesen, Schuldirektor in Großjedlersdorf

Johann-Weber-Straße, 21., Benennungsdatum unbekannt; verlängert 1997; Johann Weber (1839 bis 1909), Gemeinderat von Stammersdorf, Verdienste um die Gemeindefinanzen

Johann-Zak-Weg, 22., seit 1988, Johann Zak (1903–1944), Feuerwehrmann, kommunistischer Widerstandskämpfer, wie *Hermann-Plackholm-Gasse*

Johannes-de-La-Salle-Gasse, 21., seit 2000, Johannes Baptist de La Salle (1651–1719), Gründer der Schulbrüder (machten sich seinerzeit den unentgeltlichen Volksschulunterricht zur Aufgabe, widmeten sich vorwiegend den armen Kindern, den Waisen und der Lehrerbildung); Verkehrsfläche grenzt an die Einrichtungen der Schulbrüder in Strebersdorf an

Johannes-Krawarik-Gasse, 16., seit 1988 (urspr. Schulgassel, bis 1894 Kirchengasse, dann Adtlgasse; nach Wolfgang Adtl, einem langjährigen Pfarrer von Ottakring); Johannes Krawarik (1903 bis 1968), ab 1946 Pfarrer in Ottakring; er wurde im Zuge der Erstürmung des erzbischöflichen Palais durch nationalsozialistische Jugendliche am 8. Oktober 1938 aus dem Fenster geworfen und schwer verletzt

Johannes-von-Gott-Platz, 2., seit 2000, Johannes von Gott (geb. Juan Ciudad Duarte, 1495–1550), Gründer des Ordens der Barmherzigen Brüder (1539), Zielsetzung: Krankenpflege; 1690 heilig gesprochen; in der Nähe befindet sich das Krankenhaus der Barmherzigen Brüder (Große Mohrengasse 9), s. auch *Barmherzigengasse*

Johann-Orth-Weg, 21., seit 2006, Johann Orth (1929 bis 2004), Kartograph (47 Jahre im Bundesamt für Eich- und Vermessungswesen tätig), zeichnete rund 80 historische Pläne und Karten nach, die er auch edierte

Johann-Petrak-Gasse, 11., seit 2006, Johann Petrak (1905 bis 1991), Pfadfinderfunktionär (Pfadfinder seit 1926, 1946 Neuorganisation der Pfadfinder in Simmering)

Johnstraße, 14. und 15., seit 1894 (vorher: Rudolfstraße, im 15. Bezirk ab 1912 so benannt), Franz Xaver Freiherr von John (1815 bis 1876), 1866 Verdienste bei Custozza, Kriegsminister (1866), Chef des österreichischen Generalstabs

Jordangasse, 1., seit 1786 in der heutigen Form nachweisbar, nach einem Hausschild „Zum kleinen Jordan“, schon 1421 erwähnt

Jordisweg, 23., seit 2002, nach einer alten Maurer Familie (Tobias II. Jordis führte einen Gastbetrieb „Restaurant zum Panorama“ mit Tanzsaal und einem Turmkomplex wie den Pariser Eiffelturm)

Josef-Baumann-Gasse, 21. und 22., seit 1909, Josef Baumann (1838 bis 1920), Bürgermeister von Leopoldau ab 1876, Wirtschaftsbesitzer

Josef-Benc-Gasse, 23., seit 1931, Josef Benc (1856 bis 1931), Gemeinderat und Ehrenbürger von Erlaa

Josef-Bindtner-Gasse, 18., seit 1969, Dr. Josef Bindtner (1866 bis 1939), Heimatforscher, Schriftsteller (Biographien von Stifter, Bauernfeld, Bäuerle, Castelli)

Josef-Brazdovics-Straße, 21., seit 1995, Josef Brazdovics (1904 bis 1969), Feuerwehrmann, Sozialdemokrat, Februarkämpfer des Jahres 1934, Widerstandskämpfer (Haft im KZ Mauthausen)

Josef-Bühl-Gasse, 23., seit 1954 (vorher: Schubertgasse), Josef Bühl (1852 bis 1906), Bürgerschulgründer und -direktor in Liesing

Josef-Endlweber-Gasse, 23., Benennungsdatum unbekannt, Josef Endlweber (1822 bis 1887), Bürgermeister von Siebenhirten (1861 bis 1864), Fleischermeister

Josef-Enslein-Platz, 10., seit 1953, Josef Enslein (1870–1952), Schulreformer (Mitarbeiter von Otto Glöckel in der Ersten Republik), 1945 Unterstaatssekretär in der Regierung Renner

Josef-Flandorfer-Straße, 21., Benennungsdatum unbekannt, Josef Flandorfer (1844–1920), Bürgermeister von Stammersdorf, Wirtschaftsbesitzer

Josef-Frank-Gasse, 22., seit 1991, Josef Frank (1885 bis 1967), Architekt (Werkbundsiedlung), großer österreichischer Staatspreis für Architektur; 1934 Emigration

Josef-Fritsch-Weg, 2., seit 1997, Josef Fritsch (1912–1993), Sportfunktionär, langjähriger Obmann des Sportvereins Elektra (Verdienste um die Modernisierung der Anlage)

Josef-Gall-Gasse, 2., seit 1908, Josef Gall (1820–1898), Journalist, gründete die „Korrespondenz Gall", Vorläufer der heutigen „Rathauskorrespondenz", und schuf eine umfangreiche Kommunalberichterstattung in der Tagespresse

Josef-Gangl-Gasse, 13., seit 1932, Josef Gangl (1868–1916), sudetendeutscher Schauspieler und Schriftsteller

Josef Haas-Gasse, 11., seit 1996, Josef Haas (1893–1975), Bezirksrat (1950 bis 1964), Bezirksvorsteher von Simmering (1952–1964); SPÖ

Josef-Harrer-Brücke, 14., errichtet 1899 über den Mauerbach, 1988 umgebaut

Josef-Heinzl-Gasse, 13., seit 1928, Josef Heinzl (1869–1923), Gewerkschaftsvertreter der Metallarbeiter, ab 1919 nö. Landtagsabgeordneter

Josef-Hindels-Gasse, 19., seit 2004, Prof. Josef Hindels (1916 bis 1990), Gewerkschafter, Redakteur, Schriftsteller; 1953 bis 1970 Zentralsekretär der Gewerkschaft der Privatangestellten; Mahner gegen Krieg und Faschismus, Publikationen; z. B. „Österreichs Gewerkschaften im Widerstand" (1976)

Josef-Holaubek-Platz, 9., seit 2000, Josef Holaubek (1907 bis 1999), Feuerwehrmann, volkstümlicher Polizeipräsident von Wien (1947–1972), Sozialdemokrat (unter dem Austrofaschismus und dem NS-Regime inhaftiert), organisierte 1945 als Branddirektor den Aufbau eines funktionierenden Brandschutzes; Bürger der Stadt Wien

Josefinengasse, 2., seit 1862 (vorher: Mariengasse), Josefa Ley (1816–1901), Gattin des Bezirksvorstehers Konrad Ley, s. *Leystraße*

Josefine-Wessely-Weg, 12., seit 1931, Josefine Wessely (1860–1887), Burgschauspielerin

Josef-Kainzmayer-Gasse, 22., Benennungsdatum unbekannt, Josef Kainzmayer (1848–1895), Bürgermeister von Essling (1885 bis 1893), Wirtschaftsbesitzer

Josef-Kraft-Weg, 13., seit 1987, Hofrat Dr. Josef Kraft (1879 bis 1945), Heimatforscher, Archivar

Josef-Kutscha-Gasse, 23., seit 1954 (vorher: Parkgasse), Josef Kutscha (1863 bis 1928), Gemeinderat, Bürgerschuldirektor

Josef-Kyrle-Gasse, 13., seit 1932, Dr. Josef Kyrle (1880 bis 1926), Hautarzt, Univ.-Prof.

Josef-Matthias-Hauer-Platz, 8., seit 1988, Josef Matthias Hauer (1883 bis 1959), Komponist, Musiktheoretiker; entdeckte 1919 das Zwölftongesetz, Hauer lehnte die traditionelle Musik ab und wollte neue Wege beschreiten

Josef-Meder-Gasse, 23., seit 1960, Dr. Josef Meder (1856 bis 1934), Direktor der Albertina

Josef-Meinrad-Platz, 1., seit 1997, Josef Meinrad (1913 bis 1996), Kammerschauspieler (u. a. Nestroy- und Raimund-Rollen), Musical-Erfolge („Der Mann von La Mancha"), Rundfunk-, Film- und Fernsehtätigkeit, 1959 Ifflandring, 1963 Kainzmedaille, 1973 Ehrenmitglied des Burgtheaters

Josef-Melichar-Gasse, 21., seit 1959 (vorher: Siedlergasse), Josef Melichar (1863–1955), Siedlungsgründer (Bruckhaufen), Postbeamter

Josef-Moser-Gasse, 17., seit 1934 (vorher: Beringgasse), Josef Moser (1866 bis 1931), Pädagoge, Gründer des Canisiuswerkes (Kinderhilfswerk)

Josef-Österreicher-Gasse, 23., Benennungsdatum unbekannt, Josef Österreicher (1849 bis 1919), Färbereibesitzer

Josef-Palme-Platz, 14., seit 1966 (1938 bis 1945: Adolf-Hitler-Platz, 1945 bis

Josefsplatz (kolorierter Kupferstich von Carl Schütz, ca. 1780)

1966 nicht amtlich Karl-Seitz-Platz), Josef Palme (1859–1935), 1919–1934 sozialdemokratischer Bürgermeister von Hadersdorf-Weidlingau, Landtagsabgeordneter, Bundesrat

Josef-Pommer-Gasse, 13., seit 1934, Josef Pommer (1845 bis 1918), Lehrer, Begründer der Volksliedforschung

Josef-Prokop-Straße, 14., Benennungsdatum unklar, Josef Prokop (1839 bis 1904), Architekt, Stadtbaumeister, Verdienste als Wohltäter für die Gemeinden Hadersdorf und Weidlingau

Josef-Redl-Gasse, 17., seit 1951, Josef Redl (1876 bis 1937), christlichsozialer Bezirksvorsteher von Hernals (1934 bis 1937), Lehrer

Josef-Reichl-Gasse, 12., seit 1969, Josef Reichl (1860 bis 1924), Hutmacher, Mundartdichter

Josef-Reißberger-Weg, 17., nicht amtliche Benennung

Josef-Ressel-Straße, 14., Benennungsdatum unbekannt, Josef Ressel (1793 bis 1857), Erfinder der Schiffsschraube

Josef-von-Schemmerl-Brücke, 19. und 20., s. *Schemmerlbrücke*

Josef-Ruston-Gasse, 21., seit 1909 (vorher: Rustengasse), Josef Ruston (1809 bis 1895), Schiffsbautechniker, Begründer einer Schiffswerft

Josef-Schlesinger-Straße, 14., seit 1901, Dr. Josef Schlesinger (1831 bis 1901), s. *Schlesingerplatz*

Josef-Schlima-Gasse, 23., seit 1957 (vorher: Josef-Huber-Gasse), Josef Schlima (1883 bis 1942), Gemeinderat von Liesing

Josef-Schuster-Gasse, 13., seit 1932, Josef Schuster (1812 bis 1890), Blumenmaler

Josef-Schwarz-Gasse, 5., seit 1912, Josef Schwarz (1834 bis 1912), christlichsozialer Bezirksvorsteher von Margareten (1897–1910), Likörfabrikant, Kaffeehausbesitzer

Josefsgasse, 8., Benennungsdatum unbekannt (urspr. Mittere Gasse); verkürzt 2001 (geht nunmehr bis Lange Gasse), nach Kaiser Joseph I. (1678 bis 1711), Kaiser ab 1705

Josef-Sickinger-Gasse, 22., seit 1930, Dr. Josef Sickinger (1858–1930), Pädagoge, Schulexperte (Begründer von Förderklassen)

Josefsplatz, 1., 1750 Ballplatz, dann bis 1780 Bibliotheksplatz, Kaiser Joseph II. (1741 bis 1790), röm.-dt. Kaiser (1765 bis 1790)

Josefstädter Straße, 8., seit 1862 (1690 bis 1778: Burggasse und Burgtorstraße, Obere Burgtorgasse; 1778–1862 Kaisergasse); zur Erinnerung an den alten Vorstadtnamen (nach Joseph II. urspr. Josephstadt, ab dem 19. Jhd. Josefstadt); die Josefstadt wurde 1850 zum 7. Bezirk vereinigt, ab 1861 8. Bezirk; 1857 zählte die Josefstadt 13.600 Einwohner; kleinster Wiener Bezirk

Josef-Türk-Gasse, 21., seit 1925, Josef Türk (1856 bis 1923), Vorstand des Floridsdorfer Fürsorgeinstituts

Josef-Uridil-Gasse, 14., seit 1991, Josef Uridil (1895 bis 1962), populärer Fußballer der 20er Jahre, später Trainer, u. a. Rapid (Meister 1953/54)

Josef-Wagner-Weg, 19., seit 2006, Josef Wagner (1870 bis 1931), Weinhauer (Züchtung der Weinsorte Zweigelt, die er mit dem Leiter der Weinbauschule Klosterneuburg, Prof. Dr. Friedrich Zweigelt, kultivierte), Verdienste um die freiwillige Feuerwehr Heiligenstadt

Josef-Wakovsky-Gasse, 21., seit 1960, Josef Wakovsky (1900–1959), Schrammelmusiker, Komponist (z. B. „Der narrische Kastanienbaum")

Josef-Weinheber-Platz, 14. und 16., Josef Weinheber (1892–1945), Postbeamter, ab 1932 freier Schriftsteller; in seinen Dialektgedichten versuchte er das Wesen Wiens und seiner Menschen zu erfassen („Wien wörtlich"), an der politischen Bindung mit den Nationalsozialisten, die ihn mit Ehrungen für sich zu gewinnen verstanden, zerbrach der gefeierte Lyriker, er verübte am 8. 4. 1945 Selbstmord

Josef-Zapf-Gasse, 21., seit 1929, Josef Zapf (1847 bis 1902), Graveur, verfasste „Das Lied der Arbeit" (1868), siehe *Scheugasse*

Joseph-Haydn-Straße, 14., Benennungsdatum unklar, s. *Haydngasse*

Joseph-Kainz-Platz, 18., seit 1931 (vorher: Meridianplatz), Joseph Kainz (1858 bis 1910), Schauspieler; Deutsches Theater in Berlin (1883–1888), Burgtheater ab 1899, berühmtester Charakterdarsteller des deutschsprachigen Theaters, Vorbild nachfolgender Schauspielergenerationen

Joseph-Lister-Gasse, 13., seit 1931, Lord Joseph Lister (1827 bis 1912), englischer Chirurg, Erfinder des antiseptischen Verfahrens

Joseph-Roth-Gasse, 2., seit 2001, Joseph Roth (1894 bis 1939), Journalist, Schriftsteller („Radetzkymarsch", „Die Kapuzinergruft"), ab 1933 im Exil

Joseph-Schmidt-Platz, 3., seit 1995, Joseph Schmidt (1904 bis 1942), Sänger; 1938 Emigration (starb in einem Schweizer Flüchtlingslager)

Juchgasse, 3., seit 1919 (vorher: Rudolfsgasse, bis 1862: Haltergasse), Ernst Juch (1838–1909), Zeichner (politische Satiren, Karikaturen), Maler, Illustrator

Judengasse, 1., im 15. Jhd. „am hohenmarkht am silberpuhel", seit 1863 endgültig so benannt (nach den dort ansässigen jüdischen Händlern); siehe auch Einleitung

Judenplatz, 1., erstmals erwähnt 1294, bildete bis 1421 den Mittelpunkt der damaligen Judenstadt

Jüptnergasse, 22., seit 1963, Hans Jüptner von Jonstorff (1853 bis 1941), Chemiker, Eisenhüttenfachmann

Julia-Hanusch-Weg, 17., nicht amtliche Bezeichnung nach der Frau des Namenspatrons der Siedlung, Ferdinand Hanusch, s. *Hanuschgasse*

Julius-Berger-Gasse, 17., Benennungsdatum unklar, Julius Berger (1878 bis 1964), Regierungsrat des Vermessungswesens, Siedlerfunktionär

Julius-Ficker-Straße, 21., seit 1954, Prof. Julius von Ficker (1826 bis 1902), (Rechts-)Historiker, seit 1852 Univ.-Prof. in Innsbruck; verbesserte die Urkundenkritik

Julius-Meinl-Gasse, 16. und 17., seit 1954 (vorher: Nauseagasse), Julius Meinl (1869–1944), Großkaufmann; baute das väterliche Geschäft zum Großkonzern aus

Julius-Payer-Gasse, 22., nicht amtliche Bezeichnung, Julius Ritter von Payer (1841–1915), Maler

Julius-Raab-Platz, 1., seit 1976 (vorher ab 1903: Aspernplatz), Julius Raab (1891 bis 1964); Bundeskanzler (1953 bis 1961); in der Ersten Republik NÖ. Heimwehrführer, 1927–1934 christlichsozialer Abgeordneter zum Nationalrat, Begründer des Österreichischen Gewerbebundes (1934), 1938 Bundesminister für Handel und Verkehr; nach 1945 Präsident der Bundeskammer der gewerblichen Wirtschaft, Präsident des Wirtschaftsbundes (ÖVP); Baumeister der Zweiten Republik

Julius-Schlegel-Gasse, 21., seit 1977, Julius Schlegel (1895 bis 1958), Retter der Kunstschätze von Monte Cassino,

Papierhändler, Gemeinderat (1954 bis 1958, ÖVP)

Julius-Tandler-Platz, 9., seit 1949 (urspr. Hauptplatz, 1873–1938: Althanplatz, 1938 bis 1945 Platz der Sudetendeutschen, 1945 bis 1949 wieder Althanplatz), Dr. Julius Tandler (1869–1936), Anatom, Sozialpolitiker; 1910 Lehrstuhl für Anatomie, nach dem Ersten Weltkrieg Engagement in der Sozialdemokratie; Reform des Krankenanstaltengesetzes als Unterstaatssekretär im Volksgesundheitsamt, Reform des Gesundheitswesens und der Fürsorge als Stadtrat in Wien, 1933 medizinischer Berater in China und in der Sowjetunion

Jungferngasse, 1., 1414 urkundlich „daz lückelin" und „das Luckel" genannt, seit 1862 amtlich, ab 1701 nicht amtlich (nach einer Sage von einem Stelldichein mit tödlichem Ausgang für den Galan)

Jungbauerweg, 10., seit 1989, Raimund Jungbauer (1876–1942), Seelsorger, Priester, Verdienste um die Ausgestaltung der Kirche St. Johannes auf dem Keplerplatz, Mitglied des Stadtschulrates

Jungherrnsteig, 19., seit 1895, schon 1393 urkundlich erwähntes Weingartenried des Stiftes Klosterneuburg

Jungmaisstraße, 22., seit 1873, Jungmais = Jungwald

Jungnickelweg, 12., seit 1973, Prof. Ludwig Heinrich Jungnickel (1881 bis 1965), Tier- und Landschaftsmaler, Graphiker, Professor an der Akademie der bildenden Künste, 1939 Emigration nach Jugoslawien, Rückkehr 1952

Jungpointgasse, 12., seit 1922, alter Flurname (Point = eingezäunte Viehweide)

Jungstraße, 2., seit 1905, Karl Jung (1848 bis 1905), Gemeinderat der Leopoldstadt (1902–1905), Backofenerzeuger

Junkgasse, 22., seit 1955 (vorher: Maderspergergasse), Dr. Viktor Junk (1875 bis 1948), Kunsthistoriker, Komponist, Erforscher von Volkstänzen

Jupiterweg, 14., seit 1923, nach dem Planeten

Jura-Soyfer-Gasse, 10., seit 1968, Jura Soyfer (1912–1939), Kabarettdichter („Der Lechner Edi schaut ins Paradies"), Lyriker, Journalist; Mitarbeiter der „Arbeiter-Zeitung", nach 1934 Zuwendung zur illegalen KPÖ und Abrechnung mit der Sozialdemokratie („So starb eine Partei"), warnte vor dem Nationalsozialismus und vor Arbeitslosigkeit, 1938 ins KZ Dachau eingeliefert und dann ins KZ Buchenwald überstellt, starb dort an Typhus

Jurekgasse, 15., seit 1938 (vorher: Pereiragasse), Wilhelm August Jurek (1870 bis 1934), Schöpfer des Deutschmeistermarsches (1893), Komponist, Beamter

Justgasse, 21., seit 1914, Ferdinand Just (1843–1912), Pfarrer von Großjedlersdorf

Jutegasse, 22., seit 1993, nach dem Pflanzennamen für verschiedene Faserpflanzen

K

Kaasgrabengasse, 19., seit 1892 (in Untersievering schon seit 1876), Flurname (1331 als Cheswassergraben urkundlich erwähnt, vermutlich ein Zusammenhang mit bestandenen Mineralquellen: Käswassser = trübes Wasser mit Schwefelgehalt)

Kabastagasse, 23., seit 1959, Oswald Kabasta (1896 bis 1946), Musiker, Dirigent, reorganisierte 1933 die Wiener Philharmoniker

Kärchergasse, 3., seit 1897; nach Karl Kärcher (1820–1874), der sein Haus verarmten Geschäftsleuten stiftete

Kärntner Durchgang, 1., seit 1897, s. *Kärntner Straße*

Kärntner Ring, 1., seit 1861, geht auf das gleichnamige mittelalterliche Stadtviertel zurück; Benennung wurde angepasst an die *Kärntner Straße*, 1917 bis 1919 Kaiserin-Zita-Ring

Kärntner Straße, 1., 1257 als „strata Carinthianorum" erstmals urk. erwähnt, 1776 erstmals Kärnthnerstraße; im Mittelalter als Fernstraße über Steiermark, Kärnten bis nach Triest und

Venedig geplant; 1861 neu benannt bzw. verlängert

Kärntnertorpassage, 1., seit 1978, s. *Kärntner Ring*

Käsmayergasse, 22., seit 1974 (vorher: Fernkorngasse), Johann Käsmayer (1884 bis 1951), letzter Bürgermeister von Essling

Kästenbaumgasse, 10., seit 1956 (vorher: Bahnstraße), Riedname

Käthe-Dorsch-Gasse, 14., seit 1962, Käthe Dorsch (1890–1957), Burgschauspielerin, 1953 Kunstpreis der Stadt Wien, Filmrollen

Käthe-Jonas-Weg, 14., seit 2002, Käthe Jonas (1904 bis 1999), Gemeinderätin (1946 bis 1954); SPÖ

Käthe-Leichter-Gasse, 13., seit 1949 (vorher ab 1943: Horngasse), Dr. Käthe Leichter (1895–1942), Sozialdemokratin, Pazifistin, Mitarbeiterin von Otto Bauer (s. *Otto-Bauer-Gasse*), Leiterin des Frauenreferates in der AK Wien, 1942 in der Psychiatrischen Anstalt Bernburg/Saale ermordet

Katherina (Käthe) Odwody

Käthe-Odwody-Gasse, 10., seit 2004, Katherina (Käthe) Odwody (1901 bis 1943, Hilfsarbeiterin in der Ankerbrotfabrik seit 1924, Betriebsrätin; Widerstandskämpferin (KPÖ), 1941 verhaftet, 1942 verurteilt

Kafkasteg, 2., seit 1984, Verlängerung der Kafkastraße, s. *Kafkastraße*

Kafkastraße, 2., seit 1956 (vorher: Josef-Christ-Gasse), Franz Kafka (1883 bis 1924), Angestellter einer Versicherung, Dr. jur. 1906; Schriftsteller („Der Prozess", „Das Schloss", „Die Verwandlung")

Kaftangasse, 21., seit 1972, Rudolf Kaftan (1870–1961), Gründer des Uhrenmuseums, Mittelschullehrer

Kagraner Anger, 22., seit 1922, s. *Kagraner Platz*

Kagraner Platz, 22., seit 1909 (vorher: Kagraner Hauptstraße), zur Erinnerung an die ehemalige, schon 1200 als „de Chagaron" selbstständige Gemeinde, 1904 eingemeindet; da die Gemeinde damals ziemlich verschuldet war, kam die Eingemeindung zu Floridsdorf recht; 1954 kam Kagran zur Donaustadt

Kahlenberger Straße, 19., seit 1873/75 (in Nussdorf bis 1873 Lange Gasse, in Heiligenstadt bis 1875 Kahlenberger Weg), nach dem 483 m hohen Kahlenberg (früher: Schweinsberg und Sauberg)

Kahlergasse, 22., seit 1954, Prof. Dr. Otto Kahler (1849 bis 1893), Arzt, Vorstand der II. Med. Univ.-Klinik im AKH, beschäftigte sich mit der pathologischen Anatomie und Erkrankungen des Zentralnervensystems

Kahlgasse, 21., seit 1894, Josef Kahl, Tischlermeister, letzter Ortsrichter (1846 bis 1849) und erster Bürgermeister von Floridsdorf (1849 bis 1861)

Kainachgasse, 21., seit 1953, nach dem gleichnamigen Nebenfluss der Mur südlich von Graz

Kaingasse, 21., seit 1912 (vorher: Haidgraben), Johann Kain (gest. 1864), Wirtschaftsbesitzer, hinterließ der Gemeinde Strebersdorf beträchtliches Vermögen

Kainzgasse, 17., seit 1885, Josef Kainz (1810 bis 1892), Gemeinderat von Hernals

Kaiserallee, 2., seit 1884, nach Kaiser Franz Joseph I. (1830 bis 1916)

Kaiser-Ebersdorfer-Straße, 11., seit 1894 (vorher: Ebersdorfer Hauptstraße), zur Wahrung des Ortsnamens; Simmering und Kaiserebersdorf wurden 1892 eingemeindet (Kaiserebersdorf hieß bis ins 15. Jhd. Ebersdorf)

Kaiser-Franz-Josef-Straße, 23., seit ca. 1848, s. *Kaiserallee*

Kaisergartengasse, 3., seit 1897 (vorher: Hühnergasse, Hahnlgasse), hier bestand ein kaiserlicher Lustgarten, 1845 aufgelöst und verbaut

Kaisermühlenbrücke, 22., seit 1993 (Sekundarbrücke), s. *Kaisermühlenstraße*

Kaisermühlenstraße, 22., Benennungsdatum unbekannt, zur Erinnerung an die seit 1674 nachgewiesene Gemeinde, seit 1938 zum 22. Bezirk gehörend, ursprünglich 2. Bezirk; s. auch *Schiffmühlenstraße*

Kaisersteiggasse, 23., seit 1886, Flurname

Kaiserstraße, 7., genaues Benennungsdatum unklar, jedenfalls im 18. Jhd. benannt; 1760 Kaiserweg, nach Kaiser Joseph II. (1741 bis 1790), 1765–1790 röm.-dt. Kaiser

Kaistraße, 10., Benennungsdatum unbekannt, Promenade entlang der Liesing

Kalbeckgasse, 18., seit 1925, Max Kalbeck (1850–1921), Musikschriftsteller, Theaterdichter und -kritiker

Kalksburg-Kirchenplatz, 23., seit 1947 (1938 bis 1945 Adolf-Hitler-Platz), s. *Kalksburger Straße*

Kalksburger Straße, 23., seit 1866 (vorher teilweise Brunnergasse), nach der bereits im 12./13. Jahrhundert erwähnten Ortschaft, 1938 eingemeindet; Flurname (von Kalb und Berg = Berggelände, auf dem Kälber weiden; „Chalbsperger")

Kallbrunnergasse, 21., seit 1954, Dr. Josef Kallbrunner (1883–1951), Direktor des Hofkammerarchives, Archivar

Kallinagasse, 16., seit 1960, Prof. Anna Kallina (1874–1948), Burgschauspielerin (fast 50-jährige Zugehörigkeit zum Burgtheater, spielte in den meisten großen Produktionen des Hauses)

Kallusweg, 21., seit 2003, Dr. Julius Kallus (1886–1959), Beamter, Widerstandskämpfer

Kalmanstraße, 13., seit 1955 (vorher: Burgenlandstraße), Emmerich Kálmán (1882 bis 1953), Komponist (Operette „Die Csárdásfürstin", „Gräfin Mariza"), 1938 Emigration, erfolgreiche Tourneen durch die USA, s. auch *Marizaweg*

Kalmusweg, 22., seit 1953, nach der Arzneipflanze (Acorus calamus)

Kalsergasse, 21., seit 1971, nach der Bäckerfamilie, Josef Kalser (1878–1937), Josef Kalser jun. (1908–1960)

Kaltenbäckgasse, 14., seit 1907, Johann Paul Kaltenbäck (1804 bis 1861), Archivar, Historiker

Kaltenleutgebner Straße, 23., Benennungsdatum unbekannt, führt nach der Ortschaft Kaltenleutgeben in Niederösterreich

Kalvarienberggasse, 17., seit 1894 (vorher: Allandgasse und Kirchengasse), nach der 1639 errichteten Kreuzwegstation (Hernalser Kreuzweg, Kalvarienberg)

Kamelienweg, 22., seit 1953, nach der Zierpflanze (Camellia japonica)

Kamillenweg, 22., seit 1978, nach der Heilpflanze

Kammelweg, 21., seit 1956 (vorher: Enzersdorfer Weg), Dr. Willibald Kammel (1879–1953), Jugendpädagoge, Psychologe, Publizist

Kammerergasse, 19., seit 1930 (1942 bis 1947: Frobergergasse), Dr. Paul Kammerer (1880–1926), Biologe, experimentelle Versuche, die Vererbbarkeit von erworbenen Eigenschaften nachzuweisen

Kampfstraße, 14., Benennungsdatum unklar, im April 1945 unternahmen an dieser Stelle deutsche Soldaten den sinnlosen Versuch, die vordringende Sowjetarmee aufzuhalten; die Zahl der Opfer war hoch

Kampstraße, 20., seit 1893, nach dem gleichnamigen Fluss in NÖ

Kanalstraße, 22., seit 1966, nach einem zum Pumpwerk führenden Kanal

Kanalwächterhausweg, 2., seit 1998, verlängert 2000, historische und ortsübliche Bezeichnung

Kandlgasse, 7., Benennungsdatum unbekannt, nach einem Hausschild „Zur goldenen Kanne"

Kaniakgasse, 11., Benennungsdatum unbekannt, Karl Kaniak (1872–1931), Arbeiterdichter, Roman „Die Geiselberger"

Kanitzgasse, 23., seit 1966 (vorher: Freisingergasse), Dr. Otto Kanitz (1894 bis 1940), Pädagoge, gab 1921 bis 1934 „Die sozialistische Erziehung" heraus, im KZ Buchenwald ermordet

Kannegasse, 15., seit 1912, Friedrich August Kanne (1778 bis 1833), Musikkritiker, Komponist, Schriftsteller (Opern „Orpheus" und „Mirandola")

Kantgasse, 1., seit 1865, Immanuel Kant (1724 bis 1804), Philosoph („Kritik der reinen Vernunft")

Kantnergasse, 21., seit 1904, Simon Kantner (1809–1867), Lehrer in Großjedlersdorf, ab 1850 Gemeinderat in Floridsdorf

Kanzelgarten, 11., Benennungsdatum unbekannt, Flurname

Kapaunplatz, 20., seit 1934, Dr. Franz Kapaun (1851–1929), Bauleiter und Betriebsdirektor der städtischen Gaswerke; löste das Problem der Gasbeleuchtung

Kapellenweg, 22., seit 1934, bei der Kapelle wurde 1809 ein siegreiches Gefecht gegen die Franzosen ausgetragen (napoleonische Kriege)

Kapellergasse, 22., seit 1983, Josef Kapeller (1879–1948), Obmann der Stadtrandsiedlung Breitenlee

Kapitelgasse, 17., seit 1875, nach dem Wiener Domkapitel, dem 1625 die Herrschaft Hernals übergeben wurde

Kapleigasse, 11., seit 1895, Flur- und Wiesenname

Kaposigasse, 22., Benennungsdatum unbekannt, verlängert 1994, Prof. Dr. Moriz Kaposi (1837 bis 1902), Arzt (Dermatologe), s. auch *Hebragasse*

Kappgasse, 11., seit 1975, Ing. Gisbert Kapp (1852 bis 1922), Maschinenbautechniker (Dynamo und Transformatoren)

Karajangasse, 20., seit 1889, Theodor von Karajan (1810 bis 1873), Historiker, Sprachforscher; Verdienste auf dem Gebiet der Wiener Stadtgeschichtsforschung

Karczaggasse, 22., seit 1955 (vorher: Schustergasse), Wilhelm Karczag (1857 bis 1923), Direktor des Theaters an der Wien, Schriftsteller

Kardinal-Innitzer-Platz, 19., seit 1985, Kardinal Theodor Innitzer (1875 bis 1955), Erzbischof von Wien (1932 bis 1955), zuerst wissenschaftliche Laufbahn (1911 bis 1932 o. Univ.-Prof.), 1918/19 und 1931/32 Dekan der theologischen Fakultät, 1928/29 Rektor der Universität Wien; 1929/30 Sozialminister; unterschrieb 1938 unter Druck einen Aufruf der Nationalsozialisten, bei der Volksabstimmung mit „Ja für Hitler" zu stimmen; 1940 errichtete er eine „Hilfsstelle für nichtarische Katholiken"

Kardinal-König-Platz, 13., seit 2005, DDr. Kardinal König (1905 bis 2004), Priester (1933), Bischof-Koadjutor (1952), Erzbischof von Wien (1956), Kardinal (1958); historische Rede bei der Aussöhnung der Kirche mit der Sozialdemokratie, wichtige Rolle beim II. Vatikanischen Konzil (1962 bis 1965) und der Ökumene (Stiftung „Pro Oriente", 1964); in den letzten Lebensjahren Leitfigur der Hospizbewegung

Kardinal-Nagl-Platz, 3., seit 1914 (vorher: Thomasplatz; mit dem Thomasplatz verschwanden 1898 die bis dahin bestandene Schul- und Thomasgasse), Dr. Franz Nagl (1855 bis 1913), Erzbischof von Wien (1911 bis 1913)

Kardinal-Piffl-Gasse, 13., seit 1946 (vorher: Georg-Ritter-v.-Schönerer-Gasse), Kardinal Friedrich Gustav Piffl (1864 bis 1932), Probst von Stift Klosterneuburg (1907 bis 1913), Erzbischof von Wien (1913 bis 1932)

Kardinal-Rauscher-Platz, 15., seit 1891, s. *Rauscherstraße*

Kargergasse, 23., seit 1956, Karl Karger (1848 bis 1913), Genre- und Historienmaler

Karl-Aschenbrenner-Gasse, 21., seit 1959, Karl Aschenbrenner (1865 bis 1955), Schuldirektor, Maler (Floridsdorf und Umgebung)

Karl-Beck-Gasse, 22., seit 2001, Karl Isidor Beck (1817 bis 1879), Lyriker (Feuilletonredakteur), Vertreter der oppositionellen Dichtung des Vormärz (sozialkritische Werke)

Karl-Bednarik-Gasse, 22., seit 2006, Karl Bednarik (1915 bis 2001), Prof. Karl Bednarik; Buchdrucker, Maler, Schriftsteller, Leiter der Galerie Alte Schmiede (1975 bis 1980), Gründungsmitglied des „Neuen Hagenbundes"

Karl-Bekehrty-Straße, 14., Benennungsdatum unbekannt, Karl Bekehrty (1822 bis 1886), Haus- und Grundbesitzer, förderte die sozialen Einrichtungen von Hadersdorf

Karl-Benz-Weg, 21., seit 1932, Karl Benz (1844–1929), Autokonstrukteur, Industrieller; s. *Marcusgasse*

Karl-Biedermann-Gasse, 21., seit 1995, Karl Biedermann (1890–1945), Major, Widerstandskämpfer; in der Ersten Republik war der Karl-Marx-Hof in Biedermann-Hof umbenannt worden, weil Biedermann im Bürgerkrieg 1934 ein Schutzkorps gegen den aufstän-

Karl-Jenschke, der Konstrukteur des „Steyr-Babys".

dischen Schutzbund geführt hatte; in der NS-Zeit Mitglied einer militärischen Widerstandsgruppe um Major Carl Szokoll, am 8. 4. 1945 mit Huth und Raschke am Floridsdorfer Spitz öffentlich gehenkt; s. auch *Alfred-Huth-Gasse, Rudolf-Raschke-Gasse*

Karl-Borromäus-Platz, 3., seit 1908 (vorher: Gemeindeplatz), Karl Borromäus (1538 bis 1584), Bischof (1610 heiliggesprochen, Pestpatron)

Karl-Czerny-Gasse, 20., seit 1907, Karl Czerny (1791–1857), Komponist, Klavierpädagoge, Musiklehrer (unterrichtete u. a. Franz Liszt)

Karl-Diener-Gasse, 10., seit 1932, Prof. Karl Diener (1862–1928), Paläontologe, Geologe, Alpinist, 1906 Prof. für Paläontologie an der Universität Wien, 1919 Dekan, 1922/23 Rektor

Karl-Drescher-Gasse, 11., seit 1938, Karl Wilhelm Drescher (1850–1925), Komponist

Karl-Farkas-Gasse, 3., seit 2002, Karl Farkas (1893–1971), Kabarettist, Schauspieler, Regisseur; Doppelconférencen mit Fritz Grünbaum in den 20er-Jahren, 1926 bis 1931 Direktor des Wiener Stadttheaters, 1938 Emigration (Frankreich, USA), 1946 Rückkehr nach Wien, Übernahme des Simpl (1950), Arbeiten für Radio und Fernsehen („Was meinen Sie, Herr Farkas?", „Bilanz der Saison", „Bilanz des Jahres"); Farkas schrieb ferner Drehbücher und Texte für Revuen und Operetten

Karl-Geiß-Gasse, 23., seit 1957 (vorher: Gutenberggasse), Karl Geiß (1905 bis 1953), Direktor der Glockengießerei in St. Florian (Schöpfer der Pummerin)

Karl-Gramm-Gasse, 21., seit 1929, Karl Gramm (1855 bis 1927), Komponist

Karl-Grübl-Weg, 22., seit 1933, Karl Grübl (1869 bis 1925), gründete einen Arbeiterverband

Karl-Gunsam-Straße, 12., seit 1987, Prof. Karl Gunsam (1900–1972), Maler, Fußballer

Karl-Heinz-Straße, 23., Benennungsdatum unbekannt, Karl Heinz (1875 bis 1928), Vizebürgermeister von Atzgersdorf, Gürtler

Karlikgasse, 23., seit 1957, Dr. Karl Karlik (1867 bis 1951), Direktor der NÖ Landeshypothekenanstalt

Karlingergasse, 14., seit 1930, Leopold Karlinger (1846 bis 1928), christlichsozialer Bezirksvorsteher des 13. Bezirkes (1906–1913)

Karl-Jenschke-Weg, 22., seit 2004, Karl Jenschke (1899 bis 1969), Automobilkonstrukteur (1922 Konstrukteur Steyr Werke A. G., ab 1930 Chefkonstrukteur im Personen- und Lastwagenbau), u. a. Steyr 50/55 („Steyr-Baby")

Karl-Kolarik-Weg, 2., seit 1996, Karl Kolarik (1901–1993), Gastwirt im Prater (Schweizerhaus)

Der Satiriker Karl Kraus.

Karl-Kraus-Gasse, 12., seit 1970, Karl Kraus (1874–1936), Schriftsteller, Publizist: „Die letzten Tage der Menschheit", Herausgeber der „Fackel" (seit 1899)

Karl-Krestan-Gasse, 23., seit 1958 (vorher: Mühlgasse), Karl Krestan (1883 bis 1957), Bezirkspolitiker in Inzersdorf (1919–1924 Vizebürgermeister, 1924 bis 1934 Bürgermeister, 1946–1954 Bezirksrat)

Karl-Leeder-Gasse, 14., seit 1960, Karl Leeder (1879 bis 1949), Obmann des Kleingartenvereines „Bierhäuselberg"

Karl-Löwe-Gasse, 12., seit 1938 (bis 1894: Michalowitzgasse, dann Neuwallgasse), Carl Loewe (1796–1869), Komponist, bekannt durch seine Balladen (z. B. Archibald Douglas – nach Theodor Fontane, Tom der Reimer) und Oratorien (Die Siebenschläfer)

Karl-Lothringer-Straße, 21., Benennungsdatum unbekannt, Herzog Karl von Lothringen (1643–1690), Führer des Entsatzheeres bei der Türkenbelagerung von 1683

Karl-Mader-Weg, 19., seit 1979, Karl Mader (1892–1962), Bezirksrat (SPÖ, 1946–1962), Fürsorgeamtsvorstand

Karl-Mark-Gasse, 19., seit 1997, Karl Mark (1900 bis 1991), Sozialdemokrat, 1921 bis 1934 Bezirkssekretär der Sozialdemokraten in Döbling, 1945 SPÖ-Bezirksvorsteher von Döbling, Nationalratsabgeordneter (1945 bis 1966), Parteiobmann der SPÖ-Döbling – Parteilinker; Mitbegründer des Instituts für Wissenschaft und Kunst (1946), Volksbildner; Lebenserinnerungen „75 Jahre Roter Hund" (1990)

Karl-Meißl-Straße, 20., seit 1894, Karl Meißl (1829 bis 1894), Gemeinderat (1876–1894), Stadtrat (1891–1894)

Karl-Metschl-Gasse, 16., seit 1927, Karl Metschl (1864–1924), Pionier der Gewerkschaftsbewegung, Vorkämpfer für Berufsberatung und Lehrlingsschutz

Karl-Sarg-Gasse, 23., Benennungsdatum unbekannt, Karl Sarg (1832 bis 1895), Fabrikant; produzierte 1887 die erste Zahnpasta in Tuben („Kalodont" – von der Firma Elida noch bis 1981 vertrieben) und das erste künstliche Speisefett („Ceres" – von der Firma Schicht seit 1905 vertrieben); sein Sohn führte das Unternehmen weiter, 1925 wurde der Betrieb an die „Schicht AG" (heute Unilever) verkauft (Weiterführung bis 1939); 1959/60 entstanden auf den ehemaligen „Sarg-Gründen" Wohnungen; s. *Kunerolgasse*

Karl-Schäfer-Straße, 21., seit 1987, Karl Schäfer (1909–1976), Eiskunstläufer, sechsfacher Weltmeister, zweifacher Olympiasieger

Karl-Schallhas-Gasse, 13., seit 1934, Karl Schallhas (gest. 1797), Maler, Kupferstecher; Prof. für Landschaftszeichnung an der Akademie für bildende Künste

Karl-Scheiber-Gasse, 23., seit 1959, Karl Scheiber (1870–1937), Vizebürgermeister von Erlaa, Vorstand der Erlaaer Gärtnervereinigung

Karl-Schott-Gasse, 21., seit 2006, Karl Schott (1906 bis 1985), Elektriker, Fußballer (Admira), legte mit Fritz Gschweidl (s. *Gschweidlgasse*), Anton Schall (s. *Anton-Schall-Gasse*), Rudi Hiden (s. *Rudi-Hiden-Gasse*) und Adolf Vogl (s. *Voglgasse*) den Grundstein für das österr. Wunderteam der 30er-Jahre; s. auch *Sindelargasse*

Karl-Schwed-Gasse, 23., seit 1957 (1938 Holzwebergasse, 1947 Mariengasse), Karl Schwed (1878–1952), Vorkämpfer der Arbeiterbewegung

Karl-Schweighofer-Gasse, 7., seit 1905 (1839 Neue Gasse, dann bis 1862

Gardegasse, dann Breite Gasse), Karl Schweighofer (1839 bis 1905), Klaviererzeuger

Karl-Seitz-Platz, 21., seit 1998, Karl Seitz (1869 bis 1950), wuchs in ärmlichen Verhältnissen auf, ab 1888 Volksschullehrer, 1896 Gründung des „Zentralverbandes der Wiener Lehrer", Engagement in der Sozialdemokratie, 1901 Reichsratsabgeordneter, 1918 Obmann der Sozialdemokratischen Partei, November 1918 Präsident der Provisorischen Nationalversammlung und bis 1920 Staatsoberhaupt, 1920 bis 1934 wieder Obmann der Sozialdemokratischen Partei, 1923 Bürgermeister von Wien;1934 (Bürgerkrieg) Verhaftung, ohne Anklageerhebung freigelassen; vom NS-Regime 1944 ins KZ Ravensbrück eingeliefert, kehrte Mitte 1945 schwer krank nach Wien zurück, Ende 1945 Vorsitz der SPÖ und Nationalratsabgeordneter (1945 bis 1950)

Karlsgasse, 4., seit 1812, nach der Karlskirche (1716 bis 1739 erbaut)

Karlsplatz, 1. und 4., seit 1899; Kaiser Karl VI. (1685 bis 1740) legte während der Pestepidemie 1713 ein Gelübde ab, eine Kirche zu bauen

Karl-Toldt-Weg, 14., seit 1932, Dr. Karl Toldt (1840–1920), Anatom, Universitätsprofessor

Karl-Tornay-Gasse, 23., Benennungsdatum unbekannt, Karl Tornay (1839 bis 1893), Bürgermeister von Siebenhirten (1885 bis 1888), Kaufmann

Karl-von-Böhmerle-Gasse, 14., Benennungsdatum unbekannt, Ing. Karl Böhmerle (1851 bis 1917), Ehrenbürger von Hadersdorf-Weidlingau, Oberforstrat (sic!) anlässlich seiner Pensionierung 1912, zuvor 1882 Adjunkt, 1905 Forstrat an der forstlichen Versuchsanstalt Mariabrunn; Verdienste um das forstliche Versuchswesen; ein Adelstitel war nicht vorhanden

Karl-Walther-Gasse, 15., seit 1894 (vorher: Endgasse, Walthergasse), Karl Walther (1838 bis 1897), letzter Bürgermeister von Sechshaus, Färber, Hausbesitzer

Karlweisgasse, 18., seit 1919 (1938 bis 1945: Hans-Thoma-Gasse), C. Karlweis (Pseudonym für Karl Weis, 1850 bis 1901), Schriftsteller (Romane, Novellen, Volksstücke)

Karl-Wilhelm-Diefenbach-Gasse, 13., seit 1927, Karl Wilhelm Diefenbach (1851–1913), Maler, Naturapostel

Karmarschgasse, 10., seit 1894 (vorher: Altmüttergasse), Karl Karmarsch (1803 bis 1879), Technologe, Chemiker; technisch-literarische Publikationen

Karmelitergasse, 2., seit 1905 (vorher: Josefsgasse), nach Kloster und Kirche der Karmeliter

Karmeliterhofgasse, 15., Benennungsdatum unbekannt, nach einem ehemaligen Gutshof der Karmeliter

Karmeliterplatz, 2., seit 1905, s. *Karmelitergasse*

Karolinengasse, 4., seit 1844, Kaiserin Karoline Auguste (1792 bis 1873), Gemahlin von Kaiser Franz I.; siehe auch *Franzensbrücke, Franzensgasse*

Karplusgasse, 10. und 12., seit 1956, Dr. Paul Karplus (1866–1936), Arzt, Psychiater (Arbeiten über das Zentralnervensystem)

Karthäuserstraße, 19., seit 1896; die Schreibweise mit „th" ist falsch; nach dem Kartäuserstift in Gaming (NÖ), welches im 18. Jahrhundert die Herrschaft Untersievering besaß

Kartouschgasse, 22., seit 1970, Louise Kartousch (1886–1964), Schauspielerin, Soubrette

Kaschauerplatz, 22., seit 1953, Jakob Kaschauer (gest. 1463), Bildhauer (Leiter einer Maler-, Bildschnitzer- und Glasgemäldewerkstatt)

Kaschlgasse, 20., seit 1913, Franz Kaschl (1829–1906), Schuldirektor, Ortsschulratsobmann, Patronatskommissär der Brigittakirche

Kaserngasse, 23., seit 1886, nach früheren Kasernen in Mauer

Kasparekgasse, 22., seit 1968, Fritz Kasparek (1910–1954), Alpinist, Schlossergeselle (in den 30er- und 40er-Jahren populärer Felskletterer)

Kaspargasse, 22., seit 1972, Dr. Fritz Kaspar (1885–1943), Arzt (Chirurg)

Kastanienallee, 12., seit 1929 (vorher: Asylgasse), weil die Allee mit Kastanienbäumen bepflanzt ist

Kastnergasse, 17., seit 1875, Dr. Johann Kastner (1819 bis 1873), Politiker, Notar

Katharina-Scheiter-Gasse, 21., seit 2001, Katharina Scheiter (1871–1954), Leiterin der katholischen Frauenorganisation Leopoldau; soziales Engagement in der Stadtrandsiedlung, einer Gründung für Arbeitslose und Ausgesteuerte (heute Großfeldsiedlung); war in der Bevölkerung sehr beliebt

Katharinengasse, 10., seit 1862; Herkunft nicht geklärt, vermutlich nach einer Besitzerin, die Gründe in der Gegend besaß und möglicherweise einige der Gemeinde überließ

Katharinenruhe, 16., seit 2002 (vor 1886 Scheibenplatz, 1886 bis 1944 Katharinenruhe, 1944 von den Nationalsozialisten in Liebhartsruhe umbenannt, Rückbenennung 2002), nach der Schwester von Moritz Kuffner, s. *Kuffnergasse*

Kathleingasse, 23., seit 1959, Ing. Franz Kathlein (1888 bis 1957), Baumeister; Förderer und Gönner der Maurer Pfarrkirche

Katsushikastraße, 21., seit 2001 (verlängert 2005, zwischen Brünner Straße und Prager Straße), Teilstück der B 3 von der Prager Straße bis zur Leopoldauer Straße; nach dem Schwesternbezirk von Floridsdorf in Tokio; s. auch *Angyalföldstraße*

Katzensteig, 1., Benennungsdatum unbekannt (hinter der Ruprechtskirche), führte zum Katzensteigtor, ältestes Tor in der Festung Wien

Katzlergasse, 11., seit 1956, Vinzenz Katzler (1823 bis 1882), Maler, Lithograph; zahlreiche Skizzen zum Wiener Volksleben

Kaudersstraße, 22., seit 1955 (vorher: Schanzstraße), Dr. Otto Kauders (1893 bis 1949), Neurologe, Psychiater; Amtsenthebung durch den NS-Staat 1938, Emigration 1939

Kauergasse, 15., seit 1894 (vorher: Feldgasse), Ferdinand Kauer (1751 bis 1831), Singspielkomponist, Kapellmeister

Kauffungenweg, 23., seit 1955 (vorher: Stelzhammerweg), Richard Kauffungen (1854–1942), Bildhauer

Kaulbachstraße, 12., seit 1920 (vorher: Valeriecottage), Wilhelm von Kaulbach (1804 bis 1874), dt. Historienmaler

Kaunitzgasse, 6., seit 1862, Wenzel Anton Fürst von Kaunitz (1711 bis 1794), Staatskanzler ab 1753; leitete die Politik von Maria Theresia, Joseph II. und Leopold II.

Kautskygasse, 21., seit 1994, Karl Kautsky (1854–1938), sozialdemokratischer Theoretiker, Publizist; Privatsekretär von Friedrich Engels, enger Kontakt mit Karl Marx; verfasste 1891 den theoretischen Teil des „Erfurter Programmes" der dt. Sozialdemokratie, kämpfte nach dem Ersten Weltkrieg gegen den Kommunismus, lebte 1924 bis 1933 in Wien, 1938 Emigration

Kefedergrundgasse, 21., seit 1993, nach der gleichnamigen Kleingartenanlage

Kefergasse, 14., seit 1894 (vorher: Pfarrhofgasse), Josef Kefer (1780–1827), Domherr, Pfarrer von Baumgarten

Kegelgasse, 3., seit 1862 (vorher: Brunn-, Koller-, Zoll-, Feld- und Gestettengasse), nach dem Hausschild „Zum goldenen Kegel"

Keilgasse, 3., seit 1909, nach dem einst keilförmigen Gassenverlauf

Keilstraße, 14., Benennungsdatum unbekannt, Heinrich Keil (richtig Kail, 1836 bis 1908), 1895–1901 Pfarrer in Mariabrunn

Keimweg, 22., seit 1933, Franz Keim (1840–1918), Dichter, Dramatiker

Keinergasse, 3., seit 1832 (um 1797 Michaelergasse, 1862 die Feldgasse in die bestehende Keinergasse einbezogen), Bernhard Keiner (1726–1785), Gärtner

Keißlergasse, 14., seit 1894 (vorher: Alleegasse), Karl Ritter von Keißler (1808 bis 1879), Betriebsdirektor der Westbahn

Keldorfergasse, 10., seit 1959, Prof. Viktor Keldorfer (1873–1959), Chorleiter des Wiener Schubertbundes, Komponist, Dirigent; komponierte Chor- und Kirchenmusik, Arbeitsverbot 1938 bis 1945 wegen Opposition zum Nationalsozialismus

Kellerberggasse, 23., seit 1957 (vorher: Ziegelofengasse), nach den Kellern des ehemaligen Brauhauses

Kellermanngasse, 7., seit 1910, Georg Kellermann (1820–1895), Wohltäter, Lederhändler, stiftete einen hohen

Geldbetrag zur Errichtung eines Kinderspitals (Kinderabteilung des Wilhelminenspitals)

Kellinggasse, 15., seit 1894 (vorher: Meidlinger Gasse), Dionysos Kelli (1746–1806), errichtete eine Lederfabrik in Sechshaus

Kelsenstraße, 3., seit 1981 (vorher: im 3. Bezirk Marx-Meidlinger-Straße), Dr. Hans Kelsen (1881 bis 1973), Jurist, Staatsrechtler, Mitgestalter der Bundesverfassung 1920, Begründer der Wiener rechtstheoretischen Schule („Reine Rechtslehre")

Keltengasse, 23., seit 1967, auf Grund der Funde in der Gegend, die auf Keltensiedlungen hinweisen

Kempelengasse, 10., seit 1935, Wolfgang Richard von Kempelen (1734 bis 1804), Dramatiker, Lyriker, Erfinder (z. B. Schachmaschine, Sprechmaschine, Druckereimaschine für den Blindenunterricht)

Kempfengerngasse, 16., seit 1902, Flurname, 1364 urkundlich erwähnt als „Kämphl" und „Kemphengern"; wahrscheinlich wurde um dieses Stück Feld gekämpft; „gern" ist ein keilförmiges Feldstück

Kendegasse, 21., seit 1972, Dr. Oskar Kende (1881–1945), Mittelschullehrer, verfasste zahlreiche Schulbücher (u. a. Mittelschulatlas)

Kendlerstraße, 14. und 16., Benennungsdatum unklar, Karl Edler von Kendler (1777–1859), Schlossbesitzer in Breitensee

Kennedybrücke, 13. und 14., seit 1963 (vorher: Kaiser-Franz-Josephs-Brücke, ab 1919 Hietzinger Brücke), John F. Kennedy (1917 bis 1963), 35. Präsident der USA

Kennergasse, 10., seit 1925, Dr. Friedrich Kenner (1834–1922), Altertumsforscher (Erforscher des römischen Wien)

Kenyongasse, 7., seit 1892, Eugenie Louise Kenyon-Turovsky (1806–1877), stiftete den Großteil ihres Vermögens für das Sophienspital

Keplergasse, 10., seit 1862, s. *Keplerplatz*

Keplerplatz, 10., seit 1871, Johannes Kepler (1571 bis 1630), Astronom, Mathematiker (von Rudolf II. nach Prag geholt, später in Linz); ihm verdanken wir unter anderem das Fernrohr, s. *Planetengasse*

Keplingergasse, 13., seit 1955 (vorher: Franz-Schubert-Gasse), Dora Keplinger-Eibenschütz (1876 bis 1949), Soubrette

Kerbelgasse, 14., seit 1953, nach der Gewürzpflanze (Anthriscus cerefolium)

Kermaunerweg, 22., seit 1978, Prof. Dr. Fritz Kermauner (1872–1931), Gynäkologe (II. Univ.-Frauenklinik AKH)

Kerngasse, 23., Benennungsdatum unbekannt, Alexander Kern (1843 bis 1898), Bürgermeister von Rodaun, Weinhändler

Kernhausgasse, 13., Benennungsdatum unbekannt, nach dem gleichnamigen Begriff (etappenweise Bauart zum späteren Ausbau eines Wohnobjekts)

Kernstraße, 12., Benennungsdatum unbekannt, Anton Kern (1842 bis 1913), letzter Bürgermeister von Hetzendorf, dann Wiener Gemeinderat (1910 bis 1913)

Kerpengasse, 21., seit 1914, Wilhelm Freiherr von Kerpen (1741 bis 1823), Generalfeldzeugmeister, siegte hier in einer Schlacht über Napoleon (1809)

Kerschbaumgasse, 10., seit 2002, Karl Kerschbaum (1953–1984), seit 1983 Revierinspektor, im Dienst verunglückt (tödlicher Schusswechsel mit einem Vorbestraften und Betrunkenen in der Quellenstraße bei einem Lokal)

Kerschensteinergasse, 12., seit 1956, Dr. Georg Kerschensteiner (1854 bis 1932), deutscher Pädagoge, Begründer der Fortbildungs- und Gewerbeschulen

Kestnerweg, 16., seit 1970, Georg Kestner, um 1670 Pfarrer in Ottakring

Kettenbrückengasse, 4. und 5., seit 1828 (vorher: Lumpertgasse), nach der 1828–1830 über den Wienfluss erbauten Kettenbrücke

Ketzergasse, 23., seit 1954 (1938: Adolf-Hitler-Straße, 1947: Siebenhirtener Hauptstraße), Josef Ketzer (1869 bis 1944), Bürgermeister von Siebenhirten (1918 bis 1928)

Keylwerthgasse, 18. und 19., seit 1894 (vorher: Karolinengasse), Ignaz Keylwerth (1811–1885), Ehrenbürger und Wohltäter von Salmannsdorf

Keynesgasse, 21., seit 1994, John Maynard Keynes (1883–1946), britischer Volkswirtschaftler, Publizist, Finanzfachmann, Wirtschaftspolitiker; bis in die 70er-Jahre führender Theoretiker der modernen Volkswirtschaftslehre, die er auf eine moderne Grundlage stellte („Die allgemeine Theorie der Beschäftigung, des Zinses und des Geldes“, 1936)

Khekgasse, 23., seit 1957 (vorher: Lange Gasse und Roseggergasse), Friedrich Khek (1874 bis 1950), Bürgermeister von Liesing

Khemetergasse, 23., seit 1967, Matthias Khemeter, um 1580 erster Schulmeister in Atzgersdorf

Khevenhüllerstraße, 18. und 19., seit 1894 (urspr. Pötzleinsdorfer Hohlweg, dann Bergsteiggasse), Johann Josef Graf Khevenhüller (1706–1776), Besitzer der Herrschaft Pötzleinsdorf, General im Siebenjährigen Krieg (1756 bis 1763)

Khleslplatz, 12., seit 1894 (vorher: Kirchenplatz), Melchior Khlesl (1553 bis 1630), Bischof von Wr. Neustadt, dann Wien, 1616 Kardinal; Khlesl war ursprünglich Protestant, mit dem Übereifer des Renegaten übernahm er die Gegenreformation, leitete die Regierungsgeschäfte unter Kaiser Matthias, wurde diesem aber bald zu mächtig, 1618 aus seinen Funktionen entfernt, erst ab 1627 Bischof in Wien; auf seinen häufigen Reisen machte er meist am heutigen Khleslplatz Station

Khuenweg, 22., seit 1972, Franz Maria Khuen (1860–1922), Bildhauer (Grabdenkmäler)

Khunngasse, 3., seit 1892, Franz Ritter von Khunn (1802 bis 1892), Gemeinderat (Armenfürsorge), mehrfach Bürgermeisterstellvertreter; spendete aus seinem Vermögen Beträge für die Armen

Kielmannseggbrücke, 14., Erich Graf Kielmannsegg (1847–1923), Verwaltungsbeamter, 1889–1911 Statthalter von NÖ, kurzfristig Ministerpräsident, wirkte an der Regulierung des Wienflusses und an der Eingemeindung der Vororte entscheidend mit

Kienmayergasse, 14., seit 1894 (vorher: Kirchengasse), Johann Michael Kienmayer, um 1740 Besitzer der Herrschaft Breitensee, gründete 1743 das Waisenhaus am Rennweg

Kierischitzweg, 22., seit 1990 amtlich, vorher nicht amtlich Kierischitzstraße, nach einem Siedlerpionier

Kiesewettergasse, 10., seit 1887, Raphael Georg Kiesewetter Edler von Wiesenbrunn (1773–1850), Musikschriftsteller, bedeutender Musikforscher

Kiesgasse, 14., seit 1929 (irrtümlich Kissgasse benannt, 1948 richtiggestellt), Jakob Kies (1821–1848), fiel in der Märzrevolution 1848, s. *Achtundvierzigerplatz*, s. *Märzstraße*

Kieslerweg, 22., seit 1987, Friedrich Kiesler (1890 bis 1965), Architekt (Entwürfe für erd- und naturbezogenes Wohnen)

Kimmerlgasse, 11., seit 1894, Matthias Kimmerl (gest. 1883), letzter Ortsrichter von Kaiser-Ebersdorf; Wirtschaftsbesitzer

Kindergartengasse, 19., Benennungsdatum unbekannt, nach dem dort befindlichen städtischen Kindergarten

Kindermanngasse, 17., seit 1894 (vorher: Schulgasse), Ferdinand Kindermann Ritter von Schulstein (1741 bis 1801), Schulreformer, Priester

Kinderspitalgasse, 9., seit 1905, nach dem 1847/48 erbauten St. Anna-Kinderspital, das erste seiner Art im deutschsprachigen Raum, s. *Mauthnergasse*

Kiningergasse, 12., seit 1894 (vorher: Giselagasse), Vinzenz Georg Kininger (1767–1851), Kupferstecher

Kinkplatz, 14., seit 1934, Martin Ritter von Kink (1800–1877), Ingenieur für Wasser- und Städtebau (Berater bei der Wienflussregulierung)

Kinskygasse, 23., Benennungsdatum unbekannt, Maria Rosa Aloisia Katharina Fürstin von Kinsky, von 1783 bis 1802 Besitzerin der Herrschaft Inzersdorf

Kinzerplatz, 21., seit 1919 (vorher: Leopoldsplatz), Dr. Karl Kinzer (1857 bis 1916), Wasserbautechniker, Erbauer der II. Wiener Hochquellenwasserleitung, 1910 Oberstadtbaurat

Kirchberggasse, 7., seit 1862 (vorher: Glockengasse), Wolf von Kirchberger (gest. um 1498), aus altem niederösterreichischem Geschlecht, Pächter eines Grundes der Vorstadt Spittelberg

Kirchengasse, 7., seit 1862 (vorher: Große Kirchengasse), nach der Lage (führt zur Mariahilfer Kirche)

Kirchengasse, 10., Benennungsdatum unbekannt, nach der Pfarrkirche St. Ägydi in Oberlaa

Kirchfeldgasse, 12. und 23., seit 1911 (ursprünglich Holzgasse, dann Grenzweg), Flurname (Kirchenfeld)

Kirchhoffgasse, 21., seit 1910 (vorher: Neugasse), Gustav Robert Kirchhoff (1824–1887), Physiker, entwickelte mit Bunsen die Spektralanalyse

Kirchmeyergasse, 13., seit 1893, Josef Kirchmeyer (1837–1912), Gemeinderat von Hietzing (1891–1895)

Kirchstetterngasse, 16., seit 1883 (um 1732 Obere Zwerchgasse, später Kirchengasse), Therese von Kirchstätter (sic! 1690 bis 1766), verwitwete Regimentsrätin, stiftete 1756 1.000 Gulden für den Altar der Neulerchenfelder Pfarrkirche und 1762 7.320 Gulden für die Bestellung eines Kooperators

Kirschenallee, 12., nicht amtliche Bezeichnung

Kirschenallee, 22., seit 1943 (vorher: Lobaustraße), nach dem Obstbaum, der als Alleebaum gepflanzt ist

Kirsteweg, 10., seit 1970, Dr. Leo Kirste (1892–1965), Prof. für Flugzeugbau

Kittelsengasse, 10., seit 1955, Theodor Kittelsen (1857–1914), norwegischer Maler

Kiurinagasse, 10., seit 1959, Berta Kiurina (1882–1933), Opernsängerin

Kiwischgasse, 22., seit 1955 (vorher: Ziegelofengasse), Dr. Franz Ritter von Kiwisch (1814 bis 1851), Gynäkologe (Begründer der modernen Gynäkologie)

Klabundgasse, 19., seit 1933 (1938 bis 1947 Pleischlgasse), Alfred Klabund (richtig Henschke, 1890–1928), deutscher Schriftsteller (erotische und pazifistische Thematik), Übersetzer

Klährgasse, 12., seit 1894 (vorher: Stiftgasse), Franziska Klähr (1774–1850), pflegte während der napoleonischen Kriege aufopfernd verwundete Soldaten

Klagbaumgasse, 4., Benennungsdatum unbekannt, nach der Sage von einem alten, morschen Baum, der Krieg, Hungersnot und Pest durch „Klagen" voraussagte

Klagergasse, 21., Benennungsdatum unbekannt, Adam Klager, Ortsrichter in Großjedlersdorf (1789 und 1817 erwähnt)

Klammergasse, 9., seit 1886, Karl Klammer (1810–1885), Hauptmann, Major (1880); Lehrer, engagierte sich für die Jugendfürsorge

Klampfelberggasse, 17., seit 1878 (1871–1877 Berggasse), führt auf den Klampfelberg, einem Ausläufer des Schafberges

Klanggasse, 2., seit 1954, Dominik Klang (1806 bis 1859), Ortsrichter der Leopoldstadt (1847 bis 1859), Hausbesitzer

Klaraweg, 11., nicht amtliche Bezeichnung

Klasterskygasse, 10., seit 1971, Dr. Wilhelm Klastersky (1880–1961), Jurist, Kabinettsdirektor der Präsidentschaftskanzlei (unter Miklas, Renner, Körner), Präsident des Alterthumsvereins zu Wien

Klausenburger Straße, 10., seit 1914, nach Klausenburg, der Stadt in Siebenbürgen (heute Cluj in Rumänien)

Klausgasse, 16., seit 1894, Johann Klaus (1847–1893), Maler, Kupferstecher

Klebindergasse, 11., seit 1895 (vorher: Haidgasse); 1999 Einbezug des Klebinderweges, Josef Klebinder (1796 bis 1879), Pfarrer von Kaiser-Ebersdorf und Simmering (1823 bis 1865)

Klederinger Straße, 10., seit 1956 (vorher: Hauptstraße), nach der Gemeinde Kledering in Niederösterreich

Kleeblattgasse, 1., seit 1863 (vorher: Ofenlochgasse, urspr. 1350 „Bei den Pfeilschnitzern", 1351 Pfeilerstraße, 1527 „Unter den Pfeilschnitzern"), nach einem Hausschild „Zum Kleeblatt", einem steinernen Hauswahrzeichen

Kleeblattweg, 17. und 19., amtlich seit 1996 (vorher nicht amtlich), ortsübliche Bezeichnung

Kleibersteg, 14. und 16., seit ca. 1883, Karl Kleiber (1838–1902), Kapellmeister, Vorstand des Verschönerungsvereins von Ottakring

Kleine-Bucht-Straße, 22., seit 2002, s. auch *Große-Bucht-Straße*

Kleine Marxerbrücke, 1. und 3., erbaut 1899/1900, s. *Marxergasse, s. Große Marxerbrücke*

Kleine Mohrengasse, 2., seit 1876 (vorher: Kleine Fuhrmanngasse), nach einem Hausschild „Zum Mohren" („Kleiner Mohr")

Kleine Neugase, 4. und 5., diese Gasse wurde 1732 „neu" angelegt (urspr. „Kleine neue Gasse")

Kleine Pfarrgasse, 2., seit 1862 (vorher: Rauchfangkehrergasse), nach der Pfarrkirche „Zum hl. Leopold"

Kleiner Ring, 13., Benennungsdatum unbekannt, nach dem ringförmigen Straßenverlauf

Kleinertgasse, 10., nicht amtliche Bezeichnung, Herkunft unklar

Kleine Sperlgasse, 2., seit 1862 (vorher: Sperlgasse), s. *Große Sperlgasse*

Kleine Stadtgutgasse, 2., seit ca. 1885, s. *Große Stadtgutgasse*

Kleingasse, 3., seit 1862 (vorher: Kleine Gasse), Dr. Johann Wilhelm Klein (1765 bis 1848), Jurist, Pädagoge; übte unentgeltlich die Funktion des Armenbezirksdirektors aus, lernte das Schicksal blinder Armer kennen und setzte sich von da an für die Blinden ein; Leiter der ersten öffentlichen Blindenanstalt, Entwicklung einer Blindenschrift

Kleinhausgasse, 21., seit 1965, so benannt, weil hier die Verbauung mit Kleinhäusern geplant war

Kleinschmidgasse, 4., seit 1862, Friedrich August Kleinschmid (1749 bis 1838), Polizeidirektionsadjunkt, Stifter, Wohltäter

Kleistgasse, 3., seit 1877 (vorher: Tegetthoffgasse), Heinrich von Kleist (1777 bis 1811), Dichter („Der zerbrochene Krug", „Käthchen von Heilbronn", „Prinz Friedrich von Homburg")

Kleiststeg, 3., seit 1909 (erbaut 1903), s. *Kleistgasse*

Klemens-Dorn-Gasse, 10., seit 1960, Klemens Dorn (1874–1948), Favoritner Heimatforscher, Schuldirektor

Klemmweg, 21., nicht amtliche Bezeichnung

Klenaugasse, 22., seit 1909 (vorher: Neugasse, Gärtnergasse), Johann Graf Klenau (1758–1819), General in den napoleonischen Kriegen (1809)

Klenkweg, 22., seit 2002, Josef Klenk (1901–1988), Sozialdemokrat, engagierte sich nach 1945 für den Wiederaufbau von Süßenbrunn, Bezirksrat (1947 bis 1969); SPÖ

Klesheimgasse, 8., seit 1904, Anton Freiherr von Klesheim (1812–1884), Theater- und Mundartdichter

Klettenhofergasse, 18., seit 1882, Anton Klettenhofer (1815 bis 1897), Bürgermeister von Währing, s. auch *Antonigasse*

Kliebergasse, 5., seit 1879, Josef Klieber (1773–1850), Bildhauer, Maler

Kliergasse, 19., seit 1971, Prof. Karl Magnus Klier (1892–1966), Volksliedforscher

Klimschgasse, 3., seit 1862 (vorher teilweise Hafengasse), Johann Klimsch (1781 bis 1826), stellte den Grund zur Errichtung der Gasse zur Verfügung

Klimtgasse, 12. und 13., seit 1924, Gustav Klimt (1862 bis 1918), Maler („Schubert am Klavier", „Der Kuss"), anfangs Präsident der Secession, 1905 trat er aus und gründete die „Klimt-Gruppe"

Klingenbachgasse, 21., seit 1967, nach dem Ort im Burgenland

Klingerstraße, 23., seit 1982, Julius Klinger (1876–1942), Maler, Graphiker, gest. im KZ

Klinkowströmgasse, 14., seit 1912, nach der Gelehrtenfamilie von Klinkowström; Friedrich August (1778–1835), zuerst preußischer, dann sächsischer, schließlich österreichischer Offizier, engagierte sich mit Clemens Maria Hofbauer für einen politisch-kämpferischen Katholizismus; seine Söhne Josef und Max wurden Priester und Prediger, Klemens wurde Hof- und Staatsarchivar, Alfons Finanzbeamter

Klippenweg, 13., seit 1975, nach den Ober-St.-Veiter Juraklippen

Klitschgasse, 13., seit 1955 (vorher: Schillingergasse), Wilhelm Klitsch (1882 bis 1941), Schauspieler

Kliviengasse, 22., seit 1955, nach der Zimmerpflanze (Clivia)

Klobweg, 22., seit 1985, Karl Maria Klob (1873–1932), Schriftsteller

Kloepferstraße, 22., seit 1955 (ursprünglich Feldgasse, ab 1901 Hamerlingstraße), Hans Kloepfer (1867 bis 1944), steirischer Lyriker

Klopsteinplatz, 3., seit 1910, Anton Klopstein Freiherr von Ennsbruck (1763 bis 1824), Oberst in den napoleonischen Kriegen, zeichnete sich 1809 in der Schlacht von Aspern aus

Klopstockgasse, 16. und 17., seit 1894 (vorher: Lessinggasse), Friedrich Gottlieb Klopstock (1724 bis 1803), dt. Dichter (religiöses Epos „Der Messias", Oden)

Klostergasse, 18., seit 1868, nach Kloster und Kirche „Zum St. Vinzenz von Paul"

Klostermanngasse, 23., seit 1955 (vorher: Rittergasse), Therese Klostermann (1913 bis 1944), Arbeiterin, kommunistische Widerstandskämpferin, 1944 hingerichtet

Klosterneuburger Straße, 20., seit 1867, das Gebiet der Brigittenau war einst im Besitz des Stiftes Klosterneuburg

Kluckygasse, 20., seit 1885, Dr. Josef Klucky (1806–1878), Arzt, Gemeinderat (1848–1878), Verdienste um die Erstellung des Gemeindestatuts

Klugargasse, 23., seit 1958 (vorher: Mühlgasse), nach der Familie Klugar, einer alteingesessenen Atzgersdorfer Zier- und Handelsgärtnerfamilie

Knaackgasse, 21., seit 1936, Wilhelm Knaack (1829–1894), Schauspieler, Komiker (Nestroy-Darsteller)

Knappweg, 22., seit 1953, Johann Knapp (1778–1832), Blumenmaler, Privatlehrer

Kneidingergasse, 22., seit 1966, Rudolf Kneidinger (1882–1952), Schauspieler

Knödelhüttenstraße, 14., Benennungsdatum unbekannt, nach der Gastwirtschaft „Zur Knödelhütte"

Knöfelgasse, 21., seit 1953, Robert Knöfel (1834 bis 1884), Gründer der Lehranstalt für Schuhmacher; Mitbegründer der „Wiener Schuhmacherzeitung"

Knöllgasse, 10., seit 1893, Johann Heinrich Knöll (1806 bis 1891), Bezirksvorsteher von Favoriten (1883 bis 1887), Fleischhauer, zu seiner Zeit einer der größten Grundbesitzer von Favoriten

Knollergasse, 22., seit 1953, Martin Knoller (1725–1804), Maler

Knollgasse, 17., seit 1894 (vorher: Gemeindegasse), Anton Knoll, von 1753 bis 1758 Pfarrer von Dornbach

Knorrweg, 18., seit 1990, Adolf Knorr (1880 bis 1947), Schöpfer des neuen Freizeitraumes Schafbergalpe

Knotzenbachgasse, 23., seit 1955 (vorher: Schulgasse), nach dem (heute eingewölbten) Knotzenbach

Kobelgasse, 11., seit 1894 (vorher: Kirchengasse), Johann Kobel, Pfarrer von Simmering 1557 bis 1588

Koberweingasse, 15., seit 1912, nach dem Schauspielerehepaar Josef (1774 bis 1857) und Sophie (1783 bis 1842) Koberwein, beide am Burgtheater tätig

Kobesgasse, 22., seit 1990, Dipl.-Ing. Dr. Karl Kobes (1869 bis 1950), unterrichtete theoretische Maschinenlehre an der Technischen Hochschule, Rektor, Hofrat

Kobingergasse, 12., Benennungsdatum unklar, nach Adam Kobinger (1772 bis 1841), Hausbesitzer, Pottasche-Erzeuger, Richter der ehemaligen Gemeinde Gaudenzdorf

Kobinger Steg, 12. und 15., seit 1898, s. *Kobingergasse*

Koblicekgasse, 11., seit 1969, Otto Koblicek (1909–1945), Arbeiter des Wiener Gaswerkes, kurz vor der Befreiung Wiens am 5. April 1945 von der SS erschossen

Kochgasse, 8., seit 1862 (urspr. Blümelgasse, dann Blumengasse), Andreas Dellafuß, herrschaftlicher Küchenmeister (Koch), erbaute 1787 das erste Haus der Gasse

Köchelgasse, 13., seit 1912, Ludwig Köchel (1800 bis 1877), Erzieher, Botaniker, Musikforscher, schuf das nach ihm benannte Verzeichnis der Werke Mozarts

Kögelngasse, 13., seit 1950, Flurname

Köglergasse, 10. und 12., seit 1956, Karl Kögler (1855–1935), erster Direktor der Arbeiterunfallversicherungsanstalt für Wien und Niederösterreich

Köhlergasse, 18., seit 1884, Josefine Köhler (1821–1858), Arztgattin, hinterließ 26.900 Gulden für die Errichtung eines Armenhauses („Köhlersches Stiftungshaus")

Kölblgasse, 3., Benennungsdatum unklar, Ignaz Kölbl (1789–1850), Fleischhauer, Grundbesitzer; eröffnete die Gasse

Kölgengasse, 11., seit 1954, Ferdinand Kölgen (1824–1911), Volksschriftsteller (Erzählungen, Novellen, Lustspiele), starb verarmt und erblindet

Köllnerhofgasse, 1., Benennungsdatum unbekannt, nach dem Kölner Hof (Niederlassung der Kaufleute aus Köln), schon 1394 urkundlich erwähnt

Königgasse, 13., seit 1924, Otto König (1838–1920), Bildhauer (maßgeblich an der figuralen Ausgestaltung von Oper und Burg beteiligt)

Königseggasse, 6., seit 1862 (vorher: Rosengasse), Leopold Wilhelm Graf von Königsegg (1630 bis 1684), Grundbesitzer, Stifter der Gumpendorfer Kirche

Königsgrabenstraße, 22., Benennungsdatum unbekannt, Flurname

Königskerzenweg, 22., seit 1955, nach der Pflanzengattung (Verbascum)

Königsklostergasse, 6., seit 1887 (vorher: Bettlerstiege), nach dem Königskloster; 1782 aufgehoben, 1783/84 abgetragen

Königsteingasse, 21., seit 1961 (vorher: Fliedergasse), Wilhelm Königstein (1888 bis 1934), Bezirksrat von Floridsdorf (1923–1934)

Königswiesengasse, 14., seit 1956, historischer Flurname

Köppelweg, 14., seit 1929, Alois Köppel, Drechslergehilfe (1818–1848), fiel in der Märzrevolution 1848, s. *Achtundvierzigerplatz*, s. *Märzstraße*)

Körbergasse, 22., nicht amtliche Bezeichnung (nach einem Siedler)

Körblergasse, 1., seit 1862, ehemaliger Sitz der Korbflechter

Körnergasse, 2., seit 1862 (vorher: Magazingasse), s. *Fruchtgasse*

Köstlergasse, 6., seit 1895, Adam Köstler (1817–1892), Bezirksvorsteher von Mariahilf (1871–1886), Gemeinderat (1874–1881)

Koflergasse, 12., seit 1887, Dr. Peter Josef Edler von Kofler (1700 bis 1764), Bürgermeister von Wien (1741–1744 und 1751 bis 1764), Stadtrichter, hielt 1754 die erste Volkszählung ab

Kohlenhofgasse, 15., seit 1864, hier befand sich der Kohlenhof des ehemaligen englischen Gaswerkes Fünfhaus

Kohlesgasse, 14., seit 1929 (irrtümlich Korleßgasse, 1948 richtiggestellt), Johann Kohles (1814–1848), Nagelschmied, fiel in der Märzrevolution 1848, siehe *Achtundvierzigerplatz*, s. *Märzstraße*

Kohlgasse, 5., seit 1887/88, Jakob Kohl (1801–1874), Spenglermeister, eröffnete die Gasse durch Hausbau

Kohlmarkt, 1., 1255 und 1304 „Witmarkt", 1314 und 1352 erstmals Kohlenmarkt – erinnert an den Verkaufsplatz der Holzkohlenhändler

Kolbegasse, 23., seit 1955 (vorher: Friedhofstraße), Josef Kolbe (1885 bis 1954), Inzersdorfer Gemeinderat, Bezirksrat von Liesing

Kolbetergasse, 14., seit 1941, nach dem 424 m hohen Kolbeterberg

Kolingasse, 9., seit 1870, zur Erinnerung an den Sieg Graf Dauns über Friedrich II. im Siebenjährigen Krieg (1756 bis 1763) bei Kolin; Friedrich II. hatte damit seinen Ruf der Unbesiegbarkeit verloren (1757)

Koliskogasse, 10., seit 1929, Dr. Alexander Kolisko (1857–1919), Professor der Anatomie an der Wiener Universität, Pathologe, Gerichtsmediziner

Kollarzgasse, 21., seit 1963 (vorher: Gaswerkstraße), Josef Kollarz (1873 bis 1955), Förderer des Fürsorgewesens, 1910 Armenrat, Beamter

Kollburggasse, 16., seit 1902, Ambros Brassicani von Kollburg (1589–1669), Besitzer des Freihofes von Ottakring

Kollergasse, 3., seit ca. 1860, Michael Koller (1802–1892), Realitätenbesitzer, überließ um 1860 den Grund zur Eröffnung der Gasse

Kollergerngasse, 6., seit 1870, Riedname (Gern ist ein keilförmiges Grundstück)

Kolletschkagasse, 22., seit 1972, Dr. Jakob Kolletschka (1803 bis 1847), Pathologe

Die Benennung nach Flur- oder Riednamen am Stadtrand bietet sich an.

Da die Verkehrsflächen – trotz Stadterweiterung – nicht mit der Anzahl der vorgesehenen Benennungen Schritt halten, wird häufig auf Parks oder Stiegen ausgewichen.

Die Benennung nach Flur- und Riednamen ist manchmal recht originell.

Oftmals werden alte Ortsbezeichnungen (auch verschwundene Orte – Willendorfer Gasse) zur Verkehrsflächenbenennung herangezogen.

Seit 1993 werden Zusatztafeln angebracht, die eine Kurzerklärung zur Verkehrsfläche beinhalten. Damit soll die Beziehung der Bevölkerung zum unmittelbaren Lebensbereich vertieft bzw. das historische Interesse geweckt werden.

Einzige Ausnahme: Gegenüber dem Parlament erhielt Dr. Karl Renner schon früher eine Erläuterungstafel.

Kollmayergasse, 12., seit 1894 (vorher: Adamgasse), Friedrich Kollmayer, Ortsrichter der ehemaligen Gemeinde Gaudenzdorf

Kolo-Moser-Gasse, 22., seit 1969, Kolo Moser (1868–1918), Mitbegründer der Wiener Werkstätte

Koloniestraße, 21., seit 1892 (vorher: Nordwestbahnkolonie), durch die Erbauung von Beamten- und Arbeiterhäusern entstand die „Nordwestbahnkolonie"

Kolonieweg, 12., nicht amtliche Bezeichnung

Kolonieweg, 14., Benennungsdatum unbekannt, nach einer am Bierhäuselberg entstandenen Kolonie

Kolonitzgasse, 3., seit 1862 (vorher: Seilergasse), s. *Kolonitzplatz*

Kolonitzplatz, 3., seit 1873, Leopold Graf Kollonitsch (sic!, 1631 bis 1707), zeichnete sich während der Pestepidemie (1679) und der zweiten Türkenbelagerung (1683) durch großen persönlichen Einsatz aus, gründete Kirchen, Schulen, Armenhäuser, Spitäler; Bischof von Wr. Neustadt, Erzbischof von Gran und Primas von Ungarn

Kolowratgasse, 10., seit 1975, Alexander Sascha Graf Kolowrat-Krakowsky (1886 bis 1927), Industrieller, Filmpionier („Sascha-Film", „Sodom und Gomorrha", „Die Sklavenkönigin")

Kolpingstraße, 23., seit 1982, nach Pater Adolf Kolping (1813 bis 1865), Priester, Gründer der katholischen Gesellenvereine

Kolschitzkygasse, 4., seit 1862 (vorher ab 1813 Liniengasse), Franz Georg Kolschitzky (1644 bis 1694), verdienter Kundschafter während der zweiten Türkenbelagerung Wiens (1683). Die Legende erzählt, dass er zur Belohnung den von den Türken erbeuteten Kaffee erhielt und das erste Kaffeehaus eröffnete. In Wirklichkeit eröffnete der Armenier Isaak de Luca das erste Kaffeehaus in Wien (1703).

Kometengasse, 14., seit 1923, nach den gleichnamigen Himmelskörpern

Kommunikationsplatz, 21., seit 1990, nach der Lage bei der Firma Alcatel (Computerfirma)

Komödiengasse, 2., seit 1797 (vorher: Schauspielgasse), nach dem Leopoldstädter Theater (später Carltheater), hier befand sich ein Kulissendepot

Kompertgasse, 22., seit 1955 (vorher: Lenaugasse), Leopold Kompert (1822 bis 1886), Schriftsteller, Redakteur, Erzieher, Landesschulrat, Gemeinderat (1873 bis 1881)

Komzakgasse, 22., seit 1924, Karl Komzák (1850–1905), Kapellmeister, Komponist (Märsche), Kurmusikdirektor in Baden

Kongreßplatz (nR **Kongressplatz**), 16., seit 1914; zur Erinnerung an den Wiener Kongress (1814/15)

Koniczekweg, 14., seit 1929 (irrtümlich Konitscherweg, 1948 richtiggestellt), Karl Koniczek (1830–1848), Student, fiel in der Märzrevolution 1848, s. *Achtundvierzigerplatz*, s. *Märzstraße*

Konopagasse, 11., seit 1956, Rudolf Konopa (1864–1936), Maler, Graphiker

Konrad-Duden-Gasse, 13., seit 1930, Konrad Duden (1829 bis 1911), Sprachforscher, Gymnasiallehrer und -direktor; Wegbereiter für eine einheitliche deutsche Rechtschreibung

Konradgasse, 2., seit 1854, Konrad Ley, Sohn des Bezirksvorstehers, s. *Leystraße*

Konrad-Grefe-Gasse, 23., seit 1959, Konrad Grefe (1823–1907), Maler

Konrad-Thurnher-Gasse, 11., seit 1956, Konrad Thurnher (1885–1951), Pfarrer der Pfarre Hasenleiten, sozial engagiert

Konstantingasse, 16., seit 1883, Konstantin der Große (gest. 337), römischer Kaiser (306–337); stellte mit dem Toleranzedikt (313) das Christentum der antiken Religion gleich; er selbst ließ sich erst kurz vor seinem Tod taufen

Konstantinhügel, 2., der Hügel an der Hauptallee wurde 1873 aus den Mauerresten der Basteien und den Erdmassen, die beim Bau der Rotunde anfielen, aufgeschüttet; benannt nach Prinz Konstantin zu Hohenlohe-Schillingfürst (1828–1896), Obersthofmeister

Konstanziagasse, 22., seit 1910 (vorher: Schulgasse), nach Konstanzia, einer Schwester Friedrichs des Streitbaren, gest. 1288; anlässlich ihrer Hochzeit mit Heinrich dem Erlauchten, Markgraf von Meißen (gest. 1243), fanden am 1. Mai 1234 Ritterspiele in Stadlau statt

Kopalgasse, 11., seit 1894 (vorher: Theresiengasse), Karl von Kopal (1788 bis 1848), Oberst in der Schlacht von Santa Lucia (gegen Piemont 1848), Verdienste in den napoleonischen Kriegen (besonders 1813)

Kopallikgasse, 23., seit 1957, Franz Kopallik (1860 bis 1931), Maler (Historien, Landschaften)

Kopernikusgasse, 6., seit 1867, Nikolaus Kopernikus (1473–1543), Astronom

Kopfgasse, 13., seit 1893, Josef Kopf (1829 bis 1895), Gemeinderat, Baumeister

Koppreitergasse, 12., seit 1907 (vorher: Kletzinskygasse), Sebastian Koppreiter, 1784–1795 erster Pfarrer von Meidling

Koppstraße, 16., seit 1883 (vorher: ab 1873 in Neulerchenfeld Neustiftgasse, in Ottakring 1883 Hauslabgasse), Dr. Josef Kopp (1827 bis 1907), Rechtsanwalt, Gemeinderat, Reichsratsabgeordneter (deutsch-liberal)

Korbergasse, 12., seit 1894 (vorher: Bäckergasse), Johann Korber, letzter Ortsrichter der ehemaligen Gemeinde Gaudenzdorf

Korbgasse, 23., Benennungsdatum unbekannt, nach den Korberzeugern

Korbweidenweg, 22., seit 1966, nach dem Baum

Korianderweg, 22., seit 1993, nach der Gewürzpflanze (Coriandrum)

Kormorangasse, 21., seit 1942 (vorher: Hauptgasse), nach dem Schwimmvogel

Kornauthgasse, 10., seit 1972, Dr. Egon Kornauth (1891 bis 1954), Komponist (Kammermusik, Lieder)

Kornblumenweg, 22., seit 1993, nach der Pflanze (Centaurea cyanus)

Kornfeldweg, 22., seit 1928 (1938–1945 Ochsenheimerweg), Dr. Siegmund Kornfeld (1859–1927), Arzt, Weltreisender, Volksbildner

Korngasse, 17., seit 1939 (vorher: ab 1912 Kornstraße), nach dem Burgschauspielerehepaar Korn; Maximilian (1782 bis 1854) und Stephanie (1786 bis 1843)

Korngoldgasse, 14., seit 1955, Dr. Julius Korngold (1860–1945), Rechtsanwalt, Musikkritiker der „Neuen Freien Presse“, 1934 Emigration in die USA

Kornhäuselgasse, 20., seit 1920, Josef Kornhäusel (1772–1860), Architekt, Baumeister (erbaute u. a. die Synagoge im 1. Bezirk, den Schottenhof und zahlreiche Mietshäuser)

Korntheuergasse, 19., seit 1912, Friedrich Josef Korntheuer (1779–1829), Schauspieler (Burgtheater, Theater an der Wien), Regisseur, Direktor des Theaters in Brünn; Raimund-Rollen

Korsenweg, 22., amtlich seit 1991, nach den Bewohnern der Insel Korsika (Napoleon wurde „Der Korse“ genannt); Bezugnahme auf die napoleonischen Kriege

Koschakergasse, 21., seit 1954, Dr. Paul Koschaker (1879–1951), Jurist, Fachschriftsteller

Koschatgasse, 19., seit 1919, Thomas Koschat (1845–1914), Komponist

Koschiergasse, 21., seit 1953, Laurenz Koschier (1804 bis 1879), Briefmarkenfachmann, Vizestaatsbuchhalter (1857) in der Posthofbuchhaltung

Kosselgasse, 19., seit 1933, Dr. Albrecht Kossel (1853–1927), deutscher Physiologe, Nobelpreisträger

Kossmatplatz, 10., seit 1955, Dr. Franz Kossmat (1871 bis 1938), Geologe (Abhandlungen über die Kalkalpen)

Kosteleckyweg, 11., seit 2001, Josef Kostelecky (1914 bis 1997), Bezirksrat von Simmering (1952 bis 1954), Gemeinderat und Landtagsabgeordneter (1964 bis 1967), Nationalratsabgeordneter (1967 bis 1976); SPÖ

Kotekweg, 19., seit 1982, Prof. Dr. Georg Kotek (1889–1977), Volksliedforscher, Jurist; Verdienste um die niederösterreichische Volksliedsammlung

Kraelitzgasse, 13., seit 1936, Dr. Friedrich Kraelitz (1876–1932), Orientalist, Univ.-Prof.

Krafft-Ebing-Gasse, 14., seit 1920, Richard von Krafft-Ebing (1840–1902), Psychiater, Forschungen über „Psychopathia sexualis“, wirkte als Univ.-Prof. in Strassburg, Graz und Wien

Krafftgasse, 2., seit 1885, Peter Krafft (1780–1856), Maler (Wandgemälde in der Hofburg, Schlachtenbilder im Kunsthistorischen Museum), Direktor der Galerie im Belvedere

Krallgasse, 22., seit 1962, Dr. Jakob Krall (1857–1905), Orientalist (Ägyptologe)

Kramergasse, 1., im 15./16. Jhd. „Am Lichtensteg, als man unter die Krem (= Kramläden) geht", 1514 Kramergässel, ab 1786 endgültig Kramergasse, 1821, 1827 und 1874/75 verlängert

Kramer-Glöckner-Straße, 13., seit 1955, Josefine Kramer-Glöckner (1874 bis 1954), Volksschauspielerin, Filmschauspielerin

Kramreitergasse, 21., seit 1972 (vorher: Linke Nordbahngasse), Prof. Robert Kramreiter (1905 bis 1965), Architekt (Kirchen)

Kramreiterweg, 21., seit 1997, s. *Kramreitergasse*

Kranichberggasse, 12., seit 1913, nach den Herren von Kranichberg, einem Adelsgeschlecht, das in Hetzendorf Grundbesitz hatte

Kranlweg, 19., Benennungsdatum unbekannt, nach dem Dialektausdruck für die ehemalige Währung in Österreich (Krone = Kranl)

Kranzgasse, 15., seit 1864 (vorher: Krongasse), nach einem Hausschild „Zum grünen Kranz"

Krapfenwaldgasse, 19., seit 1894 (vorher: Kahlenberggasse), Franz Josef von Krapf (gest. 1732), Besitzer der Gegend; ließ hier ein Waldhaus erbauen, das bald Krapfenhaus genannt wurde (später davon Krapfenwaldl)

Krappweg, 23., seit 1963, nach der Krappwurzel, im 18. Jhd. in Mauer gepflanzte Farbwurzel

Kraßniggasse, 14., seit 1960, Rudolf Kraßnig (1861 bis 1909), Schriftsteller (Humoresken aus dem Ehe- und Soldatenleben)

Krastelgasse, 12., seit 1930, Fritz Krastel (1839 bis 1908), Burgschauspieler, verkörperte Helden und jugendliche Liebhaber, Publikumsliebling

Kratky-Baschik-Weg, 2., seit 1963; Anton Kratky-Baschik (1821–1889); eröffnete 1864 ein Zaubertheater auf der Feuerwerkswiese, 1868 bis 1873 hatte er eine Bude, ab 1874 eine Bühne auf dem Areal des späteren Fortunapalastes; war auf Gespenstervorführungen spezialisiert

Kratochwjlestraße, 22., seit 1962, Friedrich Kratochwjle (1882 bis 1956), Stadtgartendirektor (1927 bis 1940, 1945–1950)

Kratzlgasse, 19., seit 1961, Carl Kratzl (1852 bis 1904), Komponist (Wienerlieder, wie z. B. „Das Glück is a Vogerl", „Mir hat amal vom Himmel tramt")

Kratzmanngasse, 22., seit 1955 (vorher: Kudlichgasse), Dr. Ernst Kratzmann (1889 bis 1950), Schriftsteller, Botaniker

Krausegasse, 11., seit 1894 (vorher: Felbergasse), Dr. Friedrich Wilhelm Krause (1767–1827), Gründer der ersten evangelischen Schule in Wien

Krautackergasse, 22., Benennungsdatum unbekannt, Flurname

Krautgasse, 11., seit 1895, Flurname („An den Krautgärten")

Kravoglgasse, 21., seit 1932, Johann Kravogl (1823–1889), Elektrotechniker, Erfinder des Elektromotors (1867), der Vakuumpumpe (1861) und der Pressluftlokomotive (1844)

Kraygasse, 22., seit 1913, Paul Freiherr Kray von Krajova (1735–1804), Feldzeugmeister, erfocht Siege in Italien

Krebsengartengasse, 15., seit 1912, Flurname, die Gegend am Ottakringer Bach, auch Krebsgartenwiese bezeichnet, war einst von Krebsen bevölkert

Krehangasse, 23., seit 1961, Adolf Krehan (1856 bis 1910), Gemeinderat von Atzgersdorf, Lehrer

Kreilplatz, 19., seit 1905 (vorher: Hagenwiese), Carl Kreil (1798 bis 1862), Astronom, Meteorologe, Geophysiker; 1827 Littrows Assistent an der Wiener Sternwarte, 1851 Direktor der Zentralanstalt für Meteorologie und Erdmagnetismus in Wien, zahlreiche wissenschaftliche Veröffentlichungen

Kreindlgasse, 19., seit 1884 (vorher: Gemeindegasse), Franz Kreindl (1840 bis 1908), Bürgermeister von Ober-Döbling (1879–1891), Realitätenbesitzer, Verdienste um Schulbauten

Kreitnergasse, 16., seit 1894, Michael Kreitner (1832–1892), Fleischhauer, Gemeinderat und Ehrenbürger von Ottakring

Kremenetzkygasse, 11., seit 1956, Johann Kremenetzky (1848 bis 1934),

Elektrotechniker, Industrieller, Gründer der österr. Glühlampenerzeugung (Kohlenfadenlampe), Vorsitzender des „Jüdischen Nationalfonds"

Kremsergasse, 13., seit 1894 (vorher: Bognergasse), Anton Kremser (1811 bis 1879), Bürgermeister von Hietzing, Gastwirt

Krenngasse, 18., seit 1908, Dr. Roderich Krenn (1848 bis 1909), Arzt, Stadtrat (1896–1908), Liederkomponist, Lyriker, Mitbegründer der Volksoper

Kressenweg, 22., seit 1954, nach dem Pflanzennamen

Kretschekgasse, 17., seit 1932, Karl Kretschek (1856 bis 1929), christlichsozialer Bezirksvorsteher von Hernals (1905 bis 1919)

Kreutzingergasse, 12., seit 1936, Josef Kreutzinger (1757 bis 1829), Wiener Porträtmaler

Kreuzfeldgasse, 21., seit 1929, Flurname

Kreuzgasse, 10., Benennungsdatum unbekannt; verbindet die Liesingbachstraße und die Scheunenstraße

Kreuzgasse, 17. und 18., Benennungsdatum unklar, hier stand auf freiem Felde ein rotes Kreuz mit eisernem Christus

Kreuzherrengasse, 4., seit 1902, nach dem 1212 gegründeten Orden („Kreuzherren")

Kreuzwiesengasse, 17. und 18., seit 1894 (vorher: Pötzleinsdorfer Straße), Flurname (nach einem in der Nähe gestandenen Kreuz)

Krichbaumgasse, 12., Benennungsdatum unklar, Josef Michael Krichbaum (1809 bis 1884), Bezirksrichter von Sechshaus

Krieau, 2., Herkunft vermutlich von „Grünau", im 17. Jhd. auch „Kriegsau" oder „Streitau" genannt, weil die Stadt Wien 70 Jahre mit dem Stift Klosterneuburg um die Besitzrechte prozessierte

Krieglergasse, 3., seit 1855, nach der alteingesessenen, schon 1693 erwähnten Gärtnerfamilie Kriegler

Kriehubergasse, 5., seit 1889, Josef Kriehuber (1800 bis 1876), Maler, Lithograph (porträtierte Angehörige des Hofes, Adelige, Diplomaten, Künstler)

Kriemhildplatz, 15., seit 1912 (1934 bis 1938 Kanzlerplatz), Kriemhild, Gestalt aus der Nibelungensage (Gattin von Siegfried)

Kripsgasse, 23., seit 1988, Josef Alois Krips (1902–1974), Dirigent, hatte Berufsverbot unter der NS-Ära, 1970 bis 1973 Hauptdirigent der Wiener Symphoniker

Kristgasse, 10., nicht amtliche Bezeichnung; vermutlich nach Karl Alois Krist (1883 bis 1941), Architekt im Dienst der Stadt Wien (Wohnbauanlagen wie z. B. Liebknechthof oder George-Washington-Hof)

Krobothgasse, 23., seit 1955, Johann Kroboth (1897–1949), Gemeinderat von Erlaa, Ortsschulrat

Kröllgasse, 15., seit 1888, Ferdinand Kröll (1797 bis 1869), Hausbesitzer, letzter Bürgermeister von Rustendorf (1851 bis 1863)

Krötzlergasse, 11., seit 1895, nach einer alteingesessenen Gärtnerfamilie

Kroißberggasse, 23., seit 1886, Weinriedname (urk. schon 1409 erwähnt)

Krokusweg, 22., seit 1978, nach der Knollenpflanze (Safran, Crocus)

Kronaustraße, 22., Benennungsdatum unbekannt, Flurname

Kronawettergasse, 10., seit 1924, Dr. Ferdinand Kronawetter (1830 bis 1913), Magistratsbeamter, Reichsratsabgeordneter; trat für die sozialen Interessen der Arbeiterschaft ein; als Beamter Verdienste um den Bau der 1. Wiener Hochquellenwasserleitung und die Anlegung des Zentralfriedhofes; 1896 bis 1902 niederösterreichischer Landtagsabgeordneter; parteilos

Kroneggergasse, 19., seit 1936, Rudolf Kronegger (1875–1929), Wienerlieder-Komponist („Ausgsteckt is'")

Kronesgasse, 19., seit 1930, Therese Krones (1801 bis 1830), Schauspielerin, Soubrette; brillierte in Raimund-Rollen

Kronfeldgasse, 23., seit 1959, Robert Kronfeld (1904 bis 1948), Segelflieger; überquerte 1931 erstmals in beiden Richtungen den Ärmelkanal, erfand eine Autowinde für Flugschleppversuche; kämpfte in der NS-Zeit in der englischen Luftwaffe; starb 1948 bei einem Flugzeugabsturz

Kronfußgasse, 23., seit 1959, Karl Kronfuß (1858–1923), Direktor des Hauptmünzamtes, Volksliedforscher

Krongasse, 5., seit 1825, nach einem Gasthausschild „Zur ungarischen Krone"

Krotenthallergasse, 8., seit 1904, Anton Krotenthaller (1807–1871), Pfarrer an der Kirche „Maria Treu", Gemeinderat (1850 bis 1861), Lehrer, Schulinspektor, bemühte sich um das Blindeninstitut (s. *Blindengasse*), karitative Hilfsprojekte

Krottenbachbrücke, 19., errichtet 1891, s. *Krottenbachstraße*

Krottenbachstraße, 19., seit 1894 (vorher: Neustiftgasse), nach dem Krottenbach (Unter-Döbling hieß bis ins 16. Jhd. Krottendörfl)

Krottenhofgasse, 21., seit 1912, nach dem Krottenhof in Krottendorf, einer Ortschaft, die bereits im 12. Jahrhundert erwähnt und durch Donauhochwasser vernichtet wurde

Krügerweg, 12., seit 1930, Karl Krüger (1765 bis 1828), Burgschauspieler

Krütznergasse, 18., seit 1933 (vorher: Exnergasse), Gustav Krützner (1871 bis 1930), Schuldirektor, gründete einen Hort für Kinder ab der dritten Volksschulklasse

Krugerstraße, 1., seit 1776, Sitz der Töpfer oder Krügler in früheren Zeiten, 1298 erstmals als „Chrugstrazze" urk. erwähnt, 1547 Krugstraße

Kruisgasse, 22., seit 1975, Ferdinand Kruis (1869–1944), Maler (Landschafts- und Architekturmalerei)

Krumböckgasse, 23., seit 1957 (vorher: Römergasse), Franz Krumböck (1805 bis 1884), Leiter des Maurer Kirchenchores, Lehrer

Krummbaumgasse, 2., seit 1862 (vorher: Krumme Baumgasse), nach einem Hausschild „Zum krummen Baum"

Krummgasse, 3., seit 1862 (vorher: Krongasse), nach dem ursprünglich gekrümmten Verlauf dieser Gasse

Kuchelauer Hafenstraße, 19., seit 1984; nach dem Kuchelauer Hafen, 1875 erbaut, nach den „Kuchelgärten" in der Au

Kudlichgasse, 10., seit 1872, Dr. Hans Kudlich (1823 bis 1917), Reichstagsabgeordneter 1848, sein Antrag auf Abschaffung der Grunduntertänigkeit leitet die endgültige Bauernbefreiung ein

Kudriaffskygasse, 22., seit 1940, Johann Kudriaffsky (1782–1840), Konstrukteur von Wasserbauwerken (Anteil an der Wienflussregulierung und Donaukanalregulierung), Techniker

Kübeckgasse, 3., seit 1876, Karl Friedrich Freiherr von Kübeck (1780–1855), Hofkammerpräsident, Reichsratspräsident; für den Aufbau des Eisenbahnnetzes, Münz- und Bergwesens verantwortlich, nach 1848 Verfechter des Neoabsolutismus

Küchelbeckergasse, 15., seit 1912, Johann Basilius Küchelbecker (1697 bis 1757), Jurist, Topograph, Publizist (schilderte Wien und das Hofleben Karls VI.)

Kuefsteingasse, 14., seit 1894 (vorher: Antonsgasse), Johann Ferdinand Graf von Kuefstein (1686–1755), bis 1707 Besitzer der Herrschaft Breitensee, Statthalter von Niederösterreich

Kühfußgasse, 1., seit 1827, nach einem Schild „Zum Kühfuß" (1770 St. Peters Gässel)

Kühgasse, 11., seit 1894 (vorher: Kühgassel), Weg, auf dem einst die Kühe auf die Weide und zur Halterlacke getrieben wurden

Kühnplatz, 4., seit 1913, Josef von Kühn (1833–1913), Gemeinderat (1873 bis 1885), Schöpfer des Volksküchengedankens, Hausbesitzer

Kuenburggasse, 21., seit 1895, Leopold Graf von Kuenburg (1848–1921), Statthalterei-Rat (1893), realisierte 1894 die Vereinigung von Floridsdorf, Jedlesee, Donaufeld und Neujedlersdorf zur Großgemeinde

Küniglberggasse, 13., seit 1926, nach der Lage zum Küniglberg

Künstlergasse, 15., seit 1902, Josef Ferdinand Künstler (1792–1857), Pfarrer von Reindorf (1849–1857), engagierte sich für die Armen

Kürassierweg, 22., seit 1966, nach einer hier in den napoleonischen Kriegen (1809) eingesetzten schweren Reitertruppe

Kürbisweg, 22., seit 1988, nach der Nutzpflanze (Cucurbita)

Kürnbergergasse, 15., seit 1894 (vorher: Kanalgasse, Gemeindegasse),

Ferdinand Kürnberger (1821–1879), Dichter (Romane, Novellen, Dramen); er gehörte zu jenen Publizisten, die um 1870 einen erfolgreichen Kampf gegen die drohende Abholzung des Wienerwaldes führten (s. *Schöffelgasse*), auch führend an der Revolution von 1848 beteiligt, musste deshalb aus Wien fliehen und konnte erst 1857 zurückkehren

Kürschnergasse, 21., seit 1954, Dr. Franz Kürschner (1840 bis 1882), Direktor des Hofkammerarchives, Historiker

Kuffnergasse, 16., seit 1864 (1938 bis 1946: Plankgasse), Ignaz Edler von Kuffner, Brauereigründer, 1869–1876 Bürgermeister von Ottakring, stiftete 1881 die Katharinenruhe (1944 wegen der jüdischen Herkunft der Familie von den Nationalsozialisten in „Liebhartsruhe" umbenannt, 2002 Rückbenennung); Moritz Edler von Kuffner (1854 bis 1939), sein Sohn und Erbe, ließ die Sternwarte (Johann-Staud-Straße 10) und eine Kinderbewahranstalt errichten; s. *Katharinenruhe*

Kugelfanggasse, 21., seit 1961, hier bestand einst eine Militärschießstätte mit einem 100 m langen und 11 m hohen Geschossfangdamm („Kugelfang")

Kugelmanngasse, 23., Benennungsdatum unbekannt, nach einem Standbild, welches Atlas, die Erdkugel tragend, darstellte (im Volksmund „Kugelmann")

Kugelmannplatz, 23., Benennungsdatum unbekannt, s. *Kugelmanngasse*

Kugygasse, 13., seit 1964, Julius Kugy (1858 bis 1944), österreichischer Alpinist

Kuhngasse, 19., seit 1949 (vorher: ab 1938 Poestiongasse), Wenzel Kuhn (1854 bis 1933), Bezirksvorsteher von Döbling (1903 bis 1919), Gastwirt

Kuhschellenweg, 21., seit 1953, nach der Pflanzengattung (Küchenschelle, Pulsatilla)

Kujanikgasse, 11., seit 1875, Johann Kujanik, um 1870 Erbauer der ersten Häuser in der Gasse, zahlte außerdem 50 Gulden in die Gemeindekasse, damit die Straße nach ihm benannt wird

Kulmgasse, 16. und 17., seit 1884 (vorher: Uniongasse), zur Erinnerung an den Sieg über Napoleon bei Kulm (1813)

Kummergasse, 21., seit 1994, Dr. Karl Kummer (1904 bis 1967), 1934 bis 1938 und ab 1945 Arbeitsrechtspezialist der Wiener Arbeiterkammer, Bundesreferent für Sozialpolitik des ÖAAB, ab 1956 Nationalratsabgeordneter (ÖVP), beschäftigte sich mit christlicher Sozialreform; Mitbegründer des „Dr.-Karl-Kummer-Instituts"

Kumpfgasse, 1., seit 1827, 1302 „Champluken", 1314 „Champflucken", 1390 Kumpfgässl; nach dem Kumpf, einem Walktrog der Tuchmacher und Wollweber

Kundmanngasse, 3., seit 1919 (vorher: Sophienbrückengasse, urspr. Blumengasse um 1800), Carl Kundmann (1838 bis 1919), Bildhauer (Tegetthoffdenkmal am Praterstern, Schubertdenkmal im Stadtpark, Grillparzerdenkmal im Volksgarten)

Kundratstraße, 10. und 12., seit 1897, Dr. Hans Kundrat (1845 bis 1893), Anatom, schrieb medizinische Fachbücher

Kunerolgasse, 23., seit 1955, nach den ehemaligen Margarine-Werken (später Unilever); 1879 von Emanuel Khuner (sic!) gegründet, 1887 in Atzgersdorf angesiedelt; die Firma Khuner wurde 1912 mit der Firma Schicht fusioniert („Ceres"), s. *Karl-Sarg-Gasse*

Kunersdorfgasse, 14., seit 1962, zur Erinnerung an die Schlacht bei Kunersdorf (1759), in der die vereinten Truppen von Österreich und Russland unter General Laudon über Friedrich II. von Preußen siegten

Kunitschgasse, 11., seit 1940, Michael von Kunitsch (1765–1835), Schulreformer, Pädagoge

Kunkegasse, 23., seit 1954, Hans (1906 bis 1940) und Stefanie (1906 bis 1943) Kunke, Versicherungsbeamter bzw. Lehrerin; Widerstandskämpfer (Hans wurde im KZ Buchenwald hingerichtet, Stefanie starb im KZ Auschwitz); Kunke war Mitglied des ZK der illegalen Vereinigten Sozialisten Partei und ihr Landesleiter für Niederösterreich

Kunzgasse, 20., seit 1876, Marie Cäcilie Kunz (1778–1863), stiftete 230.000 Gulden für Pfründner

Kupelwiesergasse, 13., seit 1894, Leopold Kupelwieser (1796 bis 1862), Maler, Akademieprofessor (Porträts von Franz Schubert und seinen Freunden, religiöse Themen)

Kupetzkygasse, 22., seit 1953, Johann Kupetzky (1667–1740), Maler

Kupfergasse, 19., seit 1973, Johann Michael Kupfer (1859–1917), Maler, Bildhauer, Porträtist

Kupferschmiedgasse, 1., seit 1862, Sitz der Kupferschmiede in früheren Zeiten

Kupkagasse, 8., seit 1904 (1938–1945: Streblgasse), Dr. Augustin Kupka (1844 bis 1897), christlichsozialer Politiker, 1886–1891 und 1893–1897 Gemeinderat, 1885–1896 niederösterreichischer Landtagsabgeordneter

Kurbadstraße, 10., seit 1972, führt zum Kurmittelhaus Oberlaa

Kurrentgasse, 1., seit 1701 (früher: Gässlein bei den weißen Brüdern, Judengasse, Currentengasse), nach den Kurrenten, der Berufsbezeichnung der Gefällsaufseher (= Einsammler von Abgaben und Zehenten)

Kurt-Absolon-Weg, 22., seit 1977, Kurt Absolon (1925–1958), Maler (Zeichnungen, Aquarelle), Graphiker; Förderungspreise der Stadt Wien

Kurt-Ohnsorg-Weg, 22., seit 1977, Kurt Ohnsorg (1927–1970), Bildhauer

Kurt-Pint-Platz, 6., seit 2000, Mag. Kurt Pint (1942–1997), Jurist, Sekretär bei der Innung der Mechaniker, Bezirksrat, Bezirksvorsteher des 6. Bezirkes (1984–1997), ÖVP; verantwortlich für die (umstrittene) Neugestaltung des Flakturms im Esterházypark

Kurt-Tichy-Gasse, 10., seit 2004, Kommerzialrat Kurt Tichy (1925 bis 1999), Speiseeiserzeuger, Unternehmer (bekannter Eissalon im 10. Bezirk)

Kurzbauergasse, 2., seit 1889, Eduard Kurzbauer (1840 bis 1879), Maler, Illustrator

Kurzböckgasse, 18., seit 1914, Josef Ritter von Kurzböck (1736 bis 1792), Buchhändler, Buchdrucker, Hauptvertreter der typographischen Kunst im 18. Jahrhundert

Kurze Gasse, 23., seit 1928, wegen der Kürze

Kurzgasse, 6., seit 1862, siehe *Kurze Gasse*

Kustagasse, 23., seit 1976, Dr. Robert Kusta (1906–1973), Arzt, 1953–1969 im Altersheim Liesing tätig

Kutschkergasse, 18., seit 1894 (vorher: Kirchengasse), Johann Rudolf Kutschker (1800–1881), Priester, 1857–1876 Ministerialrat im Ministerium für Cultus und Unterricht, 1877 Kardinal, als Mitarbeiter von Rauscher (s. *Rauscherstraße*), Anteil am Zustandekommen des Konkordats von 1855

Kwietongasse, 23., seit 1973, Felix Kwieton (1877 bis 1958), Pionier der Leichtathletik, Läufer, Sportfunktionär

L

Laaer-Berg-Straße, 10., seit 1956 (vorher: Laaer Straße und Wiener Straße), nach dem Laaer Berg, 256 m hoch, 1331 erstmals urkundlich erwähnt

Laaer-Wald-Straße, 10., seit 1920, nach der Lage zum Laaer Wald

Laaer Wald, 10., seit 1990, siehe *Laaer-Wald-Straße*

Labanweg, 19., seit 1966, Rudolf Laban (1879 bis 1958), Tanzlehrer

Laberlweg, 22., amtlich seit 1994, möglicherweise nach dem Dialektausdruck für Fußball; vorher ebenso nicht amtlich; eine andere Deutung besagt, dass der Name von den Bäckern herrührte, die die Schnitter (s. *Schnitterweg*) mit Brotlaiben versorgten

Labersteig, 14., seit 1930, Ignaz Laber (1821 bis 1848), Taglöhner, fiel in der Märzrevolution 1848, s. *Achtundvierzigerplatz*, s. *Märzstraße*

Laborweg, 14. und 16., seit 1936, Josef Labor (1842 bis 1924), Orgelvirtuose, Komponist, Pianist

Lachsweg, 22., nicht amtliche Bezeichnung

Lackenjöchlgasse, 22., seit 1953, Riedname

Lackierergasse, 9., seit ca. 1802, hier waren einst Lackierer sesshaft

Lacknergasse, 17. und 18., seit 1894 (in Hernals urspr. Obere Annagasse, später Annagasse, in Währing Fürstengasse, in Weinhaus Johannesgasse), nach Matthias von Lackner, einem Grundbesitzer um 1720 in Weinhaus (s. *Weinhauser Gasse*)

Ladenburghöhe, 18., Benennungsdatum unklar, führt entlang der Ladenburghöhe (benannt nach Ludwig Graf Ladenburg, Bankdirektor, Besitzer des Pötzleinsdorfer Schlosses, Förderer der Nordpolexpedition von Payer-Weyprecht), s. *Weyprechtgasse*

Längenfeldgasse, 12., seit 1894 (vorher zum Teil Stiegergasse), Josefine Haas von Längenfeld-Pfalzheim (1782 bis 1846), hinterließ ihr Vermögen für wohltätige Zwecke, z. B. Stifterin der Kinderbewahranstalt in Meidling

Lafitegasse, 13., seit 1952, Prof. Carl Lafite (1872–1944), Komponist, Musiklehrer, Pianist; 1911–1922 Generalsekretär der Gesellschaft der Musikfreunde

Lafnitzgasse, 21., seit 1953, nach dem Fluss im Südburgenland

Lagergasse, 3., seit ca. 1860, Josef Lager (1790–1867), Ziegelbrennereibesitzer, errichtete um 1860 das erste Haus in der Gasse

Lagerwiesenweg, 22., seit 1965, nach ihrer Lage an der „Rehlacke"

Laimäckergasse, 10., seit 1875, Flurname (weist auf lehmigen Grund hin)

Laimgrubengasse, 6., seit 1862 (vorher: Große und Kleine, dann Obere und Untere Pfarrgasse), nach den Lehmgewinnungsstätten in der ehemaligen Vorstadt Laimgrube

Lainergasse, 23., Benennungsdatum unbekannt, nach einer altansässigen Hauerfamilie

Lainzerbachstraße, 13., seit 1955 (vorher: Elisabethstraße), entlang des gleichnamigen Baches, der im Lainzer Tiergarten entspringt

Lainzer Straße, 13., seit 1894 (vorher: Hauptstraße), zur Erinnerung an den alten Vorortnamen, urkundlich 1313 genannt, 1890: 1.058 Einwohner, 1890/1892 zum 13. Bezirk eingemeindet; s. *Hietzinger Hauptstraße*

Lamarckgasse, 21., seit 1953, Antoine de Lamarck (1744–1829), französischer Naturforscher (Mediziner, Botaniker, Zoologe)

Lambertgasse, 16., seit 1894 (vorher: Josefigasse), nach dem hl. Lambert (638–709), Namenspatron der ältesten Kirche von Ottakring (die schon 1250 urkundlich erwähnt wird)

Lambrechtgasse, 4., seit 1862 (vorher: Schlösselgasse), Johann Christoph Lambrecht, Webermeister, eröffnete 1787 die Gasse

Lamezanstraße, 23., seit 1982, Graf Eduard Lamezan-Salins (1835 bis 1903), Mitgründer der „Wiener Freiwilligen Rettungsgesellschaft", Jurist; Verdienste beim Ringtheaterbrand (1881)

Lammaschgasse, 21., seit 1920, Dr. Heinrich Lammasch (1853 bis 1920), Jurist, 1885 Prof. für Strafrecht, 1889 Prof. für Völkerrecht, trat für die Neutralität Österreichs ein

Lammgasse, 8., seit 1780 (vorher: Lämmelgasse), nach einem Gasthausschild „Zum goldenen Lammel", das bereits 1764 nachgewiesen ist

Lampaweg, 22., seit 1973, Dr. Anton Lampa (1868–1938), Physiker, 1909 o. Prof. in Prag, Mitbegründer des Wr. Volksheims, Theoretiker der Wiener Volksbildung

Lampigasse, 2., seit 1875, Johann Battista Reichsritter von Lampi (1751 bis 1830), Maler (Porträts von Mitgliedern der kaiserlichen Familie und anderen Persönlichkeiten seiner Zeit)

Landaugasse, 22., Benennungsdatum unbekannt, Sigmund Freiherr von Landau, um 1575 Besitzer der Herrschaft Süßenbrunn

Landesgerichtsstraße, 1. und 8., seit 1877 (ab 1826 Am Glacis, 1862–1872 Am Paradeplatz, dann Rathausstraße), nach dem 1834–1838 erbauten Landesgericht

Landgutgasse, 10., seit 1866; s. *Altes Landgut*

Landhausgasse, 1., seit 1846, nach dem Gebäude des Niederösterreichischen Landhauses

Landskrongasse, 1., seit 1766 (1326 erstmals urkundlich erwähnt, „Hinter der Schlagstube", 1408/09 „In der

Landskron" nach einem Hausschild, 1710 Landskrongässel)

Landsteinergasse, 16., seit 1909, Karl Borromäus Landsteiner (Deckname Artur Landerstein, 1835 bis 1909), Stadtpfarrer und Propst in Nikolsburg (seit 1886), Schriftsteller, Lehrer (Krems, Wien), Volksbildner, Präsident des Wiener Tierschutzvereins

Landstraßer Gürtel, 3., 1873 anstelle des Linienwalls angelegt, zur Wahrung des alten Vorstadtnamens, s. *Landstraßer Hauptstraße*

Landstraßer Hauptstraße, 3., früher Obere und Untere Landstraße, bis 1862 auch Paulusgrund-Hauptstraße und vor der Kirche Kirchenplatz; zur Wahrung des alten Vorstadtnamens, Landstraße wurde mit Erdberg und Weißgerber 1850 zum 3. Bezirk zusammengefasst

Landwehrstraße, 11., seit 1957; urspr. gab es die Landwehrstraßen I bis V (s. Einleitung), nach der 1915 fertiggestellten, einstigen Landwehrkaserne

Langackergasse, 19., seit 1894 (vorher: Langackerweg, in Grinzing Nussdorfer Straße), Riedname (urkundlich schon 1289 erwähnt)

Langauergasse, 15., seit 1879, Johann Langauer (1808–1881), Gemeinderat von Fünfhaus

Lange Allee, 22., seit 1910 (vorher: Alleestraße), nach der Beschaffenheit

Lange Gasse, 8., seit 1910 (angelegt 1700, urspr. die Hauptstraße der Vorstadt Josefstadt; vor 1700 Hinter dem alten Ziegelofen oder Hinter den Ziegelöfen, dann ein Teil Hofgasse und Neue Gasse), seinerzeit eine auffallend lange Gasse

Langenaugasse, 19., seit 1919, Alois Langenau (1747 bis 1809), Hofburgpfarrer, Wohltäter

Langenzersdorfer Straße, 21., seit 1912, führt nach dem gleichnamigen Ort in Niederösterreich

Langer Garten, 22., seit 1973, Flurname

Langes Kirchfeld, 12., Benennungsdatum unbekannt, Flurname

Langfeldgasse, 21., seit 1967, Flurname

Langgasse, 23., seit 1933, nach einer altansässigen Weinhauerfamilie

Feldmarschall Franz Moritz Graf von Lascy

Langmaisgasse, 15., seit 1912, Flurname

Langobardenstraße, 22., seit 1910 (vorher ab 1906: Grenzstraße und Stadlauer Straße), nach dem Volksstamm, der seine größte Entfaltung im 4. und 5. Jhd. erreichte

Langsulzgasse, 10., seit 1957 (vorher: Sportweg), Flurname

Langwiesgasse, 14., seit 1956, Flurname

Lannerstraße, 19., seit 1894, Josef Lanner (1801–1843), Walzerkomponist („Vater des Wiener Walzers"), Kapellmeister

Lannerweg, 11., nicht amtliche Bezeichnung

Lannesstraße, 22., Benennungsdatum unbekannt, Jean Lannes Herzog von Montebello (1769 bis 1809), bei der Asperner Schlacht (1809, napoleonische Kriege) tödlich verwundet

Laplacegasse, 10., seit 1955, Pierre Simon Laplace (1749–1827), französischer Astronom, Mathematiker

Laresgasse, 21., seit 1994, Josef Lares (1850 bis 1919), Feuerwehrhauptmann von Strebersdorf

Larischgasse, 22., seit 1961, Rudolf Larisch (1856–1934), Graphiker, Schriftkünstler („Über Zierschriften im Dienste der Kunst", 1899)

Larochegasse, 13., seit 1894, Karl Ritter von Laroche (1794 bis 1884), Hofschauspieler, Sänger

Larwingasse, 22., seit 1953, Johann Larwin (1873–1933), Genremaler

Lascygasse, 17., seit 1877, Franz Moritz Graf von Lascy (Lacy, 1725–1801), Feldmarschall, Vertrauter Maria Theresias, Freund von Joseph II., Reorganisator des österr. Heerwesens, kaufte 1765 Schloss und Herrschaft Neuwaldegg und ließ das Gelände zu einem Naturpark umgestalten; damals wahrscheinlich der größte Lust- und Landschaftsgarten in Europa; heute: Schwarzenbergpark

Laskegasse, 12., seit 1955, Oskar Laske (1874 bis 1951), Maler, Graphiker, Architekt (Erbauer von diversen Wohnhäusern in Wien); entwarf auch Bühnenbilder

Laskywiesengasse, 14., seit 1970, nach der Laskywiese (Funktionär eines Siedlervereins)

Lassallestraße, 2., seit 1919 (vorher ab 1875: Kronprinz-Rudolf-Straße, ursprünglich Schwimmschulallee; 1934 bis 1956 Reichsbrückenstraße), Ferdinand Lassalle (1825 bis 1864), Mitbegründer und Theoretiker der Arbeiterbewegung, anfangs Mitarbeiter von Karl Marx, später Gegner, setzte sich für Reformen und Wahlrecht ein

Lassingleithnerplatz, 2., seit 1912, der Schiffmeister Johann Lassingleithner rettete bei der Überschwemmung des Jahres 1830 mit seiner Zille 126 Menschen das Leben; s. auch *Spanngasse*

Lastenstraße, 23., Benennungsdatum unbekannt; unter Bezugnahme auf den Lastenverkehr beim Bahnhof Atzgersdorf

Laternenweg, 2., nicht amtliche Bezeichnung

Latschkagasse, 9., seit 1906, Adam Latschka (1847 bis 1905), Pfarrer in Altottakring, 1889 bis 1902 Gemeinderat, befasste sich mit Schulfragen und Sozialpolitik, stand der christlichsozialen Partei Pate

Laubengasse, 17., nicht amtliche Bezeichnung

Laubenweg, 10., nicht amtliche Bezeichnung

Laubeplatz, 10., seit 1891, Heinrich Laube (1806–1884), schlesischer Journalist, Wortführer des „Jungen Deutschland", später Burgtheaterdirektor

Lauchgasse, 22., seit 1953, nach dem Zwiebelgewächs (Allium)

Laudongasse, 8., seit 1862 (früher Hintere Alstergasse, 1778 Herrengasse, ein Teil seit 1805 Andreasgasse), s. *Loudonstraße*

Laufbergergasse, 2., seit 1889, Ferdinand Laufberger (1829–1881), Maler (Deckengemälde im Kunsthistorischen und Naturhistorischen Museum), 1868 Prof. für dekorative Malerei an der Kunstgewerbeschule

Laurentiusplatz, 14., seit 1912 (urspr. Neubeckgasse, dann Kirchenplatz), nach der dem hl. Laurentius geweihten Pfarrkirche

Laurenz-Barchetti-Gasse, 22., seit 1986, Laurenz Barchetti (1771 bis 1809), Vorsteher der Wiener Seidenfabrikanten, Verdienste in den napoleonischen Kriegen, besonders 1809

Laurenzerberg, 1., seit 1857 (vorher: Laurenzergassel), nach dem ehemaligen Kloster St. Laurenz und der Lage (abfallendes Gelände) benannt

Laurenzgasse, 5., seit 1862 (vorher: Laurenzigasse), zur Wahrung des Ortsnamens (Laurenzergrund, im Besitz des Klosters St. Lorenz), kleine Vorstadt auf dem Bezirk des heutigen Margareten

Lautensackgasse, 14., seit 1893, Hans Sebald Lautensack (um 1520–1565), Maler, Kupferstecher (Porträts, Landschaftsbilder), schuf 1558 eine Ansicht von Wien

Lautenschlägergasse, 11., seit 1954, Antonie Lautenschläger (richtig Schläger, 1859 bis 1910), Hofopernsängerin, engagierte sich für die Armen von Simmering

Lavantgasse, 21., seit 1953, nach dem Fluss in Kärnten

Lavaterstraße, 22., seit 1954, Johann Kaspar Lavater (1741–1801), Schweizer Theologe, Publizist, Begründer der modernen Physiognomik

Lavendelweg, 22., seit 1944, nach der Nutzpflanze (Lavandula)

Laverangasse, 13., seit 1932, Charles Laveran (1845 bis 1922), Mediziner, Entdecker des Malaria-Erregers, Nobelpreis 1907

Laxenburger Straße, 10. und 23., seit 1892 (1946 bis 1956: Tolbuchinstraße), angelegt bereits 1703 zur Verbindung zwischen Wien und Schloss Laxenburg

Layerweg, 22., seit 1972, Dr. Max Layer (1866–1941), Jurist, 1908 o. Prof. an der Universität Wien, 1912/13, 1924/25 Dekan, 1924–1929 Mitglied des Verfassungsgerichtshofes

Lazarettgasse, 9., seit 1862; 1787 erstmals erwähnt, erinnert an die Krankenanstalten, die seit dem Mittelalter hier bestehen (Johannes in der Siechenals errichtete in der Gegend bereits im 13. Jahrhundert ein Siechenhaus = Infektionsspital)

Lazargasse, 17. und 18., seit 1962, Dr. Erwin Lazar (1877–1932), Arzt, Heilpädagoge, 1929 a. o. Prof. an der Universität Wien für Kinderheilkunde

Lazaristengasse, 18., seit 1894 (vorher: Bockgasse), nach dem Lazaristenorden; die Kongregation der Missionspriester des hl. Vinzenz v. Paul (Lazaristen) erbaute 1878 Kirche und Kloster, die Lazaristen widmen sich der Jugenderziehung, Armen- und Krankenpflege; s. auch *Vinzenzgasse*

Lazarsfeldgasse, 21., seit 1994, Dr. Paul Felix Lazarsfeld (1901 bis 1976), Soziologe, 1929 bis 1933 Mitglied des psychologischen Instituts der Universität Wien, 1934 Emigration in die USA, 1940 Professor an der Columbia University New York; bahnbrechende Beiträge zur Kommunikations- und Meinungsforschung

Laziusstraße, 23., seit 1982, Dr. Wolfgang Lazius (1514–1565), 1546–1560 Rektor der Wiener Universität, schrieb die erste Geschichte Wiens; Gelehrter, Arzt, Sammler

Lebereckstraße, 14., seit 1963, nach dem gleichnamigen Berg (395 m hoch)

Leberstraße, 3. und 11., seit 1907 (vorher ab 1872: Über dem Kanal), als Leber wurde ein künstlicher Erdhügel bezeichnet, der als Grenzmarkierung oder Grabhügel aufgeschüttet wurde

Leberweg, 11., amtlich seit 1995, Flurname; vorher ebenso nicht amtlich

Lebingergasse, 14., seit 1929, Michael Lebinger (1832–1848), Tischlergeselle, fiel in der Märzrevolution 1848, s. *Achtundvierzigerplatz*, s. *Märzstraße*

Lebnergasse, 21., seit 1913, Franz Lebner (1819–1863), Bürgermeister von Jedlesee (1854–1860), Verdienste in der Verwundetenbetreuung 1858/59

Lecherweg, 10., seit 1960, Dr. Ernst Lecher (1856 bis 1926), Physiker (Radiotechnik)

Lechnerstraße, 3., seit 1905 (vorher: Haltergasse), Georg Lechner (1854 bis 1900), Postbeamter, spendete 160.000 Kronen für Arme

Lechthalergasse, 23., seit 1957 (vorher: Grillparzergasse), Josef Lechthaler (1891 bis 1948), Komponist (Kirchenmusiker)

Lederergasse, 8., seit 1862 (ursprünglich Hintere, um 1700 Obere Klostergasse, dann Gärtnergasse), nach dem Haus des Ledergroßhändlers Philipp Kemeter, erbaut 1705, und dem Schild „Zur großen Lederhaut"

Ledererhof, 1., einst Verkaufsplatz und Herberge der Lederhändler, 1341 „Im Ledererhof", ab ca. 1795 Ledererhof

Leebgasse, 10., seit 1894 (vorher: Richardgasse), Anton Joseph Edler von Leeb (1769–1837), Bürgermeister von Wien (1835–1837), Magistratsbeamter; Verdienste während der napoleonischen Kriege

Leegasse, 14., seit 1905, Josef Karl Lee (1838–1879), Mitglied der Gemeindevertretung von Penzing

Lehárgasse, 6., seit 1948 (vorher: Dreihufeisengasse), Franz Lehár (1870 bis 1948), Komponist („Die lustige Witwe", „Das Land des Lächelns")

Lehenstraße, 22., Benennungsdatum unbekannt, Flurname

Lehmanngasse, 23., seit 1949, Richard Lehmann (1911–1934), Arbeiter, Sozialist, am 15. Juli 1934 erschossen (s. auch *Fröhlichgasse*); vorher: Rodauner Gasse

Lehmgasse, 10., Benennungsdatum unbekannt; verlängert 1989, deutet auf einstmals lehmigen Boden hin

Lehnergasse, 15., seit 1894 (vorher: Schmelzgasse, ursprünglich Mondscheingasse), Michael Lehner (1817 bis 1893), Schuldirektor in Rudolfsheim

Lehnergasse, 23., Benennungsdatum unbekannt, Ferdinand Lehner (1830 bis 1909), Wirtschaftsbesitzer, Verdienste um die Gemeinde Atzgersdorf

Lehnertgasse, 21., seit 1993, Hedwig Lehnert (1898–1977), Politikerin, SPÖ, Gemeinderätin (1945–1963)

Lehrbachgasse, 12., seit 1912, Ludwig Konrad Graf von Lehrbach (1750 bis 1805), österreichischer Gesandter in München, errichtete eine Stiftung für bedürftige Beamtenkinder

Lehrbachweg, 12., nicht amtliche Bezeichnung, s. *Lehrbachgasse*

Leibenfrostgasse, 4., seit 1875, Franz Leibenfrost (1790–1851), Weingroßhändler, Philanthrop, Kaffeehausbesitzer

Leibnizgasse, 10., seit 1871, Gottfried Wilhelm Freiherr von Leibniz (1646 bis 1716), Philosoph, Gelehrter

Leichtweg, 2., seit 1963, nach dem gleichnamigen Varieté, 1945 zerstört; die Gebrüder Ferdinand und Wilhelm Leicht hatten prominente Künstler engagiert (u. a. A. Girardi, P. Wessely, F. Grünbaum)

Leidesdorfgasse, 19., seit 1894 (urspr. Lerchengasse, 1938–1945 Hermann-Löns-Gasse), Dr. Max Leidesdorf (1819 bis 1889), Direktor der Döblinger Irrenheilanstalt, Psychiater

Leidlweg, 22., seit 1972, Ing. Ludwig Leidl (1872–1958), Flugpionier, s. *Flugfeldstraße*

Leifhelmgasse, 14., seit 1954, Dr. Hans Leifhelm (1891 bis 1947), Lyriker, Erzähler, 1935 Emigration nach Italien (Lektor für deutsche Sprache und Literatur an der Universität Palermo)

Leingasse, 22., seit 1993, s. *Leinweg*

Leinmüllergasse, 23., seit 1965 (urspr. Friedhofstraße, ab 1902 Haidackergasse), Josef Leinmüller (1895 bis 1961), Gemeinderat von Kaltenleutgeben, Bezirksrat (1954 bis 1961), SPÖ

Leinweg, 22., seit 1953, nach der Nutzpflanze (Flachs, Linum)

Leipziger Platz, 20., seit 1899, s. *Leipziger Straße*

Leipziger Straße, 20., seit 1899 (vorher teilweise Radetzkygasse), nach der Völkerschlacht bei Leipzig (1813)

Leitengasse, 23., seit 1933, Riedname

Leitenwaldplatz, 13., seit 1924, Flurname

Leitermayergasse, 17. und 18., seit 1894 (in Währing vorher: Josefigasse), Johann Michael Leitermayer, Grundbesitzer um 1860, Musikerzieher

Leitgebgasse, 5., seit 1875, Andreas Ludwig Leitgeb (1683–1751), Bürgermeister von Wien (1733–1736, 1745 bis 1751)

Leithastraße, 20., seit 1894, nach dem gleichnamigen Fluss in NÖ

Lemböckgasse, 23., seit 1954 (vorher: Wiener Gasse), Georg Lemböck (1870 bis 1951), Maurer, Gemeinderat von Siebenhirten

Lenaugasse, 8., seit 1862 (vorher: Johannesgasse), Nikolaus Lenau (richtig: Nimbsch Edler von Strehlenau, 1802 bis 1850), Lyriker (Gedichte, Balladen; melancholische Grundhaltung)

Lenkgasse, 22., seit 1911, Jakob Lenk Freiherr von Wolfberg (1766–1837), Oberst in den napoleonischen Kriegen

Lenneisgasse, 14., seit 1913, Georg Lenneis (1821 bis 1912), Hausbesitzer, Mitglied der Penzinger Gemeindevertretung

Leo-Bredl-Gasse, 22., seit 2003, Leo Bredl (1915 bis 1994), Musiker, Komponist, Textdichter

Leo-Fall-Weg, 13., seit 2000, Leo Fall (1873 bis 1925), äußerst erfolgreicher Operettenkomponist („Der fidele Bauer", 1907, „Die Dollarprinzessin", Theater an der Wien, 1907, „Brüderlein fein", 1909, „Die Rose von Stambul", 1916)

Leo-Lehner-Gasse, 22., seit 1984, Prof. Leo Lehner (1900–1981), Gründer des Chores „Jung Wien", Chorleiter; Komponist

Leo-Mathauser-Gasse, 23., seit 1957 (vorher: Johann-Schwarz-Gasse), Leo Mathauser (1875 bis 1953), Lehrer in Siebenhirten

Leonard-Bernstein-Straße, 22., seit 1995, Leonard Bernstein (1918–1990), Dirigent, Komponist („West Side Story", 1957), 1959–1969 Leitung des New Yorker Philharmonic Symphony Orchestra; enge Beziehungen zu Österreich (Salzburger Festspiele, Staatsoper), Ehrenbürger der Stadt Wien (1987)

Leonhardgasse, 3., seit 1862 (vorher: Leonhardigasse), nach einem alten Hausschild „Zum hl. Leonhard"

Leon-Kellner-Weg, 13., seit 1932 (1938 bis 1947 Wilhelm-Riehl-Weg), Univ.-Prof. Leon Kellner (1859 bis 1928), Anglist

Leopold-Abelles-Gasse, 11., seit 1989, Dr. Leopold Abelles (1870–1942), Arzt, Altruist, Opfer des Faschismus

Leopoldauer Platz, 21., seit 1911 (vorher: Hauptstraße), zur Wahrung des Ortsnamens Leopoldau, 1136 urkundlich erwähnt, s. *Alpiltoweweg*

Leopoldauer Straße, 21., seit 1911, s. *Leopoldauer Platz*

Leopold-Berger-Weg, 17., nicht amtliche Bezeichnung, nach einem Siedlerfunktionär

Leopold-Ernst-Gasse, 17. und 18., seit 1894 (urspr. Gebhartgasse, dann Gestättengasse und zuletzt Leopoldigasse), Leopold Ernst (1808 bis 1862), seit 1853 Dombaumeister zu St. Stephan, Architekt

Leopold-Ferstl-Gasse, 21., seit 1901 (urspr. Parkgasse, ab 1893 Ferstlgasse), Dr. Leopold Ferstl (1812–1876), Arzt, Bürgermeister von Floridsdorf (1861 bis 1869), Ortsschulratsobmann; Verdienste beim Hochwasser 1862 und bei der Verwundetenbetreuung 1866

Leopold-Figl-Gasse, 1., seit 1985 (vorher: Regierungsgasse), DDr. h. c. Ing. Leopold Figl (1902 bis 1965), Bundeskanzler (1945–1953), Außenminister (1953–1959), Landeshauptmann von NÖ (1962 bis 1965)

Leopoldigasse, 23., Benennungsdatum unbekannt, Leopold Greileder (1807 bis 1873), Wirtschaftsbesitzer, Gemeinderat von Atzgersdorf

Leopoldine-Glöckel-Weg, 12., seit 2006, Leopoldine Glöckel (1871 bis 1937), Lehrerin; unterstützte die Schulreformen ihres Mannes (s. *Otto-Glöckel-Weg*), Gemeinderats- und Landtagsabgeordnete (1919 bis 1934), Redakteurin der sozialdemokratischen Wochenzeitung „Die Frau"

Leopold-Kunschak-Platz, 17., seit 1971, Leopold Kunschak (1871–1953), Begründer der christlichsozialen Arbeiterbewegung, 1904–1934 Gemeinderat, 1934–1938 Mitglied des Staatsrats, 1938 und 1944 verhaftet, 1945/46 Vizebürgermeister, Mitbegründer des Österreichischen Arbeiter- und Angestelltenbundes (ÖAAB) der ÖVP, zuletzt Präsident des Nationalrates

Leopold-Mistinger-Platz, 15., seit 2005, Leopold Mistinger (1904 bis 2001), Buchdrucker; Gemeinderat (1945 bis 1963), Bezirksrat (1964–1968), Bezirksvorsteher des 15. Bezirks (1963–1968), Abg. zum NR (1968–1970); SPÖ

Leopold-Moses-Gasse, 2., seit 1998, Dr. Leopold Moses (1888–1943), Archivar der Wr. Israelitschen Kultusgemeinde (ab 1934), Leiter des „Jüdischen Nachrichtenblattes Ausgabe Wien", umgekommen im KZ Auschwitz

Leopold-Rister-Gasse, 5., seit 1957, Leopold Rister (1873 bis 1934), Bezirksvorsteher des 5. Bezirks (1921 bis 1934)

Leopoldsbrücke, 4. und 6., 1859 errichtet

Leopoldsdorfer Straße, 10., Benennungsdatum unbekannt, führt nach dem gleichnamigen Ort in NÖ

Leopoldsgasse, 2., seit 1862 (urspr. Zuchthausgasse, dann Strafhausgasse), nach Kaiser Leopold I. (1640–1705)

Leopold-Steiner-Gasse, 19., seit 1931, Leopold Steiner (1857–1927), Förderer des Baues der Irrenanstalt Steinhof, Gemeinderat

Leopold-Stockert-Platz, 17., nicht amtliche Bezeichnung (nach einem Siedlerfunktionär)

Leopold-Zechner-Platz, 13., seit 2002, Dr. Leopold Zechner (1884–1968), Dr. phil. 1925; Lehrer, 1934 aus politischen Gründen entlassen und ein Jahr später zwangspensioniert, nach 1945 Präsident des Wr. Stadtschulrates, 1954 Bürger der Stadt Wien, 1959 Pension, Ehrengrab am Hietzinger Friedhof

Leo-Slezak-Gasse, 18., seit 1960 (vorher: Czermakgasse), Leo Slezak (1875 bis 1946), gefeierter Heldentenor der Wiener Staatsoper, Filmkomiker

Lerchenfelder Gürtel, 7., 8. und 16., seit 1894 (Teile davon im 16. Bezirk von 1800–1894 Pelikangasse, von 1830 bis 1873 Porteplatz, Am Linienwall und von 1883–1894 Gürtelstraße), nach der ehemaligen Vorstadt Lerchenfeld; s. *Lerchenfelder Straße*

Lerchenfelder Straße, 7. und 8., um 1314 Kremser Straße, bis 1862 Alte Lerchenfelder Hauptstraße oder Altlerchenfelder Hauptstraße bzw. bis zur Zieglergasse im unteren Bereich Rofranogasse), zur Erinnerung an den alten Vorstadtnamen; das Lerchenfeld wurde bereits im 13. Jhd. urk. erwähnt; es erstreckte sich über Teile des heutigen 7., 8. und 16. Bezirkes; der Name ist entweder auf einen bestandenen Lärchenwald zurückzuführen oder darauf, dass sich der kaiserliche Hof dort mit dem Lerchenfang beschäftigte (im späteren Ortswappen von Lerchenfeld waren beide Thesen vereinigt, es zeigte einen Baum und drei Vögel); noch wahrscheinlicher ist jedoch eine ältere slawische oder keltische Flur- oder Ortsbezeichnung

Lerchengasse, 8., seit 1862 (1727 als Gmaingasse entstanden, von 1778 bis 1862 Neue Gasse), s. *Lerchenfelder Straße*

Lerchenspornweg, 22., seit 2002, Knollenpflanze mit eigenartigen, gespornten Blüten; am verbreitetsten ist der Hohle Lerchensporn (Corydalis cava)

Leschetitzkygasse, 18., seit 1932, Theodor von Leschetitzky (1830 bis 1915), Pianist, Musikpädagoge

Lesergasse, 11., seit 1972, Ludwig Leser (1890–1946), Sozialdemokrat, 1922 bis 1934 und 1945/46 Landeshauptmannstellvertreter des Burgenlandes, engagierte sich für den Anschluss des Burgenlandes an Österreich

Leskygasse, 22., seit 1994, Albin Lesky (1896 bis 1981), Altphilologe, Universitätsprofessor und Erna Lesky (1911 bis 1986), Historikerin, Ärztin, Universitätsprofessorin

Lessiakgasse, 22., seit 1971, Dr. Primus Lessiak (1878–1937), Germanist

Lessinggasse, 2., seit 1872, Gotthold Ephraim Lessing (1729–1781), Dichter; Wegbereiter der deutschen Klassik, Aufklärer („Nathan der Weise", „Emilia Galotti")

Lettenweg, 22., seit 1959, Weg in der Siedlung „Lettenhaufen" („Letten" = angeschwemmter, lehmiger Grund)

Leuchsweg, 21., seit 1954, Dr. Kurt Leuchs (1881 bis 1949), Paläontologe, Univ.-Prof.

Leutholdgasse, 22., seit 1954, Heinrich Leuthold (1827 bis 1879), Schweizer Dichter, Übersetzer

Levasseurgasse, 23., seit 1966, Dipl.-Ing. Dr. Karl Levasseur (1903–1961), Pionier der österr. Stenographie

Lewinskygasse, 16., seit 1920, Josef Lewinsky (1835 bis 1907), Burgschauspieler

Lexergasse, 22., seit 1971 (vorher: Viktor-Kaplan-Straße), Dr. Matthias Lexer (1830–1892), Germanist

Leydoltgasse, 15., seit 1894 (vorher: Friedrichsgasse), Anton Leydolt (gest. 1873), Bürgermeister von Fünfhaus (1867 bis 1873), Postmeister, s. auch *Rosinagasse*

Leyserstraße, 14., seit 1899, Ulrich Leyser, zeichnete sich bei der Verteidigung Wiens gegen die Türken 1529 durch besondere Tapferkeit aus

Leyßgasse, 17., seit 1910, Julius Leyß zu Laimburgk (1815–1901), Hof-Oberreiter, Hausbesitzer, Wohltäter

Leystraße, 20., seit 1884, Konrad Ley (1801 bis 1881), Bezirksvorsteher der Leopoldstadt (1862–1874)

Lhotskygasse, 21., seit 1972, Prof. Dr. Alphons Lhotsky (1903–1968), Historiker, ab 1961 Professor für österr. Geschichte an der Universität Wien

Lhotskyweg, 21., seit 1994, s. *Lhotskygasse*

Libellenweg, 14., seit 1953, nach dem Insekt

Libussagasse, 10., seit 1958, Drama von Grillparzer und Hauptfigur darin

Lichnovskygasse, 11., seit 1971, Fürst Karl Lichnowsky (1761–1814), Freund und Gönner Beethovens (stiftete ihm ein Jahresgehalt von 600 Gulden); Gutsbesitzer

Lichtblaustraße, 22., seit 1990, Ernst Lichtblau (1883 bis 1963), Architekt (Werkbundsiedlung), 1938 Amtsenthebung, 1939 Emigration

Lichtenauergasse, 2., seit 1816, Dr. Franz Lichtenauer (1744–1805), Advokat; seine Erben erbauten dort die ersten Häuser

Lichtenfelsgasse, 1., seit 1880 (vorher: Bürgermeistergasse), Thaddäus Freiherr von Lichtenfels (1798 bis 1877), Jurist

Lichtensteg, 1., schon 1273 als „clara semita" (= lichter Steg) bekannt (im Gegensatz zu anderen, finsteren Gassen)

Lichtensterngasse, 12., seit 1969, Richard Lichtenstern (1870–1937), Gründer der österr. Keramikindustrie

Lichtentaler Gasse, 9., seit 1862 (1843 bis 1862 Große Kirchengasse), zur Erinnerung an den ehemaligen Vorstadtnamen; bestand seit 1699, 1848 kam die Grundherrschaft an die Gemeinde Wien, Lichtental galt als „Wiege des Volkssängertums"

Lichtgasse, 15., Benennungsdatum unklar, nach dem 1839 errichteten ehemaligen englischen Gaswerk (Gaslicht!)

Lidlgasse, 17., seit 1908, Matthias Lidl von Schwanau (1666–1749), kaiserlicher Sekretär, Besitzer der Herrschaft Gersthof

Liebenberggasse, 1., seit 1865, Johann Andreas von Liebenberg (1627–1683), Bürgermeister von Wien (1680–1683); große Verdienste um die Verteidigung Wiens während der zweiten Türkenbelagerung (1683)

Liebenstraße, 12., seit 1928 (1938 bis 1945: Metznerstraße), Robert von Lieben (1878–1913), Physiker (Erfinder der Radioverstärkerröhre)

Liebhartsgasse, 16., seit 1867, nach dem Flurnamen „Liebhart", im 13. Jahrhundert wurde der Ottakringer Bach zum Wienfluss geleitet, die Bachrinne erhielt 1354 die Bezeichnung „Liebhartsgraben"

Liebhartstalstraße, 16., Benennungsdatum unklar, Flurname, schon 1354, 1373 und 1377 als Liebhartsgraben urk. erwähnt; führt zum Liebhartstal

Liebiggasse, 1., seit 1874, Justus Freiherr von Liebig (1803–1873), Chemiker, entdeckte die Bedeutung des Mineraldüngers, Begründer der organischen Chemie

Liebknechtgasse, 16. und 17., seit 1927 (ursprünglich Dürauergasse, 1934 bis 1953 Eberhartgasse), Wilhelm Liebknecht (1826 bis 1900), Führer der deutschen Sozialdemokraten und Reichstagsabgeordneter und sein Sohn Karl Liebknecht (1871 bis 1919), mit Rosa Luxemburg Führer der Linken, 1919 ermordet, s. auch *Rosa-Luxemburg-Gasse*

Liebleitnergasse, 21., seit 1956 (vorher: Kirchengasse), Prof. Karl Liebleitner (1858–1942), Chormeister, Volksliedforscher

Lieblgasse, 22., seit 1972, Dipl.-Ing. Hans Liebl (1877–1950), Eisenkonstrukteur, Baurat

Liechtensteinstraße, 9., seit 1862 (um 1700 Untere Hauptstraße, ab 1778 Drey-Mohrengasse, seit 1796 Lange Gasse ab Bauernfeldplatz), Johann Adam Andreas Fürst Liechtenstein (1657 bis 1712), erwarb 1687 hier ein Grundstück und ließ Palast, Park und die Vorstadt Lichtental anlegen

Liechtenwerder Platz, 9. und 19., seit 1904, ehemals wiesenreiche Donauinsel (Werd), im 13. Jhd. Altliechtenwerd genannt

Lieglerstraße, 22., seit 1955 (vorher: Kriemhildenstraße), Leopold Liegler (1882–1949), Schriftsteller

Lieleggweg, 21., seit 1936, Andreas Lielegg (1831–1899), Chemiker, Verfasser von Lehrbüchern

Lienfeldergasse, 16. und 17., seit 1899, Weinried, 1352 als Lyenfeld erwähnt

Liepoltgasse, 23., seit 1973, Hans Liepolt (1880–1962), Lehrer und Volksbildner in Inzersdorf

Liesingbachstraße, 10., seit 1953, nach dem gleichnamigen Bach, an dessen Ufer die Straße verläuft, s. auch *Liesinger Platz*

Liesinger-Flur-Gasse, 23., seit 1965, Flurname

Liesinger Platz, 23., seit 1967 (vorher: Schillerplatz), früher Hauptplatz des selbstständigen Ortes Liesing; 1002 urk. erwähnt („Liesnicker), bestand aus Ober- und Unterliesing, 1905 zur Stadt erhoben, 1938 eingemeindet

Liesneckgasse, 21., seit 1910 (vorher: Friedhofgasse), Franz Jakob Liesneck (gest. 1790), Benefiziat und Kaplan von Jedlesee

Ligusterweg, 18., seit 1967, nach der Strauchgattung (Ligustrum)

Lilienberggasse, 13., seit 1894 (vorher: Wiengasse), Christoph Abele von und zu Lilienberg (1627–1685), Besitzer der Herrschaft Hacking; kaiserl. Beamter

Lilienbrunngasse, 2., seit 1842, Therese Adler von Lilienbrunn eröffnete 1841 die Gasse insofern, als dass ihr Haus in der Oberen Donaustraße abgerissen wurde

Liliengasse, 1., seit ca. 1821 (vor 1622 Armesündergasse); hier bestand von 1622 bis 1811 ein Hof des Stiftes Lilienfeld

Lilienthalgasse, 3., seit 1933, Otto von Lilienthal (1848–1896), Flugtechniker, führte 1891 die ersten Gleitflüge aus (bis 300 m Länge)

Lilienweg, 11., nicht amtliche Bezeichnung

Lindauergasse, 16., seit 1894 (vorher: Löwengasse und Saillergasse), Andreas Lindauer (gest. 1552), Besitzer des Ottakringer Freihofes (s. Erläuterungen); Sekretär von Kaiser Ferdinand I.

Lindauergasse, 23., seit 1933, Michael Lindauer (1862–1944), Gemeinderat von Mauer

Lindenbauergasse, 11., seit 1954 (vorher: Landengasse), Andreas Lindenbauer, Besitzer des Simmeringer Casinos

Lindengasse, 7., seit 1913 (vorher: Josefigasse, Josefibrunnengasse, Leopoldigasse, Obere Brunngasse), nach einem Gasthausschild „Zur goldenen Linde"

Lindgrabengasse, 23., seit 1886, Flurname

Lindheimgasse, 14., seit 1975, Hermann Dietrich Lindheim (1791–1860), Experte für Eisenverarbeitung, wirkte führend am Bau der Westbahn mit

Lindkogelgasse, 10., seit 1964, nach dem gleichnamigen Berg bei Baden, 834 m hoch

Linienamtsgasse, 13., seit 1929, nach dem ehemaligen Linienamtsgebäude

Liniengasse, 6., seit 1862 (vorher: Feldgasse), führte zum Linienwall, einer unter Prinz Eugen angelegten Befestigungsanlage zum Schutz der Vorstädte, die später als Steuergrenze Bedeutung bekam

Linke Bahngasse, 3., seit 1857 (vorher: Am Kanal), verläuft links neben der 1857 erbauten Verbindungsbahn zwischen Nordbahn und Südbahn

Linke Nordbahngasse, 21., seit 1910 (vorher: Linke Eisenbahngasse), an der linken Seite der 1838 erbauten Nordbahn gelegen

Linker Weg, 22., nicht amtliche Bezeichnung

Linke Wasserzeile, 23., entlang der 1870 bis 1873 errichteten Trasse der I. Wiener Hochquellenwasserleitung

Linke Wienzeile, 6., 14. und 15., seit 1899 (im 6. Bezirk zuerst Am Wienufer, auch Ufergasse, später Magdalenenstraße und Wienstraße), am linken Wienflussufer gelegen

Linkweg, 13., seit 1955 (vorher ab 1932 Försterweg), Antonie Link (1853 bis 1931), Opern- und Operettensängerin

Linnéplatz, 19., seit 1907, Carl von Linné (eig. Linnaeus) (1707 bis 1778), Naturforscher, widmete sein Leben der Klassifikation der Pflanzen und Tiere, Begründer der Systematischen Biologie; Hauptwerke „Systema Naturae" (1735), „Species Plantarum" (1753)

Linsbauerweg, 22., seit 1997, Franz Linsbauer (1922–1989), Fürsorgerat, Nationalratsabgeordneter (1969 bis 1975), Bezirksrat (ab 1957), zeitweise Bezirksparteiobmann der ÖVP Donaustadt; Verdienste auf sozialem Gebiet

Linzackergasse, 13., seit 1913, ein schon im Jahre 1407 urk. erwähnter Riedname

Linzer Straße, 14. und 15., seit 1894 (vorher: Poststraße, Hauptstraße und Landstraße), führt nach Linz

Linzer Weg, 11., nicht amtliche Bezeichnung

Lipinergasse, 23., seit 1961, Siegfried Lipiner (1856–1911), Schriftsteller

Lippmanngasse, 10., seit 1932, Dr. Gabriel Lippmann (1845 bis 1921), Experimentalphysiker, Nobelpreisträger, Prof. für Experimentalphysik

Lissagasse, 3., zur Erinnerung an Admiral Tegetthoffs Sieg über die italienische Flotte bei Lissa (1866)

Lißbauergasse, 19., seit 1875, Karl Lißbauer (gest. 1861), Bürgermeister von Ober-Döbling (1850 bis 1861)

Lisseeweg, 21., seit 1974, Lissee, einst ein Fischteich in Strebersdorf; verlängert 2004

Lisztstraße, 3., seit 1913 (vorher: Daffingergasse), Franz Liszt (1811– 1886), Komponist (Orchesterwerke, Klavierwerke, Orgelwerke), Pianist

Litfaßstraße, 3. und 11., seit 1983, Ernst Theodor Litfaß (1816–1874); Drucker, Erfinder der nach ihm benannten Anschlagsäulen (erstmals 1855 in Berlin für den Zirkus Renz)

Litschauweg, 21., seit 1964, nach der Stadt im nördlichen Waldviertel (Niederösterreich)

Littrowgasse, 18., seit 1879, Dr. Karl Ludwig von Littrow (1811 bis 1877), Astronom, Professor an der Wiener Universität, initiierte den Bau der Sternwarte in Währing

Lobaugasse, 22., Benennungsdatum unbekannt, nach dem Naturschutzgebiet, lo = althochdeutsch „Wald", also waldreiche Au; 1926 der Öffentlichkeit zugänglich gemacht

Lobelienweg, 22., seit 2001, Lobelien sind eine mit den Glockenblumen verwandte artenreiche subtropische bis tropische Gattung; besonders als Gartenpflanze beliebt ist die aus Südafrika stammende Blau-Lobelie (Lobelia erinus)

Lobenhauerngasse, 17., seit ca. 1864, nach einer schon 1410 erwähnten Weinried

Lobgrundstraße, 22., seit 1977, Flurname (nach einem Gewässer in der Lobau)

Lobkowitzbrücke, 12. und 15., 1837 erbaut, nach Fürst Franz Josef Lobkowitz, der sich als Förderer von Beethoven und anderer Musiker Verdienste um das Wiener Musikleben gemacht hatte; sein Sohn, Fürst August Longin von Lobkowitz, Hofkanzler, fuhr als Vertreter der Regierung als erster über die Brücke, 1969 bis 1971 neu gestaltet

Lobkowitzplatz, 1., seit 1862 (urspr. Schweinemarkt, ab 1716 Spitalplatz), Wenzel Eusebius Fürst Lobkowitz (1609–1677), Feldmarschall; Vertrauter von Kaiser Leopold I.

Lobmeyrgasse, 16., seit 1927, Ludwig Lobmeyr (1829 bis 1917), Glaswarenfabrikant, der sich um die künstlerische Entwicklung der Branche verdient gemacht hat

Lodererweg, 23., Benennungsdatum unbekannt, nach der schon 1667 erwähnten Familie Loderer, einer Hauerfamilie aus Kalksburg

Lodergasse, 22., seit 1927, Matthäus Loder (1781 bis 1828), Landschaftsmaler

Lodrongasse, 23., seit 1929, nach Sigmund Graf zu Lodron, königlicher Rat, Pfandschaftsinhaber der Herrschaft Mauer

Löblichgasse, 9., seit 1898, Franz Löblich (1827 bis 1897), Kupferschmied, Innungsmeister, Bezirksvorsteher des Alsergrundes, Landtags- und Reichsratsabgeordneter, engagierte sich für soziale Fragen

Löblweg, 22., seit 1932, Josef Löbl (1866 bis 1930), Vorstand des Floridsdorfer Fürsorgeinstituts

Löfflergasse, 13., seit 1931, Friedrich Löffler (1852 bis 1915), Hygieniker, Entdecker der Diphtherie

Löhnergasse, 12., seit 1960, Fritz Beda-Löhner (1883–1942), Operettenautor („Land des Lächelns", „Blume von Hawaii"); 1938 ins KZ Dachau eingeliefert, dann nach Buchenwald und schließlich Auschwitz gebracht

Löhrgasse, 15., seit 1894 (vorher: Michaelergasse), Moritz Löhr (1810 bis 1874), Erbauer des alten Westbahnhofes, Architekt

Loeschenkohlgasse, 15., seit 1912, Johann Loeschenkohl (1753 bis 1807), Kupferstecher, Kunsthändler, Kalender-, Knopf- und Tapetenfabrikant, Hersteller von Karten-, Brett- und Würfelspielen

Löschniggasse, 22., seit 1972, Josef Löschnig (1872–1949), Obstbaufachmann, Hofrat

Lößlweg, 2., seit 1960, Friedrich Lößl (1817–1907), Techniker, Pionier des Eisenbahnbaus

Lössweg, 22., seit 1953, eiszeitliche Ablagerungen

Löwelstraße, 1., seit 1876, Hans Löbl (1536–1594), kaiserlicher Rat und Pfennigmeister Ferdinands I.

Löwenburggasse, 8., seit 1862 (1778 bis 1862 Krebsgasse), Johann Jakob Graf von Löwenburg (1670 bis 1732), Stifter des Löwenburg-Konviktes (1731)

Löwengasse, 3., seit 1862 (vorher teilweise Kirchengasse), nach einem schon 1765 bestandenen Hausschild „Zum goldenen Löwen"

Löwenherzgasse, 3., seit 1874; zur Erinnerung an die Gefangennahme des englischen Königs Richard I. Löwenherz, der sich am Kreuzzug mit Herzog Leopold V. zerstritten hatte; bei seiner Rückkehr nach England wurde er in „Ertpurch" (Erdberg) gefangen genommen

Löwensteinstraße, 22., seit 1955 (vorher: Grillparzerstraße), Dr. Ernst Löwenstein (1878–1950), Bakteriologe; 1938 Aberkennung der Lehrbefugnis, 1939 Emigration

Löwenthalgasse, 23., seit 1947 (vorher: Johann-Held-Gasse, nach dem 1850 verstorbenen Gründer der Brauerei); Theodor Löwenthal (1798–1878), Bankier, Mitbesitzer der Brauerei Liesing; Gemeinderat von Liesing (1861–1869), s. *Fabergasse*

Löwenzahngasse, 22., seit 1952, nach dem Pflanzennamen (Taraxacum und Leontodon)

Löwyweg, 10., seit 1996, Jacob Löwy (1859 bis 1942, KZ Theresienstadt), Ziegelwerkbesitzer, Architekt, Stadtbaumeister

Lohengrinstraße, 22., seit 1959, nach der Oper von Richard Wagner

Lohnergasse, 21., seit 1970, Ludwig Lohner (1858–1925), Pionier des österreichischen Automobil- und Flugzeugbaus, „Lohnerroller"

Lohsinggasse, 22., seit 1972, Dr. Ernst Lohsing (1878–1942), Jurist

Lohwaggasse, 22., seit 1955, Dr. Heinrich Lohwag (1884–1945), Botaniker (Mykologe)

Loiblstraße, 16., seit 1960, Johann Loibl (gest. 1872), Mitgründer des Ottakringer Verschönerungsvereines

Loidoldgasse, 8., seit 1912 (1839–1862 Quergasse, dann Georgsgasse), Dr. Johann Loidoldt (sic!, 1829 bis 1897), liberaler Bezirksvorsteher (1867 bis 1896) und Gemeinderat (1874–1891), Arzt

Loimerweg, 22., seit 1959 (nach einem Siedler)

Lokomotivgasse, 21., seit 1901, hier bestand die Wiener Lokomotivfabrik, 1869 gegründet; die Floridsdorfer Lokomotivfabrik war die größte Österreichs, daher ein bedeutendes Zentrum der Arbeiterbewegung

Loosgasse, 23., seit 1955, Albert Loos (1897 bis 1954), Gemeinderat von Atzgersdorf

Loquaiplatz 6., seit 1903, Ferdinand Loquai (1838 bis 1899), Gemeinderat, Landtagsabgeordneter (1878 bis 1889), Bezirksvorsteher von Mariahilf (1886 bis 1891)

Lorbeergasse, 3., seit 1862; schon im antiken Griechenland Symbol für Siege im Krieg und im Sport

Lorenz-Bayer-Platz, 16. und 17., seit 1905 (1938–1945 Domesplatz), Lorenz Bayer (1826–1894), Gemeinderat von Hernals

Lorenz-Böhler-Gasse, 20., seit 1981, Dr. Lorenz Böhler (1885–1973), Unfallchirurg, forcierte das nach ihm benannte, 1925 in Betrieb genommene Krankenhaus

Lorenz-Kellner-Gasse, 22., seit 1911, Dr. Lorenz Kellner (1811 bis 1892), katholischer Pädagoge

Lorenz-Mandl-Gasse, 16., seit 1887, Lorenz Mandl (1800–1882), Gemeinderat von Ottakring, Heurigenbesitzer

Lorenz-Müller-Gasse, 20., seit 1928 (vorher Winarskygasse, Schwedengasse), Lorenz Müller (1862–1922), Bäckermeister, Gemeinderat, 1900–1918 erster Bezirksvorsteher des 20. Bez. (erreichte 1900 dessen Selbstständigkeit)

Lorenz-Reiter-Straße, 11., seit 1904, Lorenz Reiter, Ortsrichter von Simmering im 18. Jahrhundert

Lorenz-Stein-Gasse, 14., Benennungsdatum unbekannt, Lorenz von Stein, Grundbesitzer, Verdienste um die Gemeinde Hadersdorf

Lorenz-Weiß-Gasse, 14., seit 1904, Lorenz Weiß (1821–1887), Oberlehrer in Hütteldorf

Lorettoplatz, 21., seit 1901, nach der Pfarrkirche Maria Loreto (sic!), als Kapelle 1713 erbaut, die heutige Gestalt seit 1877

Lormweg, 21., seit 1956 (vorher ab 1942 Hirschensteig), Hieronymus Lorm (eigentlich Heinrich Landesmann, 1821 bis 1902), österreichisch-mährischer Dichter (Lyrik), Philosoph, Journalist, entwickelte ein Fingeralphabet für Ertaubte und Taubblinde

Lortzinggasse, 14., seit 1903, Albert Lortzing (1801 bis 1851), Komponist, Schauspieler, Sänger, Kapellmeister (Leipzig, Wien, Berlin), Wiederbelebung des romatischen Oper („Zar und Zimmermann", „Der Wildschütz", „Undine")

Lorystraße, 11., seit 1889 (vorher: Kanalgasse), Karl Lory (1794–1867), Arzt, sammelte Kräuter und behandelte damit die Armen Simmerings kostenlos

Loschmidtgasse, 21., seit 1953, Joseph Loschmidt (1821–1895), Chemiker, Physiker, seit 1856 Lehrer in Wien, konnte sich 1866 ohne Doktorat an der Universität Wien habilitieren, 1872 Prof. für chemische Physik; stellte als erster Naturwissenschafter die Verknüpfung von Atomen in Molekülen bildlich dar, berechnet die Größe der Luftmoleküle

Lostakgasse, 22., seit 1993, Leopold Lostak (1904 bis 1981), Berufsschullehrer, Bezirkspolitiker (Bezirksrat 1946 bis 1954, SPÖ)

Lotheißengasse, 19., seit 1933, Dr. Ferdinand Lotheißen (1833 bis 1887), Romanist, Univ.-Prof.

Lothringerstraße, 1., 3. und 4., seit 1904, zur Erinnerung an die Heirat von Franz Stephan von Lothringen mit Maria Theresia (1736), wodurch das Haus Habsburg-Lothringen begründet wurde

Lotsenweg, 22., seit 1993, nach dem Berufsstand (die Fläche befindet sich im Bereich des ehemaligen Flugfeldes Aspern), s. *Flugfeldstraße*

Lotte-Lehmann-Weg, 22., seit 1996, Lotte Lehmann (1880 bis 1976), Opernsängerin, 1914–1938 Mitglied der Wiener Staatsoper, 1938 Emigration in die USA, Mitglied der Metropolitan Opera in New York bis 1945, dann Regisseuse; Ehrenring der Stadt Wien (1963)

Lotte-Lenya-Platz, 14., seit 2002, Lotte Lenya (1898–1981), verheiratet mit Kurt Weill (1926); Kinderstar im Zirkus, später Ballettausbildung; Schauspielerin (Brecht-Stücke), Emigration (Schweiz, Frankreich und auf Einladung von Max Reinhardt: USA), gest. in New York

Lottgasse, 21., seit 1913, Julius Lott (1836 bis 1883), Erbauer der Arlbergbahn; Eisenbahntechniker, Oberbaurat

Loudonstraße, 14., seit 1959 (vorher uneinheitlich Laudon- und Loudonstraße), Gideon Ernst Freiherr von Loudon (1716 bis 1790), ab 1742 in österreichischen Diensten, Karriere im Siebenjährigen Krieg, 1776 Feldmarschall, 1789 Generalissimus; die Straße verläuft entlang seiner einstigen Besitzungen; s. *Laudongasse*

Louis-Häfliger-Gasse, 21., seit 2006, Louis Häfliger (1904 bis 1993), Bankangestellter; Delegierter des Internationalen Komitees des Roten Kreuzes; er spielte als Schweizer Staatsbürger bei der Befreiung des KZ Mauthausen 1945 eine entscheidende Rolle

Loulagasse, 21., seit 1958, Johann Loula (1891–1950), Lehrer in Strebersdorf

Lovaraweg, 21., seit 2001, eine Gruppe der Roma, die einst als Pferdehändler aus Ungarn in den Wiener Raum kamen und vor allem auf dem Mühlschüttel in Floridsdorf ansässig waren, s. auch *Romaplatz*

Lucasweg, 12., seit 1930, Karl Lucas (1803–1857), Burgschauspieler

Luchtengasse, 17., seit 1899, Flurname, 1660 auch Luefft genannt

Luckenholzgasse, 21., Benennungsdatum unbekannt, Flurname

Luckenschwemmgasse, 21., Benennungsdatum unbekannt, Flurname

Ludo-Hartmann-Platz, 16., seit 1925 (1873–1878 Haberlplatz, dann bis 1901 Koflerplatz, bis 1925 Koflerpark, 1938 bis 1945 Hans-Schemm-Platz), Dr. Ludo Hartmann (1865 bis 1924), Historiker, 1889 Privatdozent für römische und mittelalterliche Geschichte; 1893 gründete er die Zeitschrift für „Sozial- und Wirtschaftsgeschichte", 1901 den Verein „Volkshochschule Wien Volksheim"; das Volksheim Ottakring, das er intensiv vorantrieb, wurde zur erfolgreichsten Volksbildungsstätte Wiens; kurz vor seinem Tod wurde Ludo Hartmann Professor (Universität Wien)

Ludwig-Eckardt-Gasse, 14., seit 1930, Dr. Ludwig Eckardt (1827 bis 1871), Schriftsteller (Romane, Novellen), musste wegen seiner demokratischen Gesinnung nach der Niederwerfung der Revolution 1848 emigrieren; Lehrer, Bibliothekar

Ludwiggasse, 14., seit 1907, Hans Ludwig, Vizebürgermeister und Gemeinderat von Hadersdorf-Weidlingau

Ludwiggasse, 18., seit 1876, Ludwig Galler (1792 bis 1854), Schlossermeister, in der Chronik als Wohltäter verzeichnet

Ludwig-Gruber-Weg, 19., seit 1979, Ludwig Gruber (1874–1964), Komponist („Mei Mutterl war a Weanerin")

Ludwig-Kirschner-Gasse, 23., seit 1951, Ludwig Kirschner (1872–1945), Gemeinderat und Bürgermeister von Atzgersdorf

Ludwig-Koeßler-Platz, 3., seit 1928 (1938–1945 Langemarckplatz), Dr. Ludwig Koeßler (1861–1927), Mitbegründer der Wiener Urania, die ihm ihre hohe Bedeutung für die Volksbildung verdankt

Ludwig-Martinelli-Gasse, 12., seit 1930, Ludwig Martinelli (1832–1913), Schauspieler, Dekorationsmaler

Ludwig-Reindl-Gasse, 22., seit 2003, Ludwig Reindl (1893–1994), Erfinder (u. a. Tixo-Klebeband)

Ludwig-Sackmauer-Platz, 8., seit 1995, Prof. Ludwig Sackmauer (1913–1992), Bezirksrat (1963–1965), Gemeinderat (1965–1976), SPÖ; Verdienste um das Bezirksmuseum Josefstadt

Ludwig-von-Höhnel-Gasse, 10., seit 1958, Ludwig von Höhnel (1857–1942), Konteradmiral, Afrikaforscher (Entdeckung des Rudolfs- und Stefanisees, 1888)

Lüssenpromenade, 21., seit 1994, Flurname

Lützowgasse, 14., seit 1894 (vorher: Jakobsgasse), Ludwig Adolf Wilhelm Freiherr von Lützow (1782–1834), bildete 1813 im Kampf gegen Napoleon ein 3.000 Mann umfassenden studentischen Freikorps

Luftbadgasse, 6., seit 1862 (vorher: Obere Gestättengasse), hier bestand das 1852 erbaute Esterházybad, das erste Heißluftbad in Wien

Luftgasse, 5., seit 1862, führte Richtung Linienwall ins Freie, „an die Luft" bzw. ins unverbaute Gebiet

Lugeck, 1., seit 1786, bereits 1257 als „Luogeckhe" erwähnt (Luke in einem Eckturm, die sich zum Beobachten = Lugen eignete)

Lugmayerplatz, 16., seit 1997, Dr. Karl Lugmayer (1892–1972), katholischer Schriftsteller, Volksbildner, 1923 Mitverfasser des „Linzer Programms der christlichen Arbeiter Österreichs", 1934 bis 1938 Mitglied des Bundeskulturrates, 1945 ÖVP-Unterstaatssekretär in der Regierung Renner, 1945 bis 1959 Bundesrat, 1946 bis 1972 Vizepräsident und Präsident der Österreichischen Liga für Menschenrechte, ab 1947 Vizepräsident der Österreichisch-sowjetischen Gesellschaft, ab 1959 Bezirksparteiobmann der ÖVP Ottakring

Luickgasse, 22., seit 1953, Dr. Karl Luick (1865–1935), Etymologe

Luise-Montag-Gasse, 11., seit 1940, Louise (!) Montag (1849–1929), populäre Volkssängerin

Luitpold-Stern-Gasse, 22., seit 1989, Prof. Josef Luitpold Stern (1886 bis 1966), Volksbildner, Lyriker, Dramatiker; Organisator des Wiener Arbeiterbildungswesens

Lukschgasse, 2., seit 1914, Franz Luksch (1845–1913), Gemeinderat der Leopoldstadt (1908–1913), Hufschmied, Hausbesitzer

Lundenburger Gasse, 21., seit 1978, nach der Stadt in Mähren (Bréclav)

Lundgasse, 10., nach der gleichnamigen Stadt in Südschweden

Luntzgasse, 20., seit 1920, Viktor Luntz (1840–1903), Baumeister, Architekt (Mitwirkender beim Bau von Rathaus und Reichsbrücke)

Lupinenweg, 22., seit 1952, nach der Pflanzengattung (Lupinus)

Luschingasse, 21., seit 1936, Dr. Arnold Luschin-Ebengreuth (1841 bis 1932), Rechtshistoriker, Univ.-Prof., Mitbegründer der Numismatischen Gesellschaft

Lustgasse, 3., seit 1904, erinnert an den Lustgarten, der hier bestanden hat; er war um das Palais des Grafen Harrach angelegt, unter Franz II. kaiserlicher Besitz, 1845 aufgelassen und verbaut

Lusthausstraße, 2., seit 1920 (früher Alte Lusthausstraße oder Alte Lusthaus-Allee); 1566 ließ Maximilian II. ein Jagdschloss erbauen („Grünes Lusthaus"), unter Kaiser Joseph II. 1781 bis 1783 in der heutigen Form umgebaut (von Isidore Canevale), im 19. Jahrhundert Treffpunkt und Bühne des eleganten Leben Wiens, 1945 zerstört, 1949 Wiedereröffnung; s. *Canevalestraße*

Lustkandlgasse, 9., seit 1885, Dr. Wenzel Lustkandl (1832 bis 1906), Jurist, deutschliberaler Politiker, Univ.-Prof. für Staatsrecht, Gemeinderat, Landtagsabgeordneter (1873–1902)

Lutherplatz 6., seit 1983, nach Martin Luther (1483–1546); der Platz liegt gegenüber der evangelischen Kirche „Gustav Adolf" in der Gumpendorfer Straße

Luzegasse, 11., seit 1974, Hofrat Prof. Karl Luze (1864 bis 1949), Komponist, Chordirigent; seit 1882 an der Staatsoper (letzter Hofkapellmeister)

Lynkeusgasse, 13., seit 1924 (1938 bis 1947 Vernalekengasse), Lynkeus (eigentlich Josef Popper, 1838 bis 1920), sozialphilosophischer Schriftsteller („Die allgemeine Nährpflicht als Lösung der sozialen Frage", 1912)

M

Maargasse, 23., seit 1966 (vorher: Eckhartsaugasse), Dr. Oskar Maar (1888 bis 1953), Germanist, Pädagoge

Machegasse, 22., seit 1966, Ing. Heinrich Mache (1876 bis 1954), Physiker; 1908 bis 1946 o. Prof. an der TH Wien, Veröffentlichungen über Radioaktivität

Macholdastraße, 10., seit 1989, Vinzens Macholda (1898–1973), Präsident des Zentralverbandes der Kleingärtner, Präsident der „Grünen Internationale"

Machstraße, 2., seit 1960 (bis 1919 Maria-Josefa-Platz, nach der Mutter von Kaiser Karl I., dann Machplatz), Ernst Mach (1833 bis 1916), Physiker, Philosoph

Mackgasse, 23., seit 1880, Franz von Mack (1730–1807), Besitzer der Herrschaft Kalksburg, Hofjuwelier; ließ 1793–1801 die Kirche von Kalksburg erbauen; kaufte 1790 auch die Herrschaft Mauer; über seinen Sohn s. *Valentingasse*

Maculangasse, 22., seit 1972, Dipl.-Ing. Dr. Rudolf Maculan (1912–1955), Bautechniker, Baurat

Maderspergerstraße, 16., seit 1909, Josef Madersperger (1768 bis 1850), Erfinder der Nähmaschine

Maderstraße, 4., seit 1900, Johann Christian Mader (1697 bis 1761), Bildhauer (Reliefsäulen an der Karlskirche)

Madjeragasse, 13., seit 1936, Dr. Wolfgang Madjera (1868–1926), Dichter (Gedichte, Märchen, Dramen); Magistratsbeamter

Mälzelplatz, 22., seit 1927, Johann Nepomuk Mälzel (1772–1838), Mechaniker, erfand gemeinsam mit dem Holländer Winkel das Metronom

Männertreugasse, 10., seit 1957 (vorher: Feldgasse), nach der Pflanzengattung (Eryngium)

Märzstraße, 14. und 15., seit 1899, zur Erinnerung an die Opfer der Revolution von 1848, die auf dem damaligen Schmelzer Friedhof (heute Märzpark) bestattet wurden; 1888 wurden die Gebeine auf den Zentralfriedhof überführt, weil der Schmelzer Friedhof seit 1874 nicht mehr belegt und dann geschlossen wurde

Magazingasse, 3., seit 1831, von 1750 bis 1889 befand sich hier ein Futtermagazin des Militärs

Magdalenenstraße, 6., seit 1862 (vorher ein Teil Untere Wehrgasse, ein anderer Schnellgasse), die frühere Magdalenenstraße heißt heute Linke Wienzeile; ältester Teil des heutigen 6. Bezirkes, nach dem ehemaligen Vorort „Magdalenengrund", bereits 1756 urkundlich erwähnt, benannt nach der Magdalenenkirche

Magdeburgstraße, 22., seit 1922 (vorher: Karl-Ludwig-Straße), Friedrich Freiherr von Magdeburg (1783–1810), Hauptmann in der Schlacht von Aspern (1809); napoleonische Kriege

Magnoliengasse, 22., seit 1953, nach dem Zierbaum (Magnolia)

Magyarweg, 22., seit 1987, Ing. Egon Magyar (1892–1979), Leiter der Bundesingenieurkammer; Bauingenieur

Mahlerstraße, 1., seit 1919 (ab 1861 Maximilianstraße, 1938–1946 Meistersingerstraße), Gustav Mahler (1860 bis 1911), Komponist, Dirigent; Kapellmeister und Direktor der Staatsoper (1897–1907)

Maigasse, 21., seit 1971, nach dem Monat; vorher nicht amtlich Maiweg

Maiglöckchenweg, 22., seit 1954, nach der Blume (Convallaria majalis)

Maiklgasse, 10., seit 1959, Georg Maikl (1872 bis 1951), Tenor an der Staatsoper

Mailergasse, 11., seit 1894 (vorher: Bräuhausgasse), Johann Mailer (1708 bis 1786), Stifter eines bis 1960 bestandenen Armenhauses in Kaiserebersdorf

Maillygasse, 10., seit 1959, Anton Mailly (1874 bis 1950), Kulturhistoriker; Publizist

Maireckergasse, 23., seit 1957, Franz Mairecker (1879–1950), Konzertmeister der Wiener Philharmoniker (1899 bis 1945); Violinist

Maiselgasse, 3., seit 1995, Karl Maisel (1890–1982), sozialdemokratischer Gewerkschafter, Vizepräsident des Österreichischen Gewerkschaftsbundes, Sozialminister (1945 bis 1956), Präsident der Wiener Arbeiterkammer

Maisgasse, 21., seit 1942, nach der Getreidepflanze (Zea mays)

Makartgasse, 1., seit 1894 (vorher: Schillergasse), Hans Makart (1840 bis 1884), Maler, 1879 Prof. an der Akademie, tonangebender Maler der Gründerzeit, malte im neubarocken Stil und beeinflusste Theater, Kunst und Mode in den 70er- und 80er-Jahren des 19. Jahrhunderts

Malborghetgasse, 10., seit 1911, zur Erinnerung an die Verteidigung des Passes von Malborghet in den napoleonischen Kriegen (1809)

Malfattigasse, 12., seit 1888, Dr. Johann Malfatti Edler von Montereggio (1775 bis 1859), Arzt, gründete 1837 die „Gesellschaft der Ärzte in Wien"; Musikfreund

Malfattisteig, 13., s. *Malfattigasse*

Mallygasse, 21., seit 1913, Adam Mally (1833–1886), Pfarrer von Floridsdorf; sammelte 3.973 Gulden für einen Kindergarten

Malmögasse, 10., seit 1951, nach der gleichnamigen schwedischen Stadt

Malvengasse, 21., seit 1942, nach der Pflanzengattung (Käspappel, Malva)

Malzgasse, 2., seit 1862 (vorher: Bräuhausgasse), hier stand von 1536 bis nach 1846 ein Brauhaus; von Alois Miesbach demoliert; er ließ die Grundstücke dann parzellieren, s. *Aloisgasse, Miesbachgasse*

Mandlgasse, 12., seit 1875, Anton Mandl (1789 bis 1865), Gastwirt, Ortsrichter von Unter-Meidling

Mannaberggasse, 22., seit 1961, Dr. Julius Mannaberg (1860–1941), Arzt, Leiter der Poliklinik, Arbeiten über die Malaria

Mannagettagasse, 19., seit 1894 (vorher: Schulgasse), Dr. Wilhelm Freiherr von Mannagetta (1588–1666), Leibarzt dreier Kaiser (Ferdinand II., Leopold I. und Ferdinand III.), Besitzer des Trummelhofes

Mannagettasteig, 19., Benennungsdatum unbekannt, s. *Mannagettagasse*

Manngasse, 23., seit 1967, Franz Mann (auch Man, 1875 bis 1939), Bäckermeister; Wohltäter

Mannhartgasse, 10., seit 1862, Flurname

Mannsbarthgasse, 22., seit 1964, Franz Mannsbarth (1877 bis 1950), österreichischer Flugpionier, s. *Flugfeldstraße*

Mannschildgasse, 10., seit 1957 (vorher: Simmeringer Gasse), nach der Pflanzengattung (richtig: Mannsschild)

Mannswörther Straße, 11., seit 1958, verläuft in Richtung Mannswörth (Niederösterreich)

Manowardagasse, 23., seit 1960 (vorher: Mautner-Markhof-Gasse), Josef von Manowarda (1890–1942), Opernsänger

Mantlergasse, 13., seit 1898, Josef Mantler (1845 bis 1902), Oberlehrer in Unter-St. Veit

Mantuanigasse, 23., seit 1959, Josef Mantuani (1860–1923), Musikwissenschafter

Marangasse, 22., seit 1955 (vorher: ab 1932 Karl-Hofmann-Gasse), Gustav Maran (richtig Dolezal, 1854 bis 1917), Schauspieler (Theater in der Josefstadt)

Marathonweg, 2., Benennungsdatum unbekannt, nach dem gleichnamigen Lauf über 42,2 km

Marbodgasse, 22., seit 1911, Marbod (gest. 37 n. Chr.), Führer der Markomannen im Krieg gegen die Römer im Jahre 8 v. Chr.

Marburggasse, 22., seit 1960, Dr. Otto Marburg (1874–1948), Neurologe

Marc-Aurel-Straße, 1., seit 1886 (vorher der höher liegende Teil Krebsgasse, der untere Teil Salzgasse), Marc Aurel Antonius (eigentlich Annius Verus, 121 bis 180), römischer Kaiser ab 161, Philosoph („Selbstbetrachtungen")

Marcel-Prawy-Promenade, 22., seit 2005, Dr. Marcel Prawy (1911 bis 2003), Jus- und Musikstudium, Privatsekretär von Jan Kiepura (s. *Jan-Kiepura-Gasse*), 1939 Emigration, Rückkehr 1946 als Angehöriger der US-Army; als Dramaturg an der Volksoper brachte er das Musical nach Wien, 1972 Chefdramaturgie an der Staatsoper, ab 1965 TV-Serie „Opernführer", Prof. an der Hochschule für Musik (1976–1982), Lektor für Theaterwissenschaften; zahlreiche Publikationen, Beiname „Opernführer der Nation"

Marchesigasse, 22., seit 1957, Mathilde Marchesi (1826 bis 1913), Gesangspädagogin

Marchettigasse, 6., Benennungsdatum unbekannt, Johann Baptist Marchetti (1762–1846), Seidenfärber, war 1801 der Erbauer des ersten Hauses in der Gasse

Marchfeldstraße, 20., seit 1877, nach dem Marchfeld

Marco-d'-Aviano-Gasse, 1., seit 1935 (vorher: Schwangasse), Marco d'Aviano (1631 bis 1699), Kapuzinerpater, große Verdienste um das internationale Bündnis zur Rettung Wiens 1683 (zweite Türkenbelagerung)

Marconiweg, 10., seit 1960, Gugliemo Marconi (1874 bis 1937), italienischer Physiker, Nobelpreis 1909, Erfinder der drahtlosen Telegraphie

Marco-Polo-Platz, 21., seit 1953, Marco Polo (1254–1324), Weltreisender, vermittelte erste Kenntnisse über Ostasien (1275 am kaiserl. Hof in China), seine Berichte bestimmten die Vorstellungen Europas über Asien im 14. und 15. Jahrhundert

Marco-Polo-Promenade, 21., seit 1999, s. *Marco-Polo-Platz*

Marcusgasse, 14., seit 1925 (vorher: Am Ameisbach, 1938–1947 Meriangasse), Siegfried Marcus (1831 bis 1898), Mechaniker, Erfinder; nutzte als Erster den Benzinantrieb für ein Fahrzeug; der zweite Marcus-Wagen galt lange Zeit als ältestes Automobil, heute gilt aber 1889 als Geburtsjahr (Benz-Mobil: 1886); es ist jedoch das älteste erhaltene Auto im Originalzustand (im Technischen Museum); s. *Karl-Benz-Weg*

Marderweg, 22., seit 1993, nach dem Tier

Mareschgasse, 15., seit 1920, s. *Mareschplatz*

Mareschplatz, 15., seit 1920, Hofrat Dr. Rudolf Maresch (1854 bis 1920), Wegbereiter einer zeitgemäßen Wohnkultur

Margaretengürtel, 5., seit 1894 (vorher: Gaudenzdorfer und Wiedner Gürtel), nach dem ehemaligen Vorort Margareten; selbstständige Gemeinde 1380 bis 1850, benannt nach einer der hl. Margareta von Antiochia geweihten Kapelle

Margaretengürtelbrücke, 5., 6. und 12., seit 1967, s. *Margarentengürtel*

Margaretenplatz, 5., seit 1862 (vorher: Schlossplatz), s. *Margaretengürtel*

Margaretenstraße, 4. und 5., seit ca. 1900 (vorher: Adlergasse, Neu-Wiedner Straße, Griesgasse, Reinprechtsdorfer Hauptstraße, Obere Schlossgasse, Ziegelgasse, Obere Bräuhausgasse), s. *Margaretengürtel*

Margarete-Seemann-Weg, 12., seit 1993, Margarete Seemann (1893 bis 1949), Schriftstellerin

Margaritensteg, 5., seit 2003, siehe *Margeritenweg*

Margeritenweg, 22., seit 1994, nach der Pflanzengattung (Leucanthemum)

Margetinstraße, 11., seit 1957 (vorher: 1. Landwehrstraße), Flurname

Margit-Doppler-Gasse, 22., seit 2006, Margit Doppler (1909 bis 2001), Graphikerin (schuf mit dem Kirstein-Blockmalz-Mann das erste urheberrechtlich geschützte Markenzeichen Österreichs)

Maria-Andergast-Weg, 22., seit 1996, Maria Andergast (1914 bis 1995), Schauspielerin, Sängerin; Partnerin von Hans Lang, s. *Hans-Lang-Weg*

Mariabrunner Straße, 14., Benennungsdatum unklar, nach dem Wallfahrtsort Mariabrunn; die Augustiner-Barfüßer hatten 1639–1655 ein Kloster errichtet, das unter Joseph II. reduziert und schließlich 1829 aufgehoben wurde; schon 1813 kam die Forstlehranstalt Mariabrunn, später Forstakademie in das Kloster, 1875 wurde die Akademie geschlossen; heute Forstliche Versuchsanstalt Mariabrunn

Maria-Eis-Gasse, 3., seit 1960, Maria Eis (1896 bis 1954), Schauspielerin (Theater, Film)

Maria-Grengg-Gasse, 23., seit 1967 (vorher: Meierhofgasse), Maria Grengg (1889–1963), Dichterin, Malerin

Mariahilfer Gürtel, 6. und 15., seit 1894 (vorher: Gürtelstraße), zur Wahrung des alten Vorstadtnamens, s. *Mariahilfer Straße*

Mariahilfer Straße, 6., 7., 14. und 15., seit 1897 (im 6. und 7. Bezirk ursprünglich Kremser Straße, dann Bayrische Landstraße, Laimgrubner Hauptstraße, Mariahilfer Hauptstraße, Fünfhauser Hauptstraße, Schönbrunner Straße und Penzinger Straße; im 14. und 15. Bezirk urspr. Penzinger Poststraße, dann Schönbrunner Straße); zur Erinnerung an den alten Vorstadtnamen; Mariahilf war 1660 bis 1850 selbstständige Gemeinde, seither mit Gumpendorf, Magdalenengrund, Windmühle und Laimgrube 6. Bezirk

Maria-Hirschler-Weg, 22., seit 2002, Maria Hirschler (1910 bis 1996), selbstständige Maschinenstrickerin, ab 1930 Funktionen in der Sozialdemokratie, 1934 Illegalität; nach 1945 Verdienste beim Wiederaufbau von Kagran, Gemeinderätin, Landtagsabgeordnete (1954 bis 1970)

Maria-Jacobi-Gasse, 3., seit 2002, Maria Jacobi (1910 bis 1976), Gemeinderätin (1945–1975), Stadträtin für Wohlfahrtswesen (1959–1973), Bürgerin der Stadt Wien (1975), SPÖ; engagierte sich für sozialpolitische Einrichtungen (Pensionistenklubs, Pensionistenheime)

Maria-Jeritza-Weg, 22., seit 1996, Maria Jeritza (1887–1982), Opernsängerin an Hof- bzw. Staatsoper in Wien und Metropolitan Opera in New York, 1935 Emigration nach New York, 1949 bis 1952 neuerlich an der Staatsoper; hohe Geldspenden für Wiederaufbau von Oper und Dom

Maria-Kuhn-Gasse, 10., seit 2003, Maria Kuhn (1925 bis 1989), Angestellte, ab 1946 Funktionen in der SPÖ, Verdienste um Wohnbau und Spitalswesen; 1964 bis 1978 Bezirksrätin in Favoriten, 1978 bis 1987 Gemeinderätin

Marianne-Hainisch-Gasse, 3., seit 2002, Marianne Hainisch (1839 bis 1936), Begründerin der österreichischen bürgerlichen Frauenbewegung („Bund österreichischer Frauenvereine", 1892), Kämpferin für das Frauenwahlrecht, Pazifistin; Initiative für die Einführung des Muttertages; ihr Sohn Dr. Michael Hainisch (1858 bis 1940) war Bundespräsident (1920 bis 1928)

Mariannengasse, 9., seit 1862 (vorher: 1778/1779 In der dritten Alstergassen, 1784 Schwarzadlergasse), Maria Anna Karolina Pia (1803 bis 1884), Gemahlin Kaiser Ferdinands I., übernahm die Patronanz über den Stiftungs- und Förderungsverein des St. Anna-Kinderspitals

Marianne-Schönauer-Gasse, 19., seit 2000, Marianne Schönauer (1920 bis 1997), Schauspielerin: Volkstheater (1945–48), Raimundtheater (1949), Landestheater Salzburg (1950), Stadttheater Wien (1951), Theater in der Josefstadt (1951–1987), Mitwirkung in zahlreichen Filmen

Maria-Rekker-Gasse, 10., seit 1996, Maria Rekker (1902 bis 1991), Bezirksrätin (1964–1969), ÖVP; im Bezirk besonders sozial engagiert („Engel der Favoritner Arbeitslosen")

Maria-Restituta-Platz, 20., seit 2000, Helene Kafka (1894–1943), Franziskanerin (Eintritt in den Orden 1914, ab 1919 Operationsschwester im Krankenhaus Mödling), wegen „landesverräterischer Feindbegünstigung und Vorbereitung zum Hochverrat" am 19. Oktober 1942 zum Tode verurteilt, 1943 im Wiener Landesgericht hingerichtet; ihr Widerstand gegen das NS-Regime wurde 1978 von der Republik gewürdigt (posthum Ehrenzeichen für Verdienste um die Befreiung Österreichs), 1988 am Wiener Heldenplatz im Rahmen des Papstbesuches selig gesprochen

Maria-Theresien-Platz, 1., seit 1888, hier steht das Denkmal Kaiserin Maria Theresias, 1874 bis 1888 von Kaspar von Zumbusch errichtet, s. *Maria-Theresien-Straße*

Maria-Theresien-Straße, 1. und 9., seit 1870, nach Kaiserin Maria Theresia (1717 bis 1780), Regierungszeit 1740 bis 1780, reformierte Schulsystem, Verwaltung, Finanz- und Militärwesen

Maria-Treu-Gasse, 8., seit 1862 (vorher: Pfarrgasse), nach der Pfarrkirche zu Maria Treu (Piaristenkirche)

Maria-vom-Siege, 15., seit 1894 (vorher: Kirchenplatz), nach der Pfarrkirche Maria vom Siege

Marie-Murban-Gasse, 10., seit 1992, Marie Murban (1899 bis 1984), Verkäuferin, Inhaberin eines Lebensmittelgeschäftes, führende Favoritner Widerstandskämpferin während der NS-Zeit, 1946 bis 1950 Bezirksrat (SPÖ), Mitglied des Favoritner Parteivorstandes (SPÖ)

Marienbrücke, 1. und 2., 1905/06 erbaut, 1909 wurde eine Marienstatue aufgestellt, 1951–1953 umgebaut

Mariengasse, 17., seit ca. 1864, Benennungsgrund unbekannt, jedenfalls *nicht* nach der Redemptoristenkirche „Zur hl. Maria von der immerwährenden Hilfe", weil diese erst 1886 bis 1889 erbaut wurde!

Mariensteig, 13., seit 1919, nach dem gleichnamigen Bach

Marienstiege, 1., seit ca. 1827, früher: An unserer Frauen Stiege, An der Gstätten und Am Gestade; Stiege zur Kirche Maria am Gestade

Marienweg, 17., nicht amtliche Bezeichnung, nach der Gattin des Siedlungsgründers

Marietta-Blau-Gasse, 22., seit 2004, Marietta Blau (1894 bis 1970), Physikerin (Kernphysik); 1938 Emigration, 1939 Professur in Mexico City, 1955 Miami, ab 1960 Wien

Marilaungasse, 3., seit 1900, Dr. Anton Kerner von Marilaun (1831 bis 1898), Botaniker, Prof. für Botanik an der Universität Innsbruck (1860 bis 1878), Direktor des Botanischen Gartens (1878 bis 1898); Pionier der botanischen Evolutionsforschung

Marinelligasse, 2., seit 1894, Karl Edler von Marinelli (1745–1803), Gründer des Leopoldstädter Theaters, Dichter, Schauspieler

Marinonigasse, 21., seit 1971, Dr. Johann Jakob Marinoni (1676 bis 1755), Hofmathematiker, Astronom; plante die Brünner Straße

Marisa-Mell-Gasse, 23., seit 2000, Marisa Mell (1939 bis 1992), Schauspielerin; s. auch *Romy-Schneider-Gasse* (s. Einleitung)

Marizaweg, 10., seit 2006, nach der Operette von Emmerich Kálmán (s. *Kalmanstraße*)

Markgraf-Gerold-Gasse, 22., seit 1910, Markgraf Gerold (gest. 799), erster Markgraf der Ostmark

Markgraf-Rüdiger-Straße, 15., seit 1912, Markgraf Rüdiger von Bechelaren, Gestalt aus der Nibelungensage

Markhofgasse, 3., seit 1890, Adolf Ignaz Mautner Ritter von Markhof (1801 bis 1889), Besitzer des Brauhauses zu St. Marx

Markomannenstraße, 22., seit 1910 (vorher: Jägerstraße), der römische Kaiser Publius Licinius Gallienus (gest. 268) trat im Jahre 260 Vindobona an den germanischen Volksstamm der Markomannen ab

Markowskygasse, 22., seit 1966, August Markowsky (1880 bis 1939), Schauspieler, Regisseur, Direktor der Volksoper

Marksteinergasse, 21., seit 1993, Ing. Karl Marksteiner (1922–1989), Bezirkspolitiker (ÖVP), Bezirksrat (1953 bis 1983), Bezirksvorsteher-Stellvertreter (1953–1983)

Marktgasse, 9., seit 1862 (vorher ab 1843 Kleine Kirchengasse), bis 1880 bestand hier der Lichtentaler Markt, der dann in die Markthalle verlegt wurde

Marktgemeindegasse, 23., seit 1929, zur Erinnerung an die Markterhebung Mauers (1927)

Markthallenbrücke, 3., seit 1911

Markwardstiege, 13., seit 1973, Markward von Hacking, Besitzer der Burg Hacking im 12. Jhd.

Markweg, 22., seit 1928, Quirin Mark (1753–1811), Kupferstecher

Marnogasse, 14., seit 1894 (vorher: Parkgasse), Ernst Marno (1844–1883), Afrikaforscher (Ostsudan)

Marokkanergasse, 3., seit ca. 1790; 1783 kam eine Abordnung von Marokkanern nach Wien, um einen Freundschafts- und Handelsvertrag abzuschließen (s. auch *Afrikanergasse*); das diplomatische Ereignis stieß auf großes Echo der Bevölkerung (auch Gasthäuser wurden entsprechend benannt, und es gab eine Mode à la Maroque)

Maroltingergasse, 14. und 16., seit 1891, nach den Wiener Bürgern Michael und Andreas Maroltinger; bis 1985 irrtümlich als Besitzer des Ottakringer Freihofes angesehen; nach ihnen wurde der Freihof lange Zeit „Maroltingerhof" genannt

Marsanogasse, 18., seit 1895 (vorher: Stefaniegasse), Wilhelm Ritter von Marsano (1797 bis 1871), Schriftsteller, Feldmaschall-Leutnant

Marschallplatz, 12., seit 1911 (vorher: Rosenkranzplatz), Dr. Gottfried Marschall (1840–1911), Weihbischof von Wien (1901), Generalvikar der Erzdiözese Wien (1905–1910)

Marschnergasse, 16., seit 1906, Heinrich August Marschner (1795–1861), Opernkomponist

Marsweg, 14., seit 1923, nach dem Planeten

Marte-Harell-Gasse, 23., seit 2000, Marte Harell (1907–1996), Schauspielerin; s. auch *Romy-Schneider-Gasse*

Martha-Steffy-Browne-Gasse, 21., seit 2002, Dr. Martha Steffy (Stephanie) Brown(e) (1898 bis 1990), Wirtschaftstheoretikerin; 1921 als erste Frau Promotion Dr. Staatswissenschaften, „Theorie der staatlichen Wirtschaftspolitik" (1929), 1938 Emigration (USA), Beschäftigung mit den japanisch-amerikanischen Wirtschaftsbeziehungen

Martin-Gaunersdorfer-Gasse, 21., seit 1994, Martin Gaunersdorfer, der Überlieferung nach erster Pfarrer von Leopoldau

Martin-Schneider-Gasse, 23., Benennungsdatum unbekannt, Martin Schneider, um 1850 Gemeinderat von Rodaun

Martinstraße, 18., ursprünglich Währinger Gasse; entweder nach Martin Schmauser, der um 1840 hier das erste Haus gebaut hat, oder nach dem Gastwirt Martin Neumayr, der hier Gründe parzellieren ließ (1777–1852)

Martnigasse, 22., nicht amtlich, nach einem Anrainer

Marxergasse, 3., seit 1910 (vorher: Kettenbrückengasse und Spitalgasse), Anton Marx (1703–1775), 1749 Weihbischof, 1753 Domprobst, Förderer des Landstraßer Waisenhauses

Marx-Meidlinger-Straße, 12., Benennungsdatum unbekannt, Teil einer ehemaligen Verbindungsstraße vom Viehmarkt St. Marx zum Meidlinger Schlachthof

Maschkangasse, 21., seit 1997, Josef Maschkan (Gesangsleiter, Chorleiter, Komponist)

Maschlgasse, 22., seit 1953, Rudolf Maschl (1890 bis 1950), Siedlungsvereinsobmann; sein Sohn Rudolf Maschl (1920 bis 1943), Widerstandskämpfer, Mitglied des kommunistischen Jugendverbandes, 1943 hingerichtet

Maßholdergasse, 22., seit 1954, nach der Baumart (Feld-Ahorn)

Mastnygasse, 14., seit 1989, Fritz Mastny (1921 bis 1943), Handelsangestellter, kommunistischer Widerstandskämpfer (illegale Zeitung „Die rote Jugend" und „Der Soldatenrat"), 1943 hingerichtet

Masurenweg, 22., nicht amtliche Bezeichnung; nach dem Sumpfgebiet in Ostpreußen

Maternaweg, 16., seit 1936, Amalia Materna (1845–1918), Opernsängerin (Wagner-Rollen)

Matrasgasse, 13., seit 1912, Josef Matras (1832 bis 1887), Schauspieler, Volkssänger

Matrosengasse, 6., seit 1862 (vorher: Baumgasse), nach einem Laden, der „Zum Matrosen" hieß

Matschgasse, 16., seit 1943, Prof. Franz von Matsch (1861–1942), Maler, Bildhauer (zahlreiche Werke für Ringstraßenbauten)

Matteottiplatz, 16., seit 1927 (1934 bis 1953 Maulpertschplatz), Giacomo Matteotti (1884 bis 1924), Abgeordneter der italienischen sozialistischen Partei und Generalsekretär, von den Faschisten ermordet; sein Tod führte zur so genannten Matteottikrise, worauf Mussolini immer größere Machtbefugnisse beanspruchte

Matthäusgasse, 3., Benennungsdatum unbekannt, Matthäus Mayer (1807 bis 1878), erster Bezirksvorsteher des dritten Bezirks (1862–1876)

Matthäus-Jiszda-Straße, 21., seit 1959, Matthäus Jiszda (1871–1949), Gründer der Floridsdorfer Bezirkskrankenkasse und der Landwirtschaftskasse für Wien, Redakteur des sozialdemokratischen „Volksboten", Bezirksrat (SPÖ)

Matthias-Ernst-Pista-Gasse, 21., seit 1960, Matthias Ernst Pista (1894 bis 1943), Magistratsbediensteter, Sozialdemokrat; schloss sich 1938 der illegalen KPÖ an, 1941 wegen Wehrkraftzersetzung zum Tode verurteilt, 1943 hingerichtet

Matthias-Hau-Gasse, 23., seit 1957, Matthias Hau (1698–1760), Ortsrichter von Mauer

Matthias-Schönerer-Gasse, 14. und 15., seit 1938 (vorher: Schönerergasse), Matthias Ritter von Schönerer (1807 bis 1881), Eisenbahntechniker, hatte großen Anteil am Bau der Westbahn, 1861/62 Gemeinderat

Matthias-Wagner-Gasse, 21., seit 1949 (vorher ab 1943 Wißmanngasse), Matthias Wagner (1894–1943), Straßenbahner, Sozialdemokrat, Widerstandskämpfer; 1942 verhaftet, 1943 hingerichtet (hatte Geld für Angehörige von KZ-Häftlingen gesammelt)

Mattiellistraße, 4., seit 1901, Lorenzo Mattielli (ca. 1682–1748), Bildhauer

Matzingerstraße, 14., seit 1875, Dr. Franz Freiherr von Matzinger (1817 bis 1896), Sektionschef, Leiter des Stadterweiterungsfonds, der sich mit der Erweiterung der Grundstücke im Bereich der ehemaligen Stadtmauern befasste

Matzleinsdorfer Platz, 5., seit 1906, nach dem ehemaligen Vorort Matzleinsdorf; bereits urk. 1136 erwähnt, 1850 zum 4. Bezirk eingemeindet, ab 1861 5. Bezirk; der Name des Ortes geht auf den männlichen Vornamen Mazo zurück

Matznergasse, 14., seit 1899, Josef Matzner (1822–1907), Bezirksrichter von Hietzing, Landesgerichtsrat

Mauerbachstraße, 14., Benennungsdatum unbekannt, nach der Ortschaft Mauerbach

Maulbeergasse, 22., seit 1954, nach der Baumgattung (Morus)

Maulpertschgasse, 19., seit 1961, Anton Franz Maulpertsch (1724–1796), Barockmaler; Fresken, Altarbilder, Ölskizzen, Radierungen (z. B. Fresken in der Piaristenkirche und in der Hofburg Innsbruck)

Maulwurfgasse, 21., seit 1942, nach dem Tier

Maurerberggasse, 23., Benennungsdatum unbekannt; nach dem gleichnamigen Höhenrücken

Maurer Hauptplatz, 23., seit 1957 (1887 bis 1938 Hauptplatz, 1938–1945 Adolf-Hitler-Platz), Hauptplatz der ehemals selbstständigen Gemeinde Mauer; 1927 zum Markt erhoben; 1938 eingemeindet, s. *Marktgemeindegasse*

Maurer Lange Gasse, 23., seit 1957, längste Gasse von Mauer; urspr. Lange Gasse und Waldgasse

Maurichgasse, 22., seit 1911, Friedrich Freiherr von Maurich-Rußbach, 1783 bis 1813, Major, gefallen in den napoleonischen Kriegen

Mauthausgasse, 5., seit 1862 (vorher: Liniengasse), nach dem von 1704 bis 1794 bestandenen Linienamtsgebäude („Mauthaus")

Mauthnergasse, 9., seit 1888 (vorher ab 1852 Annagasse, bis 1888 Ludwiggasse, 1938 bis 1945 Clausewitzgasse), Dr. Ludwig Mauthner Ritter von Mauthstein (1806 bis 1858), Militärarzt, Univ.-Prof. für Kinderheilkunde; errichtete 1837 ein Kinderspital im 7. Bezirk, das 1848 in die Kinderspitalgasse verlegt bzw. in das St. Anna-Kinderspital überführt wurde, 1938 enteignet und dem Deutschen Roten Kreuz übertragen, seit 1963 im Besitz des Österreichischen Roten Kreuzes, 1983 Neu- und Umbau; spezialisiert auf die Diagnostik und Behandlung kindlicher Leukämie und Tumore

Mautner-Markhof-Gasse, 11., seit 1967 (vorher: Dorfgasse), Georg Heinrich Mautner Ritter von Markhof (1840 bis 1904), Großindustrieller, bzw. nach der Familie Mautner Markhof

Mautnerweg, 18., seit 1993, Konrad Mautner (1880–1924), Volkskundler, Industrieller

Max-Brod-Gasse, 17., seit 1973, Max Brod (1884 bis 1968), Schriftsteller, Kulturphilosoph, Nachlassverwalter von Franz Kafka; 1939 Emigration nach Palästina

Max-Emanuel-Straße, 18., seit 1910, Max Emanuel Kurfürst von Bayern (1662 bis 1726); führte die bayrischen Truppen im Entsatzheer, das Wien bei der Türkenbelagerung 1683 rettete

Max-Fleischer-Gasse, 10., seit 1968, Max Fleischer (1880 bis ca. 1940, im KZ ermordet); Übersetzer, Lyriker, Essayist

Max-Hegele-Weg, 12., seit 1969, Prof. Max Hegele (1873–1945), Architekt; baute z. B. die Luegerkirche auf dem Zentralfriedhof

Maximilian-Reich-Weg, 21., seit 2006, Maximilian Reich (1882 bis 1952), Pionier der österreichischen Sportjournalistik (Boxen, Leichtathletik), 1938 Emigration, ab 1946 in der britischen „Weltpresse" tätig, Ehrenpräsident des österr. Berufsboxverbandes

Maximilian-Schober-Gasse, 17., nicht amtliche Bezeichnung, nach einem Siedlerfunktionär

Maxingstraße, 13., seit 1894 (vorher: Hetzendorfer Straße), Erzherzog Ferdinand (1832–1867), Kaiser Maximilian von Mexiko, Bruder Kaiser Franz Josephs I., erbaute sich hier ein Lustschloss (Maxingvilla, 1955 abgetragen)

Max-Jellinek-Gasse, 21., seit 1968, Dr. Max Jellinek (1868–1938), Germanist, Univ.-Prof. („Geschichte der gotischen Sprache")

Max-Koppe-Gasse, 2., seit 2003, Max Koppe (1887 bis 1968), Gründungsmitglied der Wiener Kinderfreunde des zweiten Bezirkes, leitete Kinder- und Wandergruppen, errichtete Kinderbibliotheken

Max-Mauermann-Gasse, 10., seit 1955, Max Mauermann (1868–1929), erster Hersteller von nicht rostendem Stahl (1913)

Max-Patat-Weg, 19., seit 1997, Prof. Max Patat (1907–1995), Oberschulrat, Heimatforscher, Leiter des Döblinger Heimatmuseums

Max-Reinhardt-Gasse, 14., seit 1949 (vorher: Josef-Reiter-Gasse), Max Reinhardt (1873–1943), Schauspieler, Regisseur; machte vorerst Karriere in Berlin, übernahm dann das Theater in der Josefstadt; Mitbegründer der Salzburger Festspiele, 1938 Emigration nach England, dann USA

Max-Schmidt-Platz, 18., seit 2000, Max Schmidt (1861–1935), Kunsttischler, Möbelfabrikant, Mäzen; vermachte Schloss und Park Pötzleinsdorf der Stadt Wien mit der Auflage, den Park der Öffentlichkeit zugänglich zu machen

Max-Weiler-Platz, 1., seit 2003, Max Weiler (1910–2001), Maler, Graphiker, 1964 bis 1980 Akad. Prof. in Wien; schuf Aquarelle, Zeichnungen, Druckgraphiken Fresken (Theresienkirche auf der Hungerburg, Hauptbahnhof Innsbruck, Friedenskirche in Urfahr/Linz)

Max-Winter-Platz, 2., seit 1949 (vorher: Sterneckplatz), Max Winter (1870 bis 1937), seit 1894 Mitarbeiter von Victor Adler, Meister der sozialkritischen Reportage („Im dunkelsten Wien"), Mitbegründer der Kinderfreunde, 1911 Reichsratsabgeordneter, 1918–1923 Gemeinderat, 1919/20 Vizebürgermeister, 1918–1920 Stadtrat für Wohlfahrtswesen, 1934 Exil

Maxwellgasse, 21., seit 1952, James Clark Maxwell (1831 bis 1879), Physiker („Elektromagnetische Lichttheorie")

Mayergasse, 2., seit 1862, Matthäus Mayer (1761–1837), 1801–1811 Ortsrichter der Jägerzeile, Gärtner

Mayerhofgasse, 4., seit 1905, zur Erinnerung an den bereits 1386 als „Der Deutschen Herren Meierhof vor dem Kärntnerthor" erwähnten Hof

Mayerweckstraße, 21., seit 1912 (vorher: In der Viehtrift), Franz Mayerweck (1807 bis 1873), Bürgermeister und Ortsrichter von Strebersdorf (1838 bis 1873)

Maygasse, 13., seit 1911, Josef May (1755–1820), Direktor der Taubstummenanstalt

Maynollogasse, 18., seit 1886, Josef Maynollo (1818 bis 1872), Pfarrer von Währing

Mayredergasse, 22., seit 1987, Rosa Mayreder (1858–1938), Schriftstellerin („Das Haus in der Landskrongasse", „Zur Kritik der Weiblichkeit"), Vizepräsidentin des „Allgemeinen österreichischen Frauenvereins" (seit 2005 auch *Rosa-Mayreder-Park* in 1040)

Maysedergasse, 1., seit 1876 (um 1305 Ziecherstraße, von 1708–1862 Komödiengasse, dann Cäciliengasse); Josef Mayseder (1789 bis 1863), Hofkapellmeister, Violinvirtuose, Komponist (Kammermusik, Konzertstücke)

Mayssengasse, 17., seit ca. 1864, Josef Mayssen (1790–1860), Schulleiter in Hernals

Mazellegasse, 11., seit 1975, Dr. Eduard Mazelle (1862 bis 1925), Meteorologe; zahlreiche wissenschaftliche Werke

Mechelgasse, 3., seit 1875 (vorher: Magazingasse), Christian von Mechel (1737–1817), Kupferstecher

Mechitaristengasse, 7., seit 1843 (vorher: Kapuzinergasse), nach Kirche und Haus der armenischen Christen, begründet von Cetro Mechitar (1676 bis 1749); die Mechitaristen kamen 1810 nach Wien und übernahmen das Gebäude des aufgelassenen Kapuzinerordens; sie besitzen u. a. eine Druckerei mit „orientalischem" Satz

Medeagasse, 10., seit 1958, Hauptgestalt aus Grillparzers Dramentrilogie „Das goldene Vlies"

Medlergasse, 19., seit 1894 (vorher: Feldgasse), Jakob der Medloer (sic!), um 1340 Pfarrer von Sievering

Meggaugasse, 23., seit 1929, Herrschaftsgeschlecht im 15. und 16. Jahrhundert, Helfried Meggau war 1503 bis 1526 Pfandbesitzer der Herrschaft Mauer

Mehlbeerengasse, 22., seit 1965, nach der Baumart (Sorbus aria)

Mehlführergasse, 23., seit 1955 (vorher: Bauergasse), Theodor Mehlführer (1880 bis 1929), Gemeinderat von Atzgersdorf

Meichlstraße, 11., seit 1872 (vorher: Donaustraße), Theodor Meichl (1820 bis 1869), Braumeister, Sohn von Georg Meichl, der 1822 das Brauhaus kaufte; Meichl ließ die Straße auf eigene Kosten herrichten

Meidlgasse, 11., seit 1971, Theodor Meidl (1891 bis 1969), Arbeiterdichter, vielfältige Funktionen in der Gewerkschaft, zuletzt Direktor des „Vorwärts-Verlages"

Meidlinger Hauptstraße, 12., seit 1905 (vorher: Hauptstraße), zur Wahrung des Ortsnamens („Mwerlingen", 1146; „Muerlingen", 1183); Ober-Meidling, Unter-Meidling wurde mit Hetzendorf, Gaudenzdorf und Altmannsdorf 1890/92 zum 12. Bezirk vereint

Meidlinger Platzl, 12., seit 1997, Teilumbenennung der Meidlinger Hauptstraße bei der Einmündung in die Niederhofstraße (ohne erforderliche Adressenänderung für die äußerlich angrenzenden Hausbewohner!), s. auch *Meidlinger Hauptstraße*

Meiereistraße, 2., Benennungsdatum unbekannt; führte zur Meierei (Kaffeerestaurant) in der Krieau, 1870 erbaut, Treffpunkt des Adels

Meillergasse, 13., seit 1911, Andreas von Meiller (1812 bis 1871), Historiker, Archivar

Meinhartsdorfer Gasse, 15., seit 1894 (vorher: Floragasse), zur Wahrung des Ortsnamens (älteste Ansiedlung des 15. Bezirkes), urk. um 1140 erwähnt

Meischlgasse, 23., seit 1955 (vorher: Gärtnergasse), Karl Meischl (1872 bis 1951), Vizebürgermeister und Gemeinderat von Erlaa

Meiselstraße, 14. und 15., seit 1892 (urspr. Obere Märzstraße), Johann Meisel (1821–1890), Kanzleidirektor und Ehrenbürger von Rudolfsheim

Meisenweg, 22., nicht amtliche Bezeichnung

Meisgeyergasse, 23., seit 1955 (urspr. Wassergasse), Karl Meisgeyer (1825 bis 1901), Bürgermeister von Atzgersdorf (1875–1894)

Meißauergasse, 22., seit 1910 (vorher: Ebersdorfer Straße), die Herren von Meißau (Meissau), österreichisches Adelsgeschlecht, schon 1122 urkundlich erwähnt, 1440 ausgestorben

Meißnergasse, 22., seit 1910 (vorher: Schulgasse), Paul Traugott Meißner (1778–1864), Techniker, Chemiker, 1842 Prof. der allgemeinen Chemie; Meißner erfand eine Warmluft-Zentralheizung

Meistergasse, 21., seit 1972, Dr. Richard Meister (1881 bis 1964), Pädagoge, Philologe; Univ.-Prof., Rektor der Universität Wien (1950/51), Präsident der Akademie der Wissenschaften (1951 bis 1963)

Meitnergasse, 22., seit 1973, Dr. Lise Meitner (1878 bis 1968), Physikerin (Kernphysik), promovierte als 2. Frau überhaupt in diesem Fach; Zusammenarbeit mit Otto Hahn (1879 bis 1968), 1936 für den Nobelpreis vorgeschlagen, 1938 Emigration; 1992 wurde das Element 109 nach ihr benannt („Meitnerium")

Meixnerweg, 12., seit 1930, Karl Meixner (1815 bis 1888), Burgschauspieler

Melangasse, 22., seit 1958, Josef Melan (1853 bis 1941), Erfinder der nach ihm benannten Eisenbetonbauweise

Melchartgasse, 13., seit 1913, Matthäus Melchart (1790 bis 1866), Schulrat, Bürgermeister von Speising (1848 bis 1859)

Meldemannstraße, 20., seit 1899, Nikolaus Meldemann, Kartograph, fertigte die erste Rundansicht von Wien an (1529/30)

Mellergasse, 23., seit 1957 (vorher: Hegergasse), nach der gleichnamigen Ofenfabrik

Melnitzkygasse, 22., seit 1932, Franz Melnitzky (1822 bis 1876), Bildhauer

Memlinggasse, 22., seit 1953, Hans Memling (1433 bis 1494), Maler

Mendelssohngasse, 22., seit 1873 (1938 bis 1947 Mestrozzigasse), Felix Mendelssohn Bartholdy (1809–1847), Komponist; begründete die Bach-Renaissance des 19. Jahrhunderts; Kapellmeister, Dirigent

Mengergasse, 21., seit 1919 (vorher: Kaiserin-Elisabeth-Gasse), Prof. Anton Menger (1841 bis 1906), Sozialpolitiker, Jurist, 1874 Prof. für österreichisches Zivilrecht an der Universität Wien, 1887/88 Dekan, 1895/96 Rektor

Mentergasse, 7., seit 1877, Franz Menter (1815 bis 1866), Seidenwarenfabrikant, Gemeinderat (1861–1866)

Menzelgasse, 16., seit 1873, Karl Menzel (1800 bis 1882), Apotheker, Gemeinderat

Meraner Weg, 23., seit 1967, nach der Südtiroler Stadt

Meravigliagasse, 6., seit 1862 (vorher: Kleine Schlossgasse), die Familie Meraviglia war von 1755 bis 1801 im Besitz von Grundstücken in dieser Gegend

Mercatorplatz, 21., seit 1953, Gerhard Mercator (eigentlich Kremer, 1512 bis 1594), Kartograph (erste projektionsrichtige Landkarte)

Mergenthalerplatz, 22., seit 1932, Othmar Mergenthaler (1854–1899), Erfinder der Setzmaschine (Linotype)

Meriangasse, 21., seit 1952, Matthias Merian d. Ältere (1593–1650), Kupferstecher, Radierer (Städteansichten)

Merkelgasse, 22., seit 1985, Georg Merkel (1881 bis 1976), Maler, 1938 emigriert, 1972 Rückkehr nach Wien

Merktweg, 17., seit 1959, Eduard Merkt (1852 –1908), Komponist

Merkurweg, 14., seit 1923, nach dem Planeten

Messenhausergasse, 3., seit 1872 (vorher hieß die Gegend Mitterpointleiten), Wenzel Messenhauser (1813 bis 1848) schrieb unter dem Pseudonym Wenzeslaus March u. a. das Freiheitsdrama „Demosthenes"; im Revolutionsjahr 1848 Kommandant der Nationalgarde, leitete die Verteidigung Wiens gegen die kaiserlichen Truppen und wurde deshalb standrechtlich erschossen

Messeplatz, 2., seit 2003, Vorplatz zum (neuen) Messezentrum

Messerschmidtgasse, 18., seit 1894 (vorher: Schmidtgasse), Franz Messerschmidt (1736 bis 1783), Bildhauer (physiognomische Studien)

Michaelerplatz (kolorierter Kupferstich von Carl Schütz, 1784)

Messestraße, 2., seit 1997 (vorher ab 1876 Lagerhausstraße), nach dem angrenzenden Messegelände

Mestrozigasse, 19., seit 1963, Paul Mestrozi (1851–1928), Kapellmeister, Komponist (Possen, Walzer, Märsche, Chöre)

Metastasiogasse, 1., seit 1886 (vorher: Kreuzgasse), Pietro Bonaventura Metastasio (richtig Trapassi, 1698 bis 1782), Dichter, Hofpoet von Kaiser Karl VI. (ab 1730); Förderer von Joseph Haydn

Metternichgasse, 3., seit 1871, Clemens Wenzel Lothar Fürst von Metternich (1773 bis 1859), Staatskanzler (1810 bis 1848), leitete 1814/15 den Wiener Kongress, verantwortlich für das Polizeiregime bis 1848 (Vormärz), floh vor der Revolution 1848, Rückkehr 1851, Berater von Kaiser Franz Joseph

Mexikoplatz, 2., seit 1956 (bis 1884 Schwimmschulmais, dann bis 1919 Erzherzog-Karl-Platz, 1919–1934 Volkswehrplatz, 1934 bis 1956 wieder Erzherzog-Karl-Platz); zur Erinnerung daran, dass Mexiko als einziges Land gegen den Anschluss Österreichs 1938 protestiert hat, s. auch *Isidro-Fabela-Promenade*

Meyerbeergasse, 21., seit 1932 (1938 bis 1947 Silchergasse), Giacomo Meyerbeer (richtig Jakob Liebmann-Beer, 1791 bis 1864), Komponist (Opern)

Meynertgasse, 9., seit 1894, Prof. Dr. Theodor Meynert (1833 bis 1892), Arzt, Psychiater, Univ.-Prof. für Psychiatrie (1873)

Meyrinkgasse, 23., seit 1958, Gustav Meyrink (1868 bis 1932), Schriftsteller („Golem", „Walpurgisnacht")

Meytensgasse, 13., seit 1898, Martin von Meytens (1695 bis 1770), Maler (Hofmaler von Karl VI.), ab 1759 Direktor der Akademie der bildenden Künste

Michael-Bernhard-Gasse, 12., seit 1901 (urspr. Bad-, dann Mineralbadgasse), Michael Bernhard (1819 bis 1901), letzter Bürgermeister von Gaudenzdorf, errichtete eine Armen- und Waisenstiftung

Michael-Dietmann-Gasse, 21., seit 1910 (vorher: Dietmanngasse), Michael Dietmann (1762 bis 1830), um 1820 Ortsrichter von Jedlersdorf, Wagnermeister

Michaelerplatz, 1., seit ca. 1850; nach der Hofpfarrkirche „St. Michael", im 13. Jhd. erbaut

Michaelerstraße, 18., seit 1876 (1937/38 Giesestraße); das Barnabitenkollegium von St. Michael in Wien hatte hier Grundbesitz

Michaelerwaldweg, 18. und 19., Benennungsdatum unklar, führt in Richtung Michaelerwald (war noch bis zu Beginn unseres Jahrhunderts für den

Reichtum an Schwammerln bekannt); nach den Barnabiten (Michaeler)

Michalekgasse, 16., seit 1943, Prof. Ludwig Michalek (1859–1942), Maler, Radierer, Bildhauer

Michelbeuerngasse, 9., seit 1862 (vorher ab 1831 Neue Gasse), zur Erinnerung an den alten Vorstadtnamen, seit 1794 selbständige Vorstadt, gehörte vorher dem Benediktinerstift; 1850 eingemeindet

Michelfeitgasse, 23., seit 1972, Dr. Franz Michelfeit (1904–1968), machte die Feuerbestattung populär

Michtnergasse, 21., seit 1900 (vorher: Bischofsgasse), Karl Michtner (1802 bis 1877), Gemeinderat von Jedlesee, stiftete mit seiner Gattin eine Glocke für die Pfarrkirche

Mickertsweg, 22., nicht amtliche Bezeichnung (nach einem Siedler)

Miesbachgasse, 2., seit 1852, ursprünglich ein 1840 zugeschütteter Donauarm; den so entstandenen Grund ließ der Ziegeleibesitzer Alois Miesbach (1791 bis 1857) parzellieren und baute um 1850 die ersten Häuser, siehe auch *Aloisgasse*; *Malzgasse*

Migazziplatz, 12., seit 1894 (vorher: Kirchenplatz), Christoph Anton Migazzi (1714 bis 1803), Diplomat, 1757 Fürsterzbischof, 1761 Kardinal, leitete die Schulreform Maria Theresias

Migerkastraße, 10., seit 1932, Dr. Franz Migerka (1828–1915), Zentralgewerbeinspektor, Mitbegründer des Wiener Volksbildungsvereines

Migschitzgasse, 23., seit 1957, Anna Migschitz (1851–1956), seinerzeit älteste Bewohnerin von Mauer

Mihatschgasse, 21., seit 1933, Ing. Karl Mihatsch (1826–1910), Hauptmitarbeiter beim Bau der I. Wiener Hochquellenwasserleitung, ab 1871 Bauleiter

Miklosichgasse, 21., seit 1954, Dr. Franz von Miklosich (1813 bis 1891), Slawist, Univ.-Prof.

Milanweg, 22., seit 1966, nach dem Greifvogel

Milchgasse, 1., schon 1380 Milchstraße, um 1846 St.-Peter-Gassel; ehemaliger Milchverkaufsplatz

Mildeplatz, 16., seit 1884, Vinzenz Milde (1777–1853), Fürsterzbischof von Wien, Sozialpolitiker, Pädagoge

Millergasse, 6., Franz Matthias Miller (1798 bis 1876), Stahlwarenerzeuger, Grundrichter von Gumpendorf; sein Vater Martin (1769–1834) gründete 1804 eine Kunstschlosserei und Feinzeugschmiede

Millöckergasse, 6., seit 1900 (vorher: Theatergasse), Karl Millöcker (1842 bis 1899), Komponist („Der Bettelstudent")

Miltnerweg, 11., seit 1971, Dr. Franz Miltner (1901 bis 1959), Archäologe, Univ.-Prof., Leiter der Ausgrabungen in Ephesus (1926–1931, 1954)

Minciostraße, 15., seit 1912 (vorher: Draskovichgasse), zur Erinnerung an die napoleonischen Kriege (Schlacht beim Mincio, einem Nebenfluss des Po in Italien, 1800)

Minorgasse, 14., seit 1930, Hofrat Dr. Jakob Minor (1855–1912), Germanist (Arbeiten über die deutsche Klassik, zwölfbändige Ausgabe der Werke von Ferdinand von Saar)

Minoritenplatz, 1., seit 1786; 1310 „Bei den minneren Brüdern"; der Minoritenorden („fratres minores") wurde 1210 vom hl. Franz von Assisi gegründet; seit 1224 in Wien, erbauten sie 1251, 1262, 1276 (jedesmal abgebrannt) und 1440 Kirche und Kloster

Mira-Lobe-Weg, 22., seit 1997, Mira Lobe (1913 bis 1995), erfolgreiche Kinder- und Jugendbuchautorin („Die Omama im Apfelbaum", 1965), Österreichischer Staatspreis für Jugendliteratur, Kinder- und Jugendbuchpreis der Stadt Wien; 1936 Emigration nach Palästina, 1950 Rückkehr nach Wien

Minzengasse, 22., seit 1953, nach der Pflanzengattung (Mentha)

Mispelweg, 22., seit 2002, aus dem Kaukasus stammende, mit Apfel und Birne verwandte Obstbaumart; in Wien auch Asperl genannt

Missindorfstraße, 14., seit 1894 (vorher: Breitenseer Straße), Hans Missindorf (gest. 1428) erwarb 1415 den Ort Breitensee; ihm folgten 1423 Stefan und 1445 Wolfgang Missindorf; das Rittergeschlecht Missindorf stammte aus Missendorf bei Horn (Niederösterreich)

Missongasse, 14., seit 1956, Joseph Misson (1803–1875), Mundartdichter (beschrieb das niederösterreichische Dorfleben); Priester

Mitisgasse, 14., seit 1896, Ignaz Edler von Mitis (1771 bis 1842), Techniker, schrieb einschlägige Fachbücher

Mittelfeldweg, 22., seit 1993 (verlängert 2000), Flurname

Mittelgasse, 6., seit 1862 (vorher: Gerbergasse), die 1833 eröffnete Gasse wurde so benannt, weil sie in der Mitte zwischen Gumpendorfer Straße und Mariahilfer Straße liegt

Mittelsteig, 14., nicht amtliche Bezeichnung

Mittelstraße, 14., nicht amtliche Bezeichnung, verläuft in der Mitte der Siedlung

Mittelweg, 11., 12. und 17., nicht amtliche Bezeichnungen

Mitterberggasse, 18., Benennungsdatum unbekannt, Flurname, 1355 urk. genannt

Mitterfeldgasse, 11., seit 1940, Flurname

Mitterhaidenweg, 21., seit 1982, Flurname

Mitterhofergasse, 21., seit 1923, Peter Mitterhofer (1822 bis 1893), Südtiroler Zimmermann, Erfinder der Schreibmaschine (baute zwischen 1864 und 1869 die ersten fünf Schreibmaschinen); ein verbessertes Modell wurde vom Staat angekauft und steht heute in der Technischen Universität; Mitterhofers Erfindung verwerteten drei Amerikaner

Mittermayergasse, 13., seit 1894 (vorher: Mühlgasse), Matthias Mittermayer (1651 bis 1708), 1679 bis 1708 Münzmeister, Verdienste um die Lainzer Kirche

Mittersteig, 4. und 5., Benennungsdatum unbekannt, abgeleitet von Mittlere Steigg (1778); ursprünglich Arme Schulgasse und Kleine Neue Gaßen

Mitterweg, 11., seit 1884, führt „mitten" durch die Simmeringer Haide

Mitterwurzergasse, 19., seit 1928, Friedrich Mitterwurzer (1845 bis 1897), Burgschauspieler, s. auch *Mitterwurzerweg*

Mitterwurzerweg, 19., seit 1982, Wilhelmine Mitterwurzer (1848 bis 1909), Burgschauspielerin; Gattin von Friedrich Mitterwurzer; ab 1871 an der Burg, s. auch *Mitterwurzergasse*

Mittlere Straße, 14., nicht amtliche Bezeichnung, verläuft in der Mitte der Siedlung

Modecenterstraße, 3. und 11., seit 1979, verweist auf das Textilzentrum, das 1977/78 statt des früheren Auslandsschlachthofes errichtet wurde

Modl-Toman-Gasse, 13., seit 1955 (vorher: Siedlergasse), Gabriele Modl-Toman (gest. 1848), Operettensängerin

Mögelegasse, 13., seit 1955 (vorher: Defreggergasse), Franz Mögele (1834 bis 1907), Operettenkomponist

Möhnergasse, 17. und 18., seit 1904, Reginald Möhner (gest. 1672), Benediktinermönch, Historiker (reiste während des Dreißigjährigen Krieges durch Österreich)

Mölker Bastei, 1., angelegt 1870/71; ehemaliger Teil der Wiener Basteien, 1536 erbaut, 1656 als Mölker Bastei neu errichtet und 1861 bis 1872 abgetragen; ein letzter Rest der Festungsmauer Wiens ist noch zu sehen; benannt nach einem Hof des Stiftes Melk (Mölk)

Mölker Gasse, 8., seit 1862 (vorher: Dietrichgasse; urspr. 1794 Kugelgasse), 1858 wurde dort der Mölker Hof (im Besitz des Stiftes Melk) erbaut

Mölker Steig, 1., seit ca. 1871 (vorher: Kleppergasse, Keilgasse), Aufstieg zur ehemaligen Mölker Bastei

Möllergasse, 23., Benennungsdatum unbekannt, Dr. Franz Möller (1808 bis 1884), Gemeinderat von Atzgersdorf, Arzt

Möllplatz, 21., seit 1953, Fluss in Kärnten

Möllwaldplatz, 4., seit 1917 (1906–1917 Möllwaldhof), Alois Ritter von Möllwald (1829–1904), Direktor des Theresianums, Reformer des Mittelschulunterrichtes

Mörikeweg, 16., seit 1927, Eduard Mörike (1804–1875), deutscher Lyriker (Romantiker)

Moeringgasse, 15., seit 1894, Karl Freiherr von Moering (1810–1870), Feldmarschall-Leutnant; verfasste militärpolitische Schriften

Mörthgasse, 21., seit 1949 (vorher ab 1940 Kroygasse), Johann Mörth (1901 bis 1943), Autoschlosser, Sozialdemokrat; wegen seiner Beteiligung in den

Februarkämpfen 1934 zu sechs Jahren Kerker verurteilt und im Anhaltelager Wöllersdorf festgehalten; nach 1938 im Widerstand gegen das NS-Regime, verhaftet und hingerichtet

Mohnblumenweg, 22., seit 1944, nach der Pflanzenart (Klatschmohn, Papaver rhoeas)

Mohsgasse, 3., Benennungsdatum unbekannt, Dr. Friedrich Mohs (1773 bis 1839), Mineraloge, Univ.-Prof., entwickelte als Kristallograph die Härteskala

Moissigasse, 22., seit 1955 (vorher: Linnégasse), Alexander Moissi (1880 bis 1935), Schauspieler

Molischgasse, 14., seit 1952, Dr. Hans Molisch (1856 bis 1937), Botaniker (Pflanzenphysiologe), Professor an der Universität Wien; unternahm 1897/98 eine Forschungsreise um die Erde

Molitorgasse, 11., seit 1894 (vorher: Blumengasse), Johann Konrad von Molitor (1628 bis 1708), Pfarrer von Simmering

Molkereistraße, 2., seit 1906 (vorher: Harkortstraße), nach der 1902 erbauten Wiener Molkerei

Mollardgasse, 6., seit 1862 (vorher: Obere Wehrgasse und Obere und Untere Annagasse), nach dem Grafengeschlecht Mollard, 1629–1755 Besitzer der Herrschaft Gumpendorf

Mollgasse, 18., seit 1894 (vorher: Friedhofgasse), Balthasar Ferdinand Moll (1717–1785), Bildhauer, Kupferstecher; schuf das Denkmal des Gemahls von Maria Theresia, Franz Stephan von Lothringen (ältestes Reiterdenkmal in Österreich), und die Prunksarkophage von Maria Theresia und Franz I. in der Kapuzinergruft

Molnargasse, 17. und 18., seit 1959, Franz Molnar (1878 bis 1952), Schriftsteller, Dramaturg („Liliom"), 1940 Emigration in die USA

Mommsengasse, 4., seit 1919 (1883 bis 1919 Luisengasse), Theodor Mommsen (1817 bis 1903), Jurist, Historiker („Römische Geschichte", „Römisches Staatsrecht"), erhielt 1902 als erster Deutscher den Nobelpreis für Literatur

Mondscheingasse, 7., seit 1862 (vorher: Beim Gottesacker), nach einem Hausschild „Zum goldenen Mondschein"

Mondweg, 14., seit 1923, nach dem Erdtrabanten

Montecuccoliplatz, 13., seit 1909, Albert Raimund Montecuccoli Graf von Zeno (1609–1680), kaiserlicher Feldherr, kämpfte gegen Franzosen und Türken (s. *St.-Gotthard-Straße*); 1644 General

Montessorigasse, 23., seit 1954, Dr. Maria Montessori (1870–1952), Ärztin, Pädagogin, beteiligt bei der Ausgestaltung der Wr. Kindergärten; trat für Frauenemanzipation und Abschaffung der Kinderarbeit ein; entwickelte eine Pädagogik für Kleinkinder

Montevideogasse, 13., seit 1931, nach Montevideo, der Hauptstadt von Uruguay; von dort kamen nach dem Ersten Weltkrieg Spenden für das hungernde Wien

Montigasse, 17., seit 1966, Dr. Alois Monti (1839–1909), Kinderarzt, leitete seit 1872 die 2. Kinderabteilung der Allgemeinen Poliklinik

Montleartstraße, 14. und 16., seit 1889, Wilhelmine Prinzessin von Montléart-Curland (1827 bis 1895); das aus Frankreich stammende Fürstenpaar Julius und Maria Christine Montléart erwarb 1824 das Gallitzinschloss (s. *Gallitzinstraße*); nach dem Tod der Fürstin heiratete der Fürst als 75-Jähriger die 27-jährige Prinzessin de la Tremoille; nach dem Tod des Fürsten kam es zu wilden Erbstreitereien zwischen der jungen Witwe und den fünf Kindern des Fürsten; das Landgut wurde versteigert und der Erlös aufgeteilt; Prinz Moriz von Montléart ersteigerte den väterlichen Besitz zurück und betrieb die amtliche Benennung des Predigtstuhls als Wilhelminenberg; nach dem Tod des Gatten spendete Wilhelmine Montléart 300.000 Kronen für den Bau eines Krankenhauses (Wilhelminenspital) und große Beträge für die Armenfürsorge

Moosbeerenweg, 22., seit 2004, Pflanzenname verschiedener Heidegewächse/Ericaceen, meist ist die Vaccinium oxycoccos, die Torfbeere gemeint; in Tirol und im Pinzgau heißt die Heidelbeere Moosbeere

Moosbruggergasse, 12., seit 1909, Hieronymus Moosbrugger (1808 bis 1858), Stuckbildhauer

Mooslackengasse, 19., seit 1874, Flurname (ehemaliger Donauarm an der Heiligenstädter Straße, unter Kaiser Joseph II. trockengelegt); vorher: In der Halterau

Moosweg, 11., nicht amtliche Bezeichnung

Mooswiesengasse, 14., seit 1966 (vorher: Steinbruchgasse), Flurname

Morelligasse, 21., seit 1901 (vorher: Mühlstraße) nach der Musikerfamilie Morelli (Ludwig, 1812–1868, Franz, 1810–1859, Ludwig jun., 1843–1911); Volksmusiker

Morettigasse, 21., Benennungsdatum unbekannt, Anton Moretti (1824 bis 1900), Gemeinderat von Stammersdorf, Wohltäter

Moritz-Dreger-Gasse, 21., seit 1968, Moritz Dreger (1868 bis 1939), Kunsthistoriker, Gründer der österreichischen Textilsammlung

Moritz-Seeler-Gasse, 10., seit 1969, Moritz Seeler (1880 bis 1943), Lyriker, Theaterdirektor; im KZ ermordet

Morizgasse, 6., seit 1862 (vorher: Mühlgasse), Gottfried Moriz von der Hölz (1751–1823), Justizsekretär; um 1820 Besitzer des ersten Hauses in der Gasse, Verdienste um die Armen

Morsegasse, 21., seit 1901, Samuel Finley Breese Morse (1791 bis 1872), Erfinder des Fernschreibers

Mortaraplatz, 20., seit 1899, nach dem Sieg der Österreicher unter Erzherzog Albrecht über die Piemontesen in der Schlacht von Mortara (1849) in der Lombardei

Morzinplatz, 1., seit 1888, Peter Prokop Graf Morzin (1768 bis 1855), Feldzeugmeister; sein Sohn Vinzenz Graf Morzin (1803 bis 1882), Kämmerer, spendete eine Million Gulden für die Armen und Waisen Wiens

Moschingergasse, 14., seit 1956, Name einer alteinsässigen Familie, der zum Flurnamen wurde

Moselgasse, 10., seit 1974, Ignaz von Mosel (1772 bis 1844), Komponist, Musikhistoriker

Mosenthalweg, 18., seit 1888 (1938 bis 1949 Larischweg), Salomon Hermann von Mosenthal (1821–1877), Bibliothekar, Verfasser von Theaterstücken und Operntexten

Mosergasse, 9., seit 1874, Daniel Moser von Ebreichsdorf (1570 bis 1639), Bürgermeister von Wien (1609–1613, 1616–1622, 1626–1637), besaß hier repräsentative Gärten; als Bürgermeister hatte er der Gegenreformation zum Durchbruch verholfen

Mosetiggasse, 23., seit 1964, Dr. Albert von Mosetig-Moorhof (1838 bis 1907), Chirurg, Mitbegründer der Wiener freiwilligen Rettungsgesellschaft

Mosheimergasse, 21., seit 1971, Berthold Mosheimer (1722–1807), 1768 bis 1783 Pfarrer und Lehrer in Stammersdorf

Moßbachergasse, 14., seit 1896, Georg Moßbacher (1804–1855), letzter Ortsrichter von Unter-Baumgarten (1848 bis 1850)

Mostgasse, 4., seit 1865/1876, nach einem Hausschild „Zur grünen Weintraube"

Mozartgasse, 4., seit 1862 (vorher: Platzgasse), s. *Mozartplatz*

Mozartplatz, 4., seit 1899 (vorher: Platzgasse), Wolfgang Amadeus Mozart (1756 bis 1791), Komponist („Entführung aus dem Serail", „Idomeneo", „Le Nozze di Figaro", „Don Giovanni", „Cosi fan tutte", „Zauberflöte" usw.)

Mozartweg, 11., nicht amtliche Bezeichnung

Mrkwickagasse, 23., seit 1954, Franz Mrkwicka (1866–1922), Gemeinderat von Erlaa; Armenrat

Muchagasse, 19., seit 1978, Viktor Mucha (1845–1919), Arzt, Reformator der Wiener Krankenanstalten

Müchgasse, 11., seit 1895, Peter Müch (1707–1754), Ortsrichter in Simmering (1750–1754)

Müglendergasse, 17., seit 1894 (vorher: Pichlergasse), Johann Müglender, protestantischer Prediger in Hernals von 1568–1590

Mühlbachergasse, 13., seit 1930, Dr. Engelbert Mühlbacher (1843 bis 1903), Historiker, Univ.-Prof.; Direktor des Instituts für österreichische Geschichtsforschung

Mühlbergstraße, 14., seit 1919, nach dem 311 m hohen Mühlberg

Mühlbreiten, 23., Benennungsdatum unbekannt, verlängert 1970, Flurname

Mühlfeldgasse, 2., seit 1872, Eugen Megerle von Mühlfeld (1810–1868), Politiker, Jurist, bedeutender Vertreter des Liberalismus in Österreich; trat für Religionsfreiheit und Trennung Kirche – Staat ein, 1863–1866 Gemeinderat (liberale Mittelpartei)

Mühlgasse, 4., seit 1862 (vorher ein Teil Schmiedgasse, 1894 die Mühlbachgasse dazu einverleibt), nach dem 1856 zugeschütteten Mühlbach, einem Nebenarm des Wienflusses; dort waren früher mehrere Mühlen

Mühlgrundgasse, 22., seit 1910, Flurname (ursprünglich Gärtnergasse); auf diesen Gründen, die bei der Regelung der Donau trockengelegt wurden, übten vor 1868 Müller (Schiffmüller) ihren Beruf aus

Mühlgrundweg, 22., amtlich seit 1993, s. *Mühlgrundgasse,* vorher ebenso nicht amtlich

Mühlhäufelgasse, 22., Benennungsdatum unbekannt, s. auch *Mühlhäufelweg*

Mühlhäufelweg, 22., seit 1928, Flurname; einstige Inseln im alten Donaugebiet, auf denen Schiffmüller tätig waren, wurden so bezeichnet

Mühlsangergasse, 11., seit 1894 (vorher: Fischer- und Gemeindegasse), Martin Mühlsanger (1776 bis 1858), Ortsrichter von Kaiser-Ebersdorf, Wirtschaftsbesitzer

Mühlschüttelgasse, 21., seit 1901, nach der Ortschaft „Mühlschüttel“, angeschütteter Grund, auf dem sich Schiffmüller ansiedelten, 1875–1904 selbstständige Gemeinde; s. auch *Schiffmühlenstraße*

Mühlstraße, 10., Benennungsdatum unbekannt, nach der Dachlermühle in Oberlaa

Mühlwasserpromenade, 22., seit 1966, entlang des Mühlwassers

Mühlwasserstraße, 22., seit 1978, nach der Lage, führt zum Mühlwasser

Mühlweg, 21., seit ca. 1910, ehemaliger Weg zu den Mühlen an der Donau

Müller-Guttenbrunn-Straße, 14., seit 1935, Dr. Adam Müller-Guttenbrunn (1852 bis 1923), Theaterdirektor (Raimundtheater, Volksoper), schrieb auch Romane und Feuilletons

Müllnergasse, 9., seit 1886 (vorher: Ferstelgasse), Leopold Müllner (1814 bis 1871), Holzhändler, Wohltäter (vermachte seinen Besitz Taubstummen und kirchlichen Vereinen)

Müllnermaisgasse, 22., seit 1922, Flurname, Felder der Schiffmüller

Münchenstraße, 12., seit 1955 (vorher: Deutschmeisterstraße), nach der bayerischen Hauptstadt

Münichreiterstraße, 13., seit 1946 (bis 1894 St.-Veiter- und Unter-St.-Veiter-Allee, bis 1938 Bernbrunngasse, dann Stuttgarter Straße), Karl Münichreiter (1891–1934), Sozialdemokrat, Schutzbündler; trotz schwerer Verwundung nach dem Bürgerkrieg 1934 vom autoritären Regime hingerichtet

Münnichplatz, 11., seit 1894 (vorher: Kirchenplatz), Phillipp Jakob Münnich (1785–1856), Pfarrer, „Galgenpater“; bewahrte 1848 die Bevölkerung vor Plünderungen durch die eigene Soldateska

Münzgasse, 3., seit 1862 (vorher: Sackgasse), nach dem 1835–1837 erbauten Hauptmünzamt

Münzwardeingasse, 6., seit 1862, Siegmund Hammerschmied (1628–1703), kaiserlicher Münzwardein, erwarb 1663 Besitz zwischen Mollardgasse und Gumpendorfer Straße

Muffatgasse, 12., seit 1940, Gottlieb Muffat (1690–1770), Organist in der Hofkapelle in Wien

Muhrengasse, 10., seit 1875, Flurname („In den Muhren“)

Mukentalerweg, 19., seit 1906, alter Riedname (schon 1298 urkundlich erwähnt als „Muckenthal an dem Sweinsberg“)

Mumbgasse, 2., seit 1907, Josef Mumb (1833–1905), christlichsozialer Bezirksvorsteher (1885–1900), Gemeinderat (1883–1891), Gastwirt

Munchgasse, 10., seit 1955, Edvard Munch (1863 bis 1944), norwegischer Maler (Expressionist, „Der Schrei“)

Munchplatz, 10., s. *Munchgasse*

Mundygasse, 10., seit 1932, Dr. Jaromir Freiherr von Mundy (1822 bis 1894), Gründer der Wiener Rettungsgesellschaft; Arzt, Offizier

Munthegasse, 10., seit 1955, Gerhard Munthe (1849–1929), norwegischer Maler (Impressionist)

Muratweg, 22., seit 1966, Joachim Murat (1767–1815), Schwager Napoleons; Benennung unter Bezugnahme auf die napoleonischen Kriege

Murbangasse, 10., s. *Marie-Murban-Gasse*

Murhoferweg, 11., seit 1971, Rudolf Murhofer (1885 bis 1959), Sozialdemokrat, Bezirksrat (1919–1934), Lagerleiter im Konsum, soziales Engagement

Muriel-Gardiner-Buttinger-Platz, 10., seit 1989, Muriel Gardiner (1901 bis 1985), Psychiaterin; während des Verbots der Sozialdemokratie 1934–1938 kehrte sie aus den USA nach Österreich zurück und arbeitete unter dem Decknamen „Mary" für die Sozialisten, lernte Joseph Buttinger, den Vorsitzenden der Revolutionären Sozialisten, kennen und heiratete ihn 1939 in Paris; veröffentlichte „Damit wir nicht vergessen. Unsere Jahre 1934 bis 1947 in Wien, Paris, New York" (1978)

Murlingengasse, 12., seit 1894 (vorher: Franzensgasse), nach der alten Bezeichnung von Meidling

Murmanngasse, 22., seit 1910, Georg Murmann Freiherr von Marchfeld (1766 bis 1820), Hauptmann, Verdienste in den napoleonischen Kriegen

Murraygasse, 22., seit 1923, Agnes Elisabeth Murray (1894–1922), englische Wohltäterin

Murrstraße, 22., seit 1977, Josef Murr (1864–1932), Botaniker

Museumsplatz, 1. und 7., seit 1996 (urspr. Am Glacis, bis 1927 Hofstallstraße und Museumsstraße, 1927–1996 Messeplatz), nach dem Auszug der Wiener Messen und Congress GmbH umbenannt, da nun die ehemaligen Hofstallungen als Museumsquartier benutzt werden

Museumstraße, 1. und 7., seit 1870 (vorher: Schlaptenpromenade und Hofstallstraße), nach den damals erst projektierten und dann 1882 erbauten Museen (Kunsthistorisches Museum, Naturhistorisches Museum)

Musgergasse, 22., seit 1953, August Musger (1868–1929), entwickelte das Zeitlupenverfahren

Musilplatz, 16., seit 1956, vorher ab 1889: Anzengruberplatz; Robert Musil (1880–1942), österreichischer Dichter („Der Mann ohne Eigenschaften"), ursprünglich Maschinenbauingenieur, promovierter Philosoph, hoher Ministerialbeamter, Offizier im Ersten Weltkrieg, lebte zuletzt mittellos im Exil in der Schweiz

Musketierweg, 22., seit 1966 (vorher: Hableweg), berittene Kampftruppe in den napoleonischen Kriegen 1809 (ursprünglich mit Musketen bewaffnetes Fußvolk)

Muthgasse, 19., seit 1894 (vorher: Gärtnergasse), Leopold Muth (1854–1893), Wirtschaftsbesitzer, Reichstagsabgeordneter

Muthsamgasse, 14., seit 1906, Franz Xaver Muthsam (1716–1801), Pfarrer von Hütteldorf (1784–1801), Botaniker, Wohltäter

Mylius-Bluntschli-Straße, 11., seit 1996, Alfred Friedrich Bluntschli (1842 bis 1930) und Karl Jonas Mylius (1839 bis 1883), Schweizer Architekten; Verdienste um die Neugestaltung des Zentralfriedhofes

Myrbachgasse, 14., seit 1965, Felician Freiherr von Myrbach-Rheinfeld (1853 bis 1940), Maler, Präsident der Secession, Buchillustrator

Myrthengasse, 7., seit 1862 (vorher: Rosmaringasse; urspr. Schäffergassl, dann bis 1779 Obere und Untere Saugasse), nach der Pflanze

N

Naaffgasse, 18., seit 1937 (vorher: Herbeckstraße), Anton August Naaff (1850 bis 1918), schrieb Gedichte und Erzählungen

Nabuccogasse, 23., seit 1960, nach der Oper von Giuseppe Verdi

Nachreihengasse, 17., seit 1923, Flurname, schon 1428 urk. Nachraien, 1660 Wachrain, 1751 Nachrain benannt

Nachtigallenweg, 14., seit 1953, nach dem Singvogel

Nachtnebelweg, 16., seit 1971, Otto Nachtnebel (1872 bis 1967), sozialdemokratischer Gemeinderat in der Zwischenkriegszeit

Naderstraße, 10., seit 1955, Franz Nader (1865 bis 1947), Maurer, Mitbegründer der Bauarbeitergewerkschaft („Verein der Bauarbeiter für die im Reichsrat vertretenen Königreiche und Länder"), die 1891 ihren ersten Kongress in Wien abhielt; Redakteur der gewerkschaftlichen Fachblätter der Bauarbeiter

Nadlergasse, 9., seit 1862; hier bestanden die Betriebe und Wohnungen mehrerer Nadelerzeuger; schon seit 1776 eine Nähnadel-, Schleif- und Poliermühle

Nästlbergergasse, 13., seit 1955 (vorher: Hauergasse), Robert Nästlberger (1886–1942), Schauspieler, Operettenlibrettist

Naglergasse, 1., seit ca. 1642 gebräuchlich für den gesamten Verlauf, früher Sitz und Wohnstätte der Nadler und Nagler; ab 1432 „Unter den Nadlern", 1547 Naglergasse; ein anderer Teil bis 1642 „Hinter St. Pankraz"

Napoleonwaldgasse, 13., seit 1955, zur Zeit der napoleonischen Kriege (1809) wurde der hier befindliche Wald abgeholzt (Heizmaterial für Napoleon, der in Schloss Schönbrunn residierte)

Napoleonstraße, 22., nicht amtliche Bezeichnung; Weg durch die Lobau, führt vom seinerzeitigen Hauptquartier Napoleons zum „Napoleonstein"

Narzissenweg, 11., nicht amtliche Bezeichnung, nach der Pflanzengattung (Narcissus)

Naschmarkt, 4., 5. und 6., seit 1862 (eigentlich Aschenmarkt; von Asch = Milcheimer), war urspr. ein kleiner Milchmarkt, seit 1791 Obst- und Gemüsemarkt

Nasenweg, 19., Benennungsdatum unbekannt, führt über die „Nase" des Leopoldsbergs

Natorpgasse, 22., seit 1930 (vorher: Josef-Sickinger-Gasse), Prof. Dr. Paul Natorp (1854 bis 1924), Pädagoge

Nattergasse, 17., seit 1894 (vorher: Krongasse), Heinrich Natter (1848 bis 1892), Bildhauer

Naufahrtweg, 22., seit 1953, entlang dem „Alte Naufahrt"-Wasser (Arm der unregulierten Donau) = ehemaliges unteres Mühlwasser

Nauheimergasse, 12. und 23., seit 1952, Stefanie Nauheimer (1868 bis 1946), Kämpferin für Frauenrechte; Lehrerin

Nauschgasse, 22., seit 1957, Walter Nausch (1907–1957), Sportfunktionär (Fußball), Fußballinternationaler

Nauseagasse, 16., seit 1897, Friedrich Nausea (ca. 1496–1552), Bischof von Wien (1541–1551)

Neblingergasse, 13., seit 1913, Jakob Neblinger (1817 bis 1884), Ehrenbürger von Unter-St. Veit, gründete eine Armenstiftung

Nechanskyweg, 22., seit 1987, Dr. August Nechansky (1851 bis 1912), liberaler Stadtrat, Verdienste bei der Wienflussregulierung, und sein Sohn Arnold (1888 bis 1938), Gestalter des Österreichpavillons auf der Werkbundausstellung in Köln 1914; bedeutender Vertreter des Wiener Jugendstils

Nedbalgasse, 22., seit 1953, Oskar Nedbal (1874 bis 1930), Komponist; Dirigent

Nedergasse, 19., seit 1910 (vorher: Langwebergasse), Michael Neder (1807 bis 1882), Maler, Schuhmachermeister

Negerlegasse, 2., seit 1862, Michael Negerle (1786–1859), Kaufmann, um 1841 Erbauer des ersten Hauses in der Gasse

Neilreichgasse, 10. und 23., seit 1875 (ein Teil früher Brunnwegstraße), August Neilreich (1803–1871), Botaniker (erforschte u. a. die Pflanzenwelt von Wien und Niederösterreich)

Nejesgasse, 23., seit 1951, Franz Nejes (1877–1948), Gemeinderat von Siebenhirten

Nelkengasse, 6., seit 1862 (vorher: Schiffgasse), nach einem Gasthausschild „Zur Nelke"

Nelkenweg, 10., 11. und 14., nicht amtliche Bezeichnungen

Nemelkagasse, 11., seit 1898, Lorenz Nemelka (1819 bis 1897), Gemeinderat (1867 bis 1876), Besitzer einer Maschinenbau- und Mühlenbaufabrik; Wohltäter

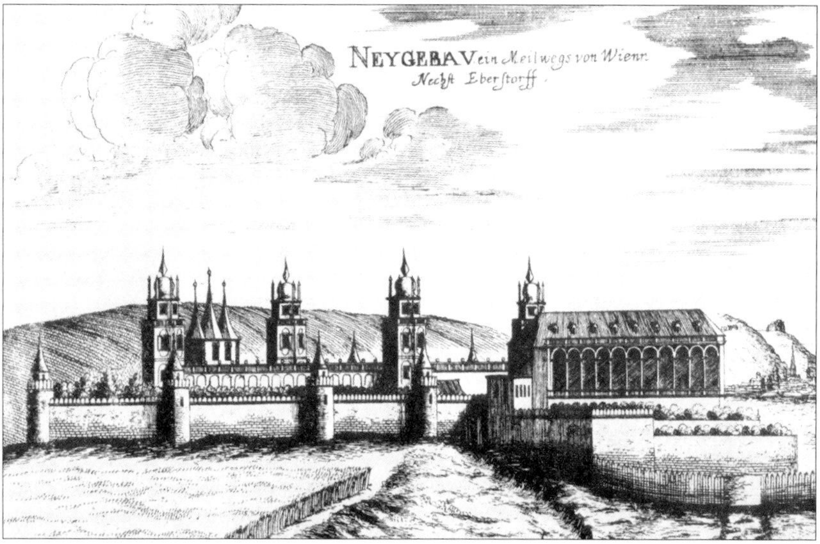

Schloss Neugebäude (Stich von Georg Matthäus Vischer, 1672)

Nemethgasse, 11., seit 1974, Maria Nemeth (1897 bis 1967), Opernsängerin

Nepomukgasse, 2., seit 1862 (vorher: Johannesgasse), nach der dem heiligen Nepomuk geweihten Kirche

Neptunweg, 14., seit 1923, nach dem Planeten

Nesselgasse, 17., seit ca. 1864/71, nach dem Nesselbach, einem Nebenbach der Als

Nestelbachgasse, 19., seit 1894 (vorher: Blutgasse), nach dem Nestelbach, einem Zufluss des Arbes(Erbsen)baches

Nestroygasse, 2., seit 1872, Johann Nestroy (1801 bis 1862), Komiker, Dramatiker, leitete 1854 bis 1861 das Carltheater in der Leopoldstadt; während seiner Direktionszeit forcierte er nicht nur seine Stücke („Das Mädl aus der Vorstadt", „Der Zerrissene", „Der Talisman"), sondern auch Operetten (Jacques Offenbach)

Nestroygasse, 14., seit, 1872, s. *Nestroygasse*

Nestroyplatz, 2., seit 1932 (früher Czernin- und Tempelgasse), s. *Nestroygasse*

Neu Albern, 11., seit 1999, s. *Alberner Straße*

Neubadgasse, 1., seit 1862, hier stand das 1310 urkundlich erwähnte Neubad („balneum ducis")

Neubaugasse, 7., seit 1862 (1683 Lange Gasse, nach 1770 Neubau Hauptstraße, ein Teil von 1700–1820 Spittelberggasse, dann bis 1862 Störergasse), zur Wahrung des Vorstadtnamens; Neubau entstand 1693 durch Abtrennung eines Ortsteils von St. Ulrich, urkundlich bereits 1621 erwähnt, 1850 namensgebend für den 6. Bezirk (ab 1861: 7. Bezirk)

Neubaugürtel, 7. und 15., seit 1894 (vorher: Gürtelstraße), zur Wahrung des alten Vorstadtnamens, s. *Neubaugasse*

Neubeckgasse, 14., seit 1912, Kaspar Neubeck (1545–1594), Bischof von Wien (1574–1594), Prediger

Neubergenstraße, 15., seit 1874, Flurname, urk. schon 1335 erwähnt

Neuburgergasse, 10., seit 1969 (vorher Teil der Columbusgasse), Dr. Max Neuburger (1868 bis 1955), Arzt, Historiker der Wiener medizinischen Schule

Neudeggergasse, 8., seit ca. 1778 (vorher: Alter Bergsteig); nach dem Neudeggerhof; abgeleitet von der topographischen Bezeichnung „Im Neideck"; 1694 wurde das Schottenstift mit dem Hof belehnt; nach 1770 entstanden die Häuser in der Neudeggergasse

Neudorfergasse, 21., seit 1916, Michael Neudorfer (1714–1784), Ortsrichter von Jedlersdorf; stiftete für die Pfarre einen Tabernakel

Neuer Markt, 1., zweitältester Markt Wiens, schon 1234 „nuiwe market" oder „novum forum" (Neuer Markt) genannt, im Gegensatz zum älteren Hohen Markt; lange Zeit inoffiziell Mehlmarkt

Neue-Welt-Gasse, 13., seit 1894, hier bestand von 1862–1892 die Vergnügungsstätte „Neue Welt"

Neugebäudestraße, 11., seit 1930; Maximilian II. errichtete ab 1568 unweit dem Kaiser-Ebersdorfer Schloss einen Tiergarten samt Palais, das den Namen „Neugebäude" (im Gegensatz zum „alten") erhielt

Neugebauerweg, 19., seit 1960, Alfred Neugebauer (1888–1957), Burgschauspieler

Neugrabenstraße, 10., Benennungsdatum unbekannt (verlängert 2004), Flurname

Neuhaufenstraße, 22., seit 1969, Flurname

Neukommweg, 13., seit 1930, Sigismund Neukomm (1778–1858), Komponist, Schüler Joseph Haydns

Neukräftengasse, 13., seit 1926, Flurname

Neulandweg, 21., seit 1953, durch Verschütten alter Donauarme gewonnenes Neuland

Neulerchenfelder Straße, 16., seit 1894 (urspr. Mittlere Gasse, dann Mittlere Hauptstraße, Neulerchenfelder Hauptstraße und ein Teil Eisnergasse); zur Erinnerung an den alten Vorstadtnamen; Lerchenfeld wurde durch den Bau des Linienwalls (1704) in Alt- und Neulerchenfeld getrennt, Altlerchenfeld kam 1850 zum 7. Bezirk, Neulerchenfeld blieb bis 1891 selbstständige Gemeinde (1890 zählte Neulerchenfeld 45.044 Einwohner); Neulerchenfeld wurde wegen der zahlreichen Gaststätten als „Des Heiligen Römischen Reiches größtes Wirtshaus" bezeichnet (daher beliebter Ausflugsort knapp vor dem Linienwall)

Neulingbrücke, 3., wiederbenannt 1945, s. *Neulinggasse*

Neulinggasse, 3., seit 1938 (ursprünglich Grasweg, bis 1862 Grasgasse, von 1862–1938 Neulinggasse, 1938–1945 Schredtgasse, seither wieder Neulinggasse); Vinzenz Neuling (1795–1846) betrieb eine Brauerei mit Gastwirtschaft („Neulings Etablissement"); in diesem beliebten Vergnügungslokal musizierten Strauß Vater und Lanner, im Fasching fanden große Maskenbälle statt

Neumanngasse, 4., seit 1796, Josef Neumann (1764–1849), Landkutscher, Hausbesitzer, Mitglied des Äußeren Rates

Neumayrgasse, 16., seit 1873 (vorher: Zinckgasse), Georg Neumayr (1800 bis 1881), Fleischhauer, Gemeinderat von Neulerchenfeld, schenkte der Gemeinde den Grund des heutigen Hofferplatzes

Neurissener Anger, 22., seit 2001, Flurname

Neurissenweg, 11., seit 1884, Flurname (neuer „angerissener" Ackerboden)

Neusatzgasse, 21., Benennungsdatum unbekannt, Flurname

Neusetzgasse, 10., seit 1874, Weingartenried (nach 1683 wurden neue Weinkulturen angelegt, daher auch „In der Neusetz")

Neusserplatz, 15., seit 1892, Dr. Edmund von Neusser (1852–1912), Arzt (Internist), Univ.-Prof.

Neu-Steinhofer-Weg, 12., nicht amtliche Bezeichnung

Neustift am Walde, 19., seit 1894 (vorher: Wiener Straße), zur Erinnerung an den alten Vorortnamen; Neustift wurde 1890/92 eingemeindet und gehörte vorerst zum 18. Bezirk; 1938 kam Neustift zum 19. Bezirk; bei der Eingemeindung zählte es 483 Einwohner; Neustift wurde bereits 1330 urkundlich erwähnt

Neustiftgasse, 7., seit 1862 (ursprünglich der untere Teil Am Platzel, Herrengasse, am Spittelberg Kapuzinergasse, der obere Teil hieß Auf dem Acker oder Auf dem Garten und Stadelgasse, dann bis 1862 Strohplatz(e)l, Am Platzl und Stadlgasse), zur Wahrung des Ortsnamens; der ehemalige Ort Neustift, 1315 urk. erwähnt, kam 1850 zum 7. Bezirk

Neutorgasse, 1., seit 1870, nach dem 1558 erbauten und 1860 abgetragenen neuen Basteitor

Neuwaldegger Straße, 17., seit 1894 (vorher: Hauptstraße), zur Erinnerung an den alten Vorortnamen; Neuwaldegg wurde mit Dornbach und Hernals 1892 zum 17. Bezirk eingemeindet; vor der Eingemeindung zählte der Ort 355 Einwohner

Neuwiesgasse, 14., seit 1956, Flurname

Nevillebrücke, 5. und 6., 1854 erbaut, 1898 erneuert, s. *Nevillegasse*

Nevillegasse, 5., seit 1862, Ing. Franz Neville, Erfinder der Bauart der 1854 erbauten gleichnamigen Brücke

Newaldgasse, 9., seit 1898, Julius Ritter von Newald (1824–1897), liberaler Gemeinderat, Bürgermeister von Wien (1878); Jurist, musste 1882 zurücktreten, da ihm die Mitverantwortung für den Ringtheaterbrand angelastet wurde

Nibelungengasse, 1., seit 1865, nach dem Zwergengeschlecht aus der deutschen Heldensage

Nickelgasse, 2., seit 1872, Franz Nickel (1766–1833), Ortsrichter der Leopoldstadt (1823–1833)

Nicolaibrücke, 14., Otto Carl Ehrenfried Nicolai (1810–1849), Komponist („Die lustigen Weiber von Windsor"), Dirigent, Organist, 1841 Hofkapellmeister; gründete die Philharmonischen Konzerte; erstes Konzert am 28. März 1842; 1847 folgte er einer Berufung nach Berlin

Niederauergasse, 23., seit 1933, Johann Michael Niederauer (1739–1813), Weinhauer, Ortsrichter von Mauer

Niederhofstraße, 12., seit 1894 (vorher: Matzleinsdorfer Straße), nach dem „Niederhoff an dem Bach gelegen", der einst auf dem heutigen Areal des Theresienbades stand

Niedermeierweg, 22., seit 1988; vorher ebenso nicht amtlich (nach einem Siedler)

Niedermoserstraße, 22., seit 1990, Prof. Otto Niedermoser (1903–1976), Architekt (Film, Theater), Verdienste um die Neugestaltung des Theaters an der Wien

Niederpointenstraße, 14., seit 1910, Flurname; in niederem Gelände eingezäunte Grundstücke ohne Flurzwang hießen Pointen

Niederreiterberggasse, 23., seit 1929, Flurname

Nielrosenweg, 10., seit 1965, nach der Rosensorte

Niernbergergasse, 11., seit 1898, Adam Niernberger (1759 bis 1842); Kirchenmusiker, Komponist, Lehrer

Nietzscheplatz, 16., seit 1927, Friedrich Wilhelm Nietzsche (1844–1900), deutscher Philosoph, Dichter („Also sprach Zarathustra"), 1869 bis 1879 Professor für klassische Philologie in Basel

Nikischgasse, 14., seit 1952, Arthur Nikisch (1855 bis 1922), Komponist, Dirigent der Wiener Philharmoniker; führte als erster Orchesterwerke von Anton Bruckner auf

Niklas-Eslarn-Straße, 22., Benennungsdatum unbekannt, Niklas Eslarn (1252 bis 1340), Besitzer der Herrschaft Essling

Nikolaigasse, 1., eröffnet 1785; nach dem ehemaligen dem hl. Nikolaus geweihten Nonnenkloster, 1274 gegründet, 1782 aufgehoben

Nikolausgasse, 13., seit 1892, nach Berg (268 m hoch) und Tor des Lainzer Tiergartens

Nikolaus-Pytty-Gasse, 14., seit 1956, Nikolaus Pytty zu Hadersdorf, war um 1536 Waldmeister in Hadersdorf

Nikolsburger Gasse, 21., seit 1998, nach der mährischen Stadt Nikolsburg (Mikulov)

Nikolsdorfer Gasse, 5., seit 1862, zur Erinnerung an die ehemalige Vorstadt Nikolsdorf, benannt zu Ehren von Nikolaus Oláh (1493–1568), Erzbischof von Esztergom (ab 1553), der die erstmals 1562 erwähnte Siedlung anlegen ließ („Nikolausdorf", später verballhornt Nikolsdorf), 1850 zum 4. Bezirk, 1861 zum 5. Bezirk eingemeindet

Nippongasse, 22., seit 2003, Nippon = Japan; Verkehrsfläche mündet in die *Tokiostraße* (siehe dort)

Nisselgasse, 14., seit 1894 (vorher: Hietzinger Gasse, urspr. Kirchengasse), Franz Nissel (1831–1893); schrieb Theaterstücke, die dem Zeitgeist entsprachen und häufig gespielt wurden

Nixdorf Steg, 9., seit 1991 (nach der Firma)

Nobilegasse, 14. und 15., seit 1894 (vorher: Buchgasse), Peter Nobile (1774

bis 1854), Architekt, lange Zeit Baudirektor in Triest, dann Leiter der Architekturschule der Akademie der bildenden Künste in Wien; errichtete den Theseus-Tempel im Volksgarten

Nödlgasse, 16., seit 1883 (vorher: Wagnergasse), Ernst Nödl (1806–1891), Pfarrer von Neulerchenfeld

Nördliche Randstraße, 14., amtlich seit 1993, an der Nordgrenze der verbauten Gebiete

Norbert-Krebs-Gasse, 21., seit 1954, Dr. Norbert Krebs (1876 bis 1947), Geograph („Länderkunde der österreichischen Alpen")

Nordbahnanlage, 21., seit 1910 (vorher: Nordbahnhofplatz), heute Parkanlage, einst Bahngebiet

Nordbahnbrücke, 20. und 21., 1872 bis 1874 erbaut, 1962 für die Schnellbahn errichtet („Schnellbahnbrücke")

Nordbahnstraße, 2. und 20., seit 1873 (vorher: Forstmeisterallee), nach der Nordbahn und dem abgerissenen Nordbahnhof

Nordbergstraße, 9., seit 1899, Karl Noé von Nordberg (1798 bis 1885), Polizeidirektor in Linz und Wien, Ministerialrat im Innenministerium, organisierte unter Metternich das berüchtigte Spitzelwesen; verlängert 1995; s. *Metternichgasse*

Nordbrücke, 20. und 21., seit 1964; geht auf die 1872 erbaute Nordwestbahnbrücke zurück, 1959 als Straßenbrücke umgebaut und 1964 eröffnet

Nordmanngasse, 21., seit 1900, Arman von Nordmann (1759 bis 1809), Feldmarschall-Leutnant, gefallen in den napoleonischen Kriegen (war in der Schlacht bei Aspern siegreich, fiel aber in der Schlacht bei Wagram)

Nordpolstraße, 2., seit 1875, zur Erinnerung an die Nordpolexpedition 1872 bis 1874, s. *Payergasse,* s. *Weyprechtgasse*

Nordportalstraße, 2., seit 1908 (bis 1884 Abfahrtstraße, dann Concurrenzstraße), führte zum Nordportal der Rotunde

Nordwestbahnstraße, 2. und 20., seit 1874 (früher: Am Augartendamm), nach dem Nordwestbahnhof

Nothartgasse, 13., seit 1911, Franz Nothart (1808 bis 1897), Bürgermeister von Lainz, Gemeinderat; Wirtschaftsbesitzer

Nottebohmstraße, 19., seit 1921 (verlängert 1990), Gustav Nottebohm (1817 bis 1882), Musikwissenschaftler, Musiklehrer

Nottendorfer Gasse, 3., seit 1899, zur Erinnerung an Nottendorf, einer Siedlung von flämischen Webern und Färbern, die sich im Mittelalter hier angesiedelt hatten (Nottendorf = flämisch „Dorf der Genossen"), 1529 von den Türken zerstört

Novalisgasse, 13., seit 1935, Friedrich Leopold Freiherr von Hardenberg, genannt Novalis (1772–1801), romantischer Dichter („Heinrich von Ofterdingen", „Hymnen an die Nacht")

Novaragasse, 2., seit 1862 (ursprünglich Drei-Herrgottgasse, dann Gartengasse und bis 1862 Gärtnergasse), zur Erinnerung an den Sieg Radetzkys über die Sardinier und Piemontesen bei Novara 1849

Novigasse, 21., seit 1913, zur Erinnerung an den Sieg der Österreicher über die Franzosen 1799 bei Novi Ligure in Italien

Nowakgasse, 23., seit 1954 (urspr. Pfarrgasse, 1938–1947 Holzwebergasse), Karl Nowak (1876–1943), Gemeinderat von Siebenhirten (1929 bis 1934)

Nowalskigasse, 11., seit 1959, Josef Hilarius Nowalski de Lilia (1857 bis 1928), Archäologe, Erforscher des römischen Wien

Nuschinggasse, 23., seit 1957 (vorher: Südtiroler Gasse), nach einer alteingesessenen Familie

Nußallee (nR **Nussallee**), 14., seit 1875, einst nussreiche Gegend

Nußbaumweg (nR **Nussbaumweg**), 22., seit 1978, nach der Baumart (Juglans regia, Walnuss)

Nußberggasse (nR **Nussberggasse**), 19., seit 1894 (vorher: Weinberggasse), führt auf den 332 m hohen Nussberg

Nußdorfer Brücke (nR **Nussdorfer Brücke**), 19. und 20., seit 1964, Verbindung zur Nordbrücke

Nußdorfer Lände (nR **Nussdorfer Lände**), 19., seit 1875 (vorher ein Teil Holzstraße und Wasserzeile), s. *Nussdorfer Platz*

Nußdorfer Platz (nR **Nussdorfer Platz**), 19., seit 1894 (ursprünglich Hirschenplatz, dann Zimmerplatz und bis 1894 Hauptplatz), zur Erinnerung an den alten Vorortnamen; Nussdorf, bereits 1114 urkundlich erwähnt, wurde 1890/92 zum 19. Bezirk angeschlossen; 1890 zählte Nussdorf 5.191 Einwohner

Nußdorfer Straße (nR **Nussdorfer Straße**), 9., seit 1862 (seit 1802 teilweise Obere Hauptstraße und Am Alser Bach), führt in Richtung des ehemaligen Vororts Nussdorf, s. *Nussdorfer Platz*

Nußgasse (nR **Nussgasse**, 9., seit 1862 (vorher ab 1843 Friedhofgasse); hier standen einst Nussbäume

Nußwaldgasse (nR **Nusswaldgasse**), 19., seit 1894 (um 1700 Unter-Döblinger Herrengasse, um 1750 Sommer- und Winterzeile, später Bachzeile, Herrengasse, 1828 schon Nusswaldgasse, dann bis 1894 Gemeindegasse), alter Flurname

Nußweg (nR **Nussweg**), 11., nicht amtliche Bezeichnung

Nymphengasse, 12., seit 1884; 1755 wurde die schon den Römern bekannte warme Heilquelle wiederentdeckt; in einem alten Altarstein, 1853 aufgefunden, wurde sie den Quellennymphen geweiht (heute: Theresienbad)

O

Obachgasse, 22., seit 1978, Theobald Obach (1843–1887), Pionier des Seilbahnwesens

Obeliskenweg, 17., nicht amtliche Bezeichnung, nach den Obelisken der Schlossallee

Ober den Gärten, 23., seit 1965, Riedname

Oberdorfstraße, 22., seit 1910, Ernst von Oberdorf (1764 bis 1811), Oberst in der Schlacht bei Aspern (1809) – napoleonische Kriege

Obere Amtshausgasse, 5., seit 1872 (vorher: Amtshausgasse), nach dem ehemaligen Amtshaus des Grundgerichts Hundsturm

Obere Aquäduktgasse, 23., Benennungsdatum unbekannt, nach dem Aquädukt der I. Hochquellenwasserleitung

Obere Augartenstraße, 2., seit 1862 (ursprünglich Dammstraße, um 1810 Hinter der Kaserne und Kaserngasse, bis 1862 Neue Gasse und Augartengasse), führt entlang des Augartens

Obere Bahngasse, 3., seit 1862, verläuft neben der 1857 erbauten Verbindungsbahn zwischen Nordbahn und Südbahn

Obere Donaustraße, 2., seit ca. 1857 (ursprünglich Donaustraße und An der Brücke), Uferstraße am Donaukanal

Obere Grenzgasse, 10. und 23., Benennungsdatum unbekannt, nach der Lage an der Stadtgrenze

Obere Jungenberggasse, 21., Benennungsdatum unbekannt, Flurname

Oberer Reisenbergweg, 19., seit 1912, nach dem 382 m hohen Reisenberg

Obere Ried, 22., seit 2001, Riedname

Obere Viaduktgasse, 3., seit 1862, nach den Viadukten an der Verbindungsbahn

Obere Weißgerberstraße, 3., seit 1878 (vorher Weißgerber Hauptstraße, Weißgerberstraße), zur Wahrung des alten Vorortnamens; Weißgerber wurde 1850 mit Landstraße und Erdberg zum 3. Bezirk eingemeindet

Oberfeldgasse, 22., seit 1963, Flurname

Obergfellplatz, 21., seit 1910, Josef Obergfell Freiherr von Grechtler (1758 bis 1840), Oberstleutnant, Verdienste in den napoleonischen Kriegen (1809)

Oberhummergasse, 21., seit 1954, Dr. Eugen Oberhummer (1859 bis 1944), Geograph, Univ.-Prof. für historische und politische Geographie der Universität Wien (1902–1930), Hofrat

Ober-Laaer-Platz, 10., seit 1954 (vorher: Hauptplatz), zur Wahrung des Ortsnamens (der selbstständige Ort Oberlaa wurde bereits geringfügig 1890 an Wien angeschlossen, die komplette Eingemeindung erfolgte 1954)

Ober-Laaer-Straße, 10. und 23., seit 1954 (vorher: Hauptstraße), s. *Ober-Laaer-Platz*

Ernst Ocwirk (rechts) im Luftkampf mit Leopold Gernhardt, 1952 (Derby Austria–Rapid)

Oberleitengasse, 11., seit 1894 (vorher: Kleine Theresiengasse), Flurname

Obermaissergasse, 14., seit 1984, Johann Obermaisser (1890–1969), Pfarrer in Mariabrunn (1942–1962)

Obermüllnerstraße, 2., seit 1899, Adolf Obermüllner (1833 bis 1898), Landschaftsmaler

Obersteinergasse, 19., seit 1938, Dr. Heinrich Obersteiner (1847 bis 1922), Neurologe, Univ.-Prof. (seit 1898)

Oberweg, 10., nicht amtliche Bezeichnung, Herkunft unklar

Oberwiedenstraße, 16. und 17., seit 1919 (ursprünglich Wilhelminenbergstraße, dann Oberwiedengasse), Flurname; Wieden oder Widem bedeutet Schenkung an eine Kirche oder an ein Kloster

Oberzellergasse, 3., seit 1900, Anton Oberzeller (1816–1882), Bezirksvorsteher-Stellvertreter (1864 bis 1875), Huf- und Wagenschmied

Obkircherbrücke, 19., errichtet 1898, benannt 1912, s. *Obkirchergasse*

Obkirchergasse, 19., seit 1867, Peter Obkircher (1782 bis 1869), Pfarrer von Döbling

O'Brien-Gasse, 21., seit 1913, Johann Freiherr von O'Brien (1775 bis 1830), Verdienste in den napoleonischen Kriegen (1809); Generalmajor

Obstgartenweg, 22., seit 1959, nach den dort angelegten Obstgärten

Ochsenkopfweg, 14., seit 1956, nach dem 424 m hohen Ochsenkopf

Ocwirkgasse, 21., seit 1982, Ernst Ocwirk (1926–1980), Fußballer, Rekordinternationaler, Trainer

Odeongasse, 2., seit 1864, nach einer Vergnügungsstätte, 1845 eröffnet, bautechnische Meisterleistung seiner Zeit, bis zu 15.000 Personen fanden darin Platz, 1848 abgebrannt; 1845 spielte die Straußkapelle den „Odeonwalzer"; zum Etablissement gehörte auch ein kleines Theater

Odoakergasse, 16., seit 1883, Odoaker, germanischer Fürst, fiel 493 gegen Theoderich im Kampf um das weströmische Reich; im 19. Jhd. glaubte man, Odoaker wäre der Begründer von Ottakring gewesen, daher wurde nach ihm eine Gasse benannt

Ödenburger Straße, 21., seit 1913, nach der Stadt in Ungarn

Oehlenschlägergasse, 12., seit 1953, verlängert 1994, Adam Gottlob Oehlenschläger (1779–1850), dänischer Dichter

Oellacherweg, 21., seit 1954, Dr. Hans Oellacher (1889–1949), Altphilologe, Papyrologe, Univ.-Prof.

Oelweingasse, 15., seit 1919 (vorher: Franz-Carl-Gasse; ursprünglich Karlsgasse), Ing. Arthur Oelwein (1837 bis 1917), Techniker, Bauleiter der Wiener Stadtbahn, Lehrtätigkeit an der Hochschule für Bodenkultur

Ölzeltgasse, 3., seit 1875, Anton Oelzelt (sic!) Ritter von Newin (1817 bis 1875), Hofbaumeister, Grundstücksspekulant in der Vorzeit der Stadterweiterung; baute hier die ersten Häuser; Verdienste um den Bau einer Wasserleitung und eines Armenhauses in Mauer

Ölzeltgasse, 23., seit 1885, s. *Ölzeltgasse*

Öppingerweg, 14., seit 1948, Josef Öppinger (1806 bis 1848), Schuhmacher, fiel in der Märzrevolution 1848, s. *Achtundvierzigerplatz*, s. *Märzstraße*

Oerleygasse, 11., seit 1940, Dr. Leopold Oerley (1878–1936), Techniker, 1918 bis 1936 Prof. für Straßen-, Eisenbahn- und Tunnelbau an der TH

Österleingasse, 15., Benennungsdatum unbekannt, Nikolaus Christian Oesterlein (1747 bis 1809), Schlossermeister, Waffenfabrikant; gründete in Fünfhaus das Brauhaus und eine Gewehrfabrik

Oeverseestraße, 15., seit 1912, zur Erinnerung an die Schlacht bei Oeversee (1864) im Österreichisch-Preußischen Krieg gegen die Dänen

Offenbachgasse, 2., seit 1932 (1938 bis 1947 Rollergasse), Jacques Offenbach (1819–1880), französischer Operettenkomponist, dirigierte im Carltheater

Ofnergasse, 2., seit 1925 (1939 bis 1949: Eduard-Kremser-Gasse), Dr. Julius Ofner (1845 bis 1924), Sozialpolitiker, 1901 bis 1918 Abgeordneter zum Reichsrat, stand der Sozialdemokratie nahe; Jurist

Ohligsgasse, 11., seit 1912, Bernhard Wilhelm Ohligs (1810–1868), Vorsitzender der Handels- und Gewerbekammer, Fabrikant

Ohmanngasse, 19., seit 1938, Friedrich Ohmann (1858–1927), Architekt, Prof. an der Technischen Hochschule

Ohmgasse, 21., seit 1952, Georg Simon Ohm (1789–1854), deutscher Physiker (Ohm = Einheit für elektrischen Widerstand), 1849 Prof. in München

Oktaviangasse, 23., seit 1959, Gestalt aus der Oper „Der Rosenkavalier" von Richard Strauss

Olaus-Petri-Gasse, 10., seit 1951, Olaus Petri (1493–1552), Reformator (Schuler Luthers), Begründer der schwedischen Schriftsprache

Olbrichgasse, 12., seit 1924, Josef Olbrich (1867–1908), Architekt (Erbauer der Secession), Maler

Oldenburggasse, 23., Benennungsdatum unbekannt, Großherzogin von Oldenburg, einst Herrschaftsbesitzerin von Erlaa

Oleandergasse, 22., seit 1954, nach der Zierpflanzenart (Nerium oleander)

Olmagasse, 13., seit 1955 (vorher ab 1929 Gärtnergasse), Berta Olma (gest. 1848), Operettensängerin

Olympiaplatz, 2., seit 1977, nach den Olympischen Spielen

Onno-Klopp-Gasse, 14., seit 1904, Dr. Onno Klopp (1822–1903), Historiker, Publizist; kam mit König Georg V. von Hannover nach Wien (s. *Cumberlandstraße*); 1872 österr. Staatsbürgerschaft, großdeutsch eingestellt, aber mit dem christlichsozialen Politiker Karl von Vogelsang befreundet; geriet 1883 anlässlich der 200-Jahr-Feier der zweiten Türkenbelagerung ins Kreuzfeuer der Kritik, weil er die Rolle der Tschechen bei der Verteidigung Wiens heraus strich

Opalgasse, 21., seit 1963 (vorher: Achatgasse), nach dem Schmuckstein

Operngasse, 1. und 4., seit 1862, nach der 1861 bis 1869 erbauten Staatsoper

Opernring, 1., seit 1919 (vorher:1917 bis 1919 Kaiser-Karl-Ring; urspr. ab 1861 Opernring), s. *Operngasse*

Opfermanngasse, 16., seit 1983, nach einer alteingesessenen Weinhauer- und Gastwirtfamilie; maßgeblich an der Entwicklung Ottakrings beteiligt

Opitzgasse, 13., seit 1903, Ambros Opitz (1846 bis 1907), Volksschriftsteller, Begründer der „Reichspost" (1893), dem späteren Organ der Christlichsozialen

Oppelgasse, 12., seit 1875, Hans Ehrenreich Freiherr von Oppel, Grundherr über die Orte Margareten, Nikolsdorf und Matzleinsdorf

Oppenheimgasse, 10., seit 1929 (1938 bis 1945: Hauckgasse), Dr. Samuel Oppenheim (1857–1928), Prof. für Astronomie an der Wr. Universität (1911)

Oppenheimweg, 10., seit 1960, s. *Oppenheimgasse*

Oppolzergasse, 1., seit 1874 (um 1770 Hühnerloch, dann Kleppergasse), nach der Gelehrtenfamilie von Oppolzer; Dr. Johann Ritter von 1808 bis 1871, Arzt, Univ.-Prof. in Prag (1841), Leipzig (1848) und Wien (1850), Spezialist für Erkrankungen des Mund- und Rachenraumes; Theodor (1841 bis 1886) und Egon (1869 bis 1907), beide Astronomen; Theodor wurde 1870 ao. und 1875 o. Prof. für Astronomie an der Universität Wien

Orasteig, 21., seit 1982, Flurname

Orchideenweg, 22., seit 1954, nach der Pflanzenfamilie (Knabenkrautgewächse, Orchidaceae)

Orchisgasse, 22., seit 1955, Orchideengattung (Knabenkraut)

Ordengasse, 10., seit 1864, diese Gegend befand sich einst im Besitz des Johanniterordens

Orelgasse, 21., seit 1971 (vorher: Adlerweg), Eduard Ritter von Orel (1877 bis 1941), Pionier der Photogrammetrie

Oriongasse, 11., seit 1953, nach dem Sternbild

Ortliebgasse, 17., seit 1894 (ursprünglich Franzensgasse, dann Herrengasse), Ortliebus de Als, um 1290 Besitzer der Herrschaft von Hernals

Ortnergasse, 15., seit 1898, Josef Ortner (1846 bis 1895), Leimfabrikant, Gemeinderat und Bürgermeisterstellvertreter von Sechshaus, Mitbegründer der Sechshauser Sparcasse

Osergasse, 21., seit 1932 (1938–1947: Stammelgasse), Dr. Leopold Oser (1839 bis 1910), Arzt, Univ.-Prof. (1902), Direktor des Spitals der israelitischen Kultusgemeinde; Mitbegründer der Wiener Allgemeinen Poliklinik

Oskar-Czeija-Gasse, 21., seit 1999, Dr. Oskar Czeija (1887–1958), Techniker, Mitbegründer und Generaldirektor der RAVAG, Sohn von Karl Czeija (Gründer der „Telephon- und Telegraphenfabrik Czeija, Nissl & Co", 1884), siehe *Czeija-Nissl-Gasse*

Oskar-Grissemann-Straße, 22., seit 1981, Oskar Grissemann (1889–1952), Schriftsteller, Pionier von Bildungssendungen im Rundfunk

Oskar-Jascha-Gasse, 13., seit 1955 (vorher: Invalidengasse), Oskar Jascha (1881 bis 1948), Komponist, Kapellmeister

Oskar-Kokoschka-Platz, 1., seit 1980 (vorher ab 1914 Kopalplatz), Oskar Kokoschka (1886–1980), Maler (Expressionist), Graphiker, Dichter („Die träumenden Knaben", 1908), 1919 Prof. an der Kunstakademie in Dresden, 1933 Rückkehr nach Wien, 1938 Emigration nach England, 1953 Mitbegründer der „Schule des Sehens"

Oskar-Sima-Gasse, 22., seit 1997, Oskar Sima (1896–1969), Bühnen- und Filmschauspieler

Oskar-Simony-Gasse, 14., Benennungsdatum unbekannt, Dr. Oskar Simony (1852–1917), Professor an der Forstakademie Mariabrunn und an der Hochschule für Bodenkultur (Mathematik, Physik); unternahm auch zoologische Expeditionen (Kanarische Inseln, Teneriffa, Südarabien)

Oskar-Spiel-Gasse, 19., seit 1963, Oskar Spiel (1892–1961), Pädagoge

Oskar-Werner-Platz, 6., seit 2002, Oskar Josef Bschliessmayer (1922 bis 1984), Schauspieler (Liebhaberrollen in den 50er-Jahren, später Charakterdarsteller, berühmt als Hamlet), Filme (z. B. Fahrenheit 451, 1966; Der Spion, der aus der Kälte kam, 1965)

Osloplatz, 22., seit 1994, Hauptstadt von Norwegen, s. *Trondheimgasse*, s. Einleitung

Ospelgasse, 20., seit 1894, Anton Ospel (1677 bis 1756), Architekt; erbaute u. a. 1731/32 das Bürgerliche Zeughaus am Hof (heute Feuerwehrzentrale), das Palais Wilczek und veranstaltete große Feuerwerke

Ostautobahnbrücke, 2. und 3., 1975 fertiggestellt

Ostbahnbegleitstraße, 22., seit 1988 (verlängert 2004), nach der Lage an der Ostbahn

Ostbahnbrücke, 2. und 3., 1870 erbaut, nach Zerstörung 1956 wiederhergestellt

Ostbahnstraße, 11., Zufahrtsstraße zum Zentralverschiebebahnhof Wien-Kledering

Ostbahnweg, 22., seit 1962, entlang der Ostbahn (der Ostbahnhof wurde 1870 an Stelle des Raaber Bahnhofes eröffnet)

Osterleitengasse, 19., seit 1894 (vorher: Schlossgasse, 1939–1945 Hubert-Klausner-Gasse), Flurname; nach Osten weisende Leiten (Berglehne)

Ostmarkgasse, 21., seit 1901 (vorher: Obere Ziegelofengasse), von deutschtümelnden Historikern des 19. Jahrhunderts initiiert, gemeint ist die Namensnennung Ostarrîchi von 996

Ostrandstraße, 23., nach der Lage (Grenze Siebenhirten-Liesing); nicht amtlich

Oswaldgasse, 12., seit 1894 (vorher: Augustinergasse), nach dem hl. Oswald, König von Northumbria (604 bis 642), Namenspatron der Pfarrkirche in Altmannsdorf

Oswald-Redlich-Straße, 21., seit 1954, Dr. Oswald Redlich (1858–1944), Historiker, Univ.-Prof. in Wien (1897), Verdienste um das Archivwesen und den Denkmalschutz

Oswald-Thomas-Platz, 2., seit 1974, Oswald Thomas (1882–1963), Astronom (Begründer des Planetariums), Volksbildner, Professor

Othellogasse, 23., seit 1960, nach der Verdi-Oper

Othmargasse, 20., seit 1869, s. *Rauscherstraße*

Otmar-Brix-Gasse, 11., seit 2004, Otmar Brix (1944 bis 2003), Radiomechaniker; Bezirksrat (1978–1985), Gemeinderat, Landtagsabgeordneter, Bezirkssekretär SPÖ Simmering (1980–1988), Klubvorsitzender (1983–1985), ab 2001 Bezirksvorsteher von Simmering, ab 1994 Abg. z. NR, SPÖ; Verdienste um die Revitalisierung von Schloss Neugebäude, Sportfunktionär (ab 1989 Präsident des österr. Schwimmverbandes)

Ottakringer Straße, 16. und 17., seit 1894 (im 16. Bezirk urspr. Hauptstraße, dann Ottakringer Hauptstraße; im 17. Bezirk: Obere Hauptstraße); zur Erinnerung an den alten Vorortnamen; der Name „Otachringen" wurde urk. erstmals im 12. Jahrhundert erwähnt; Ottakring zählte vor der Eingemeindung 1890 61.817 Einwohner

Otterweg, 22., seit 1966, nach dem Tier, verlängert 2005

Otto-Bauer-Gasse, 6., seit 1949 (vorher: Kasernengasse), Dr. Otto Bauer (1881 bis 1938), Sozialdemokrat; 1918/19 Staatssekretär des Äußeren und für Sozialisierung, Begründer und Verfechter des Austromarxismus, Abgeordneter zum Nationalrat (1919 bis 1934), Redakteur der „Arbeiter-Zeitung" (ab 1907), Schöpfer des „Linzer Programms" der Sozialdemokratie, 1934 Flucht nach Brünn, Leitung des Auslandsbüros, Publikation „Zwischen zwei Weltkriegen" (1936), 1938 Flucht nach Paris; Otto Bauer wohnte auf Kasernengasse 2

Otto-Benedik-Platz, 21., seit 2006, Dr. Otto Benedik (1923 bis 2002), Arzt („Albert Schweitzer der Bruckhaufener")

Otto-Beyschlag-Gasse, 21., seit 1970, Otto Beyschlag (1869 bis 1945), Pionier des Rad- und Motorsports; Industrieller; gründete mit Heinrich Opel die 1. Radfahrschule; später Alleinvertretung für Opel

Otto-Bondy-Platz, 12., seit 2006, Otto Bondy (1844 bis 1928), Unternehmer (Kabel- und Drahtwerke AG), s. *Am Kabelwerk*

Otto-Fürth-Gasse, 22., seit 1966, Dr. Otto Fürth (1867 bis 1938), Chemiker, Univ.-Prof.

Otto-Futterknecht-Weg, 2., seit 1996, Otto Futterknecht (1911 bis 1977), Siedlerfunktionär

Ottogasse, 3., seit 1862, Benennungsgrund nicht mehr feststellbar

Otto-Geißler-Platz, 10., seit 1997, Otto Geißler (1930–1995), Schausteller im Böhmischen Prater, geschäftsführender Obmann des Klubs Monte Laa

Otto-Glöckel-Weg, 22., seit 2002, Otto Glöckel (1874 bis 1935), Lehrer, 1907 bis 1934 Reichsrats- bzw. Nationalratsabgeordneter, 1918 Unterstaatssekretär für Inneres, 1919/20 Unterstaatssekretär für Unterricht, ab 1922 Präsident des Wiener Stadtschulrates und Schulreformator; s. auch *Leopoldine-Glöckel-Weg*

Otto-Herschmann-Gasse, 11., seit 2001, Dr. Otto Herschmann (1877 bis 1942), Rechtsanwalt; Spitzensportler (Schwimmen, Fechten), 1914 bis 1932 Präsident des Verbandes österreichischer Schwimmvereine; Präsident des österreichischen olympischen Komitees, gest. im KZ Sobibor

Otto-Hötzl-Weg, 16., seit 2003, Otto Hötzl (1876 bis 1956), Bildhauer, Steinmetz, Kleingartenfunktionär

Otto-König-Warte, 16., seit 2003, Prof. Otto Koenig (1914 bis 1992), Zoologe, Verhaltensforscher, Leiter der Biologischen Station Wilhelminenberg

Otto-Mauer-Gasse, 23., seit 1995, Otto Mauer (1907–1972), erzbischöflicher Konsistorialrat, päpstlicher Ehrenkämmerer, Künstlerseelsorger, Gründer der Galerie nächst St. Stephan

Otto-Mraz-Weg, 11., seit 2000, Otto Mraz (1925 bis 1999), Bezirksvorsteher von Simmering (1980–1989), Bezirksrat seit 1973 (SPÖ), Gewerkschafter

Otto-Probst-Platz, 10., seit 1989, siehe *Otto-Probst-Straße*

Otto-Probst-Straße, 10., seit 1987, Otto Probst (1911 bis 1978), Sozialdemokrat; 1939 von der Gestapo verhaftet und bis 1943 im KZ Buchenwald inhaftiert;

1945 führende Rolle beim Wiederaufbau der Partei in Favoriten, Bezirksobmann der SPÖ 1945–1977; 1945–1978 Nationalratsabgeordneter, 1970–1978 Dritter Präsident des Nationalrates; 1963 bis 1966 Bundesminister für Verkehr und Elektrizitätswirtschaft

Otto-Storch-Gasse, 21., seit 1966, Dr. Otto Storch (1886–1951), Zoologe

Otto-Wagner-Platz, 9., seit 1925, Otto Wagner (1841–1918), Oberbaurat, Architekt, Prof. an der Kunstakademie

Otto-Weber-Gasse, 22., seit 1993, Otto Weber (1898 bis 1969), Gemeinderatsabgeordneter 1945–1954 (SPÖ)

Otto-Weininger-Gasse, 13., seit 1957, Otto Weininger (1880–1903), Philosoph („Geschlecht und Charakter")

Otto-Willmann-Gasse, 10., seit 1974, Dr. Otto Willmann (1839 bis 1920), Philosoph, Pädagoge

Overbeckgasse, 13., seit 1938 (vorher: Dr. Julius-Ofner-Gasse), Johann Friedrich Overbeck (1789–1869), deutscher Maler der romantischen Schule

Owengasse, 21., seit 1994, Robert Owen (1771 bis 1858), Mitinhaber eines der größten Industrieunternehmen seiner Zeit; versuchte, den klassischen Liberalismus mit sozialreformerischen Ideen anzureichern; setzte sich für die Genossenschaftsidee ein

P

Pacassistraße, 13., seit 1922, Nikolaus Freiherr von Pacassi (1716 bis 1790), Hofarchitekt von Maria Theresia, vollendete den Bau von Schloss Schönbrunn; s. *Schönbrunner Schlossstraße*

Pachmanngasse, 14., Benennungsdatum unbekannt, Johann von Pachmann (1804–1888), Bürgermeister von Baumgarten (1881–1884)

Pachmayergasse, 11., seit 1895 (vorher: Mastschützgasse), Georg Pachmayer, Ortsrichter von Simmering (1721 bis 1727), Verdienste im Pestjahr 1713

Pachmüllergasse, 12., seit 1894 (bis 1864 Friedhof-, dann Josefigasse), Peter Pachmüller, um 1440 Verwalter des Stiftes Klosterneuburg in Ottakring und Meidling

Pachtweg, 22., seit 1966, nach der „Pacht" (Abgabe für Grundstücksmiete)

Packesgasse, 23., seit 1988, Alois Packes (1899 bis 1978), Bürgermeister von Erlaa (1931 bis 1934), Klubobmann der SPÖ, Bezirksrat (1946 bis 1954 für den 25. Bezirk, 1954 bis 1973 für den 23. Bezirk)

Paffrathgasse, 2., seit 1876, Leopold Paffrath (1816 bis 1875), liberaler Gemeinderat (1862–1875); Kaufmann

Paletzallee, 19., s. *Paletzgasse*

Paletzgasse, 16., seit 1886, Emanuel Paletz (1816–1900), Pfarrer, gründete 1868 die Kinderbewahranstalt in Ottakring

Palffygasse, 17., seit 1864/1871, Ferdinand Graf Pálffy von Erdöd (1774 bis 1840), Schloss- und Grundbesitzer in Hernals; Theaterdirektor (Theater an der Wien); vorher: Montanistikstudium; Bergrat

Palisagasse, 10., seit 1929, Dr. Johann Palisa (1848–1925), Astronom, Vizedirektor der Wiener Sternwarte

Pallenbergstraße, 13., seit 1955 (vorher: Alleestraße), Max Pallenberg (1877 bis 1934), Schauspieler

Palmaygasse, 13., seit 1955 (vorher ab 1927: Schillergasse), Ilika von Palmay (1859–1945), populäre Soubrette

Palmgasse, 15., seit 1864/1869, Fürst Karl Franz Joseph Palm-Gundelfingen (1775–1851), Grundbesitzer in Fünfhaus und in Gumpendorf

Paltaufgasse, 16., seit 1897 (vorher: Heugassel), Franz Paltauf (gest. 1785), Ortsrichter in Ottakring (1756–1768); Verdienste um die finanzielle Lage Ottakrings

Paltramplatz, 10., seit 1895, nach dem gleichnamigen Altwiener Bürgergeschlecht; besaß im 13. Jahrhundert ein Schloss in Unterlaa; Paltram vor dem Freithof besaß 1260–1276 eine bürgermeisterähnliche Stellung

Paminagasse, 23., seit 1961 (vorher: Mozartgasse), Gestalt aus Mozarts „Zauberflöte"

Panethgasse, 22., seit 1963, Dr. Friedrich August Paneth (1887 bis 1958), Chemiker; Atomforschung

Besondere Viertel

In abgegrenzten Arealen wurden neu eröffnete Verkehrsflächen manchmal nach zusammengehörenden Begriffen benannt.

Der Bereich zwischen Hütteldorfer Straße, Gablenzgasse, Vogelweidplatz und Stutterheimstraße trägt den Namen von Gestalten der Nibelungensage, weswegen sich der Begriff **Nibelungenviertel** eingebürgert hat.
Angelegt wurde es 1912.

An die Opfer der Revolution von 1848 erinnert das 1929 angelegte Viertel rund um den **Achtundvierzigerplatz** in Breitensee. Aber auch an die Märzstraße oder die Robert-Blum-Gasse sei in diesem Zusammenhang verwiesen.

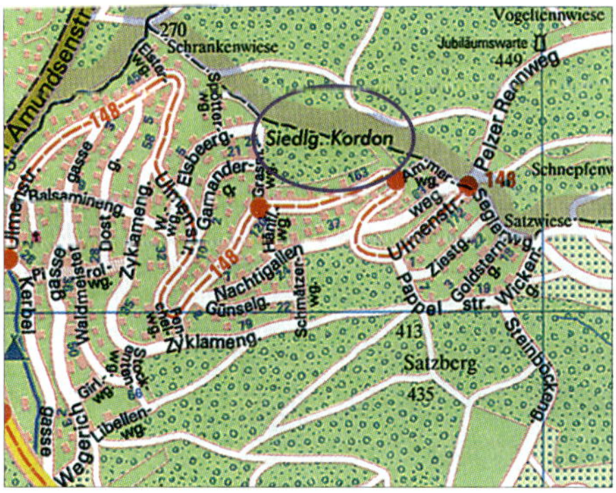

In der nach dem Hütteldorfer Gutsbesitzer Anton Kordon (1801 bis 1878) benannten **Siedlung Kordon** tragen die Verkehrsflächen Namen aus dem Tier- und Pflanzenreich.

In der Siedlung Wolfersberg wurde 1923 ein **Planetenviertel** angelegt.

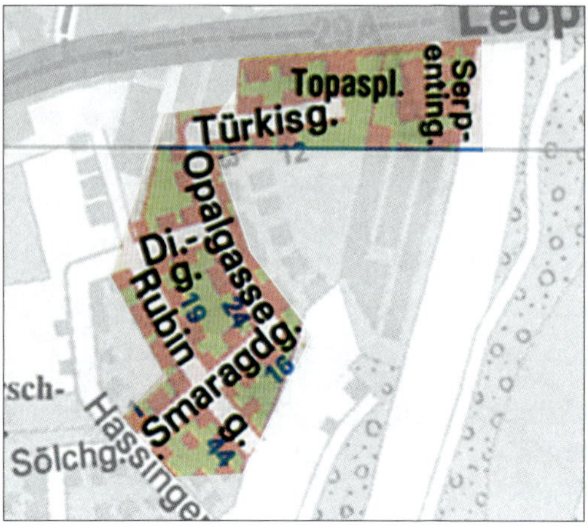

Das 1953 angelegte **Edelsteinviertel**.

In der Per-Albin-Hansson-Siedlung in Favoriten erinnert eine **Gruppe von schwedischen Namen** an die Hilfe Schwedens für das hungernde Wien 1945, und zur Erinnerung daran, dass die norwegische Bevölkerung nach dem Zweiten Weltkrieg Lebensmittelpakete für Kinder spendete, wurde 1994 ein **Norwegerviertel** angelegt.

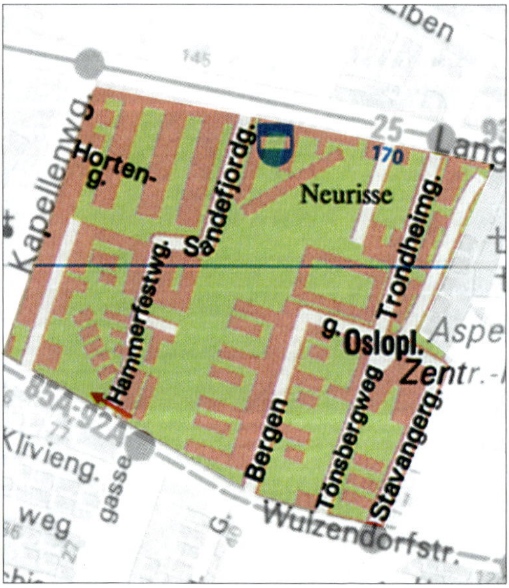

In Groß-jedlersdorf wird seit 1992 an den **militärischen Widerstand** gegen den National-sozialismus gedacht (Alfred-Huth-Gasse, Rudolf-Raschke-Gasse, Ferdinand-Käs-Gasse, Karl-Bieder-mann-Gasse), und rund um die seit 1982 bestehende Ocwirkgasse wurde 1993 ein **Fußballerviertel** angelegt und seither ausgebaut.

In Jedlesee wird an bedeutende **Physiker** gedacht.

Am Schafberg werden Benennungen nach bedeutenden **Literaten** vorgenommen; auch in der Großfeldsiedlung in der Leopoldau sind **Geisteswissenschafter** konzentriert vertreten (Historiker, Literaten).

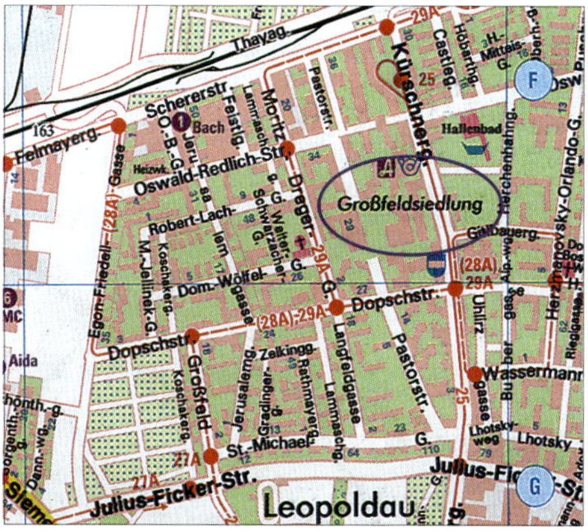

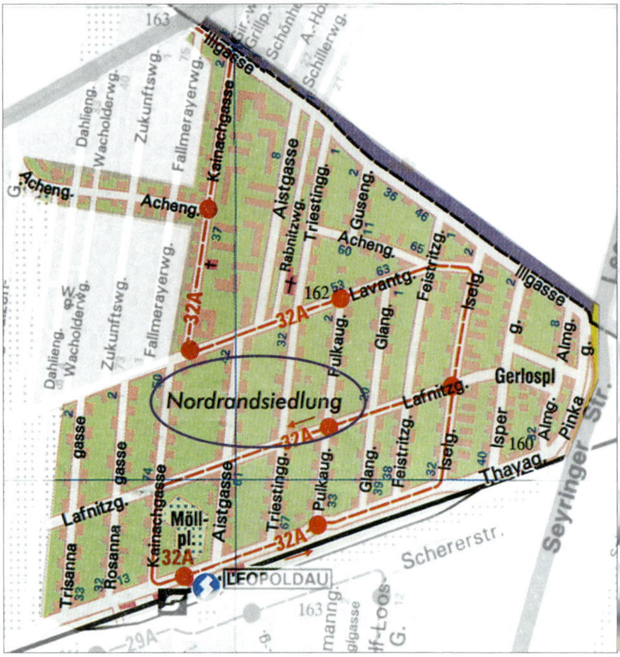

Flussnamen
existieren im
2. und 20. Bezirk
sowie massiert
in der Nordrand-
siedlung.

Blumenviertel
In der Siedlung Wulzendorf
(Am Mühlhäufel) und rund um
den Badeteich Hirschstetten
wurde die Botanik als Grundlage
für Verkehrsflächenbenennungen
herangezogen.

Paniglgasse, 4., 1397 Pänigklstraße, später auch Plenklergasse; nach einer im 17. Jahrhundert ansässigen Bürgerfamilie Panigl

Panikengasse, 16., seit 1889, alter Flurname (Paniken = Bann = Ecke bzw. Pan = Ecke, d. h. Gerichtsplatz)

Pannaschgasse, 5., seit 1891, Anton Pannasch (1789–1855), Oberst, Dichter (1848 Oberkommandant der Wiener Nationalgarde)

Pantlitschkogasse, 23., seit 1954, nach einer altansässigen Maurer Familie

Pantucekgasse, 11., seit 1971, Eduard Pantucek (1887–1961), Buchdrucker, Bezirksvorsteher des 11. Bezirks (1921 bis 1934 und 1945); Sozialdemokrat

Pantzergasse, 19., seit 1884, Johann Pantzer, Gastwirt, um 1820 Erbauer des ersten Hauses in der Gasse

Paoliweg, 13., seit 1930 (1938–1947 Justus-Möser-Weg), Betty Paoli (eig. Barbara Elise Glück, 1814–1894), Dichterin (Essays, Lyrik), Journalistin

Papagenogasse, 6., seit 1876 (vorher: Jägergasse), nach der Figur aus der „Zauberflöte"

Papiergasse, 23., seit 1955 (vorher: Wallnergasse), Rosa Papier-Paumgartner (1858–1932), Opernsängerin

Papinweg, 22., seit 1932, Denis Papin (1647 bis 1710), Physiker, Erfinder des Dampfkochtopfes mit Sicherheitsventil („Papinscher Topf")

Pappelstraße, 14., seit 1953, nach der Baumgattung (Populus)

Pappelweg, 22., seit 1978, nach der Baumgattung (Populus)

Pappenheimgasse, 20., seit 1869 (vorher: Jacobsgasse), Gottfried Heinrich Graf von Pappenheim (1594 bis 1632), kaiserlicher Reitergeneral; schlug 1626 den oberösterreichischen Bauernaufstand nieder; fiel in der Schlacht bei Lützow (1632)

Paracelsusgasse, 3., seit 1907, Theophrastus Bombastus von Hohenheim (1493 bis 1541), Arzt, Naturforscher, religionsphilosophische und sozialpolitische Schriften, Wegbereiter der europäischen Heilkunde

Paradeweg, 18., nicht amtliche Bezeichnung

Paradisgasse, 19., seit 1894 (vorher: Paradiesgasse, ursprünglich Kreuzgasse), Maria Theresia Paradis (1759 bis 1824), blinde Klaviervirtuosin, Komponistin

Paragonstraße, 3., seit 1979, nach der einstigen Druckerei „Paragon"

Paraselgasse, 14., seit 1930, Jakob Parasel, Maurergeselle, fiel in der Märzrevolution 1848, s. *Achtundvierzigerplatz*, s. *Märzstraße*

Parhamerplatz, 17., seit 1894 (vorher: Petersplatz, 1938–1945 Planettaplatz), Ignaz Parhamer (1715–1786), Jesuit, Humanist, Direktor des Waisenhauses am Rennweg (1759–1785)

Parisergasse, 1., seit ca. 1786, nach einem Hausschild „Zum Parys" (Urteil des Paris)

Parkgasse, 3., seit 1876 (vorher: Badgasse); auf den Gründen des ehemaligen Palais Rasumovsky und des dazugehörigen Parks errichtet

Parkgasse, 14., Benennungsdatum unbekannt, führt zum nahen Schlosspark von Loudon

Parkring, 1., seit 1919, nach dem Stadtpark, angelegt 1861; 1910 bis 1919 Kaiser-Wilhelm-Ring

Partlgasse, 23., Benennungsdatum unbekannt, Josef Partl (1813 bis 1880), erster Bürgermeister von Inzersdorf (1850 bis 1864)

Parttartgasse, 23., Benennungsdatum unbekannt, Alois Parttart (1841 bis 1898), Klaviererzeuger; errichtete 1892 in Atzgersdorf eine neue Fabrik

Paschinggasse, 17., seit 1912, Ferdinand Pasching (1832 bis 1894), letzter Bürgermeister von Dornbach (1885 bis 1891), Fleischhauer

Pasettistraße, 20., seit 1893, Florian Pasetti (1793 bis 1875), Mitglied der Donauregulierungskommission, siehe Einleitung

Passauer Platz, 1., seit 1902 (ursprünglich Passauer Gasse, dann Salvatorgasse); die Kirche Maria am Gestade befand sich von 1337 bis 1805 im Besitz des Bistums Passau

Passinigasse, 10., seit 1957, Dr. Paul Passini (1881 bis 1956), Maler (Bilder von Favoriten)

Pasteurgasse, 9., seit 1930 (vorher: Wasagasse), Louis Pasteur (1822 bis 1895), französischer Chemiker; erfand das nach ihm benannte Verfahren, Flüssigkeiten durch Erhitzen keimfrei und haltbar zu machen

Pastinakweg, 22., seit 1993, nach der Wiesen- und Gemüsepflanze (Pastinaca sativa)

Pastorstraße, 21., seit 1954, Dr. Ludwig Freiherr von Pastor (1854 bis 1928), Historiker (Papstgeschichte)

Pater-Schwartz-Gasse, 15., seit 1936 (vorher ab 1874 Idagasse), Pater Anton Maria Schwartz (1862–1929), Lehrlings- und Arbeiterseelsorger, Gründer der Kalasantinerkongregation

Pater-Zeininger-Platz, 19., seit 1997, Josef Zeininger (1916 bis 1995), Priester, Pfarrer der Kirche „In der Krim", Bischofsvikar, Bundesseelsorger der Katholischen Jugend, Gründer der katholischen Arbeiterjugend Österreichs; 1944 vom NS-Staat inhaftiert und 1945 zum Tode verurteilt; entkam der Exekution nur dadurch, weil Österreich vorher durch die Alliierten befreit wurde

Patrizigasse, 21., seit 1900 (vorher: Kagraner Straße), nach einer dem hl. Patrick (373–461), dem Apostel der Irländer, geweihten Denksäule

Patrubanstraße, 10., seit 1899 (vorher: Steinackergasse), Dr. Franz von Patruban (1849–1897), Notar, Obmann des Favoritner Ortsschulrates, Verdienste um den Aufbau von Favoriten

Paukerwerkstraße, 21., seit 1999, nach dem Pauker-Werk (Symbol für den Industriestandort Floridsdorf)

Paulanergasse, 4., seit 1862 (vorher: Kirchengasse), nach der 1627 erbauten Kirche und dem Kloster der Paulaner, 1783 aufgehoben

Paulasgasse, 11., seit 1996, Johann Paulas (1913–1988), Bezirksrat (1950 bis 1968, 1973–1980), Landtagsabgeordneter (1968–1973), Bezirksvorsteher (1973–1980), SPÖ

Paula-Wessely-Weg, 19., seit 2002; Paula Wessely (1907–2000), Kammerschauspielerin, verheiratet seit 1935 mit dem beliebten Schauspieler Attila Hörbiger (1896–1987); 1924 Debüt im Deutschen Volkstheater in Wien, 1929 bis 1952 Theater in der Josefstadt, 1953 bis 1985 Burgtheater; Salzburger Festspiele (Rolle des Gretchen in Faust I); Filme („Maskerade", 1934; „Der Engel mit der Posaune", 1948); Wessely wirkte gemeinsam mit ihrem Ehemann im NS Propagandafilm „Heimkehr" (1941) mit und hatte vorüber gehend nach dem Krieg in der US-Zone Auftrittsverbot (andererseits half das Ehepaar nach dem „Anschluss" mehreren Emigranten bei der Flucht aus Österreich)

Paul-Ehrlich-Gasse, 19., seit 1947 (1933 bis 1935: Hinter Grinzinger Brauhaus, 1935 bis 1938 Paul-Ehrlich-Gasse, 1938 bis 1947 Guschelbauergasse), Dr. Paul Ehrlich (1834–1915), Mediziner, Univ.-Prof., Nobelpreis 1908

Paul-Engelmann-Weg, 22., seit 2003, Paul Engelmann (1891 bis 1965), Architekt (u. a. King David Hotel in Jerusalem und Thronsaal in Amann), Kulturphilosoph, Literat; Schüler von Adolf Loos, zählte zum Freundeskreis von Karl Kraus, befreundet mit Ludwig Wittgenstein; 1934 Emigration nach Palästina (Tel Aviv); publizierte in Israel eine Anthologie deutscher Gedichte

Paul-Heyse-Gasse, 11., seit 1932 (1938 bis 1947 Fontanegasse), Paul Heyse (1830–1914), Dichter (Lyrik, Dramen, Romane); Nobelpreis 1910

Paul-Hopfner-Gasse, 21., Benennungsdatum unbekannt, Paul Hopfner (nähere Daten unbekannt, 19. Jahrhundert), Gastwirt, Weinhändler

Paulinengasse, 18., seit 1894 (vorher: Mayergasse), s. *Paulinensteig*

Paulinensteig, 16., seit 1886, nach Gräfin Pauline von Metternich (1809 bis 1905), geborene Baronin von Effinger-Wildegg; Erzieherin und Freundin der Prinzessin Wilhelmine Montléart, s. *Montléartstraße*

Paulitschkegasse, 22., seit 1936, Dr. Philipp Paulitschke (1854 bis 1899), Geograph, Afrikaforscher

Paul-Katzberger-Gasse, 23., seit 1965, Paul Katzberger (1891–1941), Bürgermeister von Rodaun (1932 bis 1938), Baumeister

Paul-Konrath-Gasse, 17., seit 1894 (vorher ab 1877 Konrathgasse), Paul Konrath (1817–1863), Gastwirt, Fuhrwerksunternehmer in Hernals (führte ab 1820 regelmäßigen Fuhrwerksverkehr zwischen Dornbach und Wien ein)

Paulusgasse, 3., seit 1797, nach dem Apostel Paulus; neben dem Apostel Petrus Schutzheiliger der Erdberger Pfarrkirche; s. auch *Petrusgasse*

Paulusplatz, 3., seit 1862 (vorher: Paulusgrund), s. *Paulusgasse*

Pausingergasse, 14., seit 1920, Franz von Pausinger (1839 bis 1915), Maler (Tiermotive)

Pavlicekgasse, 21., seit 1996, Robert Pavlicek (1912 bis 1982), Fußballer (Admira)

Pawlikgasse, 22., seit 1962, Franz Xaver Pawlik (1865 bis 1906), Medailleur

Payergasse, 16., seit 1876, Julius Ritter von Payer (1841–1915), Nordpolfahrer, entdeckte auf der österreichisch-ungarischen Nordpolexpedition 1872 bis 1874 mit Karl Weyprecht das Franz-Josephs-Land, s. *Weyprechtgasse*, s. *Nordpolstraße*

Pazmanitengasse, 2., seit 1867, Peter Pázmány (1570–1637), Erzbischof von Gran, gründete das Pazmaneum zur Heranbildung ungarischer Priester (1623)

Pechegasse, 12., seit 1930, Therese Peche (1806–1882), Burgschauspielerin

Peezgasse, 19., seit 1926, Dr. Alexander Peez (1824–1912), erster Obmann des Wiener Volksbildungsvereines (1887 bis 1892), Nationalökonom, Industrieller, Kulturhistoriker

Pehamgasse, 22., seit 1955 (vorher: Lagergasse), Dr. Heinrich Peham (1871 bis 1930), Gynäkologe; Vorstand der 1. Universitäts-Frauenklinik (AKH, 1920 bis 1930)

Peitlgasse, 21., seit 1910 (vorher: Eichengasse), Leonhard Peitl (1846 bis 1906), Propst von Klosterneuburg

Pelargonienweg, 22., seit 1954, nach der Zierpflanze (Pelargonium, in Deutschland fälschlich „Geranie“ genannt)

Pelikangasse, 9., seit 1862 (vorher: Bergsteiggasse, Alsterbachgässl), nach einem Hausschild „Zum goldenen Pelikan“

Pellmanngasse, 23., Benennungsdatum unbekannt, Ferdinand Pellmann (1828 bis 1906), Bürgermeister von Liesing (1860 bis 1867)

Pelzer-Rennweg, 16. und 17., Benennungsdatum unklar; ursprünglich Teufelsmauer, 1887 Plankengasse; Herkunft unklar; möglicherweise nach Pelzer, einem Jagdgehilfen von Kaiser Matthias; bei Jagden soll es geheißen haben: „Der Pelzer rennt schon“

Pelzgasse, 15., seit 1864/1869, nach einer altansässigen Fünfhauser Familie, Verdienste als Wohltäter in Fünfhaus

Penkgasse, 21., seit 1953, Dr. Alfred Penck (sic!) (1858–1945), Geograph (Begründer der modernen Geomorphologie)

Pensionsgasse, 11., seit 1875; hier befanden sich Häuser, die „vom Vermögen für die Ruheständler der Staatsbahnangestellten“ erbaut wurden; nach 1945 revitalisiert

Penzinger Straße, 14., seit 1894 (vorher: Hauptstraße; um 1529 erwähnt als „Am oberen Ort“ und „Obere Zeile“), zur Erinnerung an den alten Vorstadtnamen („-ing“ = Dorf, „Penz“ = Bernhard, also ein Dorf, das einem Bernhard gehört oder von ihm verwaltet wird); 1130 wird ein Regenbertus und Rudolf de Pencingen genannt; Penzing als 14. Bezirk gibt es seit 1938, vorher gehörte er zum 13. Bezirk

Per-Albin-Hansson-Straße, 10., seit 1951, Per Albin Hansson (1885–1949), schwedischer Ministerpräsident, 1925 bis 1946 Vorsitzender der schwedischen Sozialdemokratie, Begründer des schwedischen Reformkurses und Verfechter der Neutralität; hatte 1945 entscheidenden Anteil an der Einleitung von Hilfsaktionen für das hungernde Wien

Perchtoldsdorfer Straße, 23., Benennungsdatum unbekannt, führt nach der Ortschaft in Niederösterreich

Percostraße, 22., seit 1990, Rudolf Perco (1884–1942), Architekt (Gemeindebauten, z. B. Friedrich-Engels-Hof im 20. Bezirk)

Peregringasse, 9., seit 1870, nach dem hl. Peregrinus Latiosi (1265 bis 1345), Servitenmönch, Schutzpatron der Fußkranken und Krebskranken, wird in der Servitenkirche verehrt

Perfektastraße, 23., seit 1955 (vorher: Grenzgasse), nach der in Erlaa ansässigen Fabrik „Perfekta“

Perinetgasse, 2. und 20., seit 1919 (vorher: Mathildengasse), Joachim Perinet (1763 bis 1816), Schauspieler, Wiener Volksdichter; wirkte vor allem am Leopoldstädter Theater

Perlweg, 21., nicht amtliche Bezeichnung

Pernerstorfergasse, 10., seit 1919 (vorher ab 1864 Eugengasse), Engelbert Pernerstorfer (1850 bis 1918), Sozialpolitiker, Reichsratsabgeordneter; setzte sich für die Arbeiterbildung ein; mit Victor Adler führender Kopf der Sozialdemokratie

Pernerstorfersteg, 10., seit 1989, s. *Pernerstorfergasse*

Perntergasse, 19., seit 1910 (vorher: Aussichtsweg), Dr. Josef Pernter (1848 bis 1908), Direktor der Zentralanstalt für Meteorologie und Geodynamik

Perspektivstraße, 2., seit 1878, nach der schönen Aussicht von der Rotunde (Plätze, von denen aus man bestimmte Gebäude gut sehen konnte, bezeichnete man früher als Perspektive)

Peschkaweg, 13., seit 1993, Anton E. Peschka (1885 bis 1940), Maler

Pestalozzigasse, 1., seit 1865, Johann Heinrich Pestalozzi (1746 bis 1827), Schriftsteller, Sozialreformer; leitete 1804 bis 1825 ein Erziehungsinstitut, das weltberühmt wurde

Peter-Altenberg-Gasse, 19., seit 1929 (1938–1947 Droste-Hülshoff-Gasse), Peter Altenberg (richtig Richard Engländer, 1859 bis 1919), Schriftsteller (Hauptvertreter des literarischen Impressionismus in Wien); exzentrische Lebensführung, ständiger Gast renommierter Kaffeehäuser (Central, Herrenhof)

Peter-Berner-Straße, 21., seit 1962 (verlängert 2006), Peter Berner, Fischer; rettete beim Hochwasser 1830 175 Menschen das Leben, s. *Eisstoßgasse*, *Lassingleithnerplatz* und *Spanngasse*

Peter-Jordan-Straße, 18. und 19., seit 1904, Peter Jordan (1751 bis 1827), Direktor der kaiserlichen Landwirtschaftsgüter in Laxenburg und Vösendorf; einer der Begründer des land- und forstwirtschaftlichen Unterrichts, entwickelte neue Methoden der planmäßigen Bodenbearbeitung

Peter-Kaiser-Gasse, 21., seit 1901 (vorher: Kaisergasse), Peter Kaiser (ca. 1540 bis ca. 1602), Ortsrichter von Jedlesee (1596–1602)

Peterlinigasse, 23., seit 1954 (vorher: Draschegasse), Dominik Peterlini (1875 bis 1944); Gründer der Maurer Knabensingschule und der Wiener Sängerknaben

Petersplatz, 1., nach der dem hl. Petrus geweihten Kirche, urk. bereits 1137 erwähnt; 1701 St.-Petersfreithof, 1776 St. Peters Kirchhof, 1795 und 1827 Am Peter; heutiger Name seit 1848 gebräuchlich

Petrarcagasse, 1., seit 1886 (vorher ab 1881 Ferstelgasse), Francesco Petrarca (1304 bis 1374), italienischer Dichter, Humanist, Lyriker

Petraschgasse, 20., seit 1902, Hugo Petrasch (1815–1902), Gemeinderat der Brigittenau

Petritschgasse, 21., seit 2000, Ing. Ernst Felix Petritsch (1878 bis 1951), Elektrotechniker, beeinflusste nach 1918 den Neuaufbau des Fernsprechwesens, 1928 Univ.-Prof. an der Technischen Hochschule, baute das Institut für Schwachstromtechnik 1929 neu auf, 1938 zwangspensioniert, nach dem Krieg wieder eingestellt (Verdienste bei der Wiedererrichtung des Elektrotechnischen Vereins)

Petrusgasse, 3., seit 1862, nach dem Apostel Petrus, neben dem Apostel Paulus Schutzheiliger der Erdberger Pfarrkirche (s. auch *Paulusgasse*)

Petrus-Klotz-Gasse, 17., Benennungsdatum unbekannt, Petrus Klotz (1878 bis 1956), Abt des Stiftes St. Peter in Salzburg

Petschniggasse, 23., seit 1959, Emil Petschnig (1877–1939), Komponist, Musikkritiker

Pettenkofengasse, 3., seit 1899, August von Pettenkofen (1821 bis 1889), Maler (Zigeuner- und Pußtamotive)

Petzoldgasse, 11., seit 1924, Alfons Petzold (1882–1923), Arbeiterdichter („Das rauhe Leben")

Petzvalgasse, 4., seit 1904, Dr. Josef Max Petzval (1807 bis 1891), Mathematiker, Physiker, machte durch seine Erfindungen die Fotografie praktisch einsetzbar („Petzval-Objektiv"); Petzval formulierte 1843 Bedingungen für optische Systeme

Peuckerstraße, 22., seit 1987, Karl Peucker (1859–1940), Gründer der Lehre von der Raumwirkung der Farben, Ehrenmitglied der geographischen Gesellschaft in Wien

Pevetzgasse, 14., seit 1975 (vorher: Brückengasse), Prof. Dr. Georg Pevetz (1893 bis 1971), Maler, Graphiker

Pezzlgasse, 17., seit 1894 (vorher: Karlsgasse), Johann Pezzl (1756 bis 1823), Schriftsteller, Bibliothekar (Skizze von Wien, 5 Hefte, 1786–1790)

Pfadenhauergasse, 14., seit 1887 (vorher: Pouthongasse), Erhard Pfadenhauer (1823–1900), Weinhändler, Gemeinderat von Penzing

Pfaffenaugasse, 11., seit 1895, Flurname (diese Gegend war im Besitz der Kirche)

Pfaffenbergengasse, 14., seit 1909, nach dem 415 m hohem Pfaffenberg

Pfalzgasse, 22., seit 1953, Dr. Anton Pfalz (1885 bis 1958), Germanist

Pfarrer-Matz-Gasse, 21., Benennungsdatum unbekannt, Maximilian Matz (1811 bis 1893), Pfarrer von Stammersdorf

Pfarrer-Pasecker-Gasse, 21., seit 1985, Dr. Roland Pasecker (1905 bis 1961), Pfarrer von Strebersdorf, beliebter Seelsorger

Pfarrgasse, 14., Benennungsdatum unbekannt, nach der Pfarre Mariabrunn

Pfarrgasse, 23., seit 1947 (1938 Holzwebergasse), nach der Inzersdorfer Pfarrkirche

Pfarrhofgasse, 3., seit 1862 (vorher: Pfarrgasse), hier stand der alte Pfarrhof der Rochuskirche

Pfarrplatz, 19., seit 1894 (1935 bis 1943 Hermaplatz), nach der Pfarrkirche von Heiligenstadt

Pfarrwiesengasse, 19., seit 1894 (vorher: Karlsgasse), Flurname

Pfarrwiesenstraße, 14., seit 1894, Flurname

Pfauengasse, 6., seit ca. 1827, nach einem Hausschild „Zum Pfauen"

Pfeffergasse, 2., seit 1862, Peter Pfeffermann (1809 bis 1870), Zahnarzt; um 1860 Erbauer des ersten Hauses in der Gasse

Pfefferhofgasse, 3., seit ca. 1860, nach dem ehemaligen Pfefferhof, auf dem sich eine Gastwirtschaft mit Garten befand

Pfefferminzenweg, 22., seit 1978 (vorher: Bahnweg), nach der Pflanze (Mentha piperita)

Pfeifenstrauchweg, 22., seit 1954, nach dem Zierstrauch (Philadelphus)

Pfeiffenbergergasse, 13., seit 1894 (vorher: Bäckergasse), Michael Pfeiffenberger (1831 bis 1892), letzter Bürgermeister von Hacking

Pfeiffergasse, 15., Benennungsdatum unbekannt, Karl Pfeiffer (1764–1836), Lederfabrikant

Pfeilgasse, 8., seit 1862 (vorher: Neue Gasse im Sack), nach einem Hausschild „Zum Pfeil"

Pfeilkrautweg, 22., seit 1966 (vorher: Nelkenweg), nach der Wasserpflanze (Sagittaria)

Pfendlergasse, 21., seit 1973, Georg Pfendler (1799 bis 1864), Chemiker; Apotheker; Entwickler der Gasbeleuchtung in Wien

Pfenninggeldgasse, 16., seit 1897, Flurname; schon 1373 als Groß- und Klein-Pfenninggeld urkundlich erwähnt (mehr oder minder ertragreiche Weingärten)

Pfingstrosenweg, 22., seit 1954, nach der Blume (Paeonia)

Pfirsichgasse, 22., seit 1954, nach der Obstart (Prunus persica)

Pfitznergasse, 23., seit 1957 (vorher: Franz-Schubert-Gasse), Hans Pfitzner (1869 bis 1949), Komponist, Dirigent, Opernregisseur; 1894–1896 Theaterkapellmeister in Mainz, 1897 bis 1907 Lehrer für Komposition in Berlin, 1908 bis 1918 städtischer Musikdirektor und Direktor des Konservatoriums in Strassburg, 1920–1934 Leitung von Meisterklassen in Berlin und München; sein Werk zählt zur klassisch-romantischen Tradition („Palestrina", 1917)

Pflaumengasse, 23., seit 1954, nach der Obstart (Zwetschke, Prunus domestica)

Pflieglergasse, 13., seit 1975 Dr. Michael Pfliegler (1891–1972), Prof. für Theologie an der Universität Wien, Philosoph; führend in der katholischen

Jugendbewegung „Neuland" tätig, die einen Ausgleich mit den Sozialisten suchte

Pfluggasse, 9., seit ca. 1743, nach einem Hausschild „Zum goldenen Pflug"

Philadelphiabrücke, 12., 1910 dem Verkehr übergeben, erinnert an die erste Lokomotive der Südbahn, die aus der gleichnamigen amerikanischen Stadt kam

Philharmonikerstraße, 1., wurde anlässlich des 100-jährigen Bestandes der Philharmoniker am 28. März 1942 so benannt; vorher ab 1862 Augustinerstraße

Philippovichgasse, 19., seit 1926, Eugen Philippovich von Philippsberg (1858 bis 1917), Univ.-Prof. an der Universität Wien (1895), Nationalökonom

Phillipsgasse, 14., seit 1894 (vorher: Bäckergasse), Dr. Georg Phillips (1804 bis 1882), Jurist, Univ.-Prof.

Phorusgasse, 4., seit 1875 (1938 bis 1945 Maitzengasse), nach einer von 1824 bis 1853 bestandenen Holzzerkleinerungsanstalt, deren Namen aus den Anfangsbuchstaben ihrer Gründer gebildet wurde (Palffy, Hackelberg, Offenheimer, Reischer, Unger und Schönfelder = Phorus)

Pia-Maria-Plechl-Weg, 13., seit 2002, Dr. Pia Maria Plechl (1933 bis 1995), Journalistin, seit 1961 Redakteurin, seit 1982 stellvertr. Chefredakteurin der „Presse" (Beschäftigung mit Religion, kirchliches Engagement); österreichischer Staatspreis für Journalistik (1974), Leopold-Kunschak-Preis (1980), Ehrenkreuz für Wissenschaft und Kunst (1980); zahlreiche Buchpublikationen

Piangasse, 11., seit 1956, Antonio de Pian (1784–1851), Maler, Bühnenbildner, Kupferstecher, Lithograph

Piaristengasse, 8., nach 1716 entstanden, bis 1810 Klostergasse, ein Teil bis 1862 Neuschottengasse; nach dem Piaristenorden, der 1700 bis 1716 die Piaristenkirche erbaute

Piccaverweg, 14., seit 1975, Alfred Piccaver (1884–1958); studierte Elektrotechnik und war Mitarbeiter von Edison; auf einer Europareise wurde seine Stimme entdeckt, Debüt als Tenor 1907 in Prag, 1912 bis 1937 an der Staatsoper, Gastspiele an allen großen Opernhäusern und bei den Salzburger Festspielen, 1939 Emigration, 1955 Rückkehr nach Wien

Pichelmayergasse, 10., seit 1965, Karl Pichelmayer (1868–1914), Elektrotechniker, Prof. an der TH

Pichelwangergasse, 21., seit 1910, Matthias Pichelwanger (1770–1832), Ortsrichter von Floridsdorf (1805 bis 1811, 1815–1822); verlängert 2002

Pichlergasse, 9., seit 1883, Karoline Pichler (1769–1843), Schriftstellerin (Lyrik, Prosa, Romane, Dramen); die gesammelten Werke umfassen 60 Bde.

Pichlgasse, 22., seit 1962, Alois Pichl (1783 bis 1856), Architekt

Pickgasse, 10., seit 1993, Karl Pick (1867 bis 1938), Gewerkschafter (1895–1934 Obmann des Zentralvereins der kaufmännischen Angestellten); 1919–1934 Nationalratsabgeordneter, Vorstandsmitglied im Bund Freier Gewerkschafter, Sozialdemokrat

Pielachgasse, 20., seit 1904, nach dem Nebenfluss der Donau in NÖ

Pierre-de-Coubertin-Platz, 2., seit 1991, Baron Pierre de Coubertin (1863 bis 1937), Initiator der Neueinführung der Olympischen Spiele

Pierrongasse, 14., seit 1894 (vorher: Neue Straße), Eduard de Cumy-Pierron (1808 bis 1883), half großzügig in sozialen Notfällen

Pilatgasse, 22., seit 1960, Josef Anton von Pilat (1782–1865), Publizist

Pilgerimgasse, 15., seit 1912, nach Bischof Pilgerim, einer Gestalt aus der Nibelungensage

Pilgrambrücke, 5. und 6., erbaut 1866/1867, s. *Pilgramgasse*

Pilgramgasse, 5., seit 1862, Anton Pilgram (1699 bis 1761), Landschaftsbaumeister, Mitglied des Äußeren Rates (1744)

Pillergasse, 15., seit 1894 (vorher: Wehrgasse), Georg Piller (1789 bis 1873), Gemeinderat von Sechshaus (1850–1860), Farbwarenfabrikant

Pillersdorfgasse, 2., seit 1862, Franz Xaver Freiherr von Pillersdorf (1786 bis 1862), Hofkanzler (1832), 1848 Ministerpräsident; arbeitete eine Verfassung aus

Pilotengasse, 22., seit 1944, nach dem seinerzeitigen in der Nähe gelegenen Flugplatz Aspern, s. *Flugfeldstraße*

Pilzgasse, 21., seit 1910 (vorher: Fabriksgasse), Friedrich Pilz (1841 bis 1898), Gründer der Floridsdorfer Mineralölfabrik

Pinaglgasse, 12., seit 1955, Spitzname des Fiakers August Niedermann, das angebliche Vorbild des Fiakerliedes

Pinkagasse, 21., seit 1953, nach dem Fluss im Burgenland

Pionierweg, 22., seit 1966, nach der Truppengattung, die in den napoleonischen Kriegen (1809) eingesetzt war

Pippichgasse, 23., seit 1957, Carl Pippich (1862 bis 1932), Maler (Aquarellveduten)

Pirchangasse, 10., seit 1959, Emil Pirchan (1884 bis 1957), Bühnenbildner, Maler, Architekt

Pirkebnerstraße, 12., seit 1928, Johann Pirkebner (1865–1920), Bezirks- und Fürsorgerat

Pirolweg, 14., seit 1953, nach dem Vogel

Pirquetgasse, 22., seit 1974, Dr. Clemens Pirquet (1874–1929), Kinderarzt; widmete sich Fragen der Ernährung im Kindesalter; die Familie Pirquet hatte 1868 das Schloss Hirschstetten erworben, Erstbesitzer war Peter Freiherr von Pirquet

Pitkagasse, 21., seit 1913, Josef Pitka (1850–1908), Fleischhauer, Direktor der Floridsdorfer Sparkasse, Bezirksrat; vermachte sein Grundstück der Kirche

Pittelweg, 18., nicht amtliche Bezeichnung

Pius-Parsch-Platz, 21., seit 1965, Pater Pius Parsch (1884–1954), Augustiner-Chorherr, Liturgiereformer, Publizist

Plachygasse, 17., seit 1929, Wenzel Plachy (1785–1858), Komponist

Planetengasse, 10., seit 1866, Benennung erfolgte in Zusammenhang mit der *Keplergasse* (Kepler stellte die Bewegung der Planeten um die Sonne fest)

Plankenbüchlergasse, 21., seit 1900 (vorher: Vereinsgasse); Franz Plankenbüchler (1852–1894), Bürgermeister von Donaufeld (1887–1892), Gastwirt, Fleischhauer, Verdienste um die Kanalisation des Ortes

Plankengasse, 1., seit 1827, urspr. Neuburger Straße; Kaiser Joseph II. entzog 1784 den Kapuzinern einen Teil ihrer Gärten und befahl, dort „längs der Planke" Häuser zu errichten; die heutige Bezeichnung geht auf Karl A. W. Freiherr von Plankenstein (1715–1799) zurück, der die Kapuzinergründe parzellieren ließ

Plankenmaisstraße, 22., seit 1944, Flurname

Plankenweg, 10. und 23., nicht amtliche Bezeichnungen

Plattensteinergasse, 22., seit 1959, Dr. Richard Plattensteiner (1878 bis 1956), Schriftsteller (Lyrik, Dramen), Preis der Stadt Wien für Volksbildung (1954)

Plattlgasse, 23., seit 1929, Flurname

Platz der Opfer der Deportation, 3., seit 1994, zur Erinnerung an die vom Aspangbahnhof deportierten Opfer des NS-Regimes

Platz-der-Vereinten-Nationen, 22., seit 2001, beim Vienna International Center gelegen

Platzergasse, 21., seit 1993, Peter Platzer (1910–1959), Fußballer

Plecnikweg, 22., seit 1987, Josef Plečnik (1872 bis 1957), Architekt, Erbauer des Zacherlhauses und der Pfarrkirche zum „Heiligen Geist"; Konzept zur Stadterneuerung von Laibach

Pleischlgasse, 11., seit 1949 (vorher ab 1933 Klabundgasse, 1940–1949 Julius-Eckel-Gasse), Prof. Dr. Adolf Pleischl (1787 bis 1867), Chemiker, Erfinder des metallfreien Emails, Gründer der Emailgeschirrindustrie, 1838 bis 1848 Professor für Chemie an der Universität Wien

Plenergasse, 18., seit 1888, Ignaz Edler von Plener (1810–1908), 1867–1870 Handelsminister, dann bis 1873 Herrenhausmitglied; Vorkämpfer der Liberalisierung des politischen Lebens und der Wirtschaft; Jurist

Pliwagasse, 6., seit 1933 (voher Teil der Gfornergasse), Ernst Pliwa (1857 bis 1928), Sektionschef, Schöpfer des Fortbildungsschulwesens

Plößlgasse, 4., seit 1875 (vorher: Obere Alleestraße), Simon Plößl (1794 bis 1868), Optiker, Feinmechaniker

Plunkergasse, 15., seit 1912, Johann Plunker (gest. ca. 1850), letzter Ortsrichter und erster Bürgermeister von Fünfhaus

Podhagskygasse, 22., seit 1953, E. Podhagsky; veröffentlichte 1877 ein Buch über die Wasserversorgung des Marchfelds

Podhorezkygasse, 23., seit 1961, Alois Podhorezky (1893–1929), Gemeinderat von Erlaa, Ortsschulrat

Podlahagasse, 22., seit 1955 (vorher: Mozartgasse), Wilhelm Albert Podlaha (1803 bis 1853), Lehrer, verfasste pädagogische Schriften

Pöchlarnstraße, 20., seit 1892, nach der gleichnamigen Stadt in NÖ

Pölleritzergasse, 23., seit 1961, Johann Pölleritzer (1830–1898), Gemeinderat von Atzgersdorf, Bezirksschulrat

Pönningerweg, 16., seit 1927, Franz Pönninger (1832–1906), Bildhauer

Poestiongasse, 10., seit 1953, Dr. Josef Poestion (1853–1922), Sprachgelehrter (beschäftigte sich mit dem nordischen Schrifttum)

Pötzleinsdorfer Höhe, seit 1886, s. *Pötzleinsdorfer Straße*

Pötzleinsdorfer Straße, 18., seit 1894 (vorher: Hauptstraße), zur Erinnerung an den ehemaligen Vorortnamen; Pötzleinsdorf zählte vor der Eingemeindung 737 Einwohner, der Ort wurde erstmals im 12. Jahrhundert erwähnt („ad pezelinesdorf")

Pogrelzstraße, 22., seit 1909 (vorher: Feldgassel), Johann Pogrelz, 1670 bis 1690 Pfarrer von Kagran, errichtete aus eigenen Mitteln eine Schule und baute die Pfarre in Kagran, die unter den Reformationswirren gelitten hatte, wieder auf

Pohlgasse, 12., seit 1894 (vorher: Radetzkygasse), Abbé Pohl, Wiederentdecker der Heilquelle des Theresienbades

Pointengasse, 17., Benennungsdatum unbekannt, Flurname; Point (Peunt, Punt, Bunt) = eingezäuntes Grundstück

Pokornygasse, 19., seit 1894 (um 1721 bis 1800 Kuhdrift, ab 1819 Viehtriebgasse, ab 1830 Donaustraße); Dr. Alois Pokorny (1826–1886), Naturhistoriker, Gymnasialdirektor

Polgarstraße, 22., seit 1965, Alfred Polgar (1873 bis 1955), Schriftsteller („An den Rand geschrieben", 1926, „Handbuch des Kritikers", 1937), 1938 Emigration über die Schweiz in die USA

Pollakgasse, 23., seit 1954 (vorher: Kirchengasse), Josef Pollak (1884 bis 1952), Gemeinderat von Siebenhirten (1920–1934)

Polletstraße, 22., seit 1927, Johann Pollet (1814 bis 1872), Artilleriehauptmann (verweigerte 1848 den Schießbefehl auf die Aufständischen, allerdings nicht aus Sympathie für die Aufständischen, sondern aus militärischen Gründen)

Pollitzergasse, 16., seit 1971, Johann Pollitzer (1871–1961), sozialdemokratischer Bezirksvorsteher von Ottakring (1919–1934); der 16. Bezirk zählte in der Zwischenkriegszeit zu den Armenvierteln; Pollitzer forcierte den Wohnbau und Gemeinschaftseinrichtungen (Ottakringer Bad, Kongressbad, Kindergärten, Mütterberatung etc.), arbeitete nach 1945 am Wiederaufbau der SPÖ in Ottakring mit

Pombergerweg, 22., nicht amtliche Bezeichnung

Pongratzgasse, 23., seit 1979, Prof. Dipl.-Ing. Dr. Ferdinand Pongratz (1896 bis 1973), Rektor der TH in Wien, Prof. für Stahlbeton und Massivbau, Präsident der Ingenieurkammer für Wien, Niederösterreich und Burgenland

Popovweg, 10., seit 1960, Alexander Stefanowitsch Popov (1859–1906), russischer Physiker

Poppenwimmergasse, 21., seit 1927, Josef Poppenwimmer (1863 bis 1918), Vorkämpfer der Arbeiterbewegung; Mitbegründer der Arbeiter-Radfahrer in Donaufeld (1895) und erster Obmann der Floridsdorfer Naturfreunde

Porschestraße, 23., seit 1977, Prof. Dr. h. c. Ferdinand Porsche (1875 bis 1951), Konstrukteur des Volkswagens, arbeitete 1899–1904 in der k. u. k. Hofkutschenfabrik Lohner, entwickelte das berühmte Elektromobil, System Lohner-Porsche; 1921 Entwicklung eines Sportwagens, 1922 bei Daimler Benz; 1929–1931 Chefkonstrukteur bei den Steyr-Werken; 1933 stellte er den Volkswagen vor, 1948/49 entwickelte er den Porsche

Portheimgasse, 22., seit 1959, Max Portheim (1857 bis 1937), Bibliograph, Privatgelehrter, Sammler

Portnergasse, 22., seit 1911, Leopold Portner Freiherr von Höflein (1768 bis 1821), Generalmajor, Verdienste in den napoleonischen Kriegen

Porzellangasse, 9., seit 1862 (früher auch Porzellaingasse, ein Teil bis 1862 Schmiedgasse); hier bestand von 1721 bis 1864 eine kaiserliche Porzellanfabrik

Poschgasse, 14., seit 1894 (vorher: Annagasse), Freifrau Maria Anna von Posch, Gattin des Hofbeamten Johann Adolf Freiherr von Posch; erwarb um 1770 Breitensee; nach ihrem Tod erbte ihr Sohn den Besitz, der ihn 1806 verkaufte

Possannergasse, 13., seit 1960, Dr. Gabriele Possanner (1860–1940), erste Ärztin in Österreich (1897); sie musste in der Schweiz studieren (in Österreich waren Frauen zum Studium noch nicht zugelassen) und in Österreich alle Prüfungen noch einmal ablegen!

Possingergasse, 15. und 16., seit 1887, Ludwig Freiherr Possinger von Choborski (1823 bis 1899), Statthalter von Niederösterreich (1880 bis 1889)

Postgasse, 1., seit 1862 (vorher: Bockgasse, Dominikanerplatz), nach dem Hauptpostamtsgebäude, das sich seit 1851 hier befindet

Postgasse, 14., Benennungsdatum unklar, nach dem Postamt

Posthorngasse, 3., seit 1862 (vorher: Adlergasse), nach einem 1776 nachweisbaren Gasthausschild „Zum Posthörndl"

Pottendorfer Straße, 12., seit 1905, nach der Pottendorfer Bahn

Pouthongasse, 15., seit ca. 1864/1869, Ludwig Freiherr von Pouthon (1807 bis 1859), Großgrundbesitzer in Fünfhaus, Wohltäter

Powolnygasse, 22., seit 1965, Prof. Michael Powolny (1871 bis 1954), Bildhauer

Praetoriusgasse, 3., seit 1892, Dr. Christian Ludwig Praetorius (1834–1890), Arzt, Gemeinderat von Erdberg; hinterließ dem Rudolfspital seine medizinische Bibliothek

Die „Kleine Post", Kupferstich von Jakob Adam, 1777

Präuscherplatz, 2., seit 1963, Hermann Präuscher (1839 bis 1896), Dompteur (gründete das Panoptikum und anatomische Museum)

Prager Straße, 21., seit 1875 (vorher: Prager Reichsstraße, Hauptstraße und Landesstraße nach Prag); 1728–1736 angelegt

Pramergasse, 9., seit 1782 (um 1730 Gärtnergasse, 1782 Kothgasse), Wolf Pramer, 1587–1592 Äußerer Rat, 1593 bis 1602 Stadtgerichtsbeisitzer, 1603 bis 1613 Innerer Rat; kaufte mit seiner Gattin ein Haus in der Rossau und zahlreiche Grundstücke

Prandaugasse, 22., seit 1917 (vorher ab 1906 Plankengasse), Max Emanuel Hildebrand von Prandau, war 1719 bis 1729 Besitzer des Freihofes von Kagran

Praschnikerweg, 21., seit 1954, Dr. Camillo Praschniker (1884 bis 1949), Archäologe, Univ.-Prof.; 1935 Direktor des Österr. archäologischen Instituts

Praterbrücke, 2. und 22., seit 1970

Praterspitz, 2., seit 1862, Ende des Praters bei der Einmündung des Donaukanals

Praterspitzstraße, 2., seit 1910, führt zum Praterspitz

Praterstern, 2., seit 1879, seit alters her eine berühmte Straßenkreuzung; von diesem Platz verlaufen sternförmig die Straßen

Praterstraße, 2., seit 1862 (ursprünglich Unter den Felbern und Jägerzeile), führt in den Prater (lat. pratum = Wiese), 1766 von Joseph II. der Öffentlichkeit freigegeben

Prausgasse, 23., seit 1988, Ing. Alfred Praus (1919–1974), Bezirksvorsteher-Stellvertreter (1966–1973), Bezirksrat (1951–1959, 1964–1973), ÖVP

Prechtlgasse, 9., seit 1886, Josef Johann Prechtl (1778 bis 1854), Gründer und erster Direktor des Polytechnikums; Physiker

Predigergasse, 1., eröffnet 1854; nach den 1226 nach Wien berufenen Dominikanern (auch Predigerorden: „Ordo fratrum praedicatorum")

Pregartengasse, 21., seit 1895, Flurname

Prehausergasse, 13., seit 1912, Gottfried Prehauser (1699–1769), Schauspieler (berühmter Darsteller des Hanswurst)

Preindlgasse, 13., seit 1894 (vorher: Mühlbachgasse), Josef Preindl (1756 bis 1823), Hofkapellmeister, Komponist

Preindlsteg, 13. und 14., s. *Preindlgasse*

Preleuthnersteig, 13., seit 1928, Johann Preleuthner (1807 bis 1897), Bildhauer

Premgasse, 23., seit 1955 (vorher: Kärntner Gasse), Georg Prem (1877 bis 1952), Vizebürgermeister von Erlaa

Premlechnergasse, 12., seit ca. 1874, Johann Premlechner (1799–1885), vorletzter Bürgermeister von Hetzendorf (1858–1861)

Premreinergasse, 13., seit 1895, Michael Premreiner (gest. 1879), letzter Ortsrichter und erster Bürgermeister von Ober-St. Veit

Preradovicgasse, 14., seit 1954, Paula von Preradovic (1887 bis1951), Enkelin des kroatischen Nationaldichters Petar von Preradovic, verheiratet mit Ernst Molden (1886 bis 1953); erste Gedichte in kroatischer Sprache, ab 1914 in Wien; schrieb Lyrik und Prosa in ausgeprägt katholischer Haltung, Roman „Pave und Pero", 1944/45 Gestapohaft, 1947 Text zur österreichischen Bundeshymne

Preßburger Gasse (nR **Pressburger Gasse**), 21., seit 1913, nach der Stadt in der Slowakei, 1526 bis 1784 Hauptstadt von Ungarn, bis 1830 Krönungsstadt der ungarischen Könige

Preßgasse (nR **Pressgasse**), 4., seit 1862 (eröffnet 1782), nach einem Gasthausschild „Zur großen Presse" oder „Zur goldenen Presse"

Pretschgasse, 11., seit 1961 (vorher: Andreasgasse), Paul Pretsch (1808 bis 1873), Erfinder der Photogalvanographie, Techniker, Angestellter in der Staatsdruckerei

Pretschgogasse, 17., seit 1894 (vorher: Andreasgasse), Andreas Pretschgo (1808 bis 1873), Pfarrer von Dornbach (1858 bis 1863)

Preyergasse, 13., seit 1912, Gottfried Preyer (1807 bis 1901), Hoforganist, Kapellmeister, Komponist

Preysinggasse, 15., seit 1885, Karl Preysing (1789–1880), Bürgermeister von Rudolfsheim (1878/1879)

Preyweg, 22., seit 1987, Adalbert Prey (1873–1949), Astronom, Mitglied der Akademie der Wissenschaften

Prießnitzgasse, 21., seit 1909 (urspr. Wassergasse, dann bis 1909 Wurmsergasse), Vinzenz Prießnitz (1799 bis 1851), Naturheilkundler (Gründer der Wasserheilkunde); Landwirt

Primavesigasse, 22., seit 1990, Prof. Oskar Primavesi (1874–1952), Rektor der Technischen Hochschule; schuf die Entwürfe für die Elektrifizierung der Nordbahn und entwickelte einen Turbogenerator für das Wiener E-Werk

Primelweg, 14., Benennungsdatum unbekannt, nach der Pflanzengattung (Schlüsselblume, Primula)

Prinz-Eugen-Straße, 3. und 4., seit 1911 (vorher: Heugasse), Prinz Eugen v. Savoyen (1663 bis 1736), Feldherr; 1693 Feldmarschall, 1703 Präsident des Hofkriegsrates, zahlreiche Siege gegen die Türken; errichtete u. a. das Schloss Belvedere

Prinzgasse, 22., seit 1957, Karl Ludwig Prinz (1875 bis 1944), Maler

Prixgasse, 22., seit 1960, Dr. Johann Prix (1836–1894), Bürgermeister von Wien (1889 bis 1894), Rechtsanwalt; unter seine Amtszeit fiel die Eingemeindung der Vororte (s. Einleitung)

Probusgasse, 19., seit 1894 (vorher: Herrengasse), Marcus Aurelius Probus (232 bis 282), römischer Kaiser (275 bis 282), legalisierte den Weinbau im Wiener Raum

Prochstraße, 14., seit 1899, Heinrich Proch (1809 bis 1878), Kapellmeister (1837–1840), Hofkapellmeister (1840 bis 1870), Komponist, Dirigent

Pröllgasse, 13., seit 1894 (vorher: Augasse), Martin Pröll (1792 bis 1863), Ortsrichter von Hacking um 1840

Pröpstlgasse, 22., Benennungsdatum unbekannt, ursprünglich Lassingleithnergasse; nach dem Süßenbrunner Bader Joseph Pröbstl (18. Jhd.)

Promenade, 13., nach der Lage am rechten Wienufer

Promenadegasse, 17., Benennungsdatum unklar, Spazierweg zum Heuberg

Promenadenstraße, 14., Benennungsdatum unbekannt, setzt die Hans-Muhr-Promenade fort

Promenadestraße, 22., nicht amtliche Bezeichnung (an der unteren Alten Donau)

Promenadeweg, 17., nicht amtliche Bezeichnung, Spazierweg zur Höhenstraße

Promenadeweg, 23., seit 1947 (1938: Holzweberstraße), nach der Lage an der Liesing

Pronaygasse, 12., seit 1894 (vorher: Schulgasse), Sigismund Freiherr von Prónay (1780? bis 1848), Besitzer eines botanischen Gartens in Hetzendorf

Proschkogasse, 6., seit 1911 (vorher: Wäschergasse); Dr. Franz Isidor Proschko (1816 bis 1891) und seine Tochter Hermine Camilla (1851 bis 1923), beide Jugendschriftsteller

Prückelmayrgasse, 23., seit 1967, Johann Matthias Prückelmayr Freiherr von und zu Goldegg (1589 bis 1657), Lehensherr von Atzgersdorf, Liesing und Steinhof; kam aus ärmlichen Verhältnissen; ein Pfarrer ermöglichte ihm Studium und Aufstieg bis zum Gutsherrn; errichtete eine Stiftung für arme Studenten

Prunngasse, 22., Benennungsdatum unbekannt, angeblich nach einem Brunnen mit trinkbarem Wasser; eher nach der ältesten Bezeichnung von Süßenbrunn um 1200 („prunne" = bei der Quelle)

Pschorngasse, 16., seit 1971 (vorher nicht amtlich: Auf der Schottenwiese, Karl Pschorn (1885–1945), Mundartdichter

Puccinigasse, 23., seit 1952, Giacomo Puccini (1858 bis 1924), italienischer Opernkomponist („Manon Lescaut", 1893, „La Bohème", 1896; „Tosca", 1900; „Madame Butterfly", 1904; „Das Mädchen aus dem goldenen Westen", 1910; „Gianni Schicchi", 1918; „Turandot" – nicht vollendet)

Puchgasse, 22., seit 1972, Johann Puch (1862–1914), Mechaniker, Pionier des Fahrradwesens, begann 1890 mit der fabriksmäßigen Erzeugung von Fahrrädern („Styria"), 1899 gründete er in Graz die „Johann Puch – Erste steiermärkische Fahrrad-Fabriks-Actiengesellschaft"

Puchsbaumgasse, 10., seit 1872, Hans Puchsbaum (1390 bis 1454), 1446 bis 1454 Dombaumeister, arbeitete an der Einwölbung des Langhauses des Stephansdomes und begann mit dem Bau des zweiten Turmes

Puchsbaumplatz, 10., seit 1875, s. *Puchsbaumgasse*

Püchlgasse, 19., seit 1938, Anton Püchl (1852 bis 1914), Bezirksschulinspektor, reformierte das Gewerbeschulwesen

Pühringergasse, 23., Benennungsdatum unbekannt, Ferdinand Pühringer (1827–1908), Gemeinderat von Inzersdorf, Realitätenbesitzer

Pülslgasse, 23., seit 1954, Franz Pülsl (1875 bis 1946), Vizebürgermeister von Liesing (1921 bis 1934), Landtagsabgeordneter; Pionier der Arbeiterbewegung, Sozialdemokrat, Mitbegründer der Bau- und Wohnungsgenossenschaft (heute „Wien Süd")

Püttlingengasse, 13., seit 1912, Dr. Johann Freiherr Vesque von Püttlingen (1803 bis 1883), Dichter (unter dem Namen J. Hoven), Rechtsgelehrter, Komponist

Puffergasse, 21., seit 1901, Georg Puffer (1829–1895), Bürgermeister von Floridsdorf (1873 bis 1882); betrieb 1859 bis 1871 eine Schiffmühle

Pulkaugasse, 21., seit 1953, nach dem Fluss in Niederösterreich

Pulverturmgasse, 9., seit 1826, zur Erinnerung an ein schweres Explosionsunglück 1779; damals befand sich dort ein Magazin für Kriegsmaterial, dessen Inhalt sich entzündete (67 Tote und beträchtlicher Sachschaden waren die Folgen); am Haus Nr. 7 erinnert ein Glasbild an die Explosion

Pumgasse, 23., Benennungsdatum unbekannt, Franz Pum (1840 bis 1894), Pfarrer von Liesing (1887 bis 1894)

Puntigamgasse, 13., seit 1936, Pater Anton Puntigam (1859–1926), Seelsorger, Schriftsteller

Pupovacweg, 22., seit 1955 (vorher: Kirschenweg), Dr. Dominik Pupovac (1869–1929), Chirurg, Univ.-Prof.

Purchmannweg, 22., seit 1973, nach einem Herrn von Kagran, der 1199 in einer Urkunde erwähnt wird (Purchmann von Chagaran)

Purkytgasse, 23., seit 1955 (vorher: Parkgasse), Ernst Purkyt, 1919 bis 1934 Vizebürgermeister von Inzersdorf

Puschkingasse, 21., seit 1932, Aleksandr (Alexander) S. Puschkin (1799 bis 1837), Dichter; gilt als Schöpfer der russischen Literatursprache; Lyrik, Versroman „Eugen Onegin" (über das Gesellschaftsleben Russlands mit satirisch-humoristischen Betrachtungen), Novelle „Pique Dame", Erzählungen „Der Postmeister", „Die Hauptmannstochter"; starb nach einem Duell

Puschmanngasse, 21., seit 1972, Prof. Dr. Theodor Puschmann (1844–1899), Mediziner; Begründer der Wiener Medizingeschichte

Putzendoplergasse, 23., seit 1964, Franz Putzendopler (1890 bis 1959), Sportfunktionär

Pyrkergasse, 19., seit 1894 (ursprünglich Plankengasse, später Parkgasse, dann Alleegasse), Johann Ladislav Pyrker von Felsö-Eör (1772 bis 1847), Dichter, Förderer des jungen Grillparzer; Abt in Lilienfeld (1812), Patriarch von Venedig (1820), Erzbischof von Eger (1827)

Q

Quadenstraße, 22., seit 1910 (vorher: Breitenleer Straße); nach dem gleichnamigen germanischen Volksstamm, die mit den Markomannen gegen die Römer kämpften, s. *Markomannenstraße*

Quaringasse, 10., seit 1911, Josef Freiherr von Quarin (1733 bis 1814), Oberdirektor des Allgemeinen Krankenhauses, Gründer der Findelanstalt, Vorkämpfer für Hygiene und Volksgesundheit, Univ.-Prof.

Quarzweg, 21., nicht amtliche Bezeichnung

Quellenplatz, 10., seit 1874, nach dem 1874 errichteten Wasserbehälter der I. Wiener Hochquellenwasserleitung

Quellenstraße, 10., seit 1874 (vorher: Quellengasse), s. *Quellenplatz*

Quellenweg, 17., nicht amtliche Bezeichnung

Quergasse, 23., Benennungsdatum unbekannt, nach der Lage „quer" zwischen Breitenfurter Straße und Fröhlichgasse

Querweg, 12., nicht amtliche Bezeichnung

Quittenweg, 22., seit 1955, nach der Obstart (Cydonia oblonga)

R

Raaber-Bahn-Gasse, 10., seit 1862, neben der 1840 erbauten Raaber Bahn, die 1854 bis nach Raab (Györ) weitergeführt wurde (heute Ostbahn)

Raabweg, 22., nicht amtliche Bezeichnung

Rabbiner-Schneerson-Platz, 2. und 20., seit 1999 (im 20. Bezirk seit 2006), Menachem Mendel Schneerson (1902 bis 1994), Rabbiner, geb. in Russland, Studium in Berlin, 1933 Flucht nach

Paris, 1941 New York; gehörte der im 18. Jhd. gegr. Chabadbewegung, einer Spielart der mystischen Seite der jüdischen Religion des Chassidismus, an; 7. Rabbi von Lubawitsch

Rabengasse, 3., seit 1862, nach den Raben, die vom gehäuteten Vieh des Freimanns und seiner Knechte angezogen wurden

Rabenlechnerweg, 22., seit 1965, Dr. Michael Rabenlechner (1868–1952), Literatur- und Lokalhistoriker

Rabensteig, 1., seit 1862; nach dem Gasthaus „Zu den drei Raben" (um 1850 Rabenplatz und Drei Rabengasse, dann Rabengasse)

Rabensteinergasse, 23., Benennungsdatum unbekannt, Heinrich Rabensteiner, um 1352 Marktrichter von Perchtoldsdorf

Rabnitzweg, 21., seit 1966 (vorher: Sternweg), nach dem gleichnamigen Fluss im Burgenland

Radeckgasse, 4., seit 1903, Flurname

Radelmayergasse, 19., seit 1894 (vorher: Leibenfrostgasse), Johann Nikolaus Radelmayer (1662 bis 1724), Gastwirt

Radetzkybrücke, 1. und 3., 1869 benannt, s. *Radetzkystraße*

Radetzkyplatz, 3., seit, 1876, s. *Radetzkystraße*

Radetzkystraße, 3., seit 1909 (vorher ein Teil Pfefferhofstraße, ein anderer Prager Straße), Josef Wenzel Graf Radetzky (1766 bis 1858), Feldherr; entwarf 1813 das Konzept für die Völkerschlacht bei Leipzig (Niederlage Napoleons); 1831 Generalkommandant der österreischen Armee in Oberitalien; warf mit großer Härte die Revolution von 1848/49 in Italien nieder, bis 1857 Generalgouverneur von Norditalien

Radingerstraße, 2., seit 1905 (vorher: Rüdigerstraße), Johann von Radinger (1842–1901), Techniker; Prof. für Maschinenbaukunde (seit 1869)

Radioweg, 11., nicht amtliche Bezeichnung

Radnitzkygasse, 10., seit 1958, Carl Radnitzky (1818 bis 1901), Medailleur, Bildhauer

Rädda-Barnen-Platz, 10., seit 1950, nach dem schwedischen Kinderhilfswerk (organisierte Hilfe für Wiener Kinder nach dem Zweiten Weltkrieg)

Rädtnergasse, 16., seit 1897, Georg Rädtner (gest. 1682), Ortsrichter von Ottakring (1662–1664)

Raffaelgasse, 20., bis 1869 teilweise Feldgasse, dann Margaretengasse; Raffael Santi (1483 bis 1520), italienischer Renaissancemaler

Raffaltplatz, 21., seit 1933, Ignaz Raffalt (1800–1857), Landschaftsmaler

Raffelspergergasse, 19., seit 1922, Franz Raffelsperger (1793 bis 1861), Geologe, Schriftsteller, Kartograph

Raffenstättergasse, 22., nicht amtliche Bezeichnung, Herkunft unklar

Raffineriestraße, 22., seit 1963, nach der Lage, führt zum Zentraltanklager

Ragwurzgasse, 21., seit 1953, nach der Orchideengattung (Ophrys)

Rahlgasse, 6., seit 1866, Carl Rahl (1812 bis 1865), Maler (Deckengemälde, Fresken); gilt als Vorläufer von Hans Makart, s. *Makartgasse*

Rahlstiege, 6., seit 1869/70, s. *Rahlgasse*

Raimannstraße, 14., seit 1910, Dr. Johann Ritter von Raimann (1780 bis 1847), Leibarzt von Kaiser Ferdinand I. (1836); Psychiater

Raimundgasse, 2., seit 1862, Ferdinand Raimund (eigentlich Raimann, 1790 bis 1836), Dichter, Schauspieler; wirkte 1817 bis 1830 am Leopoldstädter Theater (kurz auch Direktor); die Mehrzahl seiner Werke wurde hier aufgeführt („Der Barometermacher auf der Zauberinsel", „Der Bauer als Millionär")

Raimund-Zoder-Gasse, 19., seit 1966, Raimund Zoder (1882 bis 1963), Volksliedforscher; Lehrer

Rainergasse, 4. und 5., seit 1862 (vorher: Mittelgasse und Blecherne Turmgasse), Erzherzog Ferdinand Maria Rainer (1827–1913), Kurator der Akademie der Wissenschaften, bedeutender Sammler von Büchern und Handschriften; 1872–1906 Oberkommandant der k. u. k. Landwehr; politisch liberal gesinnt, 1861 bis 1865 Ministerpräsident

Rallenweg, 22., seit 1966, nach dem Vogel

Rampengasse, 19., Benennungsdatum unbekannt, ehemals Zufahrt zu den

Rampen des Frachtenbahnhofes der Franz-Josef-Bahn

Ramperstorffergasse, 5., seit 1864, Konrad Ramperstorffer (gest. 1408), Baumeister, Ratsherr, 1408 mit Konrad Vorlauf hingerichtet, s. *Vorlaufstraße*

Ramsaygasse, 10., seit 1932, Sir William Ramsay (1852–1916), englischer Chemiker, Nobelpreisträger; entdeckte das Argon, Helium, Neon und Xenon

Ramwiesenweg, 14., seit 1956; als Ramwiesen wurden gerodete Waldflächen bezeichnet („geramte" = geräumte Flächen)

Randgasse, 23., Benennungsdatum unbekannt, vermutlich nach der Lage an der Stadtgrenze

Randhartingergasse, 10., seit 1896, Benedict Randhartinger (1802 bis 1893), Hofkapellmeister, Komponist; zählte zum Freundeskreis von Schubert

Ranftlgasse, 17. und 18., seit 1894 (vorher: Währinger Gasse), Matthias Johann Ranftl (1805 bis 1854), Biedermeiermaler aus dem Kreis um Peter Fendi, s. *Fendigasse*

Rankgasse, 16., seit 1913 (vorher: Koppstraße), Dr. Josef Rank (1816 bis 1896), Dichter, Direktionssekretär am Burgtheater

Ranningergasse, 23., seit 1954 (vorher: Feldgasse), Moritz Ranninger (1860 bis 1933), Gemeinderat von Erlaa; Ortsschulrat

Ranzenhofergasse, 13., seit 1931 (1938 bis 1947 Hüsinggasse), Emil Ranzenhofer (1864–1930), Maler, Radierer

Ranzonigasse, 10., seit 1963, Hans Ranzoni (1868 bis 1956), Maler; 1919/20 und 1929 bis 1937 Präsident des Wiener Künstlerhauses

Raphael-Donner-Allee, 22., Benennungsdatum unbekannt, Georg Raphael Donner (1693 bis 1741), Bildhauer (Andromedabrunnen im Hof des alten Rathauses, Donnerbrunnen am Neuen Markt)

Rappachgasse, 11., seit 1894 (vorher: Antonigasse), Christoph von Rappach, Besitzer der Herrschaft Simmering im 15. Jahrhundert

Rappgasse, 21., seit 1901, Dr. Oskar Rapp (1840 bis 1897), Arzt, Wohltäter, Gemeinderat in Jedlesee

Rapsweg, 22., seit 1955, nach der Ölpflanze (Brassica napus)

Raschgasse, 13., seit 1894 (vorher: Bergstraße), Johann Rasch (ca. 1540 bis 1615), Schulmeister bei den Schotten, Buchhändler, Schriftsteller

Rasmussengasse, 21., seit 1939, Knud Rasmussen (1879–1939), dänischer Grönlandforscher, Ethnologe

Rasumofskygasse, 3., seit 1862 (früher: Badgasse, Kettenbrückengasse und Rauchfangkehrergasse), Andrej Fürst Rasumofsky (1752 bis 1836), 1793 bis 1809 russischer Gesandter in Wien, erbaute hier ein Palais mit Garten (heute Geologische Bundesanstalt) und eine Brücke (heute: Rotundenbrücke)

Rathausplatz, 1., seit 1870 (1907–1926 Dr.-Karl-Lueger-Platz, bis 1938 wieder Rathausplatz, 1938–1945 Adolf-Hitler-Platz); nach dem Neuen Rathaus; das Alte Rathaus hatte seinen Sitz in der Salvatorgasse

Rathausstraße, 1., seit 1870, nach dem Neuen Wiener Rathaus

Rathmayergasse, 21., seit 1967, Franz Rathmayer (1891–1965), Lehrer, Hauptschuldirektor, Sozialdemokrat, Obmann der sozialistischen Lehrer in Floridsdorf, Verdienste um die VHS

Rathstraße, 19., seit 1894 (vorher: Sieveringer Straße), Leopold Rath (1834 bis 1894), Bürgermeister von Neustift am Walde

Ratmannsdorfgasse, 13., seit 1901; die Familie Ratmannsdorf war von 1557 bis 1622 im Besitz der Herrschaft Lainz

Ratschkygasse, 12., seit 1894 (vorher: Laudongasse), Franz von Ratschky (1757–1810), Dichter (Theaterstücke, Gedichte, Satiren), Hofbeamter

Ratzenhofergasse, 21., seit 1959, Gustav Ratzenhofer (1842 bis 1904), Soziologe, Publizist

Rauchfangkehrergasse, 15., seit 1858 (vorher: An der Wien); nach einem Hausschild „Zum Rauchfangkehrer"

Rauchgasse, 12., seit ca. 1864, Werner Rauch (1809 bis 1882), Ortsrichter der ehemaligen Gemeinde Wilhelmsdorf und 1859 bis 1870 Bürgermeister von Unter-Meidling; Uhrmacher

Rauhensteingasse, 1., seit 1786, Ritter Otto Turzo von Rauheneck (Rauhenstein) besaß um 1208 hier ein Haus; 1422 als Gefängnis „Der rauche Stein" erwähnt, bis 1784 Amts- und Gerichtsgebäude; die Rauhensteingasse wird bereits 1341 urk. erwähnt

Rauscherstraße, 2. und 20., seit 1876, Joseph Othmar Ritter von Rauscher (1797–1875), Univ.-Prof., Direktor der Wiener Orientalischen Akademie, Erzbischof von Wien (1853), Unterzeichner des Konkordats von 1855, von Papst Pius IX. dafür mit dem Kardinalstitel gewürdigt; auch die *Othmarstraße* ist selber Herkunft

Rautenkranzgasse, 21., seit 1900 (vorher ab ca. 1887 Kreuzgasse), Roman Rautenkranz (1811–1878), Pfarrer von Floridsdorf (1852–1868)

Rautenstrauchgasse, 11., seit 1894 (vorher: Weintraubengasse), Franz Stephan Rautenstrauch (1734–1785), Benediktiner, Schriftsteller, Reorganisator der Universitätsbibliotheken

Rautenweg, 22., seit 1953, nach der Arznei- und Gewürzpflanze (Ruta graveolens)

Ravelinstraße, 11., seit 1884, hier bestand einst ein Vorwerk zum Linienwall

Raxstraße, 10., seit 1932, benannt nach dem gleichnamigen „Hausberg der Wiener"

Rebenweg, 17., seit 1966, nach dem Weinbau der Umgebung

Rebhanngasse, 20., seit 1895 (vorher: Dattingergasse), Hofrat Dr. Ing. Georg Rebhann Ritter von Aspernbruck (1824 bis 1892), Brückenbautechniker, Erbauer der ehemaligen Aspernbrücke

Rechberggasse, 10., seit 1911, Johann Bernhard Graf von Rechberg und Rothenlöwen (1806 bis 1899), Diplomat, Außenminister (1859–1864)

Rechte Bahngasse, 3., seit 1862 (vorher: Am Kanal), verläuft neben der 1857 erbauten Verbindungsbahn zwischen Westbahn und Südbahn

Rechte Nordbahngasse, 21., seit 1910 (vorher: Rechte Eisenbahngasse), entlang der Nordbahn; verlängert 1997 (ursprüngliche Verkehrsfläche verbaut und aufgelassen)

Rechte Wasserzeile, 23., seit 1928, verläuft entlang der I. Wiener Hochquellenwasserleitung

Rechte Wienzeile, 4., 5. und 12.; seit 1905; im 4. Bezirk früher Wienstraße, im 5. Bezirk Flussgasse, An der Wien und Wienstraße; nach der Lage am rechten Ufer der Wien

Reclamgasse, 22., seit 1932, Anton Philipp Reclam (1807 bis 1896), Verleger, Buchhändler, begründete 1828 in Leipzig einen Verlag, den er 1839 um eine Buchdruckerei erweiterte; spezialisierte sich frühzeitig auf preiswerte Ausgaben der Weltliteratur; ab 1867 begann er mit seinem Sohn Hans Heinrich (1840–1920) die Herausgabe von Reclams Universalbibliothek

Redengasse, 22., seit 1955 (vorher: Lassingleithnergasse), Friedrich Wilhelm Reden (1804–1857), Begründer der modernen Statistik

Redergasse, 5., seit 1911 (vorher: Wienstraße), Josef Ferdinand Reder (1808 bis 1881), Seidenwarenfabrikant, Gemeinderat (1861–1863, 1865–1880), Bezirksvorsteher des 5. Bezirkes (1862 bis 1881)

Redtenbachergasse, 16. und 17., seit 1894 (vorher: Schottengasse), Ludwig Redtenbacher (1814–1876), Zoologe, Direktor des zoologischen Kabinetts

Regattaweg, 22., seit 1952, nach den Ruderwettbewerben auf der Alten Donau

Reglergasse, 22., seit 1990, Dr. Fritz Regler (1901 bis 1976), Univ.-Prof., Rektor der Technischen Hochschule in Wien, Pionier für zerstörungsfreie Werkstoffprüfungen

Regnerweg, 21., seit 1994, Josef Regner (1914–1973), Pädagoge, Präsident der Volkshochschule Floridsdorf

Rehgasse, 21., seit 1961, nach dem Rotwild

Rehgassl, 19., seit 1986, alter Wegname

Rehlackenweg, 22., seit 1959, nach einem ehemaligen Sammelplatz von Rehen

Reibergasse, 23., seit 1954, Matthias (1735–1791) und Ignaz Reiber (1769 bis 1836), Vater und Sohn; beide Lehrer in Mauer

Reichenbachgasse, 10., seit 1911, Carl Freiherr von Reichenbach (1788 bis 1869), Industrieller, Forscher, Entdecker (erfand u. a. das Paraffin); kam

1831 nach Wien und führte ein merkwürdiges Leben auf dem Schloss Cobenzl („Der Zauberer vom Cobenzl") – Entdeckung des „Od"

Reichmanngasse, 16., seit 1936, Theodor Reichmann (1849 bis 1903), Sänger (Heldenbariton) an der Oper (1883 bis 1889 und 1895 bis 1903)

Reichsapfelgasse, 15., seit 1894 (ursprünglich Rustendorfer Neue Gasse, dann Neue Gasse); das Haus „Zum goldenen Reichsapfel" wurde 1730 als erstes Haus in Rustendorf gebaut

Reichsbrücke, 2. und 22., 1872 bis 1876 als Kronprinz-Rudolf-Brücke erbaut, 1919 in Reichsbrücke umbenannt, 1934 bis 1937 neu gebaut; 1946 bis 1956 Brücke der Roten Armee; 1945 als einzige Donaubrücke nicht zerstört, 1976 eingestürzt, 1977 Neubau, 1980 Wiedereröffnung

Reichsratsstraße, 1., nach dem Gebäude des ehemaligen Reichsrates, heute Parlament; eröffnet 1873

Reifentalgasse, 10., seit 1964, Riedname

Reifentalweg, 10., nicht amtliche Bezeichnung, s. *Reifentalgasse*

Reiffensteingasse, 23., seit 1959, Bruno Reiffenstein (1888–1951), Fachschriftsteller (Fotografie), Kunstfotograf; schuf ein umfangreiches Archiv von Bauten und Denkmäler, das nach dem Zweiten Weltkrieg für die Rekonstruktion bzw. Wiederaufbau zerstörter Denkmäler bedeutend war

Reiherweg, 22., seit 1966, nach dem Vogel

Reimersgasse, 19., seit 1960, Georg Reimers (1860–1936), Burgschauspieler

Reimmichlgasse, 11., seit 1972, Reimmichl (vulgo Sebastian Rieger, 1867 bis 1953), Schriftsteller (Reimmichl-Kalender), schilderte das Tiroler Bauernleben

Reindorfgasse, 15., seit 1894 (vorher: Kirchengasse), zur Wahrung des alten Ortsnamens (bereits 1344 urkundlich erwähnt), Reindorf wurde 1863 mit Braunhirschengrund und Rustendorf zur Gemeinde Rudolfsheim zusammengeschlossen

Reinholdgasse, 22., seit 1961, Karl Leonhard Reinhold (1758 bis 1823), Philosoph, Schriftsteller

Reiningerweg, 14., seit 1930, Franz Reininger, Bindergeselle, fiel in der Märzrevolution 1848, s. *Achtundvierzigerplatz*, s. *Märzstraße*

Reinischgasse, 19., seit 1935 (1938 bis 1947 Langbehngasse), Dr. Simon Leo Reinisch (1832 bis 1919), Ägyptologe, Univ.-Prof.; erforschte nordostafrikanische Sprachen

Reinlgasse, 14., seit 1875, Josef Reinl (1813 bis 1866), Bürgermeister von Penzing

Reinprechtsdorfer Brücke, 5. und 6., benannt 1864, erbaut 1862, erneuert 1898, s. *Reinprechtsdorfer Straße*

Reinprechtsdorfer Straße, 5., seit 1862 (vorher: Kugelgasse, Reinprechtsdorfer Hauptstraße), nach dem ehemaligen Vorort „Reinprechtsdorf", 1270 erstmals urk. erwähnt, 1850 eingemeindet

Reisberggasse, 23., seit 1906, Riedname

Reischachstraße, 1., seit 1906, Hektor von Reischach, Mitverteidiger bei der Türkenbelagerung 1529

Reischekgasse, 11., seit 1924, Andreas Reischek (1845–1902), Neuseeland-Forscher (achtmal zwischen 1877 und 1889 in Neuseeland); von den Maori zum Häuptling ernannt

Reischergasse, 13., seit 1960, Anton Reischer (1860–1950), Schuldirektor, Fürsorgerat (1899–1920), Bezirksrat (1909–1920); im Rettungs- und Feuerwehrwesen tätig

Reisgasse, 21., seit 1914, Philipp Reis (1834 bis 1874), deutscher Physiker, Erfinder des Fernsprechers (1860)

Reisingergasse, 10., seit 1896 (urspr. Geiselberggasse, dann bis 1896 Staatsbahngasse), Kasimir Reisinger (1824 bis 1893), Gemeinderat (1881–1887), Gründer des ersten Kindergartens in Favoriten

Reisnerstraße, 3., seit 1862 (vorher: Obere und Untere Reisnerstraße), Heinrich Reisner (1780 bis 1855), Bankier, und seine Frau Therese ließen in dieser Gegend die ersten Zinshäuser erbauen

Reiterberggasse, 23., seit 1914, Flurname

Reithlegasse, 19., seit 1894 (vorher: Hermanstraße), Johann Reithle (1744

bis 1812), um 1800 Ortsrichter von Döbling

Reithofferplatz, 15., seit 1895, Johann Nepomuk Reithoffer (1791 bis 1872), Gummiwarenerzeuger; erfand eine Methode, Kautschukfäden so zu spinnen, dass sie bei der Verarbeitung zu Gebrauchsartikeln ihre Elastizität beibehielten

Reitschulgasse, 1., seit 1862, nach der 1735 erbauten Winterreitschule in der Hofburg

Reizenpfenninggasse, 16., seit 1910, Flurname: reut's (roden) den Pfennig; den Zehent (den zehnten Teil des Ertrages) für die Steuer abgeben

Reklewskigasse, 23., Benennungsdatum unbekannt, Dr. Johann Kouty Conzaga Ritter von Reklewski (1878 bis 1964), Jurist, Gerichtspräsident

Rembrandtstraße, 2., seit 1875, Paul Rembrandt Harmens von Rijn (1601 bis 1669), bedeutender niederländischer Maler („Die Nachtwache")

Remystraße, 10., seit 1956 (vorher: Grünstraße), Ludwig Gabriel von Remy (1776–1851), Architekt, Direktor der Hofbaudirektionskanzlei

Rennbahnstraße, 2., nicht amtliche Bezeichnung, längs dem Rennplatz Freudenau

Rennbahnweg, 22., seit 1928, nach der einst dort existierenden Aushilfsrennbahn des Wiener Trabrennvereines

Renngasse, 1., Benennungsdatum unbekannt, urspr. Am Rossmarkt; hier wurden Pferde vorgeführt und ihre Gangart geprüft, so dass die Pferdeführer oft „rennen" mussten; eventuell auch nach Wettrennen benannt (wie *Rennweg*)

Rennweg, 3., um 1340 Laufsteig, dann Rennweggasse, genaues Benennungsdatum unklar; die Bezeichnung geht entweder auf Rainweg (Roanweg = Weg zwischen den Feldern) zurück oder auf Wettrennen, die hier abgehalten wurden

Reschgasse, 12., Benennungsdatum unbekannt, Karl Resch (gest. 1874), Grundbesitzer, Steinmetzmeister, Zementplattenerzeuger; eröffnete um 1860 die Gasse

Resedaweg, 22., seit 1944, nach der Pflanzengattung (Wau, Reseda)

Resselgasse, 4., seit 1862, Josef Ressel (1793–1857), Techniker, Erfinder der Schiffsschraube (1829)

Rettichgasse, 14., seit ca. 1869, Julie Rettich (1809 bis 1866), Burgschauspielerin

Reuenthalgasse, 15., seit 1912, Neydhart von Reuenthal, zwischen 1200 und 1250 Minnesänger am Hofe Friedrichs des Streitbaren

Reulingweg, 23., seit 1954, Ludwig Wilhelm Reuling (1802–1879), Dirigent an der Wiener Hofoper, Komponist

Reumannplatz, 10., seit 1925 (vorher ab 1872 Bürgerplatz), Jakob Reumann (1853–1925), erster sozialdemokratischer Bürgermeister von Wien; unter seiner Amtszeit wurde Wien eigenes Bundesland (1922), Bürgermeister 1919 bis 1923, Verdienste um den Wohnbau

Reumannstraße, 19., s. *Reumannplatz*

Reumannweg, 12., nicht amtliche Bezeichnung

Reznicekgasse, 9., seit 1955 (1712–1740 Bräuhausgasse, 1778 Schlangengasse; 1809–1955 Wagnergasse und Drey Hasengasse), Emil Nikolaus von Reznicek (1860–1945), Komponist (Opern, Orchester- und Kammermusik)

Rhigasgasse, 17., seit 1930 (vorher: Pezzlgasse), Konstantin Rhigas (1754 bis 1796), griechischer Freiheitsdichter

Ribarzgasse, 16., seit 1936, Rudolf Ribarz (1848 bis 1904), Blumen- und Landschaftsmaler

Ricarda-Huch-Weg, 10., seit 1974, Ricarda Huch (1864 bis 1947), deutsche Dichterin (Romane, Novellen, Lyrik), versuchte eine Synthese zwischen Neuromantik und Realismus

Richard-Kralik-Platz, 18. und 19., seit 1934 (vorher: Weimarer Platz, bis 1920 Carl-Ludwig-Platz), Richard Kralik (1852 bis 1934), Schriftsteller (Romane, Erzählungen, Theaterstücke, Gedichte), versuchte die Gedankenwelt von Antike, deutscher Romantik und Katholizismus zu vereinen

Richard-Kuhn-Weg, 14., seit 1973, Dr. Richard Kuhn (1900–1967), Biochemiker, 1926 Prof. an der TH in Zürich, 1928 in Heidelberg; Nobelpreis 1938 für Arbeiten über Vitamine; nachgereicht 1948, da er ihn auf Befehl der Nationalsozialisten nicht annehmen durfte; wichtige Arbeiten über Fermente und Bakterien

Richard-Neutra-Gasse, 21., seit 1974, Dr. Richard Neutra (1892–1970), Architekt; Mitarbeiter von Otto Wagner und Adolf Loos; baute vorwiegend in den USA (Hotels, Krankenhäuser, Museen, Bibliotheken, Villen); in Wien ein Haus in der Werkbundsiedlung; verlängert 2000

Richard-Strauss-Straße, 23., seit 1981, Richard Strauss (1864 bis 1949), Komponist, Dirigent, Kapellmeister (München, Berlin), 1917 bis 1920 Prof. für Komposition in Berlin, 1919 bis 1924 mit F. Schalk Leiter der Wiener Staatsoper, Gründungsmitglied der Salzburger Festspiele, führender Repräsentant der deutschen Musik um 1900; Opern „Guntram", „Salome", „Elektra", „Der Rosenkavalier"

Richard-Wagner-Platz, 16., seit 1894 (vorher seit 1883: Goetheplatz), Richard Wagner (1813 bis 1883), Opernkomponist („Der fliegende Holländer", „Der Ring des Nibelungen", „Tannhäuser", „Die Meistersinger von Nürnberg", „Parsifal", „Lohengrin" etc.)

Richtergasse, 7., seit 1862 (vorher: Herrengasse), wahrscheinlich nach einem Hausschild „Zur Gerechtigkeit"

Richthausenstraße, 17., seit 1894, Johann Konrad Richthausen (1604 bis 1663), Chemiker, Bergbaufachmann, Erbmünzmeister (1654), Waisenhausstifter, s. *Stiftgasse*

Rickard-Lindström-Gasse, 10., seit 1951, Rickard Lindström (1894 bis 1950), schwedischer Politiker, Journalist (Sozialschriftsteller)

Riedelgasse, 13., seit 1911, Josef Gottfried Ritter von Riedel (1803 bis 1870), Direktor und Reformer der Irrenheilanstalt in Lainz; Riedel war Vertreter einer humanistischen Richtung, die alle Zwangsmaßnahmen ablehnte

Riedstraße, 14., Benennungsdatum unbekannt, eine Ried ist eine (abgegrenzte) Wirtschaftsfläche

Riedweg, 14. und 22., nicht amtliche Bezeichnungen

Riegermühle, 23., seit 1988, nach der ehemaligen Mühle

Rieglgasse, 21., seit 1954, Alois Riegl (1858–1905), Kunsthistoriker, Univ.-Prof. (1895)

Rielgasse, 23., seit 1957 (vorher: Babenbergersteig), Alexander Riel (1886 bis 1952), Gemeinderat von Mauer, Ortsschulrat

Riemenschneidergasse, 22., seit 1932, Tilman Riemenschneider (ca. 1460 bis 1531), Würzburger Bildhauer, Bildschnitzer

Riemergasse, 1., seit 1862 (im 14. Jhd. Vilzerstraz, im 15. Jhd. Filzerstraße), einst Sitz und Verkaufsstätte der Riemer, urk. bereits im 12. Jhd. erwähnt

Rienößlgasse, 4., seit 1917 (vorher: Hechtengasse), Franz Rienößl (1853 bis 1915), Bezirksvorsteher des 4. Bezirks

Rieplstraße, 10., seit 1904, Franz Xaver Riepl (1790–1857), Professor am Wiener Polytechnikum, Eisenbahnpionier

Riesgasse, 3., seit 1906, Ferdinand Ries (1784–1838), Komponist; Schüler von Beethoven, verfasste auch eine Biographie von ihm

Riglergasse, 18., seit 1886, Karl Rigler (1823–1895), Bäckermeister, Gemeinderat von Währing

Rigolettogasse, 23., seit 1960, Oper von Giuseppe Verdi

Rihosekgasse, 21., seit 1967, Dr. Ing. Johann Rihosek (1869–1956), Eisenbahntechniker, Konstrukteur

Rilkeplatz, 4., seit 1957 (1902 bis 1919 Rainerplatz, 1920–1938 Suttnerplatz, 1938–1945 Anton-Lehner-Platz, 1945 wieder Suttnerplatz), Rainer Maria Rilke (1875–1926), Lyriker („Das Stunden-Buch", 1905, „Duineser Elegien", 1923)

Rimplergasse, 18., seit 1910, Georg Rimpler, Oberstleutnant, Kriegsbaumeister, leitete die technischen Arbeiten bei der Verteidigung Wiens 1683 gegen die Türken

Ringelseegasse, 21., seit 1973 (vorher: Ringelseeplatz, Leopoldsplatz), zur Wahrung des Ortsnamens; die Ortschaft Ringelsee wurde im 12. Jhd. urk. erwähnt und verschwand um 1500 nach einer Hochwasserkatastrophe

Ringofenweg, 10., seit 1993, nach dem Ringofen = Ziegelbrennofen in den ehemaligen Wienerberger Ziegelwerken

Ringweg, 19., seit 1937, Flurname

Rinnböckstraße, 3. und 11., seit ca. 1864/1869, Josef Rinnböck (1816 bis 1880), Deichgräbermeister, Hausbesitzer, Gastwirt, Gemeinderat von Simmering (1864–1867 und 1870–1880)

Rispenweg, 22., seit 1993, Rispe ist ein Blütenstandstyp und eine Gräsergattung (Poa)

Rissaweggasse, 10., seit 1911, Josef Rissaweg (1844 bis 1911), Bezirksvorsteher von Favoriten (1890/91), Gemeinderat (1890 bis 1911), Stadtrat (1895 bis 1911)

Rittergasse, 4., Benennungsdatum unbekannt, nach einem Hausschild „Zum Ritter"

Rittersporngasse, 22., seit 1944, nach der Pflanzengattung (Delphinium)

Rittingergasse, 21., seit 1936, Ing. Peter von Rittinger (1811 bis 1872), Montanexperte

Rittlergasse, 23., seit 1888, Theodor Rittler (1821–1886), Gemeinderat von Mauer, Beamter

Rittnergasse, 22., seit 1960, Thaddäus Rittner (1873–1921), Schriftsteller

Rizygasse, 12., seit 1918, Theobald Freiherr von Rizy (1807–1872), Senatspräsident des OGH; Vetter von Grillparzer; um dessen Nachlass bemüht

Robert-Blum-Gasse, 20., seit 1919, Robert Blum (1807–1848), Schriftsteller, Mitglied der Frankfurter Nationalversammlung; 1848 wegen Teilnahme an der Revolution in der Brigittenau standrechtlich erschossen (trotz Berufung auf seine Immunität)

Robert-Fuchs-Gasse, 14., seit 1934, Robert Fuchs (1847 bis 1927), Hoforganist, Professor für Harmonielehre am Wiener Konservatorium; schrieb Kammermusik, Opern, Messen

Robertgasse, 2., seit 1862, Florent Edler von Robert (1795 bis 1870), Jurist, Industrieller, trat 1856 freiwillig die Gründe für die Erbauung der ersten Häuser der Gasse ab

Robert-Hamerling-Gasse, 15., seit 1890 (ursprünglich Mittelgasse, dann Stadiongasse), s. *Hamerlinggasse*

Robert-Lach-Gasse, 21., seit 1968, Dr. Robert Lach (1874 bis 1958), Komponist, Musikwissenschafter, Universitätsprofessor

Robertsonweg, 22., seit 1975, Prof. Stefan Kaspar Robertson (1763–1837), Ballonfahrer, Erfinder

Robert-Stolz-Platz, 1., seit 1978, Robert Stolz (1880 bis 1975), Operettenkomponist; ab 1905 Kapellmeister im Theater an der Wien, 1938 Emigration 1946 Rückkehr nach Wien; Operetten („Venus in Seide", „Frühling im Prater"), Filmmusik, Lieder („Im Prater blühn wieder die Bäume")

Robinienweg, 22., seit 1955, nach der Baumart (Robinia pseudacacia, in Wien „Akazie" geheißen)

Robinsonweg, 23., seit 1967, Zugang zum Robinson-Spielplatz

Rochusgasse, 3., seit 1862 (vorher: Sterngasse), nach der Pfarrkirche zu den „Hl. Rochus und Sebastian"

Rockhgasse, 1., seit 1870, Hans Rockh (ca. 1350 bis 1408), Bürgermeister (1399) und Ratsherr, als Anhänger Herzogs Ernst des Eisernen mit Konrad Ramperstorffer und Konrad Vorlauf im Jahr 1408 hingerichtet, s. *Vorlaufstraße*

Roda-Roda-Gasse, 21., seit 1952, Alexander Roda-Roda (eigentlich Friedrich Rosenfeld, 1872 bis 1945), Schriftsteller, Offizier, Journalist; Satiriker der Donaumonarchie, insbesondere des Offizierkorps (1907 aus der Armee entlassen); 1938 Emigration (Schweiz, USA)

Rodauner Kirchenplatz, 23., seit 1957, nach der Pfarrkirche (vorher: Kirchenplatz)

Rodauner Straße, 23., seit 1866, nach dem ehemaligen Vorort Rodaun; bereits 1170 als „Radune" urk. erwähnt, 1938 zum 25. Bezirk eingemeindet, seit 1954 zum 23. Bezirk gehörend

Rodlergasse, 19., seit 1898, Moritz Rodler (1831 bis 1882), Schuldirektor, Gemeinderat von Ober-Döbling

Röbbelinggasse, 22., seit 1961, Hermann Röbbeling (1873–1949), Schauspieler, Regisseur, Burgtheaterdirektor (1932–1938)

Rögergasse, 9., seit 1878 (vorher Teil der Seegasse), Paul Röger (1773 bis 1847), Bäckermeister, Grundrichter und Wohltäter in der Rossau

Röllgasse, 21., seit 1942, Moritz Friedrich Röll (1818 bis 1907), Schöpfer der modernen Tierseuchenbekämpfung; Veterinärmediziner

Römergasse, 16. und 17., seit 1894, zur Erinnerung an die Römerzeit Wiens

Römersthalgasse, 11., seit 1902, Isabella Perpetua von Römersthal (1614 bis 1664), Besitzerin der Herrschaft Simmering

Röntgengasse, 17., seit 1923, Wilhelm Röntgen (1845–1923), Physiker, Nobelpreisträger, Entdecker der Röntgenstrahlen

Roesnergasse, 12., seit 1894 (vorher: Kirchengasse), Karl Roesner (1804 bis 1869), Architekt (Pfarrkirche Meidling)

Rößlergasse, 23., Benennungsdatum unbekannt, Franz Rößler (gest. 1880), Ortsrichter und Bürgermeister von Erlaa (1850 bis 1865)

Rötzergasse, 17., seit 1864, Franz Rötzer, Grundbesitzer, Farbenerzeuger

Roggegasse, 21., seit 1917, Heinrich Albrecht Ritter von Rogge (1811–1872), Industrieller, Direktor der Ersten österreichischen Spar-Casse, stiftete 25.000 Gulden für wohltätige Zwecke

Roggendorfgasse, 17., seit 1894, Wilhelm Freiherr von Rogendorf (sic! 1481–1541), General, Mitverteidiger Wiens 1529 gegen die Türken, Patronatsherr von Hernals

Rohrbacherstraße, 13., seit 1894 (vorher: Kreuzstraße), Josef Rohrbacher (1817–1883), Wagenfabrikant (Postwagen, Pferdeomnibusse)

Rohrergasse, 13., seit 1933, Johann Rohrer (1649 bis 1727), Weinhauer, Richter, Bergmeister in Mauer

Rohrergasse, 16., seit 1917 (vorher: Sträußlegasse), Johann Rohrer (1715 bis 1778), Pfarrer, schrieb ein Ottakringer Gedenkbuch

Rohrerhüttenweg, 17., seit 1961, nach der Gastwirtschaft „Rohrerhütte"

Rohrhofergasse, 11., seit 1971, Anton Rohrhofer (1882 bis 1965), Großfuhrwerksbesitzer; während der NS-Zeit im Widerstand tätig; Gemeinderat von Simmering (1945 bis 1949), Stadtrat (1945 bis 1950), ÖVP

Rohrwassergasse, 12., seit 1918, Franz Rohrwasser (1814–1901), Pfarrer von Hetzendorf

Rohrweg, 22., nicht amtliche Bezeichnung, Herkunft unklar

Rohrweihenweg, 22., seit 1966, nach dem Vogel

Roißgasse, 23., seit 1964 (vorher: Heimgasse), Hermann Roiß (1927 bis 1959), Alpinist (leitete 1958 eine Himalayaexpedition)

Rokitanskygasse, 17., seit 1864, Dr. Carl Freiherr von Rokitansky (1804–1878), Pathologe, Anatom, Gemeinderat von Hernals; Begründer der Wiener medizinischen Schule

Rolandgasse, 22., seit 1966, Ida Roland (1881–1951), Burgschauspielerin

Roland-Rainer-Platz, 15., seit 2006, Roland Rainer (1910 bis 2004), Architekt (Wiener Stadthalle, ORF-Zentrum, Siedlung Maurer-Berg; Konzept des urbanen Flachbaus; Gartenstadt-Puchenau; Idee des humanen Wohnens), Stadtplaner, Bürger der Stadt Wien, Hochschulprofessor (Hannover, Graz), Leitung der Meisterklasse für Architektur an der Akademie der bildenden Künste in Wien (1968–1980), Publikationen (z. B. „Die Behausungsfrage", 1947)

Rolandweg, 16., seit 1970, s. *Rolandgasse*

Rollingergasse, 12., seit 1906 (vorher: Kletzinskygasse), Franz Rollinger (1824 bis 1893); die Druckerei und Buchbinderei Rollinger, um 1800 gegründet, übersiedelte 1858 von der Innenstadt nach Unter-Meidling und gehörte um die Jahrhundertwende zu den bekanntesten Unternehmen Wiens; 1905 Übersiedlung in den 5. Bezirk

Romakogasse, 23., seit 1953, Anton Romako (1834–1889), Maler; u. a. Bilder von der Seeschlacht bei Lissa und von Admiral Tegetthoff; starb verarmt

Roman-Felleis-Gasse, 21., seit 2004, Roman Felleis (1903 bis 1944), Kaufmann; Engagement in der sozialistischen Arbeiterjugend, schloss sich nach 1934 den rev. Sozialisten an, 1939 von der Gestapo verhaftet, KZ Buchenwald, fiel 1944 einem Bombardement zum Opfer

Romanogasse, 20., seit 1899, Johann Romano Ritter von Ringe (1812 bis 1882), Architekt (z. B. Metternichpalais, Dumbapalais)

Romaplatz, 21., seit 2001, nach der Volksgruppe, die früher unter dem Sammelbegriff Zigeuner bekannt war und häufig in diskriminierender Weise verwendet wurde; Rom = Mann = Ehemann oder schlicht Mensch; die Benennung erfolgte im Bereich ihres früheren Siedlungsgebietes (das Strandgasthaus Birner auf dem gegenüber liegenden Ufer der Alten Donau ist ein traditionsreicher Ort für Feiern und Festen der Lovara), s. auch *Sintiweg, Lovaraweg*

Romberggasse, 23., seit 1958, Hermann Romberg (1882–1929), Schauspieler

Romichgasse, 22., seit 1955, Dr. Siegfried Romich (1882 bis 1943), Orthopäde

Romy-Schneider-Gasse, 23., seit 2000, Romy Schneider (eigentl. Rosemarie Magdalena Albach, 1938 bis 1982), Schauspielerin, Filmdurchbruch mit der „Sissi"-Trilogie (1955 bis 1957), internationale Filmkarriere (u. a. Ludwig II., Trio Infernal, Die Spaziergängerin von Sanssouci); angelegt im Stadterweiterungsgebiet „In der Wiesen" („Schauspielerviertel" – siehe auch *Marisa-Mell-Gasse, Elisabeth-Bergner-Weg, Marte-Harell-Gasse, Alma-Seidler-Weg*)

Rooseveltplatz, 9., seit 1946 (ursprünglich Maximilianplatz, 1920–1934 Freiheitsplatz, 1934–1938 Dollfußplatz, 1938–1945 Hermann-Göring-Platz, dann wieder Freiheitsplatz), Franklin Delano Roosevelt (1882–1945), Präsident der USA (1933–1945), Führer der Anti-Hitler-Koalition

Rosa-Fischer-Gasse, 11., seit 2003, Rosa Fischer (1886 bis 1944), stellvertretend benannt nach jenen Menschen, die dem NS-Terror zum Opfer fielen; Rosa Fischer wurde 1944 aus Ungarn verschleppt und musste Zwangsarbeit im Gaswerk Simmering leisten; sie starb im Sammellager für kranke Juden in der Leopoldstadt

Rosa-Jochmann-Ring, 11., seit 1995, Rosa Jochmann (1901–1994), Sozialdemokratin; Frauenzentralsekretärin (1931), Mitglied des Parteivorstandes (1933), 1939 verhaftet, 1940 bis 1945 im KZ Ravensbrück inhaftiert; 1945 stellvertretende Parteivorsitzende, 1945 bis 1959 Frauenzentralsekretärin, 1959 bis 1967 Vorsitzende des Frauenzentralkomitees, 1945–1967 Mitglied des Parteivorstandes der SPÖ und Nationalratsabgeordnete

Rosaliagasse, 12., ungeklärt, entweder nach Rosalia Kuffner, Gattin des Brauereibesitzers, oder nach Rosalia Rößler, Gattin des Bürgermeisters Franz Rößler, der die ersten Häuser in der Gasse erbaute (1850–1865 Bürgermeister)

Rosalia-Chladek-Gasse, 22., seit 1997, Prof. Rosalia Chladek (1905–1995), Solotänzerin, Choreographin, Begründerin des modernen Ausdruckstanzes

Rosa-Luxemburg-Gasse, 16., seit 1927 (1934 bis 1947: Domaniggasse), Rosa Luxemburg war Mitbegründerin der sozialistischen Partei von Polen und Litauen, dann führende Theoretikerin des linken Flügels der deutschen Sozialdemokratie; mit Karl Liebknecht Opposition gegen den Ersten Weltkrieg, Mitbegründerin des Spartakusbundes und der Kommunistischen Partei Deutschlands, 1919 ermordet; s. auch *Clara-Zetkin-Gasse*

Rosannagasse, 21., seit 1953, nach dem Fluss in Tirol

Rosasgasse, 12., seit 1894 (vorher: Halb gasse und Matzleinsdorfer Straße), Dr. Anton Oskar von Rosas (1791–1855), Augenarzt; Leiter der Univ.-Augenklinik Wien (1821–1853)

Roschégasse, 11., seit 1971, Felix Rosché (1883 bis 1966), Schriftsteller (Reportagen aus dem Tierleben), Naturforscher

Roseggergasse, 16., seit 1887 (vorher: Kirchengasse), Peter Rosegger (1843 bis 1918), Volksdichter, Schriftsteller („Als ich noch der Waldbauernbub war")

Roseggerweg, 10. und 11., nicht amtliche Bezeichnungen, s. *Roseggergasse*

Rosenackerstraße, 16. und 17., seit 1912, ein urkundlich schon 1352 erwähnter Flurname

Rosenbergstraße, 22., Benennungsdatum unklar, Fürst Franz von Orsini und Rosenberg (1761–1832); Verdienste in den napoleonischen Kriegen

Rosenbursenstraße, 1., seit 1902, nach einer der sieben alten Bursen (= Studentenverpflegungsanstalten der Wiener Universität)

Rosengasse, 1., seit 1827, urk. bereits 1371 als „Rosengezzlein" erwähnt; s. *Rosenhaingasse*

Rosenhaingasse, 22., seit 2003, nach der gleichnamigen Siedlung bzw. nach der Strauchgattung (Rosa)

Rosenhang, 14., nicht amtliche Bezeichnung, nach der Blume

Rosenhof, 22., seit 1927, nach den dortigen Rosenkulturen

Rosenhügelstraße, 12., 13. und 23., seit 1905, nach der früher hier betriebenen Rosenkultur

Rosensteingasse, 16. und 17., seit 1894, Leopold Häckl Reichsritter von Rosenstein zu Peschwitz (gest. 1832), Grundbesitzer in Hernals, Wohltäter

Rosentalgasse, 14., seit 1894 (vorher: Rosengasse), Flurname

Rosenweg, 14., 17. und 19., nicht amtliche Bezeichnungen

Rosenzeile, 21., seit 1942, nach ehemaligen großen Rosenbeständen; verlängert 2002

Rosinagasse, 15., seit 1864 (ursprünglich Gemeindegasse), nach Rosina Leydolt, Gattin von Bürgermeister Anton Leydolt, s. *Leydoltgasse*

Rosiwalgasse, 10. und 23., seit 1953, Dr. August Rosiwal (1860 bis 1923), Geologe

Rosmaringasse, 22., seit 1952, nach dem Gewürzstrauch (Rosmarinus)

Rossakgasse, 23., seit 1954, Josef Rossak, Gewerkschafter in den Wienerberger Ziegelwerken

Roßauer Brücke (nR **Rossauer Brücke**), 2. und 9., seit 1982, s. *Roßauer Gasse*

Roßauer Gasse (nR **Rossauer Gasse**), 9., seit 1879, zur Erinnerung an den alten Vorstadtnamen; die Rossau erhielt ihren Namen nach den Weideplätzen und Scheunen der Pferde, die man benötigte, um Schiffe donauaufwärts zu ziehen; 1538 urk. als „In der Rossaw" erwähnt, seit 1688 unter Verwaltung der Gemeinde Wien

Roßauer Lände (nR **Rossauer Lände**), 9., seit 1919 (vorher ab 1903 Elisabethpromenade; um 1314 Badergries, im 15. Jahrhundert Unter den Flötzern, 1652 bis 1726 Auf der Scheiben, 1767 bis 1862 (Bau)holz(leg)stättengasse, zuletzt bis 1903 Holzstraße), s. auch *Roßauer Gasse*

Rossinigasse, 13., seit 1942, Gioacchino Rossini (1792–1868), Opernkomponist („Der Barbier von Sevilla")

Roßkopfgasse (nR **Rosskopfgasse**), 14., seit 1970, nach dem 507 m hohen Rosskopf

Rosthorngasse, 22., seit 1961, Arthur Rosthorn (1862 bis 1945), Diplomat, Sinologe (stiftete seine China-Bibliothek der Österreichischen Nationalbibliothek)

Rosvaengegasse, 22., seit 1983, Helge Rosvaenge (1897–1972), Opernsänger (1932 bis 1957 Mitglied der Wiener Staatsoper)

Rotdornallee, 12., seit 1929, nach der Bepflanzung der Allee (rotblühende Gartensorte des Weißdorns, Crataegus)

Rotenberggasse, 13., seit 1894 (vorher: Gärtnergasse), führt zum Roten Berg

Rotenhausgasse, 9., seit 1862, hier stand 1803 bis 1889 das „Rote Haus"; Sterbehaus von Beethoven

Rotenhofgasse, 10., seit 1875 (ein Teil bis 1894 Redtenbachergasse), nach einem ehemaligen Jagdschlösschen, von Kaiser Karl VI. neu erbaut, genannt das „Röthelhaus" oder der „Rote Hof"

Rotenkreuzgasse, 2., seit 1788 (vorher: Richtergasse), nach einem Hausschild „Zum roten Kreuz"

Rotenlöwengasse, 9., seit 1862, nach einem Hausschild „Zum roten Löwen"

Rotenmühlgasse, 12., seit 1894 (vorher: Ferdinandsgasse); knapp außerhalb von Schönbrunn an der jetzigen Grünbergstraße stand von 1452 bis ca. 1800 die „Rote Mühle an der Wien"; das Wort rot hat nichts mit der Farbe zu tun, sondern ist vom Wort „roden" abgeleitet; die Mühle stand im gerodeten Gebiet

Rotensterngasse, 2., seit 1885 (von 1710 bis 1770 In der Froschlacken, ein anderer Teil von 1862–1885 Hufgasse, um 1773 Froschlackengasse); nach einem Hausschild „Zum roten Stern"

Rotenturmstraße, 1., seit 1862 (schon 1270 „Steig beim Rotenturm"; 1288 „ruffa turris"); der Rote Turm, der äl-

Die Rotunde, errichtet zur Weltausstellung 1873 (abgebrannt 1937).

teste Befestigungsturm Wiens, wurde 1511 neu erbaut, 1662 umgeändert, 1858 abgetragen

Roterdstraße, 16., seit 1892, ein schon 1305 erwähnter Flurname („An der roten erd")

Roter Hof, 8., seit 1862, hier stand ein 1491 erwähnter Gutshof (Rottenhof); die Bezeichnung kommt vermutlich von der roten Tünchung der Häuser

Rotgasse, 1., 1378 urk. als „Radgässlein" erwähnt, 1795 Rothgasse, Verballhornung von Radgasse in Rotgasse

Rothenburgstraße, 12., seit 1906, Sebastian Sonner von Rothenburg besaß 1648 den Augustinerhof in Altmannsdorf und schenkte der Gemeinde Altmannsdorf drei Joch Grund zur Erbauung der Kirche; s. auch *Sonnergasse*

Rothengasse, 21., Benennungsdatum unklar, Flurname

Rothergasse, 22., seit 1993, Karl Rother (1847–1915), Eisenbahnfachmann

Rothkirchgasse, 12., seit 1918 (vorher: Breitenfurter Straße), Leonhard Josef Graf von Rothkirch und Panthen (1773 bis 1842), Feldmarschall-Leutnant, Militärschriftsteller

Rothneusiedler Gasse, 10., Benennungsdatum unklar, nach der einstigen Ortschaft, 1954 eingemeindet

Rotkehlchenweg, 22., seit 1964, nach dem Singvogel

Rottmayrgasse, 12., seit 1894 (vorher: Quellengasse), Johann Michael Freiherr Rottmayr von Rosenbrunn (1654 bis 1730), bedeutendster Maler des österreichischen Hochbarocks; Tafelbilder, Zeichnungen; Fresken u. a. in der Peterskirche und Karlskirche

Rottstraße, 14., seit 1899, Karl Matthias Rott (1810–1876), Schauspieler; brillierte in Raimund-, Nestroy- und Anzengruber-Rollen

Rotundenallee, 2., seit 1935 (bis 1919 Sophienbrückenallee, dann Rotundenbrückenallee), führte zur Rotunde

Rotundenbrücke, 2. und 3., seit 1919; 1797 errichtet, 1824/25 als Sophienbrücke umgebaut, 1871/72 und 1935 bis 1937 neuerlich umgebaut, 1945 zerstört, 1953/54 neu erbaut

Rotundenplatz, 2., seit 2005, siehe Bildtext oben

Roubiczekgasse, 10., seit 1970, Lilli Roubiczek (1898 bis 1966), Kinderpädagogin

Rubensgasse, 4., seit 1876, Peter Paul Rubens (1577–1640), flämischer Maler, Diplomat; malte Porträts, Landschaften, religiöse, historische, mythologische und allegorische Bilder

Rubingasse, 21., seit 1953, nach dem Edelstein

Ruckergasse, 12., seit 1866, Josef Rucker (1826 bis 1898), Gemeinderat von Unter-Meidling, Baumeister

Rudi-Hiden-Gasse, 22., seit 2005, Rudi Hiden (1909 bis 1973), Fußballer, Tormann des Wunderteams, urspr. GAK, dann WAC, 1933 Paris (Racing Club), Annahme der französischen Staatsbürgerschaft nach Ausbruch des Zweiten Weltkrieges; spielte auch im französischen Nationalteam, s. auch *Anton-Schall-Gasse, Gschweidlgasse, Karl-Schott-Gasse, Sindelargasse, Voglgasse*

Rudolf-Bärenhart-Gasse, 17., seit 1933 (vorher ab 1923: Ziehrergasse), Rudolf Bärenhart (1814 bis 1836), Bildhauer

Rudolf-Friemel-Gasse, 10., seit 2004, Rudolf Friemel (1907 bis 1944), Kraftfahrzeugmechaniker, Schutzbundführer, Prozess 1935, Flucht nach Spanien (kämpft im Spanischen Bürgerkrieg im Bataillon „12. Februar 1934"), Gefangennahme, Überstellung ins KZ Auschwitz, 1944 hingerichtet (gemeinsam mit Ernst Burger, s. *Ernst-Burger-Gasse*)

Rudolf-Hammer-Gasse, 14., seit 1973 (vorher: Wiesenweg), Rudolf Hammer (1896 bis 1968), Baumeister

Rudolf-Hausner-Gasse, 22., seit 1997, Prof. Rudolf Hausner (1914 bis 1995), Maler, Graphiker; Mitbegründer der Wiener Schule des Phantastischen Realismus

Rudolf-Henke-Straße, 14., Benennungsdatum unbekannt, Rudolf Henke (1878 bis 1947), 1. Obmann des Kleingartenvereines „Am Bierhäuselberg", s. auch *Alois-Behr-Straße*

Rudolf-Huber-Weg, 22., seit 2003, Rudolf Huber (1924–1997), Hauptbrandmeister und Personalvertreter bei der Wiener Feuerwehr; 1975 bis 1977 Gemeinderat, 1977–1981 Bezirksvorsteher des 2. Bezirkes, Bezirksrat (1969 bis 1975 und 1978–1981); SPÖ

Rudolfinergasse, 19., seit 1894 (um 1750 Sommer- und Winterzeile, 1828 Kothgasse, bis 1894 Lange Gasse), nach der Krankenanstalt „Rudolfinerhaus", erbaut 1882 (Bauherr war der Rudolfinerverein, der unter dem Protektorat von Kronprinz Rudolf stand)

Rudolf-Kalab-Gasse, 10., seit 2006, Rudolf Kalab (1933 bis 2000), Lithograph, Engagement in der Gewerkschaft Druck und Papier (seit 1950) und Amnesty International, Linkskatholik (pflegte Kontakte zu Priestern und Gewerkschaftern)

Rudolf-Kassner-Gasse, 19., seit 1960 (vorher tw. Springsiedelweg), Rudolf Kassner (1873 bis 1959), Philosoph, Schriftsteller

Rudolf-Köppl-Gasse, 20., seit 1995, Rudolf Köppl (1913–1982), Bezirksrat (1950 bis 1977), Bezirksvorsteher der Donaustadt (1959–1977), SPÖ

Rudolf-Nurejew-Promenade, 22., seit 1998, Rudolf Nurejew (1938 bis 1993), Choreograph, Balletttänzer, 1961 politisches Asyl in Frankreich, 1964 bis 1988 zahlreiche Auftritte in Wien, ab 1982 österreichischer Staatsbürger

Rudolf-Pöch-Gasse, 14., seit 1931, Dr. Rudolf Pöch (1870 bis 1921), Arzt; widmete sich der Bekämpfung der Pest in Indien, erforschte das Leben der San-Völker in Südafrika und die Gesänge der Papua auf Neuguinea; 1919 Univ.-Prof. für Anthropologie in Wien

Rudolfshügelgasse, 10., seit 1961, nach einer gleichnamigen Gaststätte, 1859 errichtet

Rudolf-Raschke-Gasse, 21., seit 1992, Rudolf Raschke (1923–1945), Oberleutnant, Widerstandskämpfer, hingerichtet am 8. April 1945, s. auch *Karl-Biedermann-Gasse, Alfred-Huth-Gasse*

Rudolf-Sallinger-Platz, 3., seit 1992, Ing. Rudolf Sallinger (1916 bis 1992), Präsident der Bundeskammer der gewerblichen Wirtschaft (1964 bis 1990), Architekt der Sozialpartnerschaft, Obmann des österreichischen Wirtschaftsbundes (1966 bis 1989), Nationalratsabgeordneter (ÖVP)

Rudolf-Schön-Gasse, 21., seit 1997, Hofrat Dr. Rudolf Schön (1908–1979), Lehrer (Mathematik, Physik), 1938 aus dem Schuldienst entlassen, ab 1950 in der Lehrerbildungsanstalt, seit 1962 Entwurf von Lehrplänen für pädagogische Akademien, 1961 Hofrat, „Vater der Mengenlehre", Mitverfasser von Schulbüchern („Mein Mathematikbuch" – Eder/Jarolim/Schön, Verlag Jugend & Volk), Landesschulinspektor

Rudolf-Schön-Weg, 21., seit 1997, s. *Rudolf-Schön-Gasse*

Rudolf-Simon-Gasse, 11., seit 1974, Rudolf Simon (1878 bis 1960), Flugpionier, Kellner

Rudolf-Skodak-Gasse, 10., seit 1992, Rudolf Skodak (1905 bis 1986), Bezirksrat (1954–1971), 1964 bis 1971 Bezirksvorsteherstellvertreter (ÖVP)

Rudolfsplatz, 1., seit 1862, nach Kronprinz Rudolf (1858–1889), Sohn von Kaiser Franz Joseph I.

Rudolf-Virchow-Straße, 21., seit 1933, Dr. Rudolf Virchow (1821–1902), Professor für Pathologie; Anthropologe, Verfasser zahlreicher medizinischer und anthropologischer Werke

Rudolf-von-Alt-Platz, 3., seit 1907, Rudolf von Alt (1812–1905), Landschaftsmaler; hielt in mehr als 1.000 Aquarellen das Bild Österreichs (Wiens) zu seiner Zeit fest („Canaletto Wiens")

Rudolf-Waisenhorn-Gasse, 23., seit 1957 (vorher: Dr.-Karl-Treitl-Gasse, Mauergasse, Zandergasse bzw. Liesinger Straße), Rudolf Waisenhorn (1871–1921), populärer Bürgermeister von Liesing (1918–1921), 1900 als erster Sozialdemokrat in den Liesinger Gemeinderat gewählt; Sekretär der Liesinger Arbeiterkrankenkasse

Rudolf-Zeller-Gasse, 23., Benennungsdatum unbekannt, Rudolf Zeller (1858 bis 1918), Vizebürgermeister und Ehrenbürger von Mauer

Rudolf-Zöhrer-Weg, 21., seit 2006, Rudolf Zöhrer (1911 bis 2000), Fußballer (FAC, Admira, Austria)

Rueberstraße, 22., seit 1911, Heinrich Freiherr Ritter von Ruebersburg (1785 bis 1857), Generalmajor

Rückaufgasse, 19., seit 1919, Anton Rückauf (1856 bis 1903), Komponist, Pianist

Rückertgasse, 16., seit 1894 (vorher: Schulgasse), Friedrich Rückert (1788 bis 1866), deutscher Dichter; 1826 Professor für orientalische Sprachen; Lyrik, „Die Weisheit des Brahmanen", zahlreiche Übersetzungen

Rüdengasse, 3., seit 1862 (vorher: Große Rüdengasse, ein Teil Rabengasse); hier stand einst der Rüdenhof, eine große Meierei mit Stallungen, später Standort von Hofjägern, zur Zeit der Babenberger und ersten Habsburger Ausgangspunkt für Jagden, deshalb wurden hier auch Jagdhunde gehalten; zur Zeit von Kaiser Maximilian I. sollen ca. 400 Jagdhunde im Rüdenhof gewesen sein

Rüdigergasse, 5., seit 1862 (vorher: Magdalenengasse), s. *Graf-Starhemberg-Gasse*

Rügenau, 22., seit 1966, nach der gleichnamigen Siedlung

Rügenweg, 18., nicht amtliche Bezeichnung

Rueppgasse, 2., seit 1870, Anton Ruepp (1792 bis 1868), Bezirksvorsteher der Leopoldstadt (1850–1862), hinterließ den Großteil seines Vermögens für wohltätige Zwecke

Rufgasse, 9., seit 1874 (vorher ab 1779: Friedhofgasse), Anton Ruf (1764 bis 1842), Zimmermeister, erbaute hier um 1840 das erste Haus

Rugierstraße, 22., seit 1910 (ursprünglich Stadlauer Weg, dann Stadlauer Straße), nach dem gleichnamigen germanischen Volksstamm

Ruhrhofergasse, 17. und 18., seit 1908 (ein Teil 1920 Weißkerngasse), Karl Ruhrhofer (1824–1889), Gemeinderat, Weinbauer

Rummelhardtgasse, 9., seit 1933 (1938 bis 1945 Sandrartgasse), Karl Rummelhardt (1872–1930), Stadtrat, Gemeinderat; Mitbegründer und erster Präsident der christlichen Gewerkschaft öffentlich Angestellter

Rumplerweg, 16., seit 1936, Franz Rumpler (1848 bis 1922), Maler, 1886 Professor an der Akademie der bildenden Künste

Rundweg, 3., Benennungsdatum unbekannt, Weg auf einem zugeschütteten halbrunden Donauarm

Rupertgasse, 14., seit 1905, Franz Rupert (1791 von 1868), Gemeindevertreter von Penzing; Baumeister, Philanthrop

Rupertusplatz, 17., seit 1894 (urspr. Hauptplatz, dann Kirchenplatz), nach der Dornbacher Pfarrkirche „Zum hl. Rupertus"

Rupoldengasse, 18., seit 1925, Flurname (Viehweide auf hügeligem Gelände)

Ruppachgasse, 11., seit 1894, Herkunft unklar

Ruppweg, 21., seit 1973, Karla Rupp (1882 bis 1953), Fürsorgerätin (1922 bis 1934)

Ruprechtsplatz, 1., seit 1862, nach der dem hl. Ruprecht geweihten Kirche; 1198 erwähnt als „in cimetterio sa. Ruperti"; der hl. Ruprecht war Bischof von Salzburg (6./7. Jahrhundert); 1369 Am Kienmarkt

Ruprechtsstiege, 1., eröffnet 1827, benannt 1862, s. *Ruprechtsplatz*

Rußbergstraße, 21., seit 1912 (vorher: Bahngasse), Flurname

Rußpekgasse, 13., seit 1894 (vorher: Brückengasse), nach den Herren von Rußbach (Rußpek), ca. 1260 bis 1360 Besitzer der Herrschaft Hacking

Rußweg, 13., seit 1927, Karl Ruß (1779 bis 1843) und sein Sohn Leander (1809 bis 1864), beide Historienmaler

Rustenfeldgasse, 10., Benennungsdatum unbekannt, Flurname

Rustengasse, 15., Benennungsdatum unbekannt, Flurname

Rustenschacherallee, 2., seit 1921 (ursprünglich Kronprinzstraße und Pratergürtelstraße, bis 1921 Prinzenallee), Flurname

Rustensteg, 15., erbaut 1900 bis 1902, führt über die Westbahn

Ruth-Brinkmann-Gasse, 21., seit 2006, Prof. Ruth Brinkmann (1934 bis 1997), Schauspielerin, Theaterleiterin (gründete mit ihrem Ehemann Franz Schafranek 1963 das Vienna's English Theatre, das sich zur wichtigsten fremdsprachigen Bühne Wiens entwickelte)

Ruthgasse, 19., seit 1894 (vorher: Feldgasse; 1938 bis 1947 Zumbuschgasse), nach dem israelitischen Waisenhaus, erbaut 1875; nach der biblischen Ruth

Ruthnergasse, 21., seit 1909 (vorher: Grenzgasse), Johann Georg Ruthner d. Ä. (1769 bis 1831), Lehrer, Pädagoge, und sein Sohn Johann Georg (1816 bis 1853), ebenfalls Lehrer

Ruttenstockgasse, 12., seit 1909, Jakob Ruttenstock (1776–1844), Prälat von Klosterneuburg, Professor für Kirchengeschichte

Ruzickagasse, 23., seit 1954 (vorher: Feldgasse), Franz Eduard Ruzicka (1875 bis 1950), Bürgermeister von Mauer; Verdienste um den Bau des ehemaligen Flughafens in Mauer

Rysergasse, 23., seit 1957 (vorher: Winkelmannstraße), Friedrich Ryser, um 1429 Ortsrichter und Bergmeister von Mauer

Rzehakgasse, 11., seit 1971, Franz Rzehak (1875 bis 1956), Sozialdemokrat, Kupferschmied, 1919–1934 Gemeinderat, Vorsitzender der Wohnungskommission für Simmering

S

Saarplatz, 19., seit 1908, Ferdinand von Saar (1833–1906), Romane, Novellen („Steinklopfer", „Schloss Kostenitz"), Erzählungen, Lyrik („Wiener Elegien"); beschäftigte sich als einer der ersten Dichter mit der Not des Lohnarbeiters

Sachsenplatz, 20., seit 1877; die Sachsen waren Verbündete Österreichs im Krieg von 1866; nach der Niederlage in Königgrätz zogen sie sich in diese Gegend nach Wien zurück

Sängergasse, 11., seit 1971, Dr. Eugen Sänger (1905–1964), Raketentechniker, Physiker

Säulengasse, 9., seit ca. 1827 (1733 bis 1778 Windgasse, um 1780 Schulgasse), nach einem Hausschild „Zur goldenen Säule"

Sagedergasse, 12., seit ca. 1892, Anna Sageder (1818 bis 1873), Wohltäterin (Sagedersche Stiftung)

Sahulkastraße, 10., seit 1932, Dr. Josef Sahulka (1857 bis 1927), Professor der Elektrotechnik an der Wiener Technischen Hochschule (1903), Elektrotechniker

Saikogasse, 22., seit 1966, Dr. Georg Saiko (1892 bis 1962), Kunsthistoriker, Dichter; Romane „Auf dem Floß", „Der Mann im Schilf"; schilderte den Niedergang von Adel und Bürgertum nach 1918

Sailеräckergasse, 19., seit 1903, Flurname

Salamandergasse, 21., seit 1942, nach dem Tier

Salbeigasse, 22., seit 1944, nach der Heilpflanze (Salvia officinalis)

Salesianergasse, 3., seit ca. 1862 (bis um 1850 Waaggasse), nach Kloster und Kirche Mariä Heimsuchung der Salesianerinnen (Orden des hl. Franz von Sales, 1716 nach Wien berufen); das Kloster wurde 1717 bis 1719, die Kirche 1730 erbaut

Salierigasse, 18., seit 1894 (vorher: Weinberggasse), Antonio Salieri (1750 bis 1825), Hofkapellmeister, Kompositionslehrer (40 Opern, Kammer- und Kirchenmusik)

Saligergasse, 10., seit 1965, Rudolf Saliger (1873 bis 1958), Pionier des Stahlbetonbaus, Prof. an der Technischen Hochschule (1910–1933), Bauberater der Gemeinde Wien (1927–1934)

Salisstraße, 14., seit 1901, Rudolf Graf Salis-Zizers (1779 bis 1840), Feldmarschall-Leutnant in den napoleonischen Kriegen (1809)

Salmannsdorfer Höhe, 19., seit 1925; zur Erinnerung an den alten Vorortnamen; Salmannsdorf, 1279 urkundlich erwähnt, wurde 1890/92 dem 18. Bezirk angeschlossen; 1938 kam Salmannsdorf zum 19. Bezirk; vor der Eingemeindung 1890 hatte Salmannsdorf 312 Einwohner

Salmannsdorfer Straße, 19., seit 1894 (vorher: Hauptstraße); s. *Salmannsdorfer Höhe*

Salmgasse, 3., seit 1862 (vorher: Gemeindegasse), Niklas Graf Salm (1459 bis 1530), Feldhauptmann; schlug 1525 den Knappenaufstand im steirischen Ennstal nieder und war Stadtkommandant von Wien während der Ersten Türkenbelagerung (1529); ließ die Vorstädte niederbrennen und verteidigte Wien gegen die türkische Übermacht, am 14. 10. 1529 schwer verletzt, starb an den Folgen der Verletzung

Salmhoferstraße, 23., seit 1989, Prof. Franz Salmhofer (1900–1975), Komponist, Staats- und Volksoperndirektor (1945–1955 bzw. 1956–1963), s. auch *Franz-Salmhofer-Platz*

Salomongasse, 21., seit 1936, Dr. Josef Johann M. Salomon (1793 bis 1856), Mathematiker, Prof. am Polytechnikum (1821) und an der Universität Wien

Saltenstraße, 22., seit 1961, Felix Salten (1869 bis 1945), Schriftsteller, Journalist; schrieb ab ca. 1900 für alle wichtigen Zeitungen/Zeitschriften Österreichs und Deutschlands; verfasste u. a. „Bambi" und unter Pseudonym „Josefine Mutzenbacher"; 1939 Emigration

Salusgasse, 22., seit 1955 (vorher: Roseggerring), Hugo Salus (1866–1929), Lyriker

Salvatorgasse, 1., seit 1862 (vorher: Passauer Gasse), nach der altkatholischen Salvatorkirche

Salvatorianerplatz, 10., seit 1901, nach Kirche und Kloster der Salvatorianer

Salzachstraße, 20., seit 1898, nach dem Fluss

Salzergasse, 9., seit 1808, erinnert an die Schiffer, die Salz nach Wien brachten („Salzer"); urkundlich schon 1701 erwähnt

Salzgasse, 1., seit 1786, einst Sitz und Markt der Salzhändler

Salzgries, 1., seit ca. 1863; urkundlich schon 1322 erwähnt; Landungs- und Handelsplatz der Salzhändler (Gries = sandiges Ufer)

Salztorbrücke, 1. und 2., seit 1919 (1828 als Karlskettensteg erbaut, 1884 bis 1886 als Stephaniebrücke umgebaut, 1960/61 neu erbaut), s. *Salzgries*

Salztorgasse, 1., seit 1861, nach dem Salztor, dem ältesten Tor der Wiener Stadtmauer, 1276 urkundlich erwähnt, 1759 abgetragen

Salzwiesengasse, 14., seit 1964 (vorher: Roseggergasse), Flurname (Hinweis auf minderwertigen = salzigen Grund)

Sambeckgasse, 14., seit 1929 (irrtümlich Sandrock, 1948 richtiggestellt), Franz Sambeck (1809 bis 1848), Tischlergeselle, fiel in der Märzrevolution 1848, s. *Achtundvierzigerplatz*, *Märzstraße*

Samhaberplatz, 14., seit 1935, Dr. h. c. Edward Samhaber (1846–1927), Dramatiker, schrieb erfolgreich Nachdichtungen altdeutscher Werke (Walther von der Vogelweide), Übersetzungen slowenischer Gedichte

Sampogasse, 14., seit 1894 (vorher: Schmelzgasse), Ludwig von Sampo, 1739 Besitzer der Herrschaft Breitensee; kaufte schon 1726 ein Haus in Breitensee, das er zum Schloss ausbauen ließ

Samptwandnergasse, 14., seit 1894 (vorher: Friedhofstraße), zur Erinnerung an den Hütteldorfer Pfarrer Samptwandner, der 1529 von den Türken verschleppt wurde

Samtblumenweg, 22., seit 1955, nach der Zierpflanze (Tagetes)

Sanatoriumstraße, 14., seit 1910, nach dem Sanatorium „Baumgartner Höhe" (heute: Pulmologisches Zentrum); Lungenheilanstalt der Gemeinde Wien

Sanddorngasse, 22., seit 1955, nach der Strauchart (Hippophaër hamnoides)

Sandefjordgasse, 22., seit 1994, norwegische Stadt in der Provinz Vestfold, s. *Trondheimgasse*, s. Einleitung

Sandgasse, 19., seit 1894 (vorher: Johannesgasse), hier befanden sich Sandgruben (alte Riedbezeichnung)

Sandleitengasse, 16. und 17., seit 1894 (vorher: Dornbacher Straße), Flurname: „Leiten" = „Lehne" = Abhang; bis 1880 gab es hier ein Sandgewinnungslager

Sandrockgasse, 21. und 22., seit 1961, Adele Sandrock (1864 bis 1937), Schauspielerin

Sandstätte, 11., seit 1872, nach den örtlichen Gegebenheiten

Sandthalenstraße, 21., Benennungsdatum unbekannt, Flurname („Sandthal" = sandiges Gebiet)

Sandtnergasse, 21., Benennungsdatum unbekannt, Josef Sandtner (gest. 1852), Wohltäter in Stammersdorf

Sandwirtgasse, 6., seit 1862 (vorher: Kahlgasse), nach einem Gasthausschild „Zum Sandwirt"; hier wohnte Andreas Hofer bei seinem Wien-Aufenthalt 1809

Sanettystraße, 8., seit 1902, Karoline Sanetty (1820–1897) und Peter Sanetty (1814–1885), Gründer des Josefstädter Waisenhauses (1884); Peter Sanetty kam aus ärmsten Verhältnissen, wuchs im Waisenhaus auf, gelangte später zu Wohlstand, vergaß jedoch seine Herkunft nicht

Sankt-Bartholomäus-Platz, 17., seit 1894 (vorher: Kirchenplatz), nach der dem hl. Bartholomäus geweihten Pfarrkirche

Sankt-Elisabeth-Platz, 4., seit 1932 (ursprünglich In der Sand Gestädten, dann Karolinenplatz, 1919 bis 1922 Am Goldegg, dann wieder bis 1932 Karolinenplatz), nach der St.-Elisabeth-Kirche; Elisabeth von Thüringen, Schutzheilige der Armen, heiliggesprochen 1255

Sankt-Georg-Platz, 19., seit 1895, nach der Kirche „Zum hl. Georg"

Sankt-Gotthard-Straße, 14., seit 1913, zur Erinnerung an den Sieg der Österreicher über die Türken bei St. Gotthard am 1. 8. 1664; siehe auch *Montecuccoliplatz*

Sankt-Hubertus-Gasse, 13., seit 1932, s. nachfolgend

Sankt-Hubertus-Platz, 13., nach der Kirche „St. Hubertus" (Schutzpatron der Jäger)

Sankt-Johann-Gasse, 5., seit 1908; die Gegend war einst im Besitz des von Friedrich dem Schönen gegründeten Spitals „Zu St. Johann an der Als"

Sankt-Michael-Gasse, 21., seit 1961, nach dem Erzengel Michael, Schutzpatron der Krieger

Sankt-Nikolaus-Platz, 3., seit 1904; bis 1529 stand hier das Zisterzienserinnenkloster „St. Niklas", eine befestigte Vorstadt, die in der Landstraße aufging

Sankt-Peter-Gasse, 17., nicht amtliche Bezeichnung (Stift St. Peter in Salzburg)

Sankt-Ulrichs-Platz, 7., seit 1862 (ursprünglich Am Anger, Am Bergl, 1780 bis 1862 Kirchengasse), nach der Pfarrkirche „Zum hl. Ulrich" bzw. dem ehemaligen Vorort „Sankt Ulrich" (St. Ulrich Obern Guts, 1302 bis 1850; St. Ulrich Untern Guts, 1211 bis 1529); St. Ulrich kam 1850 zum 7. Bezirk

Sankt-Veit-Brücke, 13. und 14., 1894 bis 1898 erbaut, zur Erinnerung an die Vororte Ober- und Unter-St.-Veit; bereits im 12. Jhd. urk. erwähnt, 1870

wurden die Orte getrennt, 1892 zu Hietzing eingemeindet, s. *Hietzinger Hauptstraße*

Sankt-Veit-Gasse, 13., seit 1894 (vorher: Kirchengasse); s. *Sankt-Veit-Brücke*

Sankt-Wendelin-Gasse, 22., seit 1914, s. *Sankt-Wendelin-Platz*

Sankt-Wendelin-Platz, 22., seit 1909 (vorher: Kirchenplatz); in der Kagraner Kirche „Zum hl. Georg" steht ein Altar des hl. Wendelin (gest. 1015)

Santifallerstraße, 22., seit 1977, Univ.-Prof. Dr. Leo Santifaller (1890–1974), Historiker, 1921–1926 Leiter des Staatsarchivs Bozen, 1945–1962 Vorstand des Instituts für österreichische Geschichtsforschung, Leiter des österreichischen Staatsarchivs

Sanzingasse, 10., seit 1942, Dr. Rudolf Sanzin (1874 bis 1922), Eisenbahntechniker, Prof. für Lokomotivbau an der Technischen Hochschule in Wien

Sapphogasse, 10., seit 1958, Hauptfigur in Grillparzers gleichnamigem Drama

Sarastroweg, 19., seit 1963, Figur aus der „Zauberflöte" von Mozart (Herrscher über das Reich der Güte, der Weisheit und des Lichts)

Saßmanngasse, 10., seit 1958, Hans Saßmann (1882–1954), Bühnenschriftsteller, Theaterkritiker, Erzähler

Satgasse, 13., seit 1929, Abkürzung für „Siedlungsgenossenschaft Auhofer Trennstück", 1920 entstanden, 1925 privatisiert; das erste Siedlerheim entstand 1922 (1967 abgerissen)

Saturnweg, 14., seit 1923, nach dem Planeten

Satzberggasse, 14., seit 1894 (vorher: Schmiedgasse), führt auf den 435 m hohen Satzberg

Satzingerweg, 21., seit 1901, Flurname („In Satzingen" = Setzlinge; Neupflanzung)

Sauerburggasse, 19., seit 1914, nach der Familie Saurer von Sauerburg, 1559 bis 1609 Besitzer der Herrschaft von Ober-Sievering

Sauergasse, 14., seit 1952, Emil von Sauer (1862 bis 1942), Pianist, galt als bester Interpret der Werke von Chopin und Liszt

Saulackenweg, 13., Benennungsdatum unbekannt, nach sumpfigen Stellen im Lainzer Tiergarten

Sauraugasse, 13., seit 1893; die Grafen Saurau waren 1622–1652 Besitzer der Herrschaft Lainz

Sautergasse, 16. und 17., seit 1876 (vorher: Rosenhügelgasse, dann Zeillergasse), Ferdinand Sauter (1804–1854), mit Schubert, Schwind und Lenau befreundeter Dichter; brachte sich als Polizzenschreiber bei der „Donau-Versicherung" durch; schrieb empfindsame, politische und soziale Gedichte, später u. a. Gelegenheitsgedichte; verfiel in Neulerchenfelder Wirtshäusern dem Alkohol, starb an Cholera

Savoyenstraße, 16. und 17., seit 1897 (vorher: Plankengasse), Fürstin Maria Christine von Montléart, geb. Prinzessin von Sachsen-Curland (1779–1851), verwitwete Herzogin von Savoyen, s. *Montléartstraße*

Scalagasse, 5., seit 1888, Johann Scala (1816 bis 1888), Pfarrer von Matzleinsdorf und Gemeinderat (1862 bis 1867)

Scariaweg, 16., seit 1936, Emil Scaria (1840–1886), Opernsänger

Schablergasse, 19., seit 1895, Riedname; 1357 urk. erwähnt

Schachnerstraße, 22., seit 1959, Friedrich Schachner (1841–1907), Architekt, Baumeister

Schadekgasse, 6., seit 1913 (ursprünglich Hollerbeergasse, dann Kollergerngasse, ab 1906 Windmühlgasse), Dr. Franz Josef Schadek (1843 bis 1913), Bezirksvorsteher des 6. Bezirkes (1897 bis 1913); Kaufmann

Schadinagasse, 17., seit 1894, Johann Baptist Schadina, Pfarrer von Dornbach (1683 bis 1688); Verdienste um den Wiederaufbau der Kirche in Hernals

Schäffergasse, 4., seit 1862 (vorher Ankergasse und Kapaunergasse, auch Kapäundlgasse und Kapuzinergasse), Johann Michael Schäffer (gest. 1848), Schneidermeister, errichtete eine Stiftung für verarmte Bürgerstöchter

Schätzgasse, 19., seit 1894, Anna Schätz (1814–1853), Stifterin einer Kinderbewahranstalt in Nussdorf

Schafberggasse, 18., seit 1894 (vorher: Badgasse), führt auf den 390 m hohen Schafberg; urk. erstmals 1366 genannt („Schofberg")

Schafflerhofstraße, 22., Benennungsdatum unbekannt, nach dem gleichnamigen, ehemaligen Wirtschaftshof der Herrschaft Essling

Schafgarbenweg, 22., seit 1956, nach der Heilpflanze (Achillea millefolium)

Schalkgasse, 18., seit 1894 (vorher: Sackgasse), Ignaz Schalk (1831–1876), Großgrundbesitzer, überließ mehrere Grundstücke unentgeltlich der Gemeinde Gersthof

Schallautzerstraße, 1., seit 1906, Hermes Schallautzer (1503–1561), Bürgermeister von Wien (1538/39), Stadtrichter (1540 bis 1543), Festungsbaumeister

Schallergasse, 12., seit 1876, Johann Schaller (1777–1842), Bildhauer, Professor an der Akademie der bildenden Künste

Schaludekgasse, 11., seit 1971, Franz Schaludek (1878–1957), Pfarrer von Kaiserebersdorf, Verdienste um den Wiederaufbau der Pfarrkirche 1945

Schamborgasse, 14., seit 1929, Rosina Schambor (1822–1848), Dienstmagd, und Margarete Schambor (1818 bis 1848), Wäscherin, fielen in der Märzrevolution 1848, s. *Märzstraße*, s. *Achtundvierzigerplatz*

Schamsgasse, 22., seit 1953, Franz Schams (1824–1883), Maler

Schanzstraße, 14. und 15., seit 1894 (vorher: Wiener Straße); einst bestanden hier Schanzen zur Verteidigung der Vororte

Schartlgasse, 23., seit 1966 (vorher: Berggasse), Karl Schartl (1885 bis 1958), Bezirksrat (1953/54 und 1955 bis 1958), ÖVP

Schattenfrohgasse, 22., seit 1972, Prof. Dr. Arthur Schattenfroh (1869 bis 1923), Bakteriologe, Hygieniker

Schatzlsteig, 19., seit 1937, Dr. Josef Schatzl (1862–1936), populärer Arzt

Schauflergasse, 1., seit ca. 1776, schon 1310 als Schauffelgasse, später als Schüvellucke, Schauflerlüchen und Schauflochgasse erwähnt, Herkunft unklar

Schaukalgasse, 17., seit 1973, Dr. Richard Schaukal (1874 bis 1942), katholischer Schriftsteller, Kunstkritiker, Beamter

Schaumburgergasse, 4., Benennungsdatum unbekannt, zur Erinnerung an den Schaumburgergrund, 1813–1850 selbstständiger Ort (ursprünglich „Am praiten Anger" bzw. „Am Silbereck"), heute Teil von Wieden

Schaurhofergasse, 4., seit 1937, Monsignore August Schaurhofer (1872 bis 1928), Sozialpolitiker; Verdienste um straffällig gewordene Jugendliche

Schautagasse, 10., seit 1929, Dr. Friedrich Schauta (1849–1919), Univ.-Prof. für Gynäkologie (1884 Innsbruck, 1887 Prag, 1891 Wien)

Schedifkaplatz, 12., seit 1914, Wilhelm Schedifka (1862–1914), Gemeinderat (1895 bis 1914), Tischlermeister; Verdienste um Feuerwehr- und Rettungswesen

Scheffelstraße, 21., seit 1901, Josef Viktor von Scheffel (1826–1886), Dichter („Der Trompeter von Säkkingen", 1854), Maler (rund 400 Zeichnungen und Aquarelle)

Scheffeneggergasse, 23., seit 1971, Dr. Max Scheffenegger (1883–1963), Jurist, Unterstaatssekretär im Staatsamt für Justiz in der provisorischen Regierung Renner 1945

Schegargasse, 19., Benennungsdatum unbekannt, Benedikt Schegar (1801 bis 1861), Baumeister, erbaute das 1837 eröffnete „Zögernitz-Casino"

Scheibelreitergasse, 19., seit 1979, Ernst Scheibelreiter (1892 bis 1973), Schriftsteller (Romane, Lyrik)

Scheibenbergstraße, 17. und 18., seit 1894 (ursprüngl. Friedhofstraße, dann Schönbrunner Straße), Flurname

Scheibengasse, 19., seit 1894 (vorher: Berggasse), Riedname

Scheiblinweg, 14., seit 1982, Prof. Anton Scheiblin (1894 bis 1967), Lehrer, Sozialdemokrat; an den Schulreformen in den 20er-Jahren beteiligt; 1957 bis 1959 Abgeordneter zum Nationalrat, 1950 bis 1959 Bezirksrat, Begründer des Penzinger Bezirksmuseums, Arbeiten über die Geschichte Penzings

Scheichgasse, 22., Benennungsdatum unbekannt, nach Johann Nepomuk Scheich, Pfarrwundarzt in Süßenbrunn (1836/39), Verdienste um die Kapelle in Süßenbrunn

Scheidlstraße, 18., seit 1889, die Familie Scheidl gehörte zu den ältesten Familien im Bezirk; Johann Scheidl, Fuhrwerker, eröffnete diese Straße

Scheimpfluggasse, 19., seit 1914, Theodor Scheimpflug (1865 bis 1911), Offizier, Erfinder der photographischen Geländeerkundung (Aerophotogrammetrie)

Schelleingasse, 4., seit 1891, Carl Schellein (1820 bis 1888), Maler, Restaurator

Schellenhofgasse, 23., Benennungsdatum unbekannt, nach einem ehemaligen, 1178 erwähnten Kloster (später Schloss und ab 1862 Brauerei; daneben gab es auch ein Ziegelwerk)

Schellenseegasse, 23., seit 1957 (vorher: Ferdinand-Schindler-Gasse), nach einem so bezeichneten ehemaligen Ziegelteich

Schellhammergasse, 16. und 17., seit 1894 (vorher in Hernals Fuhrmanngasse, in Ottakring Laudongasse), Franz Edler von Schellhammer (1775 bis 1831), Oberleutnant, besaß Grund und Anwesen, aus denen später das „Yppensche Invalidenhaus" wurde; s. *Yppengasse*

Schellinggasse, 1., seit 1869, Friedrich Wilhelm Josef von Schelling (1775 bis 1854), Philosoph, Univ.-Prof. (München, Berlin)

Schembergasse, 23., seit 1954 (vorher: Roseggergasse), Carl August Schember (1838 bis 1917), Fabrikant; begründete 1887 die Schember-Waagenfabrik in Atzgersdorf

Schemmerlbrücke, 19. und 20., 1894 bis 1898 nach Plänen von Otto Wagner erbaut; nach Josef Schemerl (sic!) Ritter von Leythenbach (1754–1844), Ingenieur, Hofbaudirektor, führend an der Donauregulierung beteiligt; die Brücke wurde 1953 bis 1955 saniert und 1975 umgebaut; Schemerl arbeitete das erste Projekt einer Donauregulierung aus, das allerdings nicht verwirklicht wurde

Schemmerlstraße, 11., seit 1904, s. *Schemmerlbrücke*

Schenkendorfgasse, 21., seit 1909 (vorher Hamerlinggasse), Max von Schenkendorf (1783–1817), deutscher Dichter (patriotische und religiöse Lieder), nahm an den Befreiungskriegen gegen Napoleon teil

Schenkenstraße, 1., seit 1862, nach dem schon 1250 erwähnten Palais der Erbland-Mundschenke

Schenkweg, 14., seit 1934 (1938 bis 1947 Wolfgang-Schultz-Weg), Leopold Schenk (1840–1902), Begründer der wissenschaftlichen Embryologie

Scherbangasse, 23., seit 1988, Alexander Scherban (1886 bis 1964), Maler (Landschaften, Stilleben, Veduten); schuf auch die Motive für das so genannte Maurer Notgeld (1920)

Schererstraße, 21., seit 1954, Dr. Wilhelm Scherer (1841–1886), Germanist, Univ.-Prof. (Verfasser einer bedeutenden Literaturgeschichte)

Scherffenberggasse, 18., seit 1910, Graf Friedrich Sigismund Scherffenberg; befehligte im Entsatzheer, das Wien 1683 vor den Türken rettete, ein Regiment und fiel 1688 bei der Belagerung Belgrads

Scherfweg, 14., seit 1929, Josef Scherf (1810–1848), Zimmermaler, fiel in der Märzrevolution 1848, s. *Achtundvierzigerplatz*, s. *Märzstraße*

Scheringgasse, 14., seit 1968, Ernst Schering, Chemiker, gründete 1871 in Berlin die pharmazeutischen Schering-Werke

Scherlandgasse, 17., seit 1936, Flurname

Scherpegasse, 19., seit 1935, Hans Scherpe (1853 bis 1929), Bildhauer (Hamerlingdenkmal, Altdenkmal)

Scherrgasse, 11., seit 1872, Jakob Scherr (1778 bis 1830), Hausbesitzer, Wohltäter

Scherzergasse, 2., seit 1875, Johann Georg Scherzer (1776–1858), Gerichtsbeisitzer; Wirt; besaß ab 1807 die Sperlsäle; s. *Große Sperlgasse*

Scheugasse, 10., seit 1919 (vorher: Goethegasse), Josef Franz Georg Scheu (1841 bis 1904), Komponist (vertonte u. a. das „Lied der Arbeit"), Redakteur der „Österreichischen Musikerzeitung", gründete 1878 den „Arbeiter-Sängerbund-Wien"; gewerkschaftlich engagiert, s. *Josef-Zapf-Gasse*

Scheunenstraße, 10., Benennungsdatum unbekannt, nach hier einst befindlichen Scheunen

Scheydgasse, 21., seit 1912 (vorher: Bei der Haltestelle), Sebastian Scheyd (1653 bis 1737), Müller, Stifter einer Kapelle (1708), die er zum Dank für die Errettung vor dem Ertrinkungstod errichten ließ

Schichtweg, 21., Benennungsdatum unbekannt, Georg Schicht (1849–1913), Fabriksbesitzer („Schichtwerke")

Schicketanzgasse, 21., seit 2004, Helmut Schicketanz (1930 bis 1975), Musiker, Heurigenkabarettist; begründete 1951 mit Toni Strobl und Helmut Reinberger „Die drei Spitzbuben", Schicketanz komponierte, die anderen texteten, Auflösung 1972, siehe auch *Christmanngasse*

Schickgasse, 22., seit 1909 (vorher ab 1907 Herrengasse), Ferdinand Schick, Bürgermeister von Stadlau; unter ihm nahm der Ort um die Jahrhundertwende eine steten Aufschwung

Schiergasse, 22., seit 1963, Benjamin Schier (1849–1910), Schriftsteller

Schiffamtsgasse, 2., seit 1862, hier befand sich das kaiserliche Schiffamt

Schiffmühlenstraße, 22., seit 1873, führte zu den ehemaligen Schiffmühlen, die dem Ort Kaisermühlen den Namen gaben, das Schiffmüllerhandwerk war bis zur Donauregulierung (1875) ein blühendes Gewerbe; jahrhundertelang hatten die umliegenden Bauern ihr Getreide hier mahlen lassen, s. *Kaisermühlenstraße*

Schikanedergasse, 4., seit 1861, Emanuel Schikaneder (1751–1812), leitete 1789 das Freihaustheater, 1801 das neu eröffnete Theater an der Wien; Schikaneder füllte auf recht ungewöhnliche Weise sein Theater, er kaufte einen Posten Regenschirme auf, und diese wurden um drei Gulden pro Abend verliehen, sobald es zu regnen begann; wer den Schirm wieder brachte, erhielt 2 Gulden und 48 Kreuzer zurück; schrieb u. a. den Text zur „Zauberflöte" von Mozart und kaufte sich vom Erfolg Besitz in Nussdorf; starb verarmt infolge Geldentwertung unter den napoleonischen Kriegen

Schilchergasse, 14., seit 1957, Friedrich Schilcher (1811 bis 1881), Porträtmaler (Fresken), Präsident des Künstlerhauses (1876 bis 1878)

Schilfweg, 22., seit 1953, nach dem Schilf entlang des Mühlwassers (verlängert 2001)

Schillerplatz, 1., seit 1870, Friedrich Schiller (1759 bis 1805), Dichter („Die Räuber", „Maria Stuart", „Die Jungfrau von Orleans", „Die Braut von Messina", „Wilhelm Tell", Balladen usw.)

Schillerpromenade, 23., Benennungsdatum unbekannt, s. *Schillerplatz*

Schillerweg, 10. und 11., nicht amtliche Bezeichnungen

Schillgasse, 21., seit 1901, Ferdinand von Schill (1776 bis 1809), Major, Initiator einer gescheiterten Erhebung gegen Napoleon; fiel bei Stralsund, elf seiner Offiziere wurden von Napoleon hingerichtet

Schillingergasse, 23., seit 1933, nach einer alteingesessenen Hauerfamilie in Mauer

Schillingstraße, 22., seit 2001, nach der österreichischen Währung (1924 bis 1938 sowie 1945 bis 2001), s. auch *Am Europlatz*

Schillochweg, 22., seit 1965, führt zum Schillochwasser (einem Rest der unregulierten Donau)

Schillwasserweg, 22., seit 1966, in den Gewässern dieser Gegend kommt der Schill (eine Fischart) häufig vor

Schimekgasse, 23., seit 1955 (vorher: Vogelweidstraße), Josef Schimek (1868 bis 1934), Gewerkschaftsfunktionär

Schimmelgasse, 3., seit 1862 (vorher: Sechsschimmelgasse), nach einem Gasthausschild „Zum Schimmel"

Schinaweisgasse, 14., seit 1923, „Schinaweis" ist ein 1424 urkundlich erwähnter Flurname

Schindlergasse, 18., seit 1894 (vorher: Bergsteiggasse), Emil Jakob Schindler (1842–1892), Landschaftsmaler (Stimmungsexpressionismus), Vater von Alma Mahler-Werfel; s. *Werfelstraße*

Schinnaglgasse, 16., seit ca. 1882 (vorher: Zweite Schmelzgasse), Maurus Schinnagl (1800 bis 1871), Priester, Religionslehrer

Schipanygasse, 2., seit 1996, Franz Schipany (1915–1941), optischer Feinmechaniker; gehörte seit 1939 einer KPÖ-nahen Sabotagegruppe an, die 1941 von der Gestapo verhaftet wurde; Schipany wurde mit 19 anderen Mitgliedern im November 1941 im KZ Mauthausen erschossen

Schippergasse, 21., seit 1933, Dr. Jakob Schipper (1842 bis 1915), Anglist, Univ.-Prof. („Wiener Beiträge zur englischen Philologie")

Schirnböckgasse, 13., seit 1930, Ferdinand Schirnböck (1869–1930), Kupferstecher, spezialisiert auf Postwertzeichenstich

Schirrmanngasse, 22., seit 1971, Richard Schirrmann (1874 bis 1961), Pionier der Jugendherbergsbewegung, Vorsitzender des internationalen Jugendherbergsverbandes

Schlachthammerstraße, 22., seit 1971, Michael Schlachthammer (gest. 1887), Wirtschaftsbesitzer, Ortsrichter von Essling

Schlachthausgasse, 3., seit 1862 (vorher: Hohlwegstraße), nach dem von 1846 bis 1848 erbauten städtischen Schlachthaus

Schlagbrückenufer, 2., seit 1923; hier befand sich die Schlagbrücke (heute Schwedenbrücke); der Name rührt daher, dass das Vieh auf der Brücke geschlagen (= geschlachtet) wurde, da die Zufuhr von totem Vieh bzw. Fleisch nach Wien aus großer Entfernung aus hygienischen Gründen verboten war

Schlägergasse, 13., seit 1933, Antonie Schläger (1859 bis 1910), Opernsängerin

Schlagergasse, 9., seit 1886, Dr. Ludwig Schlager (1828–1885), Psychiater, Direktor der NÖ. Landes-Irrenheilanstalt; Gemeinderat; kümmerte sich um die Verbesserung des Schicksals von Geisteskranken, 1866–1879 (liberaler) Gemeinderat

Schlanitzgasse, 22., seit 1974 (vorher: Hardmuthgasse), Rudolf Schlanitz (1883 bis 1935), Bildhauer, Holzschnitzer

Schlechtastraße, 3. und 11., seit 1907, Franz Xaver Freiherr Schlechta von Wschehrd (1796 bis 1875), Finanzbeamter, Dichter (Lyrik), Freund Schuberts; verlängert 2001 (zur besseren Auffindung des Kleingartenvereins Arsenal)

Schlehenweg, 13., seit 1967, nach der Strauchart (Prunus spinosa)

Schleidengasse, 21., seit 1953, Matthias Jakob Schleiden (1804 bis 1881), Botaniker, 1839 Prof. in Jena, 1863 in Dorpat; 1838 begründete er die Zellentheorie der Organismen mit, bemühte sich auch um eine methodische Erneuerung der Botanik in der Forschung

Schleiergasse, 10., seit 1869, Herkunft unklar; möglicherweise nach einem ehemaligen Besitzer von Gründen in dieser Gegend; verlängert 1987

Schleifgasse, 21., seit 1901, Ignaz Schleif (1835 bis 1898), Pfarrer von Floridsdorf (1880 bis 1883)

Schleifmühlgasse, 4., seit ca. 1667 (vorher: Obere und Untere Schleifmühlgasse), nach der kleinen Gemeinde „Schleifmühl", bereits 1582 urkundlich erwähnt; diese bildete sich um eine Waffenschleif- und Poliermühle

Schlenthergasse, 22., seit 1955 (urspr. Wallgasse, ab 1909 Josef-Richter-Gasse), Paul Schlenther (1845–1916), Direktor des Wiener Burgtheaters, Schriftsteller, Theaterkritiker

Schlesingerplatz, 8. seit 1901, Namensgebung ab 2006 nach Therese Schlesinger (1863 bis 1940), Politikerin; kämpfte gemeinsam mit Auguste Fickert (s. *Fickertgasse*) um Frauenwahlrecht und Gleichberechtigung der Frau, schuf eine Gewerbeschule für Buchbinderinnen und weibliche kfm. Angestellte, 1919 Mitglied des sozialdemokratischen Parteivorstandes, Abg. z. NR (1920–1923), Bundesrätin (1923–1930), Emigration (1939); Publikationen (z. B. „Handbuch der Frauenarbeit in Österreich"); 1901 bis 1938 bzw. 1945 bis 2006 nach Dr. Josef Schlesinger (1831 bis 1901), Professor und mehrfacher Rektor an der Hochschule für Bodenkultur, christlich-sozialer Reichsratsabgeordneter (1891–1901), Gemeinderat (1895 bis 1901); 1938–1945 Conrad-Hötzendorf-Platz; s. *Josef-Schlesinger-Straße*

Schlettergasse, 22., seit 1987, Dr. Hermann Schletter (1897 bis 1965), Arzt; engagierte sich für die Armen

Schleusenstraße, 14., Benennungsdatum unbekannt, nach einer Schleuse zur Regulierung des Mauerbachs

Schlickgasse, 9., seit 1862, s. *Schlickplatz*

Schlickplatz, 9., seit 1872, Franz Heinrich Graf Schlick (1789–1862), General der Kavallerie, erbaute in der Gegend ein Palais (Türkenstraße 25), Verdienste in den nap. Kriegen (1809 bei Aspern und Wagram, 1813 bei Leipzig)

Schliemanngasse, 21., seit 1910, Heinrich Schliemann (1822–1890), Kaufmann, Altertumsforscher; erwarb als Kaufmann Vermögen, eignete sich umfassende Sprachkenntnisse an und unternahm ab 1858 Bildungsreisen; nahm Homer beim Wort und entdeckte 1868 (mit Frank Calvert) Troja

Schließmanngasse, 13., seit 1923, Hanns Schließmann (1852 bis 1920), Zeichner (Illustrator des Wiener Volkslebens)

Schlimekgasse, 23., seit 1899, Georg Schlimek (1810 bis 1865), Baumeister, Gemeinderat in Mauer

Schlöglgasse, 12., seit 1894 (vorher: Hietzinger Straße und Reinhartgasse), Friedrich Schlögl (1821–1892), Wiener Volksschriftsteller

Schlösselgasse, 8., seit 1862 (früher Kleines Gassel in der Josefstadt, später Josefstädter Straße), nach dem Gasthausschild „Zum goldenen Schlössel"

Schloßallee (nR **Schlossallee**), 14., seit 1919 (urspr. Schönbrunner Hofallee, dann Hofallee), führt zum Haupttor von Schönbrunn

Schloßberggasse (nR **Schlossberggasse**), 13., seit 1887 (vorher: Schlossgasse), führt zum Hackinger Schloss

Schlossergasse, 21., seit 1941 (vorher: Engerlinggasse), Dr. Julius von Schlosser (1866–1938), Kunsthistoriker, Direktor im Kunsthistorischen Museum (1901 bis 1922)

Schloßgartenstraße (nR **Schlossgartenstraße**), 23., seit 1898, Flurname

Schloßgasse (nR **Schlossgasse**), 5., seit 1862 (vorher: Große Schlossgasse), markiert die Begrenzung des ehemaligen Schlosses Margareten und seines 1786 parzellierten Gartens

Schloßhofer Straße (nR **Schlosshofer Straße**), 21., seit 1875 (vorher: Pressburger Straße), nach dem ehemaligen kaiserlichen Besitz Schlosshof an der March (1725 bis 1736 von Prinz Eugen errichtet)

Schloßparkgasse (nR **Schlossparkgasse**), 23., Benennungsdatum unbekannt, verläuft neben dem Erlaaer Schlosspark; der Park gilt wegen seiner Pflanzenwelt als erhaltenswert

Schloßpromenade (nR **Schlosspromenade**), 22., seit 1991, nach dem Esslinger Schloss

Schluckergasse, 13., seit 1971, Philipp Schlucker (1747–1818); nach einem von ihm stammenden Plan wurde die Mauer um den Lainzer Tiergarten erbaut; verrechnete sich beim Kostenvoranschlag zu seinen Ungunsten, worauf sich der Ausdruck vom „armen Schlucker" einbürgerte

Schlüsselgasse, 4., seit 1862 (urspr. Guglgassel, Tischlergasse), nach einem Hausschild „Zu den zwei weißen Schlüsseln"

Schmätzerweg, 14., seit 1953, Vogelname (Unterfamilie der Drosseln)

Schmalerweg, 14., seit 1931, Josef Schmaler (1800 bis 1848); fiel in der Märzrevolution 1848, s. *Achtundvierzigerplatz,* s. *Märzstraße*

Schmalzhofgasse, 6., seit 1862, nach dem Hof eines vermögenden Schmalzhändlers

Schmardagasse, 13., seit 1936, Dr. Ludwig Karl Schmarda (1819–1908), Zoologe, Univ.-Prof., Dekan (1866/67)

Schmedesweg, 16., seit 1936, Erik Schmedes (1868–1931); Heldentenor an der Wiener Staatsoper (1898–1924), 1908/09 Mitglied der Metropolitan Opera New York, 1922–1930 Lehrtätigkeit (Neues Wr. Konservatorium)

Schmelzbrücke, 15., 1876 erbaut, 1894 verbreitert, nach der Lage in Richtung Schmelz; s. auch *Sperrgasse*

Schmelzbrückenrampe, 15., seit 1896, führt auf die 1876 erbaute Brücke über die Westbahn

Schmelzgasse, 2., seit 1684 (vorher: Ochsengasse), nach der schon 1614 nachgewiesenen Schmelze, in der minderwertiges Rinder- und Schaffett für die Herstellung von Kerzen und Seifen geschmolzen wurde

Schmerlingplatz, 1., seit 1893 (vorher: Reichsratsplatz), Anton Ritter von Schmerling (1805 bis 1893), Jurist, Justizminister (1849 bis 1851), Ministerpräsident (1860 bis 1865)

Schmidgasse, 8., seit 1841 (vorher ab 1839 Gemeindegasse), Josef Schmid (1790 bis 1854), Ortsrichter der Josefstadt, Gemeinderat (1848–1854)

Schmidgunstgasse, 11., seit 1894 (vorher: Dorfgasse), Georg Schmidgunst (1831–1886), Bürgermeister von Kaiserebersdorf (1861–1873)

Schmidlergasse, 23., seit 1933, Franz Schmidler (1725 bis 1791), Fabrikant (Textilfarben), Wohltäter

Schmiedeckgasse, 23., seit 1957 (vorher: Lammgasse), Otto Schmiedeck (1876–1954), war in der Anker Versicherung tätig, Gewerkschaftsfunktionär, 1939 verhaftet, 3 Jahre Gefängnis wegen Widerstands gegen das NS-Regime (gehörte den illegalen Revolutionären Sozialisten an)

Schmiedgassl, 21., seit 2002, überlieferte ortsübliche Bezeichnung

Schmiegergasse, 18., seit 1963, Wilhelm Schmieger (1887 bis 1950), 1901 bis 1919 Stürmer der österreichischen Fußballnationalmannschaft; Sportreporter, bis er von den NS Berufsverbot erhielt; Schiedsrichter, Gymnasial-Professor

Schmöllerlgasse, 4., Benennungsdatum unbekannt, Josef Schmöllerl (1763 bis 1848), Vogteikommissär der Pfarre St. Karl, Wohltäter

Schmutzergasse, 15., seit 1912, nach der berühmten Wiener Kupferstecherfamilie Schmutzer (Andreas, 1700 bis 1741; Josef, 1695–1741; Adam, 1694 bis 1740, und der Sohn von Andreas, Jakob, 1733–1811); Jakob begründete eine Schule für Kupferstecher

Schneeballenweg, 22., seit 1954, nach der Strauchart (Viburnum opulus)

Schneebeerengasse, 22., seit 1965, nach der Zierstrauchart (Symphoricarpus racemosa)

Schneidergasse, 11., seit 1899, Johann Schneider (1835 bis 1897), Gemeindeausschussmitglied, Baumeister (Schulbauten)

Schneiderhangasse, 12., seit 1922, Josef Schneiderhan (1837 bis 1918), letzter Bürgermeister von Unter-Meidling (1885–1891), Gemeinderat, Stadtrat (1891–1895), Bäckermeister

Schnirchgasse, 3., seit 1888, Ing. Friedrich Schnirch (1791–1868); Techniker, führte neue Methoden des Brückenbaus ein

Schnitterweg, 22., seit 1994, nach den Schnittern (= Männer, die um die Jahrhundertwende auf der Alten Donau mit der Eisgewinnung beschäftigt waren); s. auch *Laberlweg*

Schnorrgasse, 21., seit 1937, Ludwig F. Schnorr von Carolsfeld (1788–1853), Maler, Radierer, Lithograph; ebenso sein Bruder Julius (1794–1872)

Schöberweg, 17., seit 1949, Johann Schöber (1902–1942), Straßenbahnschaffner; leitender Funktionär der illegalen KPÖ; hatte Verbindungen zu katholischen NS-Gegnern, 1941 verhaftet, 1942 in Berlin hingerichtet

Schödlbergergasse, 22., seit 1913, Johann Nepomuk Schödlberger (1779 bis 1853), Lehrer, Maler (Landschaften)

Schöffelgasse, 18., seit 1912 (vorher: Lidlgasse, ursprünglich Reformvereinsgasse), Josef Schöffel (1832–1910), Offizier, Bürgermeister von Mödling, Landtagsabgeordneter; rettete mit einer Pressekampagne den Wienerwald nach dem verlorenen Krieg gegen Preußen (der Holzverkauf sollte die Staatsfinanzen aufbessern) vor der Abholzung

Schöffelplatz, 14., s. *Schöffelgasse*, amtlich seit 1994, vorher ebenso nicht amtlich

Schoellerhofgasse, 2., seit 1909, Gustav Ritter von Schoeller (1826 bis 1883), Großindustrieller, bzw. nach dem Schoellerhof

Schoellerweg, 15., seit 1925, Johann Christoph Schoeller (1782 bis 1851), Miniaturmaler; Illustrator von Bäuerles Theaterzeitung

Schönbachstraße, 13., seit 1932, Dr. Anton Schönbach (1848 bis 1921), Literaturhistoriker, Univ.-Prof.

Schönbergplatz, 14., seit 1952, Arnold Schönberg (1874 bis 1951), Komponist, Dirigent, Lehrer; Kammermusikwerke, Oratorien, mit seiner „Zwölftonmusik“ Wegbereiter einer Epoche, 1933 Emigration in die USA

Schönborngasse, 8., seit 1904, Friedrich Karl Graf Schönborn (1674 bis 1746), Fürsterzbischof von Wien; ließ das Palais in der Laudongasse ausbauen

Schönbrunner Allee, 12., seit 1892, als Verbindung zwischen den Schlössern Schönbrunn und Hetzendorf angelegt

Schönbrunner Graben, 17. und 18., seit 1962; nach guten Quellen, die von den Jagdgesellschaften Maria Theresias benutzt wurden

Schönbrunner Schloßbrücke (nR **Schönbrunner Schlossbrücke**), 13. und 14., seit 1919 (vorher: Maria-Theresien-Brücke), führt zum Schloss Schönbrunn

Schönbrunner Schloßstraße (nR **Schönbrunner Schlossstraße**), 12. und 13., seit 1885 (vorher: Hietzinger Hauptstraße); nach dem Schloss benannt; von Fischer von Erlach auf den Resten der Katterburg errichtet, von Nikolaus Pacassi später umgebaut, s. *Pacassistraße*

Schönbrunner Straße, 4., 5. und 12., seit 1898 (ursprünglich Lange Gasse, Hundsturmer Straße, Gaudenzdorfer Hauptstraße und Meidling-Schönbrunner Straße), führt zum Schloss Schönbrunn

Schönburgstraße, 4., seit 1892 (vorher: Hungelbrunngasse), Alexander Fürst Schönburg-Hartenstein (1826 bis 1896)

Schöneckergasse, 14., seit 1985, Dyonis Schönecker (1888 bis 1938), 1910 bis 1938 Präsident des Sportclubs Rapid; hatte großen Anteil daran, dass Rapid zu jener Zeit führender Fußballclub in Europa war

Schönlaterngasse, 1., seit ca. 1786; nach dem 1710 urk. erwähnten Hausschild „Zur schönen Laterne" („Bei der schön Latern"); im 17. Jhd. Heiligenkreuzer Gasse und Beim Heiligenkreuzer Hof

Schönngasse, 2., seit 1898, Alois Schönn (1826 bis 1897), Maler (Landschaftsbilder)

Schönthalergasse, 21., seit 1932, Franz Schönthaler (1821–1904), Innenarchitekt, Holzbildhauer

Schönthanplatz, 22., seit 1961, Franz von Schönthan (1853–1905), Journalist, Schriftsteller („Kleine Humoresken", 4 Bände 1882–1886)

Schönwiesegasse, 23., seit 1942, Karl Schönwiese (1868 bis 1942), Gemeinderat von Inzersdorf, Weinessigfabrikant

Schönygasse, 10., seit 1981, Heinrich Schöny (1881 bis 1965), Komponist, Pädagoge

Schöpfergasse, 12., seit 1902, Wolfgang Schöpfer (1825–1876), Wohltäter in Hetzendorf, Zimmermeister

Schöpfleuthnergasse, 21., seit 1893, Johann Schöpfleuthner (1827–1896), Gemeinderat in Floridsdorf (1867 bis 1875, 1882 bis 1896)

Schöpfwerkpromenade, 12., seit 2004 (entlang der Kleingartenanlage „Am Schöpfwerk") s. *Am Schöpfwerk*

Schoeppelgasse, 22., seit 1955 (vorher: Wilhelm-Kreß-Gasse), Hugo Schoeppel (gest. 1928), Schriftsteller, Gründer der Adalbert-Stifter-Gesellschaft

Scholzgasse, 2., seit 1874, Wenzel Scholz (1787–1857), Komiker am Carltheater, Partner von Nestroy

Schongauergasse, 20., seit 1920, Martin Schongauer (1450–1491), Maler, Kupferstecher

Schopenhauerstraße, 18., seit 1894 (vorher: Wiener Straße), Arthur Schopenhauer (1788–1860), Philosoph, Vertreter des Pessimismus („Die Welt als Wille und Vorstellung")

Schottenaustraße, 20., seit 1905, zur Erinnerung daran, dass diese Gegend im Besitz des Schottenstiftes war

Schottenbastei, 1., seit 1862, früher Gässel zur Bastei, war ein Teil der Stadtbefestigungsmauer; s. *Schottengasse*

Schottenfeldgasse, 7., seit 1862 (vorher: Mittergasse, Münchnerbotengasse, Feldgasse), nach dem ehemaligen Vorort Schottenfeld, 1850 zum 7. Bezirk eingemeindet; diese Gegend war im Besitz des Schottenstiftes

Schottengasse, 1., seit ca. 1795, bereits 1346 urkundlich erwähnt; die schottischen (eigentlich irischen) Benediktinermönche wurden 1155 nach Wien berufen und erbauten Kloster, Kirche und Spital; 1418 ging der Besitz an die deutschen Benediktiner über; der Name „Schotten" blieb jedoch erhalten

Schottenring, 1., seit 1870, nach dem bereits 1276 urkundlich erwähnten Schottentor, s. *Schottengasse*

Schotterfeldweg, 21., seit 1936, Flurname

Schrammeln mit Wäschermädeln

Schrailplatz, 23., Benennungsdatum unbekannt, Johann Nepomuk Schrail (1787–1830), Lehrer in Atzgersdorf; hinterließ historisch interessante Aufzeichnungen über die napoleonischen Kriege (1809) in seinem Ort

Schrammelgasse, 17., seit 1923, Johann Schrammel (1850 bis 1893), Komponist, Gründer des volkstümlichen Schrammelquartetts; bekannt wurde das Quartett in der „Güldenen Waldschnepfe" in Dornbach

Schrankenberggasse, 10., seit ca. 1874/75, Flurname

Schrankgasse, 7., seit 1907 (bis 1862 Herrengasse, dann Döblergasse), Dr. Johann Ferdinand Schrank (1830 bis 1881), Handelsschullehrer, liberaler Gemeinderat (1866–1881), Vizebürgermeister

Schraufgasse, 15., seit 1912, Johann Albrecht Schrauf (1837–1897), Mineraloge, Univ.-Prof.

Schrebergasse, 22., seit 1923, Dr. Daniel Gottlieb Moritz Schreber (1808 bis 1861), Arzt, Mitgründer der Schrebergartenvereine (Kleingärten)

Schreckgasse, 23., Benennungsdatum unbekannt, Wilhelm Schreck (1838 bis 1897), Müller

Schreiberweg, 19., seit 1874, die Gegend war um 1297 im Besitz eines herzoglichen Hofschreibers

Schreinerweg, 22., seit 1965, Jakob Schreiner (1854 bis 1942), Burgschauspieler

Schrekergasse, 16., seit 1936, Franz Schreker (1878 bis 1934), Komponist (Opern), Dirigent, Direktor der Berliner Musikhochschule (1920–1933)

Schreygasse, 2., seit 1802; der Bildhauer Johann Michael Schrey eröffnete 1778 die Gasse; seine Gattin Eleonore vermachte ihr Haus der Gemeinde Leopoldstadt für die Errichtung einer Schule

Schreyvogelgasse, 1., seit 1885 (vorher: Kleppersteig und Mölkerbastei), Joseph Schreyvogel (1768 bis 1832), Ausgestalter des Burgtheaters, Schriftsteller, Hoftheatersekretär (1802 bis 1804, 1815 bis 1832)

Schrickgasse, 22., seit 1909 (vorher: Diepoldgasse), Michael Schrick (eigentlich Ruffus, 1400–1473), Arzt, Lehrer

Schroederweg, 12., seit 1930, Sophie Antonia Schröder (1781–1868), Schauspielerin

Schrödingerplatz, 22., seit 1973, Prof. Dr. Erwin Schrödinger (1887–1961), Physiker; 1921–1927 Univ.-Prof. in Zürich, dann in Berlin, Träger des Nobelpreises 1933 („Abhandlungen zur Wellenmechanik", „Spezielle Relativitätstheorie); 1938 Emigration, 1956 Rückkehr

Schrötlgasse, 22., seit 1959 (vorher: Jägersteig), Georg Schröttel, von 1606 bis 1627 Besitzer der Herrschaft Kagran; s. *Schrottensteingasse*

Schröttergasse, 10., seit 1876, Anton Schrötter Ritter von Kristelli (1802 bis 1875), Chemiker, Mineraloge, entdeckte den amorphen Phosphor

Schrottenbachgasse, 18., seit 1992, Ferdinand Schrottenbach (1957 bis 1991), Revierinspektor, am 16. 3. 1991 nach einem Raubüberfall erschossen

Schrottensteingasse, 22., seit 1909 (vorher: Kirchengasse); die Herrschaft Kagran war von 1606 bis 1672 im Besitz der niederösterreichischen Familie Schröttel, s. *Schrötlgasse*

Schrottgasse, 3., seit 1910, Dr. Josef Schrott (1811–1888), Universitätsprofessor für Wirtschaftswissenschaft

Schrottgießergasse, 2., Benennungsdatum unbekannt, nach einer ehemaligen Schrottgießerei, die sich im 16. Jahrhundert hier befand

Schrotzbergstraße, 2., seit 1899, Franz Schrotzberg (1811 bis 1889), Porträtmaler

Schrutkagasse, 13., seit 1925 (vorher: Windmühlgasse), Dr. Emil von Schrutka (1852 bis 1918), Jurist; Professor für Zivilprozessrecht an der Universität Wien

Schubertgasse, 9., seit 1862 (vorher: Ziegelgassel, Brunngasse), Franz Schubert (1797–1828), Komponist; schrieb 9 Symphonien, über 600 Lieder, 7 Messen, Opern, Sonaten, Streichquartette, Ouvertüren, Kammermusik

Schubertring, 1., seit 1928 (vorher ab 1862: Kolowratring), siehe *Schubertgasse*

Schuchardtstraße, 21., seit 1956 (vorher: Türkenstraße), Dr. Hugo Schuchardt (1842–1927), deutscher Sprachwissenschafter, Romanist, 1876 Univ.-Prof. in Graz

Schüttauplatz, 22., seit 1874, nach der ehemaligen Donauinsel „Schütt", verschwunden durch die Donauregulierung

Schüttaustraße, 22., seit 1873, s. *Schüttauplatz*

Schüttelstraße, 2., seit 1876 (früher Am Schüttel und ein Teil Kronprinzenstraße); vor der Donauregulierung war der Prater eine sehr wasserreiche Gegend; so wurde eine Straße „angeschüttet", die höher als die Umgebung lag

Schützengasse, 3., seit 1869 (vorher: Auf der Schutzen), nach dem ehemaligen Einkehrwirtshaus für Fuhrleute und Hausschild „Zum Schützen"; abgerissen 1865

Schützensteig, 14., Benennungsdatum unbekannt, nach den Freunden des Schießsports

Schützplatz, 14., seit 1912 (vorher: Laurentiusplatz, bis 1894 Kirchenplatz), Josef Franz Schütz (1851 bis 1908), Apotheker, sozial für die Armen von Breitensee engagiert

Schuhbrechergasse, 14., seit 1956, alter Riedname

Schuhfabrikgasse, 23., seit 1955 (vorher: Laimgrubengasse), nach einer Schuhfabrik

Schuhmeierplatz, 16., seit 1919 (vorher: Habsburgplatz), Franz Schuhmeier (1864 bis 1913), Begründer der sozialdemokratischen Bewegung in Ottakring; bis zu seiner Ermordung 1913 dominierende Persönlichkeit der österreichischen Arbeiterbewegung; gründete den Arbeiterbildungsverein „Apollo" und die Zeitung „Volkstribüne"; war 1901 einer der beiden ersten sozialdemokratischen Reichsratsabgeordneten

Schukowitzgasse, 22., seit 1953, Dr. H. Schukowitz, Schriftsteller, publizierte 1896 ein Buch über Marchfelder Mythen

Schulerstraße, 1., seit 1862, früher „strata scole", Schullerstraße, Schuolstrazze und Große Schulenstraße; abgeleitet von der Bürgerschule St. Stephan

Schulgasse, 18., seit 1864/71 (früher: Turmgasse und Karlsgasse), erinnert an die 1867 erbaute Volksschule

Schulhof, 1., seit 1786, seit 1421 wegen der in der Nähe gelegenen Judenschule so genannt, 1776 Jesuitenplatz

Schulsteig, 19., Benennungsdatum unbekannt (1940–1945 Nesziweg), führt zur Schule

Schultergasse, 1., seit 1786, seit dem 14. Jahrhundert als Sitz- und Wohnort der Schilter (Schildermaler) und Waffenschmiede bekannt

Schultheßgasse, 17., seit 1908 (urspr. Friedhofgasse, dann Hernalser Friedhofstraße), Heinrich Schultheß (1836 bis 1904), Pfarrer von Hernals

Schulzgasse, 21., seit 1901, Johann Graf Schulz (gest. 1686), Reitergeneral während der Türkenbelagerung 1683

Schulzgasse, 23., Benennungsdatum unbekannt, Emil Schulz (1852 bis 1914), Bürgermeister von Inzersdorf (1910 bis 1914)

Schulz-Straßnitzki-Gasse, 9., seit 1896 (vorher: Straßnitzkigasse), Leopold Karl Schulz von Straßnitzki (1803 bis 1852), Mathematiker (Lehrkanzlei für Elementarmathematik am Wr. Polytechnikum); setzte sich für die Ausbildung und soziale Besserstellung der Volksschullehrer ein

Schumanngasse, 17. und 18., seit 1894 (im 17. Bezirk früher Mitterberggasse, im 18. Bezirk Annagasse), Robert Schumann (1810–1856), Komponist, Musiklehrer, Hauptvertreter der deutschen Romantik (Klavierkonzerte, Symphonien, Kammermusikwerke, Lieder)

Schumpeterweg, 21., seit 1994, Dr. Josef Alois Schumpeter (1883–1950), Nationalökonom, Finanzminister (1919), Univ.-Prof. in Graz, Bonn, ab 1932 in den USA

Schuppengasse, 23., seit 1956, Jan van Schuppen (1670–1751), holländischer Maler

Schurzgasse, 12., seit 1922, Anton Schurz (1794 bis 1859), Schwager von Nikolaus Lenau und sein Biograph

Schuselkagasse, 15., seit 1912, Dr. Franz Schuselka (1811 bis 1886), Schriftsteller (Romane, Novellen, politische Schriften), 1848 Abgeordneter der Frankfurter Nationalversammlung

Schußlinie (nR **Schusslinie**), 11., Benennungsdatum unbekannt; ehemals befand sich ein Schießplatz auf der Simmeringer Haide, dieser Weg verlief neben der Schussrichtung

Schußwallgasse (nR **Schusswallgasse**), 5., seit 1862 (vorher: Am Linienwall), hier befand sich eine Verteidigungsstellung im Linienwall

Schutzhausweg, 12. und 17., nicht amtliche Bezeichnungen

Schwagergasse, 23., seit 1958, Richard Schwager (1822–1880), Miniaturenmaler

Schwaigergasse, 21., seit 1874, Josef Schwaiger (1805 bis 1893), Kaufmann, Ehrenbürger von Spitz, Verdienste um die Armen

Schwalbengasse, 3., seit 1862; in früheren Zeiten sollen hier viele Schwalben genistet haben (in den Höfen der Fuhrwerker)

Schwalbenweg, 17., amtlich seit 1993, nach dem Vogel, vorher ebenso nicht amtlich

Schwanngasse, 21., seit 1953, Prof. Dr. Theodor Schwann (1810 bis 1882), deutscher Arzt, Anatom, Physiologe; Entdecker des Pepsins

Schwarzenauweg, 21., seit 1964, nach dem gleichnamigen Ort in Niederösterreich

Schwarzenbergplatz, 1., 3. und 4., seit 1880, 1946–1956 Stalinplatz; Karl Fürst Schwarzenberg (1771 bis 1820), 1812 Feldmarschall, Oberbefehlshaber der alliierten Truppen beim Sieg über Napoleon in der Völkerschlacht bei Leipzig (1813); 1814 leitete er den Feldzug in Frankreich bis zum Einzug in Paris

Schwarzenbergstraße, 1., seit 1870, siehe *Schwarzenbergplatz*

Schwarzenhaidestraße, 23., Benennungsdatum unbekannt, Flurname

Schwarzenstockallee, 2., seit 1891, ein Nebenarm der Donau (vor der Regulierung) hieß Schwarzes Stockwasser

Schwarzer Weg, 21., amtlich seit 1988, vorher ebenso nicht amtlich; Herkunft unklar

Schwarzgrubergasse, 10., seit 1956 (vorher: Blindengasse), Rudolf Schwarzgruber (1900–1943), Alpinist

Schwarzhorngasse, 5., seit 1864, Johann Rudolf Schmidt Freiherr von Schwarzhorn (1590 bis 1667), Besitzer von Schloss und Herrschaft Margareten; Hofkriegsrat, Gesandter in Konstantinopel

Schwarzingergasse, 2., seit 1894 (vorher: Winkelgasse), Barbara Schwarzinger (1816 bis 1891); spendete 100.000 Gulden für den Bau der Infektionsabteilung im Leopoldstädter Kinderspital

Schwarzlackenau, 21., seit 1913, nach der Gegend

Schwarzspanierstraße, 9., seit 1862 (vorher: Glacis ab 1825, Alservorstädter Glacis ab 1853), erinnert an Kirche und Kloster der „Schwarzspanier" genannten Benediktiner von Montserrat (wegen der schwarzen Ordenskleider); die Kirche wurde 1690 bis 1727 im Barockstil errichtet; 1963 wurde das Kirchenschiff abgetragen

Schwarzwaldgasse, 23., seit 1886, Marie Edle von Schwarzwald (1814 bis 1882), Wohltäterin in Mauer, Sektionsratswitwe

Schwedenbrücke, 1. und 2., seit 1919 (urspr. Schlagbrücke; 1819 als Ferdinandsbrücke erbaut; 1911 und 1954 bis 1957 umgebaut), s. *Schwedenplatz*

Schwedenplatz, 1., seit 1919 (vorher ab 1897: Franz-Ferdinands-Platz), aus Dankbarkeit für die schwedische Hilfe nach dem Ersten Weltkrieg

Schweglerstraße, 15., seit 1875, Johann Schwegler (1820–1903), Kaffeesieder, Bürgermeister von Rudolfsheim (1872–1879)

Schweidlgasse, 2., seit 1890, Karl Schweidl (1819 bis 1889), Mitglied des Bezirksausschusses und Armenrat, Ortsschulratsstellvertreter

Schweizer-Garten-Straße, 3., seit 1958, nach dem Schweizer Garten (urspr. Maria-Josefa-Park); dieser wurde zur

Erinnerung an die Hilfe, welche die Schweiz Österreich nach dem Ersten Weltkrieg leistete, so benannt

Schweizertalstraße, 13., seit 1894 (vorher teilweise Neustiftgasse), nach einigen Villen, die dort im Schweizer Stil errichtet wurden

Schwemmäckergasse, 21., seit 1913, Flurname

Schwemmgasse, 2., seit ca. 1862, hier bestanden bis 1873 Pferdeschwemmen

Schwemmingergasse, 23., seit 1958, Heinrich Schwemminger (1803–1884), Maler

Schwendenweingasse, 18., seit 1894 (vorher: Sackgasse), August Ritter von Schwendenwein-Lenauberg (1817 bis 1885), Architekt, widmete eine Stiftung für die Armen und für die Schule von Pötzleinsdorf

Schwendergasse, 15., seit 1894 (vorher: Marktgasse), Carl Schwender (1809 bis 1866); der ehemalige Schankbursche etablierte sich zum Konzernherrn eines Vergnügungszentrums, dem „Colosseum"

Schwenkgasse, 12., seit 1894, Ludwig Schwenk (1823 bis 1890), Apotheker, Gemeinderat in Unter-Meidling

Schwertgasse, 1., nach einem schon 1591 erwähnten Hausschild „Zu den sieben Schwertern"

Schwetzweg, 12., seit 1994, Karl Schwetz (1888 bis 1965), Grafiker, Buchillustrator; Mitbegründer des Heimatmuseums Meidling

Schwindgasse, 4., seit 1874, Moritz von Schwind (1804–1871), Maler (Fresken, Gemäldezyklen)

Schwinglgasse, 23., Benennungsdatum unbekannt, Andreas Schwingl (1808 bis 1885), Bürgermeister von Liesing (1871–1873)

Scottgasse, 21., seit 1953, Robert F. Scott (1868–1912), Südpolforscher; erreichte 1912 (vier Wochen nach Amundsen) den Südpol und kam bei der Rückkehr in den Schneestürmen ums Leben

Sebaldgasse, 22., seit 1909, Ivo Sebald (1838–1904), Pfarrer von Leopoldau (1889–1904), verfasste ein Buch über den Ort

Sebastian-Brunner-Gasse, 13., seit 1888, Sebastian Brunner (1814–1893), Prälat, Schriftsteller, Gründer und Leiter der „Wiener Kirchenzeitung" (früher Antisemit!)

Sebastian-Hofbauer-Weg, 21., seit 1994, Sebastian Hofbauer, Ortsrichter; bestimmte entscheidend die Entwicklung von Leopoldau; errichtete 1823 die Trasse der heutigen Leopoldauer Straße

Sebastian-Kelch-Gasse, 14., seit 1904, Sebastian Kelch (1802–1870), Ortsrichter von Penzing 1848

Sebastian-Kneipp-Gasse, 2., seit 1900, Sebastian Kneipp (1821–1897), Pfarrer, Arzt („Kneipp-Kur": Naturheilverfahren unter Anwendung von Wasser und Kräutern)

Sebastian-Kohl-Gasse, 21., seit 1909 (vorher: Kohlgasse), Dr. Sebastian Kohl (1804 bis 1841), Arzt, Ortsrichter von Leopoldau; spendete 1835 für die Kirche

Sebastianplatz, 3., seit 1905, nach der Pfarrkirche, die den Heiligen Rochus und Sebastian geweiht ist

Sechshauser Gürtel, 15., seit 1894 (vorher: Gürtelstraße), zur Wahrung des alten Ortsnamens, Sechshaus war bis 1892 selbstständige Vorortgemeinde (entstanden Anfang 18. Jhd.)

Sechshauser Straße, 15., seit 1894 (ursprünglich Reindorfer Straße, später Rudolfsheimer und Sechshauser Hauptstraße, vor 1894 Hauptstraße), s. *Sechshauser Gürtel*

Sechskrügelgasse, 3., seit 1870 (vorher: Krügelgasse), nach einem Hausschild „Zu den sechs Krügeln"

Sechsschimmelgasse, 9., seit 1894 (um 1779 Waschstadelgasse, 1808 erstmals als Sechsschimmelgasse erwähnt), nach einem Hausschild „Zu den sechs Schimmeln"

Sechtergasse, 12., seit 1894 (vorher: Luisengasse), Simon Sechter (1788 bis 1867), Komponist, Lehrer von Anton Bruckner und Franz Schubert

Seckendorfstraße, 14., seit 1901, Leo von Seckendorf (1773–1809), Übersetzungen griechischer Dichtungen, mit Goethe und Schiller befreundet; fiel 1809 in einer Schlacht gegen Napoleon

Seckendorff-Gudent-Weg, 13., seit 1988, Dr. Arthur Freiherr von Seckendorff-Gudent (1845–1886), Prof. an der Forstakademie zu Mariabrunn und an der Hochschule für Bodenkultur, Experte auf dem Gebiet des forstlichen Versuchswesens

Sedlacekweg, 10., seit 1989, Josef Sedlacek (1905 bis 1983), Betriebsratsobmann der Wienerberger Ziegelwerke, sozialdemokratischer Widerstandskämpfer

Sedlitzkygasse, 11., seit 1894 (vorher: Pfeifergasse), Dr. Adalbert Sedlitzky (1812–1886), Bürgermeister von Simmering (1850 bis 1852), Gemeinderat (1861–1884), Apotheker

Seeadlerweg, 22., seit 1966 (vorher: Klausenbergerweg), nach dem Vogel

Seeböckbrücke, 16., erbaut 1898, siehe *Seeböckgasse*

Seeböckgasse, 16., seit 1883 (vorher: Stiftgasse), Anton Seeböck (1801 bis 1841), Ortsrichter von Ottakring

Seefeldergasse, 22., seit 1955 (vorher: Gärtnerstraße), Dr. Richard Seefelder (1875 bis 1949), Arzt

Seegasse, 9., seit 1862 (1629: Gassel allwo der Juden Grabstätte, seit 1778 Judengasse); hier bestand ein Fischteich, 1415 als „See" urkundlich erwähnt

Seelosgasse, 13., seit 1930 (vorher Teil der Camilliauergasse), Gottfried Seelos (1829 bis 1900), Landschafts- und Blumenmaler, Lithograph

Seemüllergasse, 17., seit 1942, Dr. Joseph Seemüller (1855 bis 1919), Germanist, Mundartforscher

Seerosenweg, 22., seit 1959, nach der Wasserpflanze (Nymphaea)

Seeschlachtweg, 11., seit 1884, Flurname

Segengrundgasse, 22., seit 1957, Flurname, bereits 1403 urk. erwähnt

Seglerweg, 14., seit 1953, nach dem Vogel (Turm- und Mauersegler)

Segnerstraße, 10., seit 1956 (vorher: Simmeringer Straße), Prof. Johann Andreas Segner (1704–1777), deutscher Physiker, Erfinder des „Segnerischen Wasserrades" (Vorläufer der Turbine)

Seidelbastgasse, 22., seit 1955, nach der Pflanzenart (Daphne mezereum)

Seidengasse, 7., seit 1862 (vorher: Fuhrmannsgasse, Schildkrotgasse), nach den zahlreichen Seidenfabrikanten, die in der Gegend ihren Sitz hatten

Seidlgasse, 3., seit 1876 (vorher: Obere Gärtnergasse), Johann Gabriel Seidl (1804 bis 1875), Archäologe, Lyriker, Erzähler

Seifertstraße, 13., seit 1894 (vorher: Kaiser-Franz-Joseph-Straße), Andreas Seifert (1748–1832), Landwirt; kaufte 1825 die ehemalige Einsiedelei und erhielt auch das Schankrecht

Seilergasse, 1., seit 1786, einst Verkaufsstätte der Seiler, 1547 als „Unter den Seilern" urkundlich erwähnt

Seilerstätte, 1., seit ca. 1827, urk. 1301 als Arbeitsstätte der Seiler („auf der Seil") erwähnt (Herstellung von Seilen und Tauwerk für die Schiffahrt)

Seippgasse, 3., seit 1959, Christoph Ludwig Seipp (1747–1793), Schriftsteller (Theaterstücke), Direktor des ehemaligen Landstraßer Theaters

Seiseneggergasse, 22., seit 1953, Jakob Seisenegger, ab 1531 Hofmaler Kaiser Ferdinands I. (Porträts von Mitgliedern der Habsburgerfamilie)

Seisgasse, 4., seit 1889, Matthias Seis (1783 bis 1854), Hofzahlmeister, Gemeinderat

Seitenberggasse, 16. und 17., seit 1872, Dr. Jakob Seitenberg (1814 bis 1887), Arzt, Gemeinderat von Ottakring

Seitenhafenstraße, 2., seit 1912, Zufahrt zum Seitenhafen des Freudenauer Hafens

Seitenstettengasse, 1., seit 1827, nach dem Seitenstettnerhof, 1825 vom gleichnamigen Stift in Niederösterreich erbaut; urspr. Katzensteig

Seitzergasse, 1., seit 1786, nach dem Seitzerhof, der seit 1325 der Kartause Mauerbach gehörte (die erste Besiedlung der Kartause kam aus dem untersteirischen Seitz – heute Slowenien)

Seleskowitschgasse, 19., seit 1969, Josef Seleskowitsch (1873 bis 1940), Sozialdemokrat, 1919 bis 1934 Bezirksvorsteher des 19. Bezirks; Lehrer

Seligmanngasse, 23., seit 1958, Albert Franz Seligmann (1862–1945), Maler

Sellenygasse, 2., seit 1891, Josef Selleny (1824 bis 1875), Landschaftsmaler, Mitglied der Nordpol-Forschungsexpedition 1870 bis 1872; brachte viele

Landschaftsbilder davon mit; konzipierte den Stadtpark

Sellingergasse, 11., seit 1894 (vorher: Kreuz- und Obere Quergasse), Martin Sellinger (1812–1873), Gemeinderat von Kaiserebersdorf, Wirtschaftsbesitzer

Selma-Lagerlöf-Gasse, 10., Benennungsdatum unbekannt, Selma Lagerlöf (1858 bis 1940), schwedische Dichterin, Literaturnobelpreis 1904

Selzergasse, 15., seit 1888, Josef Selzer (1814 bis 1877), Bürgermeister von Reindorf (1850 bis 1863)

Semmelweisgasse, 21., seit 1920, Dr. Ignaz Philipp Semmelweis (1818 bis 1865), Arzt, Gynäkologe; entdeckte die Ursache des Kindbettfiebers und entwickelte die antiseptische Wundbehandlung

Semperstraße, 18., seit 1894 (ursprünglich Leichenhofstraße, dann Freithofstraße, bis 1894 Döblinger Straße), Gottfried Semper (1803–1879), Architekt (erbaute mit Karl Hasenauer das Burgtheater)

Senderstraße, 21., Benennungsdatum unbekannt, nach dem Rundfunksender auf dem Bisamberg

Sendnergasse, 11., seit 1959, nach einer alteingesessenen Familie (Mühlenbesitzer)

Senefeldergasse, 10., seit 1871, Alois Senefelder (1771 bis 1834), Erfinder des Steindruckes (Lithographie); Buchdrucker, Schauspieler, Schriftsteller

Senfgasse, 10., seit 1957, nach der Pflanze (Sinapis)

Senngasse, 3. und 11., seit 1907, Johann Michael Senn (1795 bis 1857), Lyriker, Freund Schuberts; von der Metternich-Zensur eingesperrt und dann in seine Heimat Tirol abgeschoben

Sensengasse, 9., seit 1862 (vorher ab 1818 Fuhrmannsgasse, 1804 bis 1818 Todtengasse), nach einem Hausschild „Zur goldenen Sense" (hier befanden sich drei Friedhöfe)

Sepp-Fellner-Gasse, 14., seit 1997, Dkfm. Josef Fellner (1909–1964), nach Welthandel-Studium Berufsmusiker, 1935 Übernahme der Löwinger Bauernbühne; Komponist, Textdichter (Wienerlieder: „A bisserl Grinzing – a bisserl Sievering", „'s Nussdorfer Sternderl", „Was kann i denn dafür, dass i a Weaner bin" etc.), 1955 Vorstandsmitglied der AKM, 1960 Erwerb eines Lokals in der Staudgasse; schon sein Vater (1877–1936) war Wienerlied-Texter

Serpentingasse, 21., seit 1994, nach dem Mineral (Halbedelstein)

Serravagasse, 14., seit 1894 (vorher: Hannovergasse), Diego de Serava (sic!), spanischer Erzieher am kaiserlichen Hof; gründete das spätere Kaiserspital (bestand bis 1754, lag in der Gegend des heutigen Bundeskanzleramtes)

Servaesgasse, 10., seit 1959, Franz Servaes (1862 bis 1947), Schriftsteller, Journalist (Feuilletonist für die „Neue Freie Presse")

Servitengasse, 9., erstmals erwähnt 1778, erinnert an Kirche und Kloster der Serviten; bestehen seit Mitte des 17. Jahrhunderts

Seumegasse, 12., seit 1894 (vorher: Gemeindegasse), Johann Gottfried Seume (1763–1810), Reiseschriftsteller

Seuttergasse, 13., seit 1894 (vorher: Wasagasse), Friedrich Karl Seutter (1820–1892), Fabrikant, Wohltäter, errichtete 1880 die nach ihm benannte Villa (Vinzens-Heß-Gasse 14)

Sevcikgasse, 23., seit 1957 (vorher: Feldgasse), Ottokar Sevcik (1852 bis 1934), Musiklehrer, Violinvirtuose

Severingasse, 9., seit 1862 (vorher ab 1855 Severinusgasse), nach dem hl. Severin (gest. 482)

Severin-Schreiber-Gasse, 18., seit 1918, Severin Schreiber (1829–1892), Großfuhrwerksbesitzer; ihm gehörten die Sandgruben auf der Türkenschanze; trat den Grund zur Vergrößerung des Türkenschanzparkes ab

Seybelgasse, 23., Benennungsdatum unbekannt, Emil Seybel (1845–1915), Fabrikant, s. *Wagenmanngasse*

Seyringer Straße, 21., seit 1910, nach dem Ort in Niederösterreich

Shuttleworthstraße, 21., seit 1906, nach der Großindustriellenfamilie

Sibeliusstraße, 10., seit 1959, Jan Sibelius (1865–1957), finnischer Komponist (sinfonische Dichtungen)

Siccardsburggasse, 10., seit 1875 (ein Teil bis 1894 Heinrichgasse), August Sicard von Sicardsburg (sic! 1813 bis

1868), Ringstraßenarchitekt; erbaute mit Van der Nüll die Oper; überlebte den Selbstmord seines Freundes Nüll nur um wenige Wochen

Sickenberggasse, 19., seit 1894 (urspr. bis 1873 Fabrikgasse und Kirchengasse, dann Donaustraße), Ferdinand Sickenberg (1810 bis 1885), Großindustrieller, Gründer einer Färberei und einer chemischen Putzerei in Nussdorf

Sickingengasse, 10., seit 1930, Franz von Sickingen (1481–1523), Führer im fränkischen Ritteraufstand 1522/23

Siebeckstraße, 22., seit 1960, Rudolf Siebeck (1812–1878), Stadtgartendirektor, Publikationen zur Landschaftsparkgestaltung, legte den Stadt- und Rathauspark an

Siebenbrunnenfeldgasse, 5., seit 1904 (vorher: Siebenbrunnenfeld), Kaiser Ferdinand I. ließ 1562 Wasser von quellenreichen Feldern in sieben Brunnen sammeln und in die Stadt leiten (Siebenbrunner Hofwasserleitung)

Siebenbrunnengasse, 5., Benennungsdatum unbekannt, s. *Siebenbrunnenfeldgasse*

Siebenbrunnenplatz, 5., seit 1904, zur Erinnerung an den Zusammenschluss der sieben Vororte Margareten, Hungelbrunn, Laurenzergrund, Nikolsdorf, Matzleinsdorf, Reinprechtsdorf und Hundsturm zum 5. Bezirk 1850; ein Denkmal mit sieben Brunnenquellen symbolisierte die Vororte; s. *Siebenbrunnenfeldgasse*

Siebenbürgerstraße, 22., seit 1932, Martin Siebenbürger (genannt Capinius, ca. 1475 bis 1522), Jurist, Univ.-Prof., Dekan der juridischen Fakultät; Stadtrichter, Ratsherr, Bürgermeister von Wien (1521)

Siebeneichengasse, 15., seit 1889, bei der Penzinger Pfarrkirche standen einst sieben Eichen

Siebenhirtenstraße, 23., Benennungsdatum unbekannt, nach der schon 1140/50 erwähnten ehemaligen Gemeinde Siebenhirten („Subinhirtin"), seit 1938 zum 25. Bezirk, seit 1954 zum 23. Bezirk gehörend (1910: 4.109 Einwohner)

Siebensterngasse, 7., seit 1862 (vorher: Schwabengasse, Am Holzplatzl, Kleine Stiftgasse, 1938–1945 Straße der Julikämpfer), nach dem Haus Nr. 15, dem „Haus zu den sieben goldenen Sternen"

Siebensternplatz, 7., seit 1995, s. *Siebensterngasse*

Siebertgasse, 12., seit 1889, Friedrich Siebert (1816 bis 1889), Gemeinderat des 5. Bezirkes (1862–1886), Seidenfabrikant

Siedlungsstraße, 23., Benennungsdatum unbekannt, nach den Siedlungsanlagen

Siegelgasse, 3., seit 1862 (vorher: Spiegelgasse); zur Erinnerung daran, dass Wien (1461) Kaiser Friedrich III. gegen seinen Bruder Herzog Albrecht VI. unterstützt hat und das Recht erhielt, den Doppeladler im Siegel und im Stadtwappen zu führen

Siegerweg, 10. und 11., nicht amtliche Bezeichnungen; zur Erinnerung an die Siegermächte des Ersten Weltkrieges

Siegesplatz, 22., seit 1909 (vorher: Hauptstraße), zur Erinnerung an den Sieg Erzherzog Karls über Napoleon bei Aspern (1809)

Siegfried-Charoux-Weg, 14., seit 1977, Siegfried Charoux (1896 bis 1967), Bildhauer (Lessingdenkmal am Judenplatz 1935; von den Nationalsozialisten zerstört, nach dem Krieg schuf er ein neues, ursprünglich am Morzinplatz aufgestellt, seit 1982 wieder am Judenplatz), Maler, Karikaturist; wirkte in der Emigration im Rahmen der BBC-Sendungen an der Befreiung Österreichs mit

Siegfriedgasse, 21., seit 1909 (erst Untere Ziegelofengasse, dann Rüdigergasse), Markgraf Siegfried, von König Heinrich III. 1043 als Herrscher über die Neumark (Weinviertel und Wiener Becken bis zur March-Leitha-Linie) eingesetzt

Siegfried-Theiss-Gasse, 22., seit 2004, Prof. Dipl.-Ing. Siegfried Theiss (1882 bis 1963), Architekt (städtische Wohnbauten, Reichsbrücke, Entbindungsheim in Gersthof etc.); 1919 bis 1931 Präsident der österreichischen Standesorganisation der Architekten, Preis der Stadt Wien für Architektur (1953)

Siemens-Nixdorf-Steg, 2. und 9., seit 1991, nach Ing. Werner von Siemens

(1916–1982) und Heinz Nixdorf (1925 bis 1986), Forscher, Wissenschaftler; s. auch *Siemensstraße*

Siemensplatz, 21., seit 1998, Adresse der Kleingartenanlage Groß-Jedlersdorf, s. *Siemensstraße*

Siemensstraße, 21., seit 1909 (vorher: Großjedlersdorfer Straße und Leopoldauer Straße), Werner von Siemens (1816–1892), Erfinder, Unternehmer; erfand 1846 den Zeigertelegrafen und verwertete die Erfindung, indem er 1847 mit dem Mechaniker J. G. Halske die Telegraphen-Bauanstalt von Siemens & Halske, Keimzelle des späteren Unternehmens Siemens, gründete; 1879 führte er die erste funktionstüchtige Lokomotive vor, 1880 baute er den ersten elektrischen Aufzug und 1881 die erste Straßenbahn

Siemensweg, 21., nicht amtliche Bezeichnung, s. *Siemensstraße*

Sieveringer Straße, 19., seit 1894 (urspr. Ortsstraße, später Obere und Untere Hauptstraße, dann Hauptstraße), zur Erinnerung an den alten Vorortnamen; Sievering, bereits 1114 urk. erwähnt, wurde 1890/92 dem 19. Bezirk angeschlossen; vor der Eingemeindung 1890 hatte Ober-Sievering 626 und Unter-Sievering 1.996 Einwohner

Sigmundsgasse, 7., seit 1837, Sigmund Schultes (1801 bis 1861), Schottenabt (1831 bis 1861)

Silberergasse, 22., Benennungsdatum unbekannt, Viktor Silberer (1846 bis 1924), Aeronaut (Ballonfahrer), Schriftsteller

Silbergasse, 19., Benennungsdatum unbekannt, Riedname

Silberwurzweg, 22., seit 1960, nach der Alpenpflanze (Dryas octopetala)

Sildgasse, 21., seit 1913, Lambert Sild (1838 bis 1890), Kaufmann aus altansässiger Familie (Kaufhaus Sild am Floridsdorfer Spitz), Gemeinderat

Silenegasse, 22., seit 1978, nach dem botanischen Namen der Pflanzengattung Leimkraut (aus der Familie der Nelkengewächse)

Sillergasse, 10., nicht amtliche Bezeichnung, s. unten

Sillergasse, 13., seit 1934 (vorher ab 1927: Rudolf-Boeck-Gasse), Franz Josef Siller (1893 bis 1924), Präsident des Zentralverbandes der Kleingärtner, Pionier des Siedlerwesens

Sillerplatz, 13., seit 1927 (1934 bis 1938 Dr.-Engelbert-Dollfuß-Platz), s. *Sillergasse*

Sillerstraße, 19., s. *Sillergasse*

Sillerweg, 10. und 11., nicht amtliche Bezeichnungen; s. *Sillergasse*

Silvaraweg, 19., seit 1966, Geza Silvara (1876 –1938), Schriftsteller, Journalist

Silvester-Früchtl-Gasse, 23., seit 1957 (vorher: Leipziger Gasse), Silvester Früchtl (1865–1940), Feuerwehrhauptmann, Opfer des NS-Regimes

Silvinggasse, 13., seit 1981, Bert Silving (1887–1948), Komponist, Musikdirektor der ehemaligen RAVAG

Simmeringer Hauptstraße, 11., seit 1894 (vorher: Hauptstraße, Schwechater Hauptstraße und Reichsstraße), zur Wahrung des Ortsnamens; Simmering, bereits 1028 urk. erwähnt, wurde mit Kaiserebersdorf, Albern und Teilen von Schwechat und Kledering 1892 zum 11. Bezirk zusammengefasst

Simmeringer Lände, 11., seit 1894 (vorher: Donaukanallände), nach der Lage entlang des Donaukanals

Simmeringer Platz, 11., seit 2000, s. *Simmeringer Hauptstraße*

Simon-Denk-Gasse, 9., seit 1862 (vorher: Simongasse), Simon Denk (1630 bis 1721), Grundrichter der Vorstadt Althan, Gemüsegärtner; besaß hier Gärten, die 1811 parzelliert wurden, Wohltäter

Simoningplatz, 11., seit 1914, „Simoning" lautete der Name der Ortschaft Simmering im 13. Jahrhundert

Simonsgasse, 22., seit 1962, Carl Rainer Simons (1869–1934), Direktor der Wiener Volksoper

Simon-Wiesenthal-Gasse, 2., seit 2006 (vorher seit 1975 Ichmanngasse), Ing. Arch. DDr. h.c. Simon Wiesenthal (1908 bis 2005), Bauingenieur; 1941 bis 1945 in zwölf deutschen KZ inhaftiert, 1945 Befreiung aus dem KZ Mauthausen; 1947 Gründung des jüdischen Dokumentationszentrums in Linz, 1961 Gründung des Dokumentationszentrums des Bundes jüdisch Verfolgter, 1977 Gründung des Simon-Wiesenthal-Centers in Los Angeles; enttarnte mehr als 1.000 NS-Verbre-

Ing. Arch. DDr. h. c. Simon Wiesenthal

cher und brachte Gerichtsverfahren in Gange; Konflikte mit der SPÖ (Enttarnung von vier NS belasteten Ministern in der ersten Regierung Kreisky, Konflikt mit Bundeskanzler Kreisky wegen FPÖ-Obmann Dr. Friedrich Peter); Wiesenthal leistete einen wichtigen Beitrag zur Aufklärung der jungen Generation über die NS-Verbrechen; Benennung neben dem neuen Campus der Isrealitischen Kultusgemeinde (IKG)

Simonygasse, 18., seit 1907, Dr. Friedrich Simony (1813 bis 1896), Geologe, Pionier des Alpinismus, erforschte das Dachsteingebiet

Sinagasse, 22., seit 1877 (vorher: Jägergasse), Simon Georg Freiherr von Sina (1782 bis 1856), Bankier, Wohltäter (spendete 1814 für die österreichischen Kriegsinvaliden, 1816 für die Errichtung des Polytechnikums und 1830 für die Opfer der Cholera-Epidemie)

Sinawastingasse, 21., seit 1901, Anna Sinawast (1825–1891), Dienstmagd, Wohltäterin (vermachte ihren Nachlass von 3.590 Gulden einer Stiftung für verarmte alte Dienstboten)

Sindelargasse, 10., seit 1960, Matthias Sindelar (1903 bis 1939), genannt der „Papierene"; Fußballer; Kapitän des legendären Wunderteams der 30er-Jahre; siehe auch *Anton-Schall-Gasse, Gschweidlgasse, Karl-Schott-Gasse, Rudi-Hiden-Gasse, Voglgasse*

Sindinggasse, 10., seit 1955, Christian Sinding (1856 bis 1941), norwegischer Komponist (Orchesterwerke)

Singerstraße, 1., seit 1862, urk. 1267 als Sulcherstraße erwähnt; nach einer aus Sünching (Bayern) stammenden Familie, die hier ihren Wohnsitz hatte und als „Siniger" bekannt war

Singrienergasse, 12., seit 1894 (vorher: Jahngasse), Johannes Singriener (gest. 1545), betrieb eine der ersten Buchdruckereien in Wien; Verleger

Sintiweg, 21., seit 2001, nach der ursprünglichen Herkunft der Volksgruppe aus der nordwestindischen Region Sindh; s. auch *Romaplatz*

Siolygasse, 19., seit 1963, Johann Sioly (1843–1911), Wienerlieder-Komponist („Weil i a alter Drahrer bin", „Das hat ka Goethe g'schrieb'n, das hat ka Schiller 'dicht")

Siriusweg, 14., seit 1923, nach dem Stern

Sizzogasse, 22., Benennungsdatum unbekannt, Graf Sicco (sic!) gründete im 11. Jahrhundert Süßenbrunn (Sizzobrunn) – Herkunft jedoch umstritten

Skabiosenweg, 22., seit 1953, nach der Pflanzengattung (Scabiosa)

Skodagasse, 8., seit 1881 (um 1400 der teuffe Graben und Im Hexentanz, 1700 Im Hohlweg, 1778 Kaserngasse, ein Teil Breite Gasse, bis 1881 Reitergasse und Hohlweggasse), Prof. Josef Skoda (1805 bis 1881), Arzt, Univ.-Prof. (1846); machte die erste Operation am Herzen und führte physikalische Methoden in der Diagnostik ein; engagierte sich auch für den Ausbau der Kanalisation und der Hochquellwasserleitung; seit 1987 auch für Albin Skoda (1909 bis 1961), Burgtheaterschauspieler, Sammler, Stifter

Skrabalgasse, 22., seit 1965, Dr. Anton Skrabal (1877 bis 1957), Chemiker

Skraupstraße, 21., seit 1940, Dr. Zdenko Skraup (1850 bis 1910), Chemiker

Skurawygasse, 23., seit 1958, Edmund Skurawy (1869 bis 1933), Schriftsteller, Journalist (Volksstücke, Opernlibretti)

Skywalk Spittelau, 9., seit 2006, Bezeichnung eines EU-weit ausgerufenen Architektenwettbewerbs (Fußweg bei der U-Bahn-Station Spittelau)

Slamastraße, 23., seit 1982, Victor Slama (1890–1973), Graphiker, Plakatkünstler (Filmplakate, Wahlplakate für die Sozialdemokraten)

Slanarplatz, 10., seit 1959, Prof. Hans Slanar (1890 bis 1955), Geograph; Herausgeber von Atlanten

Slatingasse, 13., seit 1951, Rudolf Slatin Pascha (1857–1932), Afrikaforscher; bereiste Ägypten und den Sudan; leitete dann die britische Kolonialverwaltung im Sudan; im Mahdiaufstand 1883 gefangen genommen und bis 1895 in Haft, dann gelang ihm die Flucht; der Khedive von Ägypten verlieh ihm den Titel „Pascha", der König von England den Titel „Sir"; Verdienste bei der Niederwerfung der Mahdis 1896; 1900 Generalinspektor des Sudan, 1914 bei Kriegsausbruch Rücktritt von seinem Amt, Rückkehr nach Wien; leitete später die Kriegsgefangenenfürsorge des Roten Kreuzes

Smaragdgasse, 21., seit 1953, nach dem Edelstein

Smolagasse, 22., seit 1909 (vorher: Bahngasse), Josef Freiherr von Smola (1764 bis 1820), Generalmajor, Verdienste in den napoleonischen Kriegen; modernisierte die Artillerie

Sobieskigasse, 9., seit 1862 (vorher ab 1829 tw. Ruprechtsgasse, ab 1816 tw. Himmelpfortgrund, ab 1808 tw. Windmühlgasse; bis 1862 Hirschengasse; 1938 bis 1945: Streblgasse); Johann Sobieski (1629 bis 1696), Polenkönig, Führer des Entsatzheeres gegen die Türken 1683; es waren ca. 80.000 Soldaten, die Wien zu Hilfe kamen; das größte Kontingent, rund 26.000 Mann, bildeten die Polen unter König Sobieski, der auch den formellen Oberbefehl hatte; dazu kamen 21.000 kaiserliche Söldner, Reichstruppen, Bayern, Sachsen und Freiwillige aus verschiedenen Ländern; 140.000 Mann unter Kara Mustapha hatten Wien belagert; in der Stadt standen 11.000 Soldaten und 8.000 Mann Bürgerwehr; siehe auch Einleitung

Sobieskiplatz, 9., seit 1862 (vorher ab 1853 Johannesplatz, 1942–1945 Kricklplatz), s. *Sobieskigasse*

Sobotagasse, 23., seit 1955 (vorher: Neustiftgasse), Rudolf Sobota (1876 bis 1935), Vizebürgermeister von Inzersdorf

Sölchgasse, 21., seit 1954, Dr. Johann Sölch (1883 bis 1951), Geograph, Univ.-Prof. (Innsbruck, Heidelberg, Wien); zahlreiche wissenschaftliche Publikationen

Soesergasse, 10., seit 1959, Ferdinand Soeser (1872 bis 1937), Vorstand des Wiener Schubertbundes

Sofienalpenstraße, 14., seit 1971 (vorher: Adalbert-Stifter-Straße), führt auf die 477 m hohe Sofienalpe

Soldanellenweg, 22., seit 1994, nach der Alpenpflanzengattung (Soldanella, Eisglöckchen)

Sollingergasse, 19., seit 1906, Johann Sollinger (1795 bis 1850), Topograph

Sommarugagasse, 18., seit 1894 (vorher: Uniongasse), Franz Freiherr von Sommaruga (1780–1860), Vizepräsident des späteren Obersten Gerichtshofes, Unterrichts- und Justizminister (1848); Jurist

Sommerergasse, 13., seit 1894 (vorher: Brunnengasse), Leopold Sommerer (1819 bis 1875), Oberlehrer, Gemeinderat von Ober-St.Veit

Sommergasse, 19. seit 1888, Rudolf Sommer (1838 bis 1918), Hausbesitzer, Wohltäter

Sommerhaidenweg, 17., 18. und 19., seit 1901, Flurname

Sommerschuhgasse, 23., seit 1935, Josef Sommerschuh (1798 bis 1842), Ortsrichter von Mauer (1833–1842)

Sommerweg, 21., seit 2002, nach der Jahreszeit

Sonnbergplatz, 19., seit 1875, Flurname, schon 1351 als „in den Sueenberg" urk. erwähnt

Sonnenbadweg, 18., seit 1995 amtlich; langjährige ortsübliche Bezeichnung

Sonnenbergweg, 13., nicht amtliche Bezeichnung, Weg in der Siedlung „Sonnenberg"

Sonnenblumengasse, 22., seit 2004, Helianthus annuus, wichtige Kulturpflanze (Ölgewinnung, Zierpflanze)

Sonnenfelsgasse, 1., seit 1862 (urspr. Bäckerstraße, 1848 kurze Zeit Märzstraße, 1938 bis 1945 Johann-Sebastian-Bach-Gasse), Josef von Sonnenfels

(1733 bis 1817), Hofrat, Ratgeber von Maria Theresia; Verdienste um die Abschaffung der Folter

Sonnenhofgasse, 5., seit 1862 (vorher: Kirchengasse), Franz Anton Graf von Sonnau (gest. 1732), Besitzer der Herrschaft Margareten, bzw. nach dem Sonnenhof

Sonnenthalgasse, 16., seit 1920 (1938 bis 1947: Ekhofgasse), Adolf von Sonnenthal (1834 bis 1909), Burgschauspieler, Regisseur

Sonnenuhrgasse, 6., seit 1876, nach einem Haus, an dem drei Sonnenuhren befestigt waren

Sonnenweg, 10., nicht amtlich

Sonnenweg, 14., seit 1923 (vorher: Grenzweg), nach der Sonne

Sonnergasse, 12., seit 1911, Sebastian Sonner von Rothenburg, s. *Rothenburgstraße*

Sonnheimweg, 22., seit 2003, nach dem Kleingartenverein Sonnheim

Sonnleitensteig, 19., seit 1919, Flurname (Steig über eine sonnige Leite = Berglehne)

Sonnleithnergasse, 10., seit 1890, Dr. Ignaz Sonnleithner (1770 bis 1831), Schriftsteller, Jurist, gründete die Allgemeine Versorgungsanstalt

Sonnwendgasse, 10., seit 1870, zur Erinnerung an die Sonnwendfeiern, die früher am 21. Juni abgehalten wurden

Sorbaitgasse, 15., seit 1894 (vorher: Kandlgasse), Dr. Paul von Sorbait (1624 bis 1691), Rektor der Wiener Universität (1668–1673), bahnbrechend in der Pestbekämpfung durch Hinweis auf die Bedeutung der Hygiene

Sorgenthalgasse, 21., seit 1932, Konrad von Sorgenthal (1735 bis 1805), Direktor der Wiener Porzellanmanufaktur (1785 bis 1805)

Sorgogasse, 13., seit 1963, Dr. Josef Sorgo (1869 bis 1950), Arzt (Internist)

Späthgasse, 22., seit 1953, Prof. Dr. Joseph Spaeth (Späth, 1823 bis 1896), Gynäkologe („Lehrbuch der Geburtshilfe für Hebammen", 1869)

Spallartgasse, 14., seit 1894 (vorher: Herrengasse), Dr. Franz Xaver Spallart von Neumann (1837–1888), Prof. an der Hochschule für Bodenkultur

Spalowskygasse, 6., seit 1949 (vorher ab 1857: Grasgasse), Franz Spalowsky (1875 bis 1938), Tischler, Redakteur, führender Funktionär der christlichen Gewerkschafter, Gemeinderat (1914 bis 1919), Nationalratsabgeordneter (1919 bis 1934)

Spandlgasse, 22., seit 1923, Franz Spandl (1892 bis 1922), Gründer der Siedlung „Kriegerheimstätten"

Spanngasse, 21., seit 1956 (vorher: Neugasse), Matthias Spann (1815 bis 1860), Gastwirt; mehrfacher Lebensretter bei der Donauüberschwemmung 1830, s. auch *Lassingleithnerplatz, Peter-Berner-Straße* und *Eisstoßgasse*

Sparefrohgasse, 3., seit 1965; zur Erinnerung daran, dass die ehemalige Zentralsparkasse Wien (heute: Bank Austria) das „Sparefrohmännchen" als Symbol für den Spargedanken bei Kindern schuf

Spargelfeldstraße, 22., seit 1909 (vorher: Feldgasse), Flurname

Sparkassaplatz, 15., seit 1903, nach dem 1891 erbauten Gebäude der Rudolfsheimer Gemeinde-Sparkasse

Spatzenweg, 2., Benennungsdatum unbekannt, nach dem Vogel

Spaungasse, 20., seit 1896, Anton Ritter von Spaun (1790 bis 1849), Historiker

Spechtweg, 22., nicht amtlich (nach dem Vogel)

Speckbachergasse, 16., seit 1894 (vorher: Hofergasse), Josef Speckbacher (1767–1820), Tiroler Freiheitskämpfer (1809)

Speditionsstraße, 11., seit 1993, Areal zwischen Schemmerlstraße und Gadnergasse; nach den ansässigen Speditionen

Speidelweg, 22., seit 1953, Ludwig Speidel (1830 bis 1906), Schriftsteller, Feuilletonist

Speierlinggasse, 22., seit 1954, nach der Baumart (Sorbus domestica)

Speikweg, 22., seit 1954, nach dem Alpenpflanzennamen

Speisinger Straße, 13. und 23., seit 1894 (vorher: Hauptstraße, Wiener Straße), zur Erinnerung an den alten Vorortnamen, 1355 erstmals urkundlich erwähnt, 1890/92 zum 13. Bezirk eingemeindet, s. *Hietzinger Hauptstraße*

Spengergasse, 5., seit ca. 1830, Melchior Spenger (1676 bis 1752), Gastwirt, Ortsrichter von Magdalengrund und Mariahilf

Sperbergasse, 21., seit 1942 (vorher: Hausgasse), nach dem Vogel

Sperkergasse, 23., seit 1954, nach einer alteingesessenen Weinhauerfamilie

Sperrgasse, 15., seit ca. 1864 (vorher: Feldgasse); durch die Erbauung der Westbahn wurde Alt- und Neufünfhaus „abgesperrt" (getrennt) und kam erst durch die 1876 erbaute Schmelzbrücke wieder in Verbindung; siehe *Schmelzbrücke*

Spetterbrücke, 16., urspr. 1896/97 erbaut, 1962 bis 1964 neu erbaut

Spiegelgasse, 1., seit ca. 1701, einst Sitz und Verkaufsstätte der Spiegler, bereits im 14. Jahrhundert als „Laderstraße" erwähnt

Spiegelgrundstraße, 14. und 16., seit 1910 (vorher: Am Spiegelgrund); alter Flurname

Spielmanngasse, 20., seit 1968, nach der Figur aus „Der arme Spielmann" von Grillparzer

Spießhammergasse, 12., seit 1894 (vorher: Magdalenagasse), Dr. Johann Cuspinian Spießheimer (sic! 1473 bis 1529), Rektor der Wiener Universität, Leibarzt von Kaiser Maximilian I, Geschichtsschreiber

Spießweg, 19., seit 1912, Simon Spieß (1852–1902), Feuerwehrhauptmann, Bezirksrat

Spindeleggergasse, 16., seit 1887, Simon Spindelegger (1812 bis 1867), trat die Gründe zur Eröffnung dieser Gasse ab

Spindlerweg, 22., seit 1955 (vorher: Schulweg), Hofrat Dr. Franz Spindler (1866 bis 1944), Tierarzt, Oberveterinärrat

Spinngasse, 11., seit 1875, dort bestand 1869 bis 1958 die „Erste österreichische Jute-Spinnerei und Weberei"

Spinozagasse, 16. und 17., seit 1933 (1938–1947: Eckermanngasse), Baruch de Spinoza (1632–1677), Philosoph

Spissakgasse, 11., seit 1954, Johann Spissak (1889–1942), Simmeringer Heimatschriftsteller (Naturbeschreibungen, Gedichte), Gießereiarbeiter, Sozialdemokrat

Spitalgasse, 9., seit 1862 (1719–1778 Adlerzeil, dann Am Alserbach), nach dem seit 1784 bestehenden Wiener Allgemeinen Krankenhaus

Spittelauer Lände, 9., seit 1862; erinnert an die Donauinsel Spittelau, auf der Pestverdächtige in Quarantäne gehalten wurden; Lände = Schiffsanlegeplatz

Spittelauer Platz, 9., seit 1910; s. *Spittelauer Lände*

Spittelberggasse, 7., seit 1862 (vorher: Fuhrmannsgasse und Kandlgasse, ein Teil seit 1909 Gardegasse), zur Wahrung des Ortsnamens; Spittelberg war 1696–1795 im Besitz des Bürgerspitalfonds (Spittelberg = Spitalberg!); bis 1850 selbstständige Gemeinde

Spittelbreitengasse, 12., seit 1894 (vorher: Brestelgasse), Flurname; deutet auf ausgedehnten Spitalbesitz

Spittelergasse, 22., seit 1954, Carl Spitteler (Pseudonym Felix Tandem, 1845–1924), Schweizer Dichter, Literaturnobelpreis 1919

Spitzackergasse, 17., seit ca. 1864, Flurname (nach der Form des Ackers)

Spitzergasse, 18., seit 1925 (1938–1945 Barwiggasse), Daniel Spitzer (1835 bis 1893), Schriftsteller, Satiriker, Humorist; wurde mit seinen satirischen Feuilletons „Wiener Spaziergänge" bekannt, populärer Autor seiner Zeit (Novellen, z. B. „Das Herrenrecht", 1877)

Spitzmausweg, 22., seit 2001, nach dem Tier

Spitzweg, 21., seit 2002, ortsübliche Bezeichnung (Flurname)

Spitzweggasse, 13., seit 1938 (vorher ab 1930: Zewygasse), Carl Spitzweg (1808 bis 1885), Maler des deutschen Kleinstadtwesens

Spitzyweg, 10., seit 1998, Univ.-Prof. Dr. Hans Spitzy (1872 bis 1956), Orthopäde in Graz und ab 1913 in Wien, rund 200 wissenschaftliche Veröffentlichungen

Spörlinggasse, 6., seit 1862, Michael Spörling (1784–1857), Tapetenfabrikant, Wohltäter

Spötterweg, 14., seit 1953, nach dem Singvogel

Spöttlgasse, 21., seit 1952 (verlängert 2006), Ignaz Spöttl (1834 bis 1892), Heimatforscher, Numismatiker

Spohrstraße, 13., seit 1906, Ludwig Spohr (1784–1859), Komponist (Opern, Symphonien), Kapellmeister

Sporckplatz, 14. und 16., seit 1913 (vorher: Schanzstraße, Wienerstraße), Johann Graf Sporck (1601 bis 1679) besiegte mit Graf Montecuccoli 1664 die Türken bei St. Gotthard/Raab, s. *Montecuccoliplatz*

Sporkenbühelgasse, 9., seit 1903, Flurname, 1254 urkundlich erwähnt

Sportklubstraße, 2., seit 1912 (früher Prater-Gürtelstraße), führt zu den Sportanlagen in der Rustenschacherallee

Sportweg, 21., seit 1961, nach den Sportanlagen in der Umgebung

Sprengersteig, 16., seit 1953, Paul Wilhelm Eduard Sprenger (1798–1854), Architekt, Professor an der Architekturschule der Akademie der bildenden Künste, allmächtiger Hofbaurat und oberste Instanz in allen Baufragen bis 1848 („Metternich der Architektur")

Springenfelserbengrund, 22., seit 2004 (vorher fälschlicherweise Springenfelderbengrund), s. *Springenfelsgasse*

Springenfelsgasse, 22., seit ca. 1910 (vorher: Springergasse), Josef Springenfels (1830 bis 1898), Bürgermeister von Aspern

Springergasse, 2., seit 1872, Daniel Lazarus Springer (1614 bis 1687), 1670 bis 1673 und 1678 bis 1679 Bürgermeister von Wien

Springsiedelgasse, 19., seit 1910 (vorher: Springsiedelweg), Flurname

Spundagasse, 21., seit 1979, Prof. Dr. Franz Spunda (1890 bis 1963), Schriftsteller (historische Romane)

Staackmanngasse, 21., seit 1960, Johann August Ludwig Staackmann (1830 bis 1896), deutscher Verleger (gab u. a. die Werke von Peter Rosegger heraus)

Staargasse, 14., seit 1929, Franz Staar (1821–1848), Tischlergeselle, fiel in der Märzrevolution 1848, s. *Achtundvierzigerplatz*, s. *Märzstraße*

Staarweg, 22., nicht amtliche Bezeichnung

Stachegasse, 12., seit 1898, Friedrich August Ritter von Stache (1814–1895), Architekt, Baumeister

Stachlgasse, 13., seit 1933, Hans Jakob Stachl (1725–1803), Ortsrichter von Mauer (1781/1782), Tischlermeister

Stadionallee, 2., seit 1937 (vorher ab 1919: Schlachthausbrückenallee, urspr. Kaiser-Joseph-Brücken-Allee), führt zum Ernst-Happel-Stadion

Stadionbrücke, 2. und 3., seit 1937 (1874–1876 als Kaiser-Joseph-Brücke errichtet, 1919 in Schlachthausbrücke umbenannt, 1936 und 1959–1961 umgebaut), s. *Stadionallee*

Stadiongasse, 1., seit 1874, Johann Philipp Karl Graf Stadion-Warthausen (1763 bis 1824), 1805 bis 1809 Außenminister; setzte nach den Niederlagen in den napoleonischen Kriegen auf Restauration und Patriotismus, 1816 Finanzminister

Stadlauer Brücke, 2. und 22., seit 1925 (vorher: Ostbahnbrücke), 1870–1872 erbaut, 1932–1934 umgebaut

Stadlauer Lände, 2., s. *Stadlauer Straße*

Stadlauer Straße, 22., seit 1909 (vorher: Hauptstraße), zur Wahrung des Ortsnamens; Stadlau wurde um 1147/67 urk. als „Stadelowe" (= Stadl in der Au) erwähnt; 1904 mit Floridsdorf zum 21. Bezirk eingemeindet, 1938 abgetrennt (Groß-Enzersdorf), 1954 der Donaustadt angeschlossen

Stadlbreiten, 22., seit 1988, Flurname (= ebenes Feld)

Stadlbreitener Anger, 22., seit 2001, Flurname

Stadlergasse, 13., seit 1900, Maximilian Stadler (1748 bis 1833), Abt zu Lilienfeld und Kremsmünster, Pfarrer von Altlerchenfeld, Komponist

Stadlweg, 21., seit 1996, nach den „Scheunen und Stadln" des ehemaligen Dorfes Leopoldau

Stadtbahnbrücke, 1. und 3., erbaut 1900/01

Stadtparkbrücke, 1. und 3., seit 1919 (vorher: Karolinenbrücke), nach der Lage

Stättermayergasse, 15., seit 1875, Ignaz Stättermayer (1829 bis 1898), Baumeister, Gemeinderat von Rudolfsheim

Staglgasse, 15., seit 1894 (vorher: Braugasse), Michael Stagl (1814–1881), Baumeister; um 1850 Gemeinderat von

Fünfhaus, Verdienste um den Bau der Kanalisation im heutigen 15. Bezirk

Stallarngasse, 22., Benennungsdatum unbekannt, nach der bereits im 12. Jhd. erwähnten Ortschaft Stallarn, die im 15. Jahrhundert verödete

Stallburggasse, 1., seit ca. 1782, nach der Stadelburg, wie die Ställe, Speicher und Wirtschaftsgebäude des Hofes genannt wurden (heute: Stallungen der Lipizzaner)

Stammersdorfer Kellergasse, 21., seit 1999, auf Grund des Ortsbildes

Stammersdorfer Straße, 21., seit 1941 (vorher: Gerasdorfer Straße), nach der ehemals selbstständigen Gemeinde; 1177 urk. erstmals erwähnt, 1938 eingemeindet

Stammgasse, 3., seit 1865 (s. *Blattgasse*)

Stammhausstraße, 14., seit 1952 (vorher: Brunnenstraße), nach dem Stammhaus der Siedlungsgenossenschaft „Wolfersberg"

Stampfergasse, 13., seit 1894 (vorher: Bräuhausgasse), Simon Stampfer (1792 bis 1864), Mathematiker, Naturforscher, Geodät

Stanislausgasse, 3., seit 1862, Dr. Stanislaus von Neymister (1806–1874), Hof- und Gerichtsadvokat, Grundbesitzer; erbaute hier das erste Haus

Starchantgasse, 16., seit 1897, Starchant von Ottakring, Besitzer des Ottakringer Freihofes von 1301 bis 1339

Starkegasse, 10., seit 1942, Dr. h. c. Gustav Starke (1832 bis 1917), Pionier der Feinmechanik

Starkenburggasse, 16., seit 1913, Georg Ignaz Montfort Edler von Starkenburg, 1753 bis 1760 Besitzer des Ottakringer Freihofes

Starkfriedgasse, 18. und 19., seit 1900, Starkfried (Starichfried) von Patzelinesdorf; um 1136 Besitzer der Herrschaft Pötzleinsdorf, bis ins 14. Jahrhundert genannt

Staudgasse, 18., seit 1894 (um 1866 ein Teil Mitterberggasse, bis 1894 Johannesgasse), Johann Staud (1737 bis 1808), Pfarrer von Währing (1772 bis 1808), hinterließ eine Stiftung für ein Armenhaus

Staudiglgasse, 10., seit 1872, Josef Staudigl (1807–1861), Opernsänger

Staudingergasse, 20. seit 1875, Josef Staudinger (1811–1882), Hausbesitzer, Tierhändler, Gemeinderat in der Leopoldstadt

Stauffergasse, 14., seit 1929, Alois Stauffer (1812–1848), Hausbesorger, fiel in der Märzrevolution 1848, s. *Achtundvierzigerplatz*, s. *Märzstraße*

Stauraczgasse, 5., seit 1949 (1888–1938 Kompertgasse, 1938 bis 1949 Hölderlingasse), Prof. Franz Stauracz (1855 bis 1918), Gründer einer christlichen Arbeiterbewegung

Stavangergasse, 22., seit 1994, nach der norwegischen Stadt (Hauptstadt der Provinz Rogaland); s. *Trondheimgasse*, s. Einleitung

Steckhovengasse, 13., seit 1899 (vorher: Josefigasse), Adrian Steckhoven (1705–1782), holländischer Gartengestalter (gestaltete den Schönbrunner Schlosspark aus)

Stefan-Esders-Platz, 19., seit 1935 (urspr. Hohenwartplatz, dann Ettingshausenplatz), Stefan Esders (1852 bis 1920), Großkaufmann, Stifter der Kirche „Maria Schmerz" (Kaasgrabenkirche)

Stefan-Fadinger-Platz, 10., seit 1938 (1930 bis 1935 Fadingerplatz, 1935 bis 1938 Liebfrauenplatz), Stefan Fadinger (gest. 1626), Führer der oberösterreichischen Bauern im Aufstand von 1626

Stefan-Koblinger-Gasse, 22., seit 1932, Stephan Koblinger, von 1482–1488 erster Buchdrucker in Wien

Stefan-Schickel-Gasse, 14., Benennungsdatum unbekannt, Stefan Schickel (1858 bis 1945), Lehrer in Hütteldorf, Wohltäter

Stefan-Zweig-Platz, 17., seit 1960, Stefan Zweig (1881 bis 1942), Schriftsteller; pazifistisch-humanistische Lebenshaltung („Die Welt von Gestern", „Schachnovelle"), Selbstmord in der Emigration

Steggasse, 5., seit 1862, nach einem ehemaligen Steg (Ratzenstadlsteg) über die Wien

Stegmayergasse, 12., seit 1922, nach der Künstlerfamilie Stegmayer (Matthias, 1771 bis 1820, Schauspieler; Karl, 1800 bis 1862, Komponist; Ferdinand, 1803 bis 1863, Kapellmeister)

Steidlgasse, 21., Benennungsdatum unbekannt, Dr. Josef Steidl (1761–1850), Gemeindearzt von Stammersdorf

Steierweg, 10., nicht amtliche Bezeichnung, Herkunft ungeklärt

Steigenteschgasse, 22., seit 1909 (vorher ab 1906 Kainzgasse), August Ernst Freiherr von Steigentesch (1774 bis 1826), Generalmajor (diente unter Erzherzog Karl in den napoleonischen Kriegen), 1813 Generaladjutant von Fürst Schwarzenberg, Gesandter, Schriftsteller (galante Salonlustspiele), Dramatiker

Steinachgasse, 22., seit 1955 (vorher: Scheibenstraße), Dr. Eugen Steinach (1861 bis 1944), Physiologe, ab 1912 Univ.-Prof. in Wien

Steinackergasse, 12., seit 1894 (urspr. Eibesbrunnergasse, dann Hirschengasse), Flurname; Acker mit steinigem Boden

Steinamangergasse, 21., seit 1978, nach der heute in Ungarn liegenden Stadt (Szombathely)

Steinbachstraße, 14., Benennungsdatum unbekannt, nach ihrem Verlauf am Steinbach

Steinbauergasse, 12., seit 1875, Johann Steinbauer (1750–1823), Besitzer der Herrschaft Hundsturm und des Brauhauses

Steinberg-Frank-Weg, 22., seit 1987, Alfred Steinberg-Frank (1888–1953), Schriftsteller (ca. 600 Wienerlieder), Librettist (Operetten), Präsident der Gesellschaft zur Förderung der Wiener Volkskunst

Steinberggasse, 23., seit 1912, Flurname (nach dem Steinberg, 251 m hoch)

Steinböckengasse, 14., seit 1911, Flurname

Steinbrechergasse, 22., seit ca. 1906, nach einer alteingesessenen, um Stadlau verdienten Familie

Steinbruchstraße, 14. und 16., seit 1881, führte zum Ottakringer Steinbruch

Steinbüchlweg, 19., seit 1892, Flurname; bereits 1328 als Steinpul und Steinpüchl (Büchl, Bühel) urkundlich erwähnt

Steinbügelweg, 21., Benennungsdatum unbekannt, Flurname (Bügel = Bühel = Hügel, steiniger Hügel)

Steinbühelgasse, 22., Benennungsdatum unbekannt, Flurname

Steindlgasse, 1., Johann Steindl, um 1683 Mitglied des Äußeren Rates, Verdienste bei der Türkenbelagerung 1683

Steineichengasse, 10., seit 1957 (vorher: Brunnengasse), nach der Baumart, die richtig Trauben-Eiche heißt (Quercus petraea)

Steinergasse, 17., seit ca. 1864, urspr. Feldgasse, später Lerchenfeldgasse; Josef Steiner (1815 bis 1895), Bürgermeister von Hernals, Gastwirt

Steinergasse, 23., Benennungsdatum unbekannt, Ferdinand Steiner (1829 bis 1888), verdienter Lehrer von Atzgersdorf, Kirchenmusikdirektor

Steinfeldgasse, 19., seit 1901, Franz Steinfeld (1787–1868), Maler (Landschaften), Professor an der Akademie der bildenden Künste

Steingasse, 3., Benennungsdatum unbekannt, Univ.-Prof. Dr. Anton Stein (1759 bis 1844), Philologe, Literaturwissenschafter

Steinhagegasse, 12., seit 1894 (vorher: Gärtnergasse), Johann Steinhage (1807 bis 1880), Bürgermeister der ehemaligen Ortschaft Gaudenzdorf von 1861 bis 1880

Steinhardtgasse, 13., seit 1956, Dr. Oskar Steinhardt (1909 bis 1955), Arzt, Univ.-Doz. für Herz- und Gefäßchirurgie

Steinheilgasse, 21., seit 1910, verlängert 1975 und 1995 (vorher: Siemensstraße), Karl August Steinheil (1801 bis 1870), Physiker, Elektrotechniker (Telegraphenwesen)

Steiningergasse, 12., seit 1913, Josef Steininger (1820 bis 1894), Lehrer in Altmannsdorf

Steinklammergasse, 13., seit 1933, nach einer alteingesessenen Hauerfamilie in Mauer

Steinlechnergasse, 13., seit 1894 (vorher: Neugasse), alteingesessene Familie in Lainz

Steinlegasse, 16., seit 1938 (urspr. Finsenstraße, 1918–1938 Eduard-Lang-Gasse), Edward Jakob von Steinle (1810 bis 1886), Maler (Nazarener)

Steinmüllergasse, 16. und 17., seit 1927, Rudolf Müller (1869–1926), genannt Steinmüller, Gemeinderat (1919 bis 1926), Steinmetz

Steinschötelgasse, 10., seit 1957 (vorher: Siedlergasse), angeblich nach einer Pflanzenart, die jedoch nicht identifizierbar ist

Steinseeweg, 23., seit 1965, führt längs des Steinsees; 1926 vom arbeitslosen Kriegsinvaliden Ferdinand Hiller als Ziegelteich von der Gemeinde Inzersdorf gepachtet und erschlossen, damals Steinhofteich genannt; um 1936/37 war die Parzellierung abgeschlossen; heute privates Badeparadies

Steinspornbrücke, 22., seit 1977, Flurname

Steinspornweg, 22., amtlich seit 1990, vorher ebenso nicht amtlich, Flurname

Steinweisweg, 12., seit 1992, Franz Steinweis (1916 bis 1968), Gemeinderat, Wiener Landtagsabgeordneter (1964 bis 1968), Bezirksrat (1946 bis 1950 und 1954 bis 1964), Bezirksvorsteher-Stellvertreter von Meidling (1959 bis 1964), ÖVP

Stella-Kadmon-Weg, 10., seit 2003, Prof. Stella Kadmon (1902 bis 1989), Schauspielerin, Chansonniere, Kabarettistin (Auftritte seit 1926 in Wien, München, Berlin; 1931 Mitbegründerin des Kabaretts „Lieber Augustin"), 1938 Flucht und Emigration, Rückkehr nach Wien 1947 (von Palästina), 1948 Gründung „Theater Courage" (bestand bis 1981)

Stella-Klein-Löw-Weg, 2., seit 2003, Stella Klein-Löw (1904–1986), Mittelschuldirektorin, Bildungspolitikerin, Redakteurin; 1939 bis 1946 Emigration, 1959 bis 1970 Abgeordnete zum Nationalrat (SPÖ)

Stelzhamergasse, 3., seit 1907, Franz Stelzhamer (1802–1874), oberösterreichischer Mundartdichter (Novellen, sozialkritische Erzählungen)

Stemmerallee, 2., seit 1891, Flurname

Stemolakgasse, 22., seit 1964, Prof. Karl Stemolak (1875 bis 1954), Bildhauer

Stenografengasse, 23., seit 1970, nach dem Berufsstand der Stenografen

Stephansplatz, 1., bereits 1255–1792 Stephansfreithof, nach dem Dom zu St. Stephan, urk. 1136 als Kapelle erwähnt, der Dom befindet sich inmitten eines Platzes, der urspr. Friedhof war; der Name ist seit der Begrüßung von Franz II. (1792) nach seiner Rückkehr von der Krönungsreise aus Frankfurt/Main gebräuchlich

Stephensongasse, 21., seit 1909 (vorher: 1887–1901 Gärtnergasse, dann bis 1909 Tegetthoffstraße), George Stephenson (1781–1848), britischer Eisenbahningenieur; baute 1814 seine erste Dampflokomotive, gründete 1823 die erste Lokomotivfabrik der Welt und leitete den Bau von Bahnstrecken

Sterkgasse, 5., seit 2003, nach Josef Sterk (1903 bis 1981) und Sohn Harald Sterk (1938 bis 1991), beide Journalisten; Josef: Chefredakteur der Sozialistischen Korrespondenz (1960 bis 1967), stvtr. Chefredakteur der AZ; Harald: Architekturkritiker (u. a. in der AZ), Kunsthistoriker, Tätigkeit im ORF (setzte sich für die Erhaltung des Naschmarktes ein)

Sterngasse, 1., seit 1886, nach einem Hausschild „Zum weißen Stern"

Sterngasse, 23., Benennungsdatum unbekannt, nach dem schon 1582 erwähnten Gasthof „Zum goldenen Stern"

Sternwartestraße, 18., seit 1875, nach der Sternwarte, erbaut 1874–1879

Steudelgasse, 10., seit 1875, Johann Heinrich Steudel (1825–1891), Vizebürgermeister von Wien (1882 bis 1891), erster Bezirksvorsteher von Favoriten (1875–1883), Gemeinderat (1861 bis 1891), Gasthausbesitzer

Stiegengasse, 6., seit 1862 (vorher: Gärtnergasse und Windmühlgasse), nach der dortigen Stiege

Stiegengasse, 14., Benennungsdatum unbekannt, nach der dortigen Stiegenanlage

Stiegerbrücke, 12. und 15., 1869 erbaut, s. *Stiegergasse*

Stiegergasse, 15., seit ca. 1864, Anton Stieger, um 1840 Erbauer des ersten Hauses in der Gasse

Stieglergasse, 23., seit 1954, nach einer alteingesessenen Weinhauerfamilie in Mauer

Stieglitzweg, 22., Benennungsdatum unbekannt, nach dem Vogel

Stiftgasse, 7., seit 1862 (vorher: Große Stiftgasse und Pelikangasse), nach dem Stiftungshaus des Hofkammerrates Johann Konrad Richthausen, Freiherr von Chaos (1604 bis 1663), einem Haus zur Erziehung armer Knaben, später Erholungsstätte für Spitalspfleglinge, dann Adeligenakademie, Ingenieursakademie; heute Kaserne, s. *Richthausenstraße*

Stiglitzgasse, 13., seit 1933, nach einer alteingesessenen Familie in Mauer

Stillfriedplatz, 16., seit 1883, zur Erinnerung an den Sieg Rudolf von Habsburgs über König Ottokar im Jahre 1278 bei Stillfried an der March

Stinglgasse, 14., Benennungsdatum unbekannt, Wenzel Stingl (1846 bis 1923), Oberlehrer in Hadersdorf-Weidlingau

Stinygasse, 10., seit 1956, Josef Stiny (1880 bis 1958), Geologe, Prof. an der Technischen Hochschule in Wien

Stipcakgasse, 23., seit 1954 (vorher: Feldweg), Leopold Stipcak (1909 bis 1944), führender Funktionär der Revolutionären Sozialisten, Widerstandskämpfer, 1942 verhaftet, 1944 hingerichtet

Stockentenweg, 14., seit 1978, nach der Stockente (Stammform der Hausente)

Stockhammerngasse, 14., seit 1894 (vorher: Kirchengasse), Hermann Ludwig Graf Stockhammern (1790–1858), Stifter des Armenhauses von Hütteldorf (1854)

Stockholmer Platz, 10., Benennungsdatum unbekannt, nach der Hauptstadt von Schweden

Stock-im-Eisen-Platz, 1., seit ca. 1872; nach einem dort befindlichen, benagelten Fichtenstamm bzw. der bekannten Sage, wonach jeder fremde Schlossergeselle hier einen Nagel einschlug; urkundlich 1533 erwähnt

Stock im Weg, 13., seit 1894 (vorher: Josefigasse), Flurname

Stockwiesenweg, 17., seit 1961, Flurname

Stöbergasse, 5., seit 1877, Franz Stöber (1795 bis 1858), Kupferstecher, führte den Stahlstich ein

Stöberplatz, 16. und 17., seit 1914, Johann Stöber (1853–1913), Pfarrer von Hernals

Stöhrgasse, 21., seit 1954, Dr. Adolf Stöhr (1855 bis 1921), Philosoph, Univ.-Prof. in Wien (Sprachphilosophie)

Stoesslgasse, 13., seit 1955 (vorher: Leopold-Müller-Gasse), Otto Stoessl (1875–1936), Dichter (Romane, Novellen, Gedichte, Essays); 1923 Preis der Stadt Wien

Stoffellagasse, 2., seit 1938 (vorher: Emiliengasse), Emil Stoffella d'alta Rupe (1835 bis 1912), Prof. an der Wiener medizinischen Fakultät der Universität Wien

Stolberggasse, 5., seit 1877, Friedrich Leopold Graf zu Stolberg (1750 bis 1819) und Christian Graf zu Stolberg (1748 bis 1821), beide Dichter, mit Goethe befreundet

Stollgasse, 7., seit 1896, Dr. Maximilian Stoll (1742 bis 1787), Arzt, Fachschriftsteller

Stolzenthalergasse, 8., Benennungsdatum unklar, Matthias Stolzenthaler (1814 bis 1877), Wachszieher; schenkte der Gemeinde den Grund zur Eröffnung der Gasse

Stooßgasse, 21., seit 1936, Dr. Carl Stooß (1849–1934), Jurist, Strafrechtslehrer, Univ.-Prof.

Storchengasse, 15., seit 1894 (vorher zum Teil Schulgasse), nach einem Hausschild „Zum Storch"

Storchensteg, 12. und 15., erbaut 1825 als Holzsteg, 1829 neu errichtet

Storckgasse, 5., seit 1876, Friedrich Storck (1746–1823), 1782 erster Direktor des Taubstummeninstituts

Stoß im Himmel, 1., seit 1796, nach einer alteingesessenen Wiener Bürgerfamilie, Hans Stoßanhimmel (gest. 1529), Margarete (gest. 1770), Marianne (gest. 1797)

Stowassergasse, 21., seit 1954, Dr. Joseph Maria Stowasser (1854 bis 1910), Altphilologe, Verfasser des bekannten Lateinwörterbuches

Strachegasse, 11., seit 1940, Hugo Strache (1865–1927), Gas- und Feuerungstechniker, erfand das so genannte Doppelgas

Sträußlegasse, 10., seit 1912, Juliane Sträußle (1812 bis 1881), gründete eine Armen- und Waisenstiftung

Strakaweg, 22., seit 1965, Josef Straka (1864 bis 1946), Maler

Stralehnergasse, 22., seit 1909 (vorher: Ziegelofengasse), Gotthold Stralehner (gest. 1816), Ortsrichter von Stadlau

Strampfergasse, 13., seit 1955 (vorher: Hörndlwaldgasse), Friedrich Strampfer (1823–1890), Schauspieler, Direktor des ehemaligen „Strampfer"-Theaters im ersten Bezirk sowie des Theaters an der Wien

Strandgasse, 22., seit 1962, nach dem Badestrand an der Alten Donau

Stranitzkygasse, 12., seit 1938 (vorher ab 1930: Dawisongasse), Josef Anton Stranitzky (1676 bis 1726), Zahnarzt, Weinhändler, Volksschauspieler, Leiter des Kärntnertortheaters, Schöpfer des Hanswurst

Stranskyweg, 14., seit 1974, Dr. Erwin Stransky (1877–1962), Neurologe, Psychiater; 1915–1947 Univ.-Prof. in Wien, Mitbegründer der wissenschaftlichen Lehre der Schizophrenie

Stranzenbergbrücke, 12. und 13., seit 1971, s. *Stranzenberggasse*

Stranzenberggasse, 13., seit 1909, Riedname

Straßäckergasse, 22., seit 1933, Flurname

Straße der Menschenrechte, 22., seit 1982, nach der UNO-Deklaration

Straße-des-1.-Mai, 2., seit 1920 (vorher: Große Zufahrtsstraße); 1890 bis 1918 fanden dort die Maikundgebungen der Wiener Arbeiterschaft statt

Straßergasse, 19., seit 1894 (vorher: Ferstelgasse, 1938 bis 1945 Saarlandgasse), Johann Straßer (1807 bis 1873), Bürgermeister von Grinzing

Straßgschwandtnerstraße, 14., seit 1889, Anton Straßgschwandtner (1826 bis 1881), Maler

Straßmeyergasse, 22., seit 1955 (vorher ab 1932: Johann-Teich-Gasse), Leopold Straßmeyer (1846 bis 1927), Schauspieler

Strauchgasse, 1., seit ca. 1776; hier floss einst der Ottakringer Bach, vereint mit dem Alsbach, durch den Tiefen Graben der Donau zu; urkundlich bereits 1320 als „Strauchgazze" (nach dem dichten Gesträuch) erwähnt

Straußengasse, 5., seit 1837, nach einem Gasthausschild „Zum goldenen Strauß"

Straußweg, 10. und 11., nicht amtliche Bezeichnungen (nach Johann Strauß, 1825 bis 1899)

Strebersdorfer Platz, 21., seit 1912 (vorher: Gemeindegasse), zur Erinnerung an die ehemalige selbstständige Gemeinde, 1331 als „Strobelinersdorf" urkundlich erwähnt

Strebersdorfer Straße, 21., seit 1912 (vorher: Großjedlersdorfer Straße, Jedleseer Straße), s. *Strebersdorfer Platz*

Streckerplatz, 13., seit 1908, Alexander Strecker (1818 bis 1908), Bürgermeister von Ober-St. Veit (1877 bis 1879), Zivilingenieur

Streffleurgasse, 20., seit 1879, Valentin Ritter von Streffleur (1808–1870), Oberkommandant der Wiener Nationalgarde im Jahre 1848, Lehrer von Erzherzog Franz Joseph (dem späteren Kaiser); Beamter, Geograph

Strehlgasse, 19., seit 1896, Johann Strehl (1801 bis 1862), Schuldirektor, schrieb Lehrbücher für Mathematik

Streichergasse, 3., seit 1893, Johann Baptist Streicher (1795–1871), Klaviererzeuger; in seinem Haus (Ungargasse 27) fanden viele Konzerte statt; Mitbegründer des NÖ. Gewerbevereins

Streitmanngasse, 13., seit 1955 (vorher: Anzengrubergasse), Karl Streitmann (1853–1937), Tenor

Striagasse, 14., seit 1929, Matthias Stria (1818 bis 1848), fiel in der Märzrevolution 1848, s. *Märzstraße*, s. *Achtundvierzigerplatz*

Strigelgasse, 22., seit 1935, Bernhard Strigel (1460–1528), Hofmaler Kaiser Maximilians I.

Strindberggasse, 11., seit 1932, August Strindberg (1849–1912), schwedischer Dichter (Romancier, Dramatiker, Essayist)

Strobachgasse, 5., seit 1906 (vorher: Wildemanngasse), Josef Strobach (1852 bis 1905), Christlichsozialer, Obmann des Hausherren-Vereines in Margareten, Gemeinderat (1893 bis 1905), Stadtrat (1895), Bürgermeister von Wien (1896/97)

Strobelgasse, 1., seit ca. 1795, nach einer alteingesessenen, urkundlich bereits 1331 erwähnten Wiener Bürgerfamilie; es gab in der Gasse auch ein Hausschild „Zum Strobelkopf"

Strohberggasse, 12., seit 1894 (vorher: Herzgasse), Flurname, Strohlager (Tristen) auf einem Hügel

Strohblumengasse, 22., seit 1955, nach dem Pflanzennamen

Strohbogasse, 21., seit 1970, nach einem Grundbesitzer Strobo (sic! um 1000 urkundlich genannt)

Stroheckgasse, 9., seit 1876; erinnert an Strohmärkte, die unterhalb der heutigen Friedensbrücke abgehalten wurden

Strohgasse, 3., seit 1862; hier befand sich ein Strohspeicher der Heumarktkaserne

Strohmayergasse, 6., Benennungsdatum unbekannt, Lorenz Strohmayer (1769 bis 1834), Ziegelofenbesitzer

Stromstraße, 20., seit 1877 (1938 bis 1945 Feikestraße), verläuft auf einem bei der Donauregulierung von 1868 bis 1875 zugeschütteten Arm des Donaustroms

Strozzigasse, 8., seit 1862 (vorher: Strozzigrund Hauptstraße), Gräfin Maria Katharina Strozzi (1633 bis 1714), Gründerin der Vorstadt Strozzigrund (die um Palais und Garten entstandene Ansiedlung entstand seit 1702)

Strudlhofgasse, 9., seit 1907 (ein Teil vorher Versorgungshausgasse), Johann Peter Strudel (sic!) von Strudendorff (1660–1714), Hof- und Kammermaler, Direktor der kaiserlichen Kunstakademie; erbaute hier sein Palais, den Strudelhof

Strudlhofstiege, 9., seit 1910, s. *Strudlhofgasse*

Strunzgasse, 22., seit 1987, Univ.-Prof. Dr. Franz Strunz (1875–1953), Wissenschafter, Volksbildner

Stryeckgasse, 21., seit 1901, Lorenz Stryeck (1757 bis 1847), Schuhmachermeister, Ortsrichter von Spitz (1804 bis 1847)

Stubenbastei, 1., seit 1862; schon 1156 und 1314 als Teil der Stadtbefestigung erwähnt, 1862 abgetragen

Stubenbrücke, 1. und 3., s. *Stubenbastei*

Stubenring, 1., seit 1867, s. *Stubenbastei*

Stuckgasse, 7., seit 1809, nach einem ehemaligen Hausschild „Zum goldenen Stuck" (Stuck = Kanone)

Studenygasse, 11., seit 1885, Michael Studeny (1818 bis 1857), Gärtner; war angeblich der erster Ansiedler in der Gegend

Stüber-Gunther-Gasse, 12., seit 1926 (vorher: Stübergasse), Fritz Stüber-Gunther (1872–1922), Heimatdichter (Skizzen aus dem Wiener Alltag)

Stürzergasse, 19., seit 1933, Rudolf Stürzer (1865–1926), Wiener Heimatdichter (Beschreibung von Volkstypen), Humorist

Stuhlhofergasse, 23., seit 1929, Martin Stuhlhofer (1802 bis 1888), Bürgermeister von Mauer (1860 bis 1864), Hauer

Stummergasse, 22., seit 1940, Josef Stummer von Traunfels (1848–1928), Architekt

Stumpergasse, 6., seit 1862 (vorher: Große Steingasse), Anton Stumper (1740 bis 1814), gab 1811 die Gründe zur Errichtung der Gasse frei

Stundlgasse, 22., seit 1953, Theodor Stundl (1875–1934), Bildhauer (Schöpfer des Schubertbrunnens, 1928)

Stuppöckgasse, 23., Benennungsdatum unbekannt, Franz Stuppöck (1884 bis 1950), Oberlehrer von Inzersdorf

Sturgasse, 2., seit 1909, Michael Stur (1840 bis 1909), Provinzial der Barmherzigen Brüder

Sturzgasse, 14. und 15., seit 1874, nach dem Verlauf (steil bergab führende Gasse)

Stuschkagasse, 23., Benennungsdatum unbekannt, Ludwig Stuschka (1845 bis 1912), Buchbindermeister, Gründer der Freiwilligen Feuerwehr Liesing

Stutterheimstraße, 15., seit 1912, Josef Freiherr von Stutterheim (1764 bis 1831), Feldmarschall in den Franzosenkriegen (1809 bis 1813)

Stuweckengasse, 13., seit 1913, Flurname

Stuwerstraße, 2., seit 1898, Johann Georg Stuwer (1732–1802), hielt ab 1774 populäre Kunstfeuerwerke ab; seine Nachkommen brannten bis 1879 regelmäßig Feuerwerke im Prater ab

Suchenwirtplatz, 10., seit 1875, Peter Suchenwirt (gest. 1395), berühmter Wappendichter (Beschreibung von Wappen und Verherrlichung fürstlicher Personen)

Leopold Swatosch

Südportalstraße, 2., seit 1904 (vorher: Auffahrtsstraße), südliche Zufahrtstraße zur 1873 erbauten Rotunde; führt jetzt zum Südportal des Messegeländes

Südrandstraße, 23., seit 1973, Randstraße der Siedlung „Blumental"

Südtiroler Platz, 4., seit 1927 (1898 bis 1927 Favoritenplatz), zur Erinnerung an das einst österreichische Südtirol

Süßenbrunner Hauptstraße, 22., seit 1964 (vorher: Hauptstraße), nach dem ehemaligen Vorort Süßenbrunn; um 1200 urk. erwähnt („Prunne", „Prunn" = Quelle); 1938 zum 22. Bezirk Groß-Enzersdorf eingemeindet, 1954 der Donaustadt zugeschlagen

Süßenbrunner Platz, 22., seit 1959 (vorher: Hauptplatz, 1938–1947 Herbert-Rüdiger-Platz), s. *Süßenbrunner Hauptstraße*

Süßenbrunner Straße, 22., s. *Süßenbrunner Hauptstraße*

Sulmgasse, 16., seit 1868, Adam Sulm (gest. 1874), Grundbesitzer; gab die Gründe für die Gasse her

Sulzengasse, 23., seit 1986, alter Flurname („Die Sulzen", bezieht sich auf stehendes meist salzhaltiges Wasser)

Sulzweg, 19., seit 1894, Flurname

Sumpfgasse, 21., seit 1942; ein Sumpfgebiet infolge des tiefer gelegenen Schwarzlackenwassers, eines ehemaligen Donauarms

Suppégasse, 13., seit 1898, Franz von Suppé (1819 bis 1895), Operettenkomponist („Fatinitza", „Boccaccio")

Suttingergasse, 19., seit 1913, Daniel Suttinger (1640 bis 1690), Hauptmann, Topograph, Zeichner eines Planes von Wien (1683)

Sverigestraße, 22., seit 1999, Hinweis auf das Herkunftsland des dort ansässigen Möbelhauses (Sverige = Schweden auf schwedisch)

Svetelksystraße, 11., seit 1995, Wilhelm Svetelsky (1905 bis 1987), Gemeinderat (1949 bis 1964), Obmann der Bezirksorganisation Simmering der SPÖ

Swatoschgasse, 11., seit 1967, Leopold Swatosch (1890 bis 1950), Gründer des Simmeringer Heimatmuseums (1934), Vertreter

Swobodagasse, 13., seit 1955 (vorher: Pestalozzigasse), Albin Swoboda (1836 bis 1901), Schauspieler

Sykoragasse, 23., seit 1985, Karl Sykora (1850–1924), Stadtbaudirektor, Verdienste beim Bau der I. und II. Wiener Hochquellenwasserleitung

Symphonikerstraße, 4., seit 1961 (vorher: Technikerstraße), zur Erinnerung an das 60jährige Bestehen der Wiener Symphoniker so benannt

Syringgasse, 17., seit 1873, Johann Georg Syring, um 1830 Ortsrichter von Hernals, Wachstucherzeuger

T

Taborstraße, 2. und 20., seit ca. 1903, führte zum Tabor (älteste Straße der Leopoldstadt, 1406 urkundlich Kremser Straße, im 17. Jhd. Hauptstraße); Befestigungsanlage, Bollwerk, Brückenkopf

Taggergasse, 22., seit 1969, Theodor Tagger (Pseudonym Ferdinand Bruckner, 1891 bis 1958), Dramatiker; feierte seine größten Erfolge in Berlin („Elisabeth von England", „Die Rassen"), zählte zum Freundeskreis von F. T. Csokor

Taglieberstraße, 23., Benennungsdatum unbekannt, Matthias Taglieber (1837 bis 1931), Gemeinderat von Atzgersdorf

Talgasse, 15., seit ca. 1864 (vorher: Josephigasse), bergab (zu Tal) führende Gasse

Talkengasse, 23., seit 1967, Riedname (Mittlere, Obere und Untere Talken)

Tallesbrunngasse, 19., seit 1906, nach der Familie Tallesbrunn; war im Besitz dieser Gegend und schenkte dem Schottenstift Grundstücke

Talpagasse, 23., seit 1965, Johann Talpa (1889 bis 1947), Gemeinderat von Siebenhirten (1925 bis 1934), Gewerkschaftsfunktionär; im Dienst bei der AG der Wiener Lokalbahnen tödlich verunglückt

Tamariskengasse, 22., seit 1953, nach der Zierstrauchgattung (Tamarix)

Tamariskenzeile, 22., seit 2003, neben dem Pensionistenheim Tamariske-Sonnenhof, siehe *Tamariskengasse*

Taminoweg, 19., seit 1963, Gestalt aus der Oper „Zauberflöte" von Wolfgang A. Mozart

Tanbruckgasse, 12., seit 1894 (vorher: Bindergasse), nach dem um 1340 bestandenen Gutshof Tanbruck

Tandelmarktgasse, 2., der Wiener Tandelmarkt übersiedelte 1671 zum Teil in die Leopoldstadt; später gab es dann in der Gegend mehrere Märkte

Tannengasse, 15., seit ca. 1864/69, einst bestand hier ein kleiner Tannenwald

Tannhäuserplatz, 15., seit 1912, Tannhäuser (ca. 1200 bis 1270) war Minnesänger am Hofe des Babenbergerherzogs Friedrich II. des Streitbaren

Tartergasse, 22., seit 1974, Julius Tarter (1887 bis 1964), Arzt

Taubenweg, 11., nicht amtliche Bezeichnung

Taubergasse, 17., seit 1894 (vorher: Dorotheergasse), Kaspar Tauber, 1524 als Anhänger der Reformation enthauptet; Tauber hatte lutherische Schriften herausgegeben; er war erster Blutzeuge der Lutheraner in Wien

Taubnesselweg, 22., seit 2002, Lippenblütlergattung (Lamium); in Wien häufig vorkommend und bekannt sind die Flecken- und die Kleine Taubnessel, s. auch *Goldnesselweg*

Taubstummengasse, 4., seit ca. 1816, dort bestand bis 1912 ein Taubstummeninstitut

Tauschekgasse, 21., seit 1964, Gustav Tauschek (1899 bis 1945), Techniker, Erfinder

Tauschinskygasse, 22., seit 1955 (vorher: Kernstockgasse), Hippolyt Tauschinsky (1839 bis 1905), Schriftsteller, Journalist, Historiker, Germanist; schloss sich 1868 der Arbeiterbewegung an

Tautenhayngasse, 15., seit 1912, Josef Tautenhayn (1837–1911), Medailleur, Bildhauer, Prof. an der Akademie der bildenden Künste (1881–1904)

Technikerstraße, 4., seit 1862 (urspr. Tandelmarktgasse und Tandelmarktplatz, bis 1862 Am Glacis), nach der Technischen Hochschule, erbaut 1816 bis 1818

Tegelweg, 22., seit 1953, nach der hier vorkommenden Erde (Tegel = kalkreiche Tonerde)

Tegetthoffstraße, 1., seit 1877, Wilhelm von Tegetthoff (1827–1871), Admiral; Sieger bei Helgoland (1864) im Krieg gegen Dänemark und bei Lissa (1866) über die italienische Flotte

Tegnergasse, 10., Benennungsdatum unbekannt, Esaias Tegnér (1782 bis 1846), schwedischer Dichter; 1812 Professor für Gräzistik, 1824 Bischof von Växjö; Epos „Frithiofs Saga"

Teichackergasse, 12., seit 1894 (vorher: Annagasse), Flurname

Teichgasse, 10., Benennungsdatum unbekannt, führt zum ehemaligen Rothneusiedler Teich

Teichgasse, 17., seit 1894, nach einem 1880 zugeschütteten Ziegelteich („Ganstererteich"), s. *Gansterergasse*

Teiläckergasse, 22., seit 1961, Flurname

Teinfaltstraße, 1., seit 1776, nach dem bereits im 14. Jahrhundert erwähnten Domvogthaus (falsche Verschriftsprachlichung der mundartlichen Form des Wortes „Domvogt")

Telekygasse, 19., seit 1963, Dr. Ludwig Teleky (1872 bis1957), Arzt (Sozial- und Arbeitsmediziner), 1933 in Deutschland aus rassischen Gründen zwangspensioniert, 1934 bis 1939 in Wien (Begutachter für Sozialversicherungen), 1939 Emigration in die USA

Telephonweg, 22., nach dem von Graham Bell erfundenen Fernsprechapparat, s. *Bellgasse*

Tellgasse, 15., seit 1912, Peter Tell, Tischler; 1809 von den Franzosen erschossen, weil er sich in einem Streit zwischen der Besatzungsmacht und Wiener Bürgern auf die Seite der Bürger stellte und einem französischen Offizier den Säbel zerbrach

Tempelgasse, 2., seit 1862 (vorher: Wällische Gasse und Quergasse, 1938 bis 1945 Mohapelgasse), nach der 1858 erbauten Synagoge, die 1938 vernichtet wurde

Tendlergasse, 9., seit 1902 (vorher ab 1862 Ackergasse, 1826–1862 Feldgasse), Pater Franz Tendler (1820 bis 1902), Priester, Seelsorger im Waisenhaus Boltzmanngasse

Tenschertstraße, 23., seit 1980, Dr. Roland Tenschert (1894–1970), Musikwissenschaftler, Schriftsteller

Tepserngasse, 9., seit 1910 (vorher: Spittelauergasse), Josef Johann Edler von Tepsern (1690–1761), Regiments- und Kammerrat; gründete eine Stiftung für die arme Jugend; sein Erbe stiftete er für Schulzwecke

Terramaregasse, 23., seit 1959, Georg Terramare (1889 bis 1948), Dichter („Mysterienspiele"), 1938 Emigration

Terzaghigasse, 22., seit 1966, Ing. Karl von Terzaghi (1883–1963), Professor an der Technischen Hochschule, 1939 Emigration in die USA, lehrte bis 1956 in Harvard; beschäftigte sich mit Bewässerungsproblemen

Tesarekplatz, 10., seit 1989, Prof. Anton Tesarek (1896 bis 1977), Leiter des Jugendamtes der Stadt Wien (1950 bis 1962), Mitbegründer der Roten Falken, Schriftsteller (Pädagogik)

Teschnergasse, 18., seit 1956 (1894 bis 1938 Karl-Beck-Gasse, 1938 bis 1945 Gustloffgasse, 1945 bis 1956 wieder Karl-Beck-Gasse), Richard Teschner (1879 bis 1948), Begründer des Marionettentheaters „Figurenspiegel"; Bildhauer, Maler

Teslagasse, 21., seit 1952, Nikola Tesla (1856 bis 1943), Physiker, Erfinder der gleichnamigen Ströme

Tessingasse, 10., Benennungsdatum unbekannt, Nikodemus Tessin (1615 bis 1681) und sein Sohn Nikodemus (1654 bis 1728), beide schwedische Architekten

Testarellogasse, 13., seit 1894 (vorher: Sachsengasse), Johann Matthias Testarello della Massa (gest. 1693), Domherr zu St. Stephan, Geschichtsschreiber (Wiener Kirchen)

Tetmajergasse, 21., seit 1917, Hofrat Prof. Ing. Ludwig von Tetmajer (1850 bis 1905), Fachmann für technische Materialprüfung, Prof. an der Technischen Hochschule; 1901 Rektor

Teuffenbachstraße, 2., seit 1899, Rudolf Freiherr von Teuffenbach (1582 bis 1653), Oberstfeldwachtmeister im Dreißigjährigen Krieg; stiftete 1650 von seinem Vermögen 20.000 Gulden, von deren Zinsen arme Mädchen eine Heiratsausstattung erhielten

Tewelegasse, 13., seit 1955 (vorher: Moritz-von-Schwind-Gasse), Franz Tewele (1842 bis 1914), Schauspieler, Komiker

Teybergasse, 14., seit 1894, nach dem Hofviolinist Matthäus Teyber und seinen musikalischen Kindern; Elisabeth (1744 bis 1816) und Therese (1760 bis 1830) waren Hofopernsängerinnnen, Anton (1754 bis 1822) war Dirigent, Franz (1758 bis 1810) komponierte für Theater (z. B. die Oper „Alessandro", mit der 1801 das Theater an der Wien eröffnet wurde)

Thalhaimergasse, 16., seit 1897, Gregor Thalhaimer, um 1484 Pfarrer von Ottakring

Thaliastraße, 16., seit 1894 (vorher zum Teil Lerchenfelder Straße), dort stand von 1856 bis 1869 das Thaliatheater (benannt nach einer der neun Musen)

Thallergasse, 23., seit 1866, Johann Thaller (1793 bis 1862), Bürgermeister von Mauer, Baumeister

Thavonatgasse, 9., seit 1935 (vorher ab 1925 Krankenhausgasse), Ferdinand Ignaz Freiherr von Thavonat (1665 bis 1726), Hofkammerrat; gründete eine Stiftung für die Versehrten der Türkenkriege

Thayagasse, 21., seit 1953, nach dem Fluss in Niederösterreich

Theergasse, 12., seit 1930, Robert Theer (1808–1863) und Adalbert Theer (1815 bis 1902), beide Maler (Aquarelle)

Thelemangasse, 17., seit ca. 1864/71, Friedrich Theleman (1780 bis 1881), Baumeister, Grundbesitzer; entwarf die heutige Gürtelstraße; Wohltäter in Hernals

Theobaldgasse, 6., seit 1862, nach der 1343 erbauten St.-Theobald-Kapelle, 1529 vernichtet, als St.-Theobaldkloster wieder aufgebaut, 1784 von Joseph II. aufgehoben, bis 1905 Polizeigefangenenhaus, dann abgerissen

Theodor-Herzl-Stiege, 1., seit 1996, Dr. Theodor Herzl (1860 bis 1904), Schriftsteller, Journalist; als Reaktion auf den Antisemitismus begründete er den politischen Zionismus („Der Judenstaat"); die Gründung des Staates Israel geht auf sein Gedankengut zurück

Theodor-Herzl-Platz, 1., seit 2004, siehe *Theodor-Herzl-Stiege;* Umbenennung von zwei Drittel der Fläche der Gartenbaupromenade anlässlich des 100. Todestages von Theodor Herzl

Theodor-Körner-Gasse, 21., seit 1909 (vorher: Vereinsstraße), Theodor Körner (1791 bis 1813), Dichter (gefallen im Kampf gegen Napoleon); schrieb patriotische Lieder gegen Napoleon

Theodor-Kramer-Straße, 22., seit 1983, Theodor Kramer (1897–1958), Schriftsteller; erhielt 1938 Berufsverbot vom NS-Regime, 1939 Emigration nach England, 1957 Rückkehr nach Wien; machte sich in seinen Gedichten zum Sprecher von Randfiguren und Außenseitern, griff soziale Probleme auf und thematisierte Natur und Landschaft seiner engeren Heimat

Theodor-Sickel-Gasse, 10., seit 1932, Dr. Theodor Ritter von Sickel (1826 bis 1908), Direktor des Instituts für österreichische Geschichtsforschung, Historiker (Begründer der modernen Urkundenkritik)

Theodor-Steiskal-Gasse, 10., seit 1974, Theodor Franz Steiskal (1876–1945), Pädagoge, Schulreformer

Theodor-Storm-Weg, 16., seit 1927, Theodor Storm (1817 bis 1888), deutscher Novellist, Lyriker („Der Schimmelreiter", „Immensee" etc.)

Theophil-Hansen-Gasse, 23., seit 1928, s. *Hansenstraße*

Theresianumgasse, 4., seit 1862 (vorher: Feldgasse), nach dem ehemaligen Lustschloss „Favorita"; 1747 zu einem Jesuitenkollegium und 1749 von Maria Theresia in die Theresianische Ritter-Akademie umgewandelt

Theresienbadgasse, 12., seit 1884, nach dem dort befindlichen Bad (ältestes Wiener Heilbad), s. *Pohlgasse*

Theresiengasse, 18., unklar, möglicherweise nach Theresia Klettenhofer (1813 bis 1898), Gattin des damaligen Bürgermeisters von Währing

Theuergasse, 22., seit 1951, Dipl.-Ing. Max Theuer (1878–1949), Architekt; Prof. für Architektur und Formenlehre an der Techn. Hochschule in Wien

Theumermarkt, 21., seit 1994, Ernst Theumer (1890–1978), sozialdemokratischer Politiker, Bezirksvorsteher von Floridsdorf (1948–1957), Verdienste um Stammersdorf

Thimiggasse, 18., seit 1948 (1894–1938 Ladenburgstraße, 1938 bis 1948 Heilbronner Straße), Hugo Thimig (1854 bis 1944), Schauspieler (Burgtheater, Josefstadt), erfolgreicher Charakterkomiker des deutschen Theaters, 1912 bis 1917 Burgtheaterdirektor

Thomagasse, 21., seit 1909 (vorher: Albengasse), Josef Thoma (1835 bis 1892), Hauptmann der Freiwilligen Feuerwehr Großjedlersdorf, Gemeinderat

Thomas-Klestil-Platz, 3., seit 2006, Dr. Thomas Klestil (1932 bis 2004), stammte aus einfachen Verhältnissen, Studium an der Hochschule für Welthandel, Diplomatenkarriere; Wirtschaftsattaché an der österr. Botschaft in Washington (1962), persönlicher Sekretär von Bundeskanzler Klaus (1966), Botschafter bei den Vereinten Nationen in New York (1978 bis 1982), dann Botschafter in Washington D. C., Generalsekretär im Außenministerium (1987), Bundespräsident (1992 bis 2006)

Thomas-Morus-Gasse, 13., seit 1932, Thomas More, latinisiert Morus (1478 bis 1535), Jurist, Humanist, Lordkanzler; von Heinrich VIII. enthauptet, Werk „Utopia"; s. *Utopiaweg*

Thomas-Münzer-Gasse, 10., seit 1930, Thomas Münzer (1490 bis 1525), Führer der Wiedertäufer und des Bauernaufstandes in Thüringen, 1525 enthauptet

Thönygasse, 22., seit 1976, Wilhelm Thöny (1888 bis 1949), Maler (Mitbegründer und 1. Präsident der Grazer Secession), lebte später in Frankreich und in den USA

Thonetgasse, 22., seit 1953, Michael Thonet (1796–1871), Tischler, Industrieller; ihm gelang 1830 die Erfindung, Holz im Dampf zu biegen; ab 1842 stellte er nach dieser Methode Stühle her, die weltbekannt wurden

Thorvaldsengasse, 12., seit 1953, Bertel Thorvaldsen (1768 bis 1844), dänischer Bildhauer

Thürnlhofstraße, 11., seit 1920; Michael Pfeiffer, Unterkoch Kaiser Ferdinands I., erhielt von diesem 1552 zu seinem Haus in Ebersdorf noch „zwei öde Thürnln" (Türme), von dem der Hof seinen Namen erhielt

Thugutstraße, 2., seit 1877, Franz Maria Freiherr von Thugut (eigentlich Thunichtgut, 1736 bis 1818), leitete als Staatsminister die österreichische Außenpolitik 1793 bis 1801

Thujagasse, 22., seit 1954, nach der Zierbaumgattung (Thuja)

Thujenweg, 17., nach der Zierbaumgattung (Thuja)

Thunhofgasse, 12., seit 1906, Siegmund Graf Thunhof (1639–1702), Besitzer des Thunhofes, des späteren Hetzendorfer Schlosses

Thurngasse, 9., seit 1862 (vorher: Adlergasse), Maria Josepha Reichsgräfin von Thurn-Valsassina (1780 bis 1828), besaß hier Grundstücke, die sie parzellieren ließ (1823), wodurch die Gasse geschaffen wurde

Thurygasse, 9., seit 1862 (vorher ab 1741 Flecksiedergasse), Johann Thury (gest. 1659), Ziegeleibesitzer; gründete 1646 die Vorstadt Thurygrund; diese kam 1786 zur Gemeinde Wien (seit 1850 9. Bezirk)

Thymianweg, 17., nicht amtlich; nach der Gewürzpflanzenart (Thymus vulgaris)

Tichtelgasse, 12., seit 1875, Dr. Wolfgang Tichtel (ca. 1450 bis 1505), Arzt, Geschichtsschreiber (seine Tagebücher, 1477 bis 1495, haben kulturgeschichtlichen Wert bzw. sind wichtige Quelle über die ungarische Besetzung Wiens)

Tichyweg, 18., seit 1993, Prof. Dr. Herbert Tichy (1912 bis 1987), Forschungsreisender, Schriftsteller; durchquerte 1933 gemeinsam mit Prof. Dr. Max Reisch erstmals den Landweg nach Indien mit einem Motorrad (Puch 250, 13.000 km), lebte 1941 bis 1948 in China, später durchquerte er Afrika

Tiefauweg, 17., nicht amtliche Bezeichnung (alter Riedname)

Tiefendorfergasse, 14., seit 1905, Josef Tiefendorfer (1800–1860), Gemeindevertreter von Breitensee

Tiefer Graben, 1., nach dem früheren tiefen Bett des Ottakringer- und des Alsbaches, schon 1186 urk. erwähnt, s. *Strauchgasse*

Tiefweg, 21., nicht amtliche Bezeichnung (nach der Lage)

Tiergartenstraße, 2., seit 1876; nach dem 1863 eröffneten Tiergarten am Schüttel, der 1866 wegen zu geringem Ertrag geschlossen wurde; 1868 und 1894 jeweils kurzfristig wiederbelebt

Tietzestraße, 22., seit 1965, Prof. Dr. Hans Tietze (1880–1954), Kunsthistoriker; 1938 Emigration

Tigergasse, 8., seit 1862 (entstand 1783, bis 1862 Alleegasse, 1913 kurze Zeit Loidoltgasse), nach einem Hausschild „Zum Tiger" (Haus Nr. 38)

Tilakstraße, 21., Benennungsdatum und Herkunft unklar

Tildeweg, 11., nicht amtlich

Tilgnergasse, 23., seit 1928, s. *Tilgnerstraße*

Tilgnerstraße, 4., seit 1897, Viktor Tilgner (1844 bis 1896), Bildhauer (Porträtbüsten)

Tillmanngasse, 22., seit 1972, Prof. Dr. Rudolf Tillmann (1892–1958), Tiefbautechniker

Tina-Blau-Weg, 14., seit 1930 (1938 bis 1947 Hellmerweg), Tina Blau (1845 bis 1916), Malerin (Landschafts- und Blumengemälde, „Frühling im Prater", „Landpartie")

Tinterstraße, 14., seit 1934, Dr. Wilhelm Tinter (1839–1912), Professor an der Technischen Hochschule

Tiroler Gasse, 13., Benennungsdatum unbekannt, nach dem Tiroler Garten, einer 1805 errichteten Gaststätte im Schönbrunner Park

Titlgasse, 13., seit 1898, Anton Emil Titl (1809 bis 1892), Komponist (Opern, Lieder), Orchesterdirektor am Burgtheater

Tivoligasse, 12., seit 1894 (vorher: Johannesgasse), der „Tivoli" war eine 1830 erbaute Vergnügungsstätte; Johann Strauß Vater komponierte einen eigenen „Tivoli-Rutsch-Walzer" nach der dort bestandenen Hauptattraktion, einer Rutschbahn

Tlasekgasse, 11., seit 1971, Karl Tlasek (1897–1932), Polizist (während einer NS-Demonstration erschossen)

Tokiostraße, 22., seit 1998, Hauptstadt Japans (seit 1868), 8,2 Mio. Einwohner (1990), Präfektur Tokio 11,9 Mio. (1992); seit 1869 Residenz des Tennos (Kaisers) und Sitz von Parlament und Regierung, s. *Arakawastraße*

Töllergasse, 21., seit 1910, Georg Töller, Daten unbekannt, Amtmann; schenkte 1453 der Gemeinde Leopoldau ein Haus für die Armen

Tönsbergweg, 22., seit 1994, norwegische Stadt (Hauptstadt der Provinz Vestfold), s. *Trondheimgasse*, s. Einleitung

Töpfelgasse, 14., seit 1894 (vorher: Antongasse), Alexander Matthias Töpfel (1797–1881), erster Bürgermeister von Penzing (1851–1865)

Toldgasse, 15., seit 1912, Franz Xaver Told von Toldenburg (1792–1849), Freiheitskämpfer in den napoleonischen Kriegen (1809), patriotische Gedichte; („Die Schlacht von Aspern", Epos)

Tolstojgasse, 13., seit 1932, Leo Graf Tolstoj (1828–1910), russischer Schriftsteller („Krieg und Frieden", „Anna Karenina")

Tomaschekstraße, 21., seit 1933, Dr. Wilhelm Tomaschek (1841 bis 1901), Univ.-Prof. für historische Geographie (ab 1877 in Graz, ab 1885 in Wien)

Tomschikgasse, 22., seit 1953, Josef Tomschik (1867–1945), Sozialpolitiker, Sozialdemokrat, Mitbegründer der Eisenbahnergewerkschaft, Reichsratsabgeordneter (1907–1918), Nationalratsabgeordneter (1919–1934), Vorsitzender-Stellvertreter des Bundes der Freien Gewerkschafter (1928–1931)

Tonfabrikgasse, 21., seit 1985, nach der ersten Floridsdorfer Tonwarenfabrik, gegr. 1870, genannt Thonbude

Tongasse, 3., seit 1862 (vorher: Zieglergasse), ehemals Arbeitsstätte der Töpfer und Tonwarenerzeuger

Topasplatz, 21., seit 1953, nach dem Edelstein

Torberggasse, 14., seit 1981, Friedrich Torberg (1908 bis 1979), Schriftsteller (Roman „Der Schüler Gerber", 1930), 1938 Emigration in die USA, 1951 Rückkehr; Satire „Tante Jolesch", Herausgeber des „Forum", Theaterkritiker, Übersetzer (u. a. Ephraim Kishon), brachte die Werke von Herzmanovsky-Orlando heraus

Torricelligasse, 14., seit 1930, Evangelista Torricelli (1608–1647), Physiker, Mathematiker, Mitarbeiter von Galilei, entwickelte ein Quecksilberbarometer

Toscaninigasse, 23., seit 1960, Arturo Toscanini (1867–1957), Dirigent (Mailänder Scala, Metropolitan Opera; dirigierte an der Wiener Staatsoper und bei den Salzburger Festspielen)

Toßgasse, 15., seit 1904 (vorher: Morizgasse), G. Toß (Näheres unbekannt), gründete hier 1784 eine Weinstein- und Weinessigfabrik

Toulagasse, 22., seit 1953, Dr. Franz Toula (1845 bis 1920), Geologe, Univ.-Prof.

Touristenweg, 14., nicht amtlich, zur Erinnerung, dass Wanderer früher als Touristen bezeichnet wurden

Trabertgasse, 13., seit 1924, Wilhelm Trabert (1863–1921), Meteorologe

Trabrennstraße, 2., seit 1952, nach dem Trabrennplatz bzw. der 1878 eröffneten Trabrennbahn in der Krieau

Traisengasse, 20., seit 1891, nach dem gleichnamigen Fluss in NÖ

Traklgasse, 19., seit 1958, Georg Trakl (1887 bis 1914), Apotheker, Lyriker (Tod und Vergänglichkeit als Themen), tragischer Lebenslauf, Selbstmord im Lazarett von Krakau

Trambauerstraße, 10., seit 1911, Theodor Trambauer (1830 bis 1903), Gemeinderat (1890–1895), Hausbesitzer, Seifensieder

Traminergasse, 19., seit 1873, Weinried; Weinsorte, deren Reben ursprünglich aus Tramin in Südtirol stammen

Trappelgasse, 4., Benennungsdatum unbekannt, Josef Trappel (nähere Daten unbekannt), Ziegelbrenner um 1810, und sein Sohn Karl Trappel (1809 bis 1868), Hausbesitzer, Ortsschulaufseher

Trappweg, 23., seit 1959, Georg Trapp (1880 bis 1947), Gründer des Trapp-Chores

Trattnerhof, 1., seit 1912, Johann Thomas Edler von Trattner (1717 bis 1798), Buchdrucker, Verleger (Förderer des österreichischen Buchhandels, verlegte alle neu zu verfassenden Lehrbücher unter Maria Theresia)

Traubengasse, 23., Benennungsdatum unbekannt, nach der Weintraube

Traubenweg, 11., nicht amtliche Bezeichnung

Traunergasse, 16., seit 1897, Hans Trauner (1583 bis 1664), Ortsrichter von Ottakring (1648 bis 1650)

Traunfelsgasse, 20., seit 1892, Josef Stummer von Traunfels (1808–1891), Architekt, Schüler von Peter Nobile; Verdienste um das österreichische Eisenbahnwesen (Kaiser-Ferdinands-Nordbahn)

Traungasse, 3., Benennungsdatum unbekannt, nach dem Grafengeschlecht Abensberg-Traun, das nach 1683 hier ein Palais mit Garten besaß

Trautenauplatz, 19., seit 1914, zur Erinnerung an den Sieg der Österreicher unter Feldmarschall Gablenz über die Preußen bei Trautenau (1866), s. *Gablenzgasse*

Trautsongasse, 8., seit 1862 (ursprünglich Schiffgasse, dann Schwibbogengasse), Johann Fürst Trautson (1707 bis 1757), Fürsterzbischof von Wien (1751 bis 1757); das Palais wurde 1712 von Fischer von Erlach erbaut

Trauttmansdorffgasse, 13., seit 1894 (vorher: Alleegasse), Gräfin Therese Trauttmansdorff (1784–1847), gründete ein Armenhaus in Hietzing

Trauzlgasse, 21., seit 1971, nach dem Floridsdorfer Industriebetrieb „Trauzl-Werke"

Traviatagasse, 23., seit 1960, Oper von Giuseppe Verdi

Trazerberggasse, 13., seit 1894 (vorher: Feldgasse), führt zum Trazerberg

Treffzgasse, 13., seit 1955 (1927–1955: Friedrich-Ludwig-Jahn-Gasse), Henriette Treffz-Strauß (1818 bis 1878), Opernsängerin, Gattin von Johann Strauß Sohn

Treitlstraße, 4., seit 1913, Josef Treitl (1804 bis 1895), Kaufmann, Gemeinderat (1861 bis 1884), vermachte der Akademie der Wissenschaften 2,5 Millionen Kronen

Tremlweg, 23., seit 1959, Friedrich Treml (1816 bis 1852), Maler

Trenkwaldgasse, 17., seit 1929, Josef Matthias Trenkwald (1824 bis 1897), Historienmaler, Kirchenbilder (Entwürfe für Glasgemälde in der Votivkirche)

Trennstraße, 14., Benennungsdatum unbekannt; Benennung, weil die Straße Siedlungs- und Waldgebiet trennt

Trentinigasse, 23., seit 1959, Albert von Trentini (1878 bis 1933), Jurist, Schriftsteller (Romane, Novellen)

Trepetschniggasse, 23., seit 1976, Josef Trepetschnig (1890 bis 1963), Siedlungsgründer (Kugelmannsiedlung)

Trepulkagasse, 11., seit 1971, Johann Trepulka (1872–1951), Leiter des Fürsorgeamtes in Simmering (1934–1938), Oberlehrer

Treumanngasse, 13., seit 1955 (vorher: Girardigasse), Louis Treumann (1872 bis 1944), Operettentenor (Grazer Landestheater, Carltheater, Theater an der Wien), im KZ Theresienstadt umgekommen

Treustraße, 20., seit 1869 (Teile davon früher Freigasse und Mittlere Gasse); Wolfgang Treu (ca. 1488–1540), Bürgermeister von Wien (1528 bis 1530, 1532/33, 1536/37), Ratsherr; leitete mit Graf Salm (s. *Salmgasse*) die Verteidigung Wiens während der Ersten Türkenbelagerung (1529); lt. *Czeike* nach Anton Trey (gest. 1845), der den Bau der Straßenverbindung vom Gaußplatz zur Pappenheimgasse anregte

Tribulzgasse, 23., seit 1929, Klaudius Tribulz, in den Jahren 1581 bis 1603 Herrschaftsbesitzer von Kalksburg und Mauer

Triester Straße, 10. und 23., seit 1883 (vorher: Neustädter Poststraße), ehemalige Reichsstraße nach Triest, in der Regierungszeit von Karl VI. (1711 bis 1740) angelegt

Triestinggasse, 21., seit 1953, nach dem Fluss in Niederösterreich

Trillergasse, 21., seit 1900 (vorher ab 1898: Thomasgasse), Andreas Triller, Hofkontrollor, stiftete 1650 das „Trillerkreuz" (Ecke Brünner Straße – Thomagasse), einst Wahrzeichen von Jedlersdorf

Trimmelgasse, 17., seit 1910, Anton Trimmel (1832 bis 1899), Haus- und Grundbesitzer, Wohltäter

Trinkhausstraße, 11., seit 1904, Jakob Trinkhaus (1713 bis 1767), Pfarrer von Simmering, Verdienste um den Umbau der Kirche

Trisannagasse, 21., seit 1953, nach dem Fluss in Tirol

Trogergasse, 14., seit 1894 (vorher: Preysinggasse), Paul Troger (1698 bis 1762), Barockmaler (Hochaltarbilder, Fresken), Werke u. a. in der Schönbrunner Schlosskapelle, in der Dominikaner-, Neulerchenfelder und Mariahilfer Kirche

Trollblumengasse, 22., seit 1955, nach der Pflanzenart (Trollius europaeus)

Trondheimgasse, 22., seit 1994, drittgrößte Stadt Norwegens, zur Erinnerung daran, dass die norwegische Bevölkerung nach dem Zweiten Weltkrieg Lebensmittelpakete für Kinder spendete, s. Einleitung

Troststraße, 10., seit 1894 (vorher: Marxergasse und Schaumburgerstraße), Martin Trost (1831 bis 1893), Fleischhauer, Gemeinderat (1875 bis 1883), Vorsitzender des Favoritner Ortsschulrates

Trubelgasse, 3., seit 1893, Ludwig Trubel (1832 bis 1891), Holzhändler, Gemeinderat von Erdberg; sein Enkel Otto (1885 bis 1966) war Maler und schuf viele Ansichten von Erdberg

Trummelhofgasse, 19., seit 1935 (vorher ab 1933: Paul-Ehrlich-Gasse), nach dem Trummelhof (zuletzt Brauhaus in Grinzing, Cobenzlgasse 30)

Trunnerstraße, 2., seit 1890, Wunnibald Trunner (1829 bis 1885), Prior der Barmherzigen Brüder; in seiner Amtszeit wurde das jetzige Spital erbaut

Tschaikowskygasse, 21., seit 1937, Peter Iljitsch Tschaikowsky (1840 bis 1893), russischer Komponist („Eugen Onegin", „Pique Dame" etc.), Musikkritiker, Dirigent; Sinfonien, Opern, Ballette

Tschechowgasse, 21., seit 1932, Anton Pawlowitsch Tschechow (1860 bis 1904), Arzt, Schriftsteller (Schilderungen der russischen Gesellschaft und sozialer Missstände), z. B. „Die Insel Sachalin", „Die Möwe", „Onkel Wanja", „Der Kirschgarten"

Tscherttegasse, 12., seit 1940, Hans Tschertte (gest. 1552), Festungsbaumeister zur Zeit der ersten Türkenbelagerung Wiens 1529; wirkte entscheidend am Neubau der Stadtbefestigung ab 1531 sowie am Umbau der Hofburg (ab 1534) mit; Brückenmeister, Baumeister der niederösterreichischen Lande (seit 1528)

Tschörnerweg, 22., seit 1972, Prof. Ludwig Tschörner (1875–1960), Pionier der Bildtelegraphie

Tschudigasse, 22., seit 1955, Ägidius von Tschudi (1505 bis 1572), Topograph

Tuchlauben, 1., seit 1862 in der heutigen Ausformung; hier wurden 1153 deutsche Tuchmacher sesshaft (Lauben = Bogenhallen der Häuser = Verkaufsstellen der Tuchmacher)

Tuchlaubenhof, 1., seit 1912, s. *Tuchlauben*

Türkenbundweg, 21., seit 1953, nach der Lilienart

Türkenschanzplatz, 18., seit 1910, siehe *Türkenschanzstraße*

Türkenschanzstiege, 18., seit 1910, s. *Türkenschanzstraße*

Türkenschanzstraße, 18., seit 1875, nach der Türkenschanze; Herkunft unklar, möglicherweise war sie bereits eine türkische Befestigungsanlage bei der Belagerung Wiens 1529; während der Belagerung 1683 errichteten die Türken an dieser Stelle ein Befestigungswerk

Türkenstraße, 9., seit 1862, zur Erinnerung an die Belagerungen Wiens durch die Türken in den Jahren 1529 und 1683

Türkisgasse, 21., seit 1953, nach dem Edelstein

Tuersgasse, 13., seit 1894 (vorher: Wiengasse), Wilhelm Turs (Tuers) von Aspern (gest. 1439), Dompropst zu Wien, Stifter der Ober-St.-Veiter Kirche (1433)

Tulipanenweg, 22., seit 1966 (vorher nicht amtlich Tulpenweg), nach der älteren Bezeichnung für die Tulpe: Tulipan

Tullnertalgasse, 23., seit 1929, Flurname (Tal war vermutlich im Besitz des Nonnenklosters in Tulln)

Tulpengasse, 8., seit 1862 (vorher: Schlösselgasse), nach einem Hausschild „Zur Tulpe"

Tulzergasse, 21., seit 1979, Georg Tulzer (1870–1927), Oberlehrer und Gemeinderat von Stammersdorf

Turgenjewgasse, 13., seit 1932, Iwan Turgenjew (1818 bis 1883), russischer Dichter („Väter und Söhne")

Turmburggasse, 6., seit 1862, nach einem um 1765 erwähnten Gutshof mit Kapelle und hohem Turm, Turmburg genannt

Turnergasse, 15., seit 1894 (vorher: Neue Gasse und Hollergasse), erinnert an die Turnerbewegung um 1860

Tuschlgasse, 23., seit 1959, Karl Tuschl (1858 bis 1943), Schauspieler

Twarochgasse, 17., seit 1935, Johann Nepomuk Twaroch (1863–1930), Bezirksvorsteher-Stellvertreter von Hernals

Tyrnauer Gasse, 10., seit 1914, nach der Stadt Tyrnau (Trnava) bei Pressburg; dort bestand eine deutschsprachige Minderheit

Tyroltgasse, 12., seit 1930, DDr. Rudolf Tyrolt (1848 bis 1929), Schauspieler, Schriftsteller („Aus dem Tagebuch eines Wiener Schauspielers")

U

Uchatiusgasse, 3., seit 1881, Franz Freiherr von Uchatius (1811 bis 1881), Feldmarschall-Leutnant, modernisierte den Kanonenbau, Erfinder der Stahlbronze

Udelweg, 11., seit 1938, Karl Udel (1844 bis 1927), Wiener Gesangshumorist

Überfuhrstraße, 21., seit 1876, nach einer ehemaligen Überfuhr über die Donau (von Jedlesee nach Nussdorf)

Überreiterweg, 14., seit 1958, alte Berufsbezeichnung (Bewachungs- und Aufsichtsbeamte)

Uetzgasse, 10., seit 1920, Karoline Uetz (gest. 1901), hinterließ eine Stiftung für Waisenknaben in Höhe von 60.000 Gulden

Uferweg, 19., Benennungsdatum unbekannt, nach der Lage entlang des Arbesbaches

Uhlandgasse, 10., seit 1874, Ludwig Uhland (1787 bis 1862), Balladendichter („Des Sängers Fluch")

Uhligstraße, 10., seit 1956 (vorher: Goethestraße), Viktor Uhlig (1847 bis 1911), Geologe, Univ.-Prof. (Begründer der Geologischen Gesellschaft)

Uhlirzgasse, 21., seit 1954, Dr. Karl Uhlirz (1854–1914), Historiker, Univ.-Prof., Direktor des Archives der Stadt Wien, Publizist

Uhlplatz, 8., seit 1894 (vorher: Kirchenplatz), Eduard Ritter von Uhl (1813 bis 1892), liberaler Gemeinderat ab 1861, Bürgermeister von Wien (1882 bis 1889); Beamtenlaufbahn bis 1840, Hausbesitzer; verlor sein Privatvermögen durch Spekulation (1873), vorher setzte er es für wichtige Zwecke ein (Hochquellenwasserleitung); war in der Bevölkerung sehr beliebt

Uhugasse, 21., seit 1942 (vorher: Gründergasse), nach dem Vogel

Ulanenweg, 22., seit 1966, nach der in den napoleonischen Kriegen eingesetzten Reitertruppe

Ullmannstraße, 15., seit 1894 (urspr. Am Mühlbach, später bis 1890 Mühlbachgasse und Blindgasse), Josef Ullmann (1846 bis 1890), Zuckerwarenerzeuger, Bürgermeister von Sechshaus

Ullreichgasse, 22., seit 1992, Franz Ullreich (1881 bis 1958), Tabakarbeiter; gründete 1904 den „Verband christlicher Tabakarbeiter Österreichs", 1902 bis 1907 Mitbegründer der christlichen Gewerkschaften, Vertreter der Genossenschaftsidee; 1934 bis 1938 Obmann der „Unität" (Organisation christlicher

Die Universität Wien, errichtet auf dem Gelände des ehemaligen Exerzier- und Paradeplatzes.

Arbeiter im öffentlichen Dienst); Gemeinderat

Ulmenstraße, 14., seit 1953, nach der Baumgattung (Ulmus)

Ulrichgasse, 2., seit 1862 (vorher: Obere Fischergasse und Fischergasse), Leopold Ulrich (1769 bis 1847), Küchengärtner, letzter Ortsrichter der Jägerzeile

Ultzmanngasse, 22., seit 1954, Dr. Robert Ultzmann (1842 bis 1889), Chirurg, Urologe („Anleitung zur Untersuchung des Harnes", 1871)

Umlauftgasse, 17., seit 1924, Dr. Friedrich Umlauft (1844–1923), Geograph, Direktor der Wiener Urania (veröffentlichte Reiseberichte und schrieb Fachbücher)

Underreingasse, 14., seit 1929 (irrtümlich Unterraingasse, 1948 richtiggestellt), Ignaz Underrein (1805 bis 1848), Tischler, fiel in der Märzrevolution 1848, s. *Märzstraße*, s. *Achtundvierzigerplatz*

Undsetgasse, 10., seit 1955, Sigrid Undset (1882 bis 1949), norwegische Dichterin, 1928 Nobelpreis, 1940 Emigration (USA)

Ungarbrücke, 3., seit 1911 (Große und Kleine Ungarbrücke), s. *Ungargasse*

Ungargasse, 3., Benennungsdatum unbekannt, 1444 Hungargasse, ein Teil später Stuckgasse; in früheren Zeiten befanden sich hier Herbergen für ungarische Kaufleute, die mit ihren Waren nach Wien kamen

Universitätsstraße, 1. und 9., seit 1873, nach der Universität, 1873 bis 1884 von Heinrich Ferstel errichtet, s. *Ferstelgasse*

Universumstraße, 20., seit 1896, nach der gleichnamigen Vergnügungsstätte in der Brigittenau (ursprünglich eine Art Prater, später umgebaut und Ballsaal), 1870 wich es dem Nordwestbahnhof

Unterbergergasse, 20., seit 1899, Michelangelo Unterberger (1695–1758), Barockmaler, Direktor der Kunstakademie (Altarbilder im Stephansdom und in der Michaelerkirche)

Unter der Kirche, 11., seit 1872, tiefer gelegener Straßenzug entlang der Friedhofsmauer

Untere Aquäduktgasse, 23., Benennungsdatum unbekannt, nach dem Aquädukt der I. Wiener Hochquellenwasserleitung

Untere Augartenstraße, 2., seit 1862 (1777–1862 Neue Gasse), führt zum Augarten

Untere Bahnlände, 10., seit 1993, nach der Lage entlang der Donauländebahn

Untere Donaustraße, 2., seit ca. 1700 (offiziell 1857, ursprünglich Am hangenden Ort), Uferstraße am unteren Donaukanal

Untere Jungenberggasse, 21., Benennungsdatum unbekannt, Flurname

Untere Kaistraße, 10., seit 1993, nach der Lage am linken Liesingbachufer

Untere Mühlbachgasse, 23., Benennungsdatum unbekannt, nach dem ehemaligen Mühlbach in Rodaun

Unterer Reisenbergweg, 19., seit 1912, nach seiner Lage am Reisenberg, s. *Oberer Reisenbergweg*

Unterer Schreiberweg, 19., seit 1912, Weg neben dem Schreiberbach

Unterer Weisleitenweg, 19., seit 1961, Flurname

Untere Sätzen, 21., seit 1920 (vorher: Kellergasse), Flurname

Untere Viaduktgasse, 3., seit 1862, nach den Viadukten an der Verbindungsbahn

Untere Weißgerberstraße, 3., seit 1862 (vorher: Gärtnergasse), zur Wahrung des alten Vorstadtnamens; Weißgerber (Weißgerbergrund, älter: Weißgärber), gegr. im 16. Jahrhundert, wurde 1850 mit Landstraße und Erdberg zum 3. Bezirk zusammengefasst

Unterfeldgasse, 11., seit 1917, Flurname („Unteres Feld")

Unterfeldweg, 22., seit 1944, Flurname

Unter-Laaer Platz, 10., seit 1987, s. *Unter-Laaer Straße*

Unter-Laaer Straße, 10., Benennungsdatum unbekannt, nach der gleichnamigen Ortschaft, die 1954 in den 10. Bezirk eingemeindet wurde

Unter-Meidlinger Straße, 10. und 12., seit 1905, nach der ehemaligen Ortschaft Unter-Meidling

Upsalagasse, 10., Benennungsdatum unbekannt, nach der schwedischen Universitätsstadt

Uraniastraße, 1., seit 1913 (vorher ab 1906: Georg-Coch-Straße), nach der 1909/10 erbauten Urania (Volksbildungseinrichtung, Sternwarte, Kino)

Uranusweg, 14., seit 1923, nach dem Planeten

Urbangasse, 17., seit 1877, Urban Mayer, Minoritenpater, gründete 1827 eine Armenstiftung

Urban-Loritz-Platz, 7., seit 1892, Urban Loritz (1807–1881), Pfarrer von Schottenfeld (ab 1850); sozial engagiert; gründete eine Kleinkinderbewahranstalt für verwahrloste Kinder

Urschenböckgasse, 11., seit 1904, die Freiherren von Urschenböck waren von 1608 bis 1635 Besitzer der Herrschaft Simmering

Urselbrunnengasse, 10., seit 1964, Flurname (die Äcker gehörten dem Kloster St. Ursula)

Utendorfgasse, 14., seit 1894 (vorher: Mühlgasse), älteste Bezeichnung von Hütteldorf (um 1170 „Ötendorf", „Utendorf", „Outendorf")

Utopiaweg, 18., seit 1954 (vorher ab 1874: Am Schafberg); griech. „Nirgendland", Titel eines 1516 erschienenen Romans des englischen Humanisten Thomas Morus, s. *Thomas-Morus-Gasse*

Uzzi-Förster-Weg, 22., seit 2002, Ulrich Christoph Ludwig Förster (1930–1995), Jazzmusiker

V

Valentingasse, 23., seit 1866 (vorher: Krautgasse, Frauengasse), Valentin Edler von Mack (1794–1887), Besitzer der Herrschaften Kalksburg und Mauer; über seinen Vater s. *Mackgasse*

Valiergasse, 11., seit 1971, Ing. Max Valier (1895–1930), Astronom, Pionier der Raumfahrt

Van-der-Nüll-Gasse, 10., seit 1875 (ein Teil bis 1894 Wienerfeldgasse), Eduard van der Nüll (1812–1868), Architekt; erbaute mit seinem Freund Siccardsburg die Oper, beging kurz vor der Fertigstellung wegen anhaltender Kritik („versunkene Geldkiste") Selbstmord; Kaiser Franz Joseph, der sich mit Kritik ebenfalls nicht zurückgehalten hatte, war erschüttert und gab von da an in künstlerischen Fragen nur noch die stereotype Antwort „Es war sehr schön, es hat mich sehr gefreut"

Van-Swieten-Gasse, 9., seit 1862 (vorher: Kirchengasse), Gerard Freiherr van Swieten (1700–1772), Leibarzt von Maria Theresia; reorganisierte den Universitätsbetrieb, schuf neue Lehrkanzeln, Begründer der Wiener Medizinischen Schule; schrieb als Höhepunkt der Reformarbeit 1770 die „Gesundheitsordnung für alle k.k. Erblande" (so genanntes Sanitätshauptnormativ)

Varnhagengasse, 22., seit 1909 (vorher: Erzherzog-Karl-Gasse), Karl August Varnhagen von Ense (1785 bis 1858), Offizier, Schriftsteller

Varronegasse, 23., seit 1959, Johann Varrone (1832 bis 1910), Maler (Landschaften, Aquarelle)

Vegagasse, 19., seit 1893, Georg Freiherr von Vega (1754–1802), Oberstleutnant, Mathematiker

Veilchenweg, 11. und 14., nicht amtliche Bezeichnungen

Veithgasse, 3., seit 1877 (1938 bis 1947 Uhdegasse), Dr. Johann Emanuel Veith (1787 bis 1876), Priester, zweiter Domprediger zu St. Stephan (1831 bis 1845), Professor an der tierärztlichen Hochschule, Autor von Gedichten und Erzählungen

Veitingergasse, 13., seit 1894 (vorher: Windmühlgasse und Ober-St.-Veiter Gasse), Flurname („Veitinger Feld")

Veitlissengasse, 13., seit 1894 (vorher: Gartengasse), Flurname

Veitschiweg, 22., seit 2004, eine in Ostasien beheimatete Kletterpflanze aus der Familie der Weinrebengewächse, volkstümliche Bezeichnung für die Dreispitz-Jungfernrebe (Parthenocissus tricuspidata); der Name Veitschi bezieht sich auf eine Sorte, die einem schottischen Gärtner gewidmet ist (cv. Veitchii)

Veltzegasse, 19., seit 1935, Alois Veltze (1864 bis 1927), Oberstleutnant (1913), Militärhistoriker („Das Kriegsjahr 1809 in Einzeldarstellungen", 11 Bde., 1905 bis 1910)

Venediger Au, 2., seit 1905, alter Flurname, Benennung unter Hinweis auf die alten Handelsbeziehungen und die Ähnlichkeit mit Venedig; 1377 erstmals urk. genannt

Venusweg, 14., seit 1923, nach dem Planeten

Vera-Ferra-Mikura-Weg, 17., seit 2004, Prof. Vera (eigentlich Gertrud) Ferra-Mikura (1923–1997), Schriftstellerin, Lyrikerin, Kinderbuchautorin („Unsere drei Stanisläuse", 1963)

Verbandsweg, 22., seit 1966 (nach dem Siedlerverband)

Verbindungsweg, 21., Benennungsdatum unbekannt, Verbindung in der Siedlung

Verbindungsweg I und **Verbindungsweg II**, 14., Wege am Bierhäuselberg

Vereinsgasse, 2., seit 1862, nach dem 1856 gegründeten Vereinshaus des katholischen Leopoldstädter Gesellenvereins

Vereinsstiege, 9., wurde 1845 von einem Wohltätigkeitsverein erbaut (dieser stiftete eine Kinderbewahranstalt im Lichtental) und 1907 erneuert, s. *Viriotgasse*

Verena-Buben-Weg, 9., seit 1997, Verena Buben (1900–1982), Schwester der Caritas Socialis, Helferin vieler Verfolgter des NS-Regimes (seit 1942 in der Erzbischöflichen Hilfsstelle für nichtarische Katholiken in Wien tätig, kümmerte sich mit Mitstreitern um getaufte Juden – Versorgung, Emigration); ab 1949 in der Fürsorgestelle Pramergasse tätig, 1977 Ehrenzeichen für die Verdienste um die Befreiung Österreichs

Vergaragasse, 22., seit 1911, Marquis von Vergara (1686–1765); errichtete Stiftungen zugunsten von Waisen

Vernholzgasse, 22., seit 1909 (vorher: Bahnstraße), Christian Freiherr von Vernholz-Vernwald (1775 bis 1817), Offizier, Verdienste in den napoleonischen Kriegen

Veronikagasse, 16. und 17., Benennungsdatum unklar; nach einer Bildsäule der hl. Veronika, die von 1722 bis 1842 auf freiem Felde auf dem Weg von Altlerchenfeld nach Hernals stand

Versbachgasse, 13., seit 1913, Mansuet Freiherr von Versbach-Hadamar (1845 bis 1912), General der Kavallerie, Korpskommandant

Versorgungsheimplatz, 13., seit 1910, s. *Versorgungsheimstraße*

Versorgungsheimstraße, 13., seit 1908, nach dem städtischen Versorgungsheim Lainz, erbaut in den Jahren 1902 bis 1904

Vertexgasse, 23., seit 1955 (vorher: Schubertgasse), nach dem Elektrowerk (später: „Osram")

Veterinärplatz, 21., seit 1997, nach der Veterinärmedizinischen Universität

Vettersgasse, 10., seit 1955, Hermann Vetters (1880–1941), Erdölgeologe

Vicki-Baum-Platz, 4., seit 1999, Vicki Baum (1888 bis 1960), Schriftstellerin, Musikerin; seit 1926 Redakteurin in Berlin, seit 1931 in den USA; populäre Unterhaltungsromane („Menschen im Hotel", „Hotel Shanghai")

Victor-Gruen-Gasse, 10., seit 1981 (vorher teilweise Sindelargasse), Victor Gruen (eigentl. Grünbaum, 1903 bis 1980), Architekt, Kabarettist; 1938 Emigration, gründete 1939 ein Architekturbüro in New York und eine Wiener Theatergruppe; gilt als Erfinder der „Shopping Malls" (z. B. Einkaufszentrum „Southdale Center", 1954)

Viehmarktgasse, 3., seit 1862, nach dem Viehmarkt von St. Marx mit den Schlachthöfen

Viehtriftgasse, 21., seit 1993, Flurname

Vierthalergasse, 12., seit 1894 (vorher: Schillergasse), Franz Michael Vierthaler (1758–1827), Lehrer und Leiter des Kienmayerschen Waisenhauses in Wien (ab 1806)

Viktor-Adler-Platz, 10., seit 1919 (vorher: Eugenplatz, 1938 bis 1945 Horst-Wessel-Platz), Dr. Victor Adler (sic!, 1852–1918); lernte als Armendoktor die Not der Armen in den Wienerberger Ziegelwerken kennen; gründete die Wochenschrift „Gleichheit" und nach deren Verbot die „Arbeiter-Zeitung", er opferte sein Vermögen für die Herausgabe der Zeitung und die politische Arbeit; er hatte entscheidenden Anteil am Hainfelder Gründungsparteitag der Sozialdemokratie 1888/89, avancierte dann zum unumstrittenen Führer der österreichischen Arbeiterbewegung; 1905 Reichsratsabgeordneter, starb einen Tag vor Ausrufung der Ersten Republik, nämlich am 10. November 1918

Viktor-Christ-Gasse, 5., seit 1949 (vorher: Bachergasse), Viktor Christ (1904 bis 1941), Facharbeiter der E-Werke, Widerstandskämpfer, gemeinsam mit tschechischen Widerstandskämpfern im KZ Mauthausen ermordet

Viktorgasse, 4., seit 1862 (vorher: Antonsgasse), Erzherzog Anton Viktor (1779–1835), Sohn Erzherzog Karls, General

Viktor-Hagl-Gasse, 14., Benennungsdatum unbekannt, Viktor Hagl (1864 bis 1939), Bürgermeister von Hadersdorf

Viktoriagasse, 15., seit ca. 1864/1869, um 1858 Mittelrustengasse, auch Feldgasse; nach der ehemaligen Vergnügungsstätte „Viktoriasäle" (Tanz- und Versammlungslokal)

Viktor-Kaplan-Straße, 22., seit 1940, Viktor Kaplan (1876–1934), Techniker, erfand 1912 die nach ihm benannte Wasserturbine

Viktor-Kutschera-Platz, 14., seit 1960, Viktor Kutschera (1863–1933), gefeierter Schauspieler am Volkstheater

Viktor-Leon-Gasse, 13., seit 1955 (vorher Zolagasse), Viktor Leon (1858 bis 1940), Operettenlibrettist (arbeitete u. a. für Strauß, Lehár und Heuberger)

Viktor-Matejka-Stiege, 6., seit 1998, Dr. Viktor Matejka (1901 bis 1993), schillernde politische Persönlichkeit; wuchs in ärmlichen Verhältnissen in Stockerau auf, Studium (Dr. phil. 1925), Journalist, linkskatholischer Volksbildner, 1938 bis 1944 KZ Dachau, 1945 bis 1949 Stadtrat für Kultur und Volksbildung (KPÖ), Gemeinderat (1945 bis 1954), Mitherausgeber des „Wiener Tagebuches"; baute das Wiener Kulturleben nach 1945 wieder auf, scheiterte aber am Versuch, von den Nationalsozialisten Vertriebene zurückzuholen; 1966 Bruch mit der KPÖ; zahlreiche Veröffentlichungen („Widerstand ist alles. Anregungen eines Unorthodoxen" – 1983; „Anregung ist alles. Das Buch Nr. 2" – 1991)

Viktor-Wittner-Gasse, 22., seit 1958, Viktor Wittner (1896 bis 1949), Lyriker, Essayist (Emigration 1933 nach Wien, 1938 in die USA, Rückkehr 1946)

Vilicusweg, 16., seit 1970, Johann Vilicus, um 1380 Pfarrer von Ottakring

Vinzenzgasse, 18., seit ca. 1864 (ursprünglich ein Teil Bockgasse, später ein Teil der Lazaristengasse einbezogen), s. *Lazaristengasse*

Vinzenz-Hauschka-Gasse, 22., seit 1932, Vinzenz Hauschka (1766–1840), Komponist

Vinzenz-Heß-Gasse, 13., seit 1906 (vorher: Am Schlossberg, Schlossgasse),

Vinzenz Heß (1807 bis 1894), Bürgermeister von Hütteldorf (1849–1878)

Violaweg, 22., seit 1986, nach der botanischen Bezeichnung für die Pflanzengattung Veilchen

Virilligasse, 23., seit 1955 (vorher: Flurgasse), Georg Virilli (1872 bis 1951), Bürgermeister von Inzersdorf

Viriotgasse, 9., seit 1872, Johann Lothar Freiherr von Viriot (1752 bis 1837), spanischer Generalkonsul, finanzierte den Bau der Lichtentaler Kleinkinder-Bewahranstalt

Vitusgasse, 13., seit 1894 (vorher: Bognergasse), nach der Kirche „Zum hl. Vitus" (Ober-St.-Veiter Kirche)

Vivaldigasse, 10., seit 1972, Antonio Vivaldi (1678 bis 1741), italienischer Komponist („Die vier Jahreszeiten", 1725), Violinist, starb in Wien

Vivariumstraße, 2., seit 1957, nach einem 1873 errichteten Aquarium; ab 1878 wurden auch Affen und Krokodile gezeigt, 1888 Umbenennung der Anlage in Vivarium, 1893 Erwerb durch die Wiener Tiergartengesellschaft; nach deren Konkurs 1902 wurde eine biologische Versuchsanstalt eingerichtet, die 1914 von der Akademie der Wissenschaften übernommen wurde; 1945 zerstört

Vivenotgasse, 12., seit 1894 (vorher: Miesbachgasse), Dr. Rudolf von Vivenot (1807 bis 1884), Arzt, Gründer des Sophienspitals; auch als Komponist und Schriftsteller tätig

Vizanigasse, 23., seit 1955 (vorher: Quergasse), Franz Vizani (1889 bis 1942), Bürgermeister von Erlaa

Vöschergasse, 23., seit 1958, Leopold Heinrich Vöscher (1830 bis 1877), Maler

Vösendorfer Straße, 23., seit ca. 1919, führt nach Vösendorf

Vogelbeerengasse, 22., seit 1965, nach der Laubbaumart (Eberesche, Sorbus aucuparia)

Vogelsanggasse, 5., seit 1901 (vorher: Heinegasse), Karl Freiherr von Vogelsang (1819–1890), Schriftsteller; kam 1864 aus Schlesien nach Wien, verband sozialistische und christliche Ideen und wurde zu einem Wegbereiter der Arbeiterbewegung („Monatsschrift für christliche Sozialreform", ab 1879)

Der fahrende Sänger und Dichter Walther von der Vogelweide, Weingartner Liederhandschrift, um 1330.

Vogeltenngasse, 16., seit 1897, Tenne = Sammelplatz (Sammelplatz für Vögel)

Vogelweidplatz, 15., seit 1912 (vorher: Parkstraße), Walther von der Vogelweide (etwa von 1170 bis 1230), Minnesänger

Vogentalgasse, 10., seit 1955, Riedname

Voglgasse, 21., seit 1993, Adolf Vogl (1910 bis 1993), Fußballer (Admira), s. auch *Anton-Schall-Gasse, Gschweidlgasse, Karl-Schott-Gasse, Rudi-Hiden-Gasse, Sindelargasse*

Vogtgasse, 14., seit 1955 (vorher ab 1905 Karl-Bauer-Gasse), Dr. Theodor Vogt (1835–1906), Univ.-Prof., gründete das Pädagogische Institut der Universität Wien

Vohburggasse, 21., seit 1970, nach dem Markgrafen Berthold von Vohburg (1160 erwähnt)

Voigtländergasse, 22., seit 1942, Friedrich Voigtländer (1779–1859), Optiker, Erfinder (Opernglas)

Voitgasse, 22., seit 1972, Prof. Dipl.-Ing. Wilhelm Voit (1865–1941), Tiefbautechniker

Volkergasse, 15., seit 1912, Volker, der Burgunderrecke, eine Gestalt aus der Nibelungensage

Volkertplatz, 2., seit 1872, s. *Volkertstraße*

Volkertstraße, 2., seit 1872, die Gegend gehörte im 18. Jahrhundert den Grafen Volckhra, verballhornt Volker (ursprünglich hieß die Gegend daher „Am Volkert")

Volkgasse, 13., seit 1910, Georg Volk (1819–1901), Gemeinderat und Ehrenbürger von Hietzing

Volkmargasse, 10., seit 1956 (vorher: Haydngasse), Otto von Volkmer (sic! 1839 bis 1901), Chemiker, Physiker; Direktor der Staatsdruckerei (1892 bis 1901)

Volkragasse, 22., seit 1909 (vorher: Babenbergergasse), Wolfgang Christoph von Volkhra (gest. 1638), Besitzer der Herrschaft Hirschstetten (1629 bis 1638)

Volksgartenstraße, 1. seit 1869; der Volksgarten wurde auf den Gründen der von den Franzosen gesprengten Festungsmauern (1809) angelegt, 1823 eröffnet

Vollbadgasse, 17., seit 1894 (vorher: Badgasse), nach einem 1861 errichteten Voll- und Wannenbad, das 1920 geschlossen wurde

Vollnhoferplatz, 10., seit 2006, Josef Vollnhofer (1927 bis 2003), Priester (1951), Militärpfarrer (ab 1958), Dechant (1982–1992), Pfarrer (Pfarre St. Anton von Padua, 1973–2001)

Voltagasse, 21., seit 1901, Alessandro Giuseppe A. Graf Volta (1745 bis 1827), Physiker, grundlegende Arbeiten zur Elektrophysik, erfand um 1800 die Voltasäule (Gleichstromquelle zur Erzeugung stationärer Ströme)

Voltelinistraße, 21., seit 1940, Hans von Voltelini (1862 bis 1938), Jurist, 1902 Prof. an der Universität Innsbruck für österreichische Geschichte, 1908 Prof. für Rechtsgeschichte an der Universität Wien; Abhandlungen über Wien, die Stadtverfassung, das Stadtbild und die Sozialgeschichte Wiens

Vondrakplatz, 10., seit 1996, Dr. Franz Vondrak (1902–1959), Rechtsanwalt, Gründer und Obmann des Kirchenbauvereins für die Filialkirche in Rothneusiedl

Vorarlberger Allee, 23., seit 1990, nach dem Bundesland (wegen diverser Pflanzungen von Bäumen aus Vorarlberg)

Vordere Zollamtsstraße, 3., seit 1862, nach dem Zolloberamtsgebäude (errichtet 1840 bis 1844)

Vorgartenstraße, 2. und 20., seit 1903, so benannt, da sich vor jedem Haus ein „Vorgarten" befand, was 1893 in der Bauordnung festgelegt wurde

Vorlaufstraße, 1., seit 1886 (vorher: Sterngasse), Konrad Vorlauf (ca. 1335 bis 1408), 1399 Mitglied des Inneren Rates, 1404 Bürgermeister, 1405 wieder im Inneren Rat, 1406 neuerlich Bürgermeister; in seine Amtszeit fiel die Auseinandersetzung zwischen Herzog Leopold und Herzog Ernst; Vorlauf geriet durch undiplomatisches Verhalten zwischen die Stühle und wurde mit Hans Rockh und Konrad Ramperstorffer hingerichtet; posthum rehabilitiert, s. *Rockhgasse*, s. *Ramperstorffergasse*

Vormosergasse, 19., seit 1894 (vorher: Kirchengasse), Jörg Vormoser, um 1500 Pfarrer von Döbling

W

Waaggasse, 4., Benennungsdatum unbekannt, 1734 hieß die Gegend „Am Wagrein", nach einem Hausschild „Zur goldenen Waage"

Wachaustraße, 2., seit 1897, nach der Wachau, dem Donautal zwischen Melk und Krems

Wacholderweg, 21., seit 1960, nach der Nadelholzart (Wacholderbeeren, Juniperus communis)

Wachtelweg, 14., seit 1953, nach dem Feldhuhn

Wachthausgasse, 11., seit 1884; die Gasse führte zum ehemaligen Artilleriewachthaus auf der Simmeringer Haide

Wacquantgasse, 22., seit 1910 (vorher ab 1906 Johannesgasse), Johann Theodor Wacquant (1754 bis 1844), Feldzeugmeister in den napoleonischen Kriegen (1809)

Wächtergasse, 1., seit 1862, hier befand sich 1650 bis 1773 eine städtische Polizeiwachstube

Währinger Gürtel, 9. und 18., seit 1894 (im 18. Bezirk vorher: Gürtelstraße), zur Wahrung des ehemaligen Vorortnamens; Währing zählte vor der Eingemeindung 61.154 Einwohner; Währing wurde mit Weinhaus, Gersthof, Pötzleinsdorf, Neustift am Walde und Salmannsdorf zum 18. Bez.; Salmannsdorf und der größte Teil von Neustift kamen 1938 zum 19. Bezirk; Währing wurde urkundlich bereits im 12. Jhd. erwähnt („Hof zu Waring")

Währinger Straße, 9. und 18., seit 1862 (im 9. Bez. von 1314–1630 Neuburger Straße, ab 1630 In der Währingergassen, später wieder Neuburgerstraße, ab 1862 Währinger Straße; im 18. Bez. früher Zwanziger- und Zweiunddreißigerzeile, später bis 1894 Hauptstraße, in Weinhaus Währing-Weinhauser Straße), siehe *Währinger Gürtel*

Wällischgasse, 3., seit 1905; die aus Verona vertriebene italienische Adelsfamilie della Scala siedelte sich in Erdberg an und legte Weingärten an; Oria della Scala verschenkte 1445 die Gründe an die Beschuhten Augustiner-Eremiten; sie wurden „wällische" Gärten genannt (wällisch = italienisch)

Wagenmanngasse, 23., seit 1967, Dr. Karl Wagenmann, geb. 1787, gründete 1832 eine chemische Fabrik, die er 1841 an seinen Schwiegersohn Emil Seybel verkaufte („Wagenmann, Seybel & Co."); das Unternehmen kam 1911 zur HIAG und spielte ein große Rolle für die Rüstungsindustrie in der Monarchie; s. auch *Seybelgasse*

Wagenseilgasse, 12., seit 1912, Georg Wagenseil (1715–1777), Komponist, Musiklehrer (u. a. von Maria Theresia)

Wagner-Jauregg-Weg, 14., seit 1981, Univ.-Prof. Dr. Julius Ritter von Wagner-Jauregg (1857–1940), Neurologe, Psychiater, 1927 Nobelpreis, neue Methoden in der Behandlung von Psychosen, der Syphilis und von Schilddrüsenerkrankungen

Wagner-Schönkirch-Gasse, 23., seit 1973, Hans Wagner-Schönkirch (1872 bis 1940), Komponist, Dirigent, Schriftsteller, Lehrer, Leiter von Chorvereinigungen

Wagramer Straße, 21. und 22., seit 1910 (um 1830 Hollitscher Straße, später Kagraner Straße, Leopoldauer Straße, bis 1909 Kagraner Reichsstraße und Süßenbrunner Straße), führt nach dem Ort in Niederösterreich

Wahlberggasse, 14., seit 1934, Wilhelm Emil Wahlberg (1824–1901), Prof. für Strafrecht an der Wiener Universität (1854–1889), an der Reform des Strafrechts führend beteiligt, einschlägige Fachpublikationen

Waidäckergasse, 16., seit 1905, ein schon 1368 erwähnter Flurname

Waidhausenstraße, 14., seit 1908 (vorher: Friedhofstraße), bereits 1421 wird eine Weingartenried namens Waydhausen erwähnt

Walcherstraße, 2., seit 1897, Josef Walcher (1718 bis 1803), Mathematiker, Physiker

Waldaugasse, 19., seit 1960, Gustav Waldau (1871 bis 1958), Schauspieler (Theater in der Josefstadt, Salzburger Festspiele)

Waldbachbrücke, 19., seit 1932, nach dem Waldbach

Waldbachsteig, 19., seit 1895, verläuft neben dem Waldbach

Waldeckgasse, 18., seit 1910, Georg Friedrich Fürst von Waldeck (1620 bis 1692); befehligte 1683 die schwäbischen und fränkischen Truppen im Entsatzheer, das Wien vor den Türken rettete

Waldegghofgasse, 17., seit 1894 (vorher: Parkgasse), nach der früheren Bezeichnung für das Schloss Neuwaldegg

Waldemarweg, 13., seit 1954, Richard Waldemar (1869–1946), Schauspieler (Komik), sein Wirken ist mit der Entwicklung der Wiener Operette verbunden (z. B. „Der Graf von Luxemburg", „Der Bettelstudent", „Wiener Blut"); spielte auch in Stumm- und in Tonfilmen; Bürger der Stadt Wien (1929)

Waldgasse, 10., Benennungsdatum unbekannt, zur Erinnerung daran, dass der Laaer Wald einst bis in diese Gegend reichte

Waldheimstraße, 22., seit 1956, eingebürgerte Bezeichnung nach einem ehemaligen Waldgarten mit Wohngebäude

Waldhüttenweg, 17., seit 1994, nach dem Kleingartenverein „Waldhütte"

Waldmeistergasse, 14., seit 1953, s. Erläuterungen

Waldmüllergasse, 20., seit 1888, Ferdinand Georg Waldmüller (1793 bis 1865), Maler, Hauptvertreter des Wiener Biedermeier (Porträts von Wiener Bürgern und ihren Familien, Motive aus dem Prater)

Waldrandweg, 17., Benennungsdatum unbekannt, nach der Örtlichkeit

Waldrebengasse, 22., seit 1966 (vorher: Hans-Domes-Straße), nach der Lianenart (Clematis vitalba)

Waldrosengasse, 14., seit 1966 (vorher: Hans-Domes-Gasse), nach der Rosenart (erst 1966 wurde erkannt, dass Hans Domes nicht Opfer des Februaraufstandes war, sondern NS-Putschist 1934!)

Waldschafferweg, 14., seit 1956, Flurname

Waldsteingartenstraße, 2., seit 1908 (vorher: Esterházystraße); hier befand sich ein Lustgarten im Besitz von Ferdinand Ernst Graf Waldstein-Wartenberg (1821 bis 1904)

Waldviertlerweg, 22., seit 1966, nach dem gleichnamigen „Viertel" in Niederösterreich

Waldvogelstraße, 13., seit 1919, Anton Waldvogel (1846 bis 1917), Oberingenieur, Techniker, Publizist, Verkehrsplaner (Entwürfe für die Stadtbahn)

Waldweg, 14., Benennungsdatum unbekannt, führt zum nahe gelegenen Kolbeterberg

Waldzeile, 17., Benennungsdatum unbekannt, grenzt an den Wald

Walfischgasse, 1., seit 1919 (vorher ab 1786: Wallfischgasse), nach dem 1700 erwähnten Gasthaus „Bey den Wallfisch" (sic!) bzw. dem Hausschild „Zum Jonas mit dem Walfisch"

Walkergasse, 21., seit 1956 (vorher: Schießstattgasse), Dr. Gustav Walker (1868 bis 1944), Jurist, Univ.-Prof., beschäftigte sich mit internationalem Recht

Walkürengasse, 15., seit 1912, Schlachtjungfrauen der nordischen Sagenwelt; holen die gefallenen Helden vom Schlachtfeld und geleiten sie zur Tafel der Götter

Wallackgasse, 23., seit 1977, Ing. Franz Wallack (1887 bis 1957), Erbauer der Großglockner-Hochalpenstraße

Wallagasse, 11., seit 1996, Michael Walla (1892 bis 1959), Präsident der Wiener Landwirtschaftskammer, Präsident des Wiener Bauernbundes, Nationalratsabgeordneter (1945 bis 1959, ÖVP)

Wallenberggasse, 22., seit 2000, Raoul Wallenberg (1912 bis 1947), schwedischer Diplomat, rettete 1944 durch die Vergabe von Schutzpässen, die als provisorische schwedische Reisepässe galten, Tausenden von nach Ungarn geflüchteten Juden (darunter auch vielen Wienern) das Leben; 1945 von den Sowjets verschleppt, Todesjahr und -umstände ungeklärt

Wallensteinplatz, 20., seit 1885, s. *Wallensteinstraße*

Wallensteinstraße, 20., seit 1869 (ursprünglich Untere Quergasse und Dammstraße, später Gärtnergasse); Wenzel Eusebius von Wallenstein, genannt der Friedländer (1583 bis 1634), Feldherr im 30jährigen Krieg (1618 bis 1648); ab 1604 im Dienste der Habsburger, Übertritt zum Katholizismus, 1621 Mitglied des Wiener Hofkriegsrates, 1622 Gubernator des Königreichs Böhmen, wurde durch Heirat und Spekulation größter Grundherr in Böhmen; 1625–1629 verdrängte er das dänische Heer aus dem deutschen Reich, 1630 abgesetzt, 1632 wieder eingesetzt; er bot Gustav Adolf von Schweden in der Schlacht von Lützen Paroli, 1634 in Eger ermordet

Wallgasse, 6., seit 1862 (vorher: Große Schlossgasse und Wallstraße), nach dem Linienwall

Wallishaussergasse, 17., seit 1888, Johann Baptist Wallishausser der Ältere (1758 bis 1810), der Jüngere (1790 bis 1838), beide Buchdrucker (Theaterstücke, Theateralmanache)

Wallmodengasse, 19., seit 1906, Ludwig Georg Thedel Graf von Wallmoden-Gimborn (1769 bis 1862), General in der Schlacht bei Wagram gegen Napoleon

Wallnerstraße, 1., seit 1848, einst Sitz und Arbeitsstätte der Tuchwalker, bereits im 14. Jahrhundert als „Walichstraße" erwähnt

Wallrißstraße, 18., seit 1903, Flurname (1333 urk. erwähnt); hier floss einst ein kleiner Bach zum Währinger Bach; der Ausdruck kommt vermutlich von „Gries" = sandige Stelle

Waltenbergergasse, 21., seit 1956, Johann Waltenberger (1876 bis 1952), Eisenbahner, Gewerkschafter; 1919 bis 1934, 1945 bis 1948 Bezirksrat (SPÖ)

Waltenhofengasse, 10., seit 1942, Adalbert von Waltenhofen (1828 bis 1914), Prof. der Elektrotechnik an der Technischen Hochschule, begründete dieses Fach

Walter-Beck-Platz, 9., seit 2000, Walter Beck (1897 bis 1955), Kaufmann, Mitbesitzer des 1938 arisierten Brünnlbades, Emigration 1938, s. auch *Brünnlbadgasse*, *Gilgegasse*

Waltergasse, 4., Benennungsdatum unbekannt, Michael Walter (1792 bis 1861), Gastwirt, Ortsrichter von Wieden (1849 bis 1861)

Walter-Caldonazzi-Platz, 13., seit 2006, Dipl.-Ing. Walter Caldonazzi (1916 bis 1945), Forstingenieur; Widerstandskämpfer (katholisch-konservativ) rund um Kaplan DDr. Heinrich-Maier (siehe *Dr.-Heinrich-Maier-Straße*), am 28. 10. 1944 zum Tode verurteilt und am 9. 1. 1945 hingerichtet

Walter-Jurmann-Gasse, 23., seit 2003, vormals ein Teil Industriegasse (siehe dort), Walter Jurmann (1903 bis 1971), Film- und Schlagerkomponist („Veronika, der Lenz ist da")

Walter-Lindenbaum-Gasse, 10., seit 1968, Walter Lindenbaum (1907 bis 1945), Lyriker, Mitglied der Vereinigung sozialistischer Schriftsteller, Journalist; 1943 mit Frau und Tochter nach Theresienstadt deportiert, 1944 nach Auschwitz überstellt, dort wurden Frau und Kind vergast; Lindenbaum kam weiter ins KZ Buchenwald, wo er im Februar 1945 umgekommen ist

Walter-Schwarzacher-Gasse, 21., seit 1968, Dr. Walter Schwarzacher (1892 bis 1958), Gerichtsmediziner, Univ.-Prof.; Vizepräsident des Obersten Sanitätsrates

Walther-von-der-Vogelweide-Gasse, 23., seit 1930, s. *Vogelweidplatz*

Wambachergasse, 13., seit 1893, Franz Wambacher (1793 bis 1871), Kaffeehausbesitzer; sein Sohn Karl (1824 bis 1908) war Bürgermeister von Lainz

Wankläckergasse, 21., seit 1953, Flurname; verlängert 1998

Wannemachergasse, 21., seit 1910, Martin Wannemacher (1787 bis 1845), Pfarrer von Jedlersdorf (Verdienste um die Rückführung eines Marienbildes, dem Wunderkräfte nachgesagt wurden)

Wanriglgasse, 16., seit 1897, „Wanriegl" = volkstümliche Bezeichnung für einen unwegsamen, steil ansteigenden Berghang

Wanthalerweg, 17., seit 1954, Gustav Wanthaler (1808–1863), Wienerlieder-Komponist

Warchalowskigasse, 22., seit 1962, Adolf Warchalowski (1886 bis 1928), Flugpionier; s. *Flugfeldstraße*

Warhanekgasse, 21., seit 1956 (vorher Invalidengasse), Dr. Karl Warhanek (1860 bis 1945), Jurist, Experte für Jugendrechtsfragen, Mitglied des Obersten Gerichtshofes; prominenter Gegner der Todesstrafe

Warneckestraße, 11., seit 1982, Dr. Herbert Warnecke (1914–1979), Großindustrieller (gründete 1955 ein Verpackungsmaterialunternehmen)

Wartenslebengasse, 22., seit 1913, Ferdinand Graf Wartensleben (1777 bis 1821), Feldmarschall-Leutnant, Verdienste in den napoleonischen Kriegen

Wasagasse, 9., seit 1862 (vorher ab 1827 Quergasse), Gustav Wasa (1799–1877), Feldmarschall-Leutnant, Schwede; ließ hier sein Palais erbauen

Waschhausgasse, 2., seit 1862, nach dem Kaiserlichen Hofwaschhaus, um 1650 unter Kaiser Leopold I. angelegt, 1919 Bundeswaschanstalt, 1924 Lehrlingsheim, 1945 zerstört

Wasnergasse, 20., seit 1885 (vorher: Augartendamm), Josef Wasner (1815 bis 1881), Gemeinderat in der Leopoldstadt (1874 bis 1881), Hausbesitzer, Schiffsmeister

Wasserburgergasse, 9., seit 1910, Theresa Wasserburger (1794–1871), Wohltäterin (gründete eine Stiftung für die Hinterbliebenen von Steinmetzen)

Wassergasse, 3., seit 1862 (vorher: D'Orsay-Gasse), führt zum Donaukanal („zum Wasser")

Wassermanngasse, 21., seit 1970, Jakob Wassermann (1873–1934), Schriftsteller (Romane, Novellen, Bühnenwerke)

Wasserschloßweg (nR **Wasserschlossweg**), 19., seit 1997, nach dem Wasserbehälter Hackenberg

Wasserweg, 14., Benennungsdatum unbekannt, hier befand sich eine Quelle

Wasserwiesenweg, 2., seit 2002, führt zum Vereinshaus Wasserwiese

Wastlgasse, 23., seit 1954, nach einer seit 1789 ansässigen Weinhauerfamilie

Wattgasse, 16. und 17., seit 1884 (vorher: im 16. Bezirk Sterngasse, im 17. Bezirk Bahngasse), James Watt (1736 bis 1819), Erfinder der Dampfmaschine

Wattmanngasse, 13., seit 1894 (vorher: Neugasse, Schmidtgasse), Joseph Wattmann Freiherr von Maelcomp-Beaulieu (1789 bis 1866), Leibarzt Kaiser Ferdinands I., Univ.-Prof. (1816), Chirurg („Handbuch der Chirurgie", 2 Bände, 1830)

Wawragasse, 14., seit 1930, Vinzenz Wawra (1834–1848), Weberlehrling, fiel in der Märzrevolution 1848, s. *Achtundvierzigerplatz*, s. *Märzstraße*

Webergasse, 20., seit 1874, Johann Baptist Weber (1776–1848), Pfarrer in der Leopoldstadt, Gründer der Ersten österreichischen Spar-Casse (1819), soziales Engagement

Webgasse, 6., seit 1862 (vorher: Große Schmiedgasse), nach den ehemaligen Webwarenfabriken, die sich in dieser Gegend befanden

Wedekindgasse, 21., seit 1933, Frank Wedekind (1864–1918), 1886/87 Werbetexter bei der Firma Maggi, dann Journalist, freier Schriftsteller; schrieb Dramen, die sich gegen traditionelle Moralvorstellungen und ein erstarrtes Bürgertum richteten („Lulu", „Frühlings Erwachen", „Franziska")

Wedlgasse, 3., seit 1910, Dr. Karl Wedl (1815 bis 1891), Histologe („Grundzüge der pathologischen Histologie", 1854), o. Univ.-Prof. (1854 bis 1883), Rektor (1883)

Wegelergasse, 18., seit 1906, Prof. Franz Gerhard Wegeler (1765–1848), Arzt und Freund Beethovens, verfasste auch Erinnerungen über ihn

Wegerichgasse, 14., seit 1953, nach der Pflanzengattung (Plantago)

Wegmayrgasse, 22., seit 1927, Sebastian Wegmayr (1776–1857), Maler (Prof. für Blumenmalerei ab 1812)

Wehlistraße, 2. und 20., seit 1892, verlängert 1986 (1938 bis 1945 Admiral-Scheer-Straße), August Freiherr von Wehli (1810 bis 1892), Vizepräsident der Donauregulierungskommission, Sektionschef

Wehrbrücklstraße, 22., Benennungsdatum unbekannt, nach einer ehemaligen Wehrbrücke, die über einen Donauarm führte

Wehrgasse, 5., seit 1862, nach einer ehemaligen Gumpendorfer Stauanlage („Wehr") am Wienfluss

Weibelstraße, 22., seit 1955 (vorher: Schoberstraße), Dr. Wilhelm Weibel (1876–1945), Gynäkologe (Univ.-Prof., 1928)

Weichselbaumgasse, 10., seit 1929, Dr. Anton Weichselbaum (1845 bis 1920), Prof. für pathologische Anatomie an der Universität Wien (1893 bis 1916), Pionier auf dem Gebiet der Lungenpathologie

Weichseltalweg, 11., seit 1905, Flurname

Weichselweg, 22., seit 1966, nach der Obstart (Sauerkirsche)

Weidelstraße, 10., seit 1956 (vorher: Schillerstraße, Anton-Schwarz-Gasse), Dr. Hugo Weidel (1849 bis 1899), Chemiker, Univ.-Prof. (1886)

Weidenröschenweg, 22., seit 2002, die Gattung Weidenröschen (Epilobium) ist in Österreich durch 17 Arten vertreten, einige sind als Volksarzneipflanzen bekannt

Weidenweg, 22., seit 1978, nach dem Baum

Weidlichgasse, 13., seit 1894 (vorher: Feldgasse), Anton Weidlich (1813 bis 1876), Bürgermeister von Hietzing (1864 bis 1876)

Weidlinger Damm, 22., Benennungsdatum unbekannt, gegen den Groß-Enzersdorfer Arm der unregulierten Donau

Weidmanngasse, 17., seit 1894 (vorher: Wilhelmsgasse), Franz Carl Weidmann (1787 bis 1867), Theaterdichter, Topograph; Burgschauspieler

Weiglgasse, 15., seit 1912 (vorher: Gärtnergasse), Joseph Weigl (1766–1846), Komponist, Kapellmeister, schrieb Opern („Die Schweizerfamilie")

Weihburggasse, 1., seit 1867 in der heutigen Form, nach der „Weihenburg", einer Befestigung mit Turm in der Stadtmauer, bereits im 13. Jhd. erwähnt; der Name entstand in Anlehnung an dort befindliche Klöster

Weilandgasse, 21., seit 1966 (vorher ab 1956 Smitalgasse, ursprünglich Esterházygasse; verlängert 2006), Josef Weiland (1882 bis 1961), Versicherungsbeamter, Mundartdichter („Aus der Weingegend"); lebte seit 1920 in Stammersdorf

Weilgasse, 19., seit 1894 (vorher: Promenade), Karl Weil (1819 bis 1877), Weingroßhändler, Gemeinderat von Ober-Döbling, Wohltäter

Weimarer Straße, 18. und 19., seit 1919 (vorher: Karl-Ludwig-Straße im 18. Bezirk; ursprünglich Lederergasse, dann Gerbergasse), als Ausdruck der Verbundenheit mit der neugegründeten deutschen Republik; Weimar war Sitz der Nationalversammlung (daher 1918 bis 1933 „Weimarer Republik")

Weinbergerplatz, 13., seit 1955 (vorher: Bertha-von-Suttner-Platz), Karl Rudolf Weinberger (1861–1939), Operettenkomponist („Pagenstreiche")

Weinberggasse, 19., seit 1876, nach der Lage

Weindorfergasse, 13., seit 1933, Matthias Weindorfer (1694–1770), Ortsrichter von Mauer (1761–1763), Hauer

Weinfeldweg, 14., seit 1997, zur Erinnerung an Hersch Weinfeld (1871 bis 1942) und Dwoire Weinfeld (1877 bis 1944) bzw. stellvertretend für die jüdischen Opfer des Nationalsozialismus; das Ehepaar wurde 1938 delogiert und 1942 ins KZ Theresienstadt deportiert, dort kamen beide um

Weingartenallee, 22., Benennungsdatum unbekannt, Allee durch Weingärten

Weinhauser Gasse, 18., seit 1907, zur Erinnerung an den ehemaligen Vorortnamen; Weinhaus hatte vor der Eingemeindung 2.192 Einwohner, die Herkunft des Namens ist unklar, der Ort wurde erstmals im 13. Jahrhundert urkundlich erwähnt

Weinheimergasse, 16., seit 1899, Lorenz Weinheimer (1820 bis 1885), Mitgründer des Ottakringer Kirchenbauvereines, Gemeindevertreter

Weinlechnergasse, 3., seit 1910, Dr. Josef Weinlechner (1829 bis 1906), Chirurg, Univ.-Prof. (1896)

Weinrothergasse, 13., seit ca. 1891, Ferdinand Weinrother (1835 bis 1900), letzter Bürgermeister von Speising (1877 bis 1891)

Weinsteiggasse, 21., Benennungsdatum unbekannt, Flurname

Weintraubengasse, 2., seit 1909, nach dem Gasthaus „Zur blauen Weintraube"

Weinweg, 12., Benennungsdatum unbekannt, nach dem Weinstock

Weinwurmweg, 22., seit 1952, Rudolf Weinwurm (1835–1911), Komponist, Musikpädagoge

Weinzierlgasse, 14., seit 1906, Max von Weinzierl (1841 bis 1898), Kapellmeister, Komponist (Operetten, Oratorien, Messen)

Weinzingergasse, 19., seit 1877, Johann Weinzinger (1830–1890), Gemeinderat, Holzhandler, Hausbesitzer

Weiskerngasse, 16., seit 1920, Friedrich Wilhelm Weiskern (1711–1768), Schauspieler, Topograph (Topographie von Niederösterreich), Bühnenschriftsteller

Weiskirchnerstraße, 1., seit 1932 (vorher: Wollzeile), Dr. Richard Weiskirchner (1861 bis 1926), christlichsozialer Bürgermeister der Stadt Wien (1912 bis 1919), Nationalratsabgeordneter (1920 bis 1923), Jurist

Weissauweg, 22., seit 1994, Flurname

Weißdornweg, 18., seit 1967, nach der Strauchgattung (Crataegus)

Weisselgasse, 21., seit 1946 (vorher: Kretzgasse und Obermayergasse), Ing. Georg Weissel (1899–1934), Schutzbundkommandant der Hauptfeuerwache Floridsdorf, Sozialdemokrat; nach dem Aufstand des Schutzbundes am 15. Februar 1934 hingerichtet; s. auch *12.-Februar-Platz*

Weißenböckstraße, 11., seit 1884, Johann Weißenböck (1812 bis 1871), Hausbesitzer, Gastwirt, Wohltäter

Weißenthurngasse, 12., seit 1930 (1938 bis 1947 Robert-Franz-Gasse), Johanna Franul-Weißenthurn (1773 bis 1847), Burgschauspielerin, Schriftstellerin

Weißenwolffgasse, 21., seit 1914, Nikolaus Graf von Weißenwolff (1763 bis 1825), Feldmarschall-Leutnant, Verdienste in den napoleonischen Kriegen

Weißgasse, 17., seit 1894 (vorher ab 1876 Gerlgasse; urspr. Petersgasse), Michael Weiß (1802–1863), erster Bürgermeister und letzter Ortsrichter von Hernals

Weißgerberlände, 3., seit 1862, zur Erinnerung an den alten Vorstadtnamen Weißgerber; als Lände wurde das Ufergelände an einem Fluss bezeichnet, Weißgerber wurde 1850 mit Landstraße und Erdberg zum 3. Bezirk vereint

Weißgerber Ufer, 3., seit 1923, s. *Weißgerberlände*

Weißingergasse, 21., seit 1993, Ing. Helmut Weißinger (1916 bis 1992), Gemeinderat (1977/78), Bezirksrat (1960 bis 1977, 1978–1983), SPÖ

Weitlofgasse, 18., seit 1886, Dr. Moritz Weitlof (1835 bis 1905), Rechtsanwalt, Reichsrats- und Landtagsabgeordneter

Weitmosergasse, 10., seit 1930, Erasmus Weitmoser (gest. 1525), im Bauernaufstand von 1525 Führer der Salzburger Knappen

Weixelbergergasse, 23., seit 1933, Gerard Weixelberger (1660 bis 1728), Abt des Stiftes Heiligenkreuz (ab 1705), Seelsorger in Mauer

Weizengasse, 10., seit 1963, hier wurde früher Weizen angebaut

Weizenweg, 22., seit 1954, nach der Getreideart (Triticum aestivum)

Weldengasse, 10., seit 1869, Franz Ludwig Freiherr von Welden (1782 bis 1853); tat sich bei der Niederwerfung der Italiener 1848 hervor, 1848 bis 1851 Gouverneur von Wien

Welingergasse, 23., seit 1954 (vorher: Schubertgasse), Vinzenz Welinger (1878 bis 1946), Gemeinderat von Erlaa (1924 bis 1938)

Welschgasse, 23., seit 1966 (vorher: Blumengasse), Josefine Welsch (1876 bis 1959), Gemeinderätin von Liesing

Welzenbachergasse, 22., seit 1965, Prof. Alois Welzenbacher (1889–1955), Architekt

Wenckebachgasse, 19., seit 1962, Dr. Karl Frederik Wenckebach (1864 bis 1940), Arzt, Univ.-Prof. (1901), Verdienste um die Erforschung von Herzrhythmusstörungen

Wendgasse, 16., seit 1884 (vorher: Gasgasse), Josef Wend (1807 bis 1878), Gemeinderat von Ottakring

Wendstattgasse, 10., seit 1968, Flurname (breite Wegstelle in einem Weinberg Favoritens)

Wenhartgasse, 21., seit 1910, Vinzenz Wenhart (1831 bis 1893), Pfarrer von Jedlesee (1869 bis 1893)

Wenzgasse, 13., seit 1893, Josef Wenz (1826 bis 1892), Baumeister, Gemeinderat in Hietzing

Werdertorgasse, 1., seit 1864, das Werdertor war ein altes Tor in der Stadtmauer (schon 1305 urk. erwähnt)

Werfelstraße, 17., seit 1949 (vorher ab 1939 Iglauer Straße), Franz Werfel (1890 bis 1945), Schriftsteller („Der Spiegelmensch", „Das Lied von Bernadette", „Die vierzig Tage des Musa Dagh"), Emigration 1938, gestorben in Beverly Hills (USA)

Werkmanngasse, 19., seit 1926, Josef Werkmann (richtig Josef Medelsky, 1854 bis 1924), Arbeiterdichter

Werkstättenweg, 3. und 11., seit 1884, Verbindung zu den Bundesbahnwerkstätten

Werndlgasse, 21., seit 1913 (ursprünglich Nordbahngasse, dann Nordwestbahn-Kolonie, bis 1913 Rieplgasse), Josef Werndl (1831 bis 1889), Waffentechniker, Erfinder des Werndl-Karabiners

Wernhard-Schenk-von-Ried-Stiege, 14., seit 2006, Wernhard Schenk von Ried (gestorben 1364), herzoglicher Forstmeister, war für die ökonomische Entwicklung Hütteldorfs bedeutend, Begründer der Pfarre Hütteldorf (1356)

Wernergasse, 23., seit 1929, Laurenz Werner (1820 bis 1901), Bürgermeister von Mauer

Wernhardtstraße, 16., seit 1900, erster um 1330 urkundlich erwähnter Weingartenbesitzer in Breitensee

Werthenburggasse, 12., seit 1894 (vorher: Feldgasse), Flurname

Weschelstraße, 2., seit 1906 (vorher: Feldgasse), Leopold Matthias Weschel (1786 bis 1844), Schriftsteller, Maler; veröffentlichte 1824 die Topographie „Die Leopoldstadt bey Wien"; wirkte bei der Gründung der Ersten österreichischen Spar-Casse mit

Westbahnstraße, 7., seit 1862 (urspr. Pfarrgasse, dann Kirchengasse und Lammgasse), nach der Ausrichtung zum Westbahnhof so benannt

Westermayergasse, 14., seit 1917 (vorher: Draxlergasse), Martin Westermayer (1790 bis 1855), Ortsrichter, dann erster Bürgermeister von Baumgarten

Wettengelgasse, 23., seit 1951, Josef Wettengel (1878–1941), Gemeinderat von Siebenhirten (1918–1934)

Wettsteingasse, 21., seit 1942, Dr. Richard Wettstein von Westersheim (1863 bis 1931), Botaniker, Professor für Botanik, Direktor des Botanischen Gartens der Universität Wien („Handbuch der systematischen Botanik", 2 Bände)

Wexstraße, 20., seit 1896 (vorher: Untere Gartnergasse), Gustav Ritter von Wex (1811 bis 1895), Mitglied der Donauregulierungskommission, siehe Einleitung

Weyprechtgasse, 16., seit 1875, Karl Weyprecht (1838 bis 1881), Linienschiffsleutnant der österreichischen Kriegsmarine, Nordpolfahrer der Jahre 1872 bis 1874, s. *Payergasse*, s. *Nordpolstraße*

Weyrgasse, 3., seit 1919 (vorher: Estegasse), Prof. Rudolf Weyr (1847–1914), Bildhauer; schuf u. a. Figuren und Reliefs für Kunst- und Naturhistorisches Museum, für Universität und Burgtheater und das Brahmsdenkmal auf dem Karlsplatz

Weyringergasse, 4., Benennungsdatum unbekannt, Josef Weyringer (1799 bis 1869), Samenhändler, Ziergärtner

Wichnergasse, 22., seit 1955 (vorher: Johann-Nestroy-Gasse), Josef Wichner (1852 bis 1923), Schriftsteller (Heimatbücher)

Wichtelgasse, 16. und 17., seit 1868 (im 16. Bezirk vorher zum Teil Johannesgasse, im 17. Bezirk bis 1894 Schmerlinggasse), Benedikt Wichtel (1808 bis 1868), Grundbesitzer; trat den Grund für den Bau der Gasse ab

Wickenburggasse, 8., seit 1809, Anton Reichsgraf Wickenburg (1750 bis 1813), Gesandter am Hof; eröffnete die Gasse durch einen Neubau

Wickengasse, 14., seit 1953, nach der Pflanzengattung (Vicia)

Wickhoffgasse, 15., seit 1921 (vorher: Argentinierstraße), Franz Wickhoff (1853–1909), Kunstwissenschaftler

Widerhofergasse, 9., seit 1906, Dr. Hermann Widerhofer (1832 bis 1901), Leibarzt der Familie von Kaiser Franz Joseph I., o. Univ.-Prof. für Kinderheilkunde, Direktor des St.-Anna-Kinderspitals (ab 1863)

Widerhoferplatz, 9., seit 1906, s. *Widerhofergasse*

Widholzgasse, 11., seit 1971, Laurenz Widholz (1861–1926), Förderer der Arbeiter-Versicherung; Tischler, Reichsrats- und Nationalratsabgeordneter (1907–1926)

Wiedermanngasse, 11., seit 1895, Johann Wiedermann (1837 bis 1890), Grund- und Wirtschaftsbesitzer in Kaiser-Ebersdorf

Wiedgasse, 22., seit 1910 (vorher: Gärtnergasse), Franz Ludwig Prinz zu Wied-Runkel (1769 bis 1824), Generalmajor, Verdienste in den napoleonischen Kriegen

Wiedner Gürtel, 4. und 10., seit 1882 (vorher: Vordere Südbahnstraße), zur Erinnerung an den Ort Wieden; 1211 als „Widen" urkundlich erwähnt, abgeleitet von Schenkung = Widmung an das Heiligengeistspital; 1850 eingemeindet und namensgebend für den 4. Bezirk

Wiedner Hauptstraße, 4. und 5., seit 1862 (früher: Alte Wieden Hauptstraße, Matzleinsdorfer Hauptstraße, Matzleinsdorfer Straße), s. *Wiedner Gürtel*

Wiegelestraße, 23., seit 1954 (vorher: Mittelstraße), Franz Wiegele (1887 bis 1944), Maler

Wielandgasse, 10., seit 1866, s. *Wielandplatz*

Wielandplatz, 10., seit 1866, Christoph Martin Wieland (1733 bis 1813), Dichter (anmutig galante Dichtung; z. B. „Oberon"), Übersetzer von Shakespeare, Herausgeber der Zeitschrift „Der Teutsche Merkur"

Wielandweg, 22., s. *Wielandplatz*

Wielemansgasse, 17. und 18., seit 1912, Alexander Wielemans Edler von Monteforte (1843–1911), Architekt, Oberbaurat (baute u. a. den Justizpalast, die Breitenfelder und Ottakringer Pfarrkirche, das Grazer Rathaus und die Redoutensäle)

Wienerbergbrücke, 12., seit 1965 (Eröffnung 1966)

Wienerbergstraße, 10. und 12., seit 1894 (vorher im 10. Bezirk Gerichtsweg, im 12. Bezirk Meidlinger Straße), führt auf den Wienerberg

Wienerfeldgasse, 10., seit 1909, Flurname

Wienerflurgasse, 23., seit 1951, Flurname

Wiener Gasse, 21., Benennungsdatum unbekannt, führte seinerzeit Richtung Wien

Wiener Graben, 23., Benennungsdatum unbekannt, Flurname

Wiener Praterstadion – Ernst-Happel-Stadion, 2., seit 1993, Ernst Happel (1925 bis 1992), Fußballer (Spieler bei Rapid sowie 1954/55 Racing Paris), 51 Länderspiele, Fußballtrainer

Wiener Schüttau, 19., seit 1966, Flurname (nach einer „aufgeschütteten" Insel in der Donau)

Wienerwaldgasse, 14., seit 1983, nach der Lage

Wiengasse, 14., Benennungsdatum unbekannt, nach dem Wienfluss

Wieningerplatz, 15., seit 1892, Louis Wieninger (gest. 1889), Bürgermeister von Neulerchenfeld (1886 bis 1889); seine Erben stellten den Grund für den Platz kostenlos zur Verfügung

Wientalstraße, 13. und 14., Benennungsdatum unbekannt, verläuft im Wiental

Wiesberggasse, 16., seit 1913 (vorher: Herbststraße), Wilhelm Wiesberg (1850 bis 1896), Volkssänger, Wienerlied-Texter („Der erste Schnee", „Das hat ka Goethe g'schrieb'n, das hat ka Schiller 'dicht")

Wieselburger Gasse, 10., seit 1914, nach der ungarischen Stadt Wieselburg (Mosony), wo eine deutschsprachige Minderheit siedelte

Wieselweg, 22., seit 1966, nach dem Tier

Wiesengasse, 9., seit 1862 (vorher ab 1837 Kleine Schmiedgasse), nach der alten Ortsbezeichnung „Auf der Wiesen"

Wiesengasse, 14., Benennungsdatum unbekannt, nach früher hier bestandenen Wiesen

Wiesenthalgasse, 10., seit 1981, Grete Wiesenthal (1885 bis 1970), Tänzerin, 1930–1959 choreographierte sie für die Salzburger Festspiele; entwickelte einen eigenen Tanzstil, mit dem sie ab 1907 allein auftrat

Wiesingerstraße, 1., seit 1902, Dr. Albert Wiesinger (1830–1896), Dechant, Hofburgpfarrer, Stadtpfarrer von St. Peter, Chefredakteur der „Wiener Kirchenzeitung"

Wiesmühlgasse, 23., Benennungsdatum unbekannt, nach einer einstmals hier bestandenen Mühle (damals noch auf Wiesengelände)

Wiesnergasse, 22., seit 1953, Prof. Dr. Julius Wiesner (1838 bis 1916), Botaniker

Wiethestraße, 22., seit 1955 (vorher: Quadenstraße), Dr. Camillo Wiethe (1889–1949), Facharzt für Kehlkopfkunde (Laryngologe)

Wigandgasse, 19., seit 1895, Wigand von Theben (richtig Gundacker von Thernberg; Lebensdaten unbekannt), Pfarrer vom Kahlenberger Dorf

Wilbrandtgasse, 18. und 19., seit 1919, Adolf Wilbrandt (1837 bis 1911), Direktor des Burgtheaters (1881 bis 1887), schrieb erfolgreich Theaterstücke, Gedichte, Novellen

Wilckensweg, 19., seit 1960, Dr. Martin Wilckens (1834–1897), Prof. an der Hochschule für Bodenkultur

Wilczekgasse, 10., seit 1932, Hans Graf von Wilczek (1837–1922), Gründer der Wiener freiwilligen Rettungsgesellschaft, Kunstmäzen (errichtete z. B. die Burg Kreuzenstein mit Teilen von Burgen aus ganz Deutschland), Mitglied des Herrenhauses (1861–1918), Ehrenbürger von Wien (1883)

Wildagasse, 23., seit 1959, Charles Wilda (1854 bis 1907), Maler (Genre, Porträt)

Wildauergasse, 12., seit 1930, Mathilde Wildauer (1820 bis 1878), Burgschauspielerin, Opernsängerin

Wildbadgasse, 21., seit 1961, in der Siedlung „Bruckhaufen", dort wurde einst „wild" gebadet

Wildgänsegasse, 21., seit 1962, nach dem Schwimmvogel

Wildgansplatz, 3., seit 1932, Anton Wildgans (1881 bis 1932), Lyriker, Dramatiker („Kirbisch", „Rede über Österreich"), Burgtheaterdirektor (1930/1931)

Wildgrubgasse, 19., seit 1873/75, Flurname (ehemals unwegsame Waldgegend)

Wildnergasse, 21., seit 1926, Gustav Wildner (1869 bis 1925), Vorstand des Fürsorgeamtes in Floridsdorf

Wildpretmarkt, 1., seit 1862, im 14. Jahrhundert als Kammerhof erwähnt, später Neuer Kienmarkt; Verkaufsstätte für Wildpret

Wildpretstraße, 11., seit 1881, Flurname (einst bestanden hier ergiebige Jagdgründe)

Wilhelm-Busch-Gasse, 19., seit 1927, Wilhelm Busch (1832–1908), humoristischer Dichter, Maler, Zeichner

Wilhelm-Dachauer-Straße, 22., seit 1981, Prof. Wilhelm Dachauer (1881 bis 1951), Maler (Landschaften, Porträts)

Wilhelm-Erben-Gasse, 12. und 23., seit 1959, Dr. Wilhelm Erben (1864–1933), Historiker

Wilhelm-Exner-Gasse, 9., seit 1930 (vorher ab 1862 Eisengasse), Dr. Wilhelm Exner (1840–1931), Technologe, Gründer und erster Leiter des Technologischen Gewerbemuseums (TGM), liberaler Politiker, Abgeordneter des Herrenhauses

Wilhelminenstraße, 16. und 17., seit 1872 (früher Kaiserweg), Prinzessin Wilhelmine von Montléart-Sachsen-Curland (1827–1895), s. *Montléartstraße*

Wilhelm-Karczag-Weg, 13., seit 1981, Wilhelm Karczag (1857 bis 1923), Direktor des Theaters an der Wien; Schriftsteller

Wilhelm-Kreß-Platz, 11., seit 1924, Wilhelm Kreß (1836 bis 1913), Flugzeugbauer, Klaviermacher, Erfinder (Steuerknüppel); brachte 1877 das erste freischwebende Drachenfliegermodell zum Flug

Wilhelm-Legler-Gasse, 14., seit 1957, Wilhelm Legler (1875 bis 1951), Landschaftsmaler, Graphiker

Wilhelm-Leibl-Gasse, 13., seit 1931, Wilhelm Leibl (1844–1900), Maler

Wilhelm-Otto-Straße, 11., seit 1904, Wilhelm Otto (1823–1892), Direktor der Simmeringer Waggonfabrik

Wilhelm-Pinka-Platz, 10., seit 1992 (richtiggestellt 1993), Wilhelm Pinka (1909–1988), Bürgermeister von Oberlaa, Unterlaa und Rothneusiedl vor der Eingemeindung 1954; Präsident des Wiener und des Österreichischen Siedlerverbandes

Wilhelm-Raab-Gasse, 21., seit 1912, Wilhelm Raab (1818–1893), Mühlenbesitzer, Wohltäter

Wilhelm-Stemmer-Weg, 17., seit 1998, Dr. Wilhelm Stemmer (1909–1984), Pädagoge, Lehrer; Engagement in der Sozialdemokratie, verlor nach dem Bürgerkrieg 1934 seinen Posten, wirkte 1945 bis 1965 im Stadtschulrat am Aufbau des Wiener Schulwesens; Gemeinderat (1945 bis 1973), erster Präsident des Wiener Landtags (1965 bis 1973), Mitglied des Vorstands der SPÖ-Wien (1957 bis 1972)

Wilhelmstraße, 12., seit ca. 1864 (früher Breitenfurter Straße, später Wilhelmsdorfer Straße); Wilhelm Sedlacek (1793–1853), Propst von Klosterneuburg; stimmte 1846 der Gründung der ehemaligen Ortschaft Wilhelmsdorf zu, die nach seinem Vornamen benannt wurde

Willendorfer Gasse, 23., Benennungsdatum unbekannt, nach einer Ortschaft, die von den Türken 1529 zerstört und nicht mehr aufgebaut wurde

Willergasse, 23., seit 1954 (vorher: Friedhofstraße; 1938 bis 1945 Horst-Wessel-Straße), Dr. Peter Willer (1880 bis 1938), Bürgermeister von Rodaun (1921 bis 1931)

Willi-Forst-Weg, 19., seit 1993, Willi Forst (eigentlich Wilhelm Frohs, 1903 bis 1980), Schauspieler, Regisseur („Maskerade", 1934, „Wiener Blut", 1942, „Die Sünderin", 1950)

Wimbergergasse, 7., seit 1890, Karl Wimberger (1834 bis 1926), Hotelbesitzer (Neubaugürtel 34), Gemeinderat (1891 bis 1918)

Wimmergasse, 5., seit 1875, Gottlieb August Wimmer (1791–1863), Pfarrer von Matzleinsdorf

Wimpffengasse, 22., seit 1910 (vorher: Feldgasse), Maximilian Freiherr von Wimpffen (1770 bis 1854), Feldmarschall in den napoleonischen Kriegen (1809)

Wimpissingerweg, 13., seit 1987, Johann Wimpissinger (1866 bis 1950), Mäzen, Armen- und Bezirksrat

Winarskystraße, 20., seit 1928 (ursprünglich Kaiserwasserstraße, 1934 bis 1946 Kolpingstraße), Leopold Winarsky (1873 bis 1915), erster sozialdemokratischer Gemeinderat des 20. Bez. (1906 bis 1915), Reichsratsabgeordneter (1907 bis 1915), engagiert in der Arbeiterbildungsbewegung

Winckelmannstraße, 14. und 15., seit 1894 (vorher ab 1875: Tegetthoffstraße), Johann Joachim Winckelmann (1717–1768), Kunsthistoriker, Begründer der Archäologie („Geschichte der Kunst des Altertums")

Windhaaggasse, 1., seit 1894 (urspr. Stiftgasse, dann Sternwartgasse), Joachim Enzmüller Graf von Windhaag (1600 bis 1688), Regierungspräsident; hinterließ sein Vermögen als Stipendiumstiftung für Studierende („Windhaagsches Stiftungshaus")

Windhabergasse, 19., seit 1876 (vorher teilweise Schulgasse), Rupert Windhaber (1831 bis 1876), Bürgermeister von Sievering

Windmühlgasse, 6., Benennungsdatum unbekannt, nach den ehemaligen Vorstädten „Obere Windmühle" und „Untere Windmühle", später Windmühle, 1850 eingemeindet; der Name leitet sich nach einer um 1562 errichteten Windmühle ab

Windmühlhöhe, 19., nach einer Windmühle, die noch um 1870 in der Nähe stand

Windschutzstraße, 14., früher standen hier Bäume als Windschutz

Windtenstraße, 10., seit 1932 (vorher: Bergstraße), Wenzel von Windten (gest. ca. 1431), angeblich Besitzer der Herrschaft Inzersdorf

Winkeläckerstraße, 21., seit 1929, Flurname (unregelmäßig verlaufender Ackergrund)

Winkeläckerweg, 21., seit 2003, Flurname, s. *Winkeläckerstraße*

Winkelbreiten, 13., seit 1911, Flurname

Winklergasse, 17., seit 1884, Michael Winkler (1823 bis 1898), Hausbesitzer, Wohltäter, Fabrikant; Organisator des Häusernummerierungssystems der Wiener Straßen; vgl. dazu auch Einleitung und Bildtafeln

Winterburgergasse, 16., seit 1920 (vorher: Roterdstraße), Johannes Winterburger (gest. 1519), erster Buchdrucker in Wien

Winterleitengasse, 16., seit 1897, Flurname (die nach Norden gelegene Seite ist hügeliges Gelände)

Winterweg, 21., seit 2003, nach der Jahreszeit

Wintzingerodestraße, 22., seit 1911, Ferdinand Carl Friedrich Wilhelm Freiherr von Wintzingerode-Ohmfeld (1770 bis 1818), Feldmarschall-Leutnant, Verdienste in den napoleonischen Kriegen

Winzerstraße, 13., seit ca. 1876, früher Weg der Winzer in die Weingärten

Wipplingerstraße, 1., seit ca. 1795, nach einer alteingesessenen Wiener Bürgerfamilie, deren Namen verballhornt wurde, urkundlich bereits 1272 „Wildwerkaere Strazze" (Wildwerker = Kürschner), 1547 „Bilpingerstraße"

Wirerstraße, 10., seit 1911, Dr. Franz Wirer Ritter von Rettenbach (1771 bis 1844), Arzt; ihm verdankt Bad Ischl seine Entdeckung als Kurort

Wißgrillgasse, 14., seit 1913, Franz Karl Wißgrill (1736 bis 1803), Genealoge, Heraldiker (Forschungen zu niederösterreichischen Adelsfamilien)

Wittegasse, 13., seit 1894 (vorher: Zwerchgasse), Stephan Witte (1809 bis 1886), Wohltäter (Verdienste um die Armenfürsorge)

Wittelsbachstraße, 2., seit 1876, nach dem Regentenhaus von Bayern (1180 bis 1918); Elisabeth, Gattin von Kaiser Franz Joseph I., entstammte dieser Familie

Wittgensteinstraße, 13. und 23., Benennungsdatum unbekannt, Hermann Christian Wittgenstein (1802 bis 1878), 1856 Besitzer der Herrschaft Mauer; urspr. Tiergartenweg

Witthauergasse, 18., seit 1894 (vorher: Kleingasse), Friedrich Witthauer (1793 bis 1846), einer der wichtigsten Journalisten des Biedermeier; Besitzer und Redakteur der „Wiener Modenzeitung" und Theaterkritiker in Bäuerles „Theaterzeitung"

Wittmannweg, 14., seit 1930, Johann Wittmann (1814 bis 1848), Schuhmachergeselle, fiel in der Märzrevolution 1848, s. *Achtundvierzigerplatz*, s. *Märzstraße*

Wittmayergasse, 12., seit 1908 (vorher: Neufellnergasse), Josef Leopold Wittmayer (richtig Widmayer, 1800–1873), Pfarrer von Altmannsdorf

Witzelsbergergasse, 15., seit 1912, Richard Witzelsberger (1835–1900), letzter Bürgermeister von Fünfhaus (1885 bis 1891), Bäcker

Wlassakstraße, 13., seit 1931, Dr. Rudolf Wlassak (1865 bis 1930), Arzt, Gründer der Arbeiter-Abstinenzbewegung

Woborilweg, 16., seit 1993, Heinrich Woboril (1894 bis 1955), Gewerkschafter, Direktor der Wiener Gebietskrankenkasse

Wodiczkagasse, 22., seit 1953, Franz Wodiczka (1851 bis 1898), Verfasser einer Schrift über die Marchfeldbewässerung

Wöbergasse, 23., seit 1954 (vorher: Grillparzergasse), Johann Wöber (1866 bis 1943), Gemeinderat von Atzgersdorf (1905 bis 1923)

Wögingergasse, 16., seit 1888, Severin Wöginger (1804–1876), Gemeinderat von Ottakring (1864–1870)

Wöhlergasse, 10., seit 1929 (vorher: Patrubangasse), Prof. Friedrich Wöhler (1800–1882), Chemiker, Entdecker des Aluminiums (1827)

Wohlgemuthgasse, 22., seit 1982, Else Wohlgemuth (1881–1972), Burgschauspielerin (hatte während der NS-Zeit Berufsverbot)

Wohllebengasse, 4., seit 1801, Stephan Edler von Wohlleben (1751 bis 1823), Finanzbeamter, Bürgermeister von Wien (1804 bis 1823)

Wohlmutstraße, 2., seit 1899, Bonifaz Wolmuet (sic!), Zunftmeister der Wiener Steinmetze; legte 1547 einen Plan von Wien an; hatte großen Anteil am Wiederaufbau der Vorstädte nach der Türkenbelagerung von 1529

Wohnparkstraße, 23., seit 1978, nach der Wohnanlage („Wohnpark Alterlaa")

Woinovichgasse, 13., seit 1936, Emil Woinovich (1851–1927), General der Infanterie, Direktor des Kriegsarchivs, Militärhistoriker

Wolfengasse, 1., seit 1862, nach dem Gasthausschild „Zum weißen Wolf"

Wolfenweg, 14., Benennungsdatum unbekannt, nach den einst in der Gegend lebenden Wölfen

Wolfersberggasse, 14., seit 1894 (vorher: Bergstraße), führt auf den 321 m hohen Wolfersberg

Wolfersgrünweg, 21., seit 1982, Flurname

Wolfganggasse, 12., seit 1875, Wolfgang Treu (gest. 1540), Bürgermeister von Wien (1528–1530, 1532–1533 und 1536–1537); Schreiber

Wolfgang-Mühlwanger-Gasse, 22., Benennungsdatum unbekannt, vermutlich nach einem Anrainer

Wolfgang-Pauli-Gasse, 14., seit 1969, Dr. Wolfgang Pauli (1900 bis 1958), Physiker; Emigration 1938, Nobelpreis 1945, Beiträge zu Quantenmechanik und Relativitätstheorie

Wolfgang-Riese-Gasse, 21., seit 2001, Dr. Wolfgang Riese (1907 bis 1978), Mediziner, Primarius am Krankenhaus Floridsdorf

Wolfgang-Schmälzl-Gasse, 2., seit 1898, Wolfgang Schmeltzl (sic! um 1500–1560), Lehrer bei den Schotten, Dichter (Theaterstücke, Lyrik)

Wolfgrabensteig, 14., alter Flurname

Wolf-in-der-Au-Brücke, 14., nach dem Gasthaus „Zum Wolfen in der Au"

Wolfrathplatz, 13., seit 1894 (vorher: Kirchenplatz), Anton Wolfrath (1582 bis 1639), Fürstbischof von Wien ab 1631

Wolfsaugasse, 20., seit 1875, ehemalige Bezeichnung der Brigittenau

Wolfsgrubergasse, 19., seit 1935, Dr. Coelestin Wolfsgruber (1848 bis 1934), Theologe, Kirchenhistoriker, Professor für Kirchengeschichte (1903 bis 1919)

Wolfsmilchgasse, 22., seit 1955, nach der Pflanzengattung (Euphorbia)

Wolfsschanzengasse, 21., seit 1965 (vorher: Obere Haidschüttgasse), in diesem Gebiet lag eine Befestigung im Krieg gegen die Schweden (1645)

Wolkersbergenstraße, 13., seit 1911, führt auf den Wolkersberg (302 m hoch)

Wollekweg, 22., seit 1953, Karl Wollek (1863 bis 1936), Bildhauer (Grabdenkmäler, Porträtbüsten)

Wollergasse, 19., seit 1894 (vorher: Hohe Warte), Franz Woller (1771 bis 1839), Besitzer des Heiligenstädter Bades

Wollzeile, 1., seit 1862 in heutiger Länge, einst Sitz und Verkaufsstätte der Wollweber und Wollhändler; bereits 1158 urk. als „Wollstrazze" erwähnt, 1261 „Wollezeil"

Wolsteingasse, 21., seit 1940, Johann Gottlieb Wolstein (1738 bis 1820), Gründer einer Wiener Tierarzneischule; Arzt

Woltergasse, 13., seit 1898 (ursprünglich Zieglergasse, dann Eskelesgasse), Charlotte Wolter Gräfin O'Sullivan (1834 bis 1897), Burgschauspielerin

Wopenkastraße, 11., seit 1995, Max Wopenka (1903 bis 1952), Bezirksrat (1946 bis 1952), Bezirksvorsteher des 11. Bezirkes (1945 bis 1952); SPÖ

Worellstraße, 6., seit 1903, Stephan Worell (ca. 1829 bis 1898), Gründer eines katholischen Waisenhausvereines

Wranitzkygasse, 22., seit 1932, Paul Wranitzky (1756–1808), Komponist, Violinist, Dirigent

Würffelgasse, 15., seit 1894 (vorher: Badgasse), Dr. August Würffel (1834 bis 1904), Badeanstaltsbesitzer, trat den Grund zur Verbauung ab

Würthgasse, 19., seit 1894 (vorher: Annagasse), Heinrich Anton Edler von Würth (1789 bis 1875), Besitzer der Herrschaft Ober-Döbling ab 1824

Württemberggasse, 20., seit 1869, Herzog Friedrich August von Württemberg (1763 bis 1834), Feldmarschall; Verdienste in den napoleonischen Kriegen

Würtzlerstraße, 3., seit 1897 (vorher: Antonsgasse), Dr. Ladislaus von Würtzler (1847 bis 1896), Arzt, half selbstlos den Armen

Würzburggasse, 13., seit 1909, zur Erinnerung an den Sieg der Österreicher über die Franzosen bei Würzburg (1796) in den napoleonischen Kriegen

Wulzendorfstraße, 22., seit 1910 (vorher: Mittlerer Feldweg), nach einer im 16. Jahrhundert verschwundenen Ortschaft

Wundtgasse, 12. und 23., seit 1922, Wilhelm Wundt (1832 bis 1920), Philosoph, Psychologe („Völkerpsychologie", 10 Bände)

Wurlitzergasse, 16., Benennungsdatum unklar, Paul Wurlitzer (1784 bis 1857); eröffnete 1852 die Gasse und in einem Nebengebäude seines Wirtschaftshofes – nach jahrelangem Streit mit M. Gansterer (s. *Gansterergasse*) – das erste Kaffeehaus in Ottakring

Wurmbrandgasse, 22., seit 1910 (vorher: Kaiser-Joseph-Gasse); die Grafen Wurmbrand waren 1728 bis ca. 1800 Besitzer der Herrschaft Hirschstetten; Graf Johann Wilhelm Wurmbrand hatte 1728 die Herrschaft erworben und das Schloss Hirschstetten vergrößert

Wurmbstraße, 12., seit 1910 (vorher: Meidlinger Hauptstraße), Dr. Karl Wurmb (1850–1907), Eisenbahnbaudirektor (Bau der Brenner- und Pustertalbahn)

Wurmsergasse, 15., seit 1894 (vorher ab 1888: Steinergasse), Dagobert Sigmund Graf von Wurmser (1724 bis 1797), Feldmarschall; Heerführer im bayerischen Erbfolgekrieg und in den napoleonischen Kriegen

Wurzbachgasse, 15., seit 1894 (vorher: Michaelergasse), Dr. Constant Wurzbach Ritter von Tannenberg (1818 bis 1893), Lexikograph, Bibliothekar; verfasste das „Biographische Lexikon des Kaisertums Österreichs" (60 Bände, 1856 bis 1891)

Wurzbachtalgasse, 14., seit 1943 (vorher: Wurzbachgasse), nach dem Tal des Wurzbaches

Wurzingergasse, 18., seit 1910, Karl Wurzinger (1817–1883), Historienmaler, beliebter Professor an der Akademie der bildenden Künste (1856 bis 1872)

Y

Ybbsstraße, 2., seit 1905, nach dem gleichnamigen Fluss in Niederösterreich

Yppengasse, 16., seit 1875, Simon van Yppen (1698 bis 1770), Oberst; Eigentümer des ehemaligen „Schellhammerhofes" (siehe *Schellhammergasse*), den er der Errichtung eine Heimes für invalide Offiziere nach seinem Tode widmete („Yppenheim"); bestand bis 1876

Yppenplatz, 16., seit 1875; s. *Yppengasse*

Z

Zachgasse, 22., seit 1909 (vorher: Donaustraße), Anton Freiherr von Zach (1747 bis 1826), Feldzeugmeister; Verdienste in den napoleonischen Kriegen

Zagorskigasse, 16., seit 1913, Anton Adolf Ritter von Zagorski (1838–1902), Baumeister, letzter Bürgermeister von Ottakring (1882–1891), Gemeinderat (1891–1893)

Zahnradbahnstraße, 19., seit 1875, nach der anlässlich der Weltausstellung 1873 erbauten Zahnradbahn auf den Kahlenberg

Zallingergasse, 21., seit 1936, Dr. Otto Zallinger-Thurn (1856–1933), Rechtshistoriker, Univ.-Prof. (1883 Innsbruck, 1893 Wien)

Zamaragasse, 13., seit 1955 (vorher ab 1927 Goethegasse), Alfred Zamara (1863 bis 1940), Komponist (Operetten), Harfenvirtuose

Zamenhofgasse, 11., seit 1956, Dr. Lazarus Zamenhof (1859 bis 1917), Erfinder der Esperanto-Sprache (Welthilfssprache – 1. Weltkongress für Esperanto 1905), Augenarzt

Zampisgasse, 23., seit 1958, Anton Zampis (1820–1883), Maler (Wiener Alltagsleben, Volkstypen), Ministerialbeamter

Zanaschkagasse, 12., seit 1970, Alois Zanaschka (1870–1936), Lederarbeiter, Sozialdemokrat, Meidlinger Bezirksvorsteher 1918–1934; nach dem Bürgerkrieg 1934 sechs Monate inhaftiert und schikaniert (starb an den Folgen der Haft)

Zangerlestraße, 23., seit 1954 (vorher: Ottokar-Kernstock-Straße), Anton Zangerle (1876–1949), Bürgermeister von Kalksburg, Gemeinderat (1911 bis 1938)

Zanggasse, 22., seit 1972, Prof. Dr. Christoph Bonifaz Zang (1772 bis 1835), Chirurg

Zaunergasse, 3., seit 1894 (vorher: Michaelgasse), Franz Anton Zauner Edler von Felpatan (1746 bis 1822), Bildhauer, schuf u. a. das Reiterdenkmal Josephs II. (1795–1807); wurde daraufhin in den Adelsstand erhoben und bekam eine lebenslange Pension

Zaunscherbgasse, 21., seit 1909, Josef Zaunscherb, 1833–1839 Ortsrichter von Floridsdorf, Förderer des Floridsdorfer Kirchenbaues

Zdarskyweg, 13., seit 1951, Matthias Zdarsky (1856 bis 1940), Alpinist, Schipionier

Zedlitzgasse, 1., seit 1865, Joseph Christian Freiherr von Zedlitz (1790–1862), Dichter (Lyriker, Dramatiker); gilt als Vorläufer der politischen Dichtung in Österreich (trat aber 1838 in die Dienste von Metternich, was ihm heftige Kritik einbrachte), Versepos „Das Waldfräulein" (1843), Berufsoffizier

Zehdengasse, 21. und 22., seit 1956 (vorher: Michael-Pacher-Gasse), Karl Zehden (1843–1901), Wirtschaftswissenschafter (Handels- und Verkehrsgeographie)

Zehenthofgasse, 19., seit 1879 (vorher ab 1876: Schmiedgasse) nach einem schon 1512 erwähnten Gutshof

Zehetbauergasse, 11., seit 1925, Franz Zehetbauer (1870–1921), Bezirksvorsteher von Simmering 1919/20, Sozialdemokrat, Gewerkschafter

Zehetnergasse, 14., seit 1894 (vorher: Unter-St.-Veiter-Straße), Dominik Zehetner (1841 bis 1903), Bürgermeister von Baumgarten (1877 bis 1880)

Zehngrafweg, 11., seit 1971, Josef Zehngraf (1841 bis 1927), Komponist

Zeidlergasse, 23., seit 1957 (vorher ab 1935 Haidengasse), Dr. Jakob Zeidler (1855 bis 1911), Literaturhistoriker

Zeifgasse, 13., seit 1933, nach einer alteingesessenen Weinhauerfamilie aus Mauer

Zeilingerweg, 21., seit 1994, Josef Zeilinger, Dorfrichter von Leopoldau (1836–1845), Erbauer des Markthauses von Leopoldau

Zeillergasse, 16. und 17., seit 1894 (vorher: Schwarzenberggasse, Rosenhügelstraße), Franz Edler von Zeiller (1751 bis 1828), Jurist, Redakteur des Allgemeinen Bürgerlichen Gesetzbuches; ab 1782 Univ.-Prof. in Wien, 1803 und 1807 Rektor

Zeinlhofergasse, 5., seit 1888, Johann Georg Zeinlhofer (1802–1881), Pfarrer von Margareten

Zeisigweg, 22., nicht amtliche Bezeichnung, nach dem Vogel

Zeismannsbrunngasse, 7., seit 1900, nach der gleichnamigen Ortschaft, die seit 1137 bestand und nach ihrem Besitzer so benannt war; 1302 zu St. Ulrich gekommen, s. *St.-Ulrichs-Platz*

Zeißberggasse, 16., seit 1914, Heinrich Ritter von Zeißberg (1839 bis 1899), Historiker, Direktor der Hofbibliothek (ab 1896), Leiter des Instituts für österreichische Geschichtsforschung (ab 1891)

Zeleborgasse, 12., seit 1894 (vorher: Heinrichsgasse), Ignaz Zelebor (1816 bis 1890), Bürgermeister von Unter-Meidling (1870–1885), s. auch *Ignazgasse*

Zeleznygasse, 23., seit 1958, Franz Zelezny (1866 bis 1932), Bildhauer

Zelinkagasse, 1., seit 1869, Dr. Andreas Zelinka (1802 bis 1868), Jurist, Bürgermeister von Wien (1861–1868); unter seiner Ära wurde der Stadtpark angelegt, und die Vorstädte wurden eingegliedert

Zelkinggasse, 21., seit 1967, Conrad Zelking schlichtete im Auftrag von König Přemysl Ottokar II. 1260 einen Streit zwischen den Bewohnern von Uorleugesdorf und Alpiltowe (s. *Alpiltoweweg*); amtliche Begründung der Bennung ist heute umstritten (es gab im fraglichen Zeitraum keinen Conrad – die Freiherren von Zelking waren ein Adelsgeschlecht aus Melk)

Zellwekergasse, 23., seit 1961, Edwin Zellweker (1883–1953), Volksbildner

Zeltgasse, 8., seit 1862 (vorher: Zwerchgasse); angeblich standen hier die Zelte des Kara Mustapha bei der 2. Türkenbelagerung Wiens von 1683 (in Wirklichkeit auf der Schmelz!); verlängert 2001 (ab Lange Gasse)

Zemlinskygasse, 23., seit 1957 (vorher: Josef-Weber-Straße), Alexander von Zemlinsky (1871 bis 1942), Dirigent, Komponist, 1904 Kapellmeister an der Wiener Volksoper, 1938 Emigration in die USA

Zennergasse, 16., seit 1971, Adolf Zenner (1893 bis 1970), Bezirksrat (1946 bis 1969), Obmann sozialistischer Vereinigungen

Zennerstraße, 14., seit 1906, Franz Xaver Zenner (1794 bis 1861), Weihbischof, Generalvikar von Wien (1851 bis 1861)

Zenogasse, 12., seit 1894 (vorher: Grünberggasse und Maria-Theresien-Straße), Apostolo Zeno (1668 bis 1750), Hofdichter, Geschichtsschreiber

Zentagasse, 5., seit 1867, s. *Zentaplatz*

Zentaplatz, 5., seit 1905, zur Erinnerung an den Sieg der Österreicher unter Prinz Eugen über die Türken bei Zenta (1697)

Zenzlsteig, 13., seit 1969, Zenzl war der Rufname des Ober-St. Veiter Lokalschriftstellers Vinzenz Jerabek (1873 bis 1963)

Zerbinettagasse, 23., seit 1959, Figur aus der Richard-Strauss-Oper „Ariadne auf Naxos"

Zerritschgasse, 19., seit 1957, Fritz Zerritsch (1865 bis 1938), Bildhauer

Zetschegasse, 23., seit 1956, Eduard Zetsche (1844 bis 1927), Maler (Motive aus der Wachau und Heiligenkreuz)

Zettelweg, 14., seit 1929, Wolfgang Zettel (1824 bis 1848), Fleischergeselle, fiel in der Märzrevolution 1848; siehe *Achtundvierzigerplatz*, siehe *Märzstraße*

Zeuggasse, 5., seit 1862 (vorher: Blumengasse), nach einer 1820 gegründeten Werkzeugfabrik

Ziakplatz, 3., seit 1990, Prof. Dr. Karl Ziak (1902–1987), Schriftsteller, Volksbildner, Verleger; schrieb z. B. „Von der Schmelz auf den Gallitzinberg" (s. Literaturverzeichnis)

Zichygasse, 14., seit 1946 (1940–1946 Herbert-Norkus-Gasse), zur Erinnerung an die Eigentümer des Grundes, die gräfliche Familie Zichy; sie verkaufte die Grundstücke und ließ diese parzellieren

Ziedlergasse, 23., seit 1954 (vorher: Feldgasse), Franz Ziedler (1867–1917), Kämpfer für die Arbeiterbewegung; Maschinist

Ziegelhofstraße, 22., seit 1945 (vorher: Pirquetgasse), in der Nähe bestanden Ziegelöfen

Ziegelofengasse, 4. und 5., seit 1862 (vorher: Piaristengasse), nach hier bestandenen Ziegelöfen

Ziegelofenweg, 21., Benennungsdatum unbekannt, nach einstigen Ziegelöfen

Zieglergasse, 7., seit 1862 (ursprünglich Untere Gasse, dann Ziegelofengasse und Pfauengasse), nach ehemaligen hier bestandenen Ziegeleien

Ziehrerplatz, 3., seit 1933 (vorher: Rochusplatz), Carl Michael Ziehrer (1843 bis 1922), Komponist, Kapellmeister (Operetten, Märsche, Walzer), Herausgeber der „Deutschen Kunst- und Musikzeitung"

Zierleitengasse, 19., seit 1894 (vorher: Neuberggasse), Riedname

Zieselweg, 22., seit 1966, nach dem Nagetier

Ziestgasse, 14., seit 1953, nach der Pflanzengattung (Stachys)

Zifferergasse, 22., seit 1955 (vorher: Resselgasse), Dr. Paul Zifferer (1879 bis 1929), Schriftsteller, Journalist

Zillbauerplatz, 22., seit 1966, nach einem Siedlerfunktionär

Zillbauerweg, 22., seit 1966, s. *Zillbauerplatz*

Zillengrund, 22., seit 2004, früher wurden in diesem Bereich der „Unteren Alten Donau" die Zillen der Ansiedler befestigt

Zillingergasse, 22., seit 1907, Johann Zillinger (1780–1859), Bürgermeister von Kagran

Zimbagasse, 14., seit 1972, nach dem 2.643 m hohen Berg in Vorarlberg (zwischen Brand und Vandans)

Zimmerlweg, 19., seit 1992, Christl Zimmerl (1939 bis 1976), Solotänzerin der Wiener Staatsoper

Zimmermanngasse, 9., seit 1899, s. *Zimmermannplatz*

Zimmermannplatz, 9., seit 1884, Georg Ritter von Zimmermann (1827 bis 1896) Hofrat, Amtsdirektor, Gemeinderat des Vorortes Hernals, zu dessen Gemeindegebiet die Verkehrsfläche bis 1905 zählte; Wohltäter

Zinckgasse, 15., seit 1864 (bis 1894 zum Teil: Moeringgasse), Andreas Zinck, um 1850 Grundbesitzer in der Gegend; verkaufte dem Staat 1847 um 7.900 Gulden die Flächen auf der Schmelz für die Anlegung eines Exerzierfeldes

Zinnergasse, 11., seit 1894 (vorher: Fabriksgasse), Matthias Zinner (gest. 1836), Hofjäger in Kaiser-Ebersdorf

Zinnienweg, 22., seit 1954, nach der Zierpflanze (Zinnia)

Zippererstraße, 11., seit 1904, Georg Zipperer, um 1850 Grundbesitzer in der Gegend; eröffnete diese Straße durch Hausbau

Zirkusgasse, 2., seit 1862 (vorher: Große Fuhrmannsgasse), 1853 wurde hier für den Zirkus Renz ein Gebäude errichtet, das 1944 vernichtet wurde (1957 demoliert)

Zitterhofergasse, 7., seit 1898 (vorher: Kirchberggasse), Ambros Gustav Zitterhofer (1824 bis 1894), Pfarrer von St. Ulrich; Schottenpriester

Znaimer Gasse, 21., seit 1978, nach der Stadt in Tschechien (Znojmo)

Zöchbauerstraße, 16., seit 1900, Josef Zöchbauer (1797 bis 1856), erster Bürgermeister und letzter Ortsrichter von Breitensee

Zöllnerweg, 11., seit 1956 (vorher: Biberweg), Philipp Zöllner (1785–1870), Charakterkomiker; Weg in der Siedlung „Simmeringer Haide"

Zöppelgasse, 12., seit 1894 (vorher: Hoffmanngasse), die Brüder Johann Josef (gest. 1580) und Ulrich Christoph (gest. 1584) Zöppel von Haus waren Lehensherren zu Altmannsdorf

Zohmanngasse, 10., seit 1913, Gregor Zohmann (1825 bis 1905), Schuhmachermeister, Obmann des Armeninstituts

Zolagasse, 14., seit 1929, Emile Zola (1840 bis 1902), französischer Schriftsteller, Vertreter des sozialkritischen Naturalismus („Nana", „Germinal", „Der Zusammenbruch")

Zollergasse 7., seit 1862 (vorher: Beim Gottesacker, Obere Gasse, Rittergasse, Wenzelsgasse), Michael von Zollern (1665 bis 1756), Tuchhändler, errichtete die „Zollerschule" (Schulstiftung für arme Kinder)

Zollernsperggasse, 15., seit ca. 1864, Riedname, schon 1365 urkundlich erwähnt

Zollgasse, 3., seit 1862 (vorher: Kegelgasse), nach dem 1841–1847 erbauten Hauptzollamt

Zouvalgasse, 23., seit 1971, Franz Zouval (1894 bis 1968), Bezirksrat (1949 bis 1968), ÖVP

Zrinyigasse, 20., seit 1869 (vorher: Kleine Gärtnergasse, Quergasse), Niklas Graf von Zrínyi (1508–1566), Verteidiger der ungarischen Festung Szigetvár gegen die Türken (fand bei einem Ausfall den Tod)

Zschokkegasse, 22., seit 1933, Heinrich Zschokke (1771–1848), Schriftsteller (Pseudonym Johann von Magdeburg), politischer Publizist, liberale Tendenz, lebte seit 1796 in der Schweiz

Zsigmondygasse, 11., seit 1956, Richard Zsigmondy (1865–1929), Chemiker, Nobelpreis 1925; beschäftigte sich mit Kolloiden („Kolloidchemie", 1912)

Zuckerkandlgasse, 19., seit 1925 (1938 bis 1947: Stellwaggasse), Dr. Emil Zuckerkandl (1849 bis 1910), Anatom, Univ.-Prof. (1879–1882 in Wien, dann in Graz, ab 1888 wieder in Wien)

Zülowgasse, 10., seit 1968, Franz von Zülow (1883 bis 1963), Maler, Graphiker, Mitarbeiter der Wiener Werkstätten und Mitglied der Wiener Secession (ab 1933 bzw. 1946); Ölbilder, Entwürfe für Tapeten und Stoffe

Zufahrtsstraße, 2., seit 1921 (vorher ab 1873: Kleine Zufahrtsstraße), ehemalige Zufahrt zur Rotunde

Zufferbrücke, 13. und 14., seit 1919 (vorher: Franz-Karl-Brücke), Josef Zuffer (1850 bis 1909), Brückenbauingenieur

Zukunftsweg, 21., seit 1960

Zumbuschgasse, 11., seit 1956 (bis 1894 Feldgasse, 1894 bis 1956 Ruthgasse), Kaspar Ritter von Zumbusch (1830 bis 1915), Bildhauer (Beethoven-Denkmal, Maria-Theresien-Denkmal, Radetzky-Denkmal)

Zum weißen Kreuz, 19., seit 1974, alte Flurbezeichnung (Weinbergsäule)

Zur Spinnerin, 10., seit 1897, nach der sagenumwobenen Gedenksäule; 1372 als Hinrichtungsstätte erstmals urk. erwähnt, die letzte Hinrichtung fand 1868 statt

Zwachgasse, 23., seit 1955 (vorher: Krenngasse), Adolf Zwach (1863 bis 1951), Vizebürgermeister von Inzersdorf

Zwerchhäckerweg, 22., seit 1953, Flurname

Zwerchbreitelngasse, 21., seit 1956 (vorher: Kirchberggasse), Riedname

Zwerenzweg, 13., seit 1954 (vorher: Raabgasse), Mizzi Zwerenz (1876 bis 1947), Operettensängerin

Zwerggasse, 2., seit 1875, auffallend kurze Gasse

Zwerggrabengasse, 23., Benennungsdatum unbekannt, Flurname

Zwerngasse, 17., seit 1894 (vorher: Augasse), Flurname; besagt, dass die Äcker „zwern" (kreuz und quer) liegen

Zwicklgasse, 11., seit 1895 (vorher: Dirndlhofgasse), Johann Zwickl (1756 bis 1815), 1787 bis 1812 Ortsrichter in Simmering; Schmied

Zwillinggasse, 19., seit 1933 (1895 bis 1933 Kinderasylgasse), Viktor Zwilling (1861 bis 1931), Lehrer, Landtagsabgeordneter, Direktor des Kinderasyls „Humanitas"

Zwingligasse, 15., seit 1937, Ulrich Zwingli (1484 bis 1531), Schweizer Reformator; urspr. Anhänger Luthers, in der Abendmahlfrage mit ihm entzweit, fiel als Feldprediger in den Schweizer Religionskriegen

Zwinzstraße, 16., seit 1900, Ignaz Zwinz (1825 bis 1893), Gemeinderat von Breitensee

Zwölfergasse, 15., seit 1864 (vorher: Ober-Rusten), Heinrich Zwölfer (1776 bis 1836), Braumeister, Besitzer des Fünfhauser Brauhauses

Zwölfpfenniggasse, 10., seit 1968; um 1528 war das die Höhe der Geldbuße (pro Stück Vieh) für unerlaubte Benutzung der Weide

Zyklamengasse, 14., seit 1953, nach der Pflanzengattung („Alpenveilchen", Cyclamen)

Zypressenweg, 22., seit 1954, nach der mediterranen Baumart (Cupressus sempervirens)

Literaturverzeichnis

Josef Adler/Clemens M. Gruber: Berühmte Gräber in Wien und Umgebung, 2. Auflage, Wien 1991

Amtsblatt der Stadt Wien

Werner T. Bauer: Die Wiener Märkte. 100 Märkte, vom Naschmarkt bis Flohmarkt, Wien 1996

Felix Czeike: Historisches Lexikon Wien in 5 Bänden. Band 1: Wien, 1992, Band 2: Wien, 1993, Band 3: Wien 1994, Band 4: Wien 1995, Band 5: Wien 1997, Band 6 (Ergänzungsband): Wien 2004

Dokumentationsarchiv des österreichischen Widerstandes (Hrsg.): Gedenken und Mahnen in Wien 1934–1945. Gedenkstätten zu Widerstand und Verfolgung, Exil, Befreiung. Eine Dokumentation, Wien 1998

Peter Ernst: Der Wiener Kühfuß. Eine dialektologische Lösung für ein etymologisches Rätsel. In: Wiener Geschichtsblätter 2/2003 (Aufsatz zur Kühfußgasse)

Herbert Exenberger (Hg.): Als stünd' die Welt in Flammen. Eine Anthologie ermordeter sozialistischer SchriftstellerInnen, Wien 2000

Herbert Exenberger: Rosa-Fischer-Gasse – Benennung einer Verkehrsfläche. In: Mitteilungen des DÖW, Februar 2004

Elfriede Faber: Neubau. Geschichte des 7. Wiener Gemeindebezirkes und seiner alten Orte, Wien 1995

Siegwald Ganglmair: Feldwebel Anton Schmid. In: Jahrbuch des Dokumentionsarchives des österreichischen Widerstandes 2002, S. 25–40

Helga Gibs: Hietzing. Zwischen Gestern und morgen, Wien 1996

Helga Gibs: Leopoldstadt. Kleine Welt am großen Strom, Wien 1997

Dietmar Grieser: Wiener Adressen. Ein kulinarischer Wegweiser mit Straßenplänen und Fotos, Wien 1989

Clemens M. Gruber: Berühmte Gräber in Wien. Von der Kapuzinergruft bis zum Zentralfriedhof, Wien 2002

Liselotte Hansen-Schmidt: Donaustadt. Stadt am anderen Ufer, Wien 1992

Hans Havelka: Was Simmeringer Gassennamen zu erzählen wissen, Wien 1985

Roland Peter Herold: Brigittenau. Von der Au zum Wohnbezirk, Wien 1992

Raimund Hinkel: Donaufeld. Heimatkundliche Betrachtungen, herausgegeben anläßlich des Hundertjahr-Jubiläums der Theodor-Körner-Schule, Wien 1984

Erstes Floridsdorfer Straßenverzeichnis, ed. Raimund Hinkel/Bruno Sykora/Richard Vogel, Wien 1977

Walter Hufnagel (Hg.), Querungen. Brücken – Stadt – Wien, Wien 2002

Elfriede Iby/Alexander Koller: Schönbrunn, Wien 2000

Friedrich Javorsky: Lexikon der Wiener Straßennamen, Wien 1964

Informationen der Gemeinschaft der Wohnungseigentümer 5/2006 (zur Franz-Prinke-Gasse)

Jüdisches Wien, Wien 2004

Maria Kinz: Liebenswertes Hernals, 3. Auflage, Wien 1994

Wilhelm Kisch: Die alten Straßen und Plätze Wiens, Wien 1883

Christine Klusacek/Kurt Stimmer: Döbling. Vom Gürtel zu den Weinbergen, Wien 1992

Christine Klusacek/Kurt Stimmer: Erdberg. Dorf in der Stadt, Wien 1992

Christine Klusacek/Kurt Stimmer: Favoriten. Zwischen gestern und morgen, Wien 2004

Christine Klusacek/Kurt Stimmer: Hietzing. Ein Bezirk im Grünen, Wien 1977

Christine Klusacek/Kurt Stimmer: Josefstadt. Beiseln. Bühnen. Beamte, Wien 1991

Christine Klusacek/Kurt Stimmer: Leopoldstadt. Eine Insel mitten in der Stadt, Wien 1978
Christine Klusacek/Kurt Stimmer: Margareten. Zwischen gestern und morgen, Wien 2002
Christine Klusacek/Kurt Stimmer: Meidling. Vom Wienfluß zum Wienerberg, Wien 1992
Christine Klusacek/Kurt Stimmer: Ottakring. Vom Brunnenmarkt zum Liebhartstal, Wien 1983
Christine Klusacek/Kurt Stimmer: Ottakring. Zwischen gestern und morgen, Wien 2005
Christine Klusacek/Kurt Stimmer: Penzing. Vom Wienfluß zum Wienerwald, Wien 1993
Christine Klusacek/Kurt Stimmer: Rudolfsheim-Fünfhaus. Zwischen Wienfluß und Schmelz, Wien 1978
Christine Klusacek/Kurt Stimmer: Simmering. Von der Had zum Monte Laa, Wien 1997
Christine Klusacek/Kurt Stimmer: Währing. Vom Ganselberg zum Schafberg, Wien 1992
Eduard Koutek: Straßen, Gassen und Plätze erzählen Geschichte, Wien 1977
Wolfgang Lauber: Wien. Ein Stadtführer durch den Widerstand 1934–1945, 2. Auflage, Wien 1988
Peter Ulrich Lehner: Solidarität und Sicherheit. Zur 80jährigen Geschichte der Sektion Versicherung in der Gewerkschaft der Privatangestellten, Wien 1983
Lynn Michael/Gregor Ingrid: Der Wiener Naschmarkt. Die Anatomie des Genießens, Wien 1999.
Hermann Möcker: Von der Ostmarkgasse zum Ostarrichi-Park. In: Österreich in Geschichte und Literatur, 40. Jahrgang, 1996, S. 286–290
Ferdinand Opll/Heide Liebhart: Bach – Dorf – Stadt – Bezirk. 1000 Jahre Liesing. In: Wiener Geschichtsblätter, Beiheft 5/2002, Wien 2002
Peter Payer: Der Gestank von Wien. Über Kanalgase, Totendünste und andere üble Geruchskulissen, Wien 1997
Richard Perger: Straßen, Türme und Basteien. Das Straßennetz der Wiener City in seiner Entwicklung und seinen Namen. Ein Handbuch, Wien 1991
Maria Petz-Grabenbauer/Michael Kiehn: Anton Kerner von Marilaun, Wien 2004
Josef Rauchenberger: Stichwort Demokratie. 50 Jahre Zeitgeschehen. Politisches Handbuch, Wien 1994
Manfried Rauchensteiner: Die Zwei. Die große Koalition in Österreich 1945–1966, Wien 1987
Heinz Renner: Die Bau- und Holzarbeiter im Wandel der Zeit. Eine illustrierte Chronik, Wien 1992
Ludwig Rossa: Straßenlexikon von Wien, Wien 1945, und 2. Auflage, Wien 1947
Ludwig Rossa: Straßennamen und deren Erklärung, Wien 1929
Franz Rudolf: Die Wiener Straßennamen, Wien 1901
Walter Sauer (Hrsg.): Das afrikanische Wien. Ein Führer zu Bieber, Malangatana, Soliman (= Studien zum südlichen Afrika, Band 2), Wien 1996
Marlen Schachinger: Wien. Stadt der Frauen. Eine Reiseführerin, Wien 2006
Alfred Schiemer: Auf Ottakrings Spuren. Historische Streifzüge zwischen Gürtel und Gallitzinberg, Wien 1999
Werner Schubert: Favoriten. Von der Siedlung zur Großstadt, Wien 1980
Werner Schubert: Favoriten, ed. Bezirksmuseum Favoriten, Wien 1992
Matthias Settele: Denkmal. Wiener Stadtgeschichten. Vom Walzerkönig bis zur Spinnerin am Kreuz, Wien 1995
Peter Simbrunner: Straßennamen von A–Z, 4. Auflage, Wien 1989

Rudolf Spitzer: Hernals. Zwischen Gürtel und Hameau, Wien 1991
Rudolf Spitzer: Liesing. Altes erhalten, Neues gestalten, Wien 1994
Kurt Stimmer (Hrsg.): Die Arbeiter von Wien, Wien 1988
Hilde Strell-Anderle: Alois Ander. Aus dem Leben eines großen Tenors, Wien 1996
Johann Szegö: Ungarisches Wien. Eine rotweißgrüne Spurensuche, Wien, 1998
Karl Josef Trauner/Karl-Reinhart Trauner: Wiener Straßenbezeichnungen nach Evangelischen. In: Evangelische in Österreich. Vom Anteil der Protestanten an der österreichischen Kultur und Geschichte, hrsg. Evangelischer Presseverband, Wien 1996, S. 60–67
Willi Weinert: „Mich könnt ihr löschen, aber nicht das Feuer". Ein Führer durch den Ehrenhain der Gruppe 40 am Wiener Zentralfriedhof, Wien 2004
Wiener Bezirkshandbücher: 17. Bezirk, hrsg. *Birgit Trinker/Michael Strand,* Wien 2001
Wiener Bezirkshandbücher: 22. Bezirk, hrsg. *Birgit Trinker/Michael Strand,* Wien 2001
Wiener Bezirkshandbücher: 3. Bezirk, hrsg. *Birgit Trinker/Michael Strand,* Wien 2002
Wiener Bezirkshandbücher: 23. Bezirk, hrsg. *Birgit Trinker/Michael Strand,* Wien 2002
Wiener Geschichtsblätter
Volker Wimmer/Helmut Lust: In der Vorstadt samma z'Haus. Das Ottakringer Heimatbuch, Wien 1996
Alfred Wolf: Alsergrund. Bezirk der Dichter und Denker, Wien 1993
Karl Ziak: Von der Schmelz auf den Gallitzinberg. Gang durch die Gassen meiner Kindheit und durch die Geschichte Ottakrings, 3. Auflage, Wien–München 1987

Konkordanzliste

Frühere Bezeichnungen und ihre heutige Entsprechung

(Achtung: Die früheren Bezeichnungen sind nicht immer auf die komplette Verkehrsfläche in heutiger Entsprechung zu übertragen, oftmals betrafen sie nur einen Teil – siehe jeweils unter dem Stichwort)

Abfahrtstraße: Nordportalstraße
Achatgasse: Opalgasse
Ackergasse: Tendlergasse
Adalbert-Schwarz-Gasse: Haymerlegasse
Adalbert-Stifter-Gasse: Heubergergasse
Adalbert-Stifter-Straße: Sofienalpenstraße
Adalbert-Stifter-Weg: Beduzziweg
Adamgasse: Kollmayergasse
Adelgundegasse: Grimmelshausengasse
Adlergasse: Fleschgasse, Geweygasse, Margaretenstraße, Posthorngasse, Thurngasse
Adlerweg: Orelgasse
Adlerzeil: Spitalgasse
Admiral-Scheer-Straße: Wehlistraße
Adolf-Hitler-Platz: Inzersdorfer Kirchenplatz, Josef-Palme-Platz, Kalksburg-Kirchenplatz, Maurer Hauptplatz, Rathausplatz
Adolf-Hitler-Straße: Ketzergasse
Adolf-Kirchl-Straße: Baumannstraße
Adtlgasse: Johannes-Krawarik-Gasse
Albengasse: Thomagasse
Albert(s)gasse: Brüder-Albert-Gasse, Gatterholzgasse, Hebragasse
Albrechtskreithgasse: Dürauergasse
Albrechtsplatz: Albertinaplatz
Allandgasse: Kalvarienberggasse
Alleegasse: Argentinierstraße, Hackinger Straße, Keißlergasse, Pyrkergasse, Tigergasse, Trauttmansdorffgasse
Alleestraße: Lange Allee, Pallenbergstraße
Alsbachstraße: Jörgerstraße
Alsergrund Hauptstraße: Alser Straße
Alser Platz: Frankhplatz
Alservorstädter Glacis: Schwarzspanierstraße
Alsgasse: Alsegger Straße
Alsterbachgässl: Pelikangasse
Alstergasse: Alser Straße
Alte Lerchenfelder Hauptstraße: Lerchenfelder Straße
Alte Lusthaus-Allee: Lusthausstraße
Alte Lusthausstraße: Lusthausstraße
Alter Bergsteig: Neudeggergasse
Alter Bürgerweg: Blechturmgasse
Alter Mühlweg: Dückegasse
Alter Tabor: Gaußplatz
Alte Wieden Hauptstraße: Wiedner Hauptstraße
Althanplatz: Julius-Tandler-Platz
Altmannsdorfer Feldweg: Dobiaschofskyweg
Altmannsdorfer Weg: Hetzendorfer Straße
Altmüttergasse: Karmarschgasse
Amaliengasse: Hansenstraße
Amalienstraße: Hansenstraße
Am Alser Bach: Nussdorfer Straße, Spitalgasse
Am Ameisbach: Marcusgasse
Am Anger: Burggasse, Sankt-Ulrichs-Platz
Am Augartendamm: Nordwestbahnstraße
Am Berg: Eichelhofstraße
Am Berg(e)l: Burggasse, Sankt-Ulrichs-Platz
Ambergerweg: Hirschfeldweg
Am Dreimarkstein: Dreimarksteingasse
Am Exerzierplatz: Friedmanngasse
Am Feld: Gerlgasse
Am Fugbach: Fugbachgasse
Am Gestade: Marienstiege
Am Glacis: Am Heumarkt, Auerspergstraße, Hintere Zollamtsstraße, Landesgerichtsstraße, Museumsplatz
Am Goldegg: Sankt-Elisabeth-Platz
Am hangenden Ort: Untere Donaustraße
Am Holzplatzl: Siebensterngasse
Am Hubertusdamm: Am Bruckhaufen, Am Rollerdamm, Hubertusdamm
Am Kanal: Aspangstraße, Linke Bahngasse, Rechte Bahngasse

Am Lichtensteg, als man unter die Krem geht: Kramergasse
Am Liebhartsgraben: Bachgasse
Am Linienwall: Lerchenfelder Gürtel, Schusswallgasse
Am Mühlbach: Ullmannstraße
Am Paradeplatz: Auerspergstraße, Landesgerichtsstraße
Am Peter: Petersplatz
Am Platz(e)l: Neustiftgasse
Am Rossmarkt: Renngasse
Am Schafberg: Utopiaweg
Am Schlossberg: Vinzenz-Heß-Gasse
Am Schüttel: Schüttelstraße
Amtshausgasse: Obere Amtshausgasse
Am Wiener Neustädter Kanal: Am Kanal
Am Wienufer: Linke Wienzeile
Am Zeißelbühel: Burggasse
An der Alserbreite: Albertgasse
An der Brücke: Obere Donaustraße
An der Donau: Dampfschiffstraße, Erdberger Lände
An der Gstätten: Marienstiege
An der Lerchenfelderlinie: Blindengasse
An der steinernen Stiege: Himmelpfortstiege
An der Stiege: Billrothstraße
An der Wien: Hackinger Straße, Rauchfangkehrergasse, Rechte Wienzeile
Andreasgasse: Dempschergasse, Laudongasse, Pretschgasse, Pretschgogasse
Ankergasse: Schäffergasse
Annagasse: Goldeggasse, Hellgasse, Lacknergasse, Mauthnergasse, Poschgasse, Schumanngasse, Teichackergasse, Würthgasse
Antoniengasse: Guneschgasse
Antonigasse: Rappachgasse
Anton-Lehner-Platz: Rilkeplatz
Anton(s)gasse: Antonigasse, Erdbergstraße, Hammer-Purgstall-Gasse, Kuefsteingasse, Töpfelgasse, Viktorgasse, Würtzlerstraße
Anton-Schwarz-Gasse: Weidelstraße
An unserer Frauen Stiege: Marienstiege
Anzengrubergasse: Bussongasse, Fimbingergasse, Streitmanngasse
Anzengruberplatz: Musilplatz
Arbeitergasse: Alois-Dachs-Gasse
Arbeiterstrandbadgasse: Arbeiterstrandbadstraße
Arenbergring: Dannebergplatz
Argentinierstraße: Wickhoffgasse
Armesündergasse: Liliengasse
Arnulf-Hansl-Gasse: Gebauergasse
Arsenalweg: Grasbergergasse
Artariagasse: Glatzgasse
Aspanggasse: Alpengasse
Asperngasse: Aspernbrückengasse
Aspernplatz: Julius-Raab-Platz
Aspernstraße: Erzherzog-Karl-Straße
Asylgasse: Kastanienallee
Atzgersdorfer Straße: Giffingergasse
Äußere Gartengasse: Fuhrmannsgasse
Äußere Klostergasse: Fuhrmannsgasse
Auf dem Acker: Neustiftgasse
Auf dem Garten: Neustiftgasse
Auf dem Grieß am Alserbach: Alserbachstraße
Auf dem Griesz: Alserbachstraße
Auf dem hohen Steig: Himmelpfortgasse
Auf den Hürnern: Alserbachstraße
Auf der Dacken: Ballgasse
Auf der Haide: Auf der Simmeringer Haide, Bela-Laszky-Gasse
Auf der Schanze: Deinhardsteingasse
Auf der Scheiben: Rossauer Lände
Auf der Schottenwiese: Pschorngasse
Auf der Schutzen: Schützengasse
Auf der Wendelstatt: Burggasse
Auffahrtsstraße: Südportalstraße
Aufmarschstraße: Hütteldorfer Straße
Augarten-Allee(straße): Heinestraße
Augartendamm: Wasnergasse
Augasse: Pröllgasse, Zwerngasse
Augustengasse: Gölsdorfgasse
Augustinergasse: Augustinerstraße, Oswaldgasse
Aussichtsweg: Perntergasse
Babenbergergasse: Volkragasse
Babenbergersteig: Rielgasse
Bachgasse: Alsegger Straße, Gaulgasse
Bachergasse: Brambillagasse, Viktor-Christ-Gasse
Bachzeile: Hofzeile
Badergries: Rossauer Lände
Badgasse: Alszeile, Eduard-Klein-Gasse, Haidgasse, Hietzinger Kai, Hörnesgasse, Jodlgasse, Michael-Bernhard-Gasse, Parkgasse, Rasumofskygasse, Schafberggasse, Vollbadgasse, Würffelgasse

Badhausgasse: Dr.-Neumann-Gasse, Dommayergasse
Bäckergasse: Korbergasse, Pfeiffenbergergasse, Phillipsgasse
Bäckerstraße: Sonnenfelsgasse
Bahngasse: Angerer Straße, Baumgartenstraße, Cumberlandstraße, Deutschordenstraße, Dörfelstraße, Eduard-Jaeger-Gasse, Rußbergstraße, Smolagasse, Wattgasse
Bahnhofstraße: Eckhartsaugasse, Gerstnerstraße
Bahnstraße: Bettelheimstraße, Kästenbaumgasse, Vernholzgasse
Bahnweg: Pfefferminzenweg
Ballplatz: Josefsplatz
Barchettigasse: Cervantesgasse
Barwiggasse: Spitzergasse
Bauergasse: Brausewettergasse, Mehlführergasse
Bauernfeldplatz: Liechtensteinstraße
(Bau)holz(leg)gstättengasse: Rossauer Lände
Baumgasse: Matrosengasse
Bayrische Landstraße: Mariahilfer Straße
Bebelplatz: Familienplatz
Beethovengasse: Bukovicsgasse, Eisenbachgasse, Eroicagasse, Industriegasse
Bei den minneren Brüdern: Minoritenplatz
Bei den Pfeilschnitzern: Kleeblattgasse
Bei der Haltestelle: Scheydgasse
Bei der Himmelpforte auf dem Steig: Himmelpfortgasse
Beim Gottesacker: Mondscheingasse, Zollergasse
Berggasse: Celtesgasse, Cleesgasse, Cobenzlgasse, Esterházygasse, Hackhofergasse, Hochsatzengasse, Jenbachgasse, Klampfelberggasse, Schartlgasse, Scheibengasse
Bergmeistergasse: Goldscheidgasse
Bergmüllergasse: Bergmillergasse
Bergsteiggasse: Himmelpfortstiege, Khevenhüllerstraße, Pelikangasse, Schindlergasse
Bergstraße: Adolfstorgasse, Raschgasse, Windtenstraße, Wolfersberggasse
Beringgasse: Josef-Moser-Gasse
Berlagasse: Hebbelgasse
Berliner Straße: Heiligenstädter Straße
Bernardgasse: Hasnerstraße
Bernbrunngasse: Münichreiterstraße
Berthagasse: Gudrunstraße
Bertha-von-Suttner-Platz: Weinbergerplatz
Bettlerstiege: Königsklostergasse
Biberweg: Zöllnerweg
Bibliotheksplatz: Josefsplatz
Bilpingerstraße: Wipplingerstraße
Billrothgasse: Gnedgasse
Bindergasse: Tanbruckgasse
Bischof(s)gasse: Erzbischofgasse, Michtnergasse
Bismarckplatz: Hoßplatz
Blecherne T(h)urmgasse: Blechturmgasse, Rainergasse
Blinde(n)gasse: Aichholzgasse, Schwarzgrubergasse
Blindgasse: Ullmannstraße
Blüchergasse: Arnsteingasse
Blümelgasse: Kochgasse
Blütengasse: Dingelstedtgasse
Blumengasse: Kochgasse, Kundmanngasse, Molitorgasse, Welschgasse, Zeuggasse
Blutgasse: Nestelbachgasse
Bockgasse: Beatrixgasse, Gärtnergasse, Lazaristengasse, Postgasse, Vinzenzgasse
Bognergasse: Kremsergasse, Vitusgasse
Bolzanogasse: Bernhard-Bolzano-Gasse
Boschgasse: Anton-Bosch-Gasse
Brandströmgasse: Brändströmgasse
Braugasse: Staglgasse
Bräuhausgasse: Brauergasse, Cobenzlgasse, Dittmanngasse, Freihofgasse, Gumpendorfer Straße, Mailergasse, Malzgasse, Reznicekgasse, Stampfergasse
Braunhirschengasse: Heinickegasse
Braunschweigplatz: Henriettenplatz
Breinerstraße: Bräunerstraße
Breite Gasse: Albertgasse, Karl-Schweighofer-Gasse, Skodagasse
Breitenfurter Straße: Rothkirchgasse, Wilhelmstraße
Breitenleer Straße: Hausfeldstraße, Quadenstraße
Breitenseer Straße: Enenkelstraße, Missindorfstraße
Breittenstraße: Bräunerstraße
Brestelgasse: Spittelbreitengasse
Breunerstraße: Bräunerstraße
Brigittenauer Brücke: Friedensbrücke

Brucknergasse: Brucknerstraße, Charausgasse
Brücke der Roten Armee: Reichsbrücke
Brückengasse: Pevetzgasse, Rußpekgasse
Brünnlgasse: Brünnlbadgasse
Brünnlmühlgasse: Gilgegasse
Brunnengasse: Sommerergasse, Steineichengasse
Brunnenstraße: Stammhausstraße
Brunnergasse: Kalksburger Straße
Brunngasse: Blindengasse, Chrudnergasse, Geymüllergasse, Kegelgasse, Schubertgasse
Brunnwegstraße: Neilreichgasse
Buchergasse: Christian-Bucher-Gasse
Buchgasse: Nobilegasse
Bürgergasse: Anatourgasse
Bürgermeistergasse: Lichtenfelsgasse
Bürgerplatz: Reumannplatz
Burgenlandgasse: Johann-Gottek-Gasse
Burgenlandstraße: Kalmanstraße
Burggasse: Gablenzgasse, Josefstädter Straße
Burgmairgasse: Fleschgasse
Burgplatz: In der Burg
Burgring: Dr.-Karl-Renner-Ring
Burgtorstraße: Josefstädter Straße
Cäciliengasse: Maysedergasse
Cantacuzinostraße: Edelsinnstraße
Carl-Ludwig-Platz: Richard-Kralik-Platz
Carlsgasse: Boltzmanngasse
Champluken: Kumpfgasse
Champflucken: Kumpfgasse
Cheswassergraben: Kaasgrabengasse
Chorgässlein: Blutgasse
clara semita: Lichtensteg
Clausewitzgasse: Mauthnergasse
Columbusgasse: Neuburgergasse
Concurrenzstraße: Nordportalstraße
Conrad-von-Hötzendorf-Platz: Schlesingerplatz
Croatengasse: Gudrunstraße
Currentgasse: Kurrentgasse
Czedikgasse: Alois-Czedik-Gasse
Czermackgasse: Borschkegasse
Czermakgasse: Leo-Slezak-Gasse
Czerningasse: Nestroyplatz
Czihakgasse: Hillerstraße
Dammstraße: Eichenstraße, Obere Augartenstraße
Dänenplatz: Dänenstraße
Daffingergasse: Rebhanngasse
Dammstraße: Wallensteinstraße
das luckel: Jungferngasse
Dawisongasse: Stranitzkygasse
daz lückelin: Jungferngasse
Defreggergasse: Mögelegasse
Degengasse: Fechtergasse
Deutschmeisterstraße: Münchenstraße
Diepoldgasse: Schrickgasse
Die Stiege: Himmelpfortgasse
Dietmanngasse: Michael-Dietmann-Gasse
Dietrichgasse: Mölker Gasse
Dionysius-Andrassy-Straße: Gallmeyergasse, Geistingergasse
Dirndlhofgasse: Zwicklgasse
Döblergasse: Schrankgasse
Döblingergasse: Elmargasse
Döblinger Straße: Semperstraße
Dörfelgasse: Fiakerplatz
Dollfußplatz: Rooseveltplatz
Domaniggasse: Rosa-Luxemburg-Gasse
Domesplatz: Lorenz-Bayer-Platz
Dominikanerplatz: Postgasse
Donaukanallände: Simmeringer Lände
Donaustraße: An der oberen Alten Donau, Dampfschiffstraße, Meichlstraße, Obere Donaustraße, Pokornygasse, Sickenberggasse, Zachgasse
Dorfgasse: Grundäckergasse, Mautner-Markhof-Gasse, Schmidgunstgasse
Dornbacher Straße: Hüttelbergstraße, Sandleitengasse
Dorotheergasse (Dorothe Gasse): Hofmühlgasse, Taubergasse
Dr.-Engelbert-Dollfuß-Platz: Sillerplatz
Dr.-Josef-Bayer-Gasse: Buchbindergasse
Dr.-Julius-Angerer-Gasse: Brammergasse
Dr.-Julius-Ofner-Gasse: Overbeckgasse
Dr.-Karl-Lueger-Platz: Rathausplatz
Dr.-Karl-Treitl-Gasse: Rudolf-Waisenhorn-Gasse
Dr.-Ludwig-Stein-Gasse: Im Kenzelbrunn
Dr.-Schober-Straße: Futterknechtgasse
Draschegasse: Darnautgasse, Peterlinigasse
Draskovichgasse: Minciostraße
Draustraße: Draugasse
Draxlergasse: Westermayergasse
Drey Hasengasse: Reznicekgasse
Dreyhausengasse: Grassigasse
Drei-Herrgottgasse: Novaragasse

Dreihufengasse: Lehárgasse
Drey-Mohrengasse: Liechtensteinstraße
Drnekweg: Drnekgasse
Droste-Hülshoff-Gasse: Peter-Altenberg-Gasse
Dühringweg: Fürthweg
Düraurergasse: Liebknechtgasse
Dürergasse: Binagasse
Dumreichergasse: Gersunygasse
Durchlaufgasse: Baschgasse
Eberhartgasse: Liebknechtgasse
Ebersdorfer Hauptstraße: Kaiser-Ebersdorfer-Straße
Ebersdorfer Straße: Meißauergasse
Eckermanngasse: Spinozagasse
Eckhartsaugasse: Maargasse
Edmund-Fischer-Gasse: Godlewskigasse
Eduard-Kremser-Gasse: Ofnergasse
Eduard-Lang-Gasse: Steinlegasse
Egerländerplatz: Albin-Hirsch-Platz
Eibesbrunnergasse: Steinackergasse
Eichengasse: Heißgasse, Peitlgasse
Einsiedeleigasse: Jagdschlossgasse
Eipeldauer Straße: Doningasse
Eisenbahngasse: Biraghigasse
Eisenbahnstraße: Avediktstraße
Eisengasse: Wilhelm-Exner-Gasse
Eisnergasse: Neulerchenfelder Straße
Ekhofgasse: Sonnenthalgasse
Elisabethgasse: Brunnengasse
Elisabethpromenade: Rossauer Lände
Elisabethstraße: Lainzerbachstraße
Emiliengasse: Stoffellagasse
Emil-Wimmer-Gasse: Eduard-Klein-Gasse
Endgasse: Karl-Walther-Gasse
Endlergasse: Elßlergasse
Engelgasse: Girardigasse
Engelsplatz: Friedrich-Engels-Platz
Engerthgasse: Haymerlegasse
Entengasse: Burggasse
Enzersdorfer Weg: Kammelweg
Erdberger Hauptstraße: Erdbergstraße
Erlaufstraße: Erlafstraße
Erzherzog-Karl-Gasse: Varnhagengasse
Erzherzog-Karl-Platz: Mexikoplatz
Eskelesgasse: Woltergasse
Eßlinger Gasse: Esslinggasse
Esslingerstraße (sic!): Groß-Enzersdorfer-Straße
Estegasse: Weyrgasse
Esterházygasse: Weilandgasse
Esterházystraße: Waldsteingartenstraße
Ettingshausenplatz: Stefan-Esders-Platz
Eugengasse: Pernerstorfergasse
Eugenplatz: Viktor-Adler-Platz
Exnergasse: Achamergasse, Krütznergasse
Exportakademiestraße: Franz-Klein-Gasse
Faberplatz: Bischof-Faber-Platz
Fabrik(s)gasse: Pilzgasse, Sickenberggasse, Zinnergasse
Fadingerplatz: Stefan-Fadinger-Platz
Färbergässel: Färbergasse
Färbergasse: Hackhofergasse
Färberstraße: Dorotheergasse
Favoriten Linienstraße: Favoritenstraße
Favoritenplatz: Südtiroler Platz
Feikestraße: Stromstraße
Felbergasse: Krausegasse
Feldgasse: Christian-Bucher-Gasse, Chvostekgasse, Cumberlandstraße, Dr.-Heinrich-Maier-Straße, Feldmühlgasse, Fuhrmannsgasse, Gaullachergasse, Grillgasse, Gymnasiumstraße, Hamiltongasse, Kauergasse, Kegelgasse, Keinergasse, Kloepferstraße, Liniengasse, Männertreugasse, Medlergasse, Raffaelgasse, Ranningergasse, Ruthgasse, Ruzickagasse, Schottenfeldgasse, Sevcikgasse, Spargelfeldstraße, Sperrgasse, Steinergasse, Tendlergasse, Theresianumgasse, Trazerberggasse, Viktoriagasse, Weidlichgasse, Werthenburggasse, Weschelstraße, Wimpffengasse, Ziedlergasse, Zumbuschgasse
Feldgassel: Pogrelzstraße
Feldweg: Abelegasse, Stipcakgasse
Ferchergasse: Comeniusgasse
Ferdinandgasse: Altwirthgasse, Dollingergasse
Ferdinand-Raimund-Gasse: Ennemosergasse
Ferdinandsbrücke: Schwedenbrücke
Ferdinandsgasse: Gebrüder-Lang-Gasse, Rotenmühlgasse
Ferdinand-Schindler-Gasse: Schellenseegasse
Fernkorngasse: Käsmayergasse
Ferstelgasse: Haizingergasse, Müllnergasse, Petrarcagasse, Straßergasse

Ferstlgase: Leopold-Ferstl-Gasse
Feuerwerksallee: Ausstellungsstraße
Fiakerdörfl: Apollogasse
Finsenstraße: Steinlegasse
Filzerstraße: Riemergasse
Fischergasse: Csokorgasse, Grimmgasse, Mühlsangergasse, Ulrichgasse
Fischergassel: Fischergasse
Fischerweg: Anglerweg
Flecksiedergasse: Thurygasse
Flickerweg: Erlenweg
Fliedergasse: Königsteingasse
Floragasse: Flurgasse, Friesgasse, Meinhartsdorfer Gasse
Florianigasse: Ehrensteingasse, Floßgasse
Floridsdorfer Hauptstraße: Brünner Straße
Floridusgasse: An der Schanze
Fluchtgasse: Fuchsthallergasse
Flurgasse: Virilligasse
Flussgasse: Rechte Wienzeile
Försterweg: Linkweg
Fontanegasse: Paul-Heyse-Gasse
Forstmeisterallee: Nordbahnstraße
Frankgasse: Anton-Frank-Gasse
Franz-Carl-Gasse: Oelweingasse
Franz(ens)allee: Franzensbrückenstraße
Franzensbrückengasse: Franzensbrückenstraße
Franzensgasse: Murlingengasse, Ortliebgasse
Franzensring: Dr.-Karl-Lueger-Ring, Dr.-Karl-Renner-Ring
Franzensplatz: In der Burg
Franz-Ferdinands-Platz: Schwedenplatz
Franz-Hauer-Gasse: Fritz-Henkel-Gasse
Franz-Josefs-Bahnhof-Straße: Althanstraße
Franz-Josefs-Gasse: Hardtmuthgasse
Franz-Josef-Straße: Hermann-Bahr-Straße
Franz-Karl-Brücke: Zufferbrücke
Franz-Karl-Straße: Amundsenstraße, Cranachstraße
Franz-Schubert-Gasse: Keplingergasse, Pfitznergasse
Frauenfeldplatz: Dr.-Josef-Resch-Platz
Frauengasse: Valentingasse
Freigasse: Treustraße
Freiheitsplatz: Rooseveltplatz
Freihofstraße: Am Freihof
Freisingergasse: Kanitzgasse
Freithofstraße: Semperstraße
Friedensstraße: Friedenshöhegasse
Friedhofgasse: Canevalestraße, Einwanggasse, Liesneckgasse, Mollgasse, Nussgasse, Pachmüllergasse, Rufgasse, Schultheßgasse
Friedhofstraße: An den langen Lüssen, Gemeindeberggasse, Haidackergasse, Hütteldorfer Straße, Kolbegasse, Leinmüllergasse, Samptwandnergasse, Scheibenbergstraße, Waidhausenstraße, Willergasse
Friedhofsweg: Asperner Friedhofsweg
Friedlgasse: Eduard-Pötzl-Gasse
Friedplatz: Albin-Hirsch-Platz
Friedrich-Ludwig-Jahn-Gasse: Treffzgasse
Friedrichsgasse: Leydoltgasse
Fritschgasse: Hilschergasse
Frobergergasse: Kammerergasse
Froschlackengasse: Rotensterngasse
Frueaufweg: Herschmannweg
Fuchsboden: Fuchsbodengasse
Fuchsröhren(gasse): Fuchsröhrenstraße
Fuhrmann(s)gasse: Schellhammergasse, Seidengasse, Sensengasse, Spittelberggasse
Fünfhauser Hauptstraße: Mariahilfer Straße
Fürstengasse: Lacknergasse
Gablenzgasse: Hasnerstraße
Gardegasse: Karl-Schweighofer-Gasse, Spittelberggasse
Gartengasse: Anfanggasse, Haßreitersteig, Novaragasse
Gärtnergasse: Biedermanngasse, Canavesegasse, Eisvogelgasse, Färbermühlgasse, Fuhrmannsgasse, Gartengasse, Grundsteingasse, Hallergasse, Hervicusgasse, Hohenauergasse, Klenaugasse, Lederergasse, Meischlgasse, Mühlgrundgasse, Muthgasse, Novaragasse, Olmagasse, Pramergasse, Rotenberggasse, Steinhagegasse, Stephensongasse, Stiegengasse, Untere Weißgerberstraße, Wallensteinstraße, Weiglgasse, Wiedgasse
Gärtnerstraße: Seefeldergasse
Gässel zur Bastei: Schottenbastei
Gässlein bei den weißen Brüdern: Kurrentgasse

Gasgasse: Wendgasse
Gassel allwo der Juden Grabstätte: Seegasse
Gaßl: Himmelpfortstiege
Gaswerkgasse: Franz-Klein-Gasse
Gaswerkstraße: Kollarzgasse
Gaudenzdorfer Gürtel: Margaretengürtel
Gaudenzdorfer Hauptstraße: Schönbrunner Straße
Gebhartgasse: Leopold-Ernst-Gasse
Gebirgsgasse: Buckalgasse
Geiselberggasse: Reisingergasse
Geißelberger Weg: Gudrunstraße
Gemeindegasse: Canisiusgasse, Csokorgasse, Fehlingergasse, Jägerhausgasse, Knollgasse, Kreindlgasse, Kürnbergergasse, Mühlsangergasse, Rosinagasse, Salmgasse, Schmidgasse, Seumegasse, Strebersdorfer Platz
General-Krauß-Platz: Esteplatz
Georg-Coch-Straße: Uraniastraße
Georgsgasse: Loidoldgasse
Gerasdorfer Straße: Stammersdorfer Straße
Gerbergasse: Mittelgasse, Weimarer Straße
Gerichtsweg: Wienerbergstraße
Gerlgasse: Hohlweggasse, Weißgasse
Gerstlergasse: Herzgasse
Gerstnergasse: Gerstnerstraße
Gestättengasse: Leopold-Ernst-Gasse
Gestettengasse: Kegelgasse
Giesestraße: Michaelerstraße
Girardigasse: Treumanngasse
Giselagasse: Kiningergasse
Giselastraße: Bösendorferstraße
Glacis: Schwarzspanierstraße
Glasergasse: Franz-Glaser-Gasse
Glockengasse: Irisgasse, Kirchberggasse
Gloriettegasse: Abermanngasse, Hohenbergstraße
Glückgasse: Grangasse
Gmaingasse: Lerchengasse
Goethegasse: Scheugasse, Zamaragasse
Goetheplatz: Richard-Wagner-Platz
Goethestraße: Uhligstraße
Goldmarkstraße: Amalienstraße
Goldschmidgasse: Canongasse
Grasgasse: Neulinggasse, Spalowskygasse
Grasweg: Neulinggasse
Grenzackergasse: Grenzackerstraße
Grenzgasse: Böheimgasse, Grenzackerstraße, Perfektastraße, Ruthnergasse
Grenzstraße: Langobardenstraße
Grenzweg: Kirchfeldgasse, Sonnenweg
Gretlweg: Gretlgasse
Griesgasse: Margaretenstraße
Grillparzergasse: Horneckgasse, Isoppgasse, Lechthalergasse, Wöbergasse
Grillparzerstraße: Löwensteinstraße
Grinzinger Friedhofstraße: An den langen Lüssen
Grinzinger Gasse: Hofzeile
Grinzinger Straße: Billrothstraße, Daringergasse, Grinzinger Allee
Grinzinger Weg: Hofzeile
Gröret: Gröretgasse
Große Fuhrmannsgasse: Zirkusgasse
Große Gasse: Alser Straße, Große Sperlgasse
Große Hafnergasse: Große Mohrengasse
Große Kanalgasse: Geystraße
Große Kirchengasse: Kirchengasse, Lichtentaler Gasse
Große Pfarrgasse: Laimgrubengasse
Große Rüdengasse: Rüdengasse
Große Sackgasse: Haslingergasse
Große Schlossgasse: Hornbostelgasse, Schlossgasse, Wallgasse
Große Schmiedgasse: Althanstrasse, Webgasse
Große Schulenstraße: Schulerstraße
Große Steingasse: Stumpergasse
Große Stiftgasse: Stiftgasse
Große Ungarbrücke: Ungarbrücke
Große Zufahrtsstraße: Straße-des-1.-Mai
Großjedlersdorfer Straße: Siemensstraße, Strebersdorfer Straße
Grünberggasse: Zenogasse
Gründergasse: Uhugasse
Grünstraße: Remystraße
Gürtelstraße: Döblinger Gürtel, Dunklergasse, Gaudenzdorfer Gürtel, Hernalser Gürtel, Lerchenfelder Gürtel, Mariahilfer Gürtel, Neubaugürtel, Sechshauser Gürtel, Währinger Gürtel
Guglgasse: Schlüsselgasse
Gumpendorfer Hauptstraße: Gumpendorfer Straße
Guschelbauergasse: Paul-Ehrlich-Gasse

Gustav-Groß-Gasse: Beckgasse
Gustloffgasse: Teschnergasse
Gutenberggasse: Karl-Geiß-Gasse
Gymnasiumstrasse: Haschkagasse
Haberlplatz: Ludo-Hartmann-Platz
Hableweg: Musketierweg
Haböckweg: Haböckgasse
Habsburgplatz: Schuhmeierplatz
Hackinger Allee: Deutschordenstraße
Hackinger Kai: Hackinger Straße
Hafengasse: Klimschgasse
Hafnergässl: Hafnersteig
Hagengasse: Greinzgasse
Hagenwiese: Kreilplatz
Hahnlgasse: Kaisergartengasse
Haidackergasse: Leinmüllergasse
Haidegasse: Demmergasse
Haidengasse: Zeidlergasse
Haidgasse: Klebindergasse
Haidgraben: Kaingasse
Haidweg: Drygalskiweg
Halbgasse: Rosasgasse
Halmgasse: Brudermanngasse, Gilmgasse
Halterbachgasse: Bujattigasse
Haltergasse: Andergasse, Juchgasse, Lechnerstraße
Hamerlinggasse: Schenkendorfgasse
Hamerlingstraße: Kloepferstraße
Hannovergasse: Serravagasse
Hans-Domes-Gasse: Waldrosengasse
Hans-Domes-Straße: Waldrebengasse
Hanslweg: Hanslgasse
Hans-Prock-Gasse: Bertégasse
Hans-Schemm-Platz: Ludo-Hartmann-Platz
Hans-Thoma-Gasse: Karlweisgasse
Hardmuthgasse: Schlanitzgasse
Harkortstraße: Molkereistraße
Hasnerstraße: Geiereckstraße
Hauckgasse: Oppenheimgasse
Hauergasse: Nästlbergergasse
Hauptgasse: Große Sperlgasse, Hernalser Hauptstraße, Kormorangasse
Hauptplatz: Julius-Tandler-Platz, Maurer Hauptplatz, Nussdorfer Platz, Ober-Laaer-Platz, Rupertusplatz, Süßenbrunner Platz
Hauptstraße: Breitenseer Straße, Dornbacher Straße, Floridsdorfer Hauptstraße, Gersthofer Straße, Hernalser Hauptstraße, Hetzendorfer Straße, Hietzinger Hauptstraße, Klederinger Straße, Lainzer Straße, Leopoldauer Platz, Linzer Straße, Meidlinger Hauptstraße, Neuwaldegger Straße, Ottakringer Straße, Penzinger Straße, Pötzleinsdorfer Straße, Prager Straße, Sechshauser Straße, Siegesplatz, Sieveringer Straße, Simmeringer Hauptstraße, Speisinger Straße, Stadlauer Straße, Süßenbrunner Hauptstraße, Taborstraße, Währinger Straße
Hausbergstraße: Gemeindeberggasse
Hausgasse: Sperbergasse
Hauslabgasse: Koppstraße
Haydngasse: Haffnergasse, Volkmargasse
Hechtengasse: Rienößlgasse
Hegergasse: Mellergasse
Heilbronner Straße: Thimiggasse
Heiligenstädter Platz: 12.-Februar-Platz
Heiligenstädter Straße: Grinzinger Straße, Hammerschmidtgasse
Heimgasse: Roißgasse
Heinegasse: Vogelsanggasse
Heinemanngasse: Fischottergasse
Heinikelgasse: Hungerbergstraße
Heinrich(s)gasse: Siccardsburggasse, Zeleborgasse
Heinrich-Kolben-Straße: Bojanusgasse
Heldenplatz: Asperner Heldenplatz
Hellmerweg: Tina-Blau-Weg
Herbeckstraße: Naaffgasse
Herbstgasse: Gänsbachergasse
Herbststraße: Wiesberggasse
Hermann-Göring-Platz: Rooseveltplatz
Hermann-Löns-Gasse: Leidesdorfgasse
Hermanstraße: Reithlegasse
Hermaplatz: Pfarrplatz
Hernalser Friedhofstraße: Schultheßgasse
Herrengasse: Anton-Bosch-Gasse, Bandgasse, Buchfeldgasse, Dreimarksteingasse, Gentzgasse, Greinergasse, Große Sperlgasse, Hofzeile, Laudongasse, Neustiftgasse, Ortliebgasse, Probusgasse, Richtergasse, Schickgasse, Schrankgasse, Spallartgasse
Herzgasse: Strohberggasse
Hetzendorfer Gasse: Fasangartengasse
Hetzendorfer Straße: Fasangartengasse, Maxingstraße
Hetzendorfer Weg: Hetzendorfer Straße

Heugasse(l): Paltaufgasse, Prinz-Eugen-Straße
Hietzinger Kai: Eduard-Klein-Gasse
Hietzinger Brücke: Kennedybrücke
Hietzinger Gasse: Nisselgasse
Hietzinger Hauptstraße: Schönbrunner Schlossstraße
Hietzinger Straße: Schlöglgasse
Hietzinger Weg: Elisabethallee
Hillerweg: Ahornweg
Himberger Straße: Favoritenstraße
Himmelpfortgrund: Sobieskigasse
Himmelstraße: Bellevuestraße
Hinter dem alten Ziegelofen: Lange Gasse
Hinter den Ziegelöfen: Lange Gasse
Hinter der Kaserne: Obere Augartenstraße
Hinter der Schlagstube: Landskrongasse
Hintere Alstergasse: Laudongasse
Hintere Gasse: Fassziehergasse
Hintere Klostergasse: Lederergasse
Hinter Grinzinger Brauhaus: Paul-Ehrlich-Gasse
Hinter St. Pankraz: Naglergasse
Hirschengasse: Ayrenhoffgasse, Billrothstraße, Hauffgasse, Sobieskigasse, Steinackergasse
Hirschenplatz: Nussdorfer Platz
Hirschensteig: Lormweg
Hirschstettner Hauptstraße: Hirschstettner Straße
Hochschulstraße: Feistmantelstraße, Gregor-Mendel-Straße
Hochstraße: Augustinerstraße, Herrengasse
Hoernesgasse: Geologengasse
Höfergasse: Fröbelgasse
Hölderlingasse: Stauraczgasse
Hörbigergasse: Jettmargasse
Hörndlwaldgasse: Strampfergasse
Hörten: Hörtengasse
Hofallee: Schlossallee
Hofergasse: Speckbachergasse
Hoffergasse: Fröbelgasse
Hoffmanngasse: Zöppelgasse
Hofgäßlein: Färbergasse
Hofgartengasse: Hanuschgasse
Hofhaimergasse: Alfred-Grünfeld-Gasse
Hofstallstraße: Museumsplatz, Museumsstraße
Hohenwartgasse: Ettingshausengasse
Hohenwartplatz: Stefan-Esders-Platz
Hohe Warte: Wollergasse
Hohe-Warte-Gasse: Hungerbergstraße
Hohlweggasse: Skodagasse
Hohlwegstraße: Schlachthausgasse
Hollerbeergasse: Schadekgasse
Hollergasse: Turnergasse
Hollitscher Straße: Wagramer Straße
Holzgasse: Kirchfeldgasse
Holzstraße: Nussdorfer Lände, Rossauer Lände
Holzwebergasse: Nowakgasse, Pfarrgasse
Holzweberstraße: Haeckelstraße, Promenadeweg
Horngasse: Käthe-Leichter-Gasse
Horst-Wessel-Platz: Viktor-Adler-Platz
Horst-Wessel-Straße: Willergasse
Hubert-Klausner-Gasse: Osterleitengasse
Hügelgasse: Braunschweiggasse
Hühnergasse: Kaisergartengasse
Hühnerloch: Oppolzergasse
Hüsinggasse: Ranzenhofergasse
Hütteldorfer Straße: Flötzersteig
Hufgasse: Rotensterngasse
Hugergasse: Andreas-Huger-Gasse
Hundsfottgässel: Irisgasse
Hundsturmer Straße: Schönbrunner Straße
Hungelbrunngasse: Schönburgstraße
Hungerbergstraße: Haubenbiglstraße
Ichmanngasse: Simon-Wiesenthal-Gasse
Idagasse: Pater-Schwartz-Gasse
Igelgasse: Johann-Strauß-Gasse
Iglauer Straße: Werfelstraße
Im Hexentanz: Skodagasse
Im Hohlweg: Skodagasse
Im Ledererhof: Ledererhof
Im Saugraben: Gumpendorfer Straße
In den hangenden Lüssen: Hanglüssengasse
In den Sätzen: Billrothstraße
In der dritten Alstergassen: Mariannengasse
In der Froschlacken: Rotensterngasse
In der Sand Gestädten: Sankt-Elisabeth-Platz
In der vordern Alstergassen: Alser Straße
In der Viehtrift: Mayerweckstraße
In der Währingergassen: Währinger Straße
Innerer Burgplatz: In der Burg

Invalidengasse: Oskar-Jascha-Gasse, Warhanekgasse
Inzersdorfer Weg: Am Schöpfwerk
Jägergasse: Hubermanngasse, Papagenogasse, Sinagasse
Jägersteig: Entensteig, Schrötlgasse
Jägerstraße: Markomannenstraße
Jägerweg: Ambrosweg
Jägerzeile: Praterstraße
Jahngasse: Singrienergasse
Jakobsgasse: Lützowgasse, Pappenheimgasse
Jakobstraße: Dunklergasse
Jedleseer Straße: Strebersdorfer Straße
Jedlersdorfer Straße: Jedlersdorfer Platz
Jesuitenplatz: Dr.-Ignaz-Seipel-Platz, Schulhof
Johannesgasse: Ferrogasse, Gutenberggasse, Herklotzgasse, Lacknergasse, Lenaugasse, Nepomukgasse, Sandgasse, Staudgasse, Tivoligasse, Wacquantgasse, Wichtelgasse
Johannesplatz: Sobieskiplatz
Johann-Held-Gasse: Löwenthalgasse
Johann-Nestroy-Gasse: Wichnergasse
Johann-Schwarz-Gasse: Leo-Mathauser-Gasse
Johann-Sebastian-Bach-Gasse: Sonnenfelsgasse
Johann-Strauß-Gasse: Chromygasse, Hadrawagasse, Hasenwartgasse
Johann-Teich-Gasse: Straßmeyergasse
Josef-Baumann-Gasse: Eyblweg
Josef-Christ-Gasse: Kafkastraße
Josef-Friedl-Gasse: Eduard-Pötzl-Gasse
Josef-Hackel-Gasse: Antonigasse
Josef-Huber-Gasse: Josef-Schlima-Gasse
Josefibrunnengasse: Lindengasse
Josef(ph)igasse: Beheimgasse, Lambertgasse, Leitermayergasse, Lindengasse, Pachmüllergasse, Steckhovengasse, Stock im Weg, Talgasse
Josef-Meise-Straße: Friedstraße
Josef-Reiter-Gasse: Max-Reinhardt-Gasse
Josef-Richter-Gasse: Schlenthergasse
Josefsgasse: Karmelitergasse
Josef-Sickinger-Gasse: Natorpgasse
Josefstädter Straße: Schlösselgasse
Josef-Weber-Straße: Zemlinskygasse
Josef-Weichselbaum-Gasse: Basler Gasse
Jubiläumsgasse: Deublergasse
Jubiläumsstraße: Am Langen Felde
Judengasse: Kurrentgasse, Seegasse
Julienstraße: Dr.-Heinrich-Maier-Straße
Julius-Eckel-Gasse: Pleischlgasse
Justus-Möser-Weg: Paoliweg
Kärntner Gasse: Premgasse
Kagraner Hauptstraße: Kagraner Platz
Kagraner Reichsstraße: Wagramer Straße
Kagraner Straße: Patrizigasse, Wagramer Straße
Kahlenberger Weg: Kahlenberger Straße
Kahlenberggasse: Krapfenwaldgasse
Kahlgasse: Sandwirtgasse
Kainzgasse: Steigenteschgasse
Kaiserallee: Favoritenstraße
Kaiser-Franz-Josephs-Brücke: Floridsdorfer Brücke, Kennedybrücke
Kaiser-Franz-Joseph-Straße: Seifertstraße
Kaisergasse: Anschützgasse, Josefstädter Straße, Peter-Kaiser-Gasse
Kaiserin-Elisabeth-Gasse: Mengergasse
Kaiser-Joseph-Brücke: Stadionbrücke
Kaiser-Joseph-Brücken-Allee: Stadionallee
Kaiser-Joseph-Gasse: Wurmbrandgasse
Kaiser-Josef(ph)-Platz: Freiligrathplatz, Friedrich-Engels-Platz
Kaiser-Joseph-Straße: Heinestraße
Kaiser-Karl-Ring: Opernring
Kaiserplatz: Friedrich-Engels-Platz
Kaiserwasserstraße: Winarskystraße
Kaiserweg: Favoritenstraße, Hausgrundweg, Wilhelminenstraße
Kaiser-Wilhelm-Ring: Parkring
Kammerhof: Wildpretmarkt
Kanalgasse: Geystraße, Hafengasse, Kürnbergergasse, Lorystraße
Kandlgasse: Gardegasse, Sorbaitgasse, Spittelberggasse
Kandlstiege: Gardegasse
Kanzlerplatz: Kriemhildplatz
Kapäundlgasse: Schäffergasse
Kapaunergasse: Schäffergasse
Kapellenweg: Contiweg, Elfingerweg
Kapuzinergasse: Mechitaristengasse, Neustiftgasse, Schäffergasse
Karl-Bauer-Gasse: Vogtgasse

Karl-Beck-Gasse: Teschnergasse
Karl-Hofmann-Gasse: Marangasse
Karl-Ludwig-Straße: Magdeburgstraße, Weimarer Straße
Karl-Marx-Platz: 12.-Februar-Platz
Karl-Marx-Straße: Hütteldorfer Straße
Karl-Seitz-Platz: Josef-Palme-Platz
Karlsgasse: Abt-Karl-Gasse, Breitenfelder Gasse, Hoffmeistergasse, Oelweingasse, Pezzlgasse, Pfarrwiesengasse, Schulgasse
Karlskettensteg: Salztorbrücke
Karolinenbrücke: Stadtparkbrücke
Karolinengasse: Geibelgasse, Keylwerthgasse
Karolinenplatz: Sankt-Elisabeth-Platz
Karolygasse: Graf-Starhemberg-Gasse
Kasernengasse: Otto-Bauer-Gasse
Kaserngasse: Florianigasse, Obere Augartenstraße, Skodagasse
Kegelgasse: Zollgasse
Keilgasse: Mölker Steig
Kellergasse: Untere Sätzen
Kernstockgasse: Tauschinskygasse
Kernstockplatz: Familienplatz
Kettenbrückengasse: Marxergasse, Rasumofskygasse
Kinderasylgasse: Zwillinggasse
Kirchberggasse: Zitterhofergasse, Zwerchbreitelngasse
Kirchengasse: Apostelgasse, Brückengasse, Eyblergasse, Garnisongasse, Greinergasse, Grünentorgasse, Himmelstraße, Jesuitengasse, Johannes-Krawarik-Gasse, Kalvarienberggasse, Kienmayergasse, Kirchstetterngasse, Kobelgasse, Kutschkergasse, Liebleitnergasse, Löwengasse, Nisselgasse, Paulanergasse, Pollakgasse, Reindorfgasse, Roesnergasse, Roseggergasse, Sankt-Ulrichs-Platz, Sankt-Veit-Gasse, Schrottensteingasse, Sickenberggasse, Sonnenhofgasse, Stockhammerngasse, Van-Swieten-Gasse, Westbahnstraße
Kirchenplatz: Am Platz, Bischof-Faber-Platz, Favoritenstraße, Gertrudplatz, Khleslplatz, Landstraßer Hauptstraße, Laurentiusplatz, Maria-vom-Siege, Migazziplatz, Münnichplatz, Rodauner Kirchenplatz, Rupertusplatz, Sankt-Bartholomäus-Platz, Sankt-Wendelin-Platz, Schützplatz, Uhlplatz, Wolfrathplatz
Kirchenzeile: Hofzeile
Kirchfeldgasse: Biedermanngasse
Kirschenweg: Pupovacweg
Klabundgasse: Pleischlgasse
Klausenbergerweg: Seeadlerweg
Kleine Fuhrmanngasse: Kleine Mohrengasse
Kleine Gärtnergasse: Zrinyigasse
Kleine Gasse: Kleingasse
Kleine Hafnergasse: Hafnergasse
Kleine Kirchengasse: Barnabitengasse, Marktgasse
Kleine neue Gasse: Kleine Neugasse
Kleine Pfarrgasse: Laimgrubengasse
Kleine Sackgasse: Haslingergasse
Kleine Schiffgasse: Franz-Hochedlinger-Gasse
Kleine Schlossgasse: Meravigliagasse
Kleine Schmiedgasse: Wiesengasse
Kleine Schülerstraße: Domgasse
Kleine Steingasse: Haydngasse
Kleine Stiftgasse: Siebensterngasse
Kleine Ungarbrücke: Ungarbrücke
Kleine Theresiengasse: Oberleitengasse
Kleine Zufahrtsstraße: Zufahrtsstraße
Kleines Gassel in der Josefstadt: Schlösselgasse
Kleingasse: Witthauergasse
Kleppergasse: Mölker Steig, Oppolzergasse
Kleppersteig: Schreyvogelgasse
Kletzinskygasse: Koppreitergasse, Rollingergasse
Klimschgasse: Hafengasse
Klostergasse: Gemeindeaugasse, Gluckgasse, Piaristengasse
Klosterneuburger Straße: Floridusgasse
Kochgasse: Götweihergasse
Königsgasse: Bennogasse
Koflergasse: Diehlgasse, Herbststraße
Koflerpark: Ludo-Hartmann-Platz
Koflerplatz: Ludo-Hartmann-Platz
Kohlgasse: Sebastian-Kohl-Gasse
Kollergerngasse: Schadekgasse
Kolowratring: Schubertring
Kolpingstraße: Winarskystraße
Komödiengasse: Maysedergasse
Kompertgasse: Stauraczgasse
Konrathgasse: Paul-Konrath-Gasse
Kopalplatz: Oskar-Kokoschka-Platz
Koppstraße: Rankgasse

Kornstraße: Korngasse
Kosselgasse: Hocheneggasse
Kothgässel: Blutgasse
Kothgasse: Gumpendorfer Straße, Pramergasse, Rudolfinergasse
Kranichberggasse: Edelsinnstraße
Krankenhausgasse: Thavonatgasse
Krautgasse: Valentingasse
Krebsgasse: Bertoligasse, Löwenburggasse, Marc-Aurel-Straße
Kremser Straße: Lerchenfelder Straße, Mariahilfer Straße, Taborstraße
Krenngasse: Zwachgasse
Kretzgasse: Weisselgasse
Kreuzgasse: Metastasiogasse, Paradisgasse, Rautenkranzgasse, Sellingergasse
Kreuzstraße: Rohrbacherstraße
Kricklplatz: Sobieskiplatz
Kriegsau: Krieau
Kriemhildenstraße: Lieglerstraße
Krongasse: Bienengasse, Bindergasse, Eckmüllnergasse, Gierstergasse, Kranzgasse, Krummgasse, Nattergasse
Kronzprinz-Rudolf-Brücke: Reichsbrücke
Kronprinz-Rudolf-Straße: Lassallestraße
Kronprinz(en)straße: Rustenschacherallee, Schüttelstraße
Kroygasse: Mörthgasse
Krügelgasse: Sechskrügelgasse
Krumme Baumgasse: Krummbaumgasse
Kubitschekweg: Bambergergasse
Kudlichgasse: Kratzmanngasse
Kühberggasse: Inzersdorfer Straße
Kühgassel: Kühgasse
Künstlergasse: Dostalgasse, Dumbastraße
Kugelgasse: Fiakerplatz, Mölker Gasse, Reinprechtsdorfer Straße
Kuhdrift: Pokornygasse
Laaer Straße: Laaer-Berg-Straße
Laaer Weg: Hasenleitengasse
Lachnerstraße: Ferdinand-Löwe-Straße
Ladenburgstraße: Thimiggasse
Laderstraße: Spiegelgasse
Lämmelgasse: Lammgasse
Lagergasse: Pehamgasse
Lagerhausstraße: Messestraße
Laimgrubengasse: Schuhfabrikgasse
Laimgrubner Hauptstraße: Mariahilfer Straße
Lainzer Cottage: In der Hagenau
Lainzer Straße: Arndtstraße
Lammgasse: Schmiedeckgasse, Westbahnstraße
Landesstraße nach Prag: Prager Straße
Landstraße: Linzer Straße
Langackerweg: Langackergasse
Langbehngasse: Reinischgasse
Lange Gasse: Firmiangasse, Friedrich-Kaiser-Gasse, Kahlenberger Straße, Khekgasse, Liechtensteinstraße, Maurer Lange Gasse, Neubaugasse, Rudolfinergasse, Schönbrunner Straße
Lange Kellergasse: Burggasse
Langemarckplatz: Ludwig-Koeßler-Platz
Langenkellergasse: Bandgasse
Langwebergasse: Nedergasse
Lannergasse: Fischingergasse
Lannerstraße: Cassinonestraße
Larischweg: Mosenthalweg
Laskegasse: Dr.-Boehringer-Gasse
Lassingleithnergasse: Redengasse
Laudongasse: Ratschkygasse, Schellhammergasse
Laufsteig: Rennweg
Laurentiusplatz: Schützplatz
Laurenzergassel: Laurenzerberg
Laurenzigasse: Laurenzgasse
Lazaristengasse: Vinzenzgasse
Laxenburger Allee: Altmannsdorfer Straße
Laxenburger Straße: Altmannsdorfer Straße
Lechnergasse: Aßmayergasse
Lederergasse: Weimarer Straße
Leibenfrostgasse: Radelmayergasse
Leichenhofstraße: Semperstraße
Leipziger Gasse: Silvester-Früchtl-Gasse
Leitengasse: Franz-Asenbauer-Gasse
Lenaugasse: Kompertgasse
Leonardigasse: Leonhardgasse
Leopoldauer Straße: Siemensstraße, Wagramer Straße
Leopoldigasse: Eisnergasse, Gebhardtgasse, Grieshofgasse, Leopold-Ernst-Gasse, Lindengasse
Leopold-Müller-Gasse: Stoesslgasse
Leopoldsgasse: Franzensgasse
Leopoldsplatz: Kinzerplatz, Ringelseegasse
Lerchenfelder Straße: Thaliastraße
Lerchenfeldgasse: Steinergasse

Lerchenfeldplatz: Johann-Nepomuk-Berger-Platz
Lerchengasse: Fenzlgasse, Leidesdorfgasse
Lessinggasse: Klopstockgasse
Lidlgasse: Schöffelgasse
Liebfrauenplatz: Stefan-Fadinger-Platz
Liebhartsruhe: Katharinenruhe
Liesingbachstraße: Hintere Liesingbachstraße
Liesinger Straße: Rudolf-Waisenhorn-Gasse
Lindenheimweg: Igelsteig
Liniengasse: Blindengasse, Kolschitzkygasse, Mauthausgasse
Linke Eisenbahngasse: Linke Nordbahngasse
Linke Nordbahngasse: Kramreitergasse
Linnégasse: Moissigasse
Lisztstraße: Georg-Coch-Platz
Lobaugasse: Gänsehäufelgasse
Lobaustraße: Kirschenallee
Löwengasse: Lindauergasse
Loidoltgasse: Tigergasse
Ludwiggasse: Mauthnergasse
Ludwig-Martinelli-Gasse: Bombekgasse
Luisengasse: Mommsengasse, Sechtergasse
Luitpoldgasse: Gottfried-Keller-Gasse
Lumpertgasse: Kettenbrückengasse
Luogeckhe: Lugeck
Lustgasse: Hainburger Straße
Lustig-Prean-Gasse: Jaurésgasse
Luthersteig: Jedlersdorfer Straße
Machplatz: Machstraße
Maderspergergasse: Junkgasse
Märzstraße: Sonnenfelsgasse
Magazingasse: Florianigasse, Jacquingasse, Körnergasse, Mechelgasse
Magazinplatz: Bennoplatz
Magdalenengasse: Rüdigergasse, Spießhammergasse
Magdalenenstraße: Linke Wienzeile
Maitzengasse: Phorusgasse
Malfattigasse: Eitelbergergasse
Malinovsky-Brücke: Floridsdorfer Brücke
Mandlgasse: Czartoryskigasse
Marc-Aurel-Gasse: Gablenzgasse
Marc-Aurel-Straße: Herbststraße
Margaretengasse: Raffaelgasse
Margaretengürtel: Gaudenzdorfer Gürtel
Mariabrunn-Weg: Freesienweg
Mariahilfer Hauptstraße: Mariahilfer Straße
Maria-Josefa-Park: Schweizer-Garten-Straße
Maria-Josefa-Platz: Machstraße
Maria-Theresien-Brücke: Augartenbrücke, Schönbrunner Schlossbrücke
Maria-Theresien-Straße: Hietzinger Hauptstraße, Jaunerstraße, Zenogasse
Maridiangasse: Dänenstraße
Mariengasse: Josefinengasse
Marienplatz: Am Platz
Marienstraße: Chimanistraße, Hameaustraße
Marinonigasse: Bergenstammgasse
Marktgasse: Schwendergasse
Marktplatz: Enkplatz, Graben, Johann-Nepomuk-Berger-Platz, Johann-Nepomuk-Vogl-Platz
Markweg: Gerstmayerweg
Marokkanergasse: Afrikanergasse
Marxergasse: Troststraße
Marx-Meidlinger-Straße: Arsenalweg, Grasbergergasse, Kelsenstraße
Mastschützgasse: Pachmayergasse
Mathildengasse: Perinetgasse
Mathildenplatz: Gaußplatz
Matthias-Schönerer-Gasse: Flachgasse
Matzleinsdorfer Hauptstraße: Wiedner Hauptstraße
Matzleinsdorfer Straße: Niederhofstraße, Rosasgasse, Wiedner Hauptstraße
Mauergasse: Rudolf-Waisenhorn Gasse
Maulpertschplatz: Matteottiplatz
Mautnergasse: Gottschalkstraße
Mautner-Markhof-Gasse: Gebauergasse, Manowardagasse
Maximilianplatz: Rooseveltplatz
Maximilianstraße: Mahlerstraße
Max-Reger-Gasse: Dapontegasse
Mayergasse: Angermayergasse, Paulinengasse
Mayerhofgasse: Fasholdgasse, Gallgasse
Meierhofgasse: Maria-Grengg-Gasse
Meidlinger Gasse: Kellinggasse
Meidlinger Hauptstraße: Wurmbstraße
Meidlinger Straße: Wienerbergstraße
Meidling-Schönbrunner Straße: Schönbrunner Straße
Meistersingerstraße: Mahlerstraße

Meriangasse: Marcusgasse
Meridianplatz: Joseph-Kainz-Platz
Messeplatz: Museumsplatz
Mestrozzigasse: Mendelsohngasse
Metznerstraße: Liebenstraße
Michaelergasse: Keinergasse, Löhrgasse, Wurzbachgasse
Michaelgasse: Zaunergasse
Michalowitzgasse: Karl-Löwe-Gasse
Michael-Pacher-Gasse: Zehdengasse
Miesbachgasse: Vivenotgasse
Milchstraße: Milchgasse
Millergasse: Aichholzgasse
Mineralbadgasse: Michael-Bernhard-Gasse
Mittelgasse: Rainergasse, Robert-Hamerling-Gasse
Mittelstraße: Wiegelestraße
Mittelrustengasse: Viktoriagasse
Mitterberggasse: Schumanngasse, Staudgasse
Mittere Gasse: Josefsgasse
Mittergasse: Schottenfeldgasse
Mitterpointleiten: Messenhausergasse
Mitterweg: Erdbergstraße
Mittlere Gasse: Haidgasse, Neulerchenfelder Straße, Treustraße
Mittlere Hauptstraße: Neulerchenfelder Straße
Mittlerer Feldweg: Wulzendorfstraße
Mölkerbastei: Schreyvogelgasse
Möllwaldhof: Möllwaldplatz
Moeringgasse: Zinckgasse
Mohapelgasse: Tempelgasse
Mohngasse: Jahngasse
Mohrengasse: Große Mohrengasse
Moltkegasse: Dunantgasse
Mondscheingasse: Lehnergasse
Montleartgasse: Effingergasse
Moritz-von-Schwind-Gasse: Tewelegasse
Moritz-Zander-Gasse: Atzlergasse
Morizgasse: Toßgasse
Mostlergasse: Glatzgasse
Mozartgasse: Eyslergasse, Paminagasse, Podlahagasse
Mühlbachgasse: Alsegger Straße, Mühlgasse, Preindlgasse, Ullmannstraße
Mühlfeldgasse: Holzmeistergasse
Mühlgasse: Bentheimstraße, Böhmmühlgasse, Dampfmühlgasse, Dommesgasse, Dückegasse, Jörgerstraße, Karl-Krestan-Gasse, Klugargasse, Mittermayergasse, Morizgasse, Utendorfgasse
Mühlsangergasse: Csokorgasse
Mühlstraße: Morelligasse
Müllerweg: Hovenweg
Münchnerbotengasse: Schottenfeldgasse
Nadenweg: Gallitzinstraße
Nauseagasse: Julius-Meinl-Gasse
Nelkenweg: Pfeilkrautweg
Neubau Hauptstraße: Neubaugasse
Neuberggasse: Zierleitengasse
Neuburger Straße: Plankengasse, Währinger Straße
Neue Gasse: Edelhofgasse, Esterházygasse, Karl-Schweighofer-Gasse, Lerchengasse, Michelbeuerngasse, Reichsapfelgasse, Turnergasse, Untere Augartenstraße
Neue Gaße (sic!) **auf der Neuen Wieden**: Große Neugasse
Neue Gasse im Sack: Pfeilgasse
Neue Straße: Pierrongasse
Neuer Kienmarkt: Wildpretmarkt
Neufellnergasse: Wittmayergasse
Neugasse: Biererlgasse, Eglseegasse, Hardtgasse, Kirchhoffgasse, Klenaugasse, Spanngasse, Steinlechnergasse, Wattmanngasse
Neulerchenfelder Hauptstraße: Neulerchenfelder Straße
Neumayrplatz: Hofferplatz
Neuschottengasse: Piaristengasse
Neustädter Poststraße: Triester Straße
Neustiftgasse: Agnesgasse, Koppstraße, Krottenbachstraße, Sobotagasse
Neuwaldegger Straße: Herbeckstraße
Neuwallgasse: Karl-Löwe-Gasse
Neu-Wiedner Straße: Margaretenstraße
Nordbahngasse: Werndlgasse
Nordbahnhofplatz: Nordbahnanlage
Nordwestbahnkolonie: Koloniestraße, Werndlgasse
Nordwestbahnstraße: Am Nordwestbahnhof
novum forum: Neuer Markt
nuiwe market: Neuer Markt
Nussallee: Breitenseer Straße
Nussdorfer Straße: Heiligenstädter Straße, Langackergasse
Nussdorfer Weg: Heiligenstädter Straße
Obere Alleegasse: Argentinierstraße

Obere Alleestraße: Plößlgasse
Obere Annagasse: Lacknergasse, Mollardgasse
Obere Bergsteiggasse: Bergsteiggasse
Obere Bräuhausgasse: Margaretenstraße
Obere Bräunerstraße: Bräunerstraße, Habsburgergasse
Obere Brunngasse: Lindengasse
Obere Burgtorstraße: Josefstädter Straße
Obere Donaustraße: An der oberen Alten Donau
Obere Fischergasse: Fischergasse, Ulrichgasse
Obere Gärtnergasse: Eisvogelgasse, Seidlgasse
Obere Gasse: Gaullachergasse, Zollergasse
Obere Gestättengasse: Luftbadgasse
Obere Haidschüttgasse: Wolfsschanzengasse
Obere Hauptgasse: Gaullachergasse
Obere Hauptstraße: Nussdorfer Straße, Ottakringer Straße, Sieveringer Straße
Obere Kellergasse: Am Bisamberg
Obere Kirchengasse: Anton-Böck-Gasse
Obere Klostergasse: Lederergasse
Obere Landstraße: Landstraßer Hauptstraße
Obere Märzstraße: Meiselstraße
Obere Pfarrgasse: Laimgrubengasse
Obere Quergasse: Dempschergasse, Sellingergasse
Obere Reisnerstraße: Reisnerstraße
Obere Saugasse: Myrthengasse
Obere Schleifmühlgasse: Schleifmühlgasse
Obere Schlossgasse: Margaretenstraße
Obere Wehrgasse: Mollardgasse
Obere Ziegelofengasse: Ostmarkgasse
Obere Zwerchgasse: Kirchstetterngasse
Obermayergasse: Weisselgasse
Ober-Rusten: Zwölfergasse
Ober-St.-Veiter-Gasse: Veitingergasse
Oberwiedengasse: Oberwiedenstraße
Ochsengasse: Schmelzgasse
Ochsenheimerweg: Kornfeldweg
Ofenlochgasse: Kleeblattgasse
Ortsstraße: Sieveringer Straße
Ostbahnbrücke: Stadlauer Brücke
Ottakringer Hauptstraße: Ottakringer Straße
Ottakringer Straße: Güpferlingstraße
Ottokar-Kernstock-Gasse: Carlbergergasse
Ottokar-Kernstock-Straße: Jägerstätterstraße, Zangerlestraße
Paradiesgasse: Paradisgasse
Parhamerplatz: Clemens-Hofbauer-Platz
Parkgasse: Am Krautgarten, Anton-Langer-Gasse, Ghelengasse, Hadikgasse, Hockegasse, Josef-Kutscha-Gasse, Leopold-Ferstl-Gasse, Marnogasse, Purkytgasse, Pyrkergasse, Waldegghofgasse
Parkstraße: Hasenauerstraße, Vogelweidplatz
Passauer Gasse: Passauer Platz, Salvatorgasse
Pater-Abel-Platz: Friedrich-Engels-Platz
Patrubangasse: Friedrich-Knauer-Gasse, Wöhlergasse
Paul-Ehrlich-Gasse: Trummelhofgasse
Paul-Hock-Straße: Haulerstraße
Paulusgrund: Paulusplatz
Paulusgrund-Hauptstraße: Landstraßer Hauptstraße
Paulushöhe: Hainburger Straße
Pelikangasse: Lerchenfelder Gürtel, Stiftgasse
Penkgasse: Eduard-Sueß-Gasse
Penzinger Poststraße: Mariahilfer Straße
Penzinger Straße: Mariahilfer Straße
Perchtoldsdorfer Straße: Hochstraße
Pereiragasse: Jurekgasse
Pestalozzigasse: Swobodagasse
Petersgasse: Weißgasse
Petersplatz: Parhamerplatz
Petrarcagasse: Ferstelgasse
Pezzlgasse: Halirschgasse, Rhigasgasse
Pfarrgasse: Albrechtsbergergasse, Einwanggasse, Maria-Treu-Gasse, Nowakgasse, Pfarrhofgasse, Westbahnstraße
Pfarrhofgasse: Kefergasse
Pfauengasse: Zieglergasse
Pfefferhofstraße: Radetzkystraße
Pfeifergasse: Sedlitzkygasse
Pfeilerstraße: Kleeblattgasse
Piaristengasse: Jodok-Fink-Platz, Ziegelofengasse
Pichlergasse: Andergasse, Müglendergasse

Pirquetgasse: Dr.-Otto-Neurath-Gasse, Ziegelhofstraße
Plankengasse: Diabelligasse, Diefenbachgasse, Pelzer-Rennweg, Prandaugasse, Pyrkergasse, Savoyenstraße
Plankgasse: Kuffnergasse
Planettaplatz: Parhamerplatz
Platzgasse: Mozartgasse, Mozartplatz
Pleischlgasse: Klabundgasse
Plenergasse: Greifgasse
Plenklergasse: Paniglgasse
Poestionsgasse: Kuhngasse
Pötzleinsdorfer Hohlweg: Khevenhüllerstraße
Pötzleinsdorfer Straße: Hartäckerstraße, Kreuzwiesengasse
Porteplatz: Lerchenfelder Gürtel
Porzellaingasse: Porzellangasse
Postgasse: Barbaragasse
Poststraße: Linzer Straße
Pouthongasse: Pfadenhauergasse
Prälatenkreuzgasse: Devrientgasse
Prager Reichsstraße: Alliiertenstraße, Prager Straße
Prager Straße: Radetzkystraße
Pratergürtelstraße: Rustenschacherallee, Sportklubstraße
Preitenstraße: Bräunerstraße
Pressburger Straße: Breitenleer Straße, Schlosshofer Straße
Preysinggasse: Trogergasse
Prinz-Eugen-Straße: Felix-Mottl-Straße
Promenade: Weilgasse
Promenadegasse: Isbarygasse
Promenadeweg: Alois-Kraus-Promenade
Quadenstraße: Wiethestraße
Quellengasse: Quellenstraße, Rottmayrgasse
Quergasse: Anna-Frauer-Gasse, Batschegasse, Cramolinigasse, Friedmanngasse, Funkgasse, Hillerstraße, Holzgasse, Loidoldgasse, Tempelgasse, Vizanigasse, Wasagasse, Zrinyigasse
Raabgasse: Zwerenzweg
Raasdorfer Straße: Böckingstraße
Rabengasse: Beatrixgasse, Rüdengasse
Radetzkygasse: Hohenfeldgasse, Leipziger Straße, Pohlgasse
Radgässlein: Rotgasse
Raimundgasse: Greyledergasse
Rainerplatz: Rilkeplatz
Raingasse: Gassergasse
Randstraße: Amarantgasse
Raschgasse: Gaheisgasse
Rathausstraße: Landesgerichtsstraße
Rauchfangkehrergasse: Kleine Pfarrgasse, Rasumofskygasse
Raymondgasse: Fred-Raymond-Gasse
Rechte Eisenbahngasse: Rechte Nordbahngasse
Redtenbachergasse: Rotenhofgasse
Reformvereinsgasse: Schöffelgasse
Regierungsgasse: Leopold-Figl-Gasse
Reichsbrückenstraße: Lassallestraße
Reichsratsplatz: Schmerlingplatz
Reichsstraße: Simmeringer Hauptstraße
Reindorfer Straße: Sechshauser Straße
Reinhartgasse: Haberlgasse, Schlöglgasse
Reinprechtsdorfer Hauptstraße: Margaretenstraße, Reinprechtsdorfer Straße
Reisingergasse: Hofherrgasse
Reitergasse: Haberlandtgasse, Skodagasse
Rennweggasse: Rennweg
Resselgasse: Granichstaedtengasse, Zifferergasse
Revolutionsplatz: Albertinaplatz, Ballhausplatz
Richardgasse: Jaurésgasse, Leebgasse
Richtergasse: Rotenkreuzgasse
Richthofengasse: Jaurésgasse
Rieplgasse: Werndlgasse
Ring des 12. November: Dr.-Karl-Lueger-Ring, Dr.-Karl-Renner-Ring
Ringelseeplatz: Ringelseegasse
Rittergasse: Burggasse, Deinhardsteingasse, Klostermanngasse, Zollergasse
Robert-Franz-Gasse: Weißenthurngasse
Rochusgasse: Jheringgasse
Rochusplatz: Ziehrerplatz
Römergasse: Krumböckgasse
Rofranogasse: Lerchenfelder Straße
Rollergasse: Offenbachgasse
Roseggergasse: Dörmanngasse, Felsgasse, Isoppgasse, Khekgasse, Salzwiesengasse, Schembergasse
Roseggerring: Salusgasse
Rosengasse: Fillgradergasse, Königseggasse
Rosenhügelgasse: Sautergasse
Rosenhügelstraße: Zeillergasse
Rosenkranzplatz: Marschallplatz

Rosenweg: Heschweg
Rosinagasse: Glatzgasse
Rosmaringasse: Myrthengasse
Roterdstraße: Baumeistergasse, Heiderichstraße, Winterburgergasse
Rothgasse: Rotgasse
Rotundenbrückenallee: Rotundenallee
Rudolf-Boeck-Gasse: Sillergasse
Rudolf-Goldscheid-Gasse: Goldscheidgasse
Rudolfsgasse: Aßmayergasse, Boergasse, Draskovichgasse, Hartdtmuthgasse, Juchgasse
Rudolfsheimer Hauptstraße: Sechshauser Straße
Rudolfskettensteg: Bischofsteg
Rudolfsstraße: Franklinstraße, Johnstraße
Rüdigergasse: Siegfriedgasse
Rüdigerstraße: Radingerstraße
Ruprechtsgasse: Sobieskigasse
Rustendorfer Neue Gasse: Reichsapfelgasse
Rustengasse: Josef-Ruston-Gasse
Ruthgasse: Zumbuschgasse
Saarlandgasse: Strassergasse
Sachsengasse: Testarellogasse
Sackgasse: Bräuhausgasse, Gurkgasse, Haebergasse, Hofmoklgasse, Münzgasse, Schalkgasse, Schwendenweingasse
Saillergasse: Lindauergasse
Salmannsdorfer Straße: Artariastraße
Salvatorgasse: Freundgasse, Passauer Platz
Salzgasse: Marc-Aurel-Straße
Sandrartgasse: Rummelhardtgasse
Santa-Lucia-Platz: Elderschplatz
Sauberggasse: Dr.-Kühne-Gasse
Sauerkräutlergasse: Brünnlbadgasse
Schabdenrüsselgasse: Czerningasse, Czerninplatz
Schäffergassl: Myrthengasse
Schalichstraße: Friedrich-Hillegeist-Straße
Schanzstraße: Kaudersstraße, Sporckplatz
Scharnhorstgasse: Friesgasse
Schauffelgasse: Schauflergasse
Schauflerlüchen: Schauflergasse
Schauflochgasse: Schauflergasse
Schaumburgerstraße: Troststraße
Schauspielgasse: Komödiengasse
Schawel-Allee: Heinestraße
Scheibenplatz: Katharinenruhe
Scheibenstraße: Steinachgasse
Schellhammerplatz: Friedmanngasse
Scheuchgasse: Glasergasse
Scheunenstraße: Jedlersdorfer Straße
Schießstattgasse: Walkergasse
Schiffgasse: Nelkengasse, Trautsongasse
Schiffstraße: Fultonstraße
Schildkrotgasse: Seidengasse
Schillergasse: Makartgasse, Palmaygasse, Vierthalergasse
Schillerplatz: Liesinger Platz
Schillerstraße: Weidelstraße
Schillingergasse: Klitschgasse
Schlachthausbrücke: Stadionbrücke
Schlachthausbrückenallee: Stadionallee
Schlagbrücke: Schwedenbrücke
Schlangengasse: Reznicekgasse
Schlaptenpromenade: Museumstraße
Schlesingerstraße: An der Hölle
Schlingerstraße: Hermann-Bahr-Straße
Schlögelgasse: Elisabethallee
Schlösselgasse: Lambrechtgasse, Tulpengasse
Schlossallee: Gregorygasse
Schlossgasse: Osterleitengasse, Schlossberggasse, Vinzenz-Heß-Gasse
Schmelzer Friedhofstraße
Schmelzgasse: Fröbelgasse, Lehnergasse, Sampogasse
Schmerlinggasse: Wichtelgasse
Schmidgasse: Amtshausgasse, Aspernbrückengasse
Schmidtgasse: Attemsgasse, Messerschmidtgasse, Wattmanngasse
Schmiedgasse: Bärengasse, Beckmanngasse, Braunhirschengasse, Grangasse, Mühlgasse, Satzberggasse, Zehenthofgasse
Schneidergassel: Fischergasse
Schnellgasse: Magdalenenstraße
Schoberstraße: Weibelstraße
Schöffelgasse: Cervantesgasse
Schönbergweg: Husarenweg
Schönbrunner Hofallee: Schlossallee
Schönbrunner Straße: Mariahilfer Straße, Scheibenbergstraße
Schönerergasse: Matthias-Schönerer-Gasse
Schönererstraße: Heinestraße
Schottengasse: Redtenbachergasse
Schottensteig: Helferstorferstraße

Schottentorgasse: Florianigasse
Schrankgasse: Döblergasse
Schredtgasse: Neulinggasse
Schubertgasse: Dampfbadgasse, Josef-Bühl-Gasse, Vertexgasse, Welingergasse
Schubertstraße: Hasenöhrlstraße, Ibachstraße
Schützengasse: Hentschelgasse
Schüvellucke: Schauflergasse
Schulgasse: Bendlgasse, Diesterweggasse, Dirmhirngasse, Drischützgasse, Eslarngasse, Felbigergasse, Frauenheimgasse, Hägelingasse, Herklotzgasse, Kardinal-Nagl-Platz, Kindermanngasse, Knotzenbachgasse, Konstanziagasse, Mannagettagasse, Meißnergasse, Pronaygasse, Rückertgasse, Säulengasse, Storchengasse, Windhabergasse
Schulgassel: Johannes-Krawarik-Gasse
Schulweg: Aussichtsweg, Grosserweg, Spindlerweg
Schuolstrazze: Schulerstraße
Schustergasse: Karczaggasse
Schwabengasse: Siebensterngasse
Schwanengasse: Clementinengasse
Schwangasse: Marco-d´-Aviano-Gasse
Schwarzadlergasse: Mariannengasse
Schwarzenberggasse: Zeillergasse
Schwechater Hauptstraße: Simmeringer Hauptstraße
Schwechater Straße: Dreherstraße
Schwedengasse: Lorenz-Müller-Gasse
Schweinemarkt: Lobkowitzplatz
Schwenkgasse: Herrenholzgasse
Schwibbogengasse: Trautsongasse
Schwimmschulallee: Lassallestraße
Schwimmschulmais: Mexikoplatz
Sechshauser Hauptstraße: Sechshauser Straße
Sechsschimmelgasse: Schimmelgasse
Seegasse: Rögergasse
Seidlgasse: Drdlagasse
Seilergasse: Kolonitzgasse
Seillergasse: Bernardgasse
Sennhofergasse: Hahngasse
Serpentinenweg: Hansi-Niese-Weg
Severinusgasse: Fröschelgasse, Severingasse
Siebenbrunnenfeld: Siebenbrunnenfeldgasse
Siebenhirtener Hauptstraße: Ketzergasse
Siebenhirtenstraße: Autofabrikstraße
Siedlergasse: Beyfusgasse, Modl-Toman-Gasse, Steinschötelgasse
Siegfriedstraße: Gruntzelstraße
Siemensstraße: Steinheilgasse
Sieveringer Straße: Rathstraße
Sigmundgasse: Denglergasse
Silchergasse: Meyerbeergasse
Simmeringer Gasse: Mannschildgasse
Simmeringer Straße: Gudrunstraße, Segnerstraße
Simongasse: Simon-Denk-Gasse
Sindelargasse: Victor-Gruen-Gasse
Sittegasse: Camillo-Sitte-Gasse
Smitalgasse: Weilandgasse
Sommerzeile: Cobenzlgasse, Nusswaldgasse, Rudolfinergasse
Sophienbrücke: Rotundenbrücke
Sophienbrückenallee: Rotundenallee
Sophienbrückengasse: Kundmanngasse
Sophiengasse: Argentinierstraße
Spallartgasse: Gottfried-Alber-Gasse
Sperlgasse: Kleine Sperlgasse
Spiegelgasse: Siegelgasse
Spindlergasse: Döblergasse
Spitalberggasse: Boltzmanngasse
Spitalgasse: Donnergasse, Marxergasse
Spitalplatz: Lobkowitzplatz
Spittelauer Gasse: Althanstrasse, Tesperngasse
Spittelauer Weg: Augasse
Spittelberggasse: Gardegasse, Neubaugasse
Spöttelgasse: Edmund-Weiß-Gasse
Spornstraße: An der unteren Alten Donau
Sportweg: Langsulzgasse
Springergasse: Springenfelsgasse
Springsiedelweg: Rudolf-Kassner-Gasse, Springsiedelgasse
St.-Peter-Gassel: Milchgasse
St.-Petersfreithof: Petersplatz
St. Peters Kirchhof: Petersplatz
St.-Veiter-Allee: Münichreiterstraße
St.-Veiter-Gasse: Hietzinger Hauptstraße
Staatsbahngasse: Reisingergasse
Stad(e)lgasse: Neustiftgasse
Stadiongasse: Robert-Hamerling-Gasse

Stadlauer Straße: Langobardenstraße, Rugierstraße
Stadlauer Weg: Rugierstraße
Stalinplatz: Schwarzenbergplatz
Stallergasse: Gomperzgasse
Stammelgasse: Osergasse
Stefanieplatz: Familienplatz
Steig beim Rotenturm: Rotenturmstraße
Steig nach St. Ulrich: Burggasse
Steinackergasse: Patrubanstraße
Steinbruchgasse: Mooswiesengasse
Steinergasse: Wurmsergasse
Steinhofstraße: Anton-Baumgartner-Straße, Johann-Staud-Straße
Stellwaggasse: Zuckerkandlgasse
Stelzhammerweg: Kauffungenweg
Stephaniebadgasse: Jodlgasse
Stephaniebrücke: Salztorbrücke
Stephanie(Stefanie)gasse: Colloredogasse, Marsanogasse
Stephanie(Stefanie)straße: Andreas-Hofer-Straße, Hollandstraße
Stephansfreithof: Stephansplatz
Sterneckplatz: Max-Winter-Platz
Sterngasse: Haslingergasse, Rochusgasse, Vorlaufstraße, Wattgasse
Sternwartgasse: Windhaaggasse
Sternweg: Rabnitzweg
Stiegengasse: Himmelpfortstiege
Stiege zur Kirche Maria am Gestade: Marienstiege
Stiegergasse: Längenfeldgasse
Stift(s)gasse: Balderichgasse, Geblergasse, Klährgasse, Seeböckgasse, Windhaaggasse
Störergasse: Neubaugasse
Strafhausgasse: Leopoldsgasse
Straße der Julikämpfer: Siebensterngasse
Straße der Roten Armee: Industriestraße
strata Carinthianorum: Kärntner Straße
Sträußlegasse: Rohrergasse
Straßnitzkigasse: Schulz-Straßnitzki-Gasse
Straußgasse: Adolf-Gstöttner-Gasse
Strebersdorfer Straße: Dr.-Nekowitsch-Straße
Streblgasse: Kupkagasse, Sobieskigasse
Streitau: Krieau
Strigelgasse: Demuthgasse
Strohmayergasse: Bernardgasse
Strohplatz(e)l: Neustiftgasse
Strozzigrund Hauptstraße: Strozzigasse
Stübergasse: Stüber-Gunther-Gasse
Stuttgarter Straße: Münichreiterstraße
Sudetendeutschengasse: Brüder-Heindl-Gasse
Südtiroler Gasse: Futterknechtgasse, Nuschinggasse
Süßenbrunner Straße: Wagramer Straße
Sulcherstraße: Singerstraße
Suttnerplatz: Rilkeplatz
Tandelmarktgasse: Technikerstraße
Tandelmarktplatz: Technikerstraße
Technikerstraße: Symphonikerstraße
Tegetthoffgasse: Kleistgasse
Tegetthoffstraße: Stephensongasse, Winckelmannstraße
Teichstraße: Glossystraße
Tellgasse: Gebrüder-Lang-Gasse
Tempelgasse: Hartmanngasse, Nestroyplatz
Teufelsmauer: Pelzer-Rennweg
Theatergasse: Millöckergasse
Theodor-Körner-Gasse: Grobeckergasse
Theresiengasse: Adambergergasse, Anton-Bosch-Gasse, Gatterburggasse, Hochwassergasse, Kopalgasse
Thomasgasse: Kardinal-Nagl-Platz, Trillergasse
Thomasplatz: Kardinal-Nagl-Platz
Thurmgasse: Bienefeldgasse
Thury Gässel: Fechtergasse
Tiefaustraße: Artariastraße
Tiergartengasse: Felixgasse
Tiergartenstraße: Hermesstraße
Tiergartenweg: Franz-Asenbauer-Gasse
Tischlergasse: Schlüsselgasse
Todtengasse: Sensengasse
Tolbuchinstraße: Laxenburger Straße
Tolstojgasse: Hedy-Urach-Gasse
Traibotenstraße (Tragebotenstraße): Himmelpfortgasse
Traubengasse: Brachsengasse, Castelligasse
Trepperweg: Hermann-Pacher-Gasse, Hermann-Pacher-Weg
Türkengasse: Bertoldusgasse, Drillgasse
Türkenstraße: Schuchardtstraße
Tullner Straße: Exelbergstraße

Tulpenweg: Tulipanenweg
Turmgasse: Schulgasse
Über dem Kanal: Leberstraße
Ufergasse: Linke Wienzeile
Uhdegasse: Veithgasse
Ulmer Straße: Dr.-Heinrich-Maier-Straße
Uniongasse: Kulmgasse, Sommarugagasse
Universitätsplatz: Dr.-Ignaz-Seipel-Platz
Unter den Felbern: Praterstraße
Unter den Flötzern: Rossauer Lände
Unter den Hafnern: Hafnersteig
Unter den Nadlern: Naglergasse
Unter den Pfeilschnitzern: Kleeblattgasse
Unter den Verbern: Dorotheergasse
Unter-Döblinger Herrengasse: Nusswaldgasse
Untere Alleegasse: Argentinierstraße
Untere Annagasse: Mollardgasse
Untere Bachgasse: Jörgerstraße
Untere Bergsteiggasse: Bergsteiggasse
Untere Bräuhausgasse: Bräuhausgasse
Untere Bräunerstraße: Bräunerstraße
Untere Fischergasse: Aspernbrückengasse
Untere Gärtnergasse: Wexstraße
Untere Gasse: Grundsteingasse, Zieglergasse
Untere Hauptstraße: Abelegasse, Grundsteingasse, Liechtensteinstraße, Sieveringer Straße
Untere Kirchengasse: Anton-Böck-Gasse
Untere Landstraße: Landstraßer Hauptstraße
Untere Pfarrgasse: Laimgrubengasse
Untere Quergasse: Wallensteinstraße
Untere Reisnerstraße: Reisnerstraße
Untere Saugasse: Myrthengasse
Untere Schleifmühlgasse: Schleifmühlgasse
Untere Schmiedgasse: Althanstraße
Untere Quergasse: Abt-Karl-Gasse
Unter-St.-Veiter-Allee: Münichreiterstraße
Unter-St.-Veiter-Straße: Zehetnergasse
Untere Stättengasse: Dürergasse
Untere Wehrgasse: Magdalenenstraße
Untere Wintergasse: Birkenstockgasse
Untere Ziegelofengasse: Siegfriedgasse
Untere Zwerchgasse: Brunnengasse
Unterer Feuerrayonweg: Benjowskigasse
Valeriecottage: Kaulbachstraße
Valeriestraße: Böcklinstraße
Vereinsgasse: Fultonstraße, Heimkehrergasse, Plankenbüchlergasse
Vereinshausstraße: Alois-Behr-Straße
Vernalekengasse: Lynkeusgasse
Versorgungshausgasse: Ingen-Housz-Gasse, Strudlhofgasse
Viehtriebgasse: Pokornygasse
Vierundachtzigerplatz: Elderschplatz
Viktor-Kaplan-Straße: Lexergasse
Vilzerstraz: Riemergasse
Vösendorfweg: Hintere Liesingbachstraße
Vogelweidstraße: Schimekgasse
Volkswehrplatz: Mexikoplatz
Vordere Südbahnstraße: Wiedner Gürtel
Waaggasse: Salesianergasse
Wachsbleichergasse: Bleichergasse
Währinger Gasse: Martinstraße, Ranftlgasse
Währinger Linienstraße: Fluchtgasse, Fuchsthallergasse
Währinger Weg: Gymnasiumstrasse
Währing-Weinhauser Straße: Währinger Straße
Wällische Gasse: Tempelgasse
Wällischgasse: Hainburger Straße
Wäschergasse: Proschkogasse
Wagnergasse: Arnethgasse, Nödlgasse, Reznicekgasse
Waisenhausgasse: Boltzmanngasse
Waldgasse: Friedensstadtgasse, Maurer Lange Gasse
Waldmüllergasse: Aschergasse
Wallfischgasse: Walfischgasse
Wallgasse: Canisiusgasse, Schlenthergasse
Wallnergasse: Papiergasse
Wallstraße: Wallgasse
Walter-Flex-Platz: Goldmarkplatz
Waltergasse: Canalettogasse
Walthergasse: Karl-Walther-Gasse
Wampersdorfer Straße: Favoritenstraße
Wasagasse: Pasteurgasse, Seuttergasse
Waschstadelgasse: Sechsschimmelgasse